*Dr. Harald Wiesendanger*

Das große Buch vom geistigen Heilen

ISBN 3-930147-11-4
1/2002
Copyright bei Lea Verlag, Schönbrunn
Alle Rechte vorbehalten
Druck: Digital Druck, Birkach

DR. HARALD WIESENDANGER

# Das große Buch
# vom geistigen Heilen

*Die umfassende Darstellung*
*sämtlicher Methoden,*
*Krankheiten auf geistigem Wege*
*zu erkennen und zu behandeln*

LEA VERLAG

# Die umfassende Einführung

Dr. Harald Wiesendanger

# DAS GROSSE BUCH VOM GEISTIGEN HEILEN

Möglichkeiten, Grenzen, Gefahren

Die umfassende Darstellung sämtlicher Methoden. Krankheiten auf geistigem Wege zu erkennen und zu behandeln.

Ein zuverlässiger Ratgeber

*"Mit Abstand das beste Buch auf diesem Gebiet."*
Maya Hirschi,
Winterthur

## Der Überblick

Buch, das mich derart fesselte wie Ihres."
Dr. med. Beat Schaub,
Basel

*"Ich betrachte es als ein Glück, daß ich Ihrem Buch begegnet bin. Wenn es einem schlecht geht, hilft es schon, darin zu lesen. Es macht Mut."*
Maria Bamberger,
Wien

*"Das interesssanteste Buch, das ich in meinem Leben gelesen habe. Danke für dieses Erlebnis!"*
A. Feldmann, Fürstenfeldbruck

*"Ein regelrechter Lichtblick in der esoterischen Sumpfland-schaft."*
Andreas Sommer, Eppelheim

*"Ihr Buch verschlinge ich zur Zeit wie einen Karl-May-Band. Ein Jahrhundertwerk im wahrsten Sinne des Wortes!"*
Hans-Joachim Rau

*"'Das große Buch vom geistigen Heilen'ist bereits zur Pflicht-lektüre für alle neuen Kurs-teilnehmer avanciert. Von Ihrem breiten und außergewöhnlichen Fachwissen bin ich sehr beein-druckt."*
George Paul Huber,
"Livitra"-Heilzentrum
Hendschiken

# "Das große Buch vom geistigen Heilen"

## Im Urteil der Presse:

*"Die wohl umfassendste Veröffentlichung dieser Art auf dem Buchmarkt."*
Lebenshilfe Nachrichten

*"Wiesendanger führt anhand authentischer Patientenberichte vor, welche erstaunlichen Heilungen allein spirituelle energetische Kräfte bewirken können."*
Ärzte Zeitung

*"Ein Sachbuch dieser Qualität, prallgefüllt mit weithin unbekannten Fakten und originellen Argumenten, war überfällig; aus der Fülle der 'Wunderheiler'-Literatur ragt es einsam heraus."*
Gnosis

*"Stilistisch brillant, logisch durchdacht und vorbildlich gegliedert, inhaltlich aktuell und ausgewogen, wissenschaftlich fundiert und zugleich ein verläßlicher Ratgeber für die Praxis."*
Proteg News

*"Umfassend und anschaulich stellt dieses Buch die ganze Vielfalt geistiger Heilweisen vor, porträtiert ihre herausragendsten Vertreter, wägt Möglichkeiten und Grenzen, Chancen und Risiken jeder Therapieform unvoreingenommen gegeneinander ab. Gegen den Titel "Das große Buch" hat sich der Autor gegenüber dem Verlag lange Zeit gesträubt. ("Mir klingt er zu unbescheiden.") Doch es hat ihn verdient. Unter den 7000 Esoterik-Neuerscheinungen, die allein in diesem Jahr wieder auf den deutschen Buchmarkt drängen, zählt diese mit Sicherheit zu den allernötigsten."*
Erfahrungsheilkunde

# Inhalt

5

Fetischen geistigen Heilens • Fetische: mehr als
Placebos? • Fetische aus dem Nichts: Wenn Heilmittel
"materialisiert" werden • Zum richtigen Umgang
mit Fetischen

Spontane Eingebung • "Mitfühlen" • Symbolische
Visionen • "Röntgenblick" • "Aurafühlen" •
"Aurasehen" • Hellhören und Hellriechen •
Radiästhetische Diagnosen • Mediale Diagnosen •
Ferndiagnosen • Sonderfall Psychometrie •
Chirologische Diagnosen

7

# Geistheiler –
# Hoffnung für Millionen

Angenommen, Sie begegnen bei Ihrem nächsten Spaziergang zwei Männern, die Sie sofort stutzig machen. Der eine ist offenbar blind. Der andere ist ein recht ungepflegt aussehender bärtiger Kerl mit wallender Mähne. Den hören Sie nun, in feierlichem Ton, zu dem Blinden sagen: «Ich bin das Licht der Welt.» Ein ziemliches Großmaul, werden Sie denken. Jetzt sehen Sie, wie der Langhaarige zu Boden spuckt. Dann bückt er sich, gräbt eine Handvoll Erde aus, auf die sein Speichel tropfte, und formt sie zu einem Klumpen. Den drückt er dem Blinden auf die Augen. Dann sagt er: «Geh und wasch dich in der Pfütze da!» Der Blinde gehorcht, geht und benetzt sein Gesicht mit Wasser. Und plötzlich hören Sie seinen Jubelschrei: «Mein Gott, ich kann sehen! Ich kann endlich wieder sehen!»

Eine ganz ähnliche Szene könnte sich vor ziemlich genau zweitausend Jahren abgespielt haben, sofern auf das Neue Testament Verlaß ist. Der Wundertäter hieß Jesus, wie Sie im Johannes-Evangelium (9, 1–12) nachlesen können.

Was wäre aber, wenn so ein «Wunder» hier und jetzt geschehen würde, vor unseren Augen? Falls ein deutscher Staatsanwalt davon Wind bekäme, könnte er dem Gottessohn den Prozeß machen. Denn Krankheiten behandeln dürfen laut Gesetz nur ausgebildete Ärzte und, mit gewissen Einschränkungen, staatlich zugelassene Heilpraktiker. Wer dagegen verstößt, riskiert ein Jahr Haft, zumindest aber eine hohe Geldstrafe. Als besonders hartnäckiger Wiederholungstäter säße Jesus Christus heute folglich längst hinter Schloß und Riegel.

Wozu so ein Gesetz? Dahinter stecken durchaus gutgemeinte Absichten: Arglose Patienten sollen dadurch vor skrupellosen Geschäftemachern und gefährlichen Kurpfuschern geschützt werden. Doch verwehrt ein solches Gesetz nicht zugleich Hunderttausenden von Schwerstkranken ihre vielleicht letzte Chance auf Heilung oder zumindest auf Linderung?

*Die öffentliche Meinung über Geistheiler im deutschsprachigen Raum*

| Umfrage | repräsentative Stichprobe | Ergebnis | |
|---|---|---|---|
| FORSA, Dortmund (1986) | 1000 Ⓓ | «Glauben Sie, daß es Menschen gibt, die Krankheiten heilen können, selbst dann, wenn die Ärzte nicht mehr weiter wissen?» | |
| | | «Ja, bestimmt»: | 38 % |
| | | «Möglich»: | 32 % |
| | | «Unwahrscheinlich»: | 12 % |
| | | «Ausgeschlossen»: | 18 % |
| WICKERT, Tübingen (1991) | 1795 Ⓓ | «Würden Sie sich einem medizinischen Laien mit besonderen Heilfähigkeiten anvertrauen, wenn Sie unheilbar erkrankt sind?» | |
| | | «Ja»: | 65 % |
| INTEGRAL, Wien (1991) | 316 Ⓐ | «Würden Sie sich im Falle einer unheilbaren Krankheit einem Wunderheiler anvertrauen?» | |
| | | «Ja»: | 36 % |
| LINK, Luzern (1992) | 513 ⒸⒽ | «Glauben Sie persönlich, daß mit Geistheilung Krankheiten geheilt werden können?» | |
| | | «Ja»: | 36 % |
| | | «Nein»: | 51 % |
| | | «Weiß nicht»: | 13 % |
| | | «Angenommen, Sie hätten ein chronisches Leiden, bei dem kein Arzt oder Medikament etwas dagegen tun kann. Würden Sie einen Geistheiler aufsuchen?» | |
| | | «Ja»: | 54 % |

Alle Angaben wurden auf volle Prozente ab- bzw. aufgerundet.

Gegen geltendes Recht steht jedenfalls die öffentliche Meinung. Das belegen mehrere repräsentative Umfragen aus Deutschland, der Schweiz und Österreich.

Demnach halten es über zwei Drittel aller Jugendlichen und Erwachsenen zumindest für «möglich», daß es Menschen gibt, die Krankheiten selbst dann noch besiegen oder zumindest mildern können, wenn alle ärztliche Kunst versagt hat. Ein Drittel ist sich dessen sogar «sicher». Und mindestens jeder zweite würde sich notfalls einem «Wunderheiler» anvertrauen, falls er eines Tages schwer erkranken sollte.

Bei Lippenbekenntnissen bleibt es nicht: Allein in Deutschland, schätze ich, rennen jährlich bis zu drei Millionen Menschen den rund fünftausend Geistheilern die Türen ein – zu vermutlich weit über hundert Millionen Behandlungsterminen pro Jahr.[2] Vergleichsweise noch größer ist der Andrang in Nachbarländern mit liberalerer Gesetzgebung: Elf Prozent aller Eidgenossen zwischen 15 und 75 Jahren haben sich schon «geistig» behandeln lassen;[3] in den Niederlanden buchen jährlich 65 000 Patienten bei über sechshundert Heilern rund zwei Millionen Sitzungen.[4]

Was sind das für Menschen? Zwei Drittel der Patienten sind Frauen, die meisten zwischen 40 und 65 Jahre alt. Man findet unter ihnen außergewöhnlich viele Rentner, Hausfrauen, Arbeiter und einfache Angestellte – zunehmend aber auch Akademiker und Geschäftsleute, ebenso wie Ärzte und Angehörige anderer Heilberufe. Selbst Prominenz zählt immer häufiger dazu: Filmstars wie Linda Evans, Shirley MacLaine, Gunther Sachs, Hildegard Knef, Maria und Maximilian Schell, ebenso zahlreiche Mitglieder europäischer Königshäuser, darunter der britische Thronfolger Prinz Charles und Herzogin Sarah Ferguson. Von dem italienischen Geistheiler Nicola Cutolo, einem promovierten Psychologen, ließ sich Fürstin Gracia Patricia von Monaco helfen. Schah Reza Pahlewi von Persien und die griechische Reederstochter Tina Onassis bestellten den Frankfurter Geistheiler Christos Drossinakis zu sich. Chinas mächtigster Mann, Deng Xiaoping, vertraut einer jungen Pekingerin, die angeblich wie mit Röntgenaugen den menschlichen Körper durchleuchten und dabei versteckte Krankheitsherde erkennen kann. Kreml-Herren wie Leonid Breschnew und Juri Andropow schworen auf die Moskauer Heilerin Dschuna Dawitaschwili, und auch Boris Jelzin setzt auf sie. Deutschlands bekanntesten Handaufleger Rolf Drevermann riefen König Juan Carlos von Spanien und das saudiarabische Königshaus zu sich.

Warum zieht es immer mehr Menschen – vom Hausmeister von nebenan bis zu den Schönsten, Mächtigsten und Reichsten – zu einer derart dubiosen Behandlungsform? Die Motive sind vielschichtig; die meisten stehen in Zusammenhang mit dem gewachsenen öffentlichen Bewußtsein für die Unzulänglichkeiten der modernen Medizin. Zwar hat sich der Gesundheitsbetrieb in Westeuropa inzwischen zum mit Abstand größten Industriezweig entwickelt, dessen Beschäftigungszahlen, Umsätze und Wachstumsraten alle anderen Bereiche der Volkswirtschaft in den Schatten stellen. Allein in Deutschland spannt er, vom Chefarzt bis zur Sprechstundenhilfe, mittlerweile fast zwei Millionen Menschen ein: doppelt so viele wie die vier großen staatlichen Unternehmen Post, Bahn, Bundeswehr und Lufthansa zusammen, zweieinhalbmal mehr als die Automobilbranche. In Krankenhäusern und Kliniken, in Arztpraxen und Heimen, in Bädern und physiotherapeutischen Einrichtungen werden an einem einzigen Werktag bis zu fünf Millionen Menschen versorgt. Jährlich wird dabei rund eine halbe Billion Mark umgesetzt – im Schnitt über 7000 DM pro Kopf –, eine Summe, die an das Gesamtvolumen des Bundeshaushalts heranreicht.[5] Doch je arbeitsaufwendiger, je teurer, je durchorganisierter und technisch raffinierter diese monströse Dienstleistungsmaschinerie arbeitet, desto offensichtlicher stößt sie an ihre Grenzen: Seit Jahrzehnten nimmt der Krankenstand der Bevölkerung nicht etwa ab – er wächst ständig, mit einem besorgniserregend zunehmenden Anteil hartnäckiger chronischer Leiden. Wenn immer mehr Patienten den Verlockungen «geistiger» Hilfe erliegen, so geschieht dies vor allem aus acht Gründen:

- Nach wie vor sind zahlreiche Krankheiten unheilbar, zumindest aus schulmedizinischer Sicht. Dagegen stellen viele Geistheiler in Aussicht: Es gibt keine unheilbaren Krankheiten; jede kann besiegt werden.

- Auch dort, wo die Schulmedizin Krankheitsverläufe günstig beeinflußt, kann sie es oft nur unter schweren körperlichen und seelischen Belastungen für den Patienten. (Man bedenke, was Strahlen- und Chemotherapie für einen Krebskranken bedeuten.) Dagegen scheint geistiges Heilen frei von Nebenwirkungen, insofern völlig gefahrlos.

- Schulmediziner konzentrieren sich überwiegend auf einzelne *Symptome* und zugrunde liegende *Defekte*. Geistheilern hingegen geht es um den *ganzen* Menschen. Sie behandeln nicht Krankheiten, sondern Kranke. Der Patient wird als Einheit von Körper, Geist und Seele betrachtet, nicht bloß als biochemischer Mechanismus.

- Ärztliche Kunst geht immer mehr in medizinischer Technik auf – und unter. Je perfekter diese Technik wird, desto kälter wird sie. Geistiges Heilen hingegen steckt meist voll zwischenmenschlicher Wärme, geduldigem, einfühlsamem Verstehen und liebevoller Anteilnahme.

- Schulmediziner nennen *Ursachen* – Heiler nennen auch *Gründe*. Sie vermitteln den Eindruck, eine Erkrankung sei zu *verstehen*, sie besitze einen tieferen *Sinn*. Damit befriedigen sie ein Hauptbedürfnis vieler Patienten, insbesondere langjährig chronisch kranker oder akut vom Tode bedrohter: nämlich Antwort zu finden auf die Fragen «Wozu?», «Wieso ausgerechnet ich?», «Warum gerade jetzt?».

- Geistiges Heilen wird mitgetragen von einer breiten Hinwendung zu «sanften», «natürlichen» Heilverfahren, die irreführenderweise als «alternative» Medizin bezeichnet werden. Mehr als verdoppelt hat sich in den letzten zwanzig Jahren der Anteil der Bundesbürger, die regelmäßig Naturheilmittel einnehmen;[6] nicht weniger als

84 Prozent stehen ihnen inzwischen «positiv» gegenüber.[7] Allein in Westdeutschland hat jeder sechste Erwachsene mindestens ein von der Schulmedizin nicht anerkanntes Heilverfahren ausprobiert;[8] neun von zehn Behandelten sind mit dem Ergebnis zufrieden.[9]

● Eine entscheidende Rolle spielt der «Esoterik-Boom» der letzten zwanzig, dreißig Jahre.[10] Denn er hat zur öffentlichen Meinung gemacht, woran zuvor bloß wenige soziale Außenseiter glaubten. Mit sogenannten «übernatürlichen» Phänomenen rechnet, jüngsten Umfragen zufolge, in den westlichen Industrieländern heute weit mehr als die Hälfte aller Jugendlichen und Erwachsenen – und damit sind auch wundersame Heilkräfte für die Mehrheit der Bevölkerung akzeptabel geworden.

● Daß geistiges Heilen boomt, ist maßgeblich den Massenmedien zuzuschreiben, die «Übernatürliches» als vorzüglichen Köder entdeckten, um Auflagen und Einschaltquoten zu erhöhen. Mit Schlagzeilen über angebliche «Heilwunder» lassen sich Leser mindestens ebenso wirksam anlocken wie mit nackten Busen, Amokläufen und Prominentenklatsch.

Was halten Deutschlands rund 300 000 Ärzte von diesem Treiben? Die meisten sehen ihm fassungslos zu. Denn was geschieht eigentlich, wenn «geistig» geheilt wird? Geistheiler spritzen nicht, verordnen keine Salben, verschreiben keine Pillen. Ja, scheinbar tun sie überhaupt nichts, zumindest nichts Sichtbares, abgesehen von ein paar sonderbaren Handbewegungen, vielen gutgemeinten Worten und einem konzentrierten Blick. Was aber tun Geistheiler dann? *Wie* heilen sie?

«Geistiges Heilen» ist ein Oberbegriff für eine Vielzahl von Verfahren, die beinahe nichts verbindet – bis auf eine einzige Gemeinsamkeit: Die bloße *Intention*, zu heilen, reicht offenbar häufig aus, Leiden entgegen ärztlichen Prognosen zu lindern oder gar zu beseitigen; dabei werden keinerlei therapeutische Mittel eingesetzt, die nach gegenwärtigem medizinischem Erkenntnisstand wirksam sein könnten. Was heilt, scheint purer «Geist».

1. Die älteste und bis heute verbreitetste Form ist das *Handauflegen*. Dabei bringt der Heiler die Innenflächen seiner geöffneten Hände – manchmal eine, manchmal beide – minutenlang in unmittelbare Nähe des Behandelten. Gelegentlich berühren seine Hände die Haut des Kranken; häufiger schweben oder gleiten sie in mehreren Zentimetern Abstand darüber. Was bezweckt diese Gebärde? Manche Heiler erklären, damit würden sie «Heilströme» in den

Körper leiten; andere sagen, sie befreien auf diese Weise den gestörten «Energiefluß» im Patienten von «Ungleichgewichten» und «Blockaden»; wieder andere behaupten, dadurch könnten sie «krank machende Energien» aus dem Körper «herausziehen». Auch beim «magnetischen Heilen» und bei der «therapeutischen Berührung» spielen Hände die Hauptrolle, ebenso wie bei drei fernöstlichen Heilweisen, die sich neuerdings auch im Westen zunehmend verbreiten: Qi Gong, Chakra-Therapie und Reiki.

2. Bei der *Fernheilung* sind Heiler und Patient räumlich voneinander getrennt: sei es durch eine Zimmerwand, sei es durch eine größere Distanz. Die Entfernung soll auf die Wirksamkeit der übermittelten Heilkräfte angeblich keinerlei Einfluß haben. Um solche Behandlungen durchzuführen, genügen den meisten Fernheilern Name und Adresse des Kranken oder ein Foto von ihm. Selbst per Brief, über Zeitungsartikel, Fernsehschirme und Videobänder sollen ihre Energien erreichen können, wer immer sie nötig hat.

3. Bei *Gruppenheilungen* werden Kranke innerhalb eines größeren Kreises von Menschen behandelt, deren Heilkräfte sich vereinen und dadurch verstärken sollen. Die Kranken selbst können daran teilnehmen, aber auch abwesend sein. Der Größe solcher Gruppen scheint nach oben hin keine Grenze gesetzt: Manche Heiler füllen bei öffentlichen Auftritten ganze Stadthallen, Konzertsäle und Fußballstadien.

4. Auch durch die Kraft religiösen Glaubens, dank göttlicher Gnade und Allmacht, sollen Kranke genesen können. Seit Jahrtausenden verbreitet ist das *Gebetsheilen* oder *Gesundbeten*: In frommer Fürbitte rufen Heiler, Kranke oder beide gemeinsam die Hilfe Gottes an.

5. Müssen Kranke besondere Orte aufsuchen, um ihre Chance zu erhöhen, eines «Heilwunders» teilhaftig zu werden? Der religiöse Brauch des Wallfahrens beruht auf dieser Überzeugung, ebenso wie der Andrang, den in der Esoterikszene neuerdings «Orte der Kraft» erleben.

6. Viele Heiler verstehen sich als *Medien*: Sie fühlen sich aus der Geisterwelt geführt. Zum medialen Heilen zählt auch die sogenannte *Geist-Chirurgie*, die vor allem in Brasilien und auf den Philippinen verbreitet ist, vereinzelt aber auch schon in Westeuropa. Fast immer sind es dabei medizinische Laien, die regelrechte Operationen vornehmen. Manche führen offenbar blutige Eingriffe am Körper durch. Ein Großteil versinkt währenddessen in tiefe Trance: Ihre Bewegungen werden dann angeblich von

«jenseitigen» Geistern kontrolliert, oft von verstorbenen Ärzten. Manche Geist-Chirurgen dringen anscheinend mit bloßen Händen durch die Haut ins Körperinnere; andere benutzen Küchenmesser, Scheren, Brieföffner, Sägen oder was sonst gerade griffbereit in der Nähe liegt. Obwohl dieses sonderbare Operationsbesteck unsterilisiert ist, kommt es seltsamerweise kaum je zu Infektionen. Nach den Eingriffen schließen sich die Wunden manchmal binnen Sekunden, ohne die erwarteten Narben zu hinterlassen. Die Patienten bleiben gewöhnlich bei vollem Bewußtsein – trotzdem empfinden sie meist keine oder bloß leichte Schmerzen.

Zu medialem Heilen im weitesten Sinne zähle ich auch Behandlungsweisen, die auf vermeintlich «jenseitige» Ratschläge mittels technischer Empfangsgeräte zurückgehen. Anstelle eines Menschen in einem besonderen Bewußtseinszustand tritt als Medium dabei etwa ein Tonband.

7. Beim *Exorzismus* werden dem Kranken vermutete Fremdenergien «ausgetrieben», von denen er «besessen» sein soll. Diese gelten als Verursacher seines Leidens: seien es Teufel, Dämonen, Totengeister oder Einflüsse von Schwarzer Magie – oder auch nur von haßerfüllten, böswilligen Gedanken anderer Menschen, die sich angeblich in uns festsetzen und Krankheiten auslösen können. In der jüdischen und christlichen Tradition ist Teufeln und Dämonen immer schon «im Namen Gottes» befohlen worden, ihre Opfer zu verlassen. Auch Jesus exorzierte, wie mehrere Stellen im Neuen Testament belegen. Im Regelwerk *Rituale Romanum* legte die römisch-katholische Kirche 1614 fest, unter welchen Bedingungen und mit welchen Mitteln bei Besessenen ein «Großer Exorzismus» durchgeführt werden darf. Und mit kirchlichem Segen, zumindest aber mit stillschweigender Duldung praktizieren gegenwärtig allein in Italien und Großbritannien mehrere Dutzend Exorzisten im Priestergewand, neben Tausenden von Laien.[11] Besonders lebendig ist diese Heilweise nach wie vor in spiritistischen Glaubensgemeinschaften der dritten Welt, etwa in Zentralafrika oder Südamerika. Das heißt aber nicht, daß wir diese Form des Heilens als primitiv und unterentwickelt belächeln dürfen. Auch im deutschsprachigen Raum nehmen vereinzelt Ärzte und Psychotherapeuten «Besessenheit» als eigenständiges Krankheitsbild wieder ernster – und scheuen sich notfalls nicht, abgewandelte Formen von Exorzismen durchzuführen.

8. Im *Schamanismus* versetzt sich der Heiler in einen ekstatischen Zustand, in dem seine Seele den Körper verlassen und auf Jenseits-

reise gehen – oder von «Geistern» in Besitz genommen werden kann. Aus diesen Erkenntnisquellen schöpft er angeblich die Macht, jegliche Erkrankung zu erkennen und zu heilen.

9. Beim *Heilen mit Fetischen* werden eigentlich «leblose» Gegenstände als (Über-)Träger von Heilenergien eingesetzt: seien es Tücher, Asche, Wasser, Öl, Steine oder sonstige Objekte. Die Rolle des Heilers beschränkt sich darauf, solche Gegenstände «energetisch» aufzuladen. Auch bei Reliquien der Christenheit – den sterblichen Überresten von Heiligen und Märtyrern, aber auch bei Gegenständen, die mit ihnen jemals in Berührung kamen – handelt es sich, strenggenommen, um Fetische.

10. Können bloße Worte eine magische Heilkraft besitzen? Darauf beruht das *Besprechen*. Ein geheimnisvoller Spruch scheint bisweilen auszureichen, um langjährige Patienten von Warzen und Flechten, Allergien und Migräne, Gicht und Gürtelrose zu erlösen.

Jede dieser Formen werde ich im ersten Kapitel näher vorstellen.

Etliche Geistheiler behandeln nicht nur – sie stellen auch außersinnliche *Diagnosen*. Manche «durchleuchten» ihre Patienten anscheinend wie mit Röntgenaugen, nehmen das Skelett und innere Organe wahr, erkennen dabei manchmal versteckte oder kleinste Krankheitsherde in frühesten Stadien, oft lange bevor überhaupt irgendwelche Symptome auftreten. Andere Heiler sehen den Körper von einer «Aura» umgeben, einem hellen Strahlenkranz. Aus Farben und Formen, Leuchtkraft und Lücken dieser Aura schließen sie auf Krankheiten und deren Ursachen. Manche Heiler erhalten zwar keine visuellen Eindrücke der Aura – dafür ertasten sie Auramerkmale mit bloßen Händen. Oft spüren sie dabei einen unsichtbaren Widerstand oder ein Kribbeln, Wärme oder Kälte.

Gelegentlich scheinen Krankheitsdiagnosen von «jenseitigen» Geistern zu stammen: Über spiritistische Medien oder auf Tonbändern und anderen Datenträgern sollen sie entscheidende Hinweise auf Ursache und Behandlung von Beschwerden geben können. Auch *Fern*diagnosen gelingen mitunter, allein anhand von Name und Adresse eines Patienten, anhand eines Fotos oder irgendeines sonstigen persönlichen Gegenstands, wie etwa eines Taschentuchs, eines Rings oder einer Krawattennadel. Dem Phänomen der «Psi-Diagnose» widme ich das zweite Kapitel.

Die wenigsten Kritiker stellen die Erfolge von Geistheilern pauschal in Abrede. Was sie bezweifeln, ist deren esoterische Erklärung durch eine ungreifbare «spirituelle» Energie. Vermeintliche «Heilwunder», so behaupten sie beharrlich, lassen sich vielmehr auf Spontanremissionen, auf Suggestionen oder Placebo-Effekte zurückführen – also auf die heilsame Wirkung eines starken Glaubens an Heilung. Wie wenig stichhaltig diese Argumente sind, führe ich im dritten Kapitel vor.

Im vierten Kapitel versuche ich dem Vorurteil beizukommen, geistiges Heilen entbehre jeglicher medizinisch-wissenschaftlichen Grundlage. Auch wenn sich die Natur jener Energie, die Geistheiler einzusetzen scheinen, vorläufig noch physikalischem Zugriff entzieht, so läßt sich doch immerhin ihre kausale Rolle erforschen: ein Beziehungsgeflecht von Vorbedingungen, Begleiterscheinungen und Wirkungen. Eine kaum noch überschaubare Vielzahl von empirischen Untersuchungen zu diesem Zweck – Einzelfallstudien, statistische Erhebungen, klinische Tests und Experimente an Menschen, aber auch an Tieren und Pflanzen, Zellen und selbst anorganischem Material – bestätigt mittlerweile weitgehend, was Heiler und Behandelte seit Jahrtausenden an subjektiven Eindrücken schildern.

Daraus werde ich schließen: Wir haben allen Grund, in «geistigem Heilen» eine durchaus eigenständige, wirksame und medizinisch-wissenschaftlich überprüfbare Behandlungsform zu sehen: eine unkonventionelle Therapie, die unter gewissen Voraussetzungen endlich legalisiert und in unser staatliches Gesundheitswesen einbezogen werden sollte. Was muß geschehen, damit es dazu kommt? Was haben alle Beteiligten hinzuzulernen, auf deren Beitrag es letztlich ankommt: seien es Politiker oder Krankenkassen, Richter oder Staatsanwälte, Wissenschaftler oder Ärzte, Kirchen und Massenmedien, aber auch die Geistheiler selbst – und nicht zuletzt die Patienten? Darum geht es im fünften Kapitel.

Das sechste Kapitel greift die häufigsten Fragen auf, die Kranke bewegen, wenn sie unschlüssig sind, ob sie sich auf geistiges Heilen einlassen sollen. Abschließend, im siebten Kapitel, werde ich meinen Lesern einige Tips geben und Warnungen ans Herz legen: Wie finden Sie einen guten Geistheiler – oder verringern das Risiko, an Scharlatane zu geraten? Und wie profitieren Sie von «geistigen» Behandlungen am ehesten?

Angesichts der sprunghaft anschwellenden Flut von Presseveröffentlichungen und Sachbüchern, von Rundfunk- und Fernsehsendungen über geistiges Heilen scheinen solche Ratschläge längst überflüssig. Doch in Wahrheit sind sie nötiger denn je. Denn statt aufzuklären, verfestigen die meisten «Ratgeber» eher noch, was Kranke an Vorurteilen über «geistiges Heilen» immer schon im Kopf hatten. Anstatt die Möglichkeiten und Chancen dieser ungewöhnlichen Therapieform seinen Grenzen und Gefahren ausgewogen gegenüberzustellen, betonen sie durchweg einen Aspekt auf Kosten der anderen: mit dem Ergebnis, daß der eine Teil der Patienten sich allzu blauäugig, mit völlig überzogenen Erwartungen, auf Geistheiler einläßt, während der andere Teil aus weitgehend unbegründeten Ängsten und Aversionen heraus einen Bogen um sie macht. Der Boom, den geistiges Heilen derzeit in der öffentlichen Diskussion erlebt, hat dessen wahre Natur eher vernebelt als erhellt; die Schuld daran tragen nicht nur unkundige oder schlampig recherchierende Journalisten, sondern vielfach auch Geistheiler selbst, die mißverstehen, was sie eigentlich tun. Zu den verbreitetsten Klischees zählen:

1. *Geistheiler sind «Wunderheiler».* Aber wann bringen sie je augenblicklich etwas vermeintlich «Übernatürliches» zustande? Ein amputiertes Bein, eine operativ entfernte Niere ist noch niemandem nachgewachsen. Kein Geistheiler hat je Genesungsprozesse in Gang gesetzt, die aus dem Rahmen der üblichen biologischen Abläufe fallen – nur beschleunigt er sie oft in unerklärlicher Weise. «Wunder», so betonte schon der Kirchenvater Augustinus (354–430), «geschehen nicht im Widerspruch zur Natur, wohl aber zu dem, was wir von der Natur wissen.»

2. *Wenn Geistheiler Kranken helfen, dann aufgrund einer besonderen, physikalisch unergründeten Form von Energie.* Daß wir um die Annahme einer solchen Energie nicht herumkommen, wenn wir eine Fülle von wissenschaftlichen Forschungsergebnissen erklären wollen, werde ich im dritten und vierten Kapitel zeigen. Dies bedeutet jedoch nicht, daß sie bei jedem Heiler stets und überall der alleinige oder auch nur der ausschlaggebende Wirkungsfaktor wäre. Wann immer zwischen Heiler und Patient ein persönlicher Kontakt besteht – und abgesehen von Fernheilungen ohne Wissen des Behandelten ist dies stets der Fall –, spielen stets psychologische Einflüsse und Wechselwirkungen mit. Geistheiler arbeiten, ob bewußt oder unreflektiert, immer auch als Psychotherapeuten, wie laienhaft auch immer. Ihre Eignung dazu, ebenso die Empfänglichkeit eines Patienten dafür, trägt maßgeblich zum Behandlungsergebnis bei. Ein Großteil der Erfolge, die Geistheiler erzielen, würde ich nahezu ausschließlich auf psychische Wirkungen sozialer Interaktion zurückführen, insbesondere auf ihre Funktion bei der Freisetzung eines beinahe grenzenlosen Selbstheilungspotentials, über das nahezu jeder Mensch verfügt. Und selbst dort, wo irgendwelche para-

normalen Energien mitzuwirken scheinen, tun sie es immer nur in Verbindung mit psychologischen Faktoren.

3. *Handauflegen, Fernheilungen und ähnliche Behandlungsformen sind völlig ungefährlich.* Das stimmt nur, wenn der Akzent richtig gesetzt wird: Geistiges Heilen kann zwar niemals Schaden anrichten – der Heiler selbst dagegen sehr wohl, allein aufgrund des beträchtlichen Einflusses, den er auf Einstellungen und Entscheidungen seiner Patienten gewinnen kann.

4. *Der Ausdruck «Geistheiler» bezeichnet eine hinlänglich klar abgrenzbare Gruppe von Personen, für die bestimmte Tätigkeiten und Überzeugungen, Methoden und Ziele, Fähigkeiten und Charakterzüge typisch sind.* Wie jedem Berufsstand, so haftet auch dem des Geistheilers unweigerlich ein Stereotyp an: eine starre, stark vereinfachte Vorstellung über sein Wesen, seine kennzeichnenden Merkmale und Verhaltensweisen. Niemand von uns ist frei von solchen Vorurteilen, denn wir benötigen sie, um uns in der Gesellschaft zurechtzufinden. Sie schaffen Ordnung in unserem Bild von der sozialen Wirklichkeit – «reduzieren Komplexität», wie Soziologen sagen –, indem sie Einzelpersonen und Gruppen von vornherein für uns einigermaßen berechenbar machen, selbst wenn wir noch nie mit ihnen zu tun hatten. Schaden anrichten können Stereotype allerdings in den Köpfen von Hilfesuchenden: dann nämlich, wenn sie unrealistische Erwartungen erzeugen, die nur enttäuscht werden können.

Bei Begegnungen mit Patienten, die Hilfe bei Geistheilern suchen, stoße ich fast immer auf solche Stereotype. Mit vielleicht ebenso verbreiteten Vorurteilen über ihre eigene Berufsgruppe konfrontiert, würden sie sich gegen solche Vereinfachungen wehren und Unterschiede klarstellen. In bezug auf andere Gruppen auch nur annähernd so sorgfältig zu differenzieren, fällt den meisten indes schwer.

Doch Differenzierung tut not, erst recht seit Beginn der «Esoterikwelle» in den siebziger Jahren. Bis dahin beherrschte der Typus des *traditionellen Heilers* die Szene: ein schlichter Mensch mit geringer Bildung aus unteren sozialen Schichten, der meist in ländlichem Gebiet wirkt und vornehmlich aus innerer Berufung hilft. Fast immer zeigen sich seine Heilkräfte schon in der Kindheit oder Jugend. Oft liegen sie in der Familie; oder sie brechen auf dem Höhepunkt einer existentiellen Krise durch, etwa während einer lebensbedrohlichen Erkrankung, einem schweren Unfall oder einem erschütternden Verlust. Der traditionelle Heiler denkt und handelt weitgehend intuitiv. Wie von selbst finden seine Hände jene Stellen, auf die sie aufgelegt werden müssen. Er diagnostiziert nicht eigentlich; er «spürt» irgendwie, wo «etwas nicht in Ordnung ist». Um das, was er tut, macht er wenig Worte. Dazu fehlt ihm das Vokabular. Wenn er erklären soll, wie und warum er heilen kann, trägt er keine ausgefeilte Theorie vor. Er schöpft seine Kraft aus Gott – traditionelle Heiler sind durchweg tiefgläubige, praktizierende Christen –, dessen unergründlicher Ratschluß gerade ihn berief. Dessen Gnade läßt er entscheiden, für wen er etwas tun kann und darf.

Einen zweiten Typus hat die «New-Age»-Bewegung insbesondere in größeren Städten westlicher Industrieländer hervorgebracht: den *esoterischen Heiler*. Überdurchschnittlich viele relativ junge Menschen sind darunter, aus der Altersklasse zwischen zwanzig und vierzig, ausgebrochen aus erlernten Berufen, in denen sie sich nicht ausgefüllt fühlten. Ihre Berufung entdeckten sie in Begegnungen mit Astrologen, Medien, Bhagwans oder anderen respektierten Autoritäten der Esoterikszene, in Kursen und Seminaren, in eingehenden Literaturstudien, oder auf ausgedehnten Selbstfindungstrips nach Indien oder Fernost. Traditionellen Heilern wird ihre Fähigkeit *zuteil* – esoterische *erlernen* sie, ähnlich wie die Kunst des Deutens von Horoskopen oder Tarotkarten. Was sie tun, beschreiben und erklären sie mit Vorliebe in kulturfremden Begriffen, vor allem aus dem asiatischen Raum; sie geben Reiki, aktivieren Chakras, steuern das Qi. Traditionelle Heiler erspüren Krankheiten; esoterische Heiler erspüren Auren. Traditionelle Heiler sprechen von göttlicher Gnade; esoterische Heiler sprechen von «Energieströmen», «Schwingungen» und «Frequenzen». Beider Selbstverständnis ist allerdings eher religiöser als medizinisch-wissenschaftlicher Natur; ein von Zweifeln ungetrübter, fester Glaube gilt ihnen mehr als vorläufig begründetes Wissen, Intuition und Hingebung mehr als kritisches Hinterfragen und Analysieren. Die Kraftquelle, aus der esoterische Heiler zu schöpfen meinen, erscheint ihnen allerdings unpersönlicher als der himmlische Vater der Christenheit; dabei orientieren sie sich an östlichen Leitbildern. Um geistiges Heilen im engeren Sinn gruppieren sie ein mehr oder minder breites Angebot weiterer esoterischer Therapieformen: darunter Shiatsu, Akupressur und Reflexzonenmassage, angewandte Kinesiologie, Craniosacral-Therapie und «Tibetan Pulsing» und andere Formen von «Körperarbeit», die den Energiefluß durch physische Manipulationen fördern sollen. Auch kommen immer häufiger Hilfsmittel zum Einsatz, die geeignet sein sollen, kosmische Heilenergien an Kranke weiterzugeben: von Pyramiden, Edelsteinen und Kristallen bis hin zu Düften und

Klängen, Blütenessenzen und Farbfolien. Ferner ergänzen immer mehr esoterische Heiler ihr Therapieangebot um Techniken der Meditation und Imagination, denen sie neben rein psychologischen und physiologischen Wirkungen auch ein «energetisches» Potential zutrauen. Traditionelle Heiler hingegen schöpfen ergänzend eher aus volkstümlicher Kräuterheilkunde, alten Hausrezepten und jahrhundertealten magischen Ritualen wie dem «Besprechen».

Neben beide tritt neuerdings ein dritter Typus: der *medizinische Heiler*. Als ausgebildeter Heilpraktiker oder Arzt, oft auch als jahrelanger beharrlicher Autodidakt verfügt er über mehr oder minder profunde medizinische Kenntnisse und Fertigkeiten. Geistiges Heilen betrachtet er als Bestandteil einer ganzheitlichen energetischen Medizin: einer angewandten Wissenschaft von gestörten Funktionszuständen des Organismus, ihrer Ursachen und Erscheinungsformen, ihrer Vorbeugung und Heilung. In deren Mittelpunkt steht nicht das Symptom, sondern ihr Träger, nicht als biochemische Maschine, sondern als offenes energetisches System. Im Gegensatz zu den beiden anderen Heilertypen ist dieser auf sorgfältige Dokumentation aus, befürwortet Tests und Experimente, interessiert sich für entsprechende Forschungsprojekte. Er spricht nicht von Beweisen, sondern von Anhaltspunkten oder Evidenzen; nicht von Gesetzmäßigkeiten, sondern von Wahrscheinlichkeiten; nicht von Gewißheiten, sondern von Hypothesen. Die energetischen Prozesse, die er in Kranken in Gang setzt, scheinen ihm im Prinzip meßtechnisch faßbar. Geistiges Heilen spielt in seiner Praxis eine untergeordnete und komplementäre Rolle in einem weitaus umfassenderen Behandlungskonzept, das zahlreiche Therapieverfahren außerhalb der Schulmedizin einbezieht: von der Homöopathie über die Akupunktur bis zu Bioresonanzverfahren.

Innerhalb jeder Gruppe habe ich grundverschiedene Persönlichkeiten angetroffen. Die meisten Patienten stellen sich unter einem Heiler einen Menschen von beeindruckender persönlicher Ausstrahlung und edlem Charakter vor, erfüllt von Nächstenliebe, mit bewundernswerter Einfühlungsgabe und Geduld, Ausgeglichenheit und Weisheit. Dabei verkennen sie, daß nur eines dazugehört, als «Heiler» aufzutreten: die subjektive Überzeugung, Kranken mit rein «geistigen» Mitteln helfen zu können. Diese Überzeugung kann im übrigen mit beinahe beliebigen Charakterzügen einhergehen. Mir persönlich begegneten:

- Der *Altruist*: Er opfert sich im Dienst an Kranken auf, versucht aus Nächstenliebe bis zur Erschöpfung zu helfen, leidet buchstäblich mit, setzt sich uneigennützig ein.

- Der *Businessman*: Er verfährt nüchtern nach dem ökonomischen Prinzip von Leistung und Gegenleistung: Ware «Heilenergie» gegen Bezahlung.
- Der *Psi-Techniker*: Er vertraut den eingesetzten Verfahren mehr als der Intuition, schenkt Einzelheiten ihrer korrekten Anwendung größere Beachtung als Besonderheiten seiner Patienten. Als Methodenfetischist zelebriert er jede Verrichtung.
- Der *Souffleur*: Er begleitet jede Maßnahme mit wortreichen Erklärungen und Vorankündigungen, was der Patient erleben wird.
- Der *Prediger*: Er klärt den Patienten über die «Lektion» der Krankheit auf.
- Der *Schweiger*: Wortkarg läßt er seine Heilkräfte für sich selbst sprechen.
- Der *Gestreßte*: Er behandelt jeden Patienten, als wäre es der neunzigste von hundert, die er heute in seinem Terminkalender unterbringen mußte.

Mit anderen Worten: Die Berufsbezeichnung «Geistheiler» steht für nichts weiter als eine behauptete energetische Fähigkeit. Sie verbürgt keine charakterlichen oder therapeutischen Qualitäten. Sich über diese einen persönlichen Eindruck zu verschaffen, bleibt keinem Patienten erspart.

Doch die Mühe lohnt sich. Denn geistiges Heilen kann Kranken helfen, wo die Schulmedizin versagt. Zumindest manchen, zumindest manchmal. Millionen hoffen darauf, und offenbar werden die wenigsten enttäuscht. Einen triftigeren Grund, eine nebenwirkungsfreie Therapieform rechtlich zuzulassen und öffentlich zugänglich zu machen, kenne ich nicht.

# I Die Vielfalt der Methoden

## 1 Heilende Hände –
## Wunder, Wahn oder Wirklichkeit?

### Handauflegen

Die menschliche Hand ist eines der großartigsten Werkzeuge, die aus der biologischen Evolution hervorgegangen sind. In ihr enden Zehntausende von Nervensträngen; auf einer einzigen Fingerspitze liegen bis zu tausend hochempfindliche Sensoren, die auf feine Berührungen und Temperaturschwankungen ansprechen – ein ausgezeichnetes Wahrnehmungsorgan, das Auge und Ohr ideal ergänzt, notfalls sogar ersetzen kann. (Ein Blinder kann mit seinen Fingern «lesen».) Darüber hinaus ist die Hand ein hochpräzises und vielseitiges Arbeitsinstrument. Daß sie im Laufe der Entwicklungsgeschichte infolge der aufrechten Körperhaltung von der Fortbewegung entlastet und somit für das Tasten, Greifen, Herstellen und Kämpfen frei wurde, betrachten Biologen als einen entscheidenden Überlebensvorteil gegenüber anderen Arten. Hinzu kommt ihre Ausdrucksfunktion: Kaum eine Geste ist ausdrucksstärker als die Gebärde der Hand; geschulte Redner und Pantomimen haben sie zur Kunstform erhoben.

Wenn ein Kind sich weh getan hat, legt ihm seine Mutter oft intuitiv die Hand auf die schmerzende Stelle. Tröstet und beruhigt diese Geste bloß – oder vermag sie mehr? Geistheiler glauben an eine unterschätzte vierte Funktion der menschlichen Hand: Sie kann Leiden lindern, ja beseitigen.

Die ältesten Hinweise auf diese Überzeugung reichen bis in die Steinzeit zurück. Höhlenmalereien in den Pyrenäen deuten darauf hin, daß Menschen schon vor 15 000 Jahren die Kunst des Handauflegens kannten. Zeugnisse für heilende Hände finden sich in mündlichen Überlieferungen und Schriften sämtlicher Hochkulturen dieser Erde. So trägt eine babylonische Tafel die Inschrift: «Die Herrin, die die Toten erweckt, Gula, heile ihn durch Abwischen mit ihrer heiligen Hand.»[1] Auch die Priesterärzte im alten Ägypten arbeiteten mit dieser Methode, wie der *Papyrus Ebers* belegt, der in das Jahr 1553 v. Chr. zurückdatiert wird. Ebensoweit verbreitet war das Handauflegen im Fernen Osten, in der griechischen Antike sowie im alttestamentarischen Judentum. Jesus von Nazareth, vielleicht der größte «Wunderheiler» aller Zeiten, heilte vorwiegend durch Handauflegen. In der frühchristlichen Kirche herrschte diese Form der Krankenpflege, verbunden mit Salben und Beten, bis ins 8. Jahrhundert vor. Erst dann verlagerte sich allmählich das Gewicht: Körperliches Heil in dieser Welt wurde zweitrangig, die geistige Vorbereitung auf das Leben danach vordringlich. Mit schwerer Krankheit christlich umzugehen, schien eher zu erfordern, sie als göttliche Strafe oder Prüfung hinzunehmen und auf Gottes Gnade zu hoffen, statt gegen das Schicksal therapeutisch anzukämpfen. Zugleich setzte sich immer stärker die Verehrung von Reliquien der Heiligen und Märtyrer durch; sie drängte die Methode des Handauflegens als religiöses Ritual mehr und mehr zurück. (Näheres darüber im neunten Abschnitt dieses Kapitels.) Zwar machten in der Kirchengeschichte immer wieder einzelne herausragende, «heilige» Persönlichkeiten von sich reden, die mit der Gabe des Heilens gesegnet schienen: so etwa im 12. Jahrhundert Franz von Assisi und Bernhard von Clairvaux, im 14. Jahrhundert Katharina von Siena, im 16. Jahrhundert Franz Xaver. Doch die Kirchenoberen verfolgten das Wirken dieser wenigen Auserwählten häufig mit Besorgnis, Mißtrauen oder Gleichgültigkeit; man ließ sie gewähren, freilich ohne in ihnen Vorbilder für das Priesteramt zu sehen.

Geistlichen Segens gewiß konnten sich hingegen kirchenfreundliche weltliche Herrscher sein: Daß sie im Bund mit Gott stehen und mit seinem Segen regieren, schienen manche von ihnen durch die Heilkraft der «königlichen Berührung» unter Beweis zu stellen. Der römische Kaiser Hadrian soll im 2. Jahrhundert Untertanen reihenweise von Wassersucht befreit haben; sein Nachfolger Vespasian war dafür bekannt, daß er Nervenkranke, Lahme und Blinde kurieren konnte. Die ersten Berichte über Wunderheilungen durch christliche Könige kamen im 11. Jahrhundert auf, als Robert der Fromme in Frankreich und Eduard der Bekenner in England zu heilen begannen, indem sie den Kranken eine Hand auf den Nacken legten und das Zeichen des Kreuzes machten. Besonders wirksam soll dieser majestätische Gnadenakt bei Kropf und «Skrofeln» (Skrofulose) gewesen sein, tuberkulosebedingten Veränderungen der Gesichtshaut und der Lymphknoten am Hals. Im 17. Jahrhundert hatte die «königliche Berührung» den Gipfel ihrer Popularität erreicht. Englands König Karl II. widmete diese huldvolle Geste innerhalb von neunzehn Jahren über 90 000 Kranken; jeden segnete und berührte er, und zum Abschied hängte er seinen «Patienten» eine Goldmünze, den «Engelstaler», um den Hals.

Ansonsten waren heilende Hände vom frühen Mittelalter an und bis weit ins 19. Jahrhundert hinein eher als Hexerei verpönt. Man schrieb sie einem Bund mit dämonischen Mächten zu. Entsprechend unbarmherzig wurden Heiler verfolgt. Über ein Jahrtausend lang schwebten sie im christlichen Abendland in Lebensgefahr. Wer nicht «Okkultist» wurde (lat. *occultus*: geheim, verborgen), seine Fähigkeiten und Kenntnisse also verbarg, zahlte für seinen Bekennermut in den Folterkellern und auf den Scheiterhaufen der Inquisition.

Dieser Entwicklung hätte die abendländische Medizin entgegenwirken können, nachdem sie sich vom 5. Jahrhundert v. Chr. an aus religiöser Vereinnahmung allmählich freizumachen begann. Einer ihrer Begründer, Hippokrates von der Insel Kos (ca. 460–370 v. Chr.), gilt als der erste europäische Arzt, der aus eigener therapeutischer Erfahrung für das Handauflegen eintrat, ohne dessen Wirkung auf überirdische Mächte zurückzuführen. Oft soll Hippokrates bei seinen Patienten Schmerzen und Gebrechen gelindert haben, indem er seine Hände auf die betroffenen Körperstellen legte: «Es war, als wohne meinen Händen eine geheimnisvolle Heilkraft inne.»[2]

Doch dieser Anstoß wirkte in der offiziell anerkannten Medizin kaum nach. Es dauerte bis zum 18. Jahrhundert, ehe ein medizinischer Außenseiter mit einer Form des Handauflegens, die ihm nicht religiös, sondern wissenschaftlich begründet schien, schulbildend wurde: der österreichische Arzt Franz Anton Mesmer. Zu seiner Zeit war das «Bestreichen» weit verbreitet. Umherziehende Volksheiler und weise Frauen behandelten Patienten, indem sie mit ihren Händen an kranken Gliedern entlangstrichen, als wollten sie damit das Übel nach unten aus dem Körper herausleiten. Diese Bewegungen, «Striche» *(passes)* genannt, ähnelten jenen, mit denen ein Stück Eisen magnetisiert wird. Deshalb waren viele Handaufleger dazu übergegangen, die Wirkung des Bestreichens zu unterstützen, indem sie einen Magneten in der Hand hielten. Mesmer hatte solche Behandlungen mehrfach beobachtet. Überzeugt davon, daß dabei eine unsichtbare Kraft übertragen wurde – ein «magnetisches Fluidum» –, entwickelte er daraus eine eigene Heilmethode, das «Magnetisieren». (Mehr darüber im Abschnitt «Magnetisches Heilen».)

Die ideologische Kluft, die sich seit Mesmer unter Handauflegern auftat, besteht bis heute. Nach wie vor bezeichnet sich ein großer Teil von ihnen, unter Berufung auf Mesmer, als «Heilmagnetiseur» oder «Magnetopath».[3] Die Bezeichnung «Geistheiler» lehnen viele von ihnen ausdrücklich ab; denn nach ihrer Überzeugung ist jene Kraft, die sie an Kranke weitergeben, keineswegs etwas Nichtphysisches, sondern eine dem Elektromagnetismus zumindest verwandte Form von

Energie, die sich durchaus naturwissenschaftlich erforschen läßt. Handaufleger in der christlichen Tradition berufen sich dagegen durchweg auf Gott als überirdische Quelle ihrer Kraft. Während manche Magnetiseure annehmen, die heilende Energie entstamme ihrem eigenen Körper, sehen sich Geistheiler eher als Vermittler, als «Kanal» für einen Energiestrom aus einer anderen, höheren Dimension.

In der Praxis verschwimmen diese theoretischen Grenzen allerdings häufig: Durch bloße Beobachtung ist in der Regel nicht immer auseinanderzuhalten, ob ein Heiler gerade «magnetisiert» oder «geistig» behandelt. Die dadurch ausgelösten Empfindungen im Patienten, die seelisch-geistigen Vorgänge im Therapeuten, ebenso wie Art und Ausmaß, Bedingungen und Dauer der erzielten Ergebnisse sprechen dafür, daß beide Vorgehensweisen viel mehr gemeinsam haben, als ihren Verfechtern klar ist. In diesem Buch wird «Magnetopathie» als Sonderform des Handauflegens behandelt.

Beinahe jeder Handaufleger kann mit Schilderungen beachtlicher Heilerfolge aufwarten. Und jedem liegen überschwengliche Dankesbriefe zahlreicher Patienten vor, die ihm recht zu geben scheinen. Aber selbst wenn solche Anekdoten einer medizinisch-wissenschaftlichen Überprüfung standhalten sollten: Bleiben es nicht *Einzelfälle*? Woher wissen wir, daß sie die Regel darstellen – und nicht seltene Ausnahmen bleiben? Immer wieder hören wir von unfaßbaren «Heilwundern». Doch wie steht es mit Fehlschlägen? Mit anderen Worten: Wie groß ist die objektive Wahrscheinlichkeit für einen Kranken, bei einem Geistheiler Hilfe zu finden? Wie wirken aufgelegte Hände *im allgemeinen*?

Eine pauschale Antwort darauf kann guten Gewissens niemand geben, der den bisherigen Forschungsstand kennt. Zwar ist Handauflegen nicht nur die mit Abstand verbreitetste geistige Heilweise, sondern auch die bei weitem wissenschaftlich am besten untersuchte – doch verläßliche generelle Erkenntnisse über die Fähigkeiten all jener Personen, die mit bloßen Händen Kranken Hoffnung machen, sind nach wie vor nicht in Sicht. Was uns vorliegt, ist eine kaum noch überschaubare Fülle von überzeugend dokumentierten Einzelfällen, von beeindruckenden Patientenberichten, von verblüffenden wissenschaftlichen Tests und Experimenten mit mehreren hundert Geistheilern, herausragenden ebenso wie unbekannten, die den vorsichtigen Schluß zulassen: Heilen durch Handauflegen tut der Mehrheit der Behandelten gut, nicht nur im psychischen Bereich, sondern auch bei hartnäckigen funktionellen Störungen und organischen Leiden. Die Darstellung und kritische Würdigung des aktuellen Forschungsstands verschiebe ich auf Kapitel IV, «Geistheilung im (Zerr-)Spiegel der Wissenschaft». Die Erforschung geistigen Heilens, so wird sich dort zeigen, hat sich bislang weitgehend auf das Handauflegen konzentriert.

## Magnetisches Heilen (Magnetopathie)

Sensationen hatte Paris am Vorabend der Französischen Revolution reichlich zu bieten. Der amerikanische Botschafter Benjamin Franklin hatte die Mode ins Land gebracht, Anwendungen der Elektrizität öffentlich vorzuführen, und so bestaunte das Volk künstliches Licht, das Gottes natürliche Schöpfungsordnung anscheinend verkehrte, indem es die Nacht zum Tag macht. Der schachspielende Roboter, den ein Baron Kempelen aus Preßburg ersonnen hatte, blamierte menschliche Gegner reihenweise. Als die Brüder Montgolfier 1783 in einem Ballon gen Himmel schwebten, überwand der Mensch erstmals in der Geschichte die Schwerkraft. Doch keine Sensation hielt das Volk und insbesondere die leicht zu langweilenden Salonlöwen aus dem Adel und dem gehobenen Bürgertum mehr in Atem als die Heilséancen eines zugereisten Arztes aus Österreich, Dr. Franz Anton Mesmer (1734–1815). In Scharen folgten sie seinen Einladungen in einen prächtig ausstaffierten Salon, in dem er beinahe täglich hofhielt. Heilwunder über Heilwunder schien er dort zu vollbringen. Dabeizusein und mitzumachen, galt als «le dernier cri», als letzter Schrei. Mesmers Séancen waren auf Wochen im voraus ausgebucht.

Hier saßen oft Dutzende von meist vornehm gekleideten Herrschaften in einem mit dicken Teppichen ausgelegten und üppig möblierten Raum. Viele große Spiegel an der Wand, zugezogene Vorhänge, das fahle Licht von Öllampen sorgten für eine geheimnisvolle Atmosphäre, verstärkt durch einschmeichelnde Musik von Holzblasinstrumenten oder auch von Mesmers berühmter Glasharmonika. In gespannter Erwartung hockte die Gesellschaft dichtgedrängt um einen großen eichenen Bottich, dem sogenannten *baquet*, der mit Wasser gefüllt war. Darin schwammen Eisenspäne und einige Flaschen, die mit «magnetischem Wasser» gefüllt waren. Mehrere eiserne Stangen und Bänder ragten aus dem Faß heraus. Wer sich krank fühlte, griff nach den Eisenteilen und hielt sie sich eine Weile an den betroffenen Körperteil. Der Rest harrte ungeduldig auf Mesmers Erscheinen.

Endlich betrat er den Raum, umhüllt von einem mit Spitzen besetzten Mantel aus Purpurseide. Langsam schritt er von Patient zu Patient. Jeden fixierte er mit starrem, durchdringendem Blick und strich ihm mit einem Eisenstab, manchmal auch mit bloßen Händen am Körper entlang, während die Musik im Hintergrund immer schneller wurde.

Spätestens jetzt schrien viele Patienten hysterisch auf, brachen zusammen und fielen in Ohnmacht. Krankenwärter trugen sie ins «Krisenzimmer» nebenan, wo sie auf Matratzen gelegt wurden. Andere fielen in Trance. Wenn sie wieder zu sich kamen, fühlte sich ein Großteil beschwerdefrei. Wie zeitgenössische Chronisten festhielten, verschwanden im Rahmen von Mesmers Sitzungen Lähmungen und Blindheit, Folgeschäden schwerster Erfrierungen, Migräne, Asthma und zahlreiche andere chronische Leiden.

Was bewirkte diese Heilerfolge? Mesmer selbst glaubte an eine Art von Magnetismus. Schon in seiner 1755 verfaßten Wiener Doktorarbeit *De influxu planetorum*, in der er sich mit der «Beeinflussung der Gestirne auf den Körper» befaßte, hatte er eine universale Lebenskraft angenommen, die das ganze Universum erfüllt: ein physikalisches Fluidum, mit dem die Sterne den Menschen beeinflussen können. Diese Energie nannte er *animalischen Magnetismus*, in der Annahme, sie hänge mit dem physikalischen Magnetismus zusammen und folge ähnlichen Gesetzen. Von ihrem ständigen, ungehinderten Strom im Körper hänge Gesundheit und Wohlergehen ab. Werde er unterbrochen, so entstünden Krankheiten; sobald er wiederhergestellt werde, kehre die Gesundheit zurück. In den «Krisen», die viele Patienten durchmachten, sah Mesmer ein rein physikalisches Ereignis, ausgelöst durch den plötzlichen Zusammenbruch von inneren Blockaden, die den freien Fluß des «Fluidums» behinderten. Mit diesem Ansatz glaubte Mesmer übrigens auch das Gesundbeten auf naturwissenschaftliche Weise erklären zu können: Gebetsheiler machten nach seiner Ansicht von einer völlig natürlichen, «magnetischen» Energie Gebrauch, die nichts mit der göttlichen Auserwähltheit des Heilers oder dem frommen Glauben des Leidenden zu tun hatte.

Um diese Kraft zu übertragen, hatte Mesmer seine Patienten anfangs mit Magneten bestrichen und «magnetisiertes» Wasser trinken lassen. Sein *baquet* war eine Nachbildung der Leidener Flasche, der 1745 erfundenen Grundform des Kondensators; in ihm sollten sich eingetauchte Gegenstände «aufladen» können, ebenso wie das eingefüllte Wasser. Allmählich kam Mesmer aber zu der Überzeugung, daß er auf jegliche mechanischen Hilfsmittel verzichten konnte. Es schien zu genügen, daß er seine Patienten mit bloßen Händen berührte, ja, oft brauchte er ihnen nur intensiv in die Augen zu schauen, um den nötigen *rapport* herzustellen, wie er die Verbindung zwischen «Magnetiseur» und Patient nannte. Daraus folgerte Mesmer, daß manche Menschen offenbar imstande sind, das magnetische Fluidum zu konzentrieren und auf andere Personen überzuleiten, ja auf Objekte aller

Art. So «magnetisierten» Schüler Mesmers sogar Bäume in öffentlichen Parks, damit die Armen sich durch sie heilen konnten. An manchen Tagen standen Hunderte von Hilfesuchenden vor ihnen Schlange.

In der esoterischen Therapieszene findet Mesmer bis heute eine treue Anhängerschaft. Allein im deutschsprachigen Raum verabreichen immer noch mehrere hundert Magnetopathen, im Volksmund verächtlich «Streichelheinis» genannt, ihren Patienten «Striche», verordnen ihnen «mesmerisiertes» Wasser oder andere mit «animalischem Magnetismus» aufgeladene Objekte als Heilmittel. Doch nicht allen ist klar, was sie dabei tun und wie sie, wenn überhaupt, Genesungsprozesse in Gang setzen.

Mit ebendiesen Fragen hatte sich schon 1784 eine von König Ludwig XVI. eingesetzte wissenschaftliche Untersuchungskommission beschäftigt – und sie enttäuschend nichtssagend beantwortet. Um Mesmers Geheimnis auf die Schliche zu kommen, fiel den Gelehrten nicht mehr ein, als in der *Baquet*-Wanne und an «magnetisierten» Objekten physikalische Messungen durchzuführen. Weil daran nichts meßbar war, fiel das Gelehrtenurteil vernichtend aus: «Nullité du magnétisme» – jegliche Heilwirkung sei schierer Einbildungskraft zuzuschreiben. Dabei verkannte die Kommission völlig, daß Mesmers Erfolge auch dann medizinisch bedeutsam waren, wenn sie «nur» auf Imagination beruhten. Nach Mesmers Tod mußten über sechzig Jahre vergehen, ehe die Französische Akademie der Wissenschaften das durch ihn begründete Heilverfahren anerkannte; und erst 1958 erklärte der amerikanische Ärzteverband AMA offiziell, daß diesem Verfahren ein fester Platz im modernen Gesundheitswesen gebühre.

Richtig gelegen hatte die königliche Kommission allerdings zumindest in einem Punkt: Die Behauptung, die unbestreitbaren Heilerfolge des «Mesmerisierens» würden auf der Übertragung einer dem Magnetismus verwandten physikalischen Kraft beruhen, erwies sich schon bald nach Mesmers Tod als zu weitgehend. In hohem Maße kam es auf den Bewußtseinszustand des Patienten an, seine «psychische Beeinflußbarkeit», wie der portugiesische Priester José Faria (1755–1819) als erster erkannte. Faria, der unter anderem an den Universitäten von Nîmes und Marseille Philosophie lehrte, sprach von «Somnambulismus», einer Art des inneren Schlafwandelns. In diesem Zustand, so hatte der Mesmer-Schüler Armand de Puységur (1751–1825) entdeckt, gehorcht der Patient scheinbar willenlos den Befehlen seines Mesmeristen – ob er nun vorher «magnetisiert» worden ist oder nicht. Der schottische Augenchirurg James Braid (1795–1860) gab diesem Zustand seinen modernen Namen: *Hypnose* (abgeleitet vom griechischen *hypnos*: Schlaf).

Fast alle Effekte, die Mesmeristen erzielen, lassen sich durch hypnotische Induktion auslösen; insofern hat sich die Annahme einer «magnetischen Kraftübertragung» als überflüssig erwiesen. In den dramatischen Zusammenbrüchen vieler mesmerisierter Patienten, den «Krisen», werden heute hysterische Entladungen gespannter Erwartung, kollektiver «Ansteckung» und eines übersteigerten Bedürfnisses nach Aufmerksamkeit und Zuwendung gesehen. Demnach verbirgt sich hinter «Magnetopathie» nichts weiter als eine irreführend bezeichnete Ansammlung psychologischer Suggestionstechniken. Das schmälert beileibe nicht ihren therapeutischen Wert, aber es entmystifiziert sie weitgehend.

Allerdings erklärt Hypnose allein nicht sämtliche Mesmerschen Effekte. So scheinen «mesmerisierte» Gegenstände manchmal tatsächlich eine Heilenergie in sich aufzunehmen, die sie speichern und weitergeben können. Außerdem scheinen manche Magnetopathen imstande, jene Energie, die sie als «animalischen Magnetismus» bezeichnen, auch an weit entfernte Patienten weiterzuleiten, ohne daß sie sich mit zunehmender Distanz abschwächt.* Beides deutet darauf hin, daß Mesmer zumindest in einer Hinsicht recht hatte: Womöglich übertragen Magnetopathen in der Tat eine Art von Heilenergie – wenn auch keine «magnetische» oder sonstige bekannte physikalische, sondern die gleiche, auf die auch Handaufleger ihre Erfolge zurückführen: jene Energie, die Chinesen «Qi», Japaner «Ki» und Inder «Prana» nennen.

### «Heilende Berührung» (Therapeutic Touch)

Bis zum Jahre 1971 war Dolores Krieger nichts weiter als eine junge amerikanische Krankenschwester, die wie tausend andere am frustrierenden Pflegealltag in modernen High-Tech-Kliniken litt – aber nicht wußte, was sie daran ändern konnte. Da stieß sie zufällig auf einen Zeitungsartikel über den ungarischen Heiler Oskar Estebany, der in Experimenten an der Universität Montreal, Kanada, durch bloßes Handauflegen Tiere und Pflanzen verblüffend beeinflußt hatte. Unter anderem produzierten Pflanzen erheblich mehr Chlorophyll, nachdem sie mit Wasser gegossen wurden, das der Heiler zuvor in bloßen Händen gehalten hatte.**

Fasziniert nahm Frau Krieger Kontakt zum Leiter dieser Versuche

---

* Siehe dazu den Abschnitt über «Fernheilung», Seite 49 ff.
** Siehe Kapitel I, Seite 182 ff.

auf, dem Biochemiker Dr. Bernard Grad, schloß sich seiner Forschungsgruppe an und begann mit eigenen Experimenten. Dabei konzentrierte sie sich zunächst auf einen chemischen Verwandten von Chlorophyll, nämlich Hämoglobin, jenes Atmungspigment, das den roten Blutkörperchen ihre Farbe gibt. Dieser Blutfarbstoff hat die Funktion, in den Atmungsorganen Sauerstoff aufzunehmen, an die Orte des Verbrauchs im Körpergewebe zu schaffen und dort abzugeben; zugleich nimmt es Kohlendioxid auf und führt es den Atmungsorganen zu, wo es nach außen freigesetzt wird. Wäre Estebany imstande, den Hämoglobinspiegel von Menschen günstig zu beeinflussen, indem er ihnen eine Viertelstunde lang die Hände auflegte? In drei Versuchen, an denen insgesamt 183 Testpersonen teilnahmen – 75 von ihnen bildeten unbehandelte Kontrollgruppen –, war der Heiler jedesmal erfolgreich.

Verfügen nur Ausnahmetalente wie Estebany über eine solche Gabe? Oder steckt die gleiche Fähigkeit latent in jedem Menschen? Wenn ja, läßt sie sich unter Anleitung entfalten? Um das herauszufinden, unterwies Dolores Krieger 32 Krankenschwestern im Handauflegen. Dann wurden auch sie dem Hämoglobin-Test unterzogen – erneut mit Erfolg.[4] Nun stand für Dolores Krieger fest: Diese einfache, leicht zu erlernende und gefahrlose Methode könnte die Krankenpflege wesentlich bereichern, vor allem humaner machen. Sie begründete, teilweise in Zusammenarbeit mit der bekannten Heilerin und Sensitiven Dora van Gelder Kunz, die Schule des *Therapeutic Touch* (TT, «Therapeutische Berührung», auch als «Heilende Berührung» bekannt): ein dem Handauflegen eng verwandtes Diagnose- und Behandlungssystem, dessen Grundlagen sie erstmals 1979 in einem vielbeachteten Buch gleichen Titels vorstellte.[5] In dieser Methode des «Energietransfers», die Frau Krieger als außerordentliche Professorin an der Universität von New York lehrt, hat sie mittlerweile rund 30 000 Krankenschwestern unterwiesen; kaum eine «Novizin» soll in ihren Kursen durchgefallen sein. In mehreren US-Bundesstaaten gehört TT bereits formell zur Ausbildung angehender Krankenschwestern, und der Berufsverband «Nationale Liga für Krankenpflege» hat eine Serie von Video-Lehrfilmen über TT produziert. Weltweit ist TT inzwischen in über vierzig Ländern verbreitet.

Neu daran ist jedoch nur der Name, nicht die Praxis. In TT-Kursen lernen die Teilnehmer zunächst, mit bloßen Händen die Energiefelder des Körpers zu spüren – und dabei Anzeichen für Blockierungen und Ungleichgewichte zu erfühlen, die sich in Empfindungen von Wärme und Kälte, einem Prickeln, Druck, Elektrisieren oder Pulsieren bemerkbar machen sollen. Die Behandlung beginnt damit, das Energiefeld des Patienten zu «glätten», indem man mit bloßen Händen darüberstreicht. Dadurch sollen Blockierungen beseitigt werden; der Patient entspannt sich zunehmend, seine Stimme wird ruhiger, er atmet langsamer und tiefer, und seine Haut sieht besser durchblutet aus. Anschließend läßt der TΤ-Anwender Heilenergie in die betroffenen Körperpartien fließen, indem er seine Hände darüberhält. Dabei arbeitet Frau Krieger grundsätzlich mit Ärzten zusammen. Als Ergänzung schulmedizinischer Maßnahmen eignet sich die «Heilende Berührung» nach ihrer Erfahrung besonders in zweierlei Hinsicht: Sie erzeugt im Patienten ein tiefes Gefühl von Entspannung, außerdem lindert sie Schmerzen und Ängste – beides wichtige Faktoren, die bei einer Vielzahl von Krankheiten den Heilungserfolg fördern.

Auf TT schwört der bekannte Schweizer Heiler Hans Zurfluh in Beinwil. Nachdem er diese Methode an der Universität von New York bei der Krieger-Schülerin Maud Pollock kennengelernt hatte, wendet er sie seit 1991 in seiner Praxis an, gemeinsam mit seiner Frau Elisabeth, einer ausgebildeten Kinderkranken- und OP-Schwester.[6] Dabei kombinieren sie TT mit Farb- und Edelsteintherapie, mit Visualisierungen und «Rückführungen» in frühere Leben. Besonders gute Erfolge erzielen sie damit, nach eigenen Angaben, bei chronischen Schmerzzuständen, aber auch «bei psychischen Problemen, Rücken-, Lungen- und Herzproblemen, Allergien und Beschwerden des rheumatischen Formenkreises», häufig bereits innerhalb von ein bis drei einstündigen Sitzungen.

Solche Erfolgsberichte stützen sich auf eine wachsende Zahl wissenschaftlicher Untersuchungen. So teilten Elizabeth Keller und Virginia Bzdek 1986 dreißig Patienten mit Spannungskopfschmerzen zwei Gruppen zu: Während die eine Hälfte fünf Minuten lang «therapeutisch berührt» wurde, erhielten die übrigen eine Scheinbehandlung, bei welcher der Heiler bloß so tat, als kümmere er sich um sie. Zwar vollführte er die üblichen Handbewegungen, für äußere Beobachter von einer echten TT-Behandlung ununterscheidbar – doch im Geist beschäftigte er sich damit, Zahlen zu subtrahieren. Bei den TT-Behandelten ließen Schmerzen daraufhin auffallend häufiger und stärker nach.[7]

In einem anderen Test wurden 90 Patienten, die wegen Herzstörungen in Krankenhäusern lagen, in drei gleich große Gruppen aufgeteilt. Die einen erhielten eine fünfminütige TT-Behandlung; 30 weiteren wurden, wie in Kellers und Bzdeks Versuch, bloß zum Schein die Hände aufgelegt; der Rest blieb unbehandelt. Anschließende psychologische Tests zeigten, daß TT zu einer deutlichen Verminderung von Angst geführt hatte.[8] Drei weitere TT-Experimente zur Angstreduktion, unter anderem an Neugeborenen und Kindern, bestätigten diesen Zusammenhang.[9]

Unter den rund dreißig Forschungsarbeiten zum «Therapeutic Touch», die bis 1992 allein in den Vereinigten Staaten veröffentlicht wurden, erbrachte allerdings nur die Hälfte positive Resultate. Manche verliefen ergebnislos.[10] Auch leidet ein Großteil der Studien, mit denen TT-Anhänger ihre Vorgehensweise wissenschaftlich zu untermauern suchen, an methodischen Mängeln.[11] Trotzdem hat sich TT in der klinischen Praxis bewährt. Von den meisten Patienten dankbar begrüßt, baut dieses Verfahren fast jeden Behandelten psychisch wieder auf, auch wenn es die Somatik des Krankheitsverlaufs nicht immer beeinflußt. Als die Kommission für das Krankenpflegewesen des US-Bundesstaates Colorado kürzlich ohne Gegenstimme beschloß, TT auch weiterhin zu fördern, begründete sie dies unter anderem mit «dem Recht des Patienten, Zugang zum gesamten Bereich von Vorsorge- und Heilmaßnahmen zu erhalten». Ist dieses Recht nicht heilig, solange niemandem Schaden entsteht, der es wahrnimmt? Die zunehmend als seelenlos empfundene Apparatemedizin hat TT jedenfalls an Hunderten von amerikanischen Kliniken wieder ein wenig menschlicher gemacht. «Im Zeitalter der Wissenschaft», so Dolores Krieger, «in dem man sich für alles Mechanische und Synthetische (und damit oft genug Unmenschliche) begeistert, hat man die therapeutische Kraft der Hände schon fast vergessen.»[12]

Mit ihrer Behauptung, «Energieströme» in Kranken anzuregen oder auf sie zu übertragen, ernten Geistheiler bei westlichen Schulmedizinern meist verständnisloses Kopfschütteln. Im Fernen Osten würden sie ernstgenommen: Denn dort herrschen, teilweise seit Jahrtausenden, Medizinsysteme vor, die im harmonischen Fluß ebensolcher Energien das Geheimnis körperlicher und seelischer Gesundheit sehen.

## Qi Gong

Seit mindestens 4500 Jahren richten chinesische Heilkundige ihr Augenmerk auf *Qi* (alte Schreibweise: *Chi*; gesprochen: «Tschie»): eine unsichtbare Lebensenergie, die keineswegs außerhalb der Natur steht wie der «Geist» im philosophischen Denken des Westens, sondern deren Gesetzen ebenso unterworfen ist wie alle anderen Energien und Substanzen. Im Unterschied zu bekannten Energieformen durchdringt diese Vitalkraft allerdings jegliche Barrieren; beliebige Entfernungen überwindet sie in Bruchteilen einer Sekunde, ohne sich dabei abzuschwächen. Es gibt «kosmisches» Qi, welches das gesamte Universum erfüllt. Außerdem wird alles Lebendige von «individuellem» Qi durchdrungen. So hat jede Pflanze, jedes Tier, auch jeder Mensch sein spezielles Qi, ebenso wie jedes seiner Organe.

Diese Energie durchströmt unseren Körper in einem Netz von vorgegebenen Leitbahnen, den *Meridianen*. Unsere Gesundheit hängt davon ab, ob diese Meridiane offen sind, ob genügend Energie durch sie fließt und sich in ihnen gleichmäßig verteilt. Krankheit entsteht, wenn der Energiefluß gestört, aus dem Gleichgewicht geraten ist. Dazu kann unausgewogene Ernährung ebenso beitragen wie flaches, unruhiges Atmen, verkrampfte Körperhaltung, mangelnde Bewegung – und falsches Denken.

In der taoistischen Tradition werden Harmonie und Ungleichgewicht von Qi durch die Lehre von *Yin* und *Yang* gedeutet: zwei gegensätzliche, universale Kräfte, die zusammen ein dynamisches Ganzes bilden, vergleichbar dem positiven und negativen Spannungsfeld einer elektrischen Ladung. Yin wird assoziiert mit dem Ruhenden, Dunklen, Kühlen und Inneren; Yang wird dagegen mit dem Aktiven, Hellen, Warmen und Äußeren in Verbindung gebracht. Bestimmte Körperabschnitte und Organe haben eher Yin- oder Yang-Qualität. Chinesische Mediziner ordnen beispielsweise Magen, Darm und Blase dem Yin zu, während Lunge, Leber, Milz, Nieren und Herz eher das Yang-Prinzip verkörpern. Auch die Meridiane werden in Yin und Yang unterteilt. Energiearbeit mit Qi zielt darauf, Yin- und Yang-Aspekte in ein ausgewogenes Verhältnis zu bringen.

Ein wichtiges Vehikel des Qi ist die Vorstellungskraft: Durch entsprechende Konzentration läßt es sich in bestimmte Organe und Körperbereiche lenken; es läßt sich verdichten, und es kann vom eigenen Körper auf andere übertragen werden. Man kann Qi über das Atmen und die Nahrung oder auch direkt über die Körperoberfläche aus dem Kosmos aufnehmen; und man kann altes, verbrauchtes Qi abstoßen. Wie die «Seele» westlicher Philosophen und Religionsstifter, so gehört es zum Wesen von Qi, weder zu altern noch zu sterben. Im Augenblick des Todes tritt es aus dem Körper und setzt sich wieder neu zusammen, um in andere Körper einzutreten.

Die Kunst, den Qi-Energiefluß bewußt zu lenken, heißt *Qi Gong* (wörtlich: «systematisches Arbeiten mit Qi»). Darunter fällt eine Vielfalt von yogaähnlichen Konzentrations-, Atem-, Haltungs- und Bewegungsübungen, die dazu dienen sollen, das Qi in den Körper zu leiten, Störungen im Qi-Fluß zu beseitigen und auf diese Weise Gesundheit zu erhalten oder wiederherzustellen. Vermutlich entwickelte sich Qi Gong um 2500 v. Chr. aus einem rituellen Tanz, der Muskelschmerzen und Hautkrankheiten abwehren sollte. Noch zu Beginn dieses Jahrhunderts praktizierten es meist nur Gelehrte, Mönche und Einsiedler. Erst in den fünfziger Jahren drang es in breite Bevölkerungsschichten vor, und mehrere Qi-Gong-Sanatorien und -Forschungsinstitute wurden eröffnet. Dieser ersten Blütezeit setzte die kommunistische Kulturrevolution, die Qi-Lehren als religiöses Blendwerk abtat, ein jähes Ende: Die Sanatorien wurden geschlossen, viele berühmte Qi-Gong-Meister wurden verfolgt und hingerichtet. Von diesem Rückschlag begann sich die Bewegung erst gegen Ende der siebziger Jahre allmählich zu erholen. Damals liefen die ersten staatlich geförderten Forschungsprojekte an, in denen Naturwissenschaftler das Qi experimentell nachweisen und auf bekannte physikalische Energien wie Elektrizität oder Magnetismus zurückführen sollten; so konnte dem Qi ein Platz im offiziellen Weltbild des Materialismus zugewiesen werden, womit es für Parteifunktionäre akzeptabel wurde. (Eine ähnliche Entwicklung nahm die Psi-Forschung in der Sowjetunion.) Daraufhin lockerte der Staat seine restriktiven Bestimmungen mehr und mehr.[13] Heute bestehen in China wieder über 200 offiziell eingetragene Qi-Gong-Schulen. Regelmäßig erscheinen mindestens acht populärwissenschaftliche Zeitschriften über Qi Gong. Eine wahre Flut von Publikationen wird ihm gewidmet: Während es im Jahre 1979 nur 13 Veröffentlichungen pro Jahr waren, stieg die Zahl der Neuerscheinungen bis 1988 auf 831.[14] Zehn nationale und mehrere regionale Vereinigungen widmen sich der wissenschaftlichen Untersuchung des Qi. Über fünfzig Millionen Erwachsene praktizieren Qi-Gong-Übungen, allen voran Pekings graue Eminenz Deng Xiaoping: sei es zur allgemeinen Gesundheitspflege, zur Prophylaxe, zur Unterstützung von Heilungsprozessen oder zur Nachsorge.

Dabei werden Übungen in Bewegung (Dong Gong) und Übungen in Ruhe (Jing Gong) unterschieden. «Ruhendes» Qi Gong besteht größtenteils aus stillen, meditativen Übungen, in denen der Fluß des Qi allein durch die Vorstellungskraft angeregt wird. «Bewegtes» Qi Gong schließt darüber hinaus körperliche Übungen ein; am bekanntesten ist im Westen das Taiqi (alte Schreibweise: Taichi).

Welche Macht die geistige Kontrolle über Qi verleihen kann, sofern sie täglich mehrere Stunden über Jahre hinweg trainiert wird, führt das «harte» Qi Gong vor Augen, der Einsatz von Qi zur Verteidigung gegen Angriffe, wie etwa im Kampfsport Kung Fu. Im sagenumwobenen Shaolin-Kloster lernen Adepten, Qi in einem Maße zu beherrschen, das sie zum sogenannten «Eisenhemd-Qi-Gong» befähigt: Durch bestimmte Übungen, in denen sie Qi «verdichten», sollen sie einen unsichtbaren Panzer aufbauen können. Die Fäuste und andere Körperstellen werden dadurch buchstäblich zu Stahl gehärtet. Ohne Schaden zu nehmen, lassen sich Meister dieser Kunst dann von einer tonnenschweren Baumaschine überfahren, hängen sich stundenlang am Hals an einem Ast auf oder stemmen ihren Körper einen Tag lang auf einzelnen Fingern hoch.[15]

Weitaus verbreiteter ist im Volk dagegen «weiches» Qi Gong: Übungen zum Zweck, den Körper zu kräftigen, Krankheiten zu beseitigen und das Leben zu verlängern. Auch solche Übungen setzen, wissenschaftlich belegbar, erstaunliche Veränderungen in Gang. Stoffwechsel, Kreislauf und Immunsystem werden meßbar gestärkt; Herzfrequenz, Atemrhythmus und Proteinstoffwechsel verlangsamen sich; die Produktion bestimmter Hormone wird verringert; Zellen leben länger. So berichtete die *Zeitschrift für Traditionelle Chinesische Medizin* 1986 über eine Langzeitstudie, bei der 244 Patienten mit Bluthochdruck bis zu 22 Jahre lang beobachtet wurden; wer unter ihnen regelmäßig Qi Gong praktizierte, senkte sein Risiko, einen Schlaganfall zu erleiden, ganz erheblich.[16] Wie der Medizinprofessor Yan Xuanzou von der Pekinger Hochschule für Traditionelle Chinesische Medizin nachwies, erhöhen Menschen, die täglich vierzig Minuten lang Qi Gong praktizieren, beträchtlich ihre IGA-Werte (ein aus dem Speichel entnommenes Immunglobulin), und ihre Lysozyme – Enzyme, welche die Zellwände von Bakterien zerstören – sind deutlich aktiver. Diese beiden Indikatoren für ein intaktes Immunsystem veränderten sich dagegen nicht bei einer Kontrollgruppe von Testpersonen, die sich an den Qi-Gong-Übungen nicht aktiv beteiligt hatten.[17]

Aber Qi soll auch willentlich auf andere abgestrahlt werden können: Darin besteht die Kunst des *Waiqi*. Von Meistern des Qi Gong wird behauptet, sie besäßen eine vollständige Kontrolle über diesen Energietransfer. Angeblich sind sie imstande, ihr persönliches Qi bewußt «auszusenden» und wieder zurückzuholen; sie können ihm befehlen, den Körper für immer zu verlassen – und damit willentlich ihren eigenen Tod herbeiführen. Mit ihrem Qi, so wird ihnen nachgesagt, durchdringen sie den Körper anderer Menschen; am zurückströmenden Qi «lesen» sie ab, ob Körperfunktionen gestört oder in Ordnung sind. «Schlechtes» Qi «ziehen» sie aus Kranken «heraus». Sie vermögen einen ganzen Raum mit Qi zu füllen – und dadurch mehrere Patienten zugleich zu behandeln. Es heißt, daß sie mit ihrer Kunst beinahe jede Krankheit heilen, von Lähmungen über Herzleiden bis hin zu Krebs.

Entlang der Meridiane sollen bestimmte Punkte liegen, an denen

Störungen des Qi-Energieflusses reguliert werden können. Während Akupunkteure solche Punkte mit Nadeln anstechen, setzen Waiqi-Meister ganz auf die Übertragung von Heilenergien mittels genau festgelegter, ritueller Bewegungs- und Konzentrationsabläufe. Außenstehende nehmen lediglich wahr, wie der Heiler über seinem Patienten eigenartige Handbewegungen ausführt oder ihn an bestimmten Körperstellen leicht berührt. Ein Reporter der *New York Times*, Edward Gargan, erlebte 1986 mit, wie ein Pekinger Qi-Gong-Meister einen Gelähmten behandelte: «Die Hände des Arztes erkunden zunächst langsam die Luft vor dem Patienten, so als klopften sie ein unsichtbares Kissen. Allmählich beginnen sie ein stilles Menuett, drehen sich und wirbeln umher. Dann klopfen seine Hände eine unsichtbare Teigmasse und streichen über eine ebenfalls unsichtbare Oberfläche. Vor ihm auf dem Tisch liegt der Patient mit geschlossenen Augen. Langsam hebt sich ein Bein, so als würde es auf die Bewegungen des Arztes reagieren. Danach heben und senken sich die Arme und Beine des Patienten eine Viertelstunde lang, während der Arzt an der Luft zieht und drückt.»[18]

Magischer Hokuspokus? Erst Ende der siebziger Jahre begannen sich einige wenige westliche Mediziner für diese befremdliche Behandlungsweise zu interessieren. Eine Vorreiterrolle spielte dabei der Amerikaner David Eisenberg, ein Arzt am Beth-Israel-Krankenhaus in Boston. Gemeinsam mit seinem Kollegen Professor Herbert Benson von der Harvard Medical School reiste er deswegen nach China.[19] Seine anfänglichen Vorbehalte begannen zu bröckeln, nachdem er einen der damals berühmtesten Qi-Gong-Meister Chinas, Dr. Zhao Jinxiang, um eine Kostprobe seiner Fähigkeiten gebeten hatte: «Ich begann ein stechendes Kribbeln von den Schultern bis hinab in die Fingernägel zu spüren», berichtet der Arzt. «Die Empfindungen verstärkten sich, das Kribbeln wechselte in elektrische Schläge über. Es war, als hätte ich die Finger in Niedervolt-Steckdosen getan. Innerhalb von Sekunden nahm das Gefühl von elektrischen Schlägen in meinen Armen zu. Es war, als hätte jemand den Strom der Steckdose intensiviert, in der meine Finger steckten ... Wenige Sekunden später hörte Zhao auf, und die abnormen Empfindungen endeten sofort. Ich war heilfroh, doch hatte ich keine Ahnung, was ich mit dieser Vorführung anfangen sollte.»

Der Energie, die der mißtrauische Arzt am eigenen Leib erfuhr, wird an Dutzenden von Hochschulen und Forschungsinstituten in China nachgespürt – mit immer neuen verblüffenden Ergebnissen. So ließ der Mediziner Feng Li-Da am Pekinger Institut für Immunologie einen Qi-Gong-Meister verschiedene Kulturen bösartiger Krebszellen behandeln. In einer einzigen Sitzung gelang es dem Getesteten, 30,7 Prozent aller Gebärmutterkrebszellen abzutöten. In einem weiteren Versuch starben 25 Prozent aller malignen Magenkrebszellen ab.[20] Anfang 1990 berichtete *Hua Yin*, ein «Magazin für chinesische Naturheilkunde» (so der Untertitel), über Forschungsergebnisse, denen zufolge Qi Gong die Menge an CAMP – zyklisches Adesinmonophosphat – in menschlichen Zellen erhöhen konnte. (CAMP gilt als Informationsüberträger. In Krebszellen kommt es weniger vor als in gesunden Zellen.[21]) Die beiden Mediziner Guo und Ni wählten an einer Augenklinik nach dem Zufallsprinzip 80 Kinder zwischen zwölf und achtzehn Jahren aus, die an extremer Myopie (Kurzsichtigkeit) litten. Nach einer gründlichen augenärztlichen Untersuchung, bei der die Sehfähigkeit präzise gemessen wurde, teilte man die Kinder in vier Gruppen ein. Die erste Gruppe erhielt Placebo-Augentropfen, eine weitere blieb, zur Kontrolle, unbehandelt. Die dritte Gruppe erhielt zweimal wöchentlich Qi-Gong-Unterricht, mit Übungen zur energetischen Selbstheilung. Die vierte Gruppe wurde von einem Qi-Gong-Meister behandelt, der täglich zwanzig Minuten lang bei jedem Kind eine Hand vor die Augen und eine hinter den Kopf hielt, um dabei «externes Qi» abzugeben. Zwei Monate später hatte sich in der Placebo-Gruppe ebensowenig zum Besseren gewendet wie in der Kontrollgruppe. Das Sehtraining hatte bloß in zwei Fällen zu leichten Fortschritten geführt – vielleicht, weil die beteiligten Kinder noch zu jung waren, um die nötige meditative Disziplin aufzubringen. Unter den 20 Kindern jedoch, deren sich der Qi-Gong-Meister angenommen hatte, war erstaunlicherweise bei 16 eine erhebliche Verbesserung der Sehfähigkeit festzustellen.[22]

In der westlichen Welt beginnt die Qi-Gong-Forschung gerade erst anzulaufen – mit vielversprechenden Ansätzen. So stellte Kenneth Sancier, Chemiker am renommierten Stanford-Forschungsinstitut in Menlo Park, Kalifornien, und stellvertretender Leiter eines Qi-Gong-Instituts in San Francisco, 1989 auf der International Bioenergetics Medicine Conference eine Studie vor, der zufolge sich Waiqi meßbar auf die Belastbarkeit der Armmuskeln von acht Männern und Frauen auswirkte. Die bloße Absicht eines Qi-Gong-Meisters reichte offenbar aus, sie zu stärken oder zu schwächen, obwohl die Beteiligten nicht wußten, in welche Richtung er sie zu beeinflussen versuchte.[23]

Welchen Stand die Qi-Forschung mittlerweile erreicht hat, verdeutlichte die erste Weltkonferenz für akademischen Austausch über medizinisches Qi Gong, zu der sich 600 Wissenschaftler und Ärzte aus über einem Dutzend Ländern 1988 in Peking trafen.[24] Dort schilderte der chinesische Immunologe Gu Ligang, einer von 30 Qi-Gong-Forschern an der Pekinger Hochschule für Traditionelle Chinesische Medizin, ein Experiment mit Tumorzellen: Krebsgewebe aus weißen Mäusen verteilte er auf zwei sterilisierte Glasbehälter; einen davon behandelten zwei Qi-Gong-Meister. Bei mehreren Versuchen dieser Art starb ein erheblich größerer Anteil von Krebszellen ab als in der unbehandelten Vergleichsprobe. «In China laufen derzeit mehrere hundert derartige Forschungsprojekte», berichtete Gu Ligang.

Wie mehrere Qi-Gong-Meister auf dem Kongreß vortrugen, heilen sie selbst schwerste innere Erkrankungen allein dadurch, daß sie den Qi-Energiefluß im Körper der betroffenen Patienten regulieren. Die 59jährige Chinesin Hu Yulan will damit schweren Herzleiden und neurologischen Störungen beigekommen sein. Ihr Landsmann Wan Suijan berichtete von einer 49jährigen Bäuerin, bei der ein großer, inoperabler Tumor im Gehirn festgestellt worden war; ihren Ärzten zufolge hätte sie sich damit abfinden müssen, innerhalb der nächsten zwei Monate zu sterben. «Die Frau konnte kaum noch gehen», trug Wan Suijan vor, «weil der Tumor bereits auf Teile des Gehirns drückte, die den Bewegungsapparat kontrollieren.» Doch nach zehn Qi-Gong-Behandlungen habe die Frau wieder normal laufen können; der Tumor war geschrumpft, wie Röntgenbilder belegten.

«Wie und warum diese Prozedur wirkt, ist nach wie vor unklar», meint der deutsche Kongreßteilnehmer Dr. Gabriel Stux, der in Düsseldorf eine Akupunkturklinik leitet; «aber auch die westliche Medizin vertraut ja auf mancherlei Verfahren und Heilmittel, deren Wirkung sie noch längst nicht voll versteht.»

«Die gründliche wissenschaftliche Untersuchung solcher Phänomene ist auch in China gerade erst angelaufen», räumt der Biophysiker Liu Yaning vom Luftwaffenhospital Xidiaoyutai in Peking ein. «Doch viele unserer Wissenschaftler glauben schon jetzt, daß Qi Gong zu einer medizinischen Revolution führen kann.» Ebenso überschwenglich äußert sich der Physiker und Mathematiker Qian Xuesen, Vorsitzender der Chinesischen Gesellschaft für Wissenschaft und Technik: «Die Qi-Forschung wird zu einer Revolution in der Wissenschaft führen, die das Antlitz der Menschheit verändert, zu einer Revolution, die tiefgreifender sein dürfte als die durch die Quantentheorie und Relativitätstheorie hervorgerufene Revolution in der Wissenschaft.»[25]

Um zu erleben, was Qi Gong ausrichten kann, müssen deutsche Patienten nicht ins Reich der Mitte fahren: Seit März 1991 bietet es die erste Klinik für Traditionelle Chinesische Medizin (TCM) im Luftkurort Kötzting im Bayerischen Wald an – neben anderen fernöstlichen

Heilverfahren wie Akupunktur, speziellen Massagen, Diäten und Kräuterkuren, kombiniert mit bewährten westlichen Therapieformen. Zu den zwölf Spezialisten aus China, die dort mit einem deutschen Ärzteteam zusammenarbeiten, zählt auch die Oberärztin Dr. Azhen Li, eine der renommiertesten Qi-Gong-Meisterinnen Chinas. Für die Verbreitung von Qi Gong im deutschsprachigen Raum hat niemand mehr geleistet als der chinesische Großmeister Zhi-Chang Li.[26] 1943 in Peking geboren, begann seine Ausbildung in Qi Gong schon mit sechs Jahren; sein Lehrer war ein Großvater, der ihn auch in die chinesische Medizin und Pharmakologie einführte. Auf Reisen durch Nordchina, die Innere Mongolei und Tibet studierte er dann im Laufe von drei Jahrzehnten bei insgesamt elf Qi-Gong-Meistern. Über zwanzig Jahre lang war Li an Pekinger Krankenhäusern tätig, hauptsächlich als Facharzt für Akupunktur und Qi Gong. Im Auftrag seines Meisters Hongbao Zhang kam er 1988 nach Deutschland, um hier traditionelle chinesische Heilkunst zu lehren. Zunächst in Reutlingen, dann in München eröffnete Li Institute, an denen er Qi Gong nicht nur praktiziert, sondern auch lehrt: Eine Ausbildung umfaßt ein Dutzend Wochenendkurse, die in weniger als zwei Jahren zum Abschluß als Qi-Gong-Meister führen.

Zu den begeisterten Absolventen gehört der Künstler Thomas Stokkert, der in München inzwischen ein «Zentrum fernöstlicher Heilmethoden» aufgebaut hat.[27] Hier kombiniert er Qi Gong mit anderen traditionellen fernöstlichen Heilweisen wie Shiatsu (einer sanften Druckmassage von Meridianpunkten), Sotai (einer Technik zur Ausrichtung des Gelenksystems) und Yoga. Besondere Erfolge will er damit «bei Rückenproblemen, bei geistiger und seelischer Anspannung, bei Gelenkverschiebungen und Migräne» erzielen. Welchen Leiden kommt er weniger oder gar nicht bei? «Da möchte ich mich nicht eingrenzen», erklärt er.

### Chakra-Therapie

Wie gelangt jene Lebensenergie, in deren freiem Fluß das Geheimnis der Gesundheit liegen soll, überhaupt in uns hinein? Wir nehmen sie über den Atem, die Haut und die Nahrung auf, lehrt die traditionelle chinesische Medizin. Doch schon in den 800 bis 600 v. Chr. entstandenen Upanishaden, den heiligen Schriften der Hindus, findet sich eine vierte Antwort, die ebenso in altägyptischen Schriften, im japanischen Zen-Buddhismus und andeutungsweise sogar bei unseren europäischen Ahnen wiederkehrt: die Lehre von den *Chakras* (oder *Chakren*).

Das Wort «Chakra» stammt aus dem Sanskrit, einer im 1. Jahrhundert v. Chr. aus einem indoarischen Dialekt entwickelten Kunstsprache, in der brahmanische Gelehrte disputierten und schrieben. «Chakra» heißt wörtlich «Rad», in Anspielung auf außersinnliche Eindrücke, von denen Hellsichtige und Heiler seit Jahrtausenden berichten: Sie nehmen am menschlichen Körper sieben runde Lichtzentren wahr, wie leuchtende Perlen auf einer gedachten Linie entlang der Wirbelsäule aufgereiht, vom Steißbein bis hinauf zum Scheitel. Sie sollen sich radförmig bewegen. Diese Zentren werden als Wirbel, manchmal auch als vielblättrige Blüten beschrieben.

Die Chakras sollen zu einem von mehreren «feinstofflichen» Energiekörpern gehören, die unseren physischen Leib wie unsichtbare Schalen mit unterschiedlicher Ausdehnung umgeben und sich gegenseitig durchdringen: Sie werden dem sogenannten «Ätherkörper» zugerechnet, der den physischen Leib belebt und erhält. Der äußere Rand dieses Energiefeldes soll fünf bis acht Zentimeter oberhalb unserer Haut liegen. Auf ihm liegen die Chakras, denen vier Funktionen zugeschrieben werden. *Sie nehmen auf:* Durch sie strömt die kosmische Energie ein. *Sie geben ab:* Die empfangene Energie verteilen sie auf die inneren Leitbahnen des Ätherkörpers (anstatt von «Meridianen» sprechen Inder von «Nadis»), und damit mittelbar auch auf die verschiedenen Körperteile und Organe. *Sie verbinden:* Über sie wirken die verschiedenen Energiekörper aufeinander sowie auf den physischen Leib ein. *Und sie senden:* Durch sie strahlen Menschen ihre geistig-spirituellen Schwingungen nach außen ab, auf andere Personen und die übrige Umgebung. Jedes Chakra soll eine stielartige Verbindung zur Wirbelsäule aufweisen. Aus verschiedenen Punkten des Rückgrats entspringen gleichsam Blütenstengel, deren Kelche sich zu den Chakras hin öffnen. (Außer den sieben Hauptchakras wollen Hellsichtige über 120 kleinere Nebenchakras ausgemacht haben, die sich hauptsächlich in Höhe der Gelenke befinden.[28])

Jedes Chakra soll bestimmten Organen und Drüsen zugeordnet sein, aber auch bestimmten seelisch-geistigen Zuständen.[29] Diese Zusammenhänge werden diagnostisch genutzt. So wollen Hellsichtige an der Bewegung der «Räder», an ihrer Ausdehnung, an der Intensität und Farbkombination ablesen können, was ihr Träger denkt, fühlt und empfindet – und in welchem Zustand sich seine körperlichen Organe und Funktionen befinden. Wenn die Heilpraktikerin Ellen Grasse, eine der bekanntesten Chakradiagnostikerinnen Deutschlands[30], etwa das Milz-Chakra «gelblich, bräunlich oder braunschwarz verfärbt» sieht, vermutet sie unter anderem «Verdauungsstörungen, Pilz- und Zahnfleischerkrankungen, niedrigen Blutzucker»; eine «graue, schwarze, schmutzigrote oder giftgrüne» Verfärbung des Stirn-Chakras zeigt für sie Störungen der Hirnanhangsdrüse (Hypophyse) oder des Hypothalamus an, eines Gehirnteils, der lebenswichtige Funktionen wie Körpertemperatur, Atmung und Kreislauf steuert.[31]

Gesundheit, als energetisches Gleichgewicht betrachtet, setzt voraus, daß die Chakras ein- und ausfließende Energie ungehindert durchlassen. Sind sie «blockiert» oder einseitig entwickelt, so wird der harmonische Energiefluß im Inneren gestört; halten diese Störungen länger an, so entsteht Krankheit. Als Sammelbegriff für eine Vielzahl von Bemühungen, solchen Blockaden vorzubeugen oder sie zu beseitigen, hat sich die Bezeichnung «Chakra-Therapie» durchgesetzt. Je nachdem, welche Art von Störungen auftritt, werden die jeweiligen Chakras zu beeinflussen versucht. Viele Heiler legen dazu die Hände auf. Andere leiten ihre Klienten zu Imaginationsübungen an, bei denen sie ihre Chakras erspüren und durch geeignete Vorstellungsbilder beeinflussen lernen. Auch farbiges Licht, Düfte und Klänge, Pyramidenmodelle und homöopathische Mittel[32], Massagepraktiken wie Akupressur oder Shiatsu können die Chakras angeblich günstig beeinflussen. Selbst technische Geräte werden neuerdings dazu eingesetzt.[33]

Abgesehen von den subjektiven Eindrücken der Chakra-Therapeuten und Behandelten: Wie läßt sich der Erfolg solcher Behandlungen kontrollieren? Eine Möglichkeit besteht in Messungen an Akupunkturpunkten vor und nach der Behandlung: Werte, die anfangs ein pathologisches Geschehen anzeigten, sollten in den Normalbereich zurückkehren.[34] Eine zweite Möglichkeit eröffnet die Kirlian-Technik, ein von dem russischen Ingenieur Semjon Kirlian seit 1939 entwickeltes fotografisches Verfahren, das «aura»-ähnliche Leuchterscheinungen um Objekte sichtbar macht, die einem Hochfrequenzfeld ausgesetzt sind. Aber auch elektromagnetische Veränderungen in der Nähe der Chakras geben Aufschlüsse.[35]

In vielen esoterischen Heilpraxen hierzulande ist die Chakra-Therapie zu einer bloßen Technik verkümmert, zu einer übersinnlichen Strahlentherapie für unsichtbare Kraftzentren. Dadurch wird sie herausgelöst aus dem Kontext jenes komplexen Medizinsystems, in dem sie wurzelt, dem ältesten der Erde: dem *Ayurveda* (wörtlich: «Wissenschaft vom Leben», von Sanskrit *ayur*: Leben, und *veda*: Wissen). Der *Ayurveda* gehört zu den Veden, altindischen Schriften, die vor mindestens 2500 Jahren das gesammelte Wissen ihrer Zeit zusammenfaßten. Auf ayurvedischen Traditionen beruht noch heute ein Großteil der medizinischen Versorgung Indiens. Jahrtausende vor der psychosomatischen Medizin des Westens definierte der *Ayurveda* Gesundheit bereits als Harmonie von Geist, Seele und Körper. Um sie zu erreichen, versuchen indische Ärzte nicht nur, die Chakras energetisch zu beeinflussen, sie setzen auch andere Verfahren ein, von Entspannungstechniken über spezielle Diäten und pflanzliche Arzneien bis zu «Panchakarma» (*pancha*: fünf; *karma*: Handlung), fünf «Ausleitungsverfahren» zu dem Zweck, Krankheiten regelrecht aus dem Körper herauszuziehen. Dazu zählen absichtlich herbeigeführtes Erbrechen (Vamana), das Ausleiten von Giftstoffen mit Abführmitteln (Virechana), Einläufe oder Aderlässe.

## Reiki

Mindestens 100 000 Deutsche praktizieren bereits eine fernöstliche Heilweise, die ein japanischer Gelehrter Ende des vorigen Jahrhunderts in alten tibetischen Schriften wiederentdeckt haben soll.[36] Er gab ihr den Namen *Reiki*, was übersetzt «allumfassende, alles durchdringende Lebenskraft» bedeutet. Mit «ki» ist jene Vitalenergie gemeint, die traditionelle chinesische Mediziner als «Chi» oder «Qi» bezeichnen.

Der Weg der Entdeckung von Reiki liegt in einem Nebel von meist mündlich verbreiteten Legenden, in dem die Grenzen zwischen historischen Tatsachenberichten, schwärmerischem Personenkult und werbeträchtigen Mythenbildungen bis zur Unkenntlichkeit verschwimmen. Einsame Pionierarbeit soll der japanische Theologe Dr. Mikao Usui geleistet haben. Usui, ein von amerikanischen Missionaren bekehrter, überzeugter Christ und geweihter Priester, leitete in der zweiten Hälfte des 19. Jahrhunderts ein theologisches Seminar in Kioto. Eines Tages, während der Bibelarbeit, sprachen ihn seine Studenten auf die Geistheilungen Jesu Christi an: «Warum», so fragten sie, «gibt es heute auf der Welt keine Heiler mehr, die tun, was Christus tat? Und wie sollen wir seinen Auftrag an die Apostel verstehen, die Kranken zu heilen und die Toten zum Leben zu erwecken? Wenn die Bibel recht hat, bitten wir Sie, uns zu lehren, wie solche Wundertaten möglich sind.» Usui sah sich außerstande dazu. Diese Unwissenheit machte ihn derart betroffen, daß er noch am selben Tag sein Lehramt niederlegte, fest entschlossen, das Geheimnis des geistigen Heilens zu enträtseln. Er begann ein Studium der Theologie an der Universität Chicago, brach es aber enttäuscht ab. Da auch Buddha zahlreiche Wunderheilungen zugeschrieben werden, hörte er sich nun in buddhistischen Klöstern um, fragte nach alten Aufzeichnungen oder Überlieferungen. Regelmäßig bekam er die Auskunft: «Damit beschäftigen wir uns nicht. Wir bemühen uns nur darum, den Geist der Gläubigen zu heilen.» Erst beim alten Abt eines Zen-Klosters fand Usui Verständnis und Unterstützung: «Was einmal möglich war, muß immer möglich sein», stimmte er zu. Und er schloß mit der Einladung an Usui: «Am besten, du bleibst hier und setzt deine Suche bei uns fort.» Nun begann Usui die Sutras und andere buddhistische Schriften zu studieren, die von Buddhas Wundern künden, zunächst in japanischer Übersetzung, dann auf Chinesisch und schließlich in der tibetischen Urfassung, wozu er die Kunstsprache Sanskrit erlernen mußte. Endlich stieß er auf Hinweise, konnte sie aber nicht deuten. Auf Anraten des Abts begab er sich daraufhin auf den Kuriyama, einen heiligen Berg, etwa dreißig Kilometer von Kioto entfernt, um sich dort einer dreiwöchigen Fastenmeditation zu unterziehen – auf der Suche nach Erleuchtung. Lange harrte er vergeblich. Als er schon fast aufgeben wollte, kam in einer Vision ein Lichtfunke auf ihn zugeflogen. Mitten auf Usuis Stirn schlug er ein. Im nächsten Augenblick tanzten vor seinen Augen Millionen von Lichtblasen in allen Farben des Regenbogens; jede trug in sich einen goldenen, dreidimensionalen Buchstaben des Sanskrit-Alphabets. Langsam flogen sie nacheinander an Usuis geistigem Auge vorbei, so daß er die Buchstaben klar erkennen konnte. In ihnen soll sich Usui das Geheimnis geistigen Heilwerdens und Heilens offenbart haben, das die Verwendung bestimmter innerer Symbole einschließt.

Vom selben Tag an wurde aus dem Gelehrten ein fähiger Heiler. Er ernannte sich selbst zum «Großmeister». Kurz vor seinem Tod gegen Ende der zwanziger Jahre übertrug Usui einem seiner hingebungsvollsten Schüler, dem ehemaligen Marineoffizier Chijiro Hayashi, die Verantwortung für den Fortbestand der «reinen Lehre». Daraufhin gründete Hayashi in Tokio die erste Reiki-Klinik. 1935 erschien dort eine junge Amerikanerin japanischer Abstammung aus Hawaii, die an einer Reihe von Organschäden und schweren Depressionen litt: Hawayo Takata. Von beiden machte Reiki sie völlig frei, worauf sie beschloß, es selbst zu erlernen und weiterzugeben. Nach ihrer «Einweihung» 1938 kehrte sie in die Vereinigten Staaten zurück und begann dort, mit Reiki zu behandeln. Kurz vor seinem Tod, Ende der dreißiger Jahre, betraute Hayashi sie formell mit seiner Nachfolge.

Bis Frau Takata im Dezember 1980 starb, hatte sie die ersten 21 Reiki-Lehrer der westlichen Welt ausgebildet: unter anderem die Philologin Dr. Barbara Ray, die Takatas Werk fortsetzte, zunächst in einem 1978 gegründeten Reiki-Zentrum in Atlanta, Georgia. Im Sommer 1980 rief Ray die American Reiki Association ins Leben, mit dem Ziel, einen Verband zu schaffen, der die Ausbildung zum Reiki-Meister und -Lehrer reglementiert, Reiki-Praktizierenden ein Forum bietet sowie die breite Öffentlichkeit und andere Einrichtungen im Gesundheitswesen über Reiki aufklärt. Inzwischen ist daraus die weltweit tätige «American International Reiki Association» (AIRA) geworden, mit Hauptsitz in St. Petersburg, Florida. Weitgehend auf einer Linie mit ihr liegt eine zweite Hauptschule des Reiki: die «Reiki Alliance» (RA), deren Gründerin und Leiterin Phyllis Furumoto, eine Enkelin von Frau Takata ist. (Diese Gruppe verbreitet Reiki unter dem Namen «The Radiance Technic».)

Wie Qi Gong, so zielt auch Reiki in erster Linie auf *Selbstheilung*. Dazu wird kosmische Energie, Qi, aufgenommen. Zur Erklärung, wie Qi in uns einströmt, transformiert und verteilt wird, werden Anleihen bei indischen und tibetischen Medizinsystemen gemacht, insbesondere bei der Chakra- und Meridianlehre. Wer Reiki regelmäßig praktiziert, soll sich leicht entspannen und Streß abbauen, innerlich ruhiger und vitaler werden können. Einmal «eingestimmt», soll die bloße, bewußt formulierte Absicht genügen, und schon strömt Qi ein.

Durch bestimmte Berührungen, oder auch Handhaltungen in einigem Abstand vom Körper, kann Reiki aber auch anderen «gegeben» werden. Dabei sehen sich Reiki-Therapeuten allerdings nicht in der Rolle von «Sendern» oder «Strahlern». Vielmehr öffnen sie im Patienten bestimmte Chakras, durch die Reiki «eingezogen» wird. Diesen Prozeß unterstützt der Therapeut dadurch, daß er selbst zum «Kanal» für die kosmische Energie wird: Er läßt sie durch sich hindurchfließen und gibt sie über seine Hände ab. «Während ich Sie behandle», erklärt die bekannte amerikanische Reiki-Meisterin und Psychologin Paula Horan aus Manitou Springs, Colorado, «fließt die Reiki-Kraft durch mein Scheitel-Chakra in mich hinein und strömt durch die oberen Energiezentren zum Herzen und Solarplexus, bis ein Teil durch meine Arme und Hände in Sie übergeht.»[37] Weil Reiki-Therapeuten keine eigene Kraft abgeben, sondern nur allgegenwärtige Energie vermitteln, soll sie das Geben von Reiki nicht erschöpfen; im Gegenteil, sie selbst bauen sich dadurch auf, denn jede Behandlung speichert auch in ihrem Körper zusätzliche Energie. Entfernungen sollen, wie bei Qi Gong, auch bei Reiki keine Rolle spielen. Fortgeschrittene Reiki-Schüler üben «Fern-Reiki»: die gezielte Übermittlung von Lebensenergie über beliebige Distanzen. (Dazu mehr im nächsten Abschnitt über «Fernheilung».)

Von anderen energetischen Heilmethoden, vor allem vom Handauflegen westlicher Geistheiler, unterscheidet sich Reiki hauptsächlich durch ein hohes Maß an Verschulung. Sogenannte «Einstimmungen» oder «Einweihungen» führen Anwärter in mehreren, aufeinander aufbauenden Lernstufen vom «Ersten» bis hinauf zum «Dritten Grad».

Dabei werden sie mit jenen Symbolen und Mantras vertraut gemacht, die Usui einst visionär schaute. Sie sollen den Therapeuten ebenso wie seine Patienten «auf eine höhere Schwingungsebene heben» und Chakras besonders rasch und leicht «öffnen» können, was Heilungen wahrscheinlicher machen und beschleunigen soll. Um diese «Einweihungen» betreiben Reiki-Anwender gewöhnlich eine Geheimniskrämerei, die ihnen oft zum Vorwurf gemacht wird: Um ihrer teilhaftig zu werden, müssen Kurse bei diplomierten Reiki-Lehrern gebucht werden, die bis zum «Meister»-Titel über 20 000 DM kosten können. Dank eines Schneeball-Systems, das kapitalistischen Marketing-Konzepten abgeschaut wirkt, nehmen Reiki-Lehrer auf diese Weise ein Vielfaches der Summen ein, die sie selbst in ihre Ausbildung investieren mußten – und potenzieren gleichzeitig mit jeder neuen Generation von Schülern die Masse der Reiki-Praktikanten. Anfang der achtziger Jahre gab es in Europa nur eine einzige Reiki-Meisterin; die erste in Deutschland, Brigitte Müller aus Frankfurt, wurde 1983 von Phyllis Furumoto geweiht. Inzwischen kursieren in der Esoterikszene Empfehlungslisten zweier Fachverlage (Synthesis und Windpferd), in die sich bereits über 350 deutsche Reiki-Meister eingeschrieben haben; ihre Gesamtzahl wird auf das Sechs- bis Siebenfache geschätzt.[38] Allein bei der Kölner Psychotherapeutin und Reiki-Meisterin Anette von Mühlendahl haben rund tausend Schüler den dreitägigen Grundkurs zu 300 DM absolviert.[39] Falls andere Meister ähnlichen pädagogischen Eifer entwickeln, dürfte die Zahl der praktizierenden Reiki-Anhänger in Deutschland schon bald die Millionengrenze überschreiten.

Mit der Inflation von «Eingeweihten» ging ein rapider Qualitätsverfall in Ausbildung und Therapie einher, den selbst Insider beklagen. «Auch der unkritischste esoterische Zeitgenosse», räumt der bekannte Reiki-Meister Walter Lübeck ein, «kommt ins Grübeln, wenn sein Nachbar, der weder beruflich noch privat sein Leben auf die Reihe kriegt und soviel Ahnung von esoterischem Gedankengut hat wie eine Katze vom Eierlegen, plötzlich im Wochenendkurs-Schnellverfahren zu einer esoterischen (Schein-)Heiligkeit mit dem Titel ‹Reiki-Meister› befördert wird. Das stinkt genauso wie der im Sonderangebot eingekaufte Doktorhut von einer finanzschwachen Universität in einer Bananenrepublik.»[40] Eine prominente deutsche Reiki-Frau der ersten Stunde, die 1986 von Furumoto initiierte Gerda Drescher[41] aus Aschau am Chiemsee, schied inzwischen frustriert aus ihrem Verband aus: Der «überhandnehmende Wildwuchs» wurde ihr zuwider. «Grob gesagt, üben fast alle vor 1988 initiierten Reiki-Meister ihre Tätigkeit seriös aus», sagt sie. «Danach setzte ein innerer und äußerer Wertezerfall ein, vor allem durch fehlende Ausbildungsstrukturen und Richtlinien.»[42]

An zahlungswilligen Schülern üppig verdient wurde allerdings auch schon vor 1988 – mit Rechtfertigungen, deren Seriosität schon immer in Frage stand. Der hohe Preis, so tönt es einhellig aus den Reihen der Reiki-Repräsentanten, sei die Voraussetzung dafür, daß die vermittelte Energie auch heilend wirke; was umsonst zu haben sei, wecke den Eindruck, keinen Wert zu besitzen. Wer so argumentiert, qualifiziert alle anderen Heilweisen ab, die billiger zu haben sind – eine Anmaßung ohnegleichen. Arbeiten «normale» Geistheiler etwa erfolgloser?

Ebensowenig imagefördernd wirken heftige, für Außenstehende nur mühsam nachzuvollziehende Abgrenzungsgefechte, die sich AIRA und RA seit Jahren mit einer anderen Reiki-Organisation liefern, die der deutsche Geistheiler Eckard Strohm aus Reichshof, Nordrhein-Westfalen, erst 1991 gründete: die «Reiki Association International» (R.A.I.). Seit seinem vierten Lebensjahr verfügt Strohm angeblich über außergewöhnliche spirituelle Fähigkeiten, unter anderem über Hellsichtigkeit.[43] Mittels geistigen Heilens will er Kranken «unbewußt» bereits seit seiner Jugend geholfen haben. Auf Anregung seines Vaters begann er als Sechzehnjähriger, sich eingehender mit Heiltechniken zu befassen. Weltweit soll Strohms R.A.I. schon rund 5000 Schüler ausgebildet haben[44] – zu «Discountpreisen, die nicht mehr der Wertschätzung und Achtung von Reiki entsprechen», wie die beiden anderen Großorganisationen in einer Anzeigenkampagne wetterten. Der «Meister»-Grad ist bei Strohm bereits für rund 10 000 DM zu haben, also für die Hälfte der üblichen Ausbildungsgebühren.

Und nicht nur mit Preisdumping, auch mit Abweichungen von der reinen Lehre verärgert Strohm die Konkurrenz. Bei Recherchen für ein Buch will er Anfang 1991 außersinnliche Hinweise auf ein energetisches Heilverfahren namens *Arolo* entdeckt haben, das auf dem sagenhaften versunkenen Kontinent Atlantis von den sogenannten «Tifaren», den «Meisterheilern», praktiziert worden sein soll. Als Strohm diese Spur weiterverfolgte, fand er Parallelen und Zusammenhänge zwischen Reiki und Arolo. Beide Heilweisen sollen auf Atlantis in ein gemeinsames Medizinsystem eingebettet gewesen sein. Und so schwört Strohms R.A.I. auf das «Atlantis Arolo Tifar».

Zu Arolo gehört ein «spezielles Diagnosesystem», so erläutert ein Schüler Strohms, der Bochumer Reiki- und Arolo-Meister Peter Lemanczyk.[45] Es soll den Heiler «mittels Codesymbolen» in die Lage versetzen, zu den unterschiedlichen spirituellen «Ebenen» des Patienten vorzustoßen, um Leidensursachen aufzuspüren, aber auch Behandlungsergebnisse zu kontrollieren. Dazu schließt sich der Heiler «an das göttliche Energiepotential der Meister von Atlantis an», wozu ihn seine «Einweihung» befähigt. Fortgeschrittenen Heilern sollen «energetisch sehr feinschwingende Symbole als göttliche Werkzeuge zur Verfügung» stehen, um «Veränderungen in den Energiestrukturen der Ebenen vorzunehmen. Dies hat reinigende, beseitigende und harmonisierende Auswirkungen auf Blockaden, Verhaltensmuster und Lernprozesse.» Mittels der Arolo-Technik sollen sich auch «karmische Zusammenhänge» mit früheren Leben zeigen und aufzuarbeiten sein. Durch seine «Einweihung» erhält der Heiler «Zugriff auf den unendlichen Strom göttlicher Energien, an sehr hochschwingende Energiefelder».

Solch nebuloser Wortokkultismus könnte Patienten einerlei sein, sofern die Technik nur annähernd hält, was ihre «Meister» versprechen. Die einschlägige Reiki-Literatur scheint zu kühnsten Hoffnungen zu berechtigen: Nicht nur Alltagsbeschwerden wie Kopfschmerzen, Übelkeit oder Schlafstörungen, sondern selbst Rheuma und Asthma, Epilepsie und Krebs sollen einem wahren «Meister» nicht widerstehen können.[46] Mit der wissenschaftlichen Absicherung solcher Erfolgsmeldungen hapert es vorerst allerdings.[47]

Von «Geistheilung» grenzen sich die meisten Reiki-Therapeuten ab – mit schwer nachvollziehbaren Begründungen. «Ich bin kein Geistheiler, sondern Lehrer für die Anwendung der Reiki-Kraft», betont Karlsiegfried Kreische aus Wuppertal.[48] In seinen Augen besteht «ein großer Unterschied» zwischen beidem: «Während die Geistheilung ganz gezielte Wirkungen hervorrufen kann, z.B. gezielt Bakterien abtötet oder Tumore auflöst, wirkt Reiki ausschließlich über die Selbstheilungskräfte des Patienten ein. Reiki gibt gleichsam lediglich die Information: ‹Funktioniere natürlich, tu, was du am besten kannst.› Der Organismus des Patienten weiß selbst am besten, wie eine Niere oder Leber funktioniert; Reiki hilft dem Organismus, die Funktionsfähigkeit auf allen Ebenen, so gut es eben geht, wiederherzustellen.» Geistheiler würden mit Energien arbeiten, die an ihre Person gebunden seien, behauptet der Reiki-Meister Walter Binder; wer Reiki praktiziere, mache sich dagegen zum Kanal einer unpersönlichen, göttlichen Energie.[49] Nicht anders verstehen jedoch die meisten Geistheiler, was sie tun. Mit einem psychokinetischen «Zielen» auf Krankheitserreger oder beeinträchtigte Organe arbeiten die wenigsten, als «Kanäle» für kosmische Kraftströme sehen sich die meisten. Insofern scheint die Abgrenzung willkürlich, das Motiv eher werbestrategischer Art. Ebenso fragwürdig sind vermeintliche Qualitätsunterschiede. Belegt wurden sie bisher nie.

## 2 Fernheilung –
## Heilkräfte ohne Grenzen?

«Ein Arzt, der einen seelischen Einfluß auf einen anderen Menschen auszuüben versteht, kann dessen Krankheiten von jeder beliebigen Entfernung aus heilen», versicherte der magische Arzt Maxwell Mitte des 17. Jahrhunderts.[50] Schulmedizinern von heute scheint diese Vorstellung absurd; in der esoterischen Therapieszene hingegen hatte sie kaum je größeren Kredit. Oft Hunderte von Kilometern entfernt, konzentrieren sich Heiler auf Kranke – und übertragen anscheinend Energien, die manchmal sogar langjährige chronische Erkrankungen verschwinden lassen. Jeder fünfte Westdeutsche glaubt: Solche «Fernbehandlungen» wirken.[51]

### Wenn «Unmögliches» geschieht
Im November 1991 wird Heinrich Z., 62, aus dem Mannheimer Diakonissenkrankenhaus zum Sterben nach Hause geschickt: mit Prostatakrebs im Endstadium, Metastasen von Kopf bis Fuß. «Ihm bleiben höchstens noch ein paar Tage», muß sein Sohn Frank hören. Doch bis Anfang Februar 1992 leidet sein Vater qualvoll weiter, schreit und weint täglich stundenlang vor Schmerz. Verzweifelt wendet sich Frank an die Geistheilerin Helga Aust aus Thülen bei Brilon im Hochsauerland. «Ich schicke Ihnen einen Heilstrahl durchs Telefon», verspricht sie. «Legen Sie Ihre Hand dann auf den Unterleib Ihres Vaters. Das wird helfen.» Im nächsten Augenblick beginnt Franks rechte Hand «höllisch zu brennen, so als hätte ich ein heißes Bügeleisen angefaßt». Fassungslos befolgt er die Anweisung. Und das Unglaubliche geschieht: Nach fünf Minuten ist der Krebskranke schmerzfrei. Vierzehn Tage später traut der Hausarzt seinen Augen nicht: Blut- und Urinproben von Heinrich Z. zeigen keinerlei tumorverdächtige Werte mehr.[52]

Abertausende von «fernbehandelten» Patienten beschwören ähnlich unfaßbare Genesungen. Oft kannte ihr Heiler sie nicht einmal, besaß höchstens ihren Namen und ihre Adresse, dazu ein Foto oder irgendeinen persönlichen Gegenstand aus ihrem Besitz. Trotzdem konnte er ihnen anscheinend eine Energie übertragen, die manchmal stärker und schneller wirkt als alle Spritzen, Salben und Tabletten. «Ohne Brille sah ich nur eine milchig-weiße Suppe», erzählt Sandra B. aus Bielefeld. Von Geburt an erreichte ihr rechtes Auge nur 30 Prozent der normalen Sehkraft. Mit dreizehn ließ sie sich von Rolf Drevermann, dem «Wunderheiler von Warendorf», behandeln – über eine Distanz von rund fünfzig Kilometern hinweg. Spätabends, kurz bevor sie zu Bett ging, rief sie ihn an. Anschließend konzentrierten sich die beiden aufeinander. «Erst kribbelte es in den Augen», erzählt Sandra. «Dann wurde es heller, ich konnte Farben erkennen.» Heute kommt sie mit schwachen Kontaktlinsen aus. Denn ihre Sehkraft hat sich auf 80 Prozent verbessert[53].

Sandras «Augenkribbeln» läßt sich schwerlich als purer Zufall abtun, wie eine vorbildliche empirische Studie des britischen Heilers Gordon Turner ahnen läßt. Turner, langjähriger Präsident des größten britischen Heilerverbands «National Federation of Spiritual Healing» (NFSH), hatte ein Hochschulstudium absolviert, um «die Warums und Wozus geistigen Heilens wissenschaftlich ergründen zu lernen». Seinen Untersuchungen zufolge löst ungefähr jede dritte Fernbehandlung zeitgleich eigenartige seelisch-geistige Veränderungen im Patienten aus. Etwa jeder achte spürt währenddessen eine sonderbare Wärme. Jedem zwanzigsten wird seltsam kalt. Knapp jeder zehnte fühlt sich buchstäblich «berührt». Jeden zwanzigsten überkommt unvermittelt ein Gefühl, als stehe er «unter Strom»: Es kribbelt auf der Haut und in den Fingern, etwas «fließt» durch den Körper, etwas «elektrisiert» ihn wie ein leichter Schlag aus der Steckdose. Häufig werden auch merkwürdige Farbeindrücke geschildert, vor allem von Blau oder Violett. Manche wollen geisterhafte Erscheinungen wahrgenommen haben. Die meisten, so stellte Turner fest, «spüren» Beginn und Dauer einer Fernbehandlung auch zu Zeitpunkten, in denen sie gar nicht damit rechneten. (Turner fand solche Schilderungen bei 106 von 197 befragten Fernbehandelten und bei 442 von 1379 Heilversuchen auf Distanz.[54])

Lassen sich solche Eindrücke allein durch eine autosuggestive Beeinflussung erklären, der Patienten erliegen, nachdem sie den Zeitpunkt kennen, zu dem der Heiler mit der Behandlung beginnt? Entspringt das Gefühl eines «übersinnlichen» Kontaktes bloß einer trügerischen Erwartung, die sich selbst erfüllt? Oder tritt die Koinzidenz einfach zufällig auf? Wie zurückhaltend man mit solchen Mutmaßungen umgehen muß, machte die amerikanische Psychologin Joyce Goodrich 1974 in einem einfallsreichen Experiment deutlich.[55] Für ihre Doktorarbeit ließ sie zwölf Versuchspersonen mit körperlichen Leiden von sechs Geistheilern betreuen. Jeder Kranke wurde insgesamt zehnmal behandelt, davon achtmal auf Distanz. In der Regel hielten sich die Patienten währenddessen in ihrer eigenen Wohnung auf. Beide, Heiler ebenso wie Behandelte, erhielten einen Zeitplan ausgehändigt, der auf Tag und Minute genau festlegte, wann eine Behandlung stattfinden sollte. Dabei wurden alle Beteiligten im festen Glauben gelassen, diese Zeitpläne seien identisch. Doch insgeheim hatte Goodrich Asynchronizitäten eingebaut: Die Hälfte der Fernbehandlungen fand in Wahrheit eine Stunde später statt, als die Patienten erwarteten. Jeder beteiligte Heiler, und ebenso jeder Patient, sollte schriftlich festhalten, was während der Behandlungen in ihm vorging. Diese Protokolle wurden anschließend drei unabhängigen Gutachtern vorgelegt; allein anhand dieser Aufzeichnungen sollten sie für jedes Paar entscheiden, ob die berichteten Gefühle, Empfindungen und Vorstellungen des Heilers und seines jeweiligen Patienten zeitgleich oder asynchron aufgetreten waren. Bloßer Zufall hätte erlaubt, daß die Gutachter nur zu 50 Prozent richtig lagen. Doch in vier Fällen erzielten sie Trefferquoten von 70 bis 87 Prozent: ein beachtlicher Hinweis darauf, daß Fernheilungen häufig paranormale Anteile aufweisen.

Vereinzelt haben selbst Ärzte schon die Macht der Fernheilung kennengelernt, sobald sie sich zutrauten, damit zu arbeiten. So bezeugt der Berliner Kinderarzt Dr. Eli-Erich Lasch einen Fall aus Israel, der ins Jahr 1985 zurückreicht. Er betrifft Ismail[56], einen damals 19jährigen Israeli, der mit anhaltenden, unerträglichen Kopfschmerzen und schweren motorischen Störungen ins Krankenhaus eingeliefert wurde. Als in seinem Gehirn ein Tumor festgestellt wurde, erschrak selbst die Röntgenärztin: Die Geschwulst hatte bereits die Größe einer Mandarine erreicht. Schon am nächsten Tag sollte der junge Mann operiert werden. Doch der Eingriff war riskant: Bleibende Lähmungen, Sprachstörungen und Persönlichkeitsveränderungen drohten.

«Können Sie helfen?» fragte ein Freund Ismails den Arzt aus Deutschland, einen gebürtigen Hamburger, der mit seinen jüdischen Eltern zeitweilig nach Israel emigriert war und dort seit dreizehn Jahren als Leitender Direktor des Gesundheitswesens im Sinai und im Gaza-Streifen arbeitete. (Als Kinderarzt war Lasch zuvor an mehreren Krankenhäusern Israels tätig gewesen; acht Jahre lang war er Oberarzt an der Universitätsklinik von Ashkelon.) Lasch war kein Gehirnspezialist. Aber die Möglichkeit geistiger Fernheilung wollte er nicht von vornherein ausschließen. Fünf Kilometer entfernt, konzentrierte er sich auf Ismail, der im Koma lag. «Plötzlich hatte ich das Gefühl, als ob aus meinen Augen ein strahlend weißes Licht austritt, wie ein Lasermesser», erinnert sich Lasch. «Damit schnitt ich dem jungen Mann die

Geschwulst aus dem Kopf. Am Ende ‹sah› ich, wie nur noch ein kleiner Rest zurückblieb, so groß wie ein Olivenkern.» Als Chirurgen anderntags Ismails Schädel öffneten, waren sie sprachlos: Der Hirntumor war geschrumpft – auf die Größe eines Olivenkerns.[57]

Kritiker bemängeln, daß Fernheilungen nie gründlich überprüft werden; Selbsttäuschungen, Übertreibungen, Lügen seien daher unmöglich auszuschließen. Doch dies widerlegte die ZDF-Gesundheitsredaktion 1985 mit einem berühmten Fernsehexperiment – an vier deutschen Patienten mit langjährigen Leiden, bei denen ärztliche Kunst versagt hatte.[58] Von ihnen erhielt der Schweizer Heiler Freddy Wallimann, damals 39, Ende April 1985 nichts weiter als ein Porträtfoto mit Namen, Geburtsdatum und einer kurzen Krankheitsbeschreibung. Zweimal täglich sollte er sie nun «fernbehandeln», drei Monate lang – von seinem Wohnort Lungern im Kanton Obwalden aus, rund 500 Kilometer entfernt. Nach acht und nochmals nach zwölf Wochen filmte das ZDF-Team, was dabei herauskam – und hakte im August 1986 bei den Fernbehandelten erneut nach. Das unerwartete Ergebnis: Drei von vier Patienten fanden Hilfe, entgegen ärztlichen Prognosen.

- Ursula Rogowski – sie war 64, als das Experiment begann – hatte im Juli 1984 einen Schlaganfall erlitten. Ihr linker Arm, ihr linkes Bein waren seither gelähmt gewesen. Nun war sie «dauerhaft geheilt», wie die ZDF-Redaktion fand.
- Die Schülerin Heike Halena, 10, hatte acht Jahre lang an chronischem Hautausschlag gelitten. ZDF-Redaktionsleiter Karl Schnelting: «Inzwischen aber ist die Haut völlig rein, der Juckreiz verschwunden.»
- Helene Wagner, 78, hatte seit vierzig Jahren ein offenes Bein gequält, das heftig schmerzte. Nun blutete die Wunde endlich nicht mehr. Langsam, aber stetig heilte sie zu. Im selben Monat, als Wallimann sich ihrer anzunehmen begann, verschwanden die jahrzehntelangen Schmerzen.
- Nur bei Herbert Koch, 59, besserte sich nichts: Die spastische Lähmung von Armen und Beinen, die zehn Jahre zuvor eingesetzt hatte, schritt ungebremst fort.

Gewöhnlich *wissen* die Kranken, daß sie fernbehandelt werden – so auch im ZDF-Test. Könnte es da nicht eher ihr fester *Glaube* an Heilung sein, der sie gesund macht, als eine «übernatürliche» Energieübertragung?

Säuglinge und Kleinkinder sprechen auf Suggestionen, wenn überhaupt, mit Sicherheit weitaus weniger an als Erwachsene – doch auch ihnen haben Fernheiler allem Anschein nach schon helfen können. Ein sechs Monate altes Baby aus Karlsruhe, das an Pseudo-Krupp litt und deshalb ständig Cortison schlucken mußte, wurde völlig beschwerdefrei, nachdem sich die Schweizer Heilerin Mina Beckmann vom fernen Wettingen im Kanton Aargau aus eines Nachts auf ein Foto des Kleinen konzentriert hatte.[59] Allein per Fernbehandlung konnte Irmgard Christoph aus Neckarbischofsheim einem zweijährigen Jungen helfen, der an Mundfäule litt. Nach einem telefonischen Hilferuf der Mutter «habe ich den Astralkörper des Kindes zu mir geholt», erklärt die Heilerin, «und ihn behandelt, indem ich mir vorstellte, ich trüge das Kind auf den Armen. Nach etwa drei Wochen kam die Mutter voller Dankbarkeit zu mir. Die Mundfäule war seit jenem Telefongespräch allmählich abgeklungen und schließlich verschwunden.» Kaum faßbar ist die Genesung eines dreijährigen Jungen, der an Leukämie erkrankt war. Nach einem plötzlichen Fieberschub auf 41 Grad «rief mich die Mutter aufgeregt an und meinte, daß ihr Kind diese Krise nicht überstehen werde. Ich sagte der Mutter nur, daß ich ihren Kleinen gleich fernbehandeln werde. Am nächsten Tag sagte mir die Mutter, daß der Junge ruhig eingeschlafen sei, als ich den Hörer aufgelegt hatte. Das Kind schlief etwa zwei Stunden, wurde dann wach, und das Fieber war weg. Das wiederholte sich ein paarmal, und die Mutter hatte jedesmal Todesangst um ihr Kind. Ich habe immer gesagt: ‹Sie brauchen keine Angst zu haben, der liebe Gott schickt das Fieber. Nach dem Fieber wird das Kind gesund.› So geschah es: Nach drei Tagen war der Junge geheilt.» Eine ärztliche Nachuntersuchung soll keinerlei Anzeichen für Leukämie mehr ergeben haben.[60]

Im übrigen wissen auch Erwachsene nicht immer, daß sie «fernbehandelt» werden. Und dennoch erholen sie sich oft selbst von schweren Krankheiten, sobald sich, weit weg, ein Heiler mit ihnen zu befassen beginnt. Gesundbeter aus dem Kreis von Mary Baker-Eddys Glaubensgemeinschaft «Christian Science» berichten seit über einem Jahrhundert immer wieder, und manchmal glaubhaft, von solchen Fällen; ihr Presseorgan, der *Christian Science Monitor*, ist voll davon.[61]

Als ich 1993 mehreren hundert Geistheilern einen Fragebogen zuleitete, ließen mir Dutzende von ihnen entsprechende Berichte zukommen, die einer unvoreingenommenen Überprüfung wert wären. So lag, nach akutem Nierenversagen, ein 52jähriger Lehrer aus Villingen 1992 in einer Freiburger Klinik drei Monate lang im Koma. Währenddessen versuchte die Lindauer Heilerin Hildegard Steinhauser eine Fernbehandlung – und drei Tage später kam der Mann wieder zu Bewußtsein. Nach vierzehn Tagen konnte er aus dem Krankenhaus entlassen werden. «Die Ärzte konnten es nicht begreifen», so die Heilerin.[62]

Die Londonerin Anne Jenkins[63], die an schwerer Kinderlähmung litt, mußte am 16. August 1959 notoperiert werden: Weil die Kehlkopfmuskeln gelähmt waren, wurde ein Luftröhrenschnitt durchgeführt. Zwei Tage später setzten auch die Lungen aus, Anne mußte künstlich beatmet werden. Nun griff die Lähmung, die bereits Nacken, Gehirn und die obere Körperhälfte befallen hatte, auch noch auf das Herz über. «Die nächsten drei Stunden wird Anne nicht überleben», meinten die Ärzte. Da schalteten die verzweifelten Angehörigen den hochgelobten britischen Geistheiler Harry Edwards (1893–1976) ein. (Nach Angaben des englischen Arztes Dr. Louis Rose behandelte Edwards innerhalb von sieben Jahren zwei Millionen Menschen auf Distanz.[64]) Sofort begann er Anne «fernzuheilen». Und sie überlebte: die nächste Nacht, die nächste Woche. Am 26. August setzte ihre Atmung wieder ein. Am 9. September kam ihre Stimme zurück. Am 20. September hob sie erstmals den Kopf vom Kissen. Am 23. September konnte sie wieder schlucken. Am 6. Oktober richtete sie sich allein im Bett auf. Am 3. November ging sie ohne fremde Hilfe im Zimmer auf und ab. Am 26. November wurde Anne Jenkins aus dem Krankenhaus entlassen – und ein Jahr später verriet nichts mehr, daß sie je an Kinderlähmung gelitten hatte.[65]

Hat Edwards geschönt? Erfuhr Anne womöglich doch, daß sich kein Geringerer als Englands berühmtester Wunderheiler jener Zeit sich mit ihr befaßte – und im Bewußtsein, im Bund mit seiner «übernatürlichen» Kraft zu sein, wurden ganz natürliche Selbstheilungskräfte in ihr wach? Im nachhinein läßt sich ihr Fall kaum noch überprüfen, wie meist bei anekdotischen Erfolgsmeldungen. Was Skeptiker vermissen, sind streng kontrollierte *Blind*versuche: wissenschaftliche Tests und Experimente, bei denen sichergestellt ist, daß die Fernbehandelten nicht wissen, ob und wann sich ein Geistheiler auf Distanz um sie kümmert. Im Idealfall wären solche Untersuchungen «doppelblind» angelegt: Auch die Versuchsleiter, ebenso wie die den Krankheitsverlauf begutachtenden Ärzte, müßten im ungewissen gehalten werden, welche Patienten aus einer größeren Stichprobe fernbehandelt werden und welche nicht.

Doch solche Versuche haben längst stattgefunden – zum Teil mit verblüffendem Ausgang. Der bis heute überzeugendste fand 1985 in einem Krankenhaus von San Francisco statt.[66] Dort lagen 393 Patienten, die an koronarer Herzkrankheit litten, einer Verengung der Herz-

kranzgefäße. Unter Leitung des amerikanischen Arztes Dr. Randolph
Byrd nahmen sie alle an einem Experiment zur Fernheilung teil. Bloß
wußte keiner etwas davon. Für jeden dieser 393 legte Byrd ein gesonder-
tes Krankenblatt an; darauf notierte er Name, Diagnose und Allgemein-
zustand. Aus diesen 393 Blättern wurden 192 ausgelost – und an
christliche Glaubensheiler in ganz Amerika verschickt, mit der schriftlichen Bitte, «täglich für eine rasche Genesung und die Verhütung von
Komplikationen oder gar des Todes zu beten». Auf jeden beteiligten
Patienten entfielen drei bis sieben Heiler, die für ihn fortan zehn Monate
lang Tag für Tag Fürbitten zu Gott richteten. Weder Byrd noch
irgendwer sonst im Krankenhaus konnte wissen, auf welche Patienten
der Ausgangsstichprobe das Los gefallen war. (Das Auswahlverfahren
hatten wissenschaftliche Mitarbeiter vorgenommen, die an der Studie
im übrigen nicht beteiligt waren.) Beide Gruppen, die Fernbehandelten
ebenso wie die Kontrollgruppe, waren durchaus vergleichbar zusammengesetzt, wie sich hinterher herausstellte: gleich schwerer organischer Befund, gleiche Herzfunktionsstörungen und Begleitbeschwerden, gleiches Alter, gleiche ärztliche Versorgung. Um so mehr verblüfft
Byrds Befund: Bei denjenigen Herzkranken, für die gebetet wurde,
traten im allgemeinen deutlich seltener Komplikationen auf.

| Komplikationen<br>im Zeitraum der Fernbehandlung | bei den<br>192 Fern-<br>behandelten | bei den<br>201 Patienten<br>der Kontroll-<br>gruppe<br>(ohne Fern-<br>behandlung) |
| --- | --- | --- |
| Antibiotika mußten eingesetzt werden | 3 | 16 |
| Wasser sammelte sich in der Lunge an<br>(pulmonare Ödeme) | 6 | 18 |
| Künstliche Beatmung war erforderlich | 0 | 12 |
| Die Herz-Lungen-Tätigkeit setzte kurzzeitig aus | 3 | 14 |
| Harntreibende Mittel (Diuretika) mußten eingesetzt<br>werden | 5 | 15 |

Wäre isoliertes Körpergewebe oder ein Pilz imstande, sich geistige
Fernwirkungen bloß einzubilden – und bloß deswegen darauf zu
reagieren? Die mittlere Überlebensrate von entnommenen Tumorzellen änderte sich unter der rein «geistigen» Einwirkung des britischen
Heilers Matthew Manning um 200 bis 1200 Prozent – selbst von einem
anderen, elektrisch abgeschirmten Raum aus.[67] Der Amerikaner William Tedder stellte eine Gruppe von sieben Heilern vor die Aufgabe,

aus bis zu fünfzehn Meilen Entfernung Pilzkulturen am Wachsen zu hindern, die seine Mitarbeiterin Melissa Monty in Petrischalen zog und laufend überwachte. Zur Einstimmung und als Konzentrationshilfe wurden der Gruppe Fotos vom Zielort gezeigt. Insgesamt fanden 16 Psychokinese-(PK-)Fernversuche statt, verteilt auf 16 aufeinanderfolgende Werktage. Jeder dauerte mindestens eine Viertelstunde. Zielobjekt waren jeweils fünf Pilzkulturen; anschließend maß Melissa Monty sie aus. Unter normalen Bedingungen wachsen die verwendeten Pilzkulturen um 0,65 Millimeter pro Stunde – doch nach *jedem* PK-Versuch hatte sich ihr Wachstum deutlich verlangsamt: im Durchschnitt aller 80 (16 mal 5) Pilzkulturen um 1,96 Millimeter pro Durchgang.[68]

Auch Tierversuche belegen geistige Fernwirkungen. So wurden zwanzig Zuchtratten – allesamt eineiige Zwillinge aus demselben Wurf – mit den Blutparasiten Babesia Rodhani infiziert, die eine Form von Malaria auslösen; dabei zerstören sie rote Blutkörperchen. Anschließend versuchte ein niederländischer Heiler sechs Wochen täglich zehn bis fünfzehn Minuten lang, bei der Hälfte der Versuchstiere die Ausbreitung und Vermehrung der Parasiten rein «geistig» zu bremsen – von zu Hause aus, über dreißig Kilometer vom Testlabor entfernt. Als Konzentrationshilfe lagen ihm Fotos aller beteiligten Tiere vor; Markierungen auf dem Fell zeigten ihm an, welche er behandeln sollte. Die andere Hälfte der Ratten diente als Vergleichsgruppe. Und tatsächlich: Unter dem Mikroskop zeigte sich anderthalb Monate später an Blutproben auf Objektträgern, daß bei den fernbehandelten Ratten erheblich weniger rote Blutkörperchen befallen waren.[69] In ähnlich angelegten Experimenten linderte geistige Fernwirkung offenbar bei Hamstern eine künstlich erzeugte Amyloidose, eine Stoffwechselstörung, die durch Proteinablagerungen an bestimmten Organen entsteht.[70] Sie beeinflußte die Schwimmrichtung von kleinen Schwertfischen im Aquarium – und spornte mongolische Springmäuse zu erhöhter motorischer Aktivität an, ablesbar an der Anzahl der Umdrehungen, in die sie ein Laufrad in ihrem Käfig versetzten.[71]

Auf Tierbehandlungen auf Distanz hat sich der Schweizer Heiler Otto Lüthi aus Oberbipp spezialisiert: Auf seiner Visitenkarte wirbt er für «erfolgreiche Fernbehandlungen für alle Lebewesen in Haus und Hof, in Voliere, Aquarium, Tierpark, Manege» – und viele Landwirte, Züchter und Haustierbesitzer in der näheren Umgebung erlebten schon, daß Lüthi nicht zuviel verspricht.[72] Ähnliche Fähigkeiten werden seiner Landsfrau Marianne Baumann aus Bottenwil nachgesagt.[73] Eine Patientin der bekannten Geistheilerin, Heilpraktikerin und Psychotherapeutin Stephanie Merges aus Rottach-Egern am Tegernsee hatte, entspannt in einem Sessel zurückgelehnt, eine Hand auf dem Kopf ihres Hundes liegen, während sie fernbehandelt wurde. Sie versichert, der Hund sei von jenem Tag an eine schwere Arthritis losgewesen, die ihn seit Jahren geplagt hatte.[74].

Auch Pflanzen sprechen auf Fernbehandlungen meßbar an. Der amerikanische Biochemiker Dr. Robert Miller entdeckte 1972 in einer Versuchsreihe am Physikalischen Institut des Agnes-Scott-College in Atlanta: Pflanzen sprießen bis zu siebenmal schneller, sobald ein Fernheiler dafür betet. Er stellte bei Gräsern einen plötzlichen Wachstumsschub fest – von derselben Stunde an, als sich die berühmte Gesundbeterin Olga Worrall, vom 950 Kilometer entfernten Baltimore aus, darauf konzentrierte: Statt durchschnittlich 0,15 sprossen sie nun 1,3 Millimeter pro Stunde in die Höhe.[75]

Deuten derartige Ergebnisse nicht darauf hin, daß sich Heilen auf Distanz keineswegs darin erschöpfen muß, raffinierte Suggestionen zu vermitteln und Placebo-Effekte in Gang zu setzen? Allerdings gewährleisten sie nicht – und das verkennen leider die meisten Patienten, die auf Fernheilung hoffen –, daß *jeder* Geistheiler, der solche Hilfeleistungen anbietet, auch nur annähernd so fähig ist wie die wenigen von Wissenschaftlern erfolgreich getesteten; ebensowenig stellen sie sicher, daß *jeder* Patient gleichermaßen empfänglich ist. Selbst in Byrds Studie profitierten viele Herzkranke wenig oder überhaupt nicht von den innigen Gebeten, die ihnen über ein Dreivierteljahr lang galten. Was Byrd sichern konnte, war nichts weiter als ein unübersehbares statistisches Resultat innerhalb der Gesamtstichprobe, dessen zufälliges Zustandekommen extrem unwahrscheinlich ist.

Außerdem belegen Untersuchungen wie die Byrd-Studie lediglich, daß sich die Ergebnisse von Fernheilungen nicht immer in psychologischen Effekten von Suggestionen und Placebo-Verabreichungen erschöpfen; sie schließen aber mitnichten aus, daß solche Effekte außerhalb der künstlichen Bedingungen, die Doppelblind-Tests für Heiler und Behandelte schaffen, mehr oder minder stark beteiligt sind. Auch das eindrucksvolle ZDF-Experiment mit Wallimann trifft dieser Verdacht. Daß «Placebos» allein gelegentlich durchaus hinreichen, vermeintliche Fernheilungserfolge zu erzielen, wies schon Mitte der fünfziger Jahre der deutsche Arzt Dr. Rehder nach.[76] Rehder leitete eine Klinik für Magenkranke. Drei seiner Patienten, die schwerkrank und bettlägrig waren, ließ er von dem prominenten Münchner Geistheiler Dr. Kurt Trampler «fernbehandeln» – allerdings *ohne* Wissen der Patienten. Das Ergebnis war enttäuschend: Keinem der drei ging es daraufhin im geringsten besser. Daraufhin entschloß sich Rehder zu einem zweiten Experiment: Diesmal erklärte er den drei Kranken, ein berühmter, überragend befähigter Wunderheiler werde ihnen machtvolle Heilströme zusenden. Zur Einstimmung gab er ihnen ein Buch von Trampler[77] zu lesen, händigte ihnen Aluminiumfolien aus, die Heilkräfte angeblich verstärken, und erzählte ihnen von den Wunderheilungen in Lourdes. Doch in Wahrheit fand diesmal *keinerlei* Fernbehandlung statt. Trotzdem besserte sich der Zustand der drei Patienten vom selben Tag an dramatisch. Schließlich konnten sie sogar aus der Klinik entlassen werden.

## Auf der Suche nach Erklärungen

Wenn zufällige Koinzidenzen oder spontane Selbstheilungen, Suggestionen und Placebo-Effekte die Wirkungen von Fernheilungen nur teilweise, aber nicht vollständig erklären – welche Faktoren spielen dann zusätzlich mit? Fragt man die Geistheiler selbst danach, so bekommt man am häufigsten eine «Übertragungstheorie» zu hören: Demnach leitet der Heiler seinen Kranken einen Energiestrom zu, den er aus dem Kosmos aufnimmt und «kanalisiert», dabei noch verstärkt und gezielt weitergibt. Demnach entspringt die Quelle des Heilwerdens letztlich in «jenseitigen» Sphären. Manche sprechen auch von einer geradezu mystischen «Vereinigung», in der die Ich-Grenzen zwischen Heiler und Patient zeitweise verschwimmen. (Heiler aus der Schule des einflußreichen amerikanischen Psychologen Lawrence LeShan lernen, mit ihrem Gegenüber «eins» zu werden.[78]) Doch selbst wenn solche Metaphern einen Teil der Ursachen treffen sollten, auf denen Fernheilen beruht, bleiben sie mit Sicherheit unvollständig. Denn vieles spricht dafür, daß häufig auch para*psychische* Einflüsse beteiligt sind: nämlich außersinnliche Fähigkeiten der Beteiligten selbst. Und diese Einflüsse machen eine Vielzahl von Phänomenen verständlich, mit denen sich Fernheilungen gängigen wissenschaftlichen Erklärungsversuchen entziehen.

Zum einen scheint *Telepathie* im Spiel zu sein: eine Übertragung von Bewußtseinszuständen einer Person auf eine andere, die ohne irgendeine bekannte Einwirkung auf die Sinne des Empfängers zustande kommt. «All meine Fernheilungen», so erklärt etwa der Frankfurter Geistheiler Christos Drossinakis, «beruhen letztlich auf einem Vorgang, den ich ‹Mentalsuggestion› nenne: Was mein Wille auf Distanz beeinflussen kann, ist der Geist des Behandelten; dadurch versetze ich ihn in die Lage, die nötigen Heilungsprozesse in seinem Körper selbst einzuleiten.»[79]

Die Parallelen zwischen Fernheilung und Telepathie sind zahlreich:

- Wie Fernheiler, so können auch telepathische Sender selbst weit entfernte Zielpersonen erreichen und willentlich beeinflussen. Schon in den achtziger Jahren des 19. Jahrhunderts hatten Experimente des französischen Arztes Pierre Janet für Aufsehen gesorgt: Ihm gelang es, per Fernhypnose seine Versuchsperson, eine 50jährige Bäuerin, immer wieder telepathisch einzuschläfern – zu zufällig ausgewählten Zeitpunkten, von denen die Frau nichts ahnte.[80] In den zwanziger Jahren begann der Leningrader Physiologe Leonid Wassiliew, ein Schüler des 1927 verstorbenen berühmten Wladimir Bechterew, dieses Phänomen systematisch zu erforschen. Unter dreihundert Versuchspersonen fand er ein Dutzend, das sich telepathisch einschläfern und wecken ließ: Zu willkürlich festgelegten Zeitpunkten, auch tagsüber, wurden sie auffallend häufig genau dann müde, schliefen ein und erwachten wieder, nachdem ihnen ein «Sender» entsprechende Vorstellungen übermittelt hatte. Zwischen Befehl und Reaktion verstrichen dabei manchmal weniger als zwei Minuten. Mit zwei besonders empfänglichen Versuchspersonen, den beiden Russinnen Iwanowa und Fedorowa, führte Wassiliew in den Jahren 1933 und 1934 insgesamt 260 derartige Versuche durch; nur in sechs Fällen mißlang das telepathische Einschläfern, nur in 21 das telepathische Aufwecken.[81]

- Ebenso wie Fernheilungen finden Telepathien über große Entfernungen, wenn nicht gar über jede beliebige Distanz statt, ohne sich dabei abzuschwächen. Das widerspricht der lange gehegten Vermutung, irgendwelche bekannten physikalischen Energien könnten daran beteiligt sein. (In einem Versuch zum telepathischen Einschläfern, am 15. Juli 1934, hielt sich Iwanowa, die Zielperson, im 1700 Kilometer entfernten Sewastopol am Schwarzen Meer auf, während der Sender in Leningrad saß. Um 22.10 Uhr begann er Müdigkeit zu suggerieren. Iwanowa ahnte nichts davon. Doch exakt eine Minute später schlief sie ein.)

- Wie die bei Fernheilungen mutmaßlich übermittelten Energien, so scheinen auch telepathische Übertragungen keine Hindernisse zu kennen: ein weiterer Hinweis darauf, daß gängige physikalische Erklärungsmodelle ausscheiden. Schon Wassiliew hatte mit mehreren physikalischen Abschirmungen experimentiert, die elektromagnetische Strahlung gewöhnlich absorbieren. Hierzu setzte er Kammern aus Stahl, später aus Blei ein, deren Fugen mit Quecksilber abgedichtet waren; ihre Undurchlässigkeit stellte er mit Detektoren sicher. In diese Abschirmkammern setzte er Versuchspersonen –

doch selbst hier reagierten sie, zu willkürlich festgelegten Zeitpunkten, auf die telepathischen Einschlafbefehle von Sendern außerhalb des Raumes.

Der zweite parapsychische Faktor, der bei Fernheilungen vermutlich häufig mitspielt, ist *Psychokinese* (PK): die Fähigkeit, Bewegungen und Veränderungen von materiellen Körpern rein psychisch auszulösen, ohne dabei irgendwelche bekannten physikalischen Hilfsmittel einzusetzen. Wie erstaunlich gut einige Handaufleger in Nahversuchen mit Psychokinese abgeschnitten haben, wird in Kapitel IV eingehend zur Sprache kommen. Aber Psychokinese wirkt auch auf größere Entfernungen, wie Parapsychologen mehrfach bestätigt fanden. Als der Israeli Uri Geller 1974 in einer ZDF-Sendung demonstrierte, daß seine Geisteskräfte angeblich Besteckteile verbiegen und defekte Uhren wieder in Gang setzen konnten, geschah in den Wohnstuben mancher Fernsehzuschauer Unheimliches. Noch während die Sendung lief, begannen sich in einer Karlstadter Wohnung nach und nach 54 Besteckteile des sorgsam gehüteten Familiensilbers in den Schubladen zu deformieren; die perplexe Familie alarmierte die Landespolizei, die vom 40. Besteckteil an die Vorgänge beobachtete und fotografisch festhielt.[82] Silbermünzen aus der Weimarer Zeit mit einem Sammlerwert von rund 50 000 DM, die in einem Safe untergebracht waren, fand ihr Besitzer kurz darauf allesamt verbogen vor.[83] Auch der englische Heiler Geoffrey Boltwood hat Fern-PK schon überzeugend unter Beweis gestellt: Im November 1989 gelang es ihm offenbar, auf eine nachweislich unbespielte, fabrikneue und versiegelte Tonbandkassette über eine größere Entfernung hinweg eine Botschaft zu «denken». Die Kassette war im Londoner «College of Psychic Studies» sicher unter Verschluß gewesen. Mehrere Kilometer entfernt, in der Ortschaft Clapham, konzentrierte sich Boltwood sechs Stunden lang intensiv auf sie. Dabei versuchte er, die letzte Zeile eines Gedichts des englischen Lyrikers Dylan Thomas (1914–1953) psychokinetisch auf das Band zu übertragen: «And death shall have no opinion» («Und der Tod wird keine Macht haben»). Als eine Woche später, vor 200 Zeugen, das Band entsiegelt und abgespielt wurde, «vernahmen sämtliche Versammelten Boltwoods Stimme», wie ein anwesender Pressevertreter versicherte. «Sie war so deutlich zu hören, daß eine Verwechslung ausgeschlossen war, auch wenn sie aus einem starken Hintergrundrauschen heraus ertönte. Eindeutig rezitierte sie das Ende von Thomas' Gedicht.»[84] Wenn manche Menschen demnach imstande sind, weit entfernte Zielobjekte durch bloße Konzentration zu verändern: Könnte dabei nicht dieselbe rätselhafte Kraft wirken, die auch Zielobjekte in den Körpern weit entfernter Patienten beeinflussen kann – seien es einzelne Zellen und Zellbestandteile, ganze Organe oder eingedrungene Krankheitserreger? Muß Fernheilung als therapeutische Psychokinese verstanden werden?

Auch eine *Kombination* von Telepathie und Psychokinese ist denkbar, wenn Fernbehandlungen gelingen. Manche Fernheiler erklären ausdrücklich, daß sie Partner und andere Mitbewohner eines abwesenden Patienten gleichsam als «Stellvertreter» benutzen: Möglicherweise kann dieser Personenkreis manchmal telepathisch derart beeinflußt werden, daß er dann, unbewußt, aus unmittelbarer Nähe auf den Kranken psychokinetisch einwirkt. Eine solche Erklärung ist übrigens auch für Tedders und Montys erstaunliche Testergebnisse vorgeschlagen worden: Nicht die Versuchspersonen, sondern die mit den Pilzkulturen arbeitenden Experimentatoren könnten es demnach gewesen sein, die psychokinetisch die Wachstumsveränderungen auslösten – auf einen telepathischen Impuls der «Sender» hin.[85] Desgleichen werden viele vermeintliche Fernwirkungen Uri Gellers im Verlauf von Fernsehauftritten auf unbewußte psychokinetische Leistungen von Zuschauern zurückgeführt.[86]

Falls Physiker eines fernen Tages imstande sein sollten, jene Energien zu messen, die telepathische und psychokinetische Leistungen ermöglichen, und sie womöglich sogar künstlich zu reproduzieren: Wäre damit auch das Geheimnis des Fernheilens, vielleicht sogar des geistigen Heilens überhaupt gelüftet? Die meisten Heiler bezweifeln das. Auf Distanz Kranken zu helfen, betrachten sie nicht als energietechnischen Trick besonderer Art, als eine Strahlentherapie mit unbekannten Quellen und Medien – sondern als eine Folge bedingungsloser Fürsorge für einen Nächsten in Not. Daß Fernbehandlungen anscheinend keine Grenzen und Hindernisse kennen, deuten sie als Beweis für die Macht einer Liebe, die alles überwindet. In dieser Liebe sehen sie etwas Göttliches, ja Gott selbst: Ein «energetischer» Heiler, der an ihr nicht teilhabe, werde niemandem helfen können.

**Soll ich mich fernbehandeln lassen?**
In welchem Maße Fernheilung auf Placebo-Effekten, auf kosmischen Energien oder auf Psi-Kräften beruht, könnte Kranken einerlei sein, sofern sie bloß wirkt. Wer leidet, sollte pragmatisch entscheiden, auf welche Hilfsangebote er sich einläßt. Wollte er den Ausgang des akademischen Streits über Bedingungen und Ursachen abwarten, könnte es für ihn längst zu spät sein. Wie immer dieser Streit ausgeht, eines steht

fest: Wer zuversichtlich *glaubt*, daß Fernheilung wirkt, wird mit großer Wahrscheinlichkeit auch davon profitieren.

Aber wie steht es mit Unschlüssigen und Zweiflern? «Selbst wenn
ich annehme, an geistigem Heilen könnte etwas dran sein, so fällt es mir
doch schwer zu begreifen, wie irgendwelche Energien über riesige
Entfernungen hinweg meinen Körper erreichen und darin Tumorzellen wegschmelzen können sollen», klagte mir kürzlich eine schwer
krebskranke Frau. «Aber mein Leiden hat mich inzwischen ans Bett
gefesselt, ich kann keinen Schritt mehr aus meiner Wohnung tun. Und
zu einem Hausbesuch konnte ich den Geistheiler meiner Wahl nicht
überreden, dazu leben wir zu weit auseinander. Nun hat er mir eine
Fernbehandlung angeboten – doch da bin ich skeptisch. Hat es dann
überhaupt Sinn, daß ich mich darauf einlasse?» Niemand kann solche
Fragen guten Gewissens beantworten, zumindest nicht derart allgemein. Ob und inwieweit Fernbehandlungen auch bei Skeptikern wirken, hängt unter anderem vermutlich von den Fähigkeiten des Heilers
ab: Bei Harry Edwards etwa scheint bei mehreren hundert gut belegten
Fernheilerfolgen kaum eine Rolle gespielt haben, welches Maß an
Aufgeschlossenheit und Glaubensbereitschaft ein Patient mitbrachte.
Je minder begabt ein Heiler ist, desto mehr entscheidet die Psyche
seiner Klienten mit darüber, welche Ergebnisse er erzielt. Doch auch
individuelle, unbewußte Faktoren im Patienten könnten mitbeteiligt
sein: Oft scheint dem Heilungsversuch eine unüberwindliche meta-
physische Sperre entgegenzustehen – Heiler sprechen von «Karma»,
von göttlicher Fügung oder Schicksal –, an der alle Bemühungen
abprallen wie von einer unsichtbaren Wand. Kurzum: Auch Skeptiker
haben bei Fernheilungen eine Chance – im allgemeinen allerdings eine
geringere.

Vor übereilten Fehlschlüssen können Patienten, die an eine Fernheilung denken, gar nicht genug gewarnt werden. Selbst wenn irgendein
Fernheiler einmal irgendwo auf der Welt unter medizinisch-wissenschaftlicher Aufsicht ein paar Kranken anscheinend half, so war allein
*er* es, zu *jenem* Zeitpunkt, bei *diesen* besonderen Versuchspersonen,
unter *jenen besonderen* Umständen. Kein noch so erfolgreich verlaufe-
ner Test rechtfertigt die Zuversicht, daß jeder andere Fernheiler bei
beliebigen anderen Patienten jederzeit und überall auch nur annähernd
so viel zustande bringt – oder auch nur derselbe getestete Fernheiler bei
anderen Anlässen. Außerdem haben Fernheiler in wissenschaftlichen
Überprüfungen im allgemeinen öfter versagt als überzeugt.[87]

«Was wirkt besser: Fernbehandlung oder direktes Heilen, wie beispielsweise Handauflegen?» Auch diese Frage stellen mir Patienten

häufig. Experimentell sind ihr, soweit ich die Fachliteratur überblicken kann, bis heute nur zwei Wissenschaftler einigermaßen gewissenhaft nachgegangen: die Amerikanerin Shirley Winston und der Niederländer Johannes Attevelt – mit widersprüchlichen Befunden.

Im Jahre 1975 ließ Shirley Winston sechzehn Patienten von vier Geistheilern insgesamt einen Monat lang behandeln: jede Woche nach einer anderen Methode. In der ersten Woche trafen sich Heiler und Patient und führten eingehende Gespräche, in denen sie sich näherkommen sollten, ehe eine Behandlung per Handauflegen begann. In der zweiten Woche beschränkte sich ihr persönlicher Kontakt strikt auf das Handauflegen, Gespräche fanden nicht statt. In der dritten Woche wurden die Patienten anhand eines Fotos und einer Handschriftenprobe fernbehandelt, in der vierten Woche anhand einer Haarlocke als «Induktor». Zwischen den einzelnen Behandlungsphasen wurden jeweils sieben Tage Pause eingelegt. Bei der Auswertung der schriftlichen Protokolle, die jeder Behandelte über Veränderungen seines Gesundheitszustands führte, zeigte sich ein leichtes statistisches Plus zugunsten der *Fern*heilung – allerdings zu schwach, um allgemeine Schlüsse zu rechtfertigen. Zudem war die Stichprobe von vornherein viel zu klein, eine ärztliche Kontrolle der vermeintlichen Heileffekte fand nicht statt.[88]

Vorbildlich angelegt waren dagegen mehrere Vergleichsstudien, die der niederländische Parapsychologe Johannes Attevelt in den Jahren 1987 und 1988 mit 96 Asthma-[89] und 120 Bluthochdruckkranken[90] und insgesamt 18 bekannten Geistheilern seines Landes durchführte. Beide Patientengruppen teilte er, nach ärztlichen Voruntersuchungen, drei Testbedingungen zu: Einem Teil von ihnen wurden monatelang einmal wöchentlich Hände aufgelegt; ein anderer Teil nahm nach demselben Zeitplan hinter einer undurchsichtigen Abschirmung Platz, vor der manchmal ein Heiler auf Distanz auf sie einzuwirken versuchte, manchmal aber auch niemand saß. (Dabei wußten die beteiligten Patienten nicht, ob sie Ziel einer Fernbehandlung waren oder nicht.) Wie medizinische Nachuntersuchungen belegten, war das Handauflegen dem Fernbehandeln jedesmal deutlich überlegen.

Trotzdem ist auf einer derart schmalen Datenbasis vorerst schwer zu entscheiden, was Fernheilungen im Vergleich mit Kontaktbehandlungen wirklich leisten. Vermutlich gibt es keine generelle Antwort darauf, weil individuelle Besonderheiten mitentscheiden: besondere Begabungen und Spezialisierungen des Heilers, aber auch die unterschiedlichen Überzeugungen und Empfänglichkeiten der Patienten. Unter Geistheilern selbst gehen die Ansichten darüber weit auseinander. Eine Minderheit hält geistiges Heilen auf Distanz sogar für wirkungsvoller: Heiler und Patient könnten sich dabei ganz auf ihre Begegnung auf «energetischer» Ebene konzentrieren, ohne von irrelevanten Wahrnehmungen und Emotionen abgelenkt zu werden, die sie bei persönlichen Begegnungen zwangsläufig ineinander auslösen. Die Mehrzahl jedoch gibt dem unmittelbaren, persönlichen Kontakt mit ihren Patienten eindeutig den Vorzug.[91]

So erklärt der Heiler Wolfgang Fischer aus Solingen: «Nur im äußersten Notfall, wenn ein Mensch wirklich nicht transportfähig ist, rate ich den Verwandten, mir ein Foto zu schicken, damit ich meine positiven Kräfte auf ihn konzentrieren kann. Aber mir ist es viel lieber, wenn ich mit dem Hilfsbedürftigen direkten Kontakt habe. Über die Entfernung geht durch Umwelteinflüsse nämlich viel von meiner Heilkraft verloren.»[92]

Diese Einschätzung teile ich, wenn auch aus anderen Gründen, als Geistheiler selbst sie anführen. Für sie besteht die Hauptschwierigkeit von Fernbehandlungen darin, die «Schwingung» des Patienten aufzunehmen, auf die sie sich einzustellen versuchen, um über sie dann Heilenergie zu übertragen. Dies falle bei einer völlig unbekannten Person, von der dem Heiler bloß ein Foto vorliegt, im allgemeinen weniger leicht als bei einem Hilfesuchenden, der ihm unmittelbar gegenübersitzt. Schwerer wiegt meines Erachtens aber ein anderes Manko der «Fernheilung»: Ihr fehlt die liebevolle, fürsorgliche, intensive Begegnung – der unbewußt psychotherapeutische Rahmen, in dem ein Kranker als ganze Person in die Behandlung einbezogen wird. Erfolgreiche Geistheilung ist immer auch effektive Psychotherapie. Doch Fernbehandlungen fehlt dieser Anteil zwangsläufig. Aus der Telepathie- und Präkognitionsforschung wissen wir zudem, daß paranormale geistige Verbindungen weitaus häufiger zwischen Menschen zustande kommen, die einander gut kennen und nahestehen, als zwischen Fremden.

Deshalb rate ich allen Patienten dringend, sich auf Fernbehandlungen nur ausnahmsweise einzulassen: falls der Heiler ihrer Wahl sie nicht aufsuchen kann, sie selbst bettlägrig oder aus anderen Gründen immobil sind. Besser überdenken sie kritisch ihre Wahl. Manch unbekannter Handaufleger aus der Nachbarschaft, der sich für stundenlange persönliche Begegnungen aufopferungsvoll Zeit nimmt, kann erheblich mehr ausrichten als ein berühmter Fernheiler, der weit weg Hunderten von Hilfesuchenden hin und wieder «Energien» zuleitet. Sollte ich selbst jemals an eine Fernbehandlung denken: Ich würde keinen Heiler beauftragen, von dessen therapeutischen und charakterlichen Eigenschaften ich mich nicht zuvor schon in mehreren Privatsitzungen überzeugen konnte.

Denn nirgendwo in der alternativen Gesundheitsszene wird derart dreist gelogen, betrogen und skrupellos abkassiert wie im Bereich des «Fernheilens». Im Anzeigenteil fast aller Esoterikblätter und vieler populärer Gesundheitszeitschriften bieten dubiose Fernheiler mit reißerischen Versprechen ihre Dienste an – gegen Vorkasse, versteht sich, mit einem Betrag zwischen 50 und 300 DM. So köderte ein Großhandelskaufmann aus Bad Vilbel, unter dem Pseudonym «Bernard Mirage», in den Jahren 1985 bis 1988 mindestens 900 Patienten mit Inseraten, in denen er Fernheilungen selbst von Leukämie und Krebs versprach. Kein Kranker bekam ihn je zu Gesicht, Kontakte beschränkten sich auf den Postweg. «Zur besten Sendezeit», so teilte er Klienten mit, könnten sie seine «magischen Kräfte» empfangen. Dazu hatten sie jeweils montags, mittwochs und freitags Punkt zwanzig Uhr eine Kerze anzuzünden, bei deren Licht sie ein «Konzentrationsblatt mit Symbolik» anstarren sollten, das ihnen «Mirage» gegen eine «Verwaltungsgebühr» von 30 DM hatte zukommen lassen. Die ersten fünf «Sitzungen» dieser Art hielt er großzügigerweise honorarfrei. Danach wurde es immer teurer: Der Spitzenlohn betrug schließlich pro Sitzung und Patient 1400 DM. Mindestens 300 000 DM kassierte er mit dieser perfiden Geschäftsidee, ehe das Landgericht Frankfurt seinem Treiben ein Ende machte.[93] Vorerst unbehelligt kann dagegen ein selbsternannter «Parapsychologe» aus Oberuhldingen am Bodensee in mehreren großen Publikumszeitschriften per Inserat auf sich aufmerksam machen. Wer darauf reagiert, dem werden «Fernheilungen» gegen Vorkasse angeboten; in einem mir bekannten Fall wurden 3000 DM im voraus verlangt. Allein schon für eine fünfzehnminütige «Erstkonsultation» berechnet der «Parapsychologe» einen fixen Satz von 450 DM.

Zum «Beweis» für vorgebliche Fernheilkräfte werden in solchen Anzeigen oft angebliche Auszüge aus Dankesbriefen von Geheilten abgedruckt, deren Identität unüberprüfbar bleibt. Die teuren Inserate scheinen sich auszuzahlen; denn manche «Fernheiler» gehören seit Jahren zu den Stammkunden solcher Publikationen. Gutgläubige Patienten, die sich darauf einlassen, sind in einer mißlichen Lage: Woher sollen sie wissen, ob und wie oft sich der Fernheiler überhaupt mit ihnen befaßt? Und falls nichts geschieht: Wie bekommen sie ihr Geld zurück? Seriöse Geistheiler widert das zwielichtige Geschäftsgebaren mindestens ebenso an wie entschiedene Kritiker der Heilerszene; denn es schädigt ihr Ansehen immens. Über skandalöse Auswüchse ereifert sich seit Jahren einer der fähigsten Fernheiler in

Mitteleuropa, der Schweizer Karl Emmenegger aus Littau bei Luzern. «Hier wollen gewisse Leute schnell zu einem Vermögen kommen, das sie nicht ehrlich erwirtschaftet haben. So sind mir sogenannte ‹Heiler› aufgefallen, die in bestimmten Monaten Inserate im Gesamtbetrag von 350 000 Schweizer Franken und mehr erscheinen ließen. Selbst wenn sie rund um die Uhr damit beschäftigt wären, die Absender der daraufhin eingegangenen Hilferufe «fernzuheilen» – wie vielen Kranken könnten sie wohl wieviel Sekunden ihrer Arbeit widmen, um ihre Anzeigenkosten zu decken?»[95]

Schwindler seien leicht zu entlarven, so beruhigen die meisten Heiler; denn ob, wann und wie lange jemand fernbehandelt werde, könne der Betreffende regelrecht *spüren*. Es träten charakteristische Empfindungen und Gefühle auf. Doch das stimmt nicht immer, wie Turners oben geschilderte Erhebung belegt: Demnach bemerkt höchstens jeder zweite Patient irgendwelche ungewöhnlichen Empfindungen, während er fernbehandelt wird. Von 1379 untersuchten Heilversuchen auf Distanz gingen nur 442, also bloß ein rundes Drittel, mit eigenartigen seelisch-geistigen Veränderungen der Zielpersonen einher. Und selbst wenn gewisse seltsame Emotionen, Gefühle oder Vorstellungsbilder einmal derart synchron mit Intentionen des Fernheilers auftreten und inhaltlich derart stark zu diesen Intentionen passen, daß Zufall unwahrscheinlich wird, so deuten solche Übereinstimmungen allenfalls auf eine zeitweilige telepathische Verbindung hin. Doch von Telepathie zu *Teletherapie* ist es dann immer noch ein weiter Schritt.

Die Effektivität von Fernheilungen ließe sich vermutlich steigern, wenn die Heiler selbst bereit wären hinzuzulernen. Dies wurde dem bereits erwähnten Gordon Turner in einem Experiment mit zwölf Patienten klar, die zunächst auf noch so intensive Fernbehandlungen überhaupt nicht angesprochen hatten. Könnten sich die Ergebnisse verbessern lassen, indem «telepathische Bindeglieder» zwischen Heiler und Patient geschaffen werden? Turner versuchte es. Jedem der zwölf «widerspenstigen» Patienten schickte er das Foto einer Landschaft zu, das sie zu verabredeten Zeitpunkten zehn Minuten lang eingehend betrachten sollten; dabei sollten sie laut den ersten Vers des 23. Psalms lesen. Zeitgleich konzentrierte sich Turners sechs- bis zwanzigköpfige Heilgruppe auf eine großflächige Diaprojektion derselben Landschaftsaufnahme – und sprach denselben Psalmvers. Erst dann begann die eigentliche Fernbehandlung. Diese Vorbereitung scheint tatsächlich ein telepathisches Band geknüpft zu haben, das die anschließende Therapie erleichterte: Unter den zwölf zuvor «widerspenstigen» Kranken berichteten nun elf, ihre Beschwerden hätten sich deutlich verringert. Eine stark depressive Frau, die ihr Leiden zuvor nur medikamentös in den Griff bekommen hatte, benötigte nun schlagartig keine Tabletten mehr; ein Kind, das an einem schweren Wirbelsäulenschaden litt, konnte zum erstenmal seit vielen Jahren wieder aufstehen. Seit jenem Experiment sprachen die Behandelten auch auf gewöhnliche Fernbehandlungen erheblich besser an.[96]

**Fernheilung per Massenmedien: Scharlatanerie oder Chance?**

«Wie wäre es mit einem Massenexperiment zum Fernheilen – im Fernsehen?» schlug ich der Chefredaktion der *Bild*-Zeitung im Oktober 1992 vor. «Lassen Sie einen Geistheiler versuchen, Kranke via Bildschirm zu behandeln.» Anlaß war eine zweiwöchige Serie über geistiges Heilen, die ich *Bild* kurz zuvor geliefert hatte – gedacht als Werbung für die damals kurz bevorstehenden 10. Internationalen Basler «Psi-Tage», den «Weltkongreß für geistiges Heilen». Ein zeitgleich ausgestrahlter Fernsehbeitrag hätte der Serie zusätzliche Aufmerksamkeit gesichert – und damit auch dem Kongreß.

Doch *Bild* zögerte. Das Risiko eines Fehlschlags schien zu groß. Wie konnte ich sicher sein, daß ein solches Experiment nicht mißlingen würde? Ich verwies auf das russische Vorbild. Seit 1988 erreichen dort zwei «Wunderheiler» via TV Millionen Mitbürger: der ukrainische Arzt Anatoli Kaschpirowski und der frühere Gewerkschaftsfunktionär Alan Tschumak. Beide reden mit hypnoseähnlichen Suggestionen Zuschauern zu besten Sendezeiten Krankheiten aus. Über 500 000 Briefe und Telegramme gingen schon bei ihnen ein: davon zwei Drittel Dankesbezeigungen. Angina, Magengeschwüre und Bettnässen, Tumore, Leistenbrüche, Warzen, Muttermale, Krampfadern, Lähmungen: all das soll während ihrer «TV-Heilungen» verschwunden sein. Warum sollte dies in Deutschland unmöglich sein?

Davon ließ sich *Bild* schließlich überzeugen. Doch nun verstrich ein knappes Jahr, ehe sich endlich ein Fernsehsender fand, der sich überreden ließ, einen geeigneten Sendeplatz zu schaffen: SAT I, im Rahmen seiner populären Talkshow «Schreinemakers live». Die Produktionsleitung ließ sich von mir ein Konzept für den Ablauf kommen. Der Sendetermin stand bereits fest – Donnerstag, der 28. Oktober 1993 –, doch zwei Wochen vorher sprang die dafür vorgesehene Heilerin Helga Aust im letzten Moment ab. Der Termin drohte zu platzen, sofern ich nicht rasch Ersatz beibrachte. In der Not fiel mir Dr. Eli-Erich Lasch aus Berlin ein: Ein Geistheiler, der promovierter Mediziner und praktizierender Arzt ist, mußte für Massenmedien besonders attraktiv sein, unabhängig davon, welche Qualitäten er in beiden

Bereichen tatsächlich besitzt. (Im Spätherbst 1992 war Lasch erstmals bundesweit in die Schlagzeilen gekommen, nachdem ich ihn zum Basler «Weltkongreß für geistiges Heilen» eingeladen und dort einen *Stern*-Redakteur auf ihn aufmerksam gemacht hatte, der an Lasch dann eine vielbeachtete Titelgeschichte aufhängte.) Als ich ihn anrief und einlud, sagte er sofort zu. Wie geschickt er sich dann live im Studio aus der Affäre zog, erlebten knapp sieben Millionen Fernsehzuschauer mit – eine sensationelle Einschaltquote an jenem Abend, die selbst die «Tagesschau» in den Schatten stellte. Über die Auswirkungen hielt *Bild* seine 14 Millionen Leser in den darauffolgenden Tagen auf dem laufenden. Dreimal «bestrahlte» Lasch, jeweils über fünf Minuten lang, die Fernsehnation mit «heilender Energie» – und noch während der Sendung meldeten sich die ersten Zuschauer, die von unfaßbaren Genesungen berichteten: insbesondere Schmerzkranke, aber auch Menschen mit Sehstörungen, Lähmungen, Allergien, Hautausschlägen, Asthma und rheumatischen Beschwerden. Eine Publikumsbefragung belegte: 76 Prozent glaubten, Laschs Energien «gespürt» zu haben. (Am 17. Dezember 1993 kupferte das Schweizer Fernsehen die SAT-I-Vorlage ab: Auf eine Live-«Fernbehandlung» durch den italienischen Geistheiler Nicola Cutolo hin berichteten 82 Prozent der Anrufer, sie fühlten sich besser; nur 18 Prozent gaben an, «nichts gespürt» zu haben.[97]) Ein Dutzend Zeitschriftenredakteure stand daraufhin bei Lasch Schlange, um ihn «exklusiv» zu vermarkten, und jubelte ihn zu *dem* führenden Wunderheiler Deutschlands hoch. So werden Stars geboren.

Eine Woche später versammelte Margarethe Schreinemakers dann «Experten» um sich, die kritisch kommentieren sollten, was Lasch offenkundig zustande gebracht hatte. Von «Hypnose» war die Rede, von «Placebo-Effekten», von suggestiv geweckten Selbstheilungskräften. Doch keiner traf den springenden Punkt: *Wenn* derartige «Fernbehandlungen» offenbar bei mehreren hundert Menschen nahezu schlagartig Symptome linderten oder gar beseitigten, die zuvor zum Teil jahrelang erfolglos von Ärzten behandelt worden waren, so ist es absolut zweitrangig, wie sie zustande kamen. Sie halfen, das allein zählt; auch wenn es später zu Rückfällen gekommen sein sollte, so wurden Leidende doch immerhin wenigstens vorübergehend von Beschwerden befreit. Daß Lasch andererseits auch nur den geringsten gesundheitlichen Schaden anrichtete, hat niemand belegen können. Deshalb schreien solche Versuche geradezu nach baldiger Wiederholung.

Um dafür einzutreten, muß man sich nicht der dürftigen Erklärung anschließen, die Lasch selbst vortrug. Er wähnte «elektromagnetische» Kräfte am Werk. Das kann aber nicht sein, aus den schon genannten Gründen: Die bei Fernheilungen übertragenen Energien schwächen sich weder mit zunehmender Distanz ab, noch lassen sie sich durch bekannte physikalische Barrieren abschirmen. Im übrigen würde sich Elektromagnetismus von vornherein überhaupt nicht als Informationsträger für jene oftmals hochspezifischen Veränderungen eignen, die Fernheilungen in eng umgrenzten Organbereichen und Körperfunktionen zustande bringen; dazu sind ihre Wellen zu diffus, im Unterschied etwa zu Laserlicht. Noch märchenhafter mutet an, wie «elektromagnetische» Heilstrahlen ihre Adressaten auf dem elektronisch-radiotechnischen Weg über Studiokameras, Sendemasten, Dachantennen, Satellitenschüsseln und Fernsehmonitore gleichzeitig zielsicher in sieben Millionen Wohnstuben finden sollen. Der größte Teil von Laschs Erfolgen – und jeder andere deutsche Geistheiler mit der gleichen Selbstsicherheit und einer Aura des Geheimnisvollen hätte sie ebenfalls erzielt – läßt sich vermutlich durch psychische Prozesse erklären. Dies schmälert ihren Wert allerdings nicht im geringsten.

Ähnlich sollten wir «Massenheilungen» per Zeitung bewerten, die neuerdings auch in Deutschland in Mode gekommen sind, ebenfalls nach ausländischen Vorbildern. Im Januar 1988 ließ das englische Massenblatt *Sun* die namhafte Geistheilerin Doris Collins «zehn Minuten lang eine Welle von psychischer Heilenergie über das ganze Land aussenden». Um den Heilstrom aufzunehmen, sollten sich kranke Leser zu einer bestimmten Uhrzeit auf ein großes Foto von Doris Collins konzentrieren. Wenige Minuten danach brachen in der Londoner *Sun*-Redaktion die Telefonleitungen zusammen: Mehrere hundert Anrufer schilderten aufgeregt Sofortheilungen, vor allem von chronischen Schmerzen. Keith Barnard, ein 54jähriger Bauer aus Elmsworth und seit vier Jahren gelähmt, «warf zum erstenmal die Krücken fort und lief über die Wiese».

Das polnische Massenblatt *Skandale* verzehnfachte 1991 seine Auflage auf eine Million Exemplare, nachdem es zwei brasilianische Heiler regelmäßig «fernheilen» ließ. Die Energie von Südamerika bis zur Weichsel «übertrugen» Zeitungsfotos der Heilerhände in Originalgröße. Darauf sollten kranke Leser ein paarmal pro Monat zu einer festgelegten Uhrzeit ihre Hände legen. Um die Flut eingehender Dankesbriefe zu bewältigen, mußte die *Skandale*-Redaktion fünf zusätzliche Hilfskräfte einstellen.

Den gleichen Versuch startete das seichte deutsche Esoterikblatt *Astrowoche* im Juni 1992: Wochenlang bildete es die Hände von Dr.

med. Leonhard Hochenegg, des «Wunderheilers von Tirol», ab. Hunderte von Lesern wollen die unsichtbaren Kräfte gespürt haben, die davon ausgingen: Chronische Schmerzen, Rheuma, Gürtelrose, Neurodermitis ließen nach oder verschwanden ganz, wie sie schrieben.

Ich kann beim besten Willen nicht glauben, daß ein dünnes Zeitungspapier mit Druckerschwärze darauf irgendwelche «Heilströme» vermitteln oder übertragen kann, und das auch noch in einer Auflage von mehreren zehntausend bis hunderttausend Exemplaren. Vorstellen kann ich mir allenfalls, daß manche Leidenden so sehr daran *glauben*, daß dadurch psychosomatische Selbstheilungsprozesse in Gang kommen. Sollten sich Patienten an solchen Experimenten beteiligen? Nichts spricht dagegen – sofern sie in dieser Hinsicht glaubensstark sind.

## 3 Gruppenheilung – Gemeinsam stärker?

Noch ein paar Tage, dann sollte er sein rechtes Bein verlieren. Der Termin für die Amputation stand bereits fest: der 1. Juli 1989. Verzweifelt wartete Heinz im Heiliggeist-Krankenhaus von Köln-Longerich darauf. Während eines Urlaubs auf den Kanarischen Inseln, im Sommer 1986, hatte sich der Lkw-Fahrer schwere Verbrennungen zugezogen, als er barfuß auf einer geteerten Straße ging, die von der sengenden Mittagssonne glühend aufgeheizt worden war. Heinz, Mitte Fünfzig, litt stark unter Diabetes; deshalb waren die Brandwunden nie verheilt. Inzwischen war bereits der Fußknochen angegriffen, er lag frei.

Heinz ahnte nicht, daß er im Mittelpunkt eines ungewöhnlichen Psi-Experiments stand, das unterdessen im Nebenraum des Gasthofs «Winzerhaus» in Sinzig bei Bonn stattfand. In dieser Ortschaft wohnt der bekannte Parapsychologe und Ethnologe Dr. Walter Frank, Dozent an den Universitäten Köln und Bonn. Am Abend des 28. Juni 1989 versammelte er dort rund dreißig Kölner Studenten um sich, unter anderem zu Experimenten mit *Gruppenheilung*. «Dazu bildeten wir einen Kreis», erinnert sich Dr. Frank, «und stellten uns vor, wie kosmische Energie durch uns zu all jenen fließt, die eine solche Übertragung für ihre Gesundheit benötigen.»[98] Daran nahm eine Bekannte von Heinz teil, Christa G. aus Bergisch-Gladbach. Auf ihren Vorschlag hin konzentrierte sich die Gruppe auf Heinz. «Zunächst visualisierten wir, wie er von seinem Krankenbett aufsteht, sich auf beiden Beinen mühelos bewegt und glücklich nach Hause geht», schildert Dr.

Frank den Ablauf. In einer weiteren Vorstellungsübung «sah» die Heilgruppe Heinz' Bett von Ärzten umringt, die alle fassungslos über eine plötzliche Wende zum Besseren waren: Nicht nur die Haut, sogar der Fußknochen hatte zu heilen begonnen, neues Gewebe hatte sich gebildet. «Wir malten uns aus, wie der Oberarzt äußerte: ‹Falls dieser Mann in den nächsten Tagen weiter derartige Fortschritte macht, werden wir sein Bein retten können.› Auch stellten wir uns vor, daß sich seine Diabetes erheblich bessert.» Abschließend wurde Christa G. beauftragt, Dr. Frank über das Befinden von Heinz laufend zu berichten. Dem Patienten gegenüber sollte sie aber kein Wort über das Experiment verlieren.

Das darauffolgende Wochenende verbrachte Heinz zu Hause: Sein größter Wunsch war es, noch ein letztes Mal in seinem Garten zu sitzen, ehe er zum Krüppel wurde. An jenem Sonntag überraschte er seine Frau mit der Erklärung, es gehe ihm schlagartig besser; er habe das unbestimmte Gefühl, daß «alles gutgehen» werde.

Am Montag, dem vorgesehenen Tag der Operation, wurde Heinz in der Klinik nochmals geröntgt. Weil die Ärzte dabei ihren Augen nicht trauten, wurde die Aufnahme wiederholt, doch der Befund blieb derselbe: Heinz' Fußknochen hatte zu heilen begonnen. Eine verblüffte Gruppe von Ärzten, kopfschüttelnd und ratlos diskutierend, umringte Heinz' Krankenbett. Der Stationsarzt wollte trotzdem amputieren. Doch der Oberarzt empfahl, man solle noch eine Woche abwarten, um zu sehen, ob der Genesungsprozeß anhalte.

Ende der Woche wurde Heinz entlassen – mit *beiden* Beinen. Wie seine Frau später Christa G. berichtete, sei ihr Mann als «ein völlig neuer Mensch» heimgekehrt, der «sich plötzlich für spirituelle Fragen zu interessieren begann. Als ich ihm von Dr. Franks Experiment erzählte, akzeptierte er es als die Ursache seiner Heilung.» Von derselben Woche an hatte sich auch seine Diabetes schlagartig gebessert. Während Heinz zuvor laufend hochdosierte Spritzen benötigte, kam er fortan mit schwächeren Tabletten aus.

Die meisten Patienten, die sich auf geistiges Heilen einlassen möchten, denken zunächst an *Einzel*behandlungen. Doch belegen Berichte über derart verblüffende Genesungen wie die von Heinz nicht, daß in *Gruppen* ein mindestens ebenso großes Heilungspotential steckt, wenn nicht gar ein größeres? Unter Deutschlands Geistheilern führt jeder Zwanzigste, so schätze ich aufgrund eigener Umfragen, Patienten regelmäßig in Heilgruppen zusammen. Lassen sich Krankheiten womöglich gemeinsam eher besiegen als allein?

Ursprünglich war alles Heilen Gruppenheilen: Während der magischen Riten, die ein Schamane an Kranken vollzog, war die Anwesenheit der Stammesgemeinschaft Pflicht, und die Gesänge, Trommelschläge und Tänze, mit denen sie sein wundersames Tun begleitete, entschieden mit über den Behandlungserfolg, desgleichen ihre ekstatische Hingabe. In der dritten Welt überwiegt diese Form geistigen Heilens bis heute: im Kimbanguismus Zentralafrikas, im haitianischen Voodoo oder bei den Candomblés, Macumbas und Umbandas Brasiliens ebenso wie in christlichen Missionskirchen und Pfingstgemeinden. Auch die ersten Christen vertrauten darauf, getreu der Botschaft ihres Herrn. «Wenn zwei von euch auf der Erde gemeinsam um irgend etwas bitten, wird es ihnen von meinem Vater im Himmel gegeben werden», hatte Jesus Christus gelehrt (Matthäus 18, 19–20). «Denn wo zwei oder drei in meinem Namen zusammenkommen, da bin ich selbst in ihrer Mitte.» Gruppenheilungen waren im frühen Christentum fester Bestandteil des Gottesdienstes. Ihr Erfolg sollte eindrücklich Zeugnis ablegen für die Gegenwart des himmlischen Vaters und die Kraft unbedingten Glaubens. Daran knüpfte zu Beginn unseres Jahrhunderts die Pfingstbewegung an, die heute weltweit über 150 Millionen Mitglieder zählen soll. Auch die mächtige Bewegung der «Charismatischen Erneuerung», die innerhalb der traditionellen Kirchen Anfang der sechziger Jahre entstand, hat Krankenheilungen in Gegenwart von Gläubigen wieder zu einem Schwerpunkt der Gemeindearbeit gemacht. Regelmäßige «Heilgottesdienste» finden inzwischen auch in zahlreichen deutschen Kirchen statt. In ihrem Rahmen soll es immer wieder zu dramatischen Heilungen kommen.* Die wortgewaltigen Leitfiguren dieser Bewegung, allen voran der kalifornische Pastor John Wimber, füllen mit spektakulären «Massenheilungen» ganze Stadthallen, Konzertsäle und Sportstadien.[99] Wachsenden Zulauf haben auch christliche «Gebetsheilkreise», die regelmäßig in Privatwohnungen zusammenkommen, um für an- oder abwesende Kranke Gottes Hilfe zu erbitten. Allein im deutschsprachigen Raum bestehen inzwischen mehrere tausend.

Mit dem Versprechen, selbst scheinbar ausweisloses Leid in gemeinsamer Glaubensanstrengung zu besiegen, wird auch außerhalb der Kirchen zugkräftig geworben. Gruppenheilung bieten die meisten religiös-esoterischen Sekten an. Uriella, selbsternanntes «Sprachrohr Gottes», lockt damit Leidende zu «Fiat Lux»; Gabriele Wittek, die «Prophetin der Jetztzeit», ködert damit Mitglieder für ihr «Universel-

---

* Mehr dazu im Abschnitt über «Gebetsheilung», Seite 86f.

les Leben». Unter den 500 000 Westdeutschen, die nach einer Studie des Züricher Sozialpsychologen Gerhard Schmittchen außerkirchlichen Religionsgemeinschaften angehören, bilden Patienten eine beachtliche Minderheit.

Den stärksten Zulauf erlebt derzeit eine Gemeinschaft, die sich auf den überirdischen Beistand eines Toten beruft: des «Wunderheilers» Bruno Gröning. Er starb 1959 – doch wirkt sein Geist aus dem «Jenseits» weiter? Von Flensburg bis Freiburg, von Los Angeles bis Sydney versuchen täglich über 15 000 Anhänger seine «Heilströme» aufzunehmen. Bis heute schreiben ihm Schwerstkranke unfaßbare Genesungen zu. Sogar Ärzte verbürgen sich dafür.

### Bruno Gröning: Heilwunder über den Tod hinaus?

«Morbus Crohn» – eine Darmkrankheit als Martyrium: grauenvolle Krämpfe im Unterleib, ständiger Durchfall, tastbare Knoten im Bauch, Fieberschübe, starker Gewichtsverlust. Die 48jährige Petra Sebert[100] aus Meschede litt daran. Sechzehn Jahre lang. Dreimal wurden ihr Teile des Dickdarms herausoperiert. Heute ist sie geheilt, wie ihre Ärzte bestätigen. Das «Wunder» schreibt sie der Heilkraft eines Mannes zu, der seit 35 Jahren tot ist: Bruno Gröning, dem gefeiertsten, aber auch angefeindetsten Geistheiler der fünfziger Jahre.

Vor vier Jahren hat sich Petra Sebert von einer Freundin in eine «Gröning-Gemeinschaft» mitnehmen lassen. «Die spinnen ja», dachte sie anfangs. Denn «die sitzen einfach andächtig da, oft stundenlang, und lassen ein zusammengeknülltes Stück Stanniolpapier kreisen», einen «Verstärker für himmlische Strahlung», wie ihn Gröning einst Anhängern gab. Ihre Hände liegen auf dem Schoß, die Innenflächen nach oben gedreht – empfangsbereit, so als wollten sie Regen auffangen. Damit der Heilstrom ungehindert fließen kann, darf niemand Arme oder Beine verschränken. Mit geschlossenen Augen warten sie. Zwischendurch zucken manche plötzlich zusammen, als ginge ein Stromstoß durch sie hindurch. «Ich war äußerst skeptisch», gibt Petra Sebert zu. «Allerdings spürte ich so ein merkwürdiges Kribbeln am ganzen Körper. Am nächsten Tag hatte ich keinen Durchfall mehr – zum erstenmal seit sechzehn Jahren. Vier Monate später habe ich alle Medikamente abgesetzt. Bis heute.»

Als Messias gefeiert, als Scharlatan verflucht: Zu Lebzeiten vollbrachte Gröning, als «verkrachte Existenz» geschmäht, solche vermeintlichen Wunder tausendfach. 1906 in Danzig geboren, als viertes von sieben Geschwistern, begann der Maurersohn eine Lehre als Kaufmann, dann als Zimmermann. Mit einer Bau- und Möbeltischlerei ging

73

er pleite. Dann versuchte er sich als Starkstrom-Monteur, Kellner, Telegrammzusteller bei der Post. 1943 schickten ihn die Nazis an die Ostfront. Als er aus russischer Kriegsgefangenschaft 1945 heimkehrte, zog er mit seiner Frau Gertrud ins hessische Dillenburg – und vollbrachte in kleinem Kreis die ersten wundersamen Heilungen. Die Herforder Familie Hülsmann hörte davon. Im März 1949 holte sie den Sonderling mit dem öligen Haar und dem riesigen Kopf zu sich – wegen Dieter, ihrem achtjährigen Sohn. Der Junge litt an fortschreitendem Muskelschwund, mußte ständig liegen. «Steh auf und wandle!» befahl Gröning ihm mit einem Bibelwort. Prompt stand der Kleine auf, ging ein paar schwankende Schritte, stieg eine Treppe hinauf – zum erstenmal seit vielen Jahren.

Das «Wunder von Herford» verbreitete sich wie ein Lauffeuer. 60 000 Bittbriefe gingen ein. Erst Hunderte, dann Zehntausende strömten zum Wilhelmsplatz 7 in Herford, erhofften Heilung – und vielen wurde sie zuteil. Das wiederholte sich ab August 1949 auf dem Gut «Traberhof» bei Rosenheim, zeitweise vor 30 000 Menschen. Biblische Szenen spielten sich ab: Blinde sahen, Taube hörten, Lahme gingen. «Es gibt kein Unheilbar, Gott ist der größte Arzt», predigte ihnen Gröning. Selbst bayerische Landtagsabgeordnete und Staatsminister beeindruckte er.

Wissenschaftler und Ärzte der Uniklinik Heidelberg, unter Leitung des großen Neurologen Viktor Freiherr von Weizsäcker (1886–1957), testeten daraufhin Grönings Heilkräfte – und bestätigten sie. Trotzdem zerrten ihn Ärztekammern im März 1955 vor Gericht, wegen Verstoßes gegen das Heilpraktikergesetz. Vier Jahre dauerte der Prozeß. Zu einer Verurteilung kam es nie: Am 26. Januar 1959 starb Gröning, verbittert, in Paris: «Meinen Körper wird man in die Erde legen, aber ich werde nicht tot sein», hatte er sieben Jahre zuvor einer Vertrauten erklärt. «Und wenn mich jemand rufen wird, komme ich und helfe weiter.»[101]

Erfüllt sich seine Prophezeiung? Daß Grönings Heilkraft ungebrochen anhält, steht für Grete Häusler, die 72jährige Vorsitzende des «Bruno-Gröning-Freundeskreises», felsenfest: «Er konnte aus dem Kosmos Kräfte aufnehmen und weiterleiten – und das wirkt heute noch fort. Wer sich auf diese Welle einstellen kann, empfängt die heilende Kraft.» Von Hennef an der Sieg aus leitet die pensionierte Lehrerin mehr als 280 «Gröning-Gemeinschaften» mit rund 20 000 Mitgliedern, davon ca. 190 Kreise im deutschsprachigen Raum. Ehe sie 1957 von Österreich hierher zog, hatte sie dort 23 Gemeinschaften selbst aufgebaut – vor allem aus Dankbarkeit. Denn sie selbst hatte fünfzehn Jahre lang an chronischer Stirnhöhlenvereiterung gelitten, dazu an einem scheinbar unheilbaren Leberschaden und Unterzucker. Bis sie Gröning begegnete, im August 1950 in München. Schon als sein Vortrag begann, spürte sie «ein ungewöhnliches Kribbeln im ganzen Körper, das immer stärker wurde». Als Gröning endete, «waren meine Schmerzen urplötzlich verschwunden. Ich fühlte mich erleichtert – und für immer geheilt». Fassungslos wollte sie Gröning danken. Aber der winkte ab: «Danken Sie nicht mir, sondern Gott. Er hat es getan.»

Tausende solcher Erfolgsmeldungen gingen allein in den letzten drei Jahren beim «Gröning-Freundeskreis» ein:

- Seit 1980 litt der Aachener Speditionskaufmann Arnold C. an multipler Sklerose, fortschreitender Lähmung. Erst war er auf Krückstöcke angewiesen, ab 1985 auf den Rollstuhl. Seine Frau drängte ihn in einen Gröning-Kreis – heute braucht der Mann keine Stütze mehr. Seine Füße schleifen noch ein wenig am Boden, wenn er geht. Aber er geht, freihändig, ohne fremde Hilfe.
- Zwei Jahre lang quälte sich Anne-Marie Schwabe aus Braunschweig mit Asthma bronchiale herum. «Bei jedem Anfall mußte ich pfeifend nach Luft schnappen. Jedesmal erstickte ich beinahe» – und das bis zu siebenmal täglich. Medikamente, Atemgymnastik, Inhalationen, eine mehrwöchige Kur: nichts half. Am 15. Dezember 1990 besuchte sie zum erstenmal einen Gröning-Freundeskreis: «Das Asthma verschwand *sofort*.»[102] Nachdem Frau Schwabe bereits zwei Jahre lang ohne jegliche Medikamente beschwerdefrei geblieben war, ließ sie sich im Mai 1992 bei einem Lungenarzt nachkontrollieren. Der Lungenfunktionstest ergab völlig normale Werte, und so schloß der Arzt seinen Befundbericht mit der Bemerkung ab: «Eine Therapie ist von seiten meines Fachgebiets nicht erforderlich.»[103]
- Als Christel Schreiber aus Kassel im September 1983 ihren Sohn Raimund zur Welt brachte, schien er kerngesund. «Ab dem fünften Monat aber fing es an», erzählte sie. «Die Augenlider waren voll Wasser, er hatte zuviel und übelriechenden weißen Stuhl.» Ärzte stellten eine angeborene Mißbildung des Lymphgefäßsystems im Darm fest. Ihre Diagnose lautete auf «intestinale Lymphangiektasie»: ein Krankheitsbild, bei dem es zu einem ausgeprägten Eiweißverlust durch den Darm kommt. Zudem verringert sich der Eiweißblutspiegel, Wasser lagert sich im Gewebe ein (Ödeme). Im Blut verringern sich Lymphozyten und Immunglobuline, wichtige Eiweißstoffe, die bei der Infektabwehr mitspielen. Wie die Universitätsklinik Göttingen in ihrem düsteren Abschlußbericht vom 6. Mai

1984 festhielt, verlor Raimund innerhalb von vier Tagen 52 Prozent des Eiweißes Albumin, das ihm (im sogenannten Chrom-51-Albumintest) intravenös verabreicht worden war; der Normalwert liegt unter einem Prozent. Der verzweifelten Mutter wurde beschieden: «Ihr Kind wird nie gesund werden können.» Sein Leben schien für immer von einer strengen Diät abzuhängen. Nur dann habe er eine Chance, weitgehend symptomfrei zu bleiben, so hieß es.
Zwei Jahre später war die düstere Prognose widerlegt; wenige Tage nach Heilsitzungen im Gröning-Kreis.[104] Seither hält Raimunds Heilung an – ohne besondere Speisepläne. Heute ißt der Junge, was ihm der ärztliche Diätplan einst streng verboten hat. «Auch bei nicht konsequenter Einhaltung der Diät», schrieb der nachbehandelnde Kinderarzt im Anschluß an eine ambulante Kontrolle im Januar 1987, «ist es nicht zum Verlust von Immunglobulin oder Lymphozyten gekommen.»

- Seit einem Hörsturz litt Jürgen Böhlendorf aus Hamburg, heute 54, an einer ausgeprägten Schwerhörigkeit des linken Ohrs.[105] Im August 1991 ließ er sich in die Lehre Bruno Grönings einführen. Ein paar Wochen später konnte er wieder normal hören. Tonschwellenaudiogramme mehrerer HNO-Ärzte vor und nach Böhlendorfs erstem Kontakt zur Hamburger Gröning-Gemeinschaft belegen die rätselhafte Genesung. Noch am 21. Mai 1991 «lag die Hörschwelle links in den tiefen Frequenzen bis 1000 Hz (Hertz) bei 35 dB (Dezibel) Hörverlust und fiel bis 8000 Hz auf 80 bis 90 dB Hörverlust ab»[106]. Zehn Monate später, bei einem weiteren Test am 4. März 1992, lautete der ärztliche Befund: «Die Innenohrleistung liegt beidseits bis 3 kHz bei 10 dB, danach Abfall rechts auf 30 dB bei 6 kHz und links auf 40 db bei 6 kHz» – ein normales altersgemäßes Hörvermögen.

- Rosemarie Prömpers aus Wegberg, Nordrhein-Westfalen, hatte sich 1981 die rechte Schulter gebrochen. Vier Jahre lang konnte sie den rechten Arm nicht mehr bewegen. 1985 nahm sie an ihrer ersten Gröning-Gemeinschaftsstunde teil. Anderntags konnte sie sich plötzlich wieder allein anziehen. (Heute leitet sie an ihrem Wohnort den Grete-Häusler-Verlag.)

Dabei wissen viele Geheilte anfangs nicht einmal, wem sie ihre plötzliche Genesung zu verdanken haben. Wie die Kölner Hausfrau Dagmar de Meester, Mutter von fünf Kindern: Bis Mitte April 1989 litt sie an chronischer Polyarthritis «mit schwerem Verlauf, Gelenkschwellungen, Gelenkdeformitäten», wie der behandelnde Internist am 13. April

1992 schriftlich festhielt. «Der Nachweis erfolgte durch den erheblichen klinischen Befund sowie laborchemisch.»[107] Ihre Gelenke in Händen, Knien und Füßen waren dick angeschwollen, taten höllisch weh, versteiften immer mehr; am Ellbogen und Steißbein bildeten sich Rheumaknoten. Dann, buchstäblich über Nacht, gingen die Schwellungen schlagartig zurück. Eine Nachbarin vertraute ihr hinterher an: Seit dem 9. April «sende» sie ihr «Heilströme von Bruno Gröning». Seither ist kein einziger Rheumaschub mehr aufgetreten, die Schmerzen sind weg – ohne jegliche Medikamente.[108]

Geheilten Gröning-Patienten forscht seit Jahren der Mediziner Matthias Kamp aus Schneverdingen nach: «Was hier geschieht, läuft jeder ärztlichen Erfahrung zuwider. Es kann nur als Wunder bezeichnet werden.» «Unfaßbar» findet Kamp etwa die Fortschritte, die eine von Geburt an Hirngeschädigte, die heute 29jährige Susanne Weidig aus Nordenham, seit November 1989 gemacht hat – exakt von dem Tag an, als ihre Mutter zum erstenmal telefonischen Kontakt mit dem Leiter der örtlichen Gröning-Gemeinschaft aufnahm. Zuvor war Susanne schwerstbehindert: «Sie konnte nur langsam gehen und lief auf dem vorderen Teil ihrer Füße, die nach innen gedreht waren. Deshalb fiel sie ständig hin», erinnert sich ihre Mutter. Beine und Arme waren kraftlos. Die Hände erstarrten in plötzlichen Krämpfen, die rechte Hüfte renkte sich bei jeder unbedachten Bewegung aus. Hinzu kamen Gleichgewichtsstörungen, ein Rundrücken, starke Senk- und Spreizfüße. Jahrelange intensive Krankengymnastik, heilpädagogisches und Behindertenturnen änderten kaum etwas daran. Am 19. September 1977, in ihrem dreizehnten Lebensjahr, bescheinigte ihr der leitende Arzt einer neurologischen Klinikabteilung schriftlich eine «frühkindliche zentralnervöse Störung der Hirnfunktion»; diese habe «eine Mehrfachbehinderung bewirkt, die sich... in einer erheblichen Behinderung... aller wesentlichen motorischen Körperfunktionen zeigt. Außerdem bestehen... eine erhebliche Haltungsschwäche sowie Gelenküberstreckbarkeiten.»[109] Fünf Jahre später, am 5. Oktober 1982, beschrieben zwei Ärzte für innere Medizin Susannes Behinderung als «infantile Cerebralparese mit rechtsbetonter Tetraparese» (frühkindliche Hirnschädigung mit Lähmung an allen vier Gliedmaßen, am ausgeprägtesten in der rechten Körperhälfte). Im darauffolgenden Jahr, am 7. März 1983, attestierte das Versorgungsamt eine Minderung der Erwerbsfähigkeit um hundert Prozent.

Und heute? All das ist «einfach weg», strahlt Susannes Mutter überglücklich. Im Mai 1992 führte ein Facharzt für Neurologie eine Nachkontrolle durch; in seinem Befundbericht vom 29. Mai stellte er nur noch «eine leichte Minderbegabung» fest, «ansonsten keine neuro-logischen Auffälligkeiten»[110]. Auch in ihrer geistigen Entwicklung hat Susanne Weidig enorme Fortschritte gemacht: Konnte sie früher kaum einfachste Rechenaufgaben bewältigen, so subtrahiert, addiert, divi-diert und multipliziert sie jetzt im Kopf.

Was kosten solche Dienste? Nichts. Gröning-Freunde helfen ehren-amtlich und unentgeltlich. So wollte es ihr Meister: «Gesundheit ist ein göttliches Geschenk. Sie ist nicht zu kaufen.»

## Die Beweislage

Gruppenheilung wirkt, keine Frage. Dafür sprechen nicht mehr nur die begeisterten Erfolgsberichte Tausender von dankbaren Patienten, sondern mittlerweile auch das Urteil von Ärzten und Wissenschaft-lern, die dem Phänomen unvoreingenommen nachgingen. Vorbildli-ches bei der Dokumentation und Überprüfung von anscheinenden Gruppenheilungen leistet insbesondere der «Bruno-Gröning-Freun-deskreis»; deswegen hebe ich ihn hier besonders hervor. Seit 1986 besteht innerhalb dieses losen Zusammenschlusses von örtlichen Ge-meinschaften eine «medizinisch-wissenschaftliche Fachgruppe», in der sich aufgeschlossene Ärzte, Heilpraktiker, Heiler, Psychothera-peuten und Vertreter anderer Heilberufe unter Leitung des Arztes Matthias Kamp zusammengefunden haben; Mitte 1993 umfaßte sie bereits rund 700 Mitglieder. Im Juni 1992 trafen sich 70 Mitglieder dieser Fachgruppe, darunter auch Professoren und Fachärzte, zu ihrer ersten Tagung in Köln, auf der erstaunliche Heilungen angeborener, erworbener und chronischer Krankheiten, meist organischer Natur, vorgestellt und diskutiert wurden.[111] Die Zentrale dieser Fachgruppe sammelt, sichtet, überprüft und bewertet kritisch Heilungsberichte, die aus den Gemeinschaften eingehen. «Wenn möglich», so Kamp, «ergänzen wir sie durch Unterlagen der Vor- und Nachuntersuchung unabhängiger Ärzte und durch einen fachlichen Kommentar.»[112]

Wie viele Kranke in den einzelnen Gröning-Kreisen bereits Hilfe erfahren haben, die über psychische Unterstützung hinausging, läßt sich «unmöglich in genauen Zahlen angeben», erklärt Matthias Kamp. «Denn eine geordnete Aufnahme der Heilungen erfolgt erst seit kur-zem. Auch kann erfahrungsgemäß nur ein Teil der eingetretenen Hei-lungen erfaßt werden. Viele Geheilte scheuen sich, einen Bericht abzu-geben. Schätzungsweise kann man von ein- bis zweitausend Heilungen seit Beginn der achtziger Jahre ausgehen.» (Mehrere hundert davon stelle ich in meinen beiden Büchern *Auswege* und *Bruno Gröning: Ein Ausweg für Kranke* vor.) Einige besonders sorgfältig dokumentierte

Fälle sind in einem von Grete Häusler herausgegebenen Buch veröffentlicht worden.[113] Überarbeitete Auszüge daraus stellt Kamp in einem Anhang seiner kürzlich erschienenen Monographie *Bruno Gröning – Revolution in der Medizin* vor.[114] Neueste Heilerfolge sind in der Zeitschrift *Der Weg zum Heil* nachzulesen, die im Oktober 1992 erstmals erschien. Sie soll Vertretern von Heilberufen ein Forum zum Erfahrungsaustausch über Grönings Lehre bieten.

*Wie* wirkt Gruppenheilung? Die meisten Anbieter, und nahezu sämtliche beteiligten Patienten, betonen ausschließlich den esoterisch-religiösen Aspekt: die gemeinsame Aufnahme, Verstärkung und Weitergabe von «kosmischen» Energien. Ein kürzlich erschienener «Leitfaden» definiert Gruppenheilung geradezu als jene Form der Heilung, «bei der die Kraft gleichzeitig durch mehrere Menschen ‹gechannelt› wird».[115] Übersehen wird dabei, daß Heilgruppen, wie jegliche Zusammenkunft von Menschen, immer auch soziale Ereignisse schaffen, die alle Beteiligten psychisch beeinflussen. Sie bieten Verständnis, Wärme und Nähe; sie machen Mut; sie beenden Zurückgezogenheit, Einsamkeit; sie vermitteln aufmerksame Gesprächspartner und mitfühlende Leidensgefährten, oft auch echte Freunde und bewundernswerte Vorbilder für die Bewältigung der eigenen Krankheit; sie zeigen neue Ziele und Wege auf; sie wecken und bestärken den Glauben daran, daß das vermeintlich Unabwendbare am Ende doch zu besiegen sei; sie eröffnen Chancen, sich gegenseitig zu stützen, Krisen zusammmen durchzustehen. Könnten allein solche Hilfestellungen bisweilen nicht ausreichen, um unerwartete Selbstheilungsprozesse in Gang zu setzen? Nach meinem Eindruck beruht der unbestreitbare Erfolg von Heilgruppen im allgemeinen nur zu einem geringen Teil auf «höheren» Einflüssen. Den Ausschlag geben in der Regel durchaus diesseitige Faktoren: nämlich seelische Veränderungen.

Damit will ich den «energetischen» Faktor keineswegs in Abrede stellen. Wissenschaftlich überzeugend zeigt er sich vor allem dann, wenn der Patient, auf den die Gruppe ihre Heilintention richtet, an ihrer Zusammenkunft weder teilnimmt noch davon überhaupt weiß. Placebo-Effekte, Suggestion und Autosuggestion scheiden dann als Erkärung aus. Dutzende solcher Fälle hat die «medizinisch-wissenschaftliche» Fachgruppe des «Bruno-Gröning-Freundeskreises» in den letzten Jahren geprüft und für überzeugend befunden:

- Eine 10jährige Schülerin aus Stralsund wurde seit 1989 von Asthma bronchiale gequält. Tabletten und Inhalationen hatten ihr nicht geholfen. Im November 1991 verschwand ihr Leiden nahezu schlag-

artig, nachdem Bekannte dem Mädchen, ohne sein Wissen, Grönings «Heilstrom» zu übermitteln versuchten.[116]
● Seit 1959 litt eine 55jährige Hausfrau aus Wegberg bei Mönchen-
gladbach an einem Unterschenkelgeschwür, das sie erfolglos mit
Salben und Medikamenten behandelte. Mehrere Wochen, bevor sie
erstmals mit der örtlichen Gröning-Gemeinschaft in Kontakt kam,
versuchten Bekannte ihr einen «Heilstrom» zuzuleiten – und binnen
weniger Tage verschwand das Geschwür. Selbst der behandelnde
Arzt mutmaßte hinterher, da habe wohl «eine höhere Macht» gewirkt.[117]

Müßten solche Anekdoten nicht ohne weiteres experimentell zu untermauern sein, um auch Vorbehalte von akademisch Vorgebildeten zu
zerstreuen? Studien zu diesem Ziel sind bis jetzt allerdings dünn gesät,
verliefen teilweise ergebnislos oder widersprechen einander; fast alle
mißachten zudem Grundregeln wissenschaftlicher Forschung. Dazu
zählt eine 1969 durchgeführte Untersuchung des amerikanischen Arztes Dr. Platon Collip, Leiter der Kinderstation am Meadowbrook
Hospital in New York. Im Mittelpunkt standen dabei achtzehn Kinder, die an Leukämie litten. Von ihnen wurden zehn ausgewählt, für
die fortan Gebetsgruppen einer örtlichen Kirchengemeinde fünfzehn
Monate lang regelmäßig Gottes Gnade erbitten sollten. Keines der
Kinder wußte davon. Einige Zeit später soll es den solchermaßen
Gruppenbehandelten zwar im Durchschnitt besser gegangen sein, wie
ärztliche Gutachten und Zeugnisse von Eltern zu belegen schienen;
auch überlebten sie im Durchschnitt länger. Trotzdem ist diese Studie
wertlos; denn sie berücksichtigte weder, daß die Kinder an unterschiedlichen Arten von Leukämie litten (mit stark unterschiedlichen
statistischen Überlebenszeiten), noch ihre unterschiedliche medika-
mentöse Behandlung, während der Versuch lief. Ebensowenig wurde
sichergestellt, daß beide Gruppen von Kindern hinsichtlich ihres Alters, ihres Geschlechts und vor allem ihres Krankheitsstadiums überhaupt miteinander vergleichbar waren. Es wurde nicht einmal überprüft, ob und wie oft für die Kinder tatsächlich gebetet wurde. Zudem
war Collips Stichprobe viel zu klein, um allgemeine Schlüsse zu erlauben.[118]
    Die amerikanische Fachzeitschrift *Journal of Chronic Diseases* be-
richtete 1965 über einen Test zum Gruppenheilen, für den ausnahmslos Patienten mit chronischen Leiden herangezogen wurden, zum
Beispiel mit rheumatoider Arthritis. Aus dieser Stichprobe wurden
Paare von Patienten mit gleichen Leiden gebildet. Jeweils einen Patien-

ten schloß daraufhin eine Gebetsgruppe monatelang in ihre Fürbitten ein, ohne daß der Betreffende davon wußte; der andere fungierte als «Kontrolle». Acht bis achtzehn Monate später suchte ein Arzt, der über den Zweck des Versuchs uninformiert war, nach etwaigen Veränderungen im Krankheitsbild. Die ersten sechs Tests dieser Art deuteten ausnahmslos auf einen Heileffekt hin – doch unter den nächsten sechs Tests nur ein einziger. Ob dahinter bloßer Zufall oder irgendein anderer Faktor steckt, ist anhand des dürftigen Forschungsberichts unmöglich zu beurteilen; denn dieser läßt offen, nach welchen Maßstäben «Besserungen» festgestellt wurden, ja, er nennt nicht einmal die Anzahl der Versuchspersonen. Patienten mit grundverschiedenen Leiden in ein und dieselbe Studie einzubeziehen, ist außerdem selbst dann fragwürdig, wenn daraus nach irgendwelchen Kriterien Paare gebildet werden.[119]

Weltweit hat bis jetzt wohl nur eine einzige Untersuchung stattgefunden, die wissenschaftlich ernstzunehmen ist: die Doppelblind-Studie des amerikanischen Arztes Dr. Randolph Byrd, der 192 von 393 Herzkranken einer Klinik in San Francisco durch Gebetsgruppen «fernheilen» ließ.* So einsam Byrds Pionierarbeit bislang in der Forschungslandschaft steht, so eindrücklich belegt sie doch, daß das Phänomen des Gruppenheilens durchaus einer wissenschaftlichen Überprüfung zugänglich – und der Ausgang offen ist.

In über einem Jahrhundert parapsychologischer Forschung hat sich zudem eine Fülle von beachtlichen Hinweisen darauf angehäuft, daß aufgeschlossene, hochmotivierte Menschen erst im Rahmen von Gruppen zu paranormalen Leistungen fähig sind, die sie allein schwerlich erbringen könnten: zum Beispiel psychokinetische Leistungen im Rahmen von Séancen, die Gläser rücken und Tische schweben lassen; oder Spukvorfälle, in denen sich die angestauten Spannungen einer ganzen Familie entladen. Eine kollektive Psi-Leistung besonderer Art könnte für ein bis heute ungeklärtes Phänomen verantwortlich sein, das sich seit dem Jahre 305 nahezu regelmäßig an drei bestimmten Tagen des Jahres in der Kathedrale von Neapel wiederholt: Vor den Augen der Gläubigen verflüssigt sich dann das in einem Glasbehälter aufbewahrte getrocknete Blut des heiligen Januarius. Warum vollzieht sich dieses berühmte «Blutwunder» immer nur vor einer großen Menschenmenge, nie in Gegenwart eines einzelnen? Die Gründe dafür könnten die gleichen sein, aus denen Gruppenheilungen wirken, nachdem geistige Einzelbehandlungen versagt haben. Die gemeinsame er-

---

* Im Abschnitt über «Fernheilung» bereits vorgestellt; siehe Seite 54f.

wartungsvolle, zuversichtliche Anspannung und Konzentration einer Heilgruppe mag ein «affektives Feld» aufbauen (Hans Bender), das paranormale Effekte vielfältiger Art begünstigt – therapeutische nicht ausgeschlossen.

Weil sowohl Leiter als auch Mitglieder von Heilgruppen sich ganz auf diese «energetischen» Aspekte konzentrieren, vertun sie in den meisten Fällen allerdings wertvolle therapeutische Chancen, die ihr Beisammensein eröffnen könnte. Nach meiner Überzeugung könnten Gruppenheilungen den meisten Beteiligten noch erheblich rascher, tiefgreifender und nachhaltiger helfen, wenn sie psychologisch bewußter und geschickter geleitet würden. Dabei könnten sie von einem reichen Erfahrungsschatz profitieren, den Psychotherapeuten seit den fünfziger Jahren angesammelt haben, als sich Gruppentherapie neben der bis dahin übermächtigen Psychoanalyse als eigenständige Behandlungsform durchzusetzen begann. Von der Teilnahme an solchen Gruppen profitieren Patienten im allgemeinen um so mehr,

- je demokratischer sie geführt werden (bestenfalls steuert sich die Gruppe weitgehend selbst, der Leiter moderiert nur);
- je konsequenter sie auf Veränderungen von Einstellungen und Verhaltensweisen aus sind;
- je leichter sie es ihren Mitgliedern machen, Gefühle auszusprechen und auszudrücken;
- je offener Konflikte angesprochen und ausgetragen werden, die innerhalb der Gruppe entstehen.

Manchen Leitern von Heilgruppen gelingt dies intuitiv; doch viele andere, so befürchte ich aus eigener Erfahrung, hätten eine psychotherapeutische Grundausbildung dringend nötig – oder die Unterstützung durch einen erfahrenen Psychologen.

### Die Gruppe suchen?
Ehe Kranke erwägen, ob sie sich einem Heilkreis anschließen sollen, interessiert sie vor allem eines: Sind Gruppenheilungen «besser» als Einzelbehandlungen? Helfen sie eher als beispielsweise das Handauflegen?

Derart allgemein gefaßt, ist diese Frage unbeantwortbar, und dies nicht bloß deswegen, weil aussagekräftige wissenschaftliche Vergleichsstudien bis jetzt fehlen. In welchem Maße ein Patient von einer Heilgruppe profitiert, hängt von zahlreichen Faktoren ab, deren wichtigster er selbst ist: Am hilfreichsten ist sie dann, wenn sein Leiden starke psychische Anteile aufweist, bei denen soziale Defizite mitspielen: etwa bei bestimmten Ängsten und Komplexen oder bei manchen Formen der Depression. Wer andererseits zu große innere Widerstände dagegen verspürt, seine Sorgen vor einer Versammlung von Fremden auszubreiten, ist mit Sicherheit besser beraten, die Intimität einer privaten Einzelbehandlung vorzuziehen.

Davon abgesehen eignet sich nicht jede Heilgruppe gleich gut dazu, einen Patienten psychisch zu stützen: insbesondere solche nicht, die sich ziemlich sprachlos auf die Aufnahme von «Energien» beschränken. Ebensowenig hilfreich sind Gruppen, deren Leiter ihre eigenen Fähigkeiten allzusehr in den Vordergrund stellen und den lebendigen Fluß von Gedanken, Gefühlen und Empfindungen abschneiden, sobald er an ihnen vorbeizulaufen droht.

Auch die zweite häufig gestellte Frage: «Welche Arten von Heilgruppen sind die besten?» läßt sich nicht befriedigend beantworten. Sind Gebetsheilkreise effektiver als Gruppen, die «channeln» oder, wie in Walter Franks Experiment, mit Visualisierungen arbeiten? Vergleichsstudien darüber stehen aus.

Sollten Patienten an einer *Massen*heilung teilnehmen, wenn sich in der näheren Umgebung ihres Wohnortes dazu Gelegenheit bietet? Als John Wimber 1988 zum zweitenmal nach Frankfurt kam, strömten 6000 Menschen in die Festhalle. Wenn Wimber mit fordernder Stimme rief: «Herr, gib ihnen mehr!» oder «Laß die Kraft kommen!», geriet das Publikum im Saal in geradezu hysterische Verzückung. Schrille Schreie, lautes Schluchzen und jubelndes Halleluja übertönten immer wieder das gedämpfte Gemurmel der Betenden; wildfremde Menschen lagen sich in den Armen, trösteten sich gegenseitig, segneten einander, legten ihrem Gegenüber die Hände auf. Und ein ums andere Mal war der verzückte Aufschrei eines Kranken zu hören, der sich schlagartig geheilt wähnte. Die emotional aufgeheizte, gespannte Atmosphäre, in der Hunderte und Tausende in frommer Andacht zueinanderfinden, ist vermutlich der Schlüssel zu allen «Heilwundern», die bei solchen Veranstaltungen auftreten. Sich auf sie einzulassen, erfordert Offenheit, Glaubensbereitschaft, die Fähigkeit, sich für ein paar Stunden in der Menge ungehemmt treiben zu lassen. Wer dies vermag, sollte hingehen. *Worauf* Heileffekte beruhen, ist für Menschen, die leiden, zweitrangig. Daß sie bisweilen zustande kommen, steht selbst für skeptische Beobachter außer Frage, die dem hysterischen Treiben ansonsten eher fassungslos zusehen. Der inzwischen verstorbenen Heilerin Kathryn Kuhlmann etwa gelang auf ihren religiösen Massenveranstaltungen in Los Angeles eine Vielzahl ärztlich überprüfter und bestätigter Spontanheilungen, die auf anderem Wege vermutlich nie möglich gewesen wären.[120] Als John Wimber 1985 im englischen Sheffield täglich 3000 Menschen in die Stadthalle lockte, nahm ihn der argwöhnische Sozialanthropologe David Lewis von der Universität Nottingham unter die Lupe. «Gelegentlich hat man den Eindruck, eine Heilung erfolge in einer Art Hypnose», urteilte der Wissenschaftler anschließend. «Doch solche Theorien reichen zur Erklärung aller Phänomene nicht aus. Hier geschieht etwas, das über gewöhnliche menschliche Fähigkeiten hinausgeht.» Mit eigenen Augen, so bestätigte Lewis, habe er miterlebt, wie eine Multiple-Sklerose-Kranke, die im Rollstuhl hingefahren wurde, nach Wimbers Auftritt eine Dreiviertelstunde lang ohne fremde Hilfe umhergehen konnte. Und selbst wenn dieses «Wunder» das einzige geblieben sein sollte, das Wimber in Sheffield zustande brachte: Reicht es nicht bereits aus, diese Form geistigen Heilens zu rechtfertigen?

Eindringlich warne ich Kranke jedoch davor, sich auf Gruppenheilungen im Rahmen von Sekten einzulassen. Der psychische Preis dafür ist meist zu hoch – und wegen der Vielzahl offener, undogmatischer Heilgruppen, die sich längst in allen größeren Städten formiert haben, zudem eine unnötige Investition. Alternativen, die Patienten alle Freiheiten der Teilnahme und des Wegbleibens lassen, gibt es genügend.[121]

Keine Gruppierung kann allerdings mit unbegrenzt wirksamen Allheilmitteln aufwarten. Auch Heinz mußte dies erfahren. Zwar blieb die Heilung seines Fußes stabil, ohne Rückfälle. Doch zwei Jahre nach Dr. Franks Fernexperiment starb er – an einem Herzinfarkt.

## 4 Gebetsheilung – Mit Gott im Bund?

Können Sie noch beten? Sie können vielleicht niederknien und die Hände falten, sich der Worte erinnern, die Sie einst in Kindertagen auswendig gelernt haben, und Sie nochmals aufsagen. Aber sind Sie noch imstande, dabei jene fromme Andacht aufzubringen, die aus einem anerzogenen rituellen Akt überhaupt erst ein Gebet macht? Wenn ich als kleiner Junge zu beten begann, tat ich es voller Ehrfurcht, Demut und Inbrunst. Ich spürte förmlich die Nähe Gottes, und ich war ergriffen davon. Fraglos stand für mich fest, daß ich seine Aufmerksamkeit finde, wann immer ich mich an ihn wende, sofern mein Anliegen nur aufrichtig und wichtig genug war – und meine Zuversicht, nicht nur gehört, sondern erhört zu werden, war unerschütterlich. Seine Gegenwart erfüllte mich, und zumindest in solchen Augenblicken wähnte ich mich eins mit ihm. Hatte ich mich zuvor einsam, hilflos und ohnmächtig gefühlt, so versicherte ich mich jetzt von neuem des liebevollen Beistands eines himmlischen Vaters, in dessen Macht alles liegt, wofür ich allein auf mich gestellt zu schwach war. All das gab mir Ruhe, Kraft und neue Hoffnung, ich fühlte mich beschützt und geborgen.

Derart Zwiesprache mit Gott halten heute immer weniger Menschen. In der nachlassenden Bedeutung des Gebets spiegelt sich der Niedergang praktizierten Christentums allgemein. Zwar gehören nach wie vor über 80 Prozent aller Westdeutschen einer der beiden großen christlichen Kirchen an. Aber diese Mitgliedschaft verkommt zunehmend zur Formsache; immer seltener, immer schwächer prägt sie den Alltag. Nur noch 56 Prozent erklären, an den biblischen Gott zu glauben, und auch andere grundlegende christliche Glaubensbekenntnisse – etwa Glaube an Jesus als den von Gott gesandten Erlöser, an die Auferstehung der Toten, an Himmel, Hölle und das Jüngste Gericht – finden keine Mehrheiten mehr. Zwei Drittel erklären die Religion für «ziemlich» oder «völlig unwichtig» in ihrem Leben.[122] Große Teile unserer Gesellschaft sind dabei, Abschied von Gott zu nehmen, nicht im Groll, sondern eher gleichgültig. An der Schwelle zum dritten Jahrtausend leben wir in einem heidnischen Land mit christlichen Restbeständen.[123]

Wer zum Glauben zurückfindet, tut es häufig erst in äußerster Not. Wie oft suchen Erwachsene erst dann wieder eine innige Beziehung zum Gott ihrer Kindertage, wenn ihr Schicksal ihnen aus den Händen zu gleiten droht: etwa dann, wenn sie selbst oder Angehörige von unheilbarer Krankheit und vorzeitigem Tod bedroht sind! Erst wenn ärztliche Kunst am Ende scheint, beginnen viele wieder zu beten. Und diese Gebete kreisen gewöhnlich um eine einzige flehentliche Bitte: Ein Leiden möge beseitigt oder wenigstens erträglich gemacht werden. Die gefalteten Hände greifen ins Unsichtbare, nach einem letzten Strohhalm.

Wie begründet ist die Hoffnung darauf? Können Gebete wirklich heilende Kräfte wecken?

Für den unerschütterlich Gläubigen läßt die Bibel keinerlei Zweifel daran. «Bete, so wird dir geholfen!» lehrte Jesus (Jakobus-Brief 5, 14–16). «Ist jemand unter euch krank», so lautete sein therapeutischer Ratschlag, «so rufe er zu sich die Ältesten der Gemeinde, daß sie über ihm beten und ihn salben mit Öl im Namen des Herrn. Und das Gebet des Glaubens wird dem Kranken helfen, und der Herr wird ihn aufrichten... Betet füreinander, daß ihr gesund werdet. Des Gerechten Gebet vermag viel, wenn es ernstlich ist.» Die Evangelien schildern 41 Heilungen, die Christus vollbracht haben soll, ein Großteil allein kraft Gebets.

In unermeßlich großer Zahl haben Kranke aus diesem Versprechen seither Hoffnung geschöpft. Doch je mehr das rituelle Heilen im Laufe der Jahrhunderte aus dem Zeremoniell des Gottesdienstes und dem offiziellen Gemeindeleben herausgedrängt wurde, desto häufiger geriet das Beten um Genesung zur einsamen Verzweiflungstat von unmittelbar Betroffenen, beschränkt auf Krankenzimmer in Privatwohnungen, Kliniken, Alten- und Pflegeheimen. Gegen eine rein verkündigende Kirche regte sich erst vom 17. Jahrhundert an breiter Widerstand. Ob die von George Fox begründete Quäker-Gemeinschaft oder die auf Mary Baker-Eddy (1821–1910) zurückgehende «Christliche Wissenschaft», die «Emmanuel-Bewegung», die Pfingstgemeinden oder neuerdings die Bewegung der «Charismatischen Erneuerung»: sie alle strebten und streben nach christlicher Gemeindeerneuerung nach dem Vorbild der Urkirche, und dabei rückt die tätige Fürsorge für Kranke erneut in den Vordergrund.

Was sich innerhalb dieser Bewegungen, ebenso wie an Wallfahrtsorten oder im Rahmen christlicher Gebetsheilkreise*, gelegentlich an «Heilwundern» vollzieht, läßt keinen Zweifel daran: Beten vermag Kranken wirklich zu helfen. Zwar machen religiöser Überschwang und bloßes Hörensagen einen Großteil entsprechender Berichte unglaubhaft – doch an etlichen sorgfältig belegten, teilweise sogar von Ärzten dokumentierten Fällen kommen auch hartnäckige Skeptiker schwerlich vorbei. Allein die «Christian Science»-Kirche sammelt und veröffentlicht seit über einem Jahrhundert beeindruckende Zeugnisse für die Heilkraft des Gebets, darunter etliche mit medizinischen Gutachten.[124] (Ihre Begründerin selbst, Mary Baker-Eddy, hatte sich betend von einer Vielzahl von Leiden befreit, welche die schwächliche, unglücklich verheiratete und früh verwitwete Frau seit ihrer Kindheit geplagt hatten: von chronischem Kopfweh über Depressionen bis zu heftigen Kreuzschmerzen.) Es verschwanden keineswegs bloß funktionelle Leiden. Auch schwerste organische Krankheiten, derentwegen Betroffene oft schon an der Schwelle zum Tod standen, scheinen mittels Gebet manchmal geradezu schlagartig gelindert oder beseitigt worden zu sein.

---

* Siehe dazu die Abschnitte über «Heilung an besonderen Orten» und «Gruppenheilung», Seite 93 ff. bzw. 70 ff.

Belege dafür würden ganze Regalwände füllen. So berichtet der britische Arzt Rex Gardner über eine Kollegin, Jennifer Fendick[125], die sich 1975 mit Meningokokken-Bakterien infizierte. In lebensbedrohlichem Zustand wurde sie eines frühen Morgens ins Krankenhaus eingeliefert. Die Diagnose lautete auf «Waterhouse-Friderichsen-Syndrom»: ein geradezu schlagartig einsetzendes Leiden, das fast immer nach wenigen Stunden zum Tod führt. Seinen Namen gab ihm der Arzt Rupert Waterhouse, der 1958 starb. Im medizinischen Fachjargon gilt es als «perakut» (von lat. *acutus*: zugespitzt; sinngemäß: höchst gefährlich) und «foudroyant» (von frz. *foudroyer*: durch den Blitz erschlagen; sinngemäß: blitzartig einsetzend). Solche Diagnosen sorgen auf Intensivstationen stets für hektische Betriebsamkeit. In rasender Geschwindigkeit werden beim «Waterhouse-Friderichsen-Syndrom» beide Nebennieren irreversibel zersetzt. Hohes Fieber setzt ein. Der Infizierte wird leichenblaß, erbricht sich, hat Durchfall und zeigt alle Anzeichen eines Kollapses. Am ganzen Körper platzt die Haut auf, und Blut tritt aus. «Kein solcher Patient ist bei uns jemals durchgekommen», so resignierten Jennifers Ärzte von Anfang an.

Gegen 8.30 Uhr begannen vier Heilgruppen einer Sekte gleichzeitig, für Jennifer zu beten, ohne ihr Wissen. Jede war kilometerweit von ihr entfernt – doch beinahe augenblicklich begann sich der körperliche Zustand der Frau zu bessern, auch wenn sie noch vier weitere Tage im Koma lag. Eine Röntgenaufnahme von Jennifers Brustkorb hatte in der linken Lunge eine ausgedehnte Pneumonie, mit Zusammenbruch des Mittellappens, gezeigt – 48 Stunden später war sie verschwunden. Ein Augenarzt hatte an Jennifers linkem Auge ein zentrales Skotom festgestellt und fotografisch belegt: einen Ausfall des Gesichtsfeldes, der von einer Blutung im Augapfel herrührte. Jennifer würde auf diesem Auge für immer blind bleiben, so hatte er vorausgesagt – doch nachdem sie wieder zu Bewußtsein kam, konnte sie vollkommen klar sehen, und an ihrem Auge war keinerlei Schaden mehr feststellbar. Sie erholte sich vollständig.[126]

Ähnliche kaum faßbare Spontanheilungen nach Gebeten hat die amerikanische Ärztin Dr. Rebecca Beard dokumentiert. Eine davon widerfuhr ihrer Freundin Alice Newton, deren Bauch von einer riesigen Geschwulst «stärker angeschwollen war als der einer hochschwangeren Frau», wie die Ärztin notierte. Jeden operativen Eingriff lehnte die Patientin ab. Zwei Jahre brachte die tiefgläubige Frau mit Gebet und Bibellesen zu – dann verschwand der Tumor buchstäblich über Nacht, nach einem erschütternden Traum, in dem ihr der gekreuzigte Heiland zulächelte. In einem anderen Fall aus Dr. Beards Sammlung wurde ein vierjähriger Junge, unter flehentlichen Gebeten von Angehörigen und der Ärztin selbst, schlagartig einen ausgedehnten, inoperablen Gehirntumor los; dabei hätte er, laut klinischer Prognose, binnen 12 bis 24 Stunden daran sterben müssen.[127]

Teilweise vorbildlich belegt sind auch die Gebetsheilungen des italienischen Franziskaners Francesco Forgione (1887-1968), besser bekannt als Pater Pio, der fast fünfzig Jahre lang die Wundmale Christi an Händen und Füßen trug. (Der Rechtsanwalt Alberto del Fante veröffentlichte 47 Gebetsheilungen Pios, die durch ärztliche Zeugnisse und Dokumente belegt sind.[128])

An solchen Fakten ist schwer zu rütteln; Mutmaßungen über «zufällige Koinzidenzen» muten eher hilflos an. Wie gut einem Kranken Fürbitten tun können, deutet auch eine 1982 veröffentlichte amerikanische Studie an. Befragt wurden dabei 23 Personen zwischen 9 und 65 Jahren. Ihre Leiden reichten von ständigen Erkältungen über chronische Magenentzündungen, Krebs, Blindheit und Taubheit bis zu Alkoholismus, Depressionen und allgemeinen Lebensängsten. Sie alle hatten sich einem Glaubensheiler anvertraut, der ihnen vorwiegend durch Gebete zu helfen versuchte, teilweise begleitet von Ölungen und Handauflegen. Körperliche Besserungen berichteten 28 Prozent, Fortschritte im psychischen Bereich betonten 57 Prozent.[129] (Wegen der zu kleinen Stichprobe und der fehlenden Differenzierung zwischen grundverschiedenen Krankheitsbildern lassen sich diese Zahlen allerdings schwerlich verallgemeinern.)

Strittig ist freilich die *Erklärung*: Helfen Gebete wirklich auf jene Weise, wie Gläubige sich vorstellen? Ist die religiöse Deutung tatsächlich die naheliegendste? Ihr zufolge stellt frommes Gebet eine Beziehung zu Gott her; und dieses höhere Wesen soll es sein, das in seiner Allmacht, Gnade und Liebe heilt.

Dagegen stehen schulmedizinische Deutungen. Inbrünstiges Gebet, so wird betont, löst eine ganze Reihe psychischer Vorgänge aus, die Genesung fördern. Der bloße Glaube an seine Wirkung kann als mächtiges Placebo wirken; er setzt dem Körper innewohnende Selbstheilungskräfte frei. Obendrein macht Beten innerlich ruhig und zuversichtlich, vertreibt Angst und Verzweiflung: alles Faktoren, die sich psychosomatisch günstig auswirken. «Das Gebet», so stand für Immanuel Kant, den großen deutschen Philosophen der Aufklärung, fest, «kann keinen objektiven Erfolg, sondern nur eine subjektive Rückwirkung haben, nämlich Beruhigung und Aufrichtung des Gemüts.»[130] In diesem Sinne hat der österreichische Schriftsteller Stefan Zweig schon vor mehr als sechzig Jahren jene «Psychologie des Wunders»[131] erklärt, das sich an der «Christian Science»-Begründerin Mary Baker-Eddy vollzog: «Wie fällt das Blaue am hellichten Tag vom Himmel, wie konnte sich ein solches Wunder ereignen, das aller ärztlichen Regel, aller gesunden Vernunft spottet? Vor allem, meine ich, durch die restlose Bereitschaft Mary Bakers für das Wunder. Wie der Blitz nicht frei aus der Wolke zuckt, sondern eine besondere Geladenheit und polare Gespanntheit der Atmosphäre vorausbedingt, so verlangt das Wunder, um sich zu ereignen, immer eine bestimmte Prädisposition, einen nervös und religiös entzündeten Seelenzustand: Nie geschieht an einem Menschen ein Wunder, der es nicht innen längst leidenschaftlich erwartet hätte.» Was Mary Baker gesund werden ließ, sei vor allem «ein leidenschaftlicher, ein titanischer Wille» gewesen, «gesund zu werden»[132].

Ein solcher Standpunkt deckt sich weitgehend mit jenem, den ich in späteren Abschnitten in bezug auf «Heilung an besonderen Orten» und das «Heilen mit Fetischen» vertreten werde.* Aber wird er Gebetsheilungen wirklich vollauf gerecht? Eine Theorie, in deren Mittelpunkt die Placebo-Reaktion steht, erklärt mit Sicherheit einen Großteil der beobachteten Effekte flehentlichen Gebets. Und sie allein macht begreiflich, wieso eine Fürbitte zu Gott bisweilen selbst dann einem Kranken nützt, wenn sie in Wahrheit niemals stattgefunden hat – vorausgesetzt, der Kranke rechnet irrigerweise mit ihr. So erholten sich in den fünfziger Jahren drei stationäre Patienten einer Klinik geradezu schlagartig, als ihnen versprochen wurde, ein berühmter Geistheiler werde aus der Ferne für sie beten. Es verschwanden daraufhin Krebsmetastasen sowie eine chronische Gallenblasenentzündung mit Steinen. Im dritten Fall kam eine Frau wieder rapide zu Kräften, die nach einer größeren, erfolglosen Bauchoperation zum Skelett abgemagert war.[133]

Vor diesem Hintergrund fällt es mir schwer, mich einem gängigen Argument «aufgeklärter» Theologen gegen das Krankengebet anzuschließen. Ein Gebet, so geben sie zu bedenken, mache nur Sinn als Geste der Unterwerfung, des Sich-Auslieferns an die göttliche Gnade. Aber wäre es insofern nicht überflüssig? Schon Kant bemängelte: «Das Beten, als ein innerer, förmlicher Gottesdienst, ist ein abergläubischer Wahn (ein Fetischmachen); denn es ist ein bloß erklärtes Wünschen gegen ein Wesen, das keiner Erklärung der inneren Gesinnung des Wünschenden bedarf.»[134] Ich hege große Sympathien für den Standpunkt, daß religiöser Glaube zu jenen Dingen gehört, die man nicht «sagen», sondern nur «zeigen» kann, wie der österreichische Philo-

---

* Siehe Seite 93 ff. bzw. 173 ff.

soph Ludwig Wittgenstein bemerkte; daß er sich nicht in Gedanken und Sätzen erweist, sondern im Leben als Ganzem. Trotzdem halte ich das Gebet für therapeutisch unentbehrlich: Die Geisteshaltung, in der es gesprochen wird, kann zu Bewußtseinszuständen und emotionalen Erregungsgipfeln hinführen, auf denen bei Tiefgläubigen heilsame Placebo-Effekte wahrscheinlicher werden als bei irgendeiner anderen «geistigen» Heilweise.

Trotzdem scheinen mir medizinisch-psychologische Deutungen unvollständig. Denn drei Phänomenen werden sie nicht gerecht:

- Wie sind *Fern*heilungen durch Gebete möglich – selbst dann, wenn Kranke nicht davon wissen?[135]
- Wie können Gebete mitunter selbst Kleinkinder und Bewußtlose erreichen?
- Und warum sind Gebetseffekte selbst bei Tieren und Pflanzen experimentell nachweisbar?

So deuten jüngere amerikanische Untersuchungen an größeren Patientenstichproben auf einen statistisch bedeutsamen Gebetseffekt bei koronarer Herzkrankheit, bei Leukämie, bei chronisch stillstehenden oder sich verschlechternden psychotischen Erkrankungen und rheumatoider Arthritis hin, ebenso bei seelischen Problemen wie Angst oder verringertem Selbstwertgefühl.[136] Dabei war ein Großteil dieser Untersuchungen «doppelblind» angelegt: Weder die behandelten Patienten noch die Versuchsleiter, noch die beteiligten Ärzte wußten, für wen gebetet wurde und wer lediglich einer Kontrollgruppe angehörte. Selbst Pflanzen und Tiere haben im Labor auf Gebete anscheinend schon meßbar angesprochen: Weizen und Mais, Efeu und Mungobohnen keimten und wuchsen schneller, ebenso verschiedene Gräser; Eier von Seidenraupen entwickelten sich deutlich rascher.[137]

Hinter solchen Anomalien muß mehr stecken als bloß ein Placebo-Effekt. Wenn Gebete für einen kranken Mitmenschen wirken, dann anscheinend oft *auch* kraft eines energetischen Prozesses unbekannter Natur, den sie in Gang setzen – vermutlich kraft des gleichen Prozesses, den ein erfolgreicher Handaufleger oder Fernheiler einleitet. Ein Gebet fördert möglicherweise einen Zustand, der für die Aufnahme von Heilenergien empfänglicher macht oder sie im Körper leichter fließen läßt. Innerhalb von Gebetskreisen könnte es als «Induktor» dienen, der ein affektives Feld aufbauen hilft, innerhalb dessen paranormale Ereignisse vielerlei Art wahrscheinlicher werden – einschließlich paramedizinischer.

Sollen Sie also beten, wenn Sie erkranken? Sollen Sie andere Kranke in Ihre Gebete einschließen? Ja, sofern Sie sich von einigen verbreiteten Mißverständnissen und Irrtümern freimachen können.

Christliche Gebetsheilungen, wie zahlreich auch immer, beweisen nicht, daß man erst ein guter Christ werden muß, um eines ähnlichen Gnadenakts Gottes würdig zu werden. Denn solche Fälle «treten vermutlich nicht öfter auf als bei Navajo-Gesängen», wie der amerikanische Arzt Andrew Weil nüchtern konstatiert hat.[138] Daß Fürbitten von Moslems, Hindus oder orthodoxen Juden weniger oder mehr ausrichten als die eines frommen Katholiken, hat noch niemand belegt.

Ebenso aus der Luft gegriffen ist die Vorstellung, ein Gebet müsse ganz bestimmte Formen und Inhalte aufweisen, die genau einzuhalten seien – andernfalls werde seine Wirkung beeinträchtigt. Jedes beliebige Gebet kann heilsam sein; die Intention dahinter entscheidet. Wenn Gebete erhört werden, dann vermutlich nicht aufgrund einer ihnen innewohnenden Kraft oder irgendeiner anderen Eigenschaft – sondern um des Menschen willen, der sie spricht. Nicht auf Wörter kommt es an, sondern auf den Geist, der dahintersteht. Auch sind Gebete keine magischen Beschwörungsformeln: keine Abrakadabras, die Viren und Bakterien wegzaubern. Eine Erfüllungsgarantie gibt es nicht. Beten heißt bitten, nicht mehr.

Weder ein Gebet noch sonst irgendein religiöses Ritual, noch alle zusammengenommen reichen aus, einen Menschen vor Krankheit zu bewahren. Könnten sie dies, so müßten Personen, die allein von Berufs wegen vermutlich mehr beten als andere – nämlich Geistliche –, eine höhere Lebenserwartung aufweisen als der Bevölkerungsdurchschnitt. Das gleiche gilt für Personen, auf die sich besonders viele Fürbitten anderer Menschen richten – zum Beispiel Staatsoberhäupter.

Dieser Hypothese ging der britische Naturforscher Sir Francis Galton (1822–1911) schon vor anderthalb Jahrhunderten empirisch nach. In einer britischen Fachzeitschrift für Statistik veröffentlichte er eine aufwendige Untersuchung, die das Durchschnittsalter von mehreren tausend männlichen Briten über dreißig Jahre aus verschiedenen sozialen Gruppen miteinander verglich, die zwischen 1758 und 1843 gestorben waren.[139] (Ausgeschlossen wurden Todesfälle durch Unfälle oder Gewalt.) Dabei fanden Berücksichtigung: 294 Rechtsanwälte, 244 Ärzte, 1179 Vertreter des englischen Hochadels und 1632 aus dem niederen Landadel, 513 Handel- und Gewerbetreibende, 366 Offiziere der Landstreitkräfte und weitere 569 aus der Marine, 395 Schriftsteller und Wissenschaftler sowie 239 Künstler. Das durchschnittliche Sterbealter der einzelnen Gruppen betrug 66 bis über 70 Jahre. Daran gemessen, lagen 97 Mitglieder des englischen Königshauses mit durchschnittlich 64 Jahren deutlich *unter* dem Mittelwert, und 945 Geistliche ragten mit mittleren 69,4 Jahren keineswegs heraus. Bei besonders bedeutenden Angehörigen des Königshauses und des Klerus sank die mittlere Lebenserwartung sogar auf 66,4 bzw. 66,5 Jahre. Offenbar entscheidet also eine Fülle anderer, teilweise wohl erheblich gewichtigerer Faktoren mit über die Lebensdauer. (So lebten die meisten Geistlichen damals in ländlichen Gebieten, während Angehörige anderer Berufsgruppen mehrheitlich in der Stadt wohnten.) Ebensowenig spricht für die Macht des Gebets, daß Mitglieder vieler Sekten erwiesenermaßen seltener krank werden und länger leben. Denn in der Regel pflegen sie eine Lebensweise, die ganz allgemein der Gesundheit förderlich ist; sie trinken und rauchen wenig oder gar nicht, und ausschweifender Lebenswandel kommt selten vor. Da sie Medikamente möglichst meiden, spricht ihr Körper im Notfall auch schneller und positiver auf sie an.

Nicht das Beten allein, wohl aber tiefe Religiosität ist der Gesundheit überaus förderlich, der körperlichen ebenso wie der seelischen, wie die Mehrzahl der inzwischen über 200 empirischen Studien darüber belegt.[140] So beobachtete ein Psychologenteam acht Jahre lang, von 1982 bis 1989, über 2800 ältere Einwohner von New Haven. Diejenigen, in deren Leben Religion eine wichtige Rolle spielte, erkrankten im allgemeinen seltener, lebten länger, waren psychisch ausgeglichener, kamen länger ohne fremde Hilfe zurecht. Starke Glaubensbindung, so zeigte sich, wirkte sich dabei sogar stärker aus als soziale Kontakte oder ärztliche Betreuung.[141] Wie der australische Psychologe Jack Schumaker in Testreihen an Studenten fand, besteht auch umgekehrt zwischen Glaubensdefiziten und Krankheitsanfälligkeit oder anderen Merkmalen schlechter körperlicher Verfassung ein deutlicher statistischer Zusammenhang.[142] Zwischen christlich und eher esoterisch orientierten Versuchspersonen war dabei allerdings kein Unterschied feststellbar. Religiöse Überzeugungen, egal wovon, dienen als wichtiger «Puffer gegen Streß», erklärt der Psychologe: Der Glaube an eine andere Wirklichkeit, höhere Werte und einen letzten Sinn könne Spannungen abbauen, die nachweislich krank machen.

Wer allerdings die Macht des Gebets überschätzt, der neigt dazu, anderweitige Hilfe, nämlich medizinische, abzulehnen, auch wenn er sie nötig hätte. Ein Kranker, der sich im allgemeinen Vertrauen auf Gott «emporschwingt mit Flügeln wie Adler» (Jesaja 40, 31), kann schmerzlich abstürzen. Gebete sollten den Arzt nicht ersetzen. Manche Religionsgemeinschaften, die kranke Mitglieder auf die Kraft des

Gebets verweisen, betrachten es geradezu als Sakrileg, von jemand anderem als Gott Linderung zu erwarten. Um dieser Maxime Nachdruck zu verleihen, werden auf Kranke oftmals subtile Formen des Psychoterrors ausgeübt. Und ebenso wie eine Erkrankung als Zeichen eines gottfernen, sündigen Lebens gedeutet wird, so werden die Gründe dafür, daß Gebete um Genesung nicht erhört werden, allzuoft beim Kranken selbst gesucht: Ist er nicht fromm genug und deshalb einer Heilung nicht würdig? Unterwirft er sich nicht bedingungslos genug? Lasten schwere Schuld und Sünde auf ihm? Wer nicht gesundet, obwohl er betet, verfällt dann oft in schwere Depressionen und Selbstzweifel, sein Elend wächst nur noch. So kann Gesundbeterei krank machen.

## 5 Heilung an besonderen Orten – Unterwegs zu sich selbst

### Religiöse Wallfahrtsstätten

«Es ist für mich unfaßbar, daß es ausgerechnet mir passiert ist», sagt Delicia Cirolli aus Paterno, einer kleinen Arbeiterstadt auf Sizilien, am Fuße des Ätna. «Gott hat mir ein neues Leben geschenkt.» Nur noch zwei lange Narben an ihrem rechten Bein, die auch von einem Fahrradunfall herrühren könnten, erinnern an den unsäglichen Leidensweg der heute 29jährigen Frau. An ihr vollzog sich das vorläufig letzte der 65 «Heilwunder» von Lourdes, die von der Kirche offiziell anerkannt worden sind.

Die Tochter eines Landarbeiters war zwölf Jahre alt, als sie nach dem Sportunterricht in der Schule plötzlich ihr rechtes Bein nicht mehr bewegen konnte. «Die Lehrerin schickte mich nach Hause, weil ich große Schmerzen hatte. Eine Woche lag ich im Bett – aber es wurde nicht besser.» Als sie an der Universitätsklinik von Catania geröntgt wurde, zeigte sich eine Geschwulst am Schienbein. Die Gewebeprobe ergab: bösartiger Knochenkrebs. Eine zweite Untersuchung in der Turiner Universitätsklinik verschlimmerte die Diagnose noch: Der Krebs war bereits weit fortgeschritten, im ganzen Körper hatten sich Metastasen gebildet. «Wenn wir Delicia das Bein nicht amputieren, wird es mit ihr sehr rasch zu Ende gehen», wurde Delicias Eltern erklärt. «Aber selbst nach einer Amputation wird sie voraussichtlich nur noch ein paar Monate überleben. Finden Sie sich damit ab.»

Ihre letzte Hoffnung setzte die Familie auf den berühmten Marienwallfahrtsort Lourdes am Fuße der französischen Pyrenäen. Am

13. August 1976 brach Delicia, begleitet von ihrer Mutter, dorthin auf. Sie war derart schwach, daß sie nicht mehr gehen konnte und auf einer Krankenbahre liegen mußte; das Bein schmerzte unerträglich, vom Knie abwärts hatte sich die Haut bereits schwarz verfärbt. Dreimal wurde Delicia in die berühmte Grotte getragen, zur Statue der Heiligen Jungfrau; nur einmal tauchte sie ihre Hand in das Becken, in dem sich das in der Grotte entspringende Quellwasser sammelte.

Zunächst schien die Reise umsonst: Nach Paterno zurückgekehrt, verschlimmerte sich Delicias Zustand weiter, obwohl sie, ungebrochenen Mutes, Tag für Tag mitgebrachtes Lourdes-Wasser schluckte. «Wir dachten, es geht mit ihr zu Ende», erinnert sich ihre Mutter. «Der Pfarrer gab ihr die Sterbesakramente. Delicia konnte nicht mehr essen, sich nicht mehr bewegen. Sie lag nur noch apathisch auf dem Bett, war stark abgemagert.»

So vergingen drei Monate. Doch dann, an Weihnachten 1976, stand Delicia plötzlich im Türrahmen der Küche, wo ihre Mutter gerade das Essen zubereitete: «Mama, ich will nach draußen, ich war schon so lange nicht mehr an der Luft.» Sie ging kraftvoll, ohne Schmerzen.

Fast sechs Jahre lang prüfte ein fünfzehnköpfiges internationales Ärztekomitee Delicias Fall, ehe es Anfang Oktober 1982 bei nur einer Gegenstimme beschloß, ihn als «wissenschaftlich nicht erklärbare Heilung» anzusehen. Sieben weitere Jahre vergingen, bis die katholische Kirche entschied, offiziell von einem «Wunder» zu sprechen: «Die Heilung war ein göttlicher Akt», erklärte der federführende Erzbischof Luigi Bonmarito.

Unter den drei bis vier Millionen Pilgern, die jedes Jahr gen Lourdes ziehen, vermuten Experten zwischen 30 000 und 60 000 Kranke, die sehnsüchtig auf ähnliche «Wunder» hoffen. Hoffen sie zu Recht?

Daß Besuche in Lourdes bisweilen tatsächlich Genesungen einleiten, die vom medizinischen Standpunkt unfaßbar sind, kann ernstlich niemand bestreiten, zumindest nicht in bezug auf ein Großteil der 65 offiziell anerkannten Fälle.[143] Denn ehe es zu einer solchen Anerkennung kommt, müssen mehrere kritische Prüfinstanzen durchlaufen sein. Vor Ort werden gemeldete Heilungen zunächst vom «Bureau Médical» protokolliert und untersucht; für jeden Fall wird ein Krankenblatt angelegt, das den Verlauf des Leidens, begleitende Therapien und bisherige ärztliche Diagnosen festhält. In diesem Kontrollbüro können alle in Lourdes anwesenden Ärzte mitarbeiten, gleich welcher Religion und Nationalität.

Die entscheidende wissenschaftliche Anerkennung gewährt aber erst eine zweite Instanz: ein aus dreißig Ärzten bestehendes Komitee der «Internationalen Medizinischen Vereinigung Unserer Lieben Frau von Lourdes» mit Sitz in Paris. Hier werden die vom «Bureau Médical» eingereichten Heilungsberichte, unter Hinzuziehung von Spezialisten, noch gründlicher durchleuchtet. Um Anerkennung zu finden, muß ein Fall mehrere Kriterien erfüllen: Die Heilung muß plötzlich, unvorhersehbar, vollständig und ohne Rückfall erfolgt sein; das Leiden muß lebensbedrohlich und organischen Ursprungs gewesen sein; es muß ausgeschlossen werden können, daß es nicht ärztliche Behandlung war, die zum Erfolg führte. Die wiederholten Untersuchungen ziehen sich in der Regel über mehrere Jahre hin, ehe das Komitee per einfachem Mehrheitsbeschluß die Feststellung treffen (oder auch verwerfen) kann, daß eine Heilung «die Kräfte der Natur übersteigt, eine Umkehrung der Naturgesetze bedeutet und wissenschaftlich unerklärbar ist». Von einem «Wunder» zu sprechen, ist dabei verpönt; diesen Ausdruck benutzt erst die Kirche, an welche die Kommission ihr Gutachten abschließend übergibt.

Aber rechtfertigen 65 glaubhafte «Heilwunder» die gläubige Erwartung von Lourdes-Wallfahrern, ausgerechnet an ihnen würde sich ein solches wiederholen? Noch im Jahre 1874 – sechzehn Jahre, nachdem dem Bauernmädchen Bernadette Soubirous 1858 in der Grotte von Massabielle achtzehnmal die Gottesmutter erschienen sein soll – hatten sich in Lourdes nicht mehr als vierzehn Heilung suchende Pilger eingefunden. Um die Jahrhundertwende kamen jährlich etwa 4500 Besucher, nach dem Zweiten Weltkrieg um die 20 000; heute sind es über drei Millionen Pilger. Seit Kriegsende hat Lourdes weit über hundert Millionen Menschen beherbergt, unter ihnen vermutlich anderthalb Millionen Kranke. Was zählen da ein paar Dutzend «Wunderheilungen»?

Kranke Lourdes-Besucher rechnen indes mit anderen Zahlen: Denn in der Geschichte von Lourdes sind immerhin 6000 Heilungen gemeldet und registriert worden. Daß ihnen Anerkennung versagt blieb, spricht nicht unbedingt gegen ihre Glaubwürdigkeit; denn wieso soll sich ein «Wunder» nicht auch langsam, bei funktionellen Leiden und von Rückfällen begleitet vollziehen können? Im übrigen könnte sich hinter den 6000 registrierten Fällen eine unabschätzbar hohe Dunkelziffer verbergen. Viele Kranke melden eine positive Wende gar nicht erst, zumal dann nicht, wenn sich diese (und das ist die Regel) erst längere Zeit nach ihrer Rückkehr abzeichnet: sei es aus Bequemlichkeit oder aus dem entmutigenden Wissen um die strengen Prüfungskriterien oder in der (möglicherweise irrigen) Meinung, eine begleitende Therapie habe die plötzliche Besserung herbeigeführt. Aber auch solche Überlegungen ändern nichts daran, daß die statistische Chance, in Lourdes Heilung zu finden, verschwindend gering bleibt. Die Zuversicht eines Pilgers kann dies freilich nicht erschüttern: Falls ausgerechnet er es ist, den Gott für einen Gnadenakt auserwählt hat, so scheint es einerlei, ob er einer unter drei ist – oder unter drei Millionen. Verhindern denn die astronomisch geringen Hauptgewinnchancen bei Lotterien, daß es immer wieder Glückspilze gibt – und immer wieder Millionen mitmachen?

Wie selten Lourdes-Heilungen auch vorkommen, eine Herausforderung für Mediziner stellen sie in jedem Fall dar. Sie geschehen, sie widersprechen scheinbar gesicherten wissenschaftlichen Erkenntnissen, und deshalb bedürfen sie der Erklärung. Müßte nicht eine einzige Anomalie genügen, um ein ganzes Weltbild aus den Angeln zu heben?

Für die wundersam Genesenen selbst steht die Erklärung im allgemeinen außer Frage: Ihre Gebete wurden erhört, die Allmacht Gottes hat sich an ihnen erwiesen. Aber wieso mußten sie erst nach Lourdes aufbrechen, damit ihnen dies widerfuhr? Wieso mußten sie überhaupt irgendwohin?

Das Wallfahren, die fromme Reise zu heiligen Orten, ist eine ebenso globale wie merkwürdig widersprüchliche Erscheinung. Beinahe alle großen Religionsgemeinschaften dieser Erde pflegen diesen Brauch: Moslems, die Gläubigen des Islam, durchqueren die arabischen Wüsten, um in Mekka den Schwarzen Stein der Kaaba zu küssen oder in Medina ihr Gebet am Grabe des Propheten Mohammed zu verrichten. Juden zieht es nach Hebron, in die Höhle Mappela, wo die Gräber Abrahams, Isaaks, Jakobs, Sarahs und Rebekkas liegen sollen. Hindus pilgern nach Mathura, wo Krishna, eine Inkarnation des Gottes Vishnu, seine Kindheit und Jugend verbracht haben soll. In Siripada, auf dem Adam's Peak in Sri Lanka, verharren Buddhisten andächtig vor einer eigentümlichen Vertiefung im Gipfelfelsen, die sie für die Fußspur Buddhas halten. Und alle Kranken unter ihnen hoffen, ausgerechnet dort von ihrem Leiden erlöst zu werden. Aber lehren nicht all diese Religionen, daß göttlicher Geist jederzeit überall ist – daß seine Allgegenwart geradezu zu seinen Wesensmerkmalen gehört? Sollte er dann nicht überall gleichermaßen erreichbar sein – und die flehentlichen Gebete eines Kranken erhören können, gleichgültig wo sich dieser befindet?

Ein Blick in die Geschichte macht das befremdliche Phänomen begreiflicher. Das Wallfahren ist in erster Linie eine Folge des Reliquienkults. Im Christentum setzte es ein, sobald die Verfolgung seiner Anhänger im Römischen Reich ein Ende hatte; damit waren sie frei, jene

Stätten aufzusuchen, an denen Jesus und seine Jünger gewirkt, gelitten und ihre sterblichen Überreste hinterlassen hatten. So lagen die frühesten Wallfahrtsorte der Christenheit in Palästina und in Ägypten; später traten die Apostelgräber in Rom und Santiago de Compostela hinzu. Eine Reliquie gibt ihre wunderbare Kraft nur an denjenigen weiter, der sie berührt oder ihr zumindest räumlich sehr nahe ist. Also muß ihr Aufenthaltsort aufgesucht werden. Und im selben Maße, wie sich Art und Zahl der Reliquien im Laufe der Kirchengeschichte inflationär vervielfachten, taten es auch die Orte, die einer Wallfahrt wert schienen. Ein übriges tat, vom ausgehenden Mittelalter an, die zunehmende Verehrung der Mutter Gottes: «Je stärker sich der Marienkult entwickelte, desto häufiger verzichteten die Bedrängten auf die Wallfahrt zu den Reliquien eines fernen fremden Landes», stellt der Historiker Wilhelm Theopold fest.[144] «Statt dessen pilgerten sie zu den marianischen Gnadenbildern der zahllosen Kirchen, die nun überall in der Heimat erwuchsen.» Und auch dort, wo sich irgendwelche wundersamen Ereignisse zuzutragen schienen, strömten die Gläubigen zusammen. Oftmals genügte ein einziges Gerücht, um einen unscheinbaren Flecken schlagartig in einen heiligen Ort der Begegnung mit Gott zu verwandeln: ob nun vor einem blutenden Baum oder um eine Quelle, aus der plötzlich heilkräftiges Wasser sprudelt; vor einer Madonnenskulptur, die Tränen vergießt oder Anwesenden zulächelt; oder vor einem holzgeschnitzten Christus, aus dessen Wundmalen Blut fließt. Wohin es die Kranken in ihrer Not auch zog – überall schien das Wunder greifbar. Seit dem 13. Jahrhundert wurden an vielen Wallfahrtsorten regelmäßig Protokolle über Heilungen geführt und ausgelegt, nach Erfindung des Buchdrucks auch als Flugschriften verkauft, sogenannte «Mirakelbücher». Sie nannten den Namen des Wallfahrers, seinen Herkunftsort mit zugehöriger Pfarrei oder zuständigem Gerichtsbezirk, seine früheren Leiden, die Art und Weise, in der seine Gebete erhört wurden, sowie seine dankbaren Opfergaben dafür. Solche Einträge belegten den versammelten Gläubigen, daß fromme Wunder gerade hier möglich sind, und bestärkten sie in ihrer Zuversicht, daß sich die Reise lohnt.

Wie theologisch fragwürdig diese Erwartung ist, wurde bereits zur Zeit der Reformation klar. Auch als streng erzogener Katholik hege ich große Sympathien für Martin Luthers Ausspruch: «Im Papsttum tat man Wallfahrten zu den Heiligen... Aber jetzt können wir rechte christliche Wallfahrten tun, die Gott gefallen, im Glauben nämlich. Da würden wir nicht durch der Heiligen Städte, sondern durch unsere Gedanken und unser Herz zu Gott spazieren.»[145]

Doch wie erklären wir dann Fälle, in denen ein Schwerstkranker jahrelang zu Hause dahinsiecht, nach einer Wallfahrt jedoch beinahe schlagartig Fortschritte macht – obwohl doch hier wie dort sein Beten gleich inbrünstig, sein Denken und Handeln gleich fromm? Sprechen solche Schicksale nicht doch für eine geheime Magie bestimmter Orte?

Wäre dem so, dann müßten die Bürger von Lourdes gesünder und langlebiger sein als alle anderen Südfranzosen. Da der heilige Bezirk geradezu vor ihrer Haustür liegt und vergleichsweise mühelos zugänglich ist, sollten sich unerklärliche Heilungen unter ihnen auffallend häufen. Doch bisher hat noch kein einziger Einheimischer zu jenen Glücklichen gehört, die ohne Krücken nach Hause gehen konnten, nachdem sie ins eiskalte Wasser der Grotte eintauchten. Dabei sind viele Einwohner von Lourdes und seiner näheren Umgebung gewiß nicht ungläubiger als der durchschnittliche Pilger. Wieso muß man von auswärts kommen, um hier Hilfe zu finden?

Der amerikanische Arzt Jerome Frank fand einen überraschenden Zusammenhang: Je länger und schwieriger die Anreise war, die ein Lourdes-Wallfahrer auf sich nehmen mußte, desto größer waren seine Heilungschancen.[146] Viele Pilger mußten fast übermenschliche Anstrengungen auf sich nehmen, bis sie in Lourdes ankamen. Mit einem Rollstuhl oder vom Sterbebett weg auf einer Trage mehrere hundert Kilometer auf oftmals beschwerlichen Transportwegen zurückzulegen, kann zur Tortur werden. (Delicia Cirolli war 36 Stunden in einem überfüllten, stickigen Zugabteil unterwegs gewesen.) Hinzu kommt eine freudige, stetig angespannte Erwartung, je näher der Reisetag rückt. Für manche Kranke ist es überhaupt das erste Mal, daß sie ins Ausland aufbrechen; einige sind bisher sogar nicht einmal über die weitere Umgebung ihres Heimatortes hinausgekommen. Und allein schon die Reisevorbereitungen verändern ihr Leben oft von Grund auf: Viele waren bislang sozial relativ isoliert gewesen und ihrer Umgebung bloß zur Last gefallen; doch nun rückt das bevorstehende Abenteuer in den Mittelpunkt intensiver Aktivitäten der ganzen Kirchengemeinde. Messen werden gelesen, Ärzte konsultiert, Geld wird gesammelt, die Reiseroute geplant. (In Paterno beteiligten sich nahezu sämtliche Einwohner mit großzügigen Spenden an einer Kollekte für die Familie Cirolli, die selbst an der Armutsgrenze lebte.) Oft begleiten Verwandte, Freunde und Priester den Kranken, sprechen ihm Mut zu, kümmern sich mit besonderer Aufmerksamkeit um ihn. All das versetzt einen Pilger in eine nie dagewesene emotionale Erregung. Die Wallfahrt wird für ihn zur existentiellen Herausforderung, bei der er seine ganze Glaubenskraft für ein mögliches Wunder einsetzt.

Was er nach seiner Ankunft in Lourdes erlebt, bestärkt ihn noch darin. Auch der entschiedenste Kritiker des religiösen Massentourismus, der verstockteste Häretiker kann sich kaum den überwältigenden Eindrücken entziehen, die auf Besucher hier einstürzen. Die nicht enden wollenden Lichterprozessionen von täglich 20 000 Pilgern; ihre frommen Gebete, Gesänge und Lobpreisungen; die langen Schlangen vor der Grotte, vor den Wasserhähnen und den vierzehn Kammern der Badehallen, in denen Tausende geduldig ausharren, mit Gesichtern der Hoffnung und Verzückung; das Heer von 150 000 Helferinnen und Helfern, die in Lourdes bei der Krankenbetreuung freiwillig und unentgeltlich mitarbeiten und dabei ein Beispiel im liebevollen Umgang mit den Schwerbehinderten geben, das bestürzt und beschämt. Auf Schritt und Tritt religiöse Symbole, Weihrauchschwaden, brennende Kerzen; und immer wieder einander fremde Menschen, die spontan aufeinander zugehen, sich trösten, umarmen und Beistand anbieten: All dies treibt die gespannte Erwartung allmählich zum Siedepunkt. Auch wenn zuvor Zweifel überwogen – spätestens jetzt wird der Glaube an Heilung unerschütterlich. Und genau dann wird Heilung am ehesten möglich: eine Selbstheilung, psychisch in Gang gesetzt durch einen außergewöhnlichen Bewußtseinszustand.

Grundsätzlich könnte ein solcher Prozeß an jedem beliebigen anderen Ort der Welt eingeleitet werden – vorausgesetzt, er würde Kranke im gleichen Maße psychisch mobilisieren. Ein britischer Psychiater bemerkte dazu trocken: «Es gibt wohl keinen Bach in England, der sich nicht eines ebenso hohen Anteils an Heilungen rühmen könnte wie der Bach in Lourdes, wenn die Patienten in gleicher Anzahl und im gleichen psychologischen Zustand erwartungsvoller Erregung dorthin kämen.»[147]

Damit will ich nicht ausschließen, daß jene paranormalen Aspekte, die ich in den vorangegangenen Kapiteln über das Gesundbeten und die Gruppenheilung betont habe, auch an Wallfahrtsorten mitwirken; ich bezweifle aber, daß ihnen ein auch nur annähernd so großer Anteil an Heilungen zuzuschreiben ist wie den psychosomatischen Folgen einer bis ins Ekstatische gesteigerten religiösen Heilserwartung.

Weinende Madonnen, blutende Christusse, lächelnde und schwankende Altarskulpturen können diesen Effekt noch dramatisch steigern: Sofern solche Phänomene nicht auf psychokinetische Leistungen von Anwesenden zurückführbar sind, scheint es geradezu, als setze ein höherer Geist sie als «Placebo» ein, zum Wohle der Kranken. Noch so phantastische paranormale Vorfälle an manchen Wallfahrtsorten garantieren keineswegs, daß dort auch Heilwunder stattfinden – aber sie prädisponieren die Psyche von Augenzeugen derart, daß solche Wunder wahrscheinlicher werden.

In Wahrheit werden sie aber immer unwahrscheinlicher. Daß spontan einsetzende Genesungen an Wallfahrtsorten heutzutage auffällig seltener vorkommen als in früherer Zeit, führe ich nicht allein darauf zurück, daß die Kirche mit dem Begriff des «Wunders» vorsichtiger umgeht denn je und in ihre Prüfungen Ärzte und Wissenschaftler einbezieht. Der Hauptgrund scheint mir: Wallfahrten sind zu bequem geworden. Wenn die Chance auf Heilung an bestimmten Orten tatsächlich mit dem Maß an Entbehrung korreliert, das ein Kranker auf sich nehmen muß, um dorthin zu gelangen, so *muß* sie rapide sinken, sobald Wallfahrten zu Veranstaltungen eines organisierten Massentourismus verkommen. Im ausgehenden 20. Jahrhundert ist nur noch wenigen Pilgern klar, welch ungeheure Strapazen Wallfahrer einst auf sich nehmen mußten. Der weite Weg wurde zu Fuß zurückgelegt, nur Begüterte ritten zu Pferd. Tagsüber wanderte man, allein oder in Gruppen, acht bis zehn Stunden lang, bei Sonne und Wind, Regen oder Schnee. Überall lauerten Gefahren: durch Wegelagerer, wilde Tiere und Seuchen. Die Nacht verbrachte man auf einfachen Strohlagern. In ihrer Verzweiflung hatten viele Pilger gelobt, besondere Mühsal auf sich zu laden und entweder während der Wallfahrt zu fasten oder zumindest nur Wasser und Brot zu verzehren oder die gesamte Wegstrecke stumm und mit bloßen Füßen zurückzulegen. Manche gingen in der Haltung des Gekreuzigten, mit ausgestreckten, bis zur Schulterhöhe erhobenen Armen, oder sie beluden sich mit einem hölzernen Kreuz; andere schleppten einen schweren Stein auf dem Rücken, oder sie quälten sich mit wunden Sohlen, indem sie Erbsen in ihre Schuhe steckten. Dem Lourdes-Touristen von heute ersparen Pauschalreiseangebote dagegen beinahe jede erdenkliche Unannehmlichkeit: Charterflug ab und bis Düsseldorf, inklusive vorgebuchter Hotelunterkunft und Verpflegung für vier bis fünf Tage, sind unter tausend Mark zu haben. Und Lourdes selbst, zu Zeiten Bernadettes ein armseliges Provinznest kleiner Handwerker, Bauern und Steinmetze, hat es zur drittgrößten Hotelstadt Frankreichs gebracht, vollgestopft mit Cafés und Restaurants aller Güteklassen, Imbißstuben, Souvenirläden, Supermärkten und Banken. Es ist so einfach, nach Lourdes zu kommen – und deshalb so schwer, zu finden, was man dort sucht.

### Geomantische «Kraftplätze»

Eine psychologische Deutung von «heilsamen Orten» stößt nicht nur in Kirchenkreisen, sondern auch unter Esoterikern auf Widerstand.

Nach deren Überzeugung existieren überall auf der Welt mysteriöse «Kraftplätze», die sich durch eine Strahlung besonderer Art auszeichnen. Diese Energie soll von Radiästheten mit Pendel, Wünschelrute und anderem Gerät festzustellen sein; besonders Feinfühlige meinen sie sogar unmittelbar zu spüren. Aufenthalte im Bereich von «Störzonen» der Erde seien der Gesundheit abträglich. Andererseits gebe es aber auch geographische Punkte, an denen sich *positive* Energien konzentrieren. Sie sollen einen Menschen, der sich dort befindet, regelrecht «aufladen» können und ihm körperlich ebenso wie psychisch überaus guttun. Viele solche «Orte der Kraft» sind bereits zu vielbesuchten Wallfahrtsstätten der Esoterikbewegung geworden.

Als solche Energiezentren werden zum Teil die Standorte alter Kultstätten und Kirchen identifiziert – aber auch viele traditionelle Wallfahrtsstätten. (So gelten die Externsteine, eine Felsenformation im Teutoburger Wald und eines der ältesten germanischen Heiligtümer, als mächtiges Zentrum von Erdkräften.) Zum Teil sind sie durch «Strahlenfühlige» überhaupt erst entdeckt und bekannt gemacht worden: vornehmlich auf Bergen, in Höhlen, an Quellen. Mit den geheimen Energien und Kraftströmen der Erde befaßt sich ein zunehmend populärer Forschungszweig der Esoterik, die *Geomantie*. Einer ihrer bekanntesten Vertreter, der Frankfurter Publizist David Luczyn, erklärt das Zustandekommen von «Kraftorten» so: «Eine große Zahl von Kirchen und Kultplätzen liegen auf einer geraden Linie, wenn man sie auf einer Landkarte verbindet. Diese Linie, *leyline* genannt, ist ein mit ‹Lebenskraft› pulsierender Meridian. Sie wird durch Energien gespeist, die aus dem Kosmos kommen und über ‹Einstrahlpunkte› ins irdische Netz und in die Erde fließen. In Kirchen sind Einstrahlpunkte von Leylines oft im Altarbereich zu finden und haben eine starke spirituelle Wirkung.»[148]

In ihrer Wirkung auf gesundheitliche Leiden unterschiedlichster Art scheinen «Orte der Kraft» jenen heiligen Stätten, zu denen es christliche Pilger hinzieht, in nichts nachzustehen. «Lourdes-Effekte» werden etwa von zwei angeblichen Zentren «kosmischer Kraft» berichtet, die der Rutengänger und Lebensberater Lothar Meinhardt 1988 in der Nähe seiner Heimatstadt Kempten im Allgäu entdeckt haben will. Der eine «Kraftkreis» liegt nahe eines Wehrs bei dem Dorf Martinszell, auf einer kleinen Felskanzel über dem Illerfluß, der andere inmitten einer Waldlichtung auf dem Hügel der Burg Wagegg. In einem mit Holzpflöcken markierten Kreis «stellt man sich mit leicht gespreizten Beinen hin und schaut, die Handflächen nach oben geöffnet, nach Osten», so weist Meinhardt die angereisten Besucher an. Zuvor müssen sie sämtliche persönlichen Gegenstände aus Metall ablegen, «denn diese nehmen die Hälfte der Kraft weg». Die Energie dieser «Kraftkreise» soll auf Händen und Kopfhaut ein deutliches Kribbeln erzeugen, starke Wärmeempfindungen auslösen – und sogar heilen. Eine angereiste Offenburgerin berichtete der Reporterin eines Kemptener Wochenblatts von einem «kraftvollen Ruck, der durch den Körper geht». Ein stark Gehbehinderter, der schon mehrfach dort war, versicherte, sein Hüftleiden habe sich «mit jedem Aufenthalt am Wehr gebessert». Eine weitere Besucherin freute sich, daß ihre jahrelangen chronischen Kopfschmerzen schlagartig nachgelassen hätten. «Nur Leute mit Herzschrittmacher sollten den Ring nicht betreten», warnt Meinhardt – der Energieschub könnte zu stark sein.

Kein deutscher «Kraftort» hat in jüngster Zeit für größeres Aufsehen gesorgt als die «Wundergrotte» von Nordenau. Als «Deutschlands Lourdes» feierte *Bild* im Herbst 1992 die Felsenhöhle nahe des Tausend-Einwohner-Dorfs im Sauerland. Im Wasser, das dort von den Wänden rieselt, stecken angeblich wundersame Heilkräfte. Seither pilgern täglich mehrere hundert Besucher, meist chronisch Kranke, zu dem vier Kilometer langen Felslabyrinth. Allein 1992 wurden 150 000 gezählt. Mit Rheuma, Migräne, Lähmungen, Durchblutungsstörungen und anderen hartnäckigen Leiden lassen sie sich, in Gruppen bis zu fünfzehn Personen, mit ein paar Grubenlampen durch die kalten, finsteren Höhlengänge führen – in der Hoffnung, ausgerechnet hier Heilung zu finden. Bei sich tragen sie eine Flasche «Wunderwasser», das sie hier in der Grotte trinken sollen: nicht irgendwo, sondern an der einzigen Stelle, die aus ungeklärten Gründen trocken bleibt. Ein einbestellter Rutengänger, der Geophysiker Johannes Koch, will an diesem Punkt der Grotte «besonders starke Erdstrahlen» ausgemacht haben, die «Kraft geben, die Menschen mit Energie aufpumpen». Mit der Grotte insgesamt verhalte es sich «wie in Lourdes. Hier treffen sich mindestens drei Wasseradern, und das sind Orte der Kraft. Das Wasser heilt.» Höchstens zwei Stunden dürfen sich Besucher in der Grotte aufhalten. Dann, so versichert der Grottenbesitzer, seien sie «so aufgeladen mit Energie, daß sie raus müssen». Auch ein angereister *Bild*-Reporter will das Wasser hautnah erlebt haben: «Ich habe von dem Wasser getrunken, in der Energie-Zone», berichtete er von dort. «Nach fünf Minuten vibrierten meine Fingerkuppen. Ich dachte, ich stehe unter Strom.»

Schon bald kursierten erste Meldungen über «Wunderheilungen». So erklärte eine 88jährige Bochumerin, sei sei auf dem linken Auge blind gewesen; seit sie es mit dem Wasser aus der Grotte benetzte,

könne sie wieder «sehen wie früher». Ein 62jähriger Mann mit Bluthochdruck kam angeblich «rein mit 160 zu 100, raus mit 130 zu 100» –
und diese Werte blieben seither konstant, zur Verblüffung seines Arztes. Ein 64jähriger pensionierter Bergmann aus Essen will nach einem
Grottenbesuch «den Stock weggeworfen» haben, an dem er wegen
starker Rückenschmerzen gehen mußte. Und nachdem eine 74jährige
aus Münster «schon sechsmal da» war, ist ihr «verdammtes Asthma
viel besser geworden». Patienten mit Knochenmarkkrebs und Lähmungen nach einem Schlaganfall waren ebenfalls schon hier; sie warten
zuversichtlich, wenn auch bisher vergeblich.

Von Anfang an kam Skeptikern verdächtig vor, daß die Grotte in
Privatbesitz ist: Sie gehört dem Gastronomen Theo Tommes, der
gleich neben dem Höhleneingang sein «Hotel Tommes» betreibt. Seit
Meldungen über «Heilwunder» durch die Presse gehen, sind die 88
Betten ausgebucht: bei 85 Mark pro Übernachtung, plus zehn Mark
Eintrittsgeld für die Grotte, kein schlechtes Geschäft. Inzwischen hat
Tommes sein Hotel für eine knappe Million renovieren und ein Ca-
briolet der gehobenen Preisklasse davor parken können. «Wirkt die
Grotte nur in der Brieftasche des schlauen Hoteliers wahre Wunder?»
fragte sich *Bild* bald darauf.

Daß sie gelegentlich auch in kranken Körpern wirkt, bezweifle ich
nicht. Die Frage ist nur, *wie* sie das tut. Selbst wenn wir annehmen, daß
von der Nordenauer Felsgrotte und anderen «Kraftorten» tatsächlich
eine sonderbare Art von Energie ausgeht, bleibt immer noch die Frage,
ob diese Energie allein *ausreicht*, jene therapeutischen Effekte zu erzielen, die ihr zugeschrieben werden. Ist sie stark genug dafür? Und sind
die Besucher ihnen lange genug ausgesetzt? In der radiästhetischen
Fachliteratur finden sich vereinzelt durchaus ernstzunehmende Hinweise darauf, daß Aufenthalte an Punkten, die Radiästheten als «Störzonen» charakterisieren, den Organismus tatsächlich in zahlreichen
Funktionen meßbar beeinträchtigen.[149] Ebenso beachtliche Anhaltspunkte liegen inzwischen dafür vor, daß solche Funktionsstörungen,
wenn sie längere Zeit anhalten, zu organischen Beeinträchtigungen
führen können. Von daher ist der Umkehrschluß keineswegs abwegig,
daß «positive» Erdenergien sich günstig auf die Gesundheit auswirken
*können*. Aber im Zentrum von «Kraftorten» – ob nun in Nordenau
oder Lourdes – halten sich Kranke in der Regel nicht länger als ein paar
Minuten auf. Wie sollen in so kurzer Zeit Prozesse in Gang kommen,
an deren Ende rheumatische Entzündungen verschwinden, abgelöste
Netzhäute wieder anwachsen oder Geschwülste schrumpfen? Wenn
solche «Wunder» dennoch geschehen, so leisten die vermuteten «Erd-

energien» dazu, wenn überhaupt, nur einen verschwindend geringen Beitrag. Jedenfalls ist er minimal im Vergleich zu den möglichen Wirkungen, die starker Glaube zeitigen kann.

Insofern besteht wenig Anlaß, radiästhetische «Kraftorte» anders zu bewerten als traditionelle Wallfahrtsstätten. Nicht von ungefähr taucht in der stattlichen Liste der bisherigen «Heilwunder» von Nordenau kein einziger Nordenauer auf – und das, obwohl einheimische Kranke doch buchstäblich an der Quelle sitzen.

Sollten Patienten irgendwohin reisen, um dort Heilung zu suchen? Nichts spricht dagegen – sofern sie glauben können. Wohin sollten sie am besten reisen? Ihr fester Glaube wird sie an den rechten Ort leiten.

## 6 Mediales Heilen – Hilfe aus dem «Jenseits»

Wirken Geistheiler aus eigener Kraft? Schöpfen sie aus Energien, die sie selbst erzeugen, willentlich oder unbewußt?

Nur wenige Handaufleger und Heilmagnetiseure behaupten dies. Die meisten Geistheiler vergleichen sich eher mit einem «Kanal», der eine jenseitige Energie aufnimmt, sie bündelt, dabei vielleicht auch transformiert und verstärkt, um sie dann gezielt an Kranke weiterzuleiten. Aber was heißt dabei «jenseitig»?

Diese Frage teilt die westliche Heilerszene heute in drei Lager. Traditionelle Christen sehen ihre Kraft vom Gott der Bibel ausgehen: von einer unkörperlichen, allgegenwärtigen Superintelligenz mit den wesentlichen Attributen einer Person, die man ansprechen, um Hilfe bitten und gnädig stimmen kann; einer Person, die belohnt und straft, zürnt und vergibt; einer Person, die an menschlichen Unzulänglichkeiten gemessen vollkommen ist, ausgestattet mit grenzenloser Macht, unendlicher Weisheit und unbedingter Liebe. Eine zweite Gruppe beruft sich, unter dem Einfluß fernöstlicher Religionen, auf Gott allenfalls als eine unpersönliche Energie, die den gesamten Kosmos durchdringt, ordnet und seinem Entwicklungsziel entgegentreibt. Um Vertreter einer dritten Theorie wird es in diesem Kapitel gehen: Sie sehen sich als Instrumente von Geistern, meist von Verstorbenen. (Allerdings werden diese jenseitigen Helfer ihrerseits letztlich meist als Werkzeuge eines «höheren» Geistes betrachtet.)

Eine Person, die dem Jenseits als Vermittler von Botschaften und Vollzugsorgan dient, bezeichnen Spiritisten als *Medium* (lat.: das Vermittelnde). Um zu einem solchen Werkzeug oder «Kanal» zu werden, müssen manche Medien zuvor in Trance sinken; andere bleiben anscheinend bei vollem Bewußtsein. Meist leiht das Medium den Jenseitigen seine Stimme («automatisches Sprechen»). Dabei können sich Tonfall, Stimmlage und Dialekt, oft auch Mimik und Gestik erheblich verändern; mitunter kommt es zu dramatischen Persönlichkeitsveränderungen, die einer zeitweiligen Besessenheit gleichkommen. Oft läßt sich das Medium von Jenseitigen auch die Hand führen, wie beim automatischen Schreiben und Zeichnen, beim Pendeln oder Glasrükken. Was dabei «durchkommt», können scheinbar sinnlose Zeichenkombinationen, einzelne Wörter oder Sätze sein, aber auch ganze Bücher, Gemälde und Kompositionen, die eigene Kunstrichtungen begründet haben: mediale Literatur, mediale Malerei, mediale Musik.

### Jenseitige als Ratgeber

Im Rahmen von spiritistischen Sitzungen, wie sie in der zweiten Hälfte des 19. Jahrhunderts in Mode kamen, sind aus dem Mund von Medien seit eh und je gelegentlich auch *medizinische* Ratschläge zu vernehmen – sei es an Anwesende oder an deren Verwandte, Freunde und Bekannte. In einem medialen Kreis in Ravensburg etwa, dem seit siebzehn Jahren der deutsche Physiker und Parapsychologe Werner Schiebeler angehört, soll sich gelegentlich ein Totengeist aus dem 17. Jahrhundert einfinden – er stellt sich als «Alberto Petranius» vor –, um versteckte Krankheitsherde aufzuspüren und Heilbehandlungen durchzuführen. Dazu bedient er sich eines Mediums in Halbtrance. («Ich kann allein, ohne dieses Medium, die Kräfte nicht weitergeben», beantwortete «Petranius» im August 1987 die Frage nach den Voraussetzungen für eine erfolgreiche Behandlung. Doch ebensowenig «bin ich fähig, diese Kräfte selbst zu erzeugen, sondern ich kann sie nur weitergeben... Ich empfange viele feine Strahlen, die aus allen Richtungen kommen. Sie dringen bei mir ein. Ich kann sie selber spüren und durch die Hände des Mediums weiterleiten... Ich weiß nur, daß sie von guten Geistern... aus höheren Bereichen... ausgehen, die ich aber nicht sehe.»[150])

Wie segensreich solche Jenseitigen bisweilen wirken, belegen verblüffende Krankengeschichten aus aller Welt. So will die 42jährige Engländerin June Maycock, Mutter dreier Kinder aus Radcliffe, es der rechtzeitigen Warnung eines «Geists» verdanken, daß sie überhaupt noch sehen kann. «Mit meinen Augen hatte ich nie Schwierigkeiten, eine Brille brauchte ich zu keiner Zeit», erzählt sie. So schüttelte sie 1989 anfangs ungläubig den Kopf, als ihr ihre Tochter Joanne, 22, von einer unmißverständlichen Botschaft im Verlauf einer Geisterbeschwörung berichtete: «June wird erblinden, wenn sie nicht sofort operiert wird!» «Eher aus Neugier» suchte June schließlich doch ihren Augenarzt auf, der schwer geschädigte Netzhäute feststellte und sie unverzüglich an das Bury General Hospital überwies. Dr. Simon Kay: «Ohne einen raschen chirurgischen Eingriff hätte Frau Maycock mit Sicherheit ihr Augenlicht verloren.»[151]

Ein heute 13jähriger amerikanischer Junge, von Geburt an hirngeschädigt und dadurch körperlich wie geistig schwer behindert, hat binnen weniger Monate dramatische Fortschritte gemacht – seit ein «Geist» durch ein Medium ankündigte, sich des Kleinen anzunehmen. Als Chuck 1981 in New York zur Welt kam, unterlief dem entbindenden Arzt beim Kaiserschnitt ein verhängnisvoller Fehler: Für Sekunden klemmte er die Nabelschnur ab, unterband dadurch die Sauerstoffzufuhr zu Chucks Gehirn. Seither war der Kleine schwer behindert: Noch als Siebenjähriger brachte er allenfalls unartikulierte Laute und einzelne Wörter heraus; Auffassungsvermögen, soziales Verhalten, Bewegungskoordination lagen weit unter dem Altersdurchschnitt. Mehrere Ärzte und Psychiater bezeichneten seinen Fall übereinstimmend als hoffnungslos.

Im März 1987 reiste Chucks Großtante Joyce Elkin – eine Krankenschwester, die seit dreißig Jahren in Kalifornien lebt – zu Freunden nach Australien. Bei dieser Gelegenheit besuchte sie das landesweit bekannte Medium Bill Rowan. Während der Sitzung kam Rowan, der sich von einem jenseitigen Geistführer namens «Grant» geleitet fühlt, plötzlich auf einen siebenjährigen Jungen zu sprechen, der als «zurückgeblieben» gelte. In allen Einzelheiten schilderte Rowan das Mißgeschick bei Chucks Geburt, das weitere Schicksal und die gegenwärtigen Lebensumstände des Kleinen. Joyce Elkin war sprachlos: Damit konnte nur ihr Neffe gemeint sein. «Die Diagnose der Ärzte ist falsch», sprach es aus Rowan heraus: «Der Junge kann geheilt werden – durch Eingriffe aus der geistigen Welt. Ich werde mich seiner annehmen. Bis er zwölf Jahre alt ist, wird er als völlig normal gelten.»

Als die Großtante sieben Monate später, im Oktober 1987, Chucks Eltern besuchte, «bemerkte ich, wie sich der Zustand des Kleinen zu bessern begann, zuerst beim Sprechen, dann im ganzen Verhalten. Er konnte bereits ganze Sätze bilden.» Seit April 1988 hat sich Chucks Heilungsprozeß dramatisch beschleunigt: «Blickkontakt, Auffassungsgabe und Denkvermögen sind schon hundertprozentig normal», berichtet Joyce Elkin. «Inzwischen ist Chuck ein glücklicher Junge, der mit anderen Kindern spielen und bei allen Unternehmungen der Familie mitmachen kann.»[152]

Ein besonders prominenter «Arzt aus dem Jenseits» scheint sich einen österreichischen Kanal auserkoren zu haben: der große Schweizer Psychoanalytiker Carl Gustav Jung (1875–1961). Seit neun Jahren soll er aus der Sensitiven Mirabelle Coudris heraussprechen, einer gebürtigen Wiener Neustädterin, Jahrgang 1957, die bis vor kurzem in Seewalchen am Attersee ein spirituelles «Beratungs- und Forschungsinstitut» führte, gemeinsam mit ihrem sieben Jahre älteren Ehemann René. Eingehend erläutert Mirabelles Mentor von drüben seine Grundgedanken, nimmt Stellung zu Themen wie den Grenzen der Psychoanalyse, dem schöpferischen Potential im Menschen, Traumdeutungen oder unterschwelligen Wahrnehmungen. «C. G. Jung» kennt sich aus in Atemtechniken, in Psychophysik, in Ganzheitsmedizin. Er philosophiert über größten Schmerz als Glück, über Wege zur Selbstverwirklichung und Erleuchtung, über Weihnachten («Was die Heilige Familie wirklich bedeutet»), die Hintergründe von Aids oder die Bedeutung von Biorhythmen. Patienten, die ihn konsultieren, berät er aus Mirabelles Mund. Allein bis Sommer 1990 soll er das junge Medium rund 200mal zu seinem Sprachrohr gemacht haben. Schon damals füllten seine Durchgaben über tausend Druckseiten, die seit 1988 in jährlichen Abständen als Bücher erscheinen.[153] (In meinem Buch *Die Jagd nach Psi* habe ich Coudris' umstrittenem «Trance-Dialog mit ‹C. G. Jung›» ein ganzes Kapitel gewidmet.[154])

Will Sigmund Freud auf dem spiritistischen Therapiemarkt ein Gegengewicht zu seinem abtrünnigen Schüler C. G. Jung schaffen? Seit kurzem jedenfalls soll der Vater der Psychoanalyse und Wegbereiter der modernen Psychiatrie, der vor 55 Jahren starb, «in ständiger Verbindung» mit dem britischen Medium Ray Gordon aus Worthing stehen. Inzwischen hat Gordon, ein psychologischer Laie, eine vielbeachtete Beratungspraxis eröffnet, in der er «vor allem Menschen mit sexuellen Problemen» zu helfen versucht – mit klassischen psychoanalytischen Mitteln, die ihm «Freud aus dem Jenseits durchgibt». Im britischen Monatsmagazin *Sussex Life* enthüllte Gordon, wie er zu seinem körperlosen Führer gefunden hat: «Unlängst suchte mich eine junge Frau auf, die an Panikattacken litt. Plötzlich hörte ich eine männliche Stimme sagen: ‹Ihre Probleme rühren daher, daß sie orgasmusunfähig ist.› Durch behutsames Nachfragen fand ich daraufhin heraus, daß dies tatsächlich die Ursache war.» Kaum hatte sich die Frau erleichtert verabschiedet, da habe sich die Stimme von drüben zu erkennen gegeben: «Ich bin Sigmund Freud.»[155]

Im deutschsprachigen Raum bekannter sind die literarischen Hinterlassenschaften des 1988 verstorbenen Mediums Grete Schröder. Bei ihr soll sich, wenige Monate nach seinem Tod am 18. April 1965, der österreichische Neurologe, Psychologe und Wiener Universitätsdozent Dr. Karl Nowotny gemeldet haben, um durch sie seine Vortragstätigkeit körperlos fortzusetzen. Aus dieser vierzehnjährigen Verbindung gingen mehrere tausend Buchseiten hervor, die bis Mitte 1992 bereits in sechs Bänden erschienen sind. Eine rührige «Dr. Karl Nowotny Foundation e. V.», 1985 gegründet, verwaltet von Bad Reichenhall aus den voluminösen Nachlaß.

Während Coudris' «Jung» und Schröders «Nowotny» mit Vorliebe theoretisieren, greift Gordons «Freud» eher praxisbezogen ins Diesseits ein – ebenso wie der «Transpartner», der sich gelegentlich der Sprechorgane von Aulikki Plaami bemächtigt. In ihrer Wahlheimat Heisdorf in Luxemburg läßt die Finnin in Trance gelegentlich einen gewissen «Dr. Hermann» Sprechstunde abhalten, eines von über vierzig Geistwesen, die seit Anfang der achtziger Jahre angeblich durch sie wirken.[156] Dabei verordnete der «Arzt aus dem Jenseits» einer Journalistin mit Herzschwäche «jeweils fünf Rosinen morgens und abends» – mit ungewissem Erfolg. Gegen einen Hautausschlag, der das Gesicht eines Mädchens entstellte und von Dermatologen vergebens mit cortisonhaltigen Salben behandelt worden war, empfahl «Dr. Hermann», «morgens und abends Kompressen mit geraspelten Weißkohlblättern und Johannisöl oder mit Milch getränkte Kartoffeln aufzulegen», außerdem homöopathische Tropfen und eine spezielle Diät. Daraufhin soll die Haut wieder rein und glatt geworden sein.[157] Von Frau Plaamis Geistführer angetan ist Paul Schneider, Präsident des «Schweizerischen Verbands für Natürliches Heilen» (SVNH), der ihm auf Vereinsveranstaltungen seit Jahren Auftritte verschafft: «Auf mich macht Dr. Hermann den Eindruck eines gütigen, erfahrenen Hausarztes alter Schule, der hauptsächlich mit Chiropraktik und Homöopathie arbeitet.»[158]

Auf ärztlichen Rat von drüben beruft sich auch Hans-Peter Paulussen aus Münster. Der gelernte Koch zählt zu den bekanntesten Geistheilern Deutschlands; seit 1986 arbeitet er eng mit dem bereits erwähnten Arzt Dr. Leonhard Hochenegg aus Hall in Tirol zusammen. Sobald er in Tieftrance gefallen ist, nimmt angeblich ein ganzes «Ärztegremium aus der jenseitigen Welt» Kontakt mit ihm auf – in der Regel angeführt von dem katholischen «Pater Pio», der zu Lebzeiten über fünfzig Jahre lang die Wundmale Christi trug. (Er starb 1968.) Aus dieser Quelle soll Paulussen kürzlich eine einzigartige Rezeptur empfangen haben: die Zusammensetzung einer neuen Heilsalbe gegen Neurodermitis, die besser wirken soll als jedes im Handel befindliche

Konkurrenzprodukt. In einem Praxistest an 250 Patienten hat sie innerhalb weniger Wochen Neurodermitis verschiedenster Schweregrade in drei von vier Fällen abklingen lassen. Für den Urheber hält Paulussen einen verstorbenen jüdischen Arzt.

## Neurodermitis-Heilsalbe von drüben?

«Ich hab da was gegen Neurodermitis», versicherte der weißbärtige Mann Ende Vierzig aus Münster. «Selber hergestellt.» Dann drückte er Dr. Reinhard Winter ein Töpfchen mit einer dunkelgelben, zartcremigen Masse in die Hand, die wie karamelisierter Honig aussah, aber intensiv nach Kräutern duftete. «Sind Sie Mediziner? Oder Apotheker?» fragte der niedergelassene Arzt für Allgemeinmedizin und Naturheilverfahren aus Telgte, dessen Praxis der Bundesverband Neurodermitis-Kranker in Boppard bei Koblenz Betroffenen im Raum Münster ausdrücklich empfiehlt. «Nein, gelernter Koch», stellte der sonderbare Besucher klar, Hans-Peter Paulussen aus Münster. «Und Heiler, ich helfe Kranken mit geistigen Energien. Außerdem arbeite ich als Medium. In tiefer Trance empfange ich Botschaften aus dem Jenseits. Von dort kommt das Rezept. Hier, sehen Sie!» Dem verdutzten Dr. Winter händigte er eine Liste mit 28 verschiedenen Kräutern und ätherischen Ölen aus, mit genauen Grammangaben. «Daraus ist das Zeug zusammengesetzt. Warum probieren Sie es in Ihrer Praxis nicht einfach aus?»

«Zuerst war ich skeptisch», räumt Dr. Winter ein, «schon wegen der Berufsbezeichnung dieses sogenannten Heilkundigen.» Immerhin schien die Verwendung aufgrund der rein natürlichen Zusammensetzung unbedenklich. Vorsorglich schmierte sich der Arzt die Salbe zunächst mehrere Tage lang selbst auf die gesunde Haut – keine Unverträglichkeitsreaktion, keinerlei unangenehme Nebenwirkungen traten auf. Daraufhin entschloß sich Dr. Winter, ein paar Neurodermitis-Kranken «verschiedener Altersstufen und Schweregrade» Proben der Salbe mitzugeben. «Die Resonanz nach vierzehntägigem Gebrauch war verblüffend gut», berichtet er. «Und auch der objektive Hautbefund war zum Teil erstaunlich. Jetzt machte ich mir erstmals ernsthafte Gedanken über die Salbe. ‹Der hat doch bestimmt insgeheim Cortison reingemischt›, dachte ich.» Auf eigene Kosten ließ er ihre Zusammensetzung in einem Labor analysieren. Doch der Befund «schloß eine Cortisonbeimischung absolut aus».

Daraufhin bereitete Dr. Winter einen erneuten Test vor, diesmal als Großversuch, um sich ein verläßlicheres Bild zu machen. Von Paulussen forderte er dazu mehrere Kilo an, bekam einen Eimer voll angeliefert – und verteilte jeweils hundert Gramm davon an 250 Neurodermitis-Patienten, vom Säugling bis zum Greis. Jeder Betroffene, so verordnete der Arzt, «sollte bei geringem Hautbefall alle Stellen, bei ausgedehntem Hautbefall ein bestimmtes Hautareal zweimal täglich mindestens zwei Wochen lang dünn mit der Salbe einreiben. Vereinbart war außerdem, daß bei der geringsten Unverträglichkeit der Test sofort abgebrochen wurde.» Jede Testperson bekam von ihm einen Fragebogen mit nach Hause; darauf sollten alle auftretenden Hautreaktionen notiert werden.

Bis zum Ende der sechswöchigen Testdauer bekam der Arzt von den 250 ausgegebenen Fragebögen schließlich 209 auswertbare zurück. (Der Rest war entweder verlorengegangen oder falsch ausgefüllt worden, wegen Umzug oder Urlaub des Patienten nicht aufzutreiben.) Dr. Winter wertete sie getrennt nach sechs Altersgruppen aus: 38 Säuglinge und Kleinkinder unter fünf Jahren, 48 Kinder bis zehn Jahre, 25 Jugendliche, 64 Twens, 26 über Dreißigjährige und 8 Teilnehmer über Vierzig.

Insgesamt elf Patienten hatten den Test nach wenigen Tagen abgebrochen: Bei ihnen hatte die Salbe intensives Brennen oder Jucken ausgelöst. Der Rest jedoch verteilte auf den Fragebögen überwiegend «gute» bis «sehr gute» Noten: So bewerteten, je nach Altersgruppe, 79 bis 91 Prozent die Hautverträglichkeit. 72 bis 91 Prozent gaben an, der quälende, oft unerträgliche Juckreiz sei «gut» oder «sehr gut» beseitigt worden, vielfach schon nach der ersten Woche. 64 bis 80 Prozent stellten eine «heilende Wirkung» fest. Ärztliche Untersuchungen bestätigten die laienhaften Selbstbeobachtungen weitgehend: «Ab der zweiten bis dritten Woche gingen die Rötungen zurück, die spröde und rissige Haut wurde insgesamt elastischer. Von der fünften bis sechsten Woche an waren in vielen Fällen keinerlei äußere Symptome mehr zu sehen, die trockenen und schuppigen Ekzeme waren verschwunden», faßt Dr. Winter zusammen. «Natürlich war dieser Test nicht nach strengen Maßstäben wissenschaftlich angelegt», räumt er ein. «Dazu müßten unter anderem längere Zeiträume und weitere Differenzierungen der Patienten, beispielsweise nach dem Schweregrad der Erkrankung, untersucht werden.» Trotzdem möchte der Arzt «schon jetzt behaupten, daß Paulussen mit seiner Salbe ein beachtliches Ergebnis gelungen ist».

Aber war es wirklich «seine» Salbe? Der 49jährige Paulussen bestreitet das entschieden. «Von Neurodermitis hatte ich damals nicht die geringste Ahnung.» Damals – das war an einem Abend des Jahres 1986, als das Medium in Trance gerade in «Kontakt zu meiner verstorbenen

Großmutter» stand. «Plötzlich sprach mich eine andere, männliche Stimme an», entsinnt sich Paulussen. «Sie stellte sich als ein gewisser ‹Dr. Gustav Nußbaum› vor, der einem sechsköpfigen Team von bedeutenden Wissenschaftlern und Ärzten in der ‹anderen Welt› angehöre.» Weiter soll ihm der Totengeist eröffnet haben: «Es tut uns weh mit anzusehen, wie selbst Kleinkinder schon an der furchtbaren Hautkrankheit Neurodermitis leiden. Dagegen muß etwas getan werden. Deshalb werden wir dir die Grundstruktur einer Salbenzusammensetzung durchgeben, die du in unserem Auftrag herstellen sollst.» Daraufhin, so Paulussen, hätten ihm die Jenseitigen die Namen der ersten vier Kräuter und ätherischen Öle genannt. Im Laufe der folgenden Monate seien es schließlich 28 geworden, alle mit genauen Grammangaben: darunter Hamamelis, Johanniskraut, römische Kamille, Aloe vera, Avocado- und Jojobaöl – ohne Konservierungsstoffe oder sonstige chemische Zusätze, insbesondere ohne Cortison.

Trotzdem dauerte es bis 1989, ehe Paulussen daraus eine gebrauchsfertige Salbe hergestellt hatte, «denn immer wieder machte ich Fehler, die meine jenseitigen Gesprächspartner korrigieren mußten». Laut Anweisung von «drüben» sollte er die Kräuter zunächst in heißem destilliertem Wasser ansetzen und ein paar Tage stehen lassen. Aber was sollte er als Salbengrundlage nehmen? «Reine Melkcreme», hieß es, und er beschaffte sie sich aus einer Molkerei. Doch «es gab keine Bindung, weil eben Wasser drin war». Dieses Problem löste eine zusätzliche Salbengrundlage aus der Apotheke – dafür war das entstehende Gebräu nun flockig. «Nun kam der jenseitige Rat: ‹Bringe Kräuterauszüge, Öle, Melkcreme und Salbe auf eine konstante Temperatur von 40 Grad Celsius.› Erst jetzt kam die Bindung zustande.» Zunächst stellte Paulussen zehn Kilogramm davon her – und bot sie als erstem einem befreundeten österreichischen Arzt an, Dr. Leonhard Hochenegg, der selbst an Neurodermitis litt. Verblüfft will Hochenegg die Heilwirkung an sich selbst erlebt haben, ebenso wie anschließend an mehreren Patienten. Beiläufig erwähnte Paulussen seinen körperlosen Mentor aus der «geistigen Welt». Bei dem Namen «Dr. Gustav Nußbaum» soll Hochenegg aufgehorcht haben. Er schlug in einem alten Verzeichnis bedeutender Ärzte dieses Jahrhunderts nach – und fand den Namen: Dr. Gustav Nußbaum, ein jüdischer Arzt, praktizierte seit den zwanziger Jahren in München. Er starb 1944 im Konzentrationslager Auschwitz.

Paulussen, dem die Produktion allmählich über den Kopf wuchs, hat die Lizenz für Herstellung und Vertrieb inzwischen an eine Gesellschaft für Naturkosmetika und Naturheilmittel nahe Gütersloh[159] verkauft: «Das Patent bleibt bei mir.» Die Firma gehört der Frau von Paulussens Rechtsanwalt und Steuerberater Klaus Riethmüller. Von Gütersloh aus wird die Salbe unter dem Namen «Alphaderm», in Döschen von 125 und 250 Milliliter, seit kurzem auf dem Postweg direkt vertrieben. «Da es sich um kein zugelassenes Medikament handelt, können wir es nur als Kosmetikum anbieten», erklärt Riethmüller. «Daß es eine Heilwirkung hat, ist erfreulich, wird von uns aber nicht besonders herausgestellt.»

Ebenso erfreulich für den Hersteller dürfte, im Hinblick auf den Verkaufserfolg, der werbeträchtige spiritistische Hintergrund sein, dem nicht nur in der Esoterikszene, sondern auch in der Boulevardpresse Aufmerksamkeit sicher ist. Daß «jedem wissenschaftlich Vorgebildeten bei meiner Geschichte die Haare zu Berge stehen», ist Paulussen klar. «So einer läßt eben das Jenseits allenfalls als religiöse Glaubenssache gelten, aber gewiß nicht als überlegene Informationsquelle für neue Heilmittel.» Außerdem machen ein paar Ungereimtheiten stutzig: Wieso, wundern sich Skeptiker, dauerte es rund vier Jahre, ehe Rezept und Herstellungsweise vollständig bei Paulussen «ankamen»? Hätte sich «Nußbaums» Geisterteam nicht sputen können, drei Millionen Neurodermitikern allein in Deutschland zuliebe, die Tag für Tag sehnsüchtig auf Hilfe warteten? Warum befaßten sich Paulussens körperlose Medizinexperten ausgerechnet mit Neurodermitis – zumal Dr. Gustav Nußbaum zu Lebzeiten keineswegs auf Dermatologie spezialisiert war –, anstatt mit Rheuma, Krebs oder Kinderlähmung, Aids oder Alzheimer? Und wie kann das Münsteraner Medium ein Patent für ein Produkt beanspruchen, das ein anderer ersann?[160]

Eine Heilungsquote um die 80 Prozent ist eindrucksvoll; doch sollte ein Heilmittel überirdischen Ursprungs nicht jedermann in jedem Fall helfen können? Wer so fragt, verkenne die Natur der Hautkrankheit Neurodermitis, betont Dr. Winter. Eine Salbe kann höchstens Symptome kurieren – das vielschichtige Krankheitsbild der Neurodermitis schließt aber «vielfältige Ursachen im Stoffwechselbereich sowie in der Psychosomatik» ein, denen bloßes Einreiben schwerlich beikommt. «Für mich als Ganzheitsmediziner», erklärt der Telgter Arzt, «ist Neurodermitis primär keine Haut-, sondern eine Stoffwechselerkrankung, mit starken psychischen Anteilen.» Nach seinen Beobachtungen «spielen dabei immer Lebensmittel- und andere Allergien eine Rolle. Stets handelt es sich bei den Erkrankten um hochsensible Menschen, die unfähig sind, ihre Aggressionen auszuleben. Immer besteht ein Mutter-Kind-Konflikt, der sich unbewußt, teilweise schon während der ersten Schwangerschaftswochen, entwickeln kann. All diese Fak-

toren müssen bei einer kausalen Neurodermitis-Therapie mitberück-
sichtigt werden», betont er. Deshalb könne es nie damit getan sein,
bloß betroffene Hautstellen einzusalben, womit auch immer – einerlei,
ob die verwendete Substanz diesseitigen oder «höheren» Ursprungs
ist.

«Ziemlich ratlos» ist der Telgter Arzt, was die geisterhafte Herkunft
des Rezepts betrifft. Woher sonst sollte ein gelernter Koch, ohne die
geringsten pharmazeutischen Vorkenntnisse, das Expertenwissen her-
nehmen, das zur grammgenauen Zusammensetzung und Produktion
einer offenbar heilsamen Salbe aus 28 verschiedenen Ingredienzien
gehört – und die bei genau jenem Leiden verblüffend gut wirkt, gegen
das Paulussen es einsetzen wollte? Weltweit lassen multinationale
Pharmakonzerne mit Millionenbeträgen, technischem und personel-
lem Großaufwand jährlich Tausende von naturheilkundlichen Substanzen auf ihre therapeutischen Effekte hin prüfen. Wie plausibel ist
da die Unterstellung, ein findiger Koch könnte im Wettstreit mit ihnen
die Nase vorn haben?

«Im Prinzip *könnte* jedermann darauf kommen», spekuliert Dr.
Winter. «Dazu besorgt er sich einfach in einer Bibliothek oder im
Fachbuchhandel ein naturheilkundliches Nachschlagewerk über
Kräuter und Öle. Daraus stellt er diejenigen zusammen, die eine posi-
tive Hautwirkung haben sowie auf den Körper entgiftend wirken.
Außerdem könnte Paulussen von Kontakten zu Ärzten wie Hochenegg profitiert haben, aber auch zu betroffenen Patienten, von denen
er gelegentliche Hinweise auf wirksame Substanzen übernommen und
neu kombiniert haben mag.» Und die Herstellung einer Salbe? «Die
wäre für einen Laien ebensowenig eine Kunst», erläutert Dr. Winter.
«In der WDR-Fernsehreihe ‹Hobbythek› etwa hat Moderator Jean
Pütz erst kürzlich genau erklärt, wie man aus Kräutern und Ölen eine
schöne Salbe mischen und sie auch ohne Konservierungsmittel haltbar
machen kann.» Winter selbst hat nach Pütz' Gebrauchsanweisung
versucht, eine eigene Neurodermitis-Salbe herzustellen – «allerdings
bei weitem nicht mit dem gleichen durchschlagenden Erfolg wie Paulussen», gibt er zu.

Doch eine vage Möglichkeit macht, ohne die geringsten Anhaltspunkte für Tricks und Täuschung, noch lange keinen begründeten
Verdacht. Davon abgesehen ist Paulussen weder der erste noch der
einzige, der pharmazeutisches Wissen aus «höheren» Quellen zu beziehen scheint. Dem deutschen Chemiker und Heilpraktiker Dr. Dieter Kaempgen helfen Stimmen ungeklärter Herkunft seit über zehn
Jahren, neuartige und oftmals hochwirksame homöopathische Heil-

mittel zu finden. Ihre Ratschläge hinterlassen die Jenseitigen auf zuvor nachweislich unbespielten Tonbändern. «In mehr als siebzig Fällen ist es dadurch schon zu Heilungen oder zumindest zu Besserungen gekommen», versichert der promovierte Naturwissenschaftler, der seit 1976 eine Naturheilpraxis in Eschwege betreibt.[161]

Im übrigen ändern alle Zweifel nichts daran, daß Paulussens Salbe häufig erstaunlich gut wirkt – nach Einschätzung von Dr. Winter «ebensogut, wenn nicht besser» als alle ihm bekannten Alternativen auf dem Pharma-Markt, und das auf rein pflanzlicher Basis, ohne Cortison und sonstige chemische Zusätze. Und wie kam Paulussen 1986 ausgerechnet auf «Gustav Nußbaum» als Inspirator? (Hätte ein medizinischer Laie, falls er sich eine publicityträchtige Geistergeschichte zurechtspinnen wollte, nicht am ehesten auf den Namen eines bedeutenden Dermatologen früherer Tage kommen müssen: auf den Franzosen Jean Louis Alibert etwa, den Engländer Robert Willan oder den Österreicher Ferdinand von Hebra?) Woher wußte Paulussen überhaupt von der Existenz Nußbaums, mit dessen Namen heute kaum ein Arzt, und am allerwenigsten ein Hautarzt, etwas anfangen kann? Wer keine einleuchtenden Antworten darauf hat, tut Paulussens Spiritismus unrecht, wenn er ihn vorläufig nicht zumindest als erwägenswerte Hypothese gelten läßt.

### Jenseitige als Heiler

Manchmal beschränken sich Heilkundige «von drüben» allerdings nicht bloß auf gelegentliche Empfehlungen und Belehrungen – sie gehen eine feste, oft jahre- und jahrzehntelange Verbindung mit einem Medium ein, um diesseits durch es therapeutisch zu wirken. Eine beachtliche Minderheit von Geistheilern beruft sich auf konkrete jenseitige Helfer, die anscheinend wie menschliche Psychen überlegen, entscheiden und handeln können, indem sie sich des Heilers als eines lebenden Instruments bedienen. Häufig werden sie als verstorbene Ärzte identifiziert, die ihr überlegenes, womöglich im Jenseits vervollkommnetes Wissen weitergeben möchten.

Manche Heiler wollen, bei vollem Bewußtsein, von solchen «Geistführern» bloß hin und wieder Eingebungen, Hinweise, Warnungen, Ratschläge erhalten, die sie meist als innere Stimme erleben, manchmal auch über automatisches Schreiben oder durch sonstige spiritistische Praktiken. Andere hingegen fühlen sich auch während ihrer Behandlungen regelrecht «geführt»; zum Teil scheinen sie sich zeitweilig in willenlose Werkzeuge einer überlegenen, körperlosen Intelligenz zu verwandeln.

Sie folgen dem «Vater» des modernen Geistheilers, dem Engländer Harry Edwards, der bei Shere, hundert Kilometer südwestlich von London, lebte. Im Ersten Weltkrieg, als Militärberater und Ausbilder in Persien eingesetzt, hatte der gelernte Schriftsetzer an sich paranormale Heilkräfte entdeckt, mit denen er verwundeten oder erkrankten Soldaten helfen konnte. Einen Beruf daraus machte der Geschäftsmann allerdings erst 1935, nachdem ein tuberkulosekranker Freund von einem Tag zum anderen genas, als Edwards ihm aus der Ferne «Heilenergien» ins Krankenhaus sandte. Seither half Edwards nachweislich Zehntausenden: nicht nur in Privatsitzungen, auch auf spektakulären Massenveranstaltungen mit bis zu 7000 Menschen und mittels Fernheilungen, manchmal über Tausende von Kilometern hinweg. Besonders erfolgreich war Edwards bei rheumatischen Erkrankungen, Lähmungen, Blindheit und Taubheit, Verletzungen des Rückgrats und Knochenleiden ganz allgemein. Dabei berief sich Edwards auf mehrere jenseitige Helfer: vor allem auf den berühmten französischen Chemiker und Mikrobiologen Louis Pasteur (1822–1895) sowie den ebenfalls bedeutenden englischen Chirurgen Joseph Lister (1827–1912), der an Pasteur anknüpfend die antiseptische Wundbehandlung begründet hat.

In Edwards' Nachfolge sehen sich heute zwei der prominentesten Geistheiler Großbritanniens mit Totengeistern im Bund: David Drew und Barrie Redington.

Der 39jährige David Drew wähnt sich vom Geist des großen elsässischen Arztes, Theologen und Friedensnobelpreisträgers Albert Schweitzer geleitet, der 1965 im Alter von 90 Jahren starb.

Mediale Begabungen zeigten sich bei Drew, der 1955 in Colwyn Bay, Wales, geboren wurde, erstmals in der Pubertät; schon als Vierzehnjähriger stellte er sie in der Spiritistengemeinde der nahegelegenen Stadt Smethwick unter Beweis. Zwar begann er eine Lehre als Metzgergeselle, doch als immer mehr Hilfesuchende ihn in Anspruch nahmen, brach er seine Ausbildung ab – und wurde professioneller Geistheiler.

«Von Anfang an arbeitete ich mit einer Gruppe von Ärzten aus der spirituellen Welt zusammen», erklärt Drew, der nach einer Zwischenstation in Blackpool heute in Kirkham, Grafschaft Lancashire, lebt. Anfang 1988 sei zu dieser jenseitigen Gruppe ein weiterer geistiger Führer gestoßen, der sich ihm als «Albert Schweitzer» vorgestellt habe – ein Name, mit dem der ungebildete Drew «zunächst gar nichts anfangen konnte». Ernster nahm er die Eingebung erst, als ihn nach einem öffentlichen Auftritt im Seebad Lytham, im Juli 1988, eine Frau aus dem Publikum ansprach, die sich ihm als «hellsichtig» vorstellte: «Ich habe Albert Schweitzer neben Ihnen auf der Bühne stehen sehen!» Verblüfft ließ sich Drew von seinem prominenten «Geisthelfer» zu Madame Tussauds Wachsfigurenkabinett in Blackpool schicken, wo eine lebensgroße Nachbildung Albert Schweitzers steht. «Dort wirst du auf einer Gedenktafel ein falsches Todesjahr für mich angegeben finden: 1969», so hörte Drew die innere Stimme sprechen. «In Wahrheit starb ich 1965.» Er sah nach und fand das falsche Datum.

«Schweitzer leitet mich auf andere Weise als meine übrigen Geistführer», erläutert Drew. «Er will, daß ich in einen tranceähnlichen Zustand versinke, in dem ich seine Stimme hören und meinen Körper unter seine Kontrolle bringen kann.» Während seiner geist-chirurgischen Eingriffe sind meist seltsame Klackgeräusche zu hören. «Dazu kommt es, wenn ich die unsichtbaren spirituellen Operationsgeräte einsetze», erklärte «Schweitzer» seinem Medium. Im Verlauf von Drews Heilsitzungen versuche «Schweitzer» auch immer wieder seine Identität unter Beweis zu stellen. Einer Freundin der englischen Journalistin Maureen Messent etwa, die zu erblinden drohte, rettete «Schweitzer» Anfang 1989 das Augenlicht, indem er Drew Augenflüssigkeit drainieren (ableiten) ließ. Als die Behandlung zu Ende war, verabschiedete «Schweitzer» die verblüffte Patientin mit einem «herzlichen Glückwunsch zum Geburtstag am 14. Januar», ein paar Tage später. An diesem Datum war aber nicht etwa die Geheilte zur Welt gekommen – sondern der historische Albert Schweitzer selbst.

In London, Edinburgh, Liverpool und Goosnargh hat Drew inzwischen Zentren für geistiges Heilen gegründet. Ob Tumorerkrankungen und Leukämie oder multiple Sklerose, Arthritis oder andere rheumatische Erkrankungen – selbst an schwerste, gemeinhin als unheilbar geltende Krankheiten wagt er sich mit «Schweitzers» Hilfe heran. Auf kürzlichen Touren nach Skandinavien, Italien und Israel erregte er beträchtliches Aufsehen. Seit 18 Jahren demonstriert er vor manchmal mehr als 500 Menschen eine erstaunliche Vielfalt von paranormalen Fähigkeiten. Dabei sind ihm Publikumsvorführungen eigentlich eher zuwider: «Worum es dabei geht, gehört nicht ins öffentliche Rampenlicht – es ist etwas sehr Privates.» Im übrigen teilt er eine Einstellung, die Albert Schweitzer schon zu Lebzeiten immer wieder kundtat und aus Drews Mund mehrfach wiederholte: «Nicht ich bin wichtig, sondern mein Werk.»

Allein mit Handauflegen erzielt der Geistheiler Barrie Redington aus London herausragende Erfolge. Bemerkenswerte Einzelfälle haben ihn inzwischen zu einem der bekanntesten Heiler Großbritanniens werden lassen. Von seinen Fähigkeiten haben bisher, aus unerfindlichen Gründen, auffallend viele Patienten mit Augenleiden profitiert: Wie fachärztliche Gutachten teilweise bestätigen, kam Redington schon mehrfach Glaukomen (grüner Star) bei; half er einer an multipler Sklerose Erkrankten, die alles doppelt sah; wendete er buchstäblich in letzter Minute eine Operation bei einem sehgestörten Säugling ab, bei dem Ärzte eine Geschwulst hinter dem Augenlid festgestellt hatten. Aber auch bei chronischen Schmerzen, Neuralgien und Asthma scheint der selbstsichere Heiler mit dem schütteren, schulterlangen Haar und dem altmodischen Backenbart mehr erreicht zu haben als Ärzte und Fachkliniken vor ihm, wie Aussagen dankbarer Patienten vermuten lassen. Einer 45jährigen Londonerin mit einem Knoten in der Brust, aus der wegen Tumorverdachts in Kürze eine Gewebeprobe entnommen werden sollte, wurde zunächst «leicht übel», als Redington sie zu behandeln begann. Kaum nach Hause zurückgekehrt, mußte sie sich übergeben – und würgte dabei, wie sie beteuert, «einen widerlichen, schwärzlich-rotbraunen Gewebeklumpen von der Größe eines Golfballs» heraus. Erschöpft schlief sie daraufhin ein. Als sie aufwachte, tastete sie sofort nach dem Knoten in ihrer Brust – er war verschwunden. Auch der Aids-infizierte Andrew Wilson aus Willesden Green im Nordwesten Londons schwört auf Redington. «Bei mir ist Aids seit Jahren voll ausgebrochen», erzählt der 33jährige. «1990 bereiteten mich die Ärzte darauf vor, daß mir höchstens noch anderthalb Jahre bleiben würden.» Seit er zwei- bis dreimal wöchentlich Redington aufsucht, fühlt er sich «unfaßbar wohler». Zwar zeigen Bluttests, daß Andrew das HIV-Virus nach wie vor in sich trägt; doch die meisten Begleitsymptome haben sich erheblich gebessert. Früher sei er vor Erschöpfung und Depression morgens kaum aus dem Bett gekommen, der kleinste Handgriff habe ihn «entsetzlich angestrengt». Heute fühlt er sich derart «energiegeladen», daß er «fünfzehn Stunden pro Tag, sechs Tage pro Woche und zehn Stunden am Sonntag arbeiten kann», schwärmt er.

Es ist gerade sechs Jahre her, daß Redington, damals Kleinhändler auf Wochenmärkten, seine Berufung zum Heiler entdeckte, und das auf seltsamem Umweg. Mitte Zwanzig zog er sich bei einem Autounfall schwere Kopfverletzungen zu. Von da an litt er jahrelang an höllischen Schmerzen und extremen Stimmungsschwankungen, obwohl er aus ärztlicher Sicht völlig genesen war. Zufällig begegnete er einem spiritistischen Medium, das ihm die angebliche Geisterbotschaft übermittelte: «Deine anhaltenden Schmerzen rühren von einem Überschuß an Energien her, die durch dich fließen und außer Kontrolle sind.» So verdutzt und ungläubig Redington diesen obskuren Befund damals auch aufnahm: Immerhin erlebte er seit seinem Unfall beinahe täglich, wie sich diese «Energie» in sonderbaren Spukvorgängen entlud, nicht nur in seiner Wohnung, auch in der Öffentlichkeit. Wenn er und seine Frau Susan in Restaurants essen gingen, kam es ein ums andere Mal vor, daß sich Messer und Gabeln wie Weichgummi verbogen, kaum daß er sie angefaßt hatte. «Susan war die Sache jedesmal so peinlich, daß sie das Besteck immer erst sorgfältig gerade bog, ehe wir zahlten und gingen.» Als sich Redington zum Geistheiler ausbilden ließ «und dabei lernte, diese Energie richtig zu kanalisieren», hörten die unheimlichen Vorgänge schlagartig auf. Ebenso augenblicklich verschwanden Redingtons Beschwerden.

Seit er zu heilen begann, fühlt sich Redington von zwei Totengeistern aus dem Jenseits geführt. Der eine, so berichtet Redington, habe sich ihm als ein gewisser «Dr. Jones» vorgestellt, angeblich ein 1904 verstorbener walisischer Chirurg; der andere nenne sich «Dr. Lahmann» und will ein «deutscher Arzt aus Heidelberg» gewesen sein. Mehr wußte Redington zunächst nicht, mit beiden Namen konnte er nicht das geringste anfangen. Doch der britische Parapsychologe Ronald Russell, Leiter einer «Parapsychologischen Forschungsgruppe» in Enfield, stellte Nachforschungen an. Er schrieb die Heidelberger Universitätsverwaltung an – und erhielt kurz darauf ein von Eike Wogast, Professor für Neuere Geschichte, unterzeichnetes Schreiben, das die Identität «Lahmanns» bestätigte. Tatsächlich hatten zwei Männer dieses Namens in Heidelberg studiert, beides Söhne eines wohlhabenden Bremer Kaufmanns. Der eine, Friedrich, hatte sich im April 1880 für Psychologie eingeschrieben; der andere, der am 30. März 1860 geborene Heinrich Lahmann, hatte ein anderswo begonnenes Medizinstudium im April 1883 an der Medizinischen Fakultät der Universität Heidelberg fortgesetzt und im Juli 1884 erfolgreich abgeschlossen. Wie Russell weiter ermittelte, hatte Lahmann zunächst eine Laufbahn als polytechnischer Ingenieur in Hannover eingeschlagen. Nach Abschluß seines Heidelberger Studiums ließ er sich 1886 als praktizierender Arzt nieder. Zwei Jahre später eröffnete er auf Schloß Lossnitz in Dresden-Radebeul eine eigene Naturheilklinik mit Sanatorium, den «Weißen Hirsch». Lahmann gilt als Pionier der Naturheilkunde; ihm werden bahnbrechende Arbeiten über Diätetik, Vitamine und Mineralien, Hydrotherapie, Homöopathie, Reflexologie und die therapeutische Anwendung des Elektromagnetismus zugeschrieben. Lahmann starb am 1. Juni 1905.

Der Parapsychologe war sprachlos, Redington sah sich bestätigt. Im nachhinein konnte er nun viele merkwürdige Erlebnisse seiner Patienten einordnen: Manche fühlten sich wie mit unsichtbarem chirurgischem Besteck «operiert», selbst wenn Redingtons Hände sie nicht einmal berührten; oder sie spürten geisterhafte «Einstiche», wie von Injektionsnadeln, gefolgt vom «Hineinspritzen einer Flüssigkeit». Ein von Russell befragter Patient will hinter Redington einmal für kurze Zeit eine gespenstische männliche Gestalt wahrgenommen haben. Als Russell ihm später, zur Probe, mehrere Fotos vorlegte, griff er ohne Zögern dasjenige heraus, auf dem er die Erscheinung wiederzuerkennen glaubte: es war ein Porträt Lahmanns.

Auf dem europäischen Festland hingegen macht sich medizinischer Beistand aus dem «Jenseits» vorläufig rar – wohl kaum wegen einer sonderbaren Vorliebe von «Führungsgeistern» für die britische Insel, sondern hauptsächlich aufgrund einer Rechtslage, die Heiler nahezu überall in den esoterischen Untergrund drängt, von wo kaum etwas an die Öffentlichkeit dringt. So sind nur wenige Ausnahmen bekannt geworden: unter ihnen François Marrelli aus dem Elsaß und Helga Aust aus dem Hochsauerland.

Während der in sich gekehrte Marrelli aus Mulhouse (Mülhausen) im Elsaß «psychisch» heilt, fühlt er sich von mehreren jenseitigen Helfern geführt. Am 17. Dezember 1961 in San Giovanni in Fiore geboren – er stammt aus einer italienischen Familie –, traten bei ihm erstmals außersinnliche Fähigkeiten auf, kurz nachdem er als Dreizehnjähriger einen Badeunfall hatte. Eines Morgens sah er im Spiegel seines Schlafzimmers seinen Großvater sterben, den er seit frühester Kindheit nicht mehr gesehen hatte – just in derselben Minute, in der dieser tatsächlich verschied, über tausend Kilometer entfernt in Italien.

Ein Jahr später erlitt François bei einem Autounfall schwerste Verletzungen. Seine Wirbelsäule war gebrochen. Ärzte bereiteten ihn auf ein Leben im Rollstuhl vor. Mit eisernem Willen glaubte François an die Kraft der geistigen Selbstheilung – und ein Jahr später konnte er wieder gehen. Nicht die geringste Behinderung ist zurückgeblieben.

Als er knapp Zwanzig war, sah er in einer Vision voraus, wie ein enger Freund tödlich verunglückte, doch abwenden konnte er den Unfall nicht mehr. Zwei Jahre später will er in einem spiritistischen Zirkel, in den ihn seine Schwester Barbara Solazzo eingeführt hatte, von diesem Freund mehrere mediale Botschaften erhalten haben: Es gebe im Jenseits mehrere «Kontaktpersonen», so hieß es, die mit ihm, François, fortan zusammenarbeiten würden. Dazu müsse er lernen, sich selbst in Trance zu versetzen; dann könnten die Verstorbenen durch ihn sprechen und wirken. Seither glaubt François an vier persönliche «Helfer», die er namentlich benennen kann: In *Inani* erkennt er den «Meister seines Bewußtseins», seinen allgemeinen «geistigen Führer»; *Kerrouf* hilft ihm, medizinische Diagnosen zu erstellen; *Yalem* führt die psychischen Heilungen durch, wobei *Woham* assistiert. Dieses Team soll mittlerweile mehrere tausend Behandlungen und Beratungen durchgeführt haben.

Wenn Marrelli in Trance fällt, bringt er gelegentlich, in rasendem Tempo, sonderbare Schriftzeichen zu Papier; Sachverständige sollen sie als eine einzigartige Mischung aus Hebräisch, Altindisch und Tibetisch identifiziert haben. Hindus und Hebräer konnten angeblich zumindest Bruchstücke davon entziffern. Wie François beteuert, versteht er selbst jedes Wort davon. Es gebe wieder, was ihm vom «kollektiven Unbewußten» mitgeteilt werde: einer unbewußten geistigen Einheit ohne sprachliche Barrieren, an der alle Menschen teilhaben. Über dieses «Unbewußte» sei er mit allem verbunden, was jemals gefühlt, gedacht, gewußt worden sei und werde. Was ihm seine «Geistführer» an Informationen zufließen lassen, stelle eine «Auswahl» daraus dar.[162]

Spurlos verschwunden sind die Lebermetastasen einer Rentnerin aus Wuppertal – sie hatte sich einer deutschen Geistheilerin anvertraut, die sich im Bund mit «Elvis» wähnt, dem Totengeist des King of Rock 'n' Roll. Eine Verrückte?

«Sie haben Brustkrebs. Weit fortgeschritten!» Diese Schreckensnachricht hört Hildegard Brunner (ein Pseudonym), Jahrgang 1925, im Jahre 1987 von ihrem Arzt. Ihr wird die linke Brust entfernt. Zunächst scheint der Eingriff erfolgreich: Anschließende Kontrolluntersuchungen, in regelmäßigen Abständen, fallen drei Jahre lang beruhigend aus. Doch im April 1990 zeigt das Blutbild erneut tumorverdächtige Werte. Eine Ultraschallaufnahme in der Wuppertaler St.-Antonius-Frauenklinik macht den Rückfall dann eindeutig sichtbar: Der Krebs ist erneut ausgebrochen, hat in der Leber schon Metastasen gebildet.

Die behandelnden Ärzte verordnen eine zwölfwöchige Chemotherapie mit dem Krebshemmer Epirubicin – allerdings ohne große Hoffnung. Während die Patientin selbst verzweifelt damit ringt, sich in das vermeintlich unabänderliche Schicksal zu fügen, wollen sich ihre Tochter und deren Ehemann «nicht damit abfinden». Der Zufall hilft: Dem Schwiegersohn, Bernhard W., fällt eine esoterische Zeitschrift in die Hände, in der ich über die Geistheilerin Helga Aust aus Thülen bei Brilon berichte.[163] Er überredet die damals 65jährige Patientin, im Juni 1990, zwischen der dritten und vierten Chemotherapie, für drei Tage nach Thülen zu fahren. Dabei muß er erhebliche Widerstände ausräumen, denn «aufgrund ihrer religiösen und grundsätzlichen Lebensanschauung sträubte sich meine Schwiegermutter anfänglich ganz entschieden dagegen».

Doch vom ersten Tag an tun Frau Brunner die heilenden Hände von Helga Aust «sehr gut»: Sie wird «innerlich ruhig und entspannt», spürt «eine wohltuende Wärme und zeitweise ein angenehmes Prickeln». Fortan läßt sie sich fernbehandeln und macht sich Ende Juni zu einer zweiten Behandlungsserie auf den Weg nach Thülen.

Bereits während der ersten Sitzung hat Helga Aust eine seltsame Vision: Aus einem unwirklichen blauen Licht «sieht» sie ein fremdes Männergesicht auftauchen, das sich über Frau Brunners Körper beugt. Während sie es beschreibt, erkennt die Kranke sofort ihren Ehegatten Manfred wieder, der 1988 verstorben war. Als der Heilerin daraufhin ein Foto des Toten gezeigt wird, ruft sie spontan aus: «Das ist er, den habe ich gesehen!» Was Helga Aust nicht wissen konnte: Kurz zuvor hatte dem Medium Monika R. aus Wuppertal-Vohwinkel – einer Bekannten der Familie Brunner – ein Geistwesen, das sich mit «Manfred» vorstellte, in automatischer Schrift eine Botschaft an Hildegard B. übermittelt: «Kopf hoch, noch ist nichts verloren... aber schnell, nicht mehr warten... wartet *Brilon* ab... (Mutter) hat gute Aussichten. Fahrt! Werde dabei sein...»

Hat Helga Aust wirklich helfen können? Zumindest das jenseitige Wesen war zuversichtlich. Am 6. August wird dem Medium Monika R. von «Manfred» paranormal diktiert: «(Mutter) geht es gut und immer besser. Alles normal. Ja, ihr dürft euch nicht wieder verrückt machen, alles ist weg. Hat Helga die Kanäle offen gehabt...»

Kurz darauf muß Hildegard Brunner zur vorgesehenen Kontrolle in die Wuppertaler Frauenklinik. Das kaum faßbare Ergebnis halten der Chefarzt der Frauenklinik, Professor Dr. H. Rüttgers, und die Stationsärztin Dr. B. Sirrenberg in ihrem Abschlußbericht vom 23. August fest: Im Ultraschall sind die Lebermetastasen «nicht mehr nachweisbar». Um ganz sicherzugehen, wird eine Untersuchung mit dem Computertomographen vorgenommen; sie bestätigt: Der Körper der Patientin ist frei von bösartigen Tochtergeschwülsten. Die Chemotherapie wird daraufhin sofort abgebrochen.

An ein «Wunder» wollen die behandelnden Ärzte trotzdem nicht glauben: Sie schreiben die Genesung dem verordneten Epirubicin zu.

Weil dieses Präparat noch relativ neu auf dem Markt sei – erst seit etwa drei Jahren –, könne man seine Wirkung noch nicht in allen Einzelheiten abschätzen. Doch Hildegard B.s Schwiegersohn widerspricht entschieden. Er erinnert sich an ein ausführliches Gespräch mit dem stellvertretenden Chefarzt der Klinik, Dr. Heilper, ehe die Chemotherapie begann: Laut Heilper konnte «man das Tumorwachstum nur hemmen und den Krankheitsverlauf um zwei bis drei Jahre hinauszögern. Normalerweise war ein völliges Verschwinden der Metastasen, und das nach nur sieben Chemotherapien, nicht zu erwarten gewesen».

Ähnlich eindrucksvoll hat Helga Aust schon Dutzenden von Schwerstkranken helfen können:

- Die 35jährige Chantal Fabergé (Pseudonym), eine gebürtige Französin aus Fulda, hatten eine verschleppte Lungentuberkulose und ein schwerer Wirbelsäulenschaden jahrelang an den Rollstuhl gefesselt. Seit Ende 1990, nach mehreren Sitzungen bei der Heilerin, sind ihre Röntgenbilder «sauber». Sie kann schmerzfrei gehen.
- Der sechsjährige Andi S. aus Brilon lebte bis September 1989 in einer Schattenwelt, nahm nur noch Hell und Dunkel wahr. Die Sehkraft seines linken Auges lag bei sechs Prozent des Normalwerts. Inzwischen sieht er nahezu einwandfrei.
- Wegen zahlreicher kleiner Knoten auf den Stimmbändern stand die Düsseldorferin Elsbeth Wanding (Pseudonym) kurz vor einer Operation: Krebsverdacht! In Panik wandte sich die Frau an Helga Aust: «Nach ein paar Sitzungen bildeten sich die Knötchen zurück, verschwanden schließlich ganz.» Die Operation wurde überflüssig. Sieben Jahre vergingen seither – ohne Rückfall.

Wie überschwengliche Dankesbriefe belegen, ließen nach Behandlungen durch Helga Aust oft jahrelange, unerträgliche Schmerzen nach; verschwanden chronische Bronchitis, Magen- und Darmerkrankungen; klangen Hautallergien, Stirnhöhlenvereiterungen, Hirnhautentzündungen ab. Auch «Ekzeme, Durchblutungsstörungen, Gicht und Gürtelrose, Heuschnupfen, Schuppenflechte und Angina pectoris habe ich schon wegbekommen», erklärt die Heilerin. «Allerdings bin ich nicht Jesus. Manchmal sind meine Kräfte einfach zu schwach. Bei Knochenbrüchen, Zucker, Querschnittslähmungen oder bereits bestrahlten Krebsgeschwüren etwa bin ich machtlos.» Manchmal kann sie Leiden nur lindern, oder es kommt, nach Anfangserfolgen, zu Rückfällen. «Gemeinsam mit Schulmedizinern könnte ich noch mehr erreichen», sagt Helga Aust. «Aber wer von denen will schon mit unsereinem zu tun haben? Dabei «brauchen wir Ärzte, gute Ärzte», wie sie 1986 am eigenen Leib erfuhr: Gegen ein Gallenleiden halfen ihr erst Antibiotika und Bestrahlungen mit Ultraschall.

Seit wann kann sie heilen? Im Jahre 1979 ging die gebürtige Ostpreu-ßin, damals noch Kneipenwirtin in Dortmund, «spätnachts mit meinen beiden Schäferhunden spazieren. Über einer Hochspannungsleitung sah ich plötzlich eine helle Wolke, die mich in strahlendes Licht tauchte. Einen Moment lang war ich ganz benommen. Danach stellten sich die Heilkräfte ein.» Träume, rätselhafte Stimmen und Schatten im Fernse-hen, auf Tonbändern, auf Fotos machten Helga Aust sicher: Ausgerech-net der Geist von Elvis Presley steht ihr bei, der 1977 42jährig starb.

In Deutschland erntet sie gewöhnlich Hohn und Spott dafür – in Amerika würde sie ernster genommen. Seit Presley starb, wollen dort Tausende von «Zeugen» seine «Auferstehung» mit eigenen Augen erlebt oder «Botschaften aus dem Jenseits» von ihm empfangen haben. Ein findiges Privatunternehmen richtete daraufhin 1989 einen telefoni-schen «heißen Draht» ein: die «Elvis-Hotline», laut Betreiber eine «Zentrale zur Sammlung und Verbreitung von Berichten über Elvis-Sichtungen». Allein im ersten Jahr sollen nicht weniger als anderthalb Millionen Menschen die «Elvis-Hotline» angewählt haben.[164] Ein enger Freund von Presley und dreizehn Jahre lang sein Privatfriseur, Larry Gellner, versichert: Zu Lebzeiten verfügte der Popstar selbst über «au-ßergewöhnliche geistige Heilkräfte». «Ich sah, wie Elvis durch Hand-auflegen einem Mann das Leben rettete, der einen Herzinfarkt erlitten hatte. Und wie er einen Helfer wieder aufstehen ließ, der nach einem Motorradunfall an beiden Beinen gelähmt war.» Dem amerikanischen Medium Kenny Kingston soll «Elvis» aus dem Jenseits angekündigt haben: «In meinem nächsten Leben werde ich als Arzt wiederkehren.»

## Geist-Chirurgie: Wenn das Jenseits operiert
*Spirituelle Eingriffe*
Unter der Anleitung ihrer körperlosen Führer wähnen sich manche Geistheiler sogar imstande, chirurgische Eingriffe durchzuführen – sei es mit bloßen Händen, sei es mit primitivem Bohr- und Schneidgerät, das eher auf eine Werkbank zu gehören scheint als neben einen Opera-tionstisch. Bei solcher «Geist-Chirurgie»[165] geht es nicht immer so blutig zu, wie uns sensationelle Fernsehbilder aus Brasilien und den Philippinen glauben machen. Oft vollzieht sie sich, völlig undrama-tisch, im Unsichtbaren. Behandelte spüren mitunter zwar Schnitte, Injektionen, Manipulationen in ihrem Körperinneren und ähnliche Empfindungen, so als lägen sie im Operationssaal einer herkömmli-

chen Klinik. Doch Außenstehende nehmen nur wahr, wie der Heiler befremdliche Handgriffe ausführt, die wie eine schlechte Pantomime auf eine echte Operation aussehen. In Westeuropa sind es vor allem zwei britische Heiler, die mit solchen «spirituellen» Eingriffen von sich reden gemacht haben: seit Jahrzehnten George Chapman, seit Ende der achtziger Jahre auch Ray Brown.

Seit über vierzig Jahren behauptet George Chapman aus Machynlleth in Wales, ihn leite der Geist eines gewissen «Dr. Lang». Ursprünglich hatte Chapman nicht einmal medizinische Grundkenntnisse besessen. 1921 im Armenviertel Merseyside von Liverpool geboren, schlug er sich jahrelang mit Jobs in einer Autowerkstatt, einem Schlachthof und im Hafen durch. Während des Zweiten Weltkriegs diente er als Sergeant bei der britischen Luftwaffe. 1945, als seine jüngste Tochter Vivian vier Wochen nach der Geburt starb, begann er sich für Spiritismus zu interessieren. Mit 26 entdeckte er, daß er heilen konnte. Die Kraft dazu spürt er seit 1951 von einem fremden, unsichtbaren Wesen kommen: Aus seinem Mund begann die Stimme des hervorragenden Londoner Augenarztes und Chirurgen Dr. William Lang zu sprechen, einer historisch nachweisbaren Persönlichkeit. 1852 geboren, war Lang zunächst Assistenzarzt, dann Chirurg an einem städtischen Krankenhaus. Er gründete 1881 die Britische Ophthalmologische Gesellschaft; etliche Verbesserungen von Augenoperationstechniken gehen auf ihn zurück. Er starb 1937.

Bald geriet Chapman, wenn er sich in Trance befand, vollständig unter die Kontrolle dieses «geistigen Führers». Welch überragendes medizinisches Fachwissen er in diesem Zustand besitzt, bescheinigen ihm selbst Skeptiker wie der eigens angereiste New Yorker Arzt Dr. Robert Laidlaw, der ihn im Dezember 1969 eingehend prüfte. Dabei kommt es Chapman regelrecht so vor, als ziehe sich sein eigenes Ich eine Zeitlang aus seinem Leib zurück. So begrüßt Chapmans Patienten ein gebückter, greisenhaft wirkender Mann mit zittriger Stimme. (Lang war 84, als er starb.) Für geist-chirurgische Eingriffe brauchen sich Chapmans Patienten oft nicht einmal auszuziehen; unbetäubt liegen sie da. Mit seinen Fingern fährt Chapman über den physischen Körper – und «operiert» dabei, mit unsichtbarem chirurgischem Besteck, am «geistigen Körper».

Nachdem Chapman sich das Heilen zur Lebensaufgabe gemacht hatte, erwarb er sogar das ehemalige Haus und die Praxis Langs, die sich in Aylesbury nördlich von London befanden – gewiß der naheliegendste Ort für Chapmans Tätigkeit.

Unter den zahlreichen Veröffentlichungen, in denen hochzufriedene Patienten dutzendfach schulmedizinisch rätselhafte Heilungen schildern, verdient der ausführliche Erlebnisbericht eines Schriftstellers besondere Aufmerksamkeit: das Buch *Healing Hands* von J. Bernard Hutton.[166] Bevor er Chapman aufsuchte, war Hutton blind. «Dr. Lang» gab ihm das Augenlicht zurück.

Führt ihm wirklich William Lang die Hand? Für frühere Arbeitskollegen und Patienten Langs, die Chapman begegnet sind, besteht daran keinerlei Zweifel. Zu ihnen zählt Frau E. J. Bailey aus Streatham, einem südwestlichen Stadtteil Londons. Im Jahre 1915 hatte sie sich von Dr. Lang im Moorfields-Hospital wegen eines Augenleidens behandeln lassen. 48 Jahre später, im November 1963, suchte sie Chapman auf – und vor ihr «stand Lang, keine Frage. Viele Eigenheiten in seinem Benehmen erkannte ich sofort wieder.»[167]

Mißtrauisch blieben dagegen jahrzehntelang Langs engste Familienangehörige. Sie witterten Wichtigtuerei und üble Geschäftemacherei dahinter – bis sie Chapman 1989 endlich persönlich kennenlernten und eingehend «testeten». Eine Enkelin Langs, Susan Fairtlough, berichtet: «Zu meinem Entsetzen entpuppte sich dieser Mann unbestreitbar als mein Großvater. Das war natürlich nicht sein Körper – aber seine Stimme, seine Überzeugungen und Einstellungen, sein ganzes Verhalten. Er erinnerte sich sogar noch ganz genau an Begebenheiten aus meiner Kindheit.» Langs Tochter Mary bestätigt: «Wir haben Chapman gründlich befragt und geprüft. Keine Frage: Das ist mein Vater!» Für sie ist es inzwischen «eine Tatsache: William Lang lebt bis heute weiter, von der geistigen Welt aus setzt er seine Arbeit fort.» Mary erinnert sich: «Vater sagte einmal: ‹Es ist doch jammerschade, daß all unser Wissen und Können mit uns stirbt.› Er hat sich selbst widerlegt.»

Ebenso unblutig wie in Chapmans Praxis geht es zu, wenn der 47jährige Heiler Ray Brown aus Bury St. Edmunds, Grafschaft Suffolk, seine «spirituellen Operationen» ausführt. Augenzeugen sehen nur, wie er minutenlang Hände auflegt, mit seinen Fingern einzelne Körperstellen behutsam drückt und knetet. In merkwürdigen, schnellen Bewegungen hantiert auch er manchmal mit unsichtbaren chirurgischen Instrumenten. Die Behandelten berichten von starken Druck- und Wärmeempfindungen unter ihrer Haut. Manchen kommt es so vor, als bewegten sich Browns «ätherische» Hände in ihrem Körperinneren, nähmen Schnitte vor und brächten Klammern an.

Selbst wenn solche Eindrücke bloß suggestiv erzeugt und tatsächlich rein subjektiv wären – die Behandlungsergebnisse sind es nicht: Wie überschwengliche Dankesbriefe und Anrufe Hunderter von Patienten bestätigen, hat Ray Brown mit dieser seltsamen Prozedur schon Arthritis und neurologische Ausfälle, Netzhautablösungen und grauen Star, Bandscheibenvorfälle und komplizierte Knochenbrüche, die Folgen von Schlaganfällen und sogar Krebs erfolgreich behandelt. Besonders zuverlässig scheint der dunkelhaarige, vollbärtige Mann chronische Schmerzen zu beheben.

Dabei fehlen Ray Brown, der bis Ende 1990 hauptberuflich als Konstruktionsleiter auf Baustellen arbeitete, alle nötigen medizinischen Vorkenntnisse dafür. Er fühlt sich als «Instrument» eines Totengeistes aus dem Jenseits, der durch seine Hände wirkt, nachdem Brown in Trance fällt. Brown nennt ihn «Paul» und erklärt: «Er war ein jüdischer Arzt zur Zeit von Jesus Christus und zog mit dem römischen Heer herum.» Sobald «Paul» von Ray Brown Besitz ergreift, verändern sich auffällig dessen Auftreten, Persönlichkeit, Sprechweise, Eigenarten. Der zuvor stille, leicht nervöse Brown verwandelt sich in einen extravertierten, humorvollen Plauderer. Wie selbstverständlich bedient er sich nun medizinischer Fachausdrücke, diagnostiziert Krankheitsbilder. «Besonders verblüffend an Ray ist, daß er in Trance seine Brille abnimmt und ohne sie weiterarbeitet», berichtet seine Assistentin Gillian Sitton, die Vorsteherin der Spiritistengemeinde von Bury St. Edmunds, eine ehemalige Patientin Browns, die er von langjährigen quälenden Ohrenschmerzen befreite. «Dabei sieht Ray normalerweise ohne dicke Brillengläser so gut wie nichts.» Wenn Brown schließlich wieder zu Bewußtsein kommt, kann er sich an nichts erinnern.

Der britische Journalist Joe Seeley erlebte Brown kürzlich bei einer öffentlichen Demonstration in Norwich: «Ein Skeptiker mag einwenden, daß ein guter Schauspieler mit Leichtigkeit seine Sprechweise ändern und eine Arztrolle spielen kann. Dieser Einwand erklärt aber in keiner Weise die nachweislichen Heilerfolge, das augenblickliche Verschwinden selbst jahrelanger heftiger Schmerzzustände und genausowenig das frappierende anatomische Wissen des Heilers.»

Für Ray Brown, geboren 1947 in Needham Market, Grafschaft Hants, wurde eine Begegnung mit Harry Edwards zum Schlüsselerlebnis. «Da war ich fünfzehn. Als ich Edwards heilen sah, stand für mich schlagartig fest, welchen Sinn mein Leben haben sollte.» Sechs Jahre später begann sich «Paul», der «Arzt aus dem Jenseits», erstmals in Brown zu manifestieren. «Er erwählte mich, noch bevor ich zur Welt kam», glaubt der Heiler. «Zum Zeitpunkt meiner Geburt suchte er dann die Nähe meiner Familie – und wartete ab, wie ich mich weiterentwickelte.»

Als Kind hatte Ray mehrfach «außerkörperliche Erfahrungen»: Er spürte, wie sein Bewußtsein seinen Körper verließ und sich frei im Raum bewegte. «Meine besorgte Mutter geriet darüber in helle Panik – ebenso wie ich selbst», erinnert sich Brown. «Sie reagierte leider völlig verständnislos.» Ernstgenommen fühlte sich der Junge erst von einem spiritistisch überzeugten Ehepaar aus Portsmouth, das den Fünfzehnjährigen unter seine Fittiche nahm und in einen privaten Arbeitskreis von Geistheilern einführte. «Von da an entwickelten sich meine Fähigkeiten rapide.» Inzwischen haben sie ihn zum reichen Mann gemacht: Für umgerechnet rund drei Millionen DM Spendengelder von dankbaren Patienten erwarb Brown 1993 in der Nähe von Wellingborough, sechzehn Kilometer nördlich der Industriestadt Northampton, ein prächtiges altes Gutshaus, «Hinwick House», mit einem 148 000 Quadratmeter großen Grundstück, auf dem auch ein 40 000 Quadratmeter großer Wald und mehrere kleine Seen liegen. Nachdem Brown das Innere des 1710 erbauten, denkmalgeschützten Gebäudes monatelang umbauen ließ, eröffnete er «Hinwick House» Anfang 1994 als «erstes spirituelles Krankenhaus Großbritanniens, wenn nicht gar der Welt». Für stationäre Behandlungen stehen bisher zehn Betten zur Verfügung, vorgesehen sind fünfzig bis sechzig. «Anders ist der Andrang von Hilfesuchenden nicht mehr zu bewältigen», erklärt Ray Brown. «Schon jetzt arbeite ich mit dreißig anderen Geistheilern zusammen. Jede Woche behandeln wir 250 Patienten ... Paul hält mich ganz schön in Trab.»

*Physische Eingriffe*
Bekannter, und weitaus spektakulärer, ist jener Zweig der Geist-Chirurgie, der sichtbar am und im Körper der Patienten arbeitet. Bis vor kurzem schien er, von den Philippinen abgesehen, vor allem auf Brasilien beschränkt. Spiritismus ist dort kein modischer Zeitgeist: In den magischen Heilriten, bei denen Kulte wie die Umbanda gute Geister zu Hilfe rufen, hat er eine jahrhundertealte Tradition, die auch der Volksmedizin ihren Stempel aufdrückt. Ihren philosophischen Überbau schuf Mitte des 19. Jahrhunderts, unter dem Pseudonym Allan Kardec, der französische Arzt Hippolyte Rivail (1804–1869); sein *Buch der Geister* ging 1983 in Brasilien in die 58. Auflage. Mit Kardec wurde der Glaube, die Seelen Verstorbener könnten mit den Lebenden in Verbindung treten, zur regelrechten Volksreligion, die auch Gebildete anzog. Daraus entstand eine eigentümliche Mischung aus spiritueller Seelsorge, spiritistischem Geisterglauben und offizieller Medizin.

Vor diesem Hintergrund finden Geist-Chirurgen, die sich als Instrumente jenseitiger Führer verstehen, in Brasilien gutgläubige Aufgeschlossenheit wie nirgendwo sonst, selbst bei Medizinern. Weltweit bekannt machte sie in den sechziger Jahren ein armer brasilianischer Landarbeiter, der unter der angeblichen Kontrolle eines toten deutschen Arztes («Dr. Fritz») zwanzig Jahre lang tausendfach Krankheiten richtig erkannt und geheilt haben soll: José Pedro Freitas, genannt Zé Arigó. (Tatsächlich fiel ein deutscher Arzt namens Dr. Adolf Fritz, ein gebürtiger Münchner, im Ersten Weltkrieg 1914 auf dem Schlachtfeld.) In Congonhas do Campo, einem 17 000-Einwohner-Städtchen im brasilianischen Bundesstaat Minas Gerais, operierte der einfache Mann, der nur vier Jahre lang die Schule besucht und nie einen Beruf erlernt hatte, mit nichts weiter als einem unsterilisierten Küchen- oder Taschenmesser, einer Schere und ein paar Klammern. Damit entfernte er selbst Tumore und andere Krankheitsherde; ihm gelangen heikelste Eingriffe an Augen, Kopf und Bauch – und das, ohne richtig hinzuschauen, im Gespräch mit den Augenzeugen um ihn herum, dabei aber mit blitzschnellen, atemberaubend präzisen Handgriffen. Arigós Patienten blieben dabei schmerzfrei, und das bei vollem Bewußtsein. Kaum je floß Blut. Schnittwunden schlossen sich sofort, wenn er seine Hände darauflegte; zurück blieb nur eine dünne, rosarote Narbe.

Ebenso treffsicher fielen Arigós Diagnosen aus, mit denen er vielfach ärztliche Fehleinschätzungen korrigieren konnte. «Ich höre einfach auf eine Stimme in meinem rechten Ohr und wiederhole, was sie sagt. Sie hat immer recht.»

Obwohl Arigó kein einziger Fall von fahrlässiger Infektion oder chirurgischem Versagen nachgewiesen werden konnte, wurde er wegen Kurpfuscherei angeklagt und zu zehn Monaten Gefängnis verurteilt. Über dieses Skandalurteil empörte sich selbst der Direktor des Städtischen Krankenhauses von Congonhas do Campo, Dr. Mauro Godoy: «Vom ärztlichen Standpunkt bin ich ein großer Bewunderer seiner manuellen und intuitiven Kunst. Ich bin imstande, eine Staroperation in 18 bis 20 Minuten auszuführen. Arigó aber hat die gleiche Operation vor meinen Augen in zwei Minuten tadellos gemacht. Er hat dazu ohne nachteilige Folgen ein unsteriles Taschenmesser verwendet. Ein Jammer, daß man diesem begnadeten Mann das Operieren verbietet! Er könnte viele Leben retten, wenn man ihn eingreifen ließe.»[168]

Von Arigós Fähigkeiten überzeugte sich auch der amerikanische Arzt Dr. Henry Puharich, der den Heiler fünf Jahre lang untersuchte. Anfänglich argwöhnisch, besuchte er Arigós Klinik erstmals 1963, in Begleitung eines Kameramanns. Vor nahezu hundert Neugierigen stellte er sich schließlich selbst als Patient zur Verfügung. Da «bat Arigó mit großer Geste um ein Taschenmesser», berichtet Puharich. «Er faßte mein rechtes Handgelenk mit seiner linken Hand und nahm das geborgte Taschenmesser in die rechte... Ich drehte mich zu meinem Kameramann um und gab ihm Anweisungen. Als nächstes weiß ich nur noch, daß Arigó mir einen Tumor und das Messer in die Hand legte. Obwohl ich bei vollem Bewußtsein war, hatte ich keinerlei Schmerzen gespürt... Trotzdem war in meinem Arm ein Einschnitt, der blutete, und da hatte auch der Tumor gesessen... Der Film zeigte, daß die ganze Operation nur fünf Sekunden gedauert hatte. Arigó hatte mit dem Messer zwei Schnitte gemacht... Die Haut klaffte weit auseinander, und der Tumor war klar zu sehen. Arigó drückte auf den Tumor, der sofort heraussprang.» Innerhalb von drei Tagen heilte der Schnitt zu – ohne Infektion, obwohl die Wunde kaum gereinigt und nur mit einem gewöhnlichen Pflaster zusammengehalten wurde.[169]

Zu Arigós prominenten Anhängern zählte auch der Arzt Dr. Juscelino Kubitschek, der bis 1954 Gouverneur von Minas Gerais war und von 1956 bis 1961 das Amt des brasilianischen Staatspräsidenten innehatte; Arigó hatte eine seiner Töchter von zwei großen Nierensteinen befreit. Als Arigó im Januar 1971 den Folgen eines Autounfalls erlag, gaben ihm 30 000 Menschen das letzte Geleit.

«Dr. Fritz» wirkte unterdessen weiter, wie es scheint. Auf seine Führung berief sich kurz darauf der Volksschullehrer Edivaldo Silva aus Vitoria de Conquista. Nach dessen Tod schien «Dr. Fritz» im Leib von Edivaldos Bruder Oscar zu wohnen. Als auch dieser starb, übernahm die Schwester Lucia das spirituelle Erbe. Alle drei kamen, wie Arigó, bei einem Verkehrsunfall um: ein merkwürdiger Zufall. Im Bund mit «Dr. Fritz» wähnt sich heute unter anderem der Schneider João de Teixeira aus Abadiania, 120 km von der Hauptstadt Brasilia entfernt im Landesinneren. Wie die Silvas, so behandelt er wöchentlich mehrere hundert Kranke – nach Zé Arigós unerreichtem Vorbild.

Zum berühmtesten Nachfolger Arigós wurde Dr. Edson Cavalcanti de Queiroz aus Recife in der Provinz Pernambuco, dicht umlagerter Stargast der Basler «Psi-Tage» 1986. Seitens der aufgebrachten Ärztekammer von Pernambuco als Scharlatan und Kurpfuscher geschmäht, verehrten ihn Abertausende von Hilfesuchenden als selbstlosen Wunderheiler, seit in den praktizierenden Arzt und Geburtshelfer der ruhelose Geist von «Dr. Fritz» einzog. Selbst vor laufenden Kameras, umringt von Dutzenden von Augenzeugen, darunter auch argwöhnischen Ärztekollegen, entfernte «Dr. Fritz» mit Queiroz' Händen zuverlässig Brusttumore, trennte in wenigen Sekunden Bindehautwucherungen ab, heilte Wurzelreizentzündungen (Radikulitis), eine Neuralgie im Bereich der Rückenmarkswurzeln, bohrte mit dicken, unsterilisierten Nadeln im Augenhöhlenhintergrund und entzündeten Rachenmandeln. Während der Basler «Psi-Tage» schnitt er am 1. November 1986 einer Krebspatientin ohne Narkose mit einer Nagelschere einen Tumor aus der Brust. Einer Heilpraktikerin, die seit einem Auffahrunfall an einem Schleudertrauma litt, stieß Queiroz zehn Zentimeter lange Nadeln zwischen die Wirbelkörper hindurch in den Rückenmarkskanal und in die hochempfindliche Medulla oblongata, das verlängerte Mark – und befreite sie dadurch von ständiger Nackensteife, Kopf- und Genickschmerzen. Doch Queiroz' erbärmliches Ende konnte oder wollte sein jenseitiger Führer nicht verhindern: Im Oktober 1991 wurde Queiroz 40jährig von seinem eigenen Wachmann erstochen, den er seit Monaten nicht entlohnt hatte.

Während aus dem brasilianischen Dschungel nur spärlich Informationen nach Europa drangen, waren seit Ende der sechziger Jahre die Geistheiler auf den Philippinen in aller Munde. Die blutigen Eingriffe des berühmtesten von ihnen, Antonio («Tony») Agpaoa, hatte der amerikanische Parapsychologe Harold Sherman (heute Präsident der «ESP-Research Associates Foundation» in Little Rock, Arkansas) nach einer Philippinenreise 1966 auch in der westlichen Welt bekannt gemacht. Sein Buch *Wonderhealers of the Philippines*[170] wurde zum Kassenschlager; Presse, Rundfunk und Fernsehen stürzten sich begierig auf den spektakulären Stoff. Aus allen Ländern der Welt strömen seither jährlich Tausende von Kranken auf die Inseln und hoffen auf ein Wunder. Skeptische Wissenschaftler und Ärzte reisen hinterher – und kehren mit zwiespältigen Eindrücken zurück.

Doch seit kurzem haben Geist-chirurgen aus der dritten Welt in Großbritannien einen ebenbürtigen Kollegen gefunden: den gelernten Zimmermann Stephen Turoff. Mit Scheren, Brieföffnern und Taschenmessern schneidet und bohrt er in den Körpern von Kranken herum. Manchmal scheint er mit bloßen Händen durch die Haut zu dringen. Dabei versinkt er in tiefe Trance. Die Kontrolle über ihn übernimmt währenddessen ein jenseitiger Arzt, der sich Turoff als der österreichische Chirurg Dr. Josef Kahn vorgestellt hat.

*Schere, Brieföffner, Taschenmesser: die Operationsbestecke des Stephen Turoff*
Juli 1990, in der «Wachtturm-Klinik» des britischen Geistheilers Stephen Turoff in Chelmsford, Grafschaft Essex: Auf dem Operations-

tisch liegt eine ebenso attraktive wie namhafte Endvierzigerin, die Tierschützerin Michaela Denis-Lindsay. Mit ihren zahlreichen Fernsehfilmen über die bedrohte Wildnis Afrikas hat die Engländerin, die seit Jahren in Kenia wohnt, weltweit Millionen Menschen fasziniert und wachgerüttelt. Als Wortführerin zahlreicher Kampagnen der «World Society for the Protection of Animals» (WSPA) hat sie für den Schutz von Elefanten gekämpft; den massenhaften Vogelmord in Italien prangerte sie ebenso an wie die Batteriehaltung von Legehennen oder das Verfüttern von Fleisch an Kühe und andere Schlachttiere, die bisher ausschließlich von Pflanzen lebten.

Doch nun ist es Michaela selber, die dringend Hilfe braucht. Denn seit drei Jahren quälen sie anhaltende, schier unerträgliche Schmerzen im Unterleib. Selbst das Gehen ist ihr inzwischen zur Qual geworden. Bislang hat kein Arzt die Ursache finden, geschweige denn helfen können. Doch jetzt, bei Turoff, erlebt die energische Blondine mit den hellwachen, funkelnden Augen etwas, was sie selbst als «ein modernes Wunder» bezeichnet – «das Außergewöhnlichste, was ich je erlebt habe».

Neben ihr sitzend, schließt Turoff die Augen, beginnt tief zu atmen. Dann, von einem Augenblick zum anderen, verändern sich seine Gesichtszüge dramatisch. «Erschüttert» hört Michaela Lindsay plötzlich eine fremde Stimme aus ihm sprechen. «Keine Sorge», tönt es beruhigend, «es wird gleich vorbei sein!» Nun beginnt Turoff, mit seinen Händen leicht Michaelas Bauchdecke zu reiben; die behandelte Stelle betupft er mit Wasser. Dann reicht ihm seine Assistentin Linda Chard ein Rasiermesser. Damit schneidet er die Haut mehrere Zentimeter lang auf. «Das tat zwar weh, aber der Schmerz war auszuhalten», erinnert sich Michaela Denis. Bei vollem Bewußtsein erlebt sie nun, wie Turoff mit zwei unsterilisierten Messern, zwischendurch auch mit bloßen Händen durch die Schnittstelle in ihren Unterleib eindringt. Sekunden später zieht er ein blutverschmiertes, verschrumpeltes Etwas heraus: eine Eierstockzyste. Eine weitere, ruckartige Bewegung im Darmbereich bringt einen langen Bandwurm zum Vorschein. «Ich fühlte förmlich, wie er aus meinen Eingeweiden herausgezogen wurde.» Sobald sich Turoffs Hände ganz aus der Bauchhöhle zurückgezogen haben, «schließt sich die offene Wunde nahezu augenblicklich».

Damit ist der Eingriff beendet. Erneut massieren Turoffs Hände die Bauchdecke der Patientin, reiben sie sanft mit Lavendelöl ein. Über die Schnittstelle wird mit zwei Pflastern ein schmaler Streifen Verbandsmull geklebt. Das herausoperierte Gewebe wird in eine Schüssel gelegt: «Nehmen Sie das ruhig mit und lassen Sie es in einem Labor analysieren, wenn Sie sichergehen wollen, daß es tatsächlich von Ihnen selbst stammt», schlägt Turoff vor.

«Jeglicher Betrug war ausgeschlossen», ist Michaela Denis sicher. «Meine jahrelangen Beschwerden waren wie weggeblasen. Es ging mir wunderbar. Ich hätte tanzen können vor lauter Freude – endlich schmerzfrei!»

Spektakuläre Erfolge wie diese kann der gelernte Tischler aus Danbury, Jahrgang 1948, zu Hunderten vorweisen, seit er 1973 zu heilen begann – ohne jegliche medizinische Vorkenntnisse. Schon als Zwölfjähriger hatte er Stimmen aus dem Nichts gehört, die ihn seither unentwegt verfolgten. «Wir wollen dich für geistige Operationen benutzen», hörte er sie sagen.

Anfangs half Turoff einfach durch Handauflegen. Zur «entscheidenden Wende» kam es, als er 1985 plötzlich in Trance versank – und zum erstenmal spürte, wie eine fremde Wesenheit von ihm Besitz ergriff: Er wurde das Instrument eines «Dr. Kahn». (Wie Turoff recherchierte, lebte um die Jahrhundertwende in Österreich tatsächlich ein Chirurg namens Dr. Josef Abraham Kahn.) Wie dieser erklärte, unterstützt ihn in der anderen Welt ein fünfzehnköpfiges Ärzteteam. Neuerdings fühlt sich Turoff gelegentlich noch von zwei weiteren Totengeistern geführt: einem Ägypter und einer Krankenschwester, die manche seiner ahnungslosen Patienten sogar geisterhaft in seiner Praxis, ja selbst in ihrer eigenen Wohnung auftauchen sahen. Von einem Malmedium ließ Turoff eine Porträtzeichnung der Frau anfertigen; es ähnelt verblüffend einem Bild aus dem Jahr 1893, das Turoff erst hinterher in die Hände fiel. Seit Anfang 1991 schaltet sich ab und zu noch ein jenseitiger italienischer Arzt ein, den Turoff vorläufig nur als «Dr. Gino» kennt.

«Unter Kahns Anleitung veränderten sich meine Heilmethoden grundlegend», berichtet Turoff. «Meist sitze ich zunächst einfach ruhig und entspannt da, spreche ein Gebet und bitte um Hilfe. Dann höre ich plötzlich eine Stimme sagen: ‹Ich bin da!› – und peng, bin ich ‹weg›, so als würde ich schlagartig in Schlaf versinken.» Von da an «nehme ich gar nichts mehr wahr, und nach dem Aufwachen fehlt mir gewöhnlich jede Erinnerung daran, was unterdessen mit mir geschehen ist.» Mittlerweile kann er beinahe augenblicklich in Trance fallen, «obwohl manche behaupten, das sei doch ein langsamer, ganz allmählicher Prozeß. Nun, im Laufe der Jahre ist mir das immer rascher gelungen. Es ist eine Frage der Übung, wie bei anderen Dingen auch.» Anfangs hielt er die Augenlider geschlossen; inzwischen verfolgt er mit weit aufgerissenem, starrem Blick, was seine Hände wie ferngesteuert tun –

doch «sehen kann ich überhaupt nichts, ich habe einen völligen ‹Blackout› dabei.» Turoffs Frau Kathy, die ihm häufig assistiert, erlebte «anfangs entsetzt» mit, wie ihr Mann sich binnen Sekunden geradezu in einen Besessenen verwandelte. Mit der Zeit hat sie sich «an die unheimliche Verwandlung einigermaßen gewöhnt». Von einem Augenblick zum andern wirkt Turoffs Gesicht um zwanzig Jahre gealtert, Haut und Augen scheinen dunkler, tiefe Falten graben sich in Stirn und Wangen. In gebrochenem Englisch mit deutschem Akzent beginnt eine fremde Stimme zu sprechen.

Unter «Dr. Kahns» Regie sind Turoffs Behandlungen «im Lauf der Zeit immer ‹physischer› geworden», berichtet Turoff. Mit Taschenmessern, Scheren und Brieföffnern schneidet und bohrt er inzwischen mehrere Zentimeter tief in kranken Leibern herum. Manchmal arbeitet er auch mit unsichtbaren Instrumenten: Nur seine seltsamen Handbewegungen lassen dann ahnen, womit er gerade hantiert. Gelegentlich «operiert» er sogar mit bloßen Händen; bei vollem Bewußtsein erleben seine Patienten dann, wie sich Turoffs Finger knöcheltief in Fleisch und Muskeln hineindrehen. Ab und zu fließt Blut. Fast alle Behandelten verspüren zunächst einen starken, meist schmerzhaften Einstich. Unmittelbar darauf haben viele das Gefühl, als würde ihnen eine kalte Flüssigkeit injiziert. Viele fühlen sich hinterher derart benommen, daß sie kaum aufstehen können – geradeso, als hätten sie eine Betäubungsspritze erhalten. Augenzeugen beteuern, sie hätten Turoffs Hände von hell schimmerndem «Ektoplasma» umhüllt gesehen; andere nehmen in den Handinnenflächen des Heilers eine ölige, wohlriechende Flüssigkeit wahr, die sich anscheinend aus dem Nichts bildet. Nach manchen Eingriffen sind deutlich blutige Schnittwunden sichtbar – doch verschwinden sie nach kurzer Zeit, oft schon binnen Sekunden. Oft bleiben kleine, punktförmige Narben zurück, so als hätte eine spitze Nadel die Haut durchstoßen. Der Bereich ringsherum ist manchmal tagelang wund oder gerötet, doch nie entzündet.

Schätzungsweise dreißig bis vierzig Stunden pro Woche versinkt Turoff in solche Trancen. Durchschnittlich behandelt er zwanzig Patienten wöchentlich, machmal aber auch bis zu dreißig pro Tag – «außer montags, da nehme ich mir frei».

Bleibt ihm bei dieser Dauerbelastung überhaupt genügend Zeit, sich zu erholen, vor allem seine Heilkräfte zu regenerieren? «Eigentlich nicht genug», räumt Turoff sichtlich angespannt ein. «Aber ständig kommen auf mich Menschen zu, die verzweifelt um Hilfe bitten. Was soll ich da tun? Ich bringe es einfach nicht übers Herz, jemanden abzuweisen.»

Hinterher fühlt sich Turoff oftmals nicht nur erschöpft und ausgebrannt, sondern auch «hypersensibel. Ich empfinde dann alles viel intensiver als sonst – was es mir schwerer macht, mit der rauhen Wirklichkeit zurechtzukommen.»

«Darauf brennend, möglichst vielen zu helfen, übertrieb ich das anfangs», wie Turoff heute rückblickend zugibt. «Einmal blieb ich zwei Stunden lang in Trance. Als ich wieder zu mir kam, hatte ich seltsame Brandwunden in der Umgebung meines Solarplexus. Danach war ich sechs Monate lang krank.» Inzwischen versucht Turoff mit seinen Kräften besser hauszuhalten – soweit der wachsende Zustrom von Patienten es überhaupt noch erlaubt.

Bis Ende der achtziger Jahre war die Belastung immerhin noch erträglich gewesen. Bis dahin galt Turoff allenfalls als Geheimtip für Schwerstkranke in Essex und Umgebung; seine Praxis lebte hauptsächlich durch Empfehlungen von Mund zu Mund. Lediglich *Psychic News*, eine in London erscheinende spiritistische Wochenzeitung, widmete ihm gelegentlich Artikel, in denen Dutzende von ausnahmslos begeisterten Patienten über «Wunderheilungen» berichteten:

- T. M. Watt aus Basildon wurde Zeuge, wie Turoff einem Bekannten ein Blutgerinnsel aus der linken Brust entfernte.
- Die 70jährige Hilda Ferris aus Danbury beteuert, Turoff habe sie von einer Erkrankung der Bauchspeicheldrüse befreit: «Als er seine Hände aus meinem Bauch zurückzog, hielt er seltsame Gewebefetzen zwischen seinen Fingern.»
- Der 41jährigen Carol McMillan stieß Turoff einen Brieföffner «mindestens zehn Zentimeter tief in die Nase», wobei sie «nichts spürte». Seither ist sie ihre chronische Stirnhöhlenvereiterung los.
- Seit 37 Jahren hatte Dennis Sinclair, 61, aus London an heftiger Migräne gelitten; jede Woche zwangen ihn drei bis vier Schmerzattacken ins Bett. Nach ergebnislosen Aufenthalten in Arztpraxen und Hospitälern fühlte er sich «inzwischen wie ein Versuchskaninchen für das jeweils neueste Medikament». Er probierte Akupunktur aus – sie half nicht. Erst mehrere Sitzungen bei Turoff erlösten ihn. «Es ist, als wäre auf einmal eine erdrückende Last von meinen Schultern genommen. Dabei legte er mir doch bloß die Hände auf.»
- Die Aromatherapeutin Nancy Heigh aus Harrogate litt seit acht Jahren an unerträglichen Rückenschmerzen, ehe sie in Turoffs Praxis fand. Schulärzte hatten einen schweren Bandscheibenschaden, eine abgenutzte Wirbelsäule sowie innere Verletzungen diagnostiziert. «Nachdem Stephen mit seinen übergroßen Händen meinen

Unterleib abgetastet hatte, verließ er kurz den Raum. Seltsamerweise roch ich plötzlich Anästhetika im Raum.» Als Turoff zurückkam, kündigte er an, «daß er etwas Gift aus meinem Bauch entfernen werde». «Mit einem Skalpell brachte er in der Nähe meines Bauchnabels einen tiefen Schnitt an. Vor Entsetzen schloß ich die Augen, spürte aber nicht den geringsten Schmerz. ‹Schauen Sie ruhig hin!› forderte er mich auf. In eine Nierenschale hatte er eine milchigweiße Flüssigkeit aus mir abgesaugt, die antiseptisch roch.» Der Skalpellschnitt schloß sich sofort – zurück blieb ein rosafarbener Strich. Nachdem Turoff ihren Rücken massiert und mit Öl eingerieben hatte, sollte Nancy aufstehen und mit den Fingern zu ihren Zehenspitzen hinunterfassen. «Das gelang mir mühelos.»

Landesweit bekannt machte den Heiler Ende 1989 schlagartig ein ausführlicher Bericht in *News of the World*, Großbritanniens größter Sonntagszeitung mit über fünf Millionen verkauften Exemplaren. Alan Whittacker, ein auf Psi-Themen spezialisierter Fachjournalist, schilderte darin «tief beeindruckt», wie Turoff den schwerkranken *News*-Chefreporter Trevor Kempson behandelt hatte. Wie dieser den Heiler wissen ließ, litt er an heftigen Rückenschmerzen. Dabei verschwieg er: Drei Jahre zuvor war bei ihm Knochenkrebs diagnostiziert worden, der insbesondere den Kopfbereich und beide Beine befallen hatte. Wegen seiner höllischen Tumorschmerzen konnte er seit Wochen kaum noch gehen. Eine Chemotherapie hatte kaum angeschlagen.

«Sanft berührten Turoffs Hände Trevors Kopf, Arme und Beine», berichtet Alan Whittacker, «ehe der Heiler uns mitteilte: ‹Ich werde *nicht* operieren!› Statt dessen legte er vier Minuten lang seine Hände auf Kempsons Rücken. Von seinen Handflächen ging eine geradezu unglaubliche Hitze aus», schildert der Behandelte, was er dabei empfand. «Es kam mir beinahe so vor, als hätte mir jemand ein heißes Bügeleisen aufgedrückt. Kurz darauf verspürte ich Linderung.» Kempson war so erleichtert, daß er Turoff noch weitere zwei Male aufsuchte. «Jedesmal ging es mir beinahe augenblicklich besser.»

Eindrücklich schilderte *News of the World* noch einen zweiten Eingriff: an dem 58jährigen Renford Stephen, der Turoff wegen chronischer Bauchschmerzen aufgesucht hatte. Während der Mann voll bekleidet auf der Couch lag, schloß Turoff die Augen, atmete tief – und erklärte dann in gebrochenem Englisch mit starkem deutschem Akzent: «Sie haben auch ein Problem mit der Stirnhöhle!» Daraufhin vollführten die Hände des Heilers sonderbare Bewegungen, als würden sie mit einer unsichtbaren Spritze etwas unter die Haut injizieren.

Im selben Augenblick zuckte Stephen zusammen, als hätte ihn etwas gestochen. Regungslos erlebte er nun, wie Turoff mit einem Brieföffner «fast drei Zentimeter tief in die Nasenlöcher fuhr». Dann erst wandte sich der Heiler dem Unterleib zu: Zuerst tastete er mit den Fingern die Bauchdecke ab – dann stieß er mit einem Taschenmesser hinein. Seit diesem Eingriff ist Renford Stephen beschwerdefrei.

Kaum war *News of the World* erschienen, da brach über Turoff eine Flut von Bittschreiben und verzweifelten telefonischen Hilferufen herein. Binnen einer Woche gingen 100 Briefe und 300 Anrufe bei ihm ein. Seither ist Turoff, dem «Chirurgen mit dem Taschenmesser», öffentliche Aufmerksamkeit sicher, wo immer er auftritt – nicht mehr nur in England. Ein übriges tat sein Erstlingswerk *Seven Steps to Eternity* («Sieben Schritte zur Ewigkeit»), das in Großbritannien zum Bestseller geworden ist.[171]

In weiten Teilen der englischen Heilerszene gilt Turoff inzwischen als «der Größte», der selbst Prominente wie Tom Johanson und George Chapman in den Schatten stellt. Mit dem Ruhm nehmen allerdings auch die Scherereien zu – merkwürdigerweise weniger mit staatlichen Aufsichtsbehörden, argwöhnischen Ärztekammern oder unzufriedenen Patienten als mit den eigenen Berufskollegen und Standesorganisationen. Der Einsatz von chirurgischen Werkzeugen sei gefährlich und drohe, das geistige Heilen in Verruf zu bringen, so wetterte am 10. August 1991 auf der Jahresversammlung der «Spiritualist's National Union» ihr Präsident Gordon Higginson, selbst ein international anerkannter, medial hochbegabter Heiler. Eine Woche später meldete sich gar ein jenseitiger Turoff-Kritiker zu Wort: Dr. William Lang, der «Geistführer» des berühmten Tranceheilers George Chapman. «Wer heilt, sollte dies nach meinem Dafürhalten ausschließlich auf *spirituelle* Weise tun», ließ Lang aus Chapmans Mund verlauten. «Auch wenn keine Namen genannt werden, kann ja bloß ich gemeint gewesen sein – schließlich bin ich in Großbritannien der einzige Geist-Chirurg, der Instrumente einsetzt», ist Turoff klar. «Aber was soll das? Wenn Geisterärzte sogar ein Körperorgan dematerialisieren und Tumoren entfernen können, dann dürften sie doch wohl erst recht imstande sein, die Instrumente zu sterilisieren, die sie dazu benutzen. Warum sollten wir geistiges Heilen in irgendwelche Grenzen zwingen?»

«Bedauern Sie es nicht manchmal, daß Sie einen Großteil Ihres Lebens in Trance zubringen?» wurde Turoff einmal gefragt. «Manchmal schon – im allgemeinen aber nicht. Ich habe mein Dasein dieser Arbeit gewidmet und darum gebetet, gebraucht zu werden. Es war einzig und allein meine Entscheidung. Damit erweise ich der Menschheit einen bescheidenen Dienst – und das ist das einzige, worauf es mir ankommt.» Er fühlt sich «dazu bestimmt, so vielen Menschen wie nur irgend möglich zu helfen».

Dabei stellt Turoff hohe Ansprüche an sich selbst. «Ein Heiler sollte bei seinen Behandlungen eine Erfolgsquote von mindestens fünzig Prozent erzielen. Weniger wäre bloß eine Verschwendung von Zeit und Energie. Wir müssen Resultate vorweisen!»

Skeptiker des Tranceheilens fordert Turoff denkbar einfach heraus: «Kommt doch und schaut mir bei der Arbeit zu! Ich habe nichts zu verbergen. Was ich tue, spricht für sich selbst.»

*Geisterärzte: der gemeinsame Nenner*
Ob «Dr. Fritz», «Dr. Lang» oder «Dr. Kahn», eines verbindet sie alle: Kaum ein Geisterarzt will bloß reparieren, was diesseitige Schulmediziner nicht heilen können. Wie der biblische Jesus verstehen sie ihre mediale Einmischung ins terrestrische Gesundheitswesen durchweg als *Signum*: Sie wollen damit Zeichen setzen. «Er versucht die Aufmerksamkeit der Menschen zu wecken», erklärte der 1991 ermordete brasilianische Geist-Chirurg Dr. Edson Queiroz, selbst Arzt, einmal über die tieferen Absichten seines Geistführers «Dr. Fritz» – «manchmal auf schockierende Weise, manchmal mit Liebe, damit die Botschaft der Unsterblichkeit der Seele, des Glaubens an Gott und das Vertrauen in ihn weiterleben.»

Die meisten Geist-Chirurgen betonen, daß sie den physischen Leib nur «indirekt» behandeln. Nach Erklärungen für ihre Erfolge befragt, zeichnen sie durchweg ein spiritualistisches Menschenbild. Demnach sind wir nicht bloß Leib und Seele, wie der platonisch-cartesianische Dualismus des Abendlands annimmt; darüber hinaus besitzen wir einen oder mehrere «feinstoffliche» Körper, von dem schon der Arzt und Naturforscher Paracelsus (1493–1541) schrieb: «Das Fleisch des Menschen muß also verstanden werden, daß seiner zweierlei Art ist, nämlich das Adam entstammende Fleisch, und das Fleisch, das nicht aus Adam ist ... Es ist ein subtiles Fleisch, das nicht zu binden oder zu fassen ist, denn es ist nicht aus Erde gemacht.» Krankheit entsteht, wenn dieser «subtile» Anteil (Esoteriker sprechen vom «Ätherleib») geschädigt ist; dies wiederum soll sich auf den physischen Körper pathologisch auswirken. Von daher behaupten Geist-Chirurgen, bei tieferen Ursachen anzusetzen.

## Therapie mit Geistern: bloßer Wahn?

Der gängigste Einwand gegen Geist-Chirurgie unterstellt ihr schlichten *Betrug* – vor allem gestützt auf «Entlarvungen» mancher Filipinos bei angeblichen «Eingriffen». Plumpe Taschenspielertricks vermuteten etwa der amerikanische Arzt Seymour Wanderman, der Parapsychologe Hans Bender und der Naturforscher Hoimar von Ditfurth. Auf Filmaufnahmen war beispielsweise zu sehen, wie einem Patienten, dem angeblich gerade der Bauch geöffnet wird, in Wirklichkeit nur die Bauchdecke mit den Handknöcheln geknetet wird; die Fingerspitzen waren deutlich zu erkennen. Wie Analysen ergaben, stammten Blut und Gewebe nicht von den Patienten, sondern von Tieren. Selbst Agpaoa wurde gelegentlich plumper Täuschungen überführt: Die rote Flüssigkeit, die während seiner Operationen austrat, stammte weder von Menschen noch von Tieren; «Nierensteine» erwiesen sich als zusammengesetzt aus Salz und Bims; angeblich frisch entnommene Knochen- und Gewebeteile hatten, wie sich herausstellte, bereits zu verwesen begonnen.

Dagegen stehen Augenzeugenberichte anderer Wissenschaftler von Rang, die jahrelang vor Ort recherchiert haben. Daß Betrügereien vorkommen, bestreiten sie nicht, halten sie aber für Ausnahmen, die nicht vorschnell verallgemeinert werden dürfen. Zu diesen Befürwortern gehören der Züricher Psychiater Dr. Hans Naegeli-Osjord[172]; Dr. Werner Schiebeler[173], Physiker aus Ravensburg und von 1965 bis zu seiner Emeritierung 1983 Lehrstuhlinhaber an der dortigen Fachhochschule; Professor Alex Schneider, Schweizer Physiker aus St. Gallen und Präsident der alljährlichen Basler «Psi-Tage»; sowie der Physiker und Chemiker Professor Dr. Alfred Stelter aus Dortmund. Sie alle beobachteten ungehindert aus nächster Nähe, was geschah; sie fotografierten und filmten die Vorgänge, analysierten hinterher die Aufnahmen eingehend, teilweise unter Hinzuziehung von Trickexperten; sie veranlaßten biochemische Untersuchungen von Gewebeproben; sie ließen «operierte» Patienten nach ihrer Rückkehr ärztlich begutachten und verfolgten deren weiteren Krankheitsverlauf; teilweise unterzogen sie sich sogar selbst den befremdlichen Kuren. Gemeinsam mit Naegeli, zwei weiteren Ärzten und mehreren Patienten flog Stelter 1971 auf die Philippinen, um Agpaoa und wenigstens ein paar weitere von vierzig Heilern unter die Lupe zu nehmen, die seinerzeit in der «Unio Espiritista Cristiana» organisiert waren. Dabei erlebte er mehrere erfolgreiche Operationen, bei denen ihm jegliche Tricks ausgeschlossen schienen.[174] Auch ihm fielen mitunter Täuschungen auf; trotzdem will er den Heilern dabei nicht gleich böse

Absichten unterstellen, sondern sieht in den Manipulationen ein bewußtes Spiel mit dem Placebo-Effekt, zum Wohl des Patienten: Je blutiger und dramatischer der Eingriff, desto tiefer ist ein Kranker davon überzeugt, daß mit ihm «etwas geschieht»; desto stärker vertraut er auf Heilung – und um so größere Genesungschancen besitzt er in der Tat. Die Schamanen Zentralasiens haben in ihrem Analogiezauber den vorsätzlichen Gebrauch von Placebos geradezu zum therapeutischen Prinzip erhoben: Gezielt setzen sie Fremdkörper als Krankheitssymbole ein, die sie scheinbar aus dem Körper des Patienten herausholen. Damit nehmen sie symbolisch vorweg, was geschehen soll – ähnlich wie sie Wasser verspritzen, damit es regnet. Doch die Wassertropfen allein *sind* noch keine Magie – sie versinnbildlichen lediglich die Kräfte, die durch sie wirken sollen, um sie für Kranke begreifbarer zu machen.

Welcher westliche Chirurg weiß im übrigen mit Sicherheit, inwieweit *seine* Verrichtungen nicht ebenfalls als Placebos wirken?[175] Denn was beeindruckt einen Patienten mehr als eine invasive, massiv in das körperliche Geschehen eingreifende Maßnahme? In den fünfziger Jahren kam ein neues operatives Verfahren auf, um die Schmerzen zu beseitigen, die eine Verengung der Herzkranzgefäße auslöste (die sogenannte «koronare Herzkrankheit»). Dazu wurde eine Arterie im Brustraum, die Mammaria interna, so umgeleitet, daß dem Herzen mehr Blut zufloß. Die Ergebnisse schienen vielversprechend: Bei sieben von zehn derart Operierten ließen die Schmerzen deutlich nach, die Herzfunktion besserte sich. Allein in den USA fanden daraufhin bis Ende der sechziger Jahre über zehntausend derartige Eingriffe statt. Doch dann brachte eine Kontrollstudie die große Ernüchterung: Man hatte koronar Herzkranke in zwei Gruppen aufgeteilt. Bei den Patienten beider Gruppen wurde nach der Anästhesie ein Einschnitt neben dem Brustbein vorgenommen. Doch bei der einen Gruppe wurde die entsprechende Arterie nicht angerührt; sie erhielt also eine reine Placebo-Operation. Trotzdem stellte sich heraus, daß beide Gruppen sich in ihrer Erfolgsquote nicht unterschieden.[176] So mächtig kann das dramatische Szenario eines schulmedizinischen Eingriffs wirken.

Davon abgesehen: Placebo-Effekte und Suggestionen mögen manche Heilerfolge von Psychochirurgen erklären, zumindest teilweise – aber nicht alle. Etliche spektakuläre, für unmöglich gehaltene Genesungen von chronisch Kranken übertreffen selbst kühnste Annahmen psychosomatischer Mediziner über die heilsame Wirkung des bloßen Glaubens an Heilung.

Ebenso verbreitet ist ein zweiter Einwand: Was Geist-Chirurgen vornehmen, seien in Wahrheit «ganz gewöhnliche» Operationen, wie sie auch jeder westliche Chirurg durchführen würde, wenn auch ohne spiritistisches Brimborium. Eine «höhere» Führung zu vermuten, sei überflüssig. Gibt es denn wirklich gute, wissenschaftlich diskussionsfähige *Gründe* dafür, der Beteuerung solcher «Geist-Chirurgen» zu glauben, unsichtbar führe ihnen ein Jenseitiger die Hand? Auf ihre subjektiven Eindrücke, auf ihre weitgehende Identifikation mit der fremden Wesenheit, auf oft geradezu dramatische Persönlichkeitsveränderungen ist hier, ebenso wie in anderen Fällen zeitweiliger Besessenheit, schwerlich Verlaß: Auch Schizophrene zeigen solche verblüffenden Symptome. Bedenklich stimmen dagegen mehrere andere Besonderheiten:

- Bisweilen kennt der Heiler anscheinend das irdische Leben seines «Geistführers» bis in intimste Einzelheiten. Wie kam er zu diesem Wissen, das mühsame Recherchen oft erst im nachhinein bestätigen?
- Geist-Chirurgen sind meist völlige medizinische Laien; woher sonst, wenn nicht aus einer anderen Wirklichkeit, sollten sie nehmen, was sie wissen und können?
- Einige angewandte Operationstechniken sind einzigartig und bisher nie dagewesen: in ihrer Ausführung; in ihrer Geschwindigkeit; in ihrer Präzision, manchmal sogar mit geschlossenen Augen oder abgewandtem Blick, bei miserablen Lichtverhältnissen und im hektischen Stimmengewirr Hunderter von Augenzeugen. Kein Lebender hätte den Heiler je darin unterweisen können.
- Viele geist-chirurgische Eingriffe setzen ein fachübergreifendes Wissen voraus; oft kommen orthopädische, internistische, ophthalmologische, gynäkologische und andere Therapiemethoden zusammen. Kein einzelner Spezialist, geschweige denn ein medizinischer Laie scheint dazu imstande. (Viele «Geisterärzte» vertreten ein ganzes Team von jenseitigen Spezialisten, wie Spiritisten erklären.)
- Der Operation vorausgehende Diagnosen werden oft in Sekunden gestellt, fast immer ohne die geringste Voruntersuchung.
- Obwohl die Patienten vorab weder narkotisiert, hypnotisiert oder auch nur geistig eingestimmt werden, bleiben sie in aller Regel völlig schmerzfrei – selbst wenn mit einem Skalpell tiefe Hautschnitte vorgenommen, faustgroße Geschwülste und ganze Organe herausoperiert werden.
- Der Blutverlust ist minimal, obwohl keine der bekannten Methoden zur Blutstillung eingesetzt wird.

- Tiefe Schnittwunden verheilen im Nu. Kaum je bleiben Operationsnarben zurück. Nie wird genäht; die Wundränder erscheinen nach dem Eingriff meist wie zusammengeleimt.
- Das eingesetzte Operationsbesteck ist unsterilisiert. Trotzdem treten ganz selten Infektionen auf.

Auch im Umfeld geist-chirurgischer Eingriffe kommt es mitunter zu paranormalen Vorfällen, die ahnen lassen, wie wenig «gewöhnlich» es dabei zugeht:

- Unerklärliche Geräusche, Gerüche, Leuchterscheinungen und anderer Spuk treten auf, die der Heiler schwerlich herbeigetrickst haben kann.
- Einzelne Körperpartien werden für Umstehende zeitweise «durchsichtig». Mehrere Augenzeugen sahen Skeletteile und Organe freiliegen, durch die geschlossene Haut hindurch.[177]
- Gegenstände verschwinden, tauchen kurz darauf aus dem Nichts wieder auf. Solche (De-)Materialisationen beobachteten zwei deutsche Psychologen während mehrerer absonderlicher «Wattebehandlungen», mit denen die philippinische Reisbäuerin Josephine Sison aus Barongobong berühmt wurde: «Einer Frau legt die Heilerin einen faustgroßen, feuchten Wattebausch auf das rechte Auge und drückt leicht mit den Fingerspitzen darauf. Was dann geschieht, treibt uns Zuschauern den kalten Schweiß auf die Stirn. Wir sehen, wie die Watte zu schrumpfen beginnt und im Auge der Patientin verschwindet. Drei Minuten vergehen. Und dann werden wir Zeuge, wie die Heilerin die Watte aus dem linken Auge der Frau wieder hervorholt.» Insgesamt achtzehnmal führte Sison am selben Tag solche Wattebehandlungen vor. «Einer der Patienten bekommt mehr Watte in die Nase gestopft, als vom Volumen her überhaupt hineinpassen kann. ‹Die Watte hat sich aufgelöst›, sagt Josephine, als sie unser ratloses Gesicht bemerkt.»[178] Ein billiger Taschenspielertrick? Zur Probe behandelte ein Team von Schweizer Kameraleuten die Watte radioaktiv; mit einem Geigerzähler verfolgte es ihren Weg durch den Körper des Patienten. Irgendwann verlor sich die Spur.[179]
- Ebenso ungeklärt sind sogenannte «Luftschnitte», wie sie drei philippinische Heiler routinemäßig vornehmen: David Oligane, Juan Blance und Emilio Lapurga. Ohne den Körper zu berühren, öffnen sie die Haut, oft mit einer raschen Handbewegung in der Luft. Vor zwei skeptischen Wissenschaftlern wiederholte Oligane einmal solche Schnitte «zur Demonstration durch einen mitgebrachten Akten-

deckel hindurch». Auf dieselbe Weise «spaltete er ein Dutzend Calamanifrüchte aus einem Meter Entfernung.»[180]

● Rätsel geben auch gespenstische «Injektionen» auf, bei denen der Heiler eine entsprechende Bewegung mit den Fingern nachahmt, ohne den Körper des Patienten zu berühren. Trotzdem spürt der Patient den Schmerz des Einstichs, an der Injektionsstelle ist eine Wunde zu sehen. Bisweilen tritt sogar Blut aus.[181]

Ein dritter Einwand lautet: Geist-chirurgische Eingriffe sind *gefährlich*. Dafür spricht zumindest der Augenschein. Beim Anblick der oft rabiaten, blutigen Eingriffe mit primitiven Schnittwerkzeugen wenden sich manche auf Behandlung Wartende mit Grausen ab; entsetzt, verängstigt und angewidert suchen sie das Weite, selbst wenn sie zuvor, hoffnungsvoll, eine beschwerliche Anreise von mehreren tausend Kilometern auf sich genommen haben. Doch findet sich in der reichhaltigen Fachliteratur über Geist-Chirurgen wie Zé Arigó oder Antonio Agpaoa, einschließlich mehrerer Dutzend Gutachten von Ärzten und Hochschullehrern, *kein einziger* Fall, in dem einem Operierten Schaden zugefügt, sein Leiden noch verschlimmert wurde. Daß Minderbegabte ihre Patienten gefährden können, kann niemand ausschließen. Doch wie schwer wiegt dieses Risiko, gemessen an den Kunstfehlern, die sich konventionelle Chirurgen leisten? Mit 25 000 vermeidbaren Todesfällen pro Jahr in Westdeutschland, die auf Ärztepfusch zurückgehen, rechnete der Deutsche Verbraucherschutzbund (DVS) bereits Anfang der achtziger Jahre.[182]

Muß man an Geist-Chirurgie «glauben», um davon zu profitieren? Bei keiner anderen geistigen Heilweise scheint es auf Einstellungen und Erwartungen von Patienten weniger anzukommen. Finden bei medialen Operationen nicht rein körperliche Eingriffe statt? Welche Rolle sollte dabei die Psyche des Patienten spielen? Viele Kranke, die ihr Heil auf den Philippinen oder in Südamerika suchen, haben dieses Vorurteil. Mehrere Studien belegen jedoch: Von Geist-Chirurgie profitieren zuversichtliche, vertrauensvolle, kooperative Patienten weitaus stärker als pessimistische bzw. skeptische.[183]

Daß Geist-Chirurgen mitunter tatsächlich jenseitigen Führern folgen, legen zumindest ihre spektakulären, scheinbar «unmöglichen» Eingriffe nahe. Geistheiler wie David Drew oder Helga Aust hingegen haben es schwerer, glaubhaft zu erscheinen. Denn weder sieht eine aufgelegte Hand, die angeblich ein fremder Geist führt, anders aus als die eines Heilmagnetiseurs, eines Reiki-Meisters oder eines «Therapeutic-Touch»-Anwenders – noch wirkt sie im allgemeinen heilsamer. Was spricht dann überhaupt für eine Verbindung mit Totengeistern? Es gibt nur einen Anhaltspunkt dafür: ein scheinbar «unmögliches» Wissen des Heilers über die Biographie seines «Führers», bis in unscheinbarste Einzelheiten, verbunden mit einer zeitweise völligen Identifikation, die an Besessenheit grenzen kann. Irdische Quellen über das Leben von Elvis Presley oder Albert Schweitzer, Sigmund Freud oder C. G. Jung wären Heilern, die sich mit spiritistischen Märchen profilieren wollten, natürlich leicht zugänglich – aber wie steht es mit Chapmans «Dr. Lang», Turoffs «Dr. Kahn» oder Paulussens «Dr. Nußbaum»? Hellsehen oder Telepathie sind, wie bei allen medialen Leistungen, nie ganz auszuschließende Erklärungen – in diesen Fällen jedoch reichlich unwahrscheinlich.

Andererseits ist ein spiritistischer Heiler nicht schon dann «entlarvt», wenn er über seinen angeblichen Geistführer Behauptungen aufstellt, die mit bekannten Fakten unvereinbar scheinen. Mirabelle Coudris' «C. G. Jung» etwa äußert sich bisweilen in Richtungen, die Jung selbst zu Lebzeiten schwerlich vertreten hätte. Aber können beide nicht trotzdem ein und dieselbe Person sein? Schließlich verliert ein Mensch auch zu Lebzeiten nicht schon deswegen seine Identität, weil er mit Siebzig erheblich anders denkt als mit Vierzig oder Fünfzehn. «Ich bin der, der ich mal war», sprach es einmal aus Mirabelle. «Aber ich lebe nicht mehr in der Begrenzung. In diesem Sinne bin ich es nicht mehr.»

Für sich allein betrachtet, nimmt sich mediales Heilen als reichlich abwegiger Auswuchs der esoterischen Therapieszene aus. Wirklich gerecht werden können wir diesem Phänomen nur, wenn wir es vor dem Hintergrund des Spiritismus als Ganzem betrachten; denn aus ihm nährt es sich ebenso, wie seine Erfolge ihn umgekehrt stützen. Spiritismus ist viel mehr als ein gemeinsames Hirngespinst von orientierungslosen Jugendlichen und gelangweilten Erwachsenen, die glasrückend die tote Oma rufen oder die Lottozahlen vom nächsten Wochenende auspendeln. Spiritismus (von lat. *spiritus*: Atem, Seele; engl. *spirit*: Geist) faßt eine Vielzahl von Theorien zusammen, die drei Grundannahmen teilen: Ein seelisch-geistiges Etwas, das den personalen Wesenskern des Menschen ausmacht, kann den leiblichen Tod überdauern. Dann tritt es in eine jenseitige Sphäre ein, in der neben den Geistern anderer Verstorbener auch Tierseelen und nie verkörperte Wesenheiten wohnen, darunter vielleicht auch «Engel» und «Dämonen». Aus dieser Sphäre kann es unter bestimmten Voraussetzungen in unsere Welt hineinwirken.

Als *Glaubensinhalt* prägt diese Überzeugung nahezu sämtliche Religionen dieser Erde, das Christentum nicht ausgenommen. (So beschwört im Alten Testament die Hexe von Endor den Geist Samuels, der daraufhin König Saul weissagt; 1. Samuel 28, 7ff.) Eine beherrschende Rolle nimmt spiritistisches Gedankengut im Schamanismus ein. Die Zahl der gläubigen Spiritisten wird heute weltweit auf mehrere hundert Millionen geschätzt. Allein in Großbritannien bestehen rund tausend organisierte spiritistische Gemeinschaften. Hier herrscht der angelsächsische «Spiritualismus» vor, im Unterschied zum romanischen, auf Kardec zurückgehenden Spiritismus, der meist zusätzlich den Glauben an die Reinkarnation einschließt.

In dieser religiösen Form ist der Spiritismus eine unwiderlegbare, auf empirischer Grundlage nicht diskussionsfähige Doktrin, die nicht weniger dogmatische Anhänger kennt als andere Glaubenssysteme. Und soweit mediale Heiler von ihr geprägt werden, entziehen sich ihre Ansprüche jeder rationalen Kritik. Doch Spiritismus ist zugleich auch eine *Hypothese*: ein System von empirisch gestützten Vermutungen, das gewisse physikalische und psychologische Anomalien mitunter einfacher und plausibler erklärt als Ansätze der etablierten Natur- und Geisteswissenschaften. In dieser Form gewann der Spiritismus an Bedeutung, als in der zweiten Hälfte des 19. Jahrhunderts die empirische Parapsychologie entstand. Und dieser Forschungszweig hat, mit den wissenschaftlichen Mitteln von kontrollierter Beobachtung, Test und Experiment, eine Fülle von Daten angehäuft, für die spiritistische Ansätze fruchtbare Arbeitshypothesen anbieten. Die Forschungsgebiete, in denen solche Daten gesammelt werden, reichen von Erscheinungen und Spuk über außersinnliche Leistungen von Medien bis zu Nahtoderlebnissen, außerkörperlichen Erfahrungen, Reinkarnationserinnerungen und technisch «unmöglichen» Botschaften auf Tonbändern, Fernsehbildschirmen, Computermonitoren und anderen Informationsträgern. Wer auch nur einen Bruchteil der Forschungsarbeiten in diesen Bereichen unvoreingenommen zur Kenntnis nimmt, hört auf, den Spiritismus als naiven Aberglauben zu belächeln. Und wer ihn auch nur für denkbar hält, kann nicht als unmöglich abtun, worauf sich mediale Heiler berufen.

### Sind Geister die besseren Heiler?

Auf einem anderen Blatt steht, ob ein Therapeut, indem er sich mit vermeintlich «höheren» Geistern verbündet, zum besseren Heiler wird. Ich kenne Sängerinnen, die ihre Stimmbänder von verblichenen Operndivas bewegt wähnen – und trotzdem nur mittelmäßig singen;

ich kenne Maler, die ihre Inspirationen und Techniken von den größten Künstlern der letzten Jahrhunderte zu beziehen glauben – und trotzdem bloß peinlich Dilettantisches zuwege bringen. Ebensowenig würde ich einem Heiler bloß deswegen von vornherein mehr zutrauen, weil er beteuert, ein begnadeter Internist, Chirurg oder sonstiger Facharzt früherer Zeiten wirke durch ihn. Fragwürdig sind solche Behauptungen,

- wenn die Eingriffe selbst keine Kenntnisse und Fertigkeiten erfordern, die über das hinausgehen, was sich ein medizinisch interessierter Laie aneignen kann;
- wenn Ausmaß und Geschwindigkeit der erzielten Heilwirkungen vollauf im Rahmen der Effekte bleiben, die andere Geistheiler auch ohne Beistand von Totengeistern erzielen;
- wenn der Heiler nur banale, unüberprüfbare oder vermutlich aus irdischen Quellen entnommene Angaben über das Leben seines vermeintlichen «Führungsgeistes» macht. (Durch den britischen Heiler Iain Hunt beispielsweise, der in Peterborough ein vielbesuchtes Behandlungszentrum mit dem hochtrabenden Namen «Heiligtum der Weißen Rose» leitet, soll ein gewisser «Dr. Schmidt» wirken. Über sein früheres Erdendasein hält sich «Dr. Schmidt» bedeckt: Er sei ein deutscher Arzt gewesen, der sich in beiden Weltkriegen um verwundete Soldaten gekümmert habe – Genaueres ist Iain Hunt in Trance nicht zu entlocken.[184])
- wenn keine paranormalen Vorkommnisse im Umfeld einer Behandlung darauf hindeuten, daß die Geisterwelt daran mitwirkt.

Und selbst wenn ein Heiler tatsächlich «Jenseitskontakte» unterhalten sollte, könnten weder er noch seine Patienten noch irgend jemand sonst sicher sein,

- daß sein «Geistführer» tatsächlich derjenige ist, als welcher er sich ausgibt. (Kein medialer Heiler kann logisch ausschließen, einem raffinierten Dämon oder dem unterentwickelten, «erdgebundenen» Geist eines Verstorbenen aufzusitzen.)
- daß dieser Geist, seit er seinen Leib verließ, tatsächlich entscheidend hinzugelernt hat. (Daß derjenige, der stirbt, automatisch in «höhere» Erkenntnissphären aufsteigt, ist eine unbegründete Mutmaßung. Ein Arzt, der zu Lebzeiten mittelmäßig war, muß sich in der Geisterwelt nicht zwangsläufig weiterentwickelt haben.)
- ob das Medium wirklich klar und vollständig erfaßt, was sein

«Geistführer» ihm mitzuteilen versucht, und richtig umsetzt, was dieser zu tun gedenkt.

Der «Draht nach drüben» ist häufiger zweifelhaft als halbwegs glaubwürdig: Allzuoft steigern sich Medien in eingebildete Identitäten hinein. Deren Auswahl befriedigt meist persönliche Wunschvorstellungen, kompensiert eigene Ängste und mangelndes Selbstwertgefühl. Solche Phantasien mögen Medien helfen, Fähigkeiten freizusetzen, die andernfalls verschüttet blieben – doch es bleiben Eigenleistungen, mit allen Risiken und Grenzen behaftet, die mit menschlichen Eingriffen in die Gesundheit anderer Personen verbunden sind.

Patienten sind deshalb gut beraten, mediale Heiler ausschließlich an den Früchten ihrer Arbeit zu messen; und diese können faul sein, egal woher sie stammen mögen. Wie schamlos Geistergläubigkeit ausgenutzt werden kann, verdeutlicht das üble Spiel des «Engels Albert», eines angeblichen himmlischen Schutzgeists, der sich in den achtziger Jahren ein Medium namens Ketty auserkor. Um Ketty hatte sich, auf einem Gutshof in der Nähe des luxemburgischen Städtchens Echternach, die Sekte «Glaube und Hoffnung» geschart, um den Offenbarungen von drüben zu lauschen und Folge zu leisten. Von ihrem «Engel» wurden Ketty regelmäßig Rezepte eingeflüstert, die abenteuerliche Mixturen ergaben: Mal wurde Menschenblut mit Selleriesaft zusammengebraut, mal mit Sauerkrautsaft, Ingwerpulver oder Pfefferminztee. Dem Treiben setzte die luxemburgische Polizei erst 1990 ein Ende, nachdem eine krebskranke Frau ihr ausschließliches Vertrauen auf «Engel Alberts» Himmelsapotheke mit dem Tod bezahlte.[185]

Sind mediale Geistheiler die besten? Dafür gibt es keinerlei Anhaltspunkte. Auch ihre Maßnahmen bleiben manchmal wirkungslos oder erreichen zu wenig; auch ihre Diagnosen liegen oft nachweislich daneben, sind widersprüchlich, nichtssagend vage und medizinisch laienhaft. Trotzdem bin ich fest davon überzeugt, daß sie zumindest bei einem bestimmten Patiententyp oft selbst dann noch wahre Wunder vollbringen können, wenn alle anderen Formen geistigen Heilens ebenso versagt haben wie ärztliche Kunst: nämlich bei Patienten mit einem gefestigten spiritistischen Weltbild oder zumindest einer starken religiösen Empfänglichkeit dafür. Für sie sind Geister eine Realität, die Vermutung ihres überlegenen Wissens und Könnens eine Gewißheit – und daraus wächst einem Geistheiler eine erhebliche Autorität zu, die Placebo-Wirkungen potenzieren kann. Nichts spricht dagegen, sie zuzulassen.

# 7 Exorzismus –
## Vom Bösen besessen?

### Der Leidensweg der Anneliese Michel: ein verkanntes Lehrstück

Bis sie sechzehn war, deutete nichts im Leben der Anneliese Michel darauf hin, daß sie bald im Mittelpunkt des aufsehenerregendsten Besessenheitsfalls der deutschen Nachkriegsgeschichte stehen würde. Am 21. September 1952 geboren, lebte sie mit ihren Eltern in Klingenberg, einer hessischen Kleinstadt am rechten Mainufer zwischen Odenwald und Spessart. Im nahen Aschaffenburg besuchte sie das Gymnasium. Der Vater war Sägewerksbesitzer, die Mutter Hausfrau; Millionen anderer Familien in Deutschland müßten eher im Verdacht stehen, Nährboden für eine schwere Geisteskrankheit zu sein, als die gesicherten, harmonischen Verhältnisse, in denen Anneliese aufwuchs. Ihre Ängste, Selbstzweifel und Konflikte, ihre Sorgen und Sehnsüchte waren im großen und ganzen die einer jungen Frau an der Schwelle zum Erwachsensein, ohne psychische Auffälligkeiten, die sie von Gleichaltrigen deutlich abgehoben hätten.

Ihr tragischer Leidensweg beginnt im September 1968, als sie einen ersten Ohnmachtsanfall erlebt. In der darauffolgenden Nacht schreckt sie aus dem Schlaf – und kann sich nicht bewegen, alle Glieder kommen ihr völlig steif vor. Sie fühlt sich von einer unsichtbaren, übermächtigen Kraft zusammengepreßt, die ihr den Brustkorb einschnürt und den Atem nimmt. In Todesangst ringt sie nach Luft, will um Hilfe rufen, doch sie bringt keinen Laut über die Lippen. Voller Panik näßt sie ins Bett. Nach einer Viertelstunde ist das grauenvolle Erlebnis vorüber.

Knapp ein Jahr später, in der Nacht vom 23. zum 24. August 1969, wiederholt sich ein ähnlicher Vorfall, ebenso im Juni und September 1970. Anneliese beginnt zu kränkeln, leidet mehrfach an Mandelentzündungen, dann an Rippenfell- und Lungenentzündung, schließlich an Tuberkulose. Seit Sommer 1970 erscheint ihr hin und wieder eine riesige, teuflische Fratze, vor der ihr graut. Ihren Mitschülerinnen fällt auf, daß Anneliese zunehmend stiller wird, in sich gekehrt wirkt und religiöse Gespräche sucht; sie beginnt unter Depressionen zu leiden. Ab Oktober 1972 nimmt sie immer häufiger einen bestialischen Gestank wahr, den Umstehende aber nicht riechen können. Oft überkommen sie quälende Visionen und Empfindungen, «als ob ich in der Hölle wäre». Ab Frühjahr 1973 treten im Elternhaus spukhafte Klopfgeräusche auf, die auch andere Familienmitglieder deutlich hören.

Ungeachtet dieser Vorfälle beginnt Anneliese Michel, nachdem sie im Spätsommer 1973 ihr Abitur bestanden hat, im November ein

Studium der Pädagogik und Theologie in Würzburg. Vorübergehend wirkt sie erholt. Doch ab Frühjahr 1975 fällt sie wieder in den alten Zustand zurück: mit schubweisen Ausbrüchen, unterbrochen von Phasen völliger Gefaßtheit. Während ihrer Anfälle aber empfindet sie immer stärker, keine Gewalt mehr über sich zu haben. Sie entwickelt eine ausgeprägte Abneigung gegen alle religiösen Symbole; in deren Nähe tobt sie wie rasend. Sobald Gebete angestimmt werden, beginnt sie mit veränderter Stimme lauthals zu schreien. Weiterhin zur Kirche zu gehen, ist ihr unmöglich. Sie wird immer unruhiger und aggressiver. Trotz Hungers «verbietet» ihr «etwas» in ihr, Nahrung zu sich zu nehmen, «zwingt» sie zum Ausspucken und Erbrechen.

Von der Karwoche 1976 an verschlechtert sich ihre Verfassung weiter. Am Gründonnerstag steht sie Todesängste aus, während sie visionär den Leidensweg Christi nachvollzieht, mit rasenden Schmerzen an Händen und Füßen. Tags darauf fühlt sie sich durch eine unsichtbare Macht am Reden gehindert; sie spricht schleppend, lallend. Am Karsamstag liegt sie stundenlang steif im Bett. Immer wieder brüllt und tobt sie, spuckt um sich. Fremde Stimmen sprechen aus ihr. Zwischen ihren Anfällen wirkt sie nach wie vor völlig normal, ausgeglichen, manchmal sogar vergnügt. Trotz ihrer Entkräftung kann sich Anneliese noch auf die zweite Lehramtsprüfung vorbereiten. Allerdings macht sie auf Mitstudenten einen zunehmend apathischen Eindruck.

Im Juni 1976 spitzen sich die unheimlichen Vorgänge dramatisch zu. Bei mehreren Anfällen schlägt Anneliese mit ihren Fäusten wie von Sinnen derart auf sich selbst ein, daß ihr Gesicht geschwollen, ihr Körper mit blauen, roten und schwarzen Flecken übersät ist. Mit dem Kopf voraus stürzt sie sich durch die Glasscheibe einer Korridortür. Sie stopft sich Fliegen und Spinnen in den Mund, kaut an Kohle, uriniert auf den Küchenboden und leckt den Harn auf. Mittlerweile ist sie zum Skelett abgemagert: Statt wie früher 53 wiegt sie nur noch 31 Kilogramm. Wenn Angehörige sie zu füttern versuchen, speit sie das Essen wieder aus, oder sie preßt die Lippen fest aufeinander und bewegt den Kopf wie rasend hin und her. Trotz hohen Fiebers unterzieht sie sich aberwitzigen Torturen: Bis zu sechshundertmal hintereinander macht sie Kniebeugen, mit Unterbrechungen von wenigen Sekunden. Am 1. Juli 1976, gegen ein Uhr nachts, stirbt Anneliese Michel, völlig entkräftet. Als Todesursache stellt ein herbeigerufener Arzt «Tod durch Verhungern» fest, «in Verbindung mit schwerer körperlicher Überanstrengung». Allerdings fällt ihm auf, daß an Annelieses Körper keinerlei Aufliegegeschwüre festzustellen sind, wie sie bei Verhungerten sonst üblicherweise auftreten. Auch protokolliert er, daß die Pupillen der Toten außergewöhnlich geweitet sind.[186]

Was machte die junge Frau krank? Fünf Jahre nach ihrem ersten Anfall war in Anneliese erstmals der Verdacht aufgekeimt, sie könnte «dämonisch besessen» sein. «Der Teufel ist in mir», äußerte sie im September 1973, «alles ist leer in mir.»

Genauso wäre das Mädchen auch von seiner Umwelt beurteilt worden, falls es einige hundert Jahre früher gelebt hätte. Zu allen Zeiten, und bis heute in nahezu sämtlichen Kulturkreisen außerhalb der westlichen Welt, sind Anfallsleiden mit derartigen Symptomen auf das Einwirken böser Geister zurückgeführt worden, die vom Körper eines Menschen Besitz ergreifen und seine Persönlichkeit zurückdrängen können – seien es Totenseelen, Dämonen oder Satan, das personifizierte Böse schlechthin.

Erst die abendländische Medizin der Neuzeit hat mit solchen Krankheitstheorien radikal gebrochen. Vermeintlich «Besessene» werden seither als geisteskrank etikettiert. Eine Psychose in verschiedenen Stadien und Ausprägungen wird ihnen bescheinigt; gelegentlich «Hysterie» oder «Epilepsie», am häufigsten jedoch «Schizophrenie» oder «multiple Persönlichkeit». Sofern Hirnstromkurven keine organische Ursache anzeigen, werden unbewußte seelische Spannungen angenommen. Auf der Suche nach deren Wurzeln werden die frühe Kindheit und das soziale Umfeld durchforstet. Die Überzeugung der Betroffenen selbst, im Griff unsichtbarer Fremdwesen zu sein, wird als wahnhaftes Symptom der Erkrankung abgetan, ihre außergewöhnlichen Wahrnehmungen als Halluzinationen.

Genauso verfuhren Ärzte, die mit Anneliese Michel zu tun bekamen. Als das Mädchen am 25. August 1969, zwei Tage nach ihrem zweiten schweren Anfall, und später nochmals am 5. September 1972 in Aschaffenburg den Neurologen Dr. Siegfried Lüthy aufsuchte, nahm dieser jedesmal ein Elektroenzephalogramm (EEG) auf. Obwohl sich dabei kein krankhafter Befund ergab, tippte er auf Epilepsie. Auch die Würzburger Universitätsnervenklinik und Poliklinik, in der Anneliese Ende November 1973 untersucht wurde, fahndete ausschließlich nach organischen Ursachen – und schien schließlich auch fündig geworden: Auf einem dritten EEG sollen sich, laut Befundbericht, nun plötzlich «epileptische Muster» gezeigt haben, «die auf eine herdförmige Hirnschädigung im linken Schläfenbereich hinweisen». Diese Diagnose wiederholte der Würzburger Professor Hans Sattes dann auch in seinem Gutachten vor der Ersten Großen Strafkammer des Landgerichts Aschaffenburg, das vom 30. März bis 28. April 1978 über die Frage der Schuld an Annelieses Tod zu befinden hatte. Irgend-wann habe sich diese Epilepsie wohl in eine «psychogene Psychose» verwandelt, mutmaßte der Professor. Dem schlossen sich die beiden anderen medizinischen Gutachter, Professor Dr. Alfred Lungershau-sen und Dr. Gerd Klaus Köhler von der Abteilung Psychiatrie II der Universität Ulm, weitgehend an: Annelieses «Psychose» führten sie auf traumatische Kindheitserfahrungen zurück. Sie habe sich mit dem Über-Ich ihres autoritären Vaters identifiziert und ihre Haßgefühle unterdrückt, woraus ihre Aggressionen erwachsen seien, gegen andere ebenso wie gegen sich selbst. Daraus habe sich, vor dem epileptischen Hintergrund, irgendwann eine «paranoid-halluzinatorische schizo-phrenieähnliche Psychose» entwickelt, verbunden mit Depressio-nen.[187]

Wird eine solche Betrachtungsweise mutmaßlichen Besessenheits-fällen stets gerecht? Immerhin hat der schulmedizinische Ansatz einem jahrtausendelangen, verhängnisvollen Besessenheitswahn ein Ende gesetzt, der zu den finstersten Kapiteln der abendländischen Kultur-geschichte gehört. Seit vorchristlichen Zeiten stand nicht nur im ein-fachen Volk, sondern selbst unter Gelehrten, Ärzten und Priestern beinahe alles, was ihnen an menschlichem Verhalten und Befinden befremdlich vorkam, allzu rasch im Verdacht, dämonischen Ur-sprungs zu sein. Ein «böser» Blick, eine lästerliche Äußerung, ein außergewöhnliches Wissen, eine körperliche Besonderheit genügten oft schon, des Bundes mit finsteren Mächten bezichtigt zu werden. Ein Großteil der bis zu neun Millionen Menschen, die seit dem 15. Jahr-hundert auf den Scheiterhaufen der Inquisition verbrannten, galt ihren Richtern als besessen; bestialische Folter hatte den Opfern zuvor entsprechende Geständnisse abgerungen. Und hinter jeder Erkran-kung witterte man dämonische Einwirkungen, oft infolge schwerer Sünden, die dem Bösen eine Eingangstür öffneten.

Inzwischen kennen wir genetische Faktoren, organische Schäden und Fehlfunktionen, Krankheitserreger wie Viren und Bakterien, Um-welteinflüsse und psychosoziale Vorbedingungen, die uns zahlreiche Krankheiten in ihrer Entstehung, ihrer Symptomatik und ihrem Ver-lauf hinlänglich verstehen lassen, ohne daß wir noch nach «höheren» Ursachen suchen müßten. Damit sind spiritistische Krankheitstheo-rien strenggenommen nicht *widerlegt*. (Daß beispielsweise jene Fehl-funktion des Gehirns, die epileptische Anfälle auslöst, von Dämonen mitverursacht wird, bleibt eine logische Möglichkeit.) Aber sie schei-nen *überflüssig*: Um zu erklären, wie und warum Menschen erkran-ken, kommen heutige Mediziner ohne sie aus.

Dieser Ansatz ist sicherlich der weitaus größten Zahl vermeintlicher Besessenheiten angemessen – aber *allen*? Bei Anneliese Michel etwa ist der Verdacht auf Epilepsie durchaus fragwürdig – ihn stützt bloß eines von drei vorgenommenen EEG –, während alle anderen Diagnosen («Hysterie», «Paranoia», «Schizophrenie») gewagte Vermutungen bleiben, im nachhinein angestellt durch Gutachter, von denen zwei die junge Frau nie zu Gesicht bekamen, der dritte bloß eine knappe Stunde. Ein geringer Teil solcher Fälle zeichnet sich durch Besonderheiten aus, für die eine rein psychopathologische Betrachtungsweise blind ist. Davon überzeugt ist jedenfalls der Züricher Psychiater Hans Naegeli-Osjord: Er verweist auf paranormale Erscheinungen, die manche Besessenheiten begleiten.[188] Gerade in ihnen sieht die katholische Kirche seit knapp vier Jahrhunderten das entscheidende Kennzeichen der eigentlichen Besessenheit, das diese von anderen Krankheitsbildern wesentlich unterscheidet. «Noch heute wegweisend, ja geradezu modern» erscheint Naegeli jene Liste von Merkmalen, die Papst Paul V. im Jahre 1614 im *Rituale Romanum* zusammenstellte:

1. Eine wahrhaft besessene Person spricht fremde Sprachen, die sie nachweislich nie gelernt hat, oder versteht sie zumindest («Xenoglossie»).
2. Sie verfügt über Kenntnisse, die sie auf gewöhnlichem Wege nicht erlangt haben kann. (So stellte sich einer von Annelieses Dämonen als «Pfarrer Fleischmann» vor: ein historisch nachweisbarer Geistlicher, der vierhundert Jahre zuvor derselben Gemeinde vorstand, aus der einer von Annelieses Exorzisten stammte. Wie konnte Anneliese davon wissen?)
3. Sie zeigt geradezu übermenschliche Körperkräfte. (Wie hält ein erschöpftes, unterernährtes, fieberndes Mädchen ohne Unterbrechung mehrere hundert Kniebeugen durch? Und wie konnte Anneliese Michel im Sommer 1975, vor den Augen ihres Freundes Peter, einen Apfel mit der bloßen Hand zerquetschen, so daß das Fruchtfleisch an die Zimmerdecke spritzte?)
4. Sie steht im Mittelpunkt von Spukphänomenen.

In vielen Fällen lassen sich solche Erscheinungen auch ohne Anleihen beim Spiritismus erklären: das erste Merkmal etwa durch «Kryptomnesie», die unbewußte Aufnahme und Verarbeitung beiläufig wahrgenommener Informationen, etwa gehörter oder gelesener Sätze fremder Sprachen; das zweite Merkmal durch Muskelspasmen, das dritte durch außersinnliche Wahrnehmungen wie Hellsehen oder Telepathie, das vierte durch Psychokinese. Daß solche Erklärungen *stets* hinreichen, ist allerdings zweifelhaft. Besondere Aufmerksamkeit verdienen vor allem Spukvorgänge – zumal dann, wenn sie von mehreren Zeugen unabhängig voneinander beobachtet werden und nicht unbedingt personengebunden auftreten, in räumlicher Nähe des Opfers. Kein Gehör fand Annelieses Vater vor Gericht, als er bezeugte: Unvermittelt seien Schwärme von dicken Fliegen aufgetaucht, ebenso wie Scharen weißer Mäuse, die für alle Anwesenden sichtbar im Haus umherliefen, um dann plötzlich wieder spurlos zu verschwinden. (Goethe sprach vom Teufel als dem «Herrn der Fliegen und Mäuse».) Türen seien wie von Geisterhand auf- und zugeflogen. Aus mehreren Schränken habe ein schreckliches Krachen und Poltern gedröhnt. Grelle Lichtblitze seien durch die Räume gezuckt. Ein infernalischer Gestank habe sich hin und wieder im Haus ausgebreitet. Selbst weit entfernt von der Wohnung der Michels wurden Personen in das unheimliche Geschehen verstrickt. (Noch vor der ersten Begegnung mit Anneliese, so beteuert ein später hinzugezogener Priester, habe er «während der Abendmesse plötzlich einen Stoß in den Rücken bekommen. Ein kalter Luftzug überstrich meinen Kopf von hinten her. Zu gleicher Zeit roch es intensiv nach Brand.» In der darauffolgenden Nacht «erfüllte eine ganze Skala von Gestank» die Wohnung des Geistlichen: «Brand-, Mist-, Kloaken- und Fäkaliengeruch wechselten ab. Hinzu kam einige Male lautes Gepolter in meinem Rollschrank.»[19°]) Gelegentlich mag der Verdacht einer «kollektiven Halluzination» naheliegen, als pauschale Unterstellung jedoch, ohne sorgfältige Prüfung im Einzelfall, ist er unannehmbar.

Wie Dr. Naegeli-Osjord bei Dutzenden von Betroffenen beobachtete, beginnen ernst zu nehmende Besessenheitsfälle sehr häufig mit Spukvorgängen. Wie die katholische Kirche unterscheidet er drei Stadien:

- Bei der *Infestation* (von lat. *infestatio*: Belästigung, Beunruhigung) beschränken sich die unheimlichen Vorgänge auf die Umgebung des Opfers.
- Bei der *Umsessenheit* (lat.: *circumsessio*) wird das Opfer auch körperlich gequält.
- Bei der *Besessenheit* im eigentlichen Sinne (lat.: *possessio*) scheint das Geistwesen, das sein Opfer bisher nur «belästigt» und «umlagert» hat, nunmehr von dessen Körper Besitz zu ergreifen.

«Ein definitives Urteil» über derartige Vorgänge wagt Naegeli immer erst zu fällen, «nachdem ich den beteiligten Menschen während Monaten, ja sogar Jahren beobachtet habe und als Persönlichkeit zu beurteilen vermag.» Fachkollegen, die ihn für zu leichtgläubig halten, wirft er dogmatischen «Rationalismus und Materialismus» vor. Psychologie und Psychiatrie, so fordert er, müßten wieder Platz schaffen für «die Vorstellung, ein autonomes Geistwesen oder die Seele eines Verstorbenen könnten Ursache krankhaften Verhaltens eines Menschen sein» – und sich «ernsthaft fragen, ob die von Patienten angeschuldigten, meist unbekannten Quälgeister nicht tatsächlich autonomen Wesenheiten aus einer anderen, feinstofflichen Welt entsprechen könnten»[191]. Seine Offenheit dafür hat Naegeli, seit er 1940 in Zürich eine Privatpraxis eröffnete, mehr und mehr zur letzten Hoffnung für Betroffene werden lassen, die ansonsten «kaum je in die Sprechstunde des Psychiaters gelangen»[192].

### Wie ist «Besessenen» zu helfen?

Hätten Mediziner der unglücklichen Anneliese nicht helfen können? Als ein ärztlicher Gutachter der Uniklinik Würzburg während der Gerichtsverhandlung gefragt wurde, welche Maßnahmen er denn ergriffen hätte, um der Frau ihr qualvolles Leiden und Sterben zu ersparen, erklärte er lapidar: Er hätte sie medikamentös ruhiggestellt, Zwangsernährung angeordnet und mit Elektroschocks behandelt.[193]

Eben davor hatte sich Anneliese gefürchtet. Deshalb weigerte sie sich mehrfach, sich in eine psychiatrische Klinik einweisen zu lassen – zumal nach den enttäuschenden Erfahrungen, die sie zuvor mit Schulmedizinern gemacht hatte. Denn von den fünf Ärzten, denen sie sich zwischen August 1969 und März 1976 anvertraut hatte, erhielt sie keine größere Hilfe als Rezepte für zwei Medikamente, «Zentropil» und «Tegretal». Lange Zeit schluckte Anneliese sie brav – mit keinem oder nur kurzfristigem Erfolg, unter Inkaufnahme gefährlicher Nebenwirkungen. Womöglich starb sie *daran*: Zu diesem Schluß kam jedenfalls die amerikanische Anthropologin Dr. Felicitas Goodman, Professorin an der Denison-Universität in Ohio, nachdem sie alle vorhandenen Aufzeichnungen, Briefe, Akten, Gutachten und Tonbänder zum Fall Michel minutiös durchgearbeitet hatte.[194]

Wie bei Anneliese Michel, so sorgen geeignete Medikamente auch bei einem Großteil anderer Besessener dafür, daß Anfälle seltener und abgeschwächter auftreten. Doch beweist dies wirklich, daß die Erkrankung neurologisch bedingt ist – oder zeigt es lediglich, daß sich die Empfänglichkeit für jenseitige Einflüsse dadurch zeitweise senken läßt? Daß die «chemische Keule», wie sie Psychiater bei Besessenheitsfällen routinemäßig einsetzen, womöglich eher gegen eine Bedrohung vorübergehend abstumpft, als die Bedrohung selbst zu beseitigen, lassen etliche tragische Krankenschicksale ahnen.[195]

Aber wie sonst wäre Besessenen zu helfen? Viele suchen in ihrer Not Zuflucht bei der Kirche; 1334 waren es zwischen 1981 und 1983 allein im Erzbistum Turin.[196] Hier fühlen sie sich ernstgenommen, wähnen ihr Leiden an der Wurzel gepackt. Denn schon Jesus exorzierte, und seine Jünger beauftragte er unmißverständlich: «Treibt Dämonen aus!»[197] Seit dem 9. Jahrhundert bildete die Weihe zum Exorzisten eine von vier Stufen, die jeder angehende Priester zu beschreiten hatte. Erst seit 1972, auf ein apostolisches Schreiben von Papst Paul VI. hin[198], werden Kandidaten in der römisch-katholischen Kirche nicht mehr obligatorisch zu Austreibern bestellt, sondern nur noch in bischöflichem Auftrag, dem eine aufwendige Untersuchung jedes Einzelfalls vorausgehen muß.[199] Die wenigen offiziell eingesetzten Exorzisten stöhnen unter dem massenhaften Andrang von Hilfesuchenden: Allein vor der Klosterpforte des Benediktinerklosters San Giorgio Maggiore in Venedig, dem Wohnsitz des bekanntesten Teufelsaustreibers Italiens, Pater Ernesto Pellegrini, stehen jeden Monat 2000 Menschen Schlange. Der Chef-Exorzist der Church of England, Reverend Christopher Neil Smith aus London, behandelte zeitweise rund zwanzig Besessene pro Woche, also jährlich über tausend.[200] Können kirchliche Exorzisten wirklich helfen, wo Ärzte versagen?

Auch Anneliese Michel hatte ihre letzte Hoffnung darauf gesetzt. Ihre Familie zog nacheinander fünf katholische Geistliche zu Rate, darunter den bekannten Frankfurter Jesuitenpater Adolf Rodewyk. Auf dessen Gutachten hin beauftragte der damalige Bischof von Würzburg, Dr. Josef Stangl, im September 1975 den Salvatorianer-Pater und früheren China-Missionar Wilhelm Renz aus dem nahegelegenen Rück-Schippach, einen Großen Exorzismus vorzunehmen. Zehn Monate lang suchte Renz daraufhin dreimal wöchentlich Anneliese auf; zeitweise unterstützt von dem Kaplan Josef Alt, nahm er nicht weniger als 73 Austreibungen vor, die manchmal nächtelang dauerten. Fast immer verschaffte er dem Mädchen damit deutliche Erleichterung, auch wenn diese nie lange anhielt. Während der Exorzismen, die auf vierzig Tonbändern festgehalten wurden, hörte er aus Annelieses Mund sechs fremde Wesenheiten sprechen, die sich als «Luzifer», «Judas», «Nero», «Kain», «Hitler» und «Pfarrer Fleischmann»[201] ausgaben. Diese mutmaßlichen «Dämonen» schienen Anneliese nach stundenlangen Austreibungen einmal vorübergehend verlassen zu haben, dann aber «beim Danklied unter Gebrüll wieder eingefahren» zu sein, wie Bischof Stangl in einem Bericht anmerkte.

Warum scheiterten die Bemühungen der Geistlichen letztlich? Psychologen und Mediziner werfen kirchlichen Exorzisten vor, eine vermeintliche Besessenheit werde durch das Ritual der Austreibung überhaupt erst hervorgerufen bzw. verschlimmert: Denn es bestärke die Betroffenen in eben jenem Wahn, der sie ins Elend gestürzt hat. Solche Vorwürfe treffen aber nicht die ganze Wahrheit, den meisten Besessenheitsfällen, wie auch dem Leiden der Anneliese Michel, werden sie nicht gerecht. Denn fast immer sind die Symptome längst voll ausgeprägt und bis ins Unerträgliche gesteigert, *ehe* in äußerster Not Exorzisten hinzugezogen werden.

Die Hauptgründe, aus denen «Austreibungen» scheitern, sind womöglich in unhinterfragten theoretischen Voraussetzungen zu suchen. Die durchführenden Priester, und ein Großteil ihrer Patienten, gehen wie selbstverständlich davon aus,

1. daß «Besetzungen» nur von intelligenten Wesenheiten ausgehen können, die alle Merkmale einer körperlosen *Person* aufweisen;
2. daß es sich bei diesen personifizierten Geistern um *Dämonen* handelt, wenn nicht gar um Satan persönlich: jedenfalls um Inbegriffe des Bösen, Widersacher Gottes, die dessen Geschöpfe arglistig in ihre Gewalt bringen und zerstören wollen;
3. daß die *kirchliche* Form des Exorzismus das einzig mögliche oder zumindest das wirksamste Mittel darstellt, solche Fremdwesen zu bannen.

Doch in Wahrheit versteht sich keine dieser Voraussetzungen von selbst. Kirchliche Exorzisten tragen erbarmungslose Gefechte gegen Mächte der Finsternis aus. Entsprechend hart und unerbittlich, mit eindringlichen Befehlen, massiven Drohungen, wüsten Beschimpfungen und Flüchen versuchen sie den Eindringlingen beizukommen. Neben Handauflegen, demütigen Gebeten sowie reichlichem Gebrauch von Weihwasser, Kreuzen und anderen religiösen Symbolen empfiehlt das *Rituale Romanum* insbesondere einen rüden Umgangston mit dem besessen machenden Geist: Er wird beschimpft als «Tier», «nichtswürdiger und verfluchter Drache», «Du Grauenhaftester», «Du alte Schlange», «Räuber des Lebens», «Beuger der Gerechtigkeit», «Zündstoff aller Laster», «Verräter der Völker», «Ursache der Zwietracht» und dergleichen. «Weichet von mir, ihr Verfluchten», hat der katholische Exorzist auszurufen, «in das ewige Feuer, das dem Teufel und seinen Engeln bereitet ist! Du, Gottloser, und deine Engel werden Würmer sein ... (Euch) wird ein unauslöschliches Feuer bereitet, da du der Anstifter des schimpflichen Mordes bist, der Meister der schlimmsten Frevel, der Lehrmeister aller Gotteslästerung, der Lehrer der Irrlehrer, du Unzüchtiger. Weiche also (Kreuzzeichen), Gottloser! Weiche (Kreuzzeichen), Verruchter! Weiche mit all deinen Täuschungen...»[202]

Der kritische Verstand sträubt sich dagegen zu spekulieren, ob diese oder andere Sätze einen inkorporierten Geist beeindrucken und vertreiben könnten. Und doch spricht einiges dafür, daß der Erfolg einer Austreibung unter anderem vom Umgangston, von der Strategie sowie dem Bild abhängt, das sich der Exorzist von seinem Widersacher macht. Diesen Schluß zog jedenfalls schon der amerikanische Arzt Dr. Carl August Wickland (1861–1937) aus über dreißigjähriger Forschung, die er paranormalen Aspekten sogenannter «Geistesstörungen» widmete.[203] Dabei gewann er zunehmend den Eindruck, daß viele Insassen von «Irrenanstalten» und Patienten seiner eigenen psychiatrischen Praxis in Los Angeles gar nicht im medizinischen Sinne krank waren; vielmehr litten sie buchstäblich an Besessenheit. *Was* von ihnen Besitz ergriffen hatte, war in Wicklands Augen aber nichts Dämonisches, sondern der «erdgebundene» Geist eines Verstorbenen.

«Der Wechsel oder Übergang, ‹Tod› genannt», erläuterte er, «vollzieht sich gewöhnlich so natürlich und einfach, daß die Mehrzahl der Menschen nach dem Verlassen des Körpers sich ihres Hinübergangs gar nicht bewußt ist.» Und «soweit die Verstorbenen von einem geistigen Fortleben nichts wissen, sind sie in völliger Unkenntnis darüber, daß sie in einen anderen Daseinszustand hinübergetreten sind». Daher verbleiben viele «eine Zeitlang in der Erdsphäre und oft sogar am Schauplatz ihres Erdenlebens, festgehalten durch Gewohnheiten und Neigungen... Ohne eigenen physischen Körper, durch den sie ihre irdisch-menschlichen Leidenschaften betätigen könnten, werden viele entkörperte Geister von den leuchtenden Ausstrahlungen angezogen, die von Menschen ausgehen. Sie gesellen sich dieser ‹Aura› bei und finden so einen Weg, ihr Wünschen und Wollen auf der irdischen Ebene kundzutun... Diese erdgebundenen Geister sind die ‹Teufel›, an die man zu allen Zeiten geglaubt hat.»[204]

Folglich schien es Wickland unangemessen, einen besessen machenden Geist bloß zu vertreiben und ihn dann seinem Schicksal zu überlassen. Denn dadurch habe dieses Wesen Gelegenheit, sich alsbald ein neues Opfer zu suchen. Wichtig sei vielmehr, den Eindringling über seinen Zustand zu belehren und von der Schädlichkeit seines Tuns zu überzeugen – schädlich nicht nur für das Opfer, sondern auch für ihn selbst. Denn solange er Irdisches besetzt hält, schneidet er sich von seiner eigenen Weiterentwicklung im Jenseits ab. Der Dialog mit dem Geist erfordert deswegen nach Wickland geduldige Überzeugungsarbeit, in der durchaus auch liebevolle Sorge und Mitleid für das Schicksal des verwirrten «Erdgebundenen» mitschwingt: eine für katholische Exorzisten unfaßbare Vorstellung. Ein solcher Dialog, so will Wickland herausgefunden haben, läßt sich leichter führen, wenn der erdgebundene Geist zunächst dazu gebracht wird, den Besessenen für kurze Zeit zu verlassen und dafür von einem anwesenden Medium Besitz zu ergreifen: ein Vorgang, den er «Übertragung» nannte. Ein solches Medium fand Wickland in seiner Frau Anna. Im selben Augenblick, in dem sie in Trance den Geist in sich aufzunehmen und von ihm beherrscht zu werden schien, fühlte sich das ursprüngliche Opfer schlagartig befreit, und sämtliche Symptome verschwanden.

Ähnlich wie Wickland, allerdings weniger beachtet arbeitete zur selben Zeit ein anderer amerikanischer Arzt: Dr. Titus Bull in New York.[205] Auch er sah in besessen machenden Geistern die wahre Ursache vieler psychiatrischer Fälle, die sich herkömmlichen Diagnosen und Behandlungsmethoden entzogen. Und auch er setzte ein Medium ein – eine gewisse Frau Duke –, über das er mit dem Fremdwesen Zwiesprache hielt, um es zum Verlassen seines Opfers zu bewegen.

Wicklands Ansatz haben zwei brasilianische Geistheiler, Carmen und Jarbas Marinho, zu einer Form des Exorzismus weiterentwickelt, mit der sie neuerdings im deutschsprachigen Raum sogar schulbildend wurden: der «Inkorporation». Auch hier bietet sich ein Medium dem Geist als ersatzweises Opfer an und läßt ihn von sich Besitz ergreifen. Im Augenblick des Übergangs fühlen sich viele Patienten schlagartig erlöst, während es dem Medium selbst meist binnen weniger Stunden gelingt, seine «Besetzung» wieder loszuwerden. Um diesen Prozeß zu fördern, empfehlen die Marinhos eine Fülle weiterer Maßnahmen, die von Chakra-Reinigungen über magnetische «Striche» bis zur Verwendung heilkräftiger Farben reichen. Für die Verbreitung dieses Ansatzes in Deutschland sorgt Dagobert Göbel aus Kriftel im Taunus, nachdem die Marinhos seine Frau von chronischem Asthma befreit hatten. Daraufhin baute der gelernte Elektroingenieur die einzige autorisierte «Marinho-Medienschule» Deutschlands auf, die in zweiwöchigen Intensivseminaren jeweils 20 bis 25 Teilnehmer unterweist. Bis 1993 haben bereits über 300 Interessenten diese Ausbildung durchlaufen – darunter fünf Ärzte, neben zahlreichen Psychotherapeuten und Angehörigen anderer Heilberufe.[206]

Als Vorläufer Wicklands und seiner Nachfolger gelten die «Rescue Circles» («Rettungskreise»), die Ende des 19. Jahrhunderts im angelsächsischen Raum zu Hunderten entstanden. Diese spiritistischen Zirkel sahen ihre Aufgabe darin, erdgebundene Totengeister, die Lebende belästigen oder gar besetzen, zu «erwecken» und zu «befreien». Einmal «aufgeklärt», würden die Geister ihre wahre Lage begreifen, sich von der materiellen Ebene und damit auch von einem in Besitz genommenen menschlichen Körper lösen, um zu höheren Sphären aufzusteigen. Am bekanntesten wurde zwischen 1875 und 1900 ein «Rescue Circle» in Baltimore, dem zwei der damals berühmtesten Medien Amerikas angehörten, Marcia Swain und die Musikprofessorin Leander Fisher. Dieser Kreis bemühte sich anfangs auch, die Identität der Totengeister zu verifizieren, indem sie aufwendige historische Nachforschungen anstellten.[207]

Besonders in Großbritannien verfolgen zahlreiche Exorzisten bis heute solche Strategien. Ihr Hauptziel gilt der *Seelsorge an Verstorbenen* im medialen Dialog: eine Vorstellung, die manch konservativem Theologen die Haare zu Berge stehen läßt. Dasselbe Anliegen verfolgt in Deutschland ein spiritistischer Zirkel, dem der Physiker und Parapsychologe Werner Schiebeler angehört. Er wendet sich an «Geistwesen, die sich im Jenseits noch nicht zurechtfinden können oder ihren Tod noch gar nicht zur Kenntnis genommen haben». Über anwesende Medien «sollen die Wesenheiten auf ihre Lage und die Welt Gottes aufmerksam gemacht werden, um sie zu veranlassen, sich für eine Weiterentwicklung zu öffnen»[208].

Stärker an kirchliche Rituale lehnt sich dagegen jene Form des «ärztlichen Exorzismus» an, die Dr. Naegeli-Osjord bevorzugt. Dabei «verwende ich auch als Nichtkatholik Weihwasser und zünde eine geweihte Kerze an», erklärt er. Der Patient sitzt dabei bequem in einem Sessel. Nach einigen Minuten der inneren Sammlung hat er «mit besonderer Hingabe» das Vaterunser zu sprechen. «Dann halte ich beide Hände über den Kopf und umfahre ihn auch seitlich, immer im Abstand von einigen Zentimetern.» Aus den Spitzen seiner Mittelfinger läßt Naegeli dann «biomagnetische Ausstrahlung» in die Chakras des Patienten «fließen». Dabei spricht er eine Gebetsformel: «Im Namen des Vaters, des Sohnes und des Heiligen Geistes gebe ich dir den Schutzmantel gegen alle unguten Mächte und Kräfte ... Ich gebe dir die Kraft, wieder du selbst zu sein und die dir von Gott gegebenen Ziele zu verwirklichen.» Darauf folgt «die eigentliche Austreibung»: «Jetzt befehle ich euch, verschwindet, weicht, fahrt ab ...» Naegelis rechte Hand schlägt dabei dreimal das Kreuzzeichen über dem Kopf des Besessenen. Dann führen beide Hände «die Geste des Ausfließens aus dem Kopf nach allen Seiten» aus.

Während die Widersacher, gegen die Naegeli und die meisten spiritistischen Austreiber ankämpfen, Wesensmerkmale von *Personen* aufweisen, rechnen die meisten Exorzisten in der esoterischen Therapieszene, teilweise aber auch schon Ärzte und Psychotherapeuten ebenso mit unpersönlichen Energien, die Menschen «besetzen» und schwer belasten, ja auf Dauer krank machen können. Manfred Himmel etwa, Leiter der «Deutschen Spiritualistischen Lehr- und Forschungsgesellschaft» in Detmold, nimmt energetische Verunreinigungen ernst, die von schwarzmagischen Praktiken, böswilligen Gedanken oder gestörten Psychen von Mitmenschen ausgehen können; dadurch könne Betroffenen «Lebenskraft» regelrecht «abgesaugt» werden – ein Phänomen, das Himmel «Od-Vampirismus» nennt.[209] (Den Begriff Od hatte 1852 der deutsche Chemiker und Naturphilosoph Carl Ludwig Freiherr von Reichenbach eingeführt, zur Bezeichnung einer alles durchdringenden Lebenskraft, dem Qi oder Prana vergleichbar.)

Gegen spirituelle Verunreinigungen geht auch der Frankfurter Diplom-Psychologe Andreas Hortmann vor: Mit einem «Clearing» (Reinigung) genannten Verfahren, das auf die Amerikanerin Rhea Powers zurückgeht, behandelt er Klienten in seiner Praxis gelegentlich vor, ehe er sie herkömmlich psychotherapiert.[210] Und auch die Züricher Psychiaterin Dr. Anne Glantz-Steiner zählt zu «Fremdenergien» nicht nur «Seelen verstorbener Menschen» sowie «dunkle Wesen aus der geistigen Welt (Dämonen)», sondern auch «Gedankenformen (Elementale), aus dem Universum wirkende Grundenergien und Energiewolken». Kommt sie zu dem Schluß, daß solche Fremdenergien auf einen Patienten störend einwirken, so tritt ein Medium in Aktion: der pensionierte Flugkapitän Alfred Zuberbühler. In einem Prozeß, den Dr. Glantz-Steiner «Energie-Transformation» nennt, «übernimmt» er in Trance die Fremdenergien, die von der Ärztin dann «so behandelt werden, daß sie keine Wirkung mehr auf die betroffenen Menschen... haben»[211].

Im Unterschied zu den kirchlichen Austreibern, die ihre ganze Aufmerksamkeit dem Kampf gegen den Täter widmen, befassen sich Naegeli und Glantz-Steiner, ebenso wie Hortmann und Himmel, mindestens ebensosehr mit dem Opfer – mit dem Ziel, es psychisch zu stärken. Kirchliche Besessenheitstheorien richten hier vielfach immensen Schaden an: Denn indem ein Kranker als «dämonisch» besessen etikettiert wird, scheint er einer übermächtigen Bedrohung gegenüberzustehen, der er wehrlos ausgeliefert ist. (Wer wollte es schon mit dem Teufel aufnehmen?) Und dieses Gefühl der Ohnmacht schwächt selbstverständlich seine Abwehrkräfte. Ein Exorzist wie Himmel hingegen setzt *psychologisch* an: Nicht *er* sei imstande, Fremdenergien zu bannen – der Patient allein könne sie abwehren. Dazu muß dieser vor allem seine Angst loswerden. «Durch panische Angst verliert ein Mensch ständig mehr Lebensenergie», erklärt Himmel. «Diese Energie fließt dem Geistwesen zu – es saugt sie auf wie ein Vampir und wird damit immer stärker.» Um einen anhaltenden Schutz auszubauen, «muß der Mensch seinen Willen und sein Ich-Bewußtsein stärken, Körper und Seele stabilisieren»[212]. Was Himmel an magischem Zeremoniell einsetzt, dient nur als Hilfsmittel, solche Veränderungen im Patienten einzuleiten.

### Einäugigen ausgeliefert: eine Warnung an Patienten

Auf eine «Fluch- und Lärmtherapie» gegen Quälgeister schwört der amerikanische Psychologe Robert Baker, Inhaber eines Lehrstuhls an der Universität von Lexington, Kentucky: Er bannt sie mit wüsten Beschimpfungen, Verwünschungen – und dröhnender Rockmusik.[213]

Derart unkonventionelle Methoden helfen vielen Menschen, die sich besessen fühlen, rascher und nachhaltiger als jede medizinische Maßnahme. Warum sollte sie ihnen vorenthalten werden? Was in der Auseinandersetzung um den Exorzismus, wie um geistiges Heilen allgemein, dringend not tut, sind eine gehörige Portion Pragmatismus und Methodenpluralismus. Die entscheidende Frage ist doch: Was nützt dem Patienten, was verschafft ihm schnellstmöglich und anhaltend Erleichterung? Nur darum sollte es Helfern gehen, und zu diesem obersten Ziel sollte kein Mittel von vornherein ausgeschlossen werden.

Ein rares Beispiel für eine solche Haltung boten 1977 drei amerikanische Wissenschaftler: In einer angesehenen Fachzeitschrift für Verhaltensforschung berichteten sie, in aufgeschlossener Distanz, über die erstaunliche «Rückverwandlung» eines unglücklichen Transsexuellen.[214] Seit seiner Kindheit hatte sich John als Frau gesehen, nannte sich «Julie» und hatte nach allen psychologischen Tests längst eine weibliche Identität angenommen. Allerdings litt er darunter. Oft klagte er über ein dumpfes Gefühl, «etwas Fremdes» erlaube ihm nicht, seine Männlichkeit auszuleben. Kurz vor der entscheidenden operativen Geschlechtsumwandlung geriet er an einen Arzt, der keine Berührungsängste mit exorzistischem Gedankengut kannte. Eine Austreibung brachte 22 «böse Geister» zum Vorschein. John warf sämtliche Frauenkleider fort, schnitt sich die Haare kurz – und wurde wieder John. Dabei blieb es, ohne Rückfall. Nach Ansicht der Autoren «kann nicht geleugnet werden, daß ein Patient, der eindeutig als transsexuell galt, in bemerkenswert kurzer Zeit eine anhaltend männliche Geschlechtsidentität wiedererlangte – und das infolge eines Exorzismus».

Was es Menschen mit Besessenheitssymptomen bis heute geradezu unmöglich macht, wirkungsvolle Hilfe zu finden, ist die Tatsache, daß sowohl Psychiater als auch Exorzisten Besessenheit und Psychose als Gegensätze betrachten, die einander ausschließen. Sobald Spukvorgänge oder andere paranormale Geschehnisse auf Einwirkungen von «Jenseitigen» hindeuten, wähnen sich Exorzisten allein zuständig. Sobald andererseits seelische Störungen auffallen, scheint eine rein psychologisch-medizinische Zugangsweise angebracht.

Doch beide Seiten betrachten das Phänomen einäugig. Denn die Frage «Besessen oder psychotisch?» ist falsch gestellt. Sie unterstellt einen Gegensatz, wo in Wahrheit fließende Übergänge bestehen. Der Begriff «Besessenheit» deckt überaus heterogene Krankheitsbilder ab, bei denen organische, psychische, soziale und jenseitige Ursachen in recht unterschiedlichem Maße mitspielen können, mit ständig wechselnden Anteilen und einer schwer durchschaubaren Eigendynamik, in der sie sich wechselseitig verstärken. Fälle von Besessenheit liegen auf einem Kontinuum zwischen zwei Extremformen. Das eine Extrem bilden Fälle, in denen der anscheinende Angriff eines Fremdwesens mit solcher Macht erfolgt, daß selbst eine zuvor intakte Psyche ihr erliegt; das andere Extrem machen Fälle aus, in denen eine Psyche von vornherein derart aus dem Gleichgewicht gerät, mit Konflikten, Ängsten und Komplexen befrachtet scheint, daß sie wohl auch ohne «jenseitige» Einwirkung über kurz oder lang in eine Psychose abgedriftet wäre. Exorzisten und Psychiater neigen dazu, in Besessenheitsfällen stets nur diese beiden Extreme zu sehen, und erziehen ihre Patienten zu entsprechender Selbstwahrnehmung; doch die allermeisten Fälle liegen irgendwo dazwischen.

Exorzisten müssen lernen, mit psychopathischen Anteilen zu rechnen. Müßte denn nicht jeder von uns zumindest zeitweilig besessen sein, da wir nach spiritistischer Überzeugung doch überall unentwegt von niederen Geistwesen und allerlei anderen schädlichen Energien umlagert sind? Wenn die wenigsten unter uns daran erkranken, so kann das nur einen Grund haben: Wir sind unterschiedlich *prädisponiert* dazu. Eine übersteigerte Religiosität etwa, mit entsprechend ausgeprägten Ängsten vor tabuisierten Mächten, scheint dafür besonders empfänglich zu machen. (Anneliese Michel betete regelmäßig den Rosenkranz, versäumte bis zu ihrer Studienzeit keinen Gottesdienst, begleitete ihre Eltern auf Wallfahrten; in ihrer Studentenbude hingen religiöse Bilder und ein großer Weihwasserkessel.)

Und nicht nur der Ursprung, auch der weitere Verlauf der Erkrankung hängt entscheidend von psychischen Faktoren ab. Denn unter dem Eindruck, im Griff eines unsichtbaren Fremdwesens zu sein, reagieren Betroffene durchaus unterschiedlich. Die einen integrieren dieses Bewußtsein allmählich in ein gefestigtes spiritistisches Weltbild, lernen damit umzugehen, entwickeln Techniken zum Dialog mit dem Eindringling und zu seiner Kontrolle – und verlieren dadurch weitgehend jegliche Angst. Sie wirken selbstbeherrscht und psychisch intakt. Die meisten professionellen Medien sind dazu imstande; ihr Beispiel lehrt, daß Besessenheit nicht zwangsläufig ein Geisteszustand ist, der schleunigst beseitigt werden muß, um Gefahren abzuwenden; er ist abnorm, aber nicht immer pathologisch im Sinne einer behandlungsbedürftigen Erkrankung, die einen Menschen beeinträchtigt und leiden läßt. Die meisten Betroffenen reagieren allerdings eher mit Entsetzen und panischer Angst, und dies um so mehr, desto übermächtiger ihnen die Bedrohung erscheint. Gelegentliche Belästigungen veranlassen sie bereits dazu, einen zwanghaften Verfolgungswahn zu entwickeln. So steigern sie sich allmählich in eine Lage hinein, in die sie das Fremdwesen allein vermutlich gar nicht hätte bringen können.[215]

Auch unterschätzen Exorzisten oft die psychische Funktion, die Besessenheit für die Betroffenen spielen kann. Wie in allen Erkrankungen, so liegen auch in ihr nicht nur Not und Entbehrung, sondern auch ein subjektiver Gewinn: Sie verschafft Aufmerksamkeit, Mitleid, Zuwendung und Fürsorge. Sie bindet Bezugspersonen. Sie entlastet von unangenehmen Verpflichtungen. Sie macht die eigene Person wichtig, wenn auch nur als auserkorenes Opfer einer höheren Macht, womit unter Umständen Minderwertigkeitsgefühle kompensiert werden. Auch erlaubt sie es, ungestraft und entschuldigt, «mit dem Teufel im Leib», «böse» Bedürfnisse auszuleben und zu befriedigen, die gewöhnlich unterdrückt werden müssen. Wegen dieses Gewinns hängen viele Besessene unbewußt an ihrem Zustand. (Bei einem berühmten Besessenheitsfall aus der Mitte des vorigen Jahrhunderts, der Dienstmagd Gottliebin Dittus aus Möttlingen bei Pforzheim, vertrieb die aufopferungsvolle Fürsorge eines Pfarrers schließlich alle Symptome. «War hier Jesus der Sieger – oder persönliche Zuwendung?» fragt der Freiburger Psychologe Professor Johannes Mischo zu Recht.[216]) Das muß nicht bedeuten, daß die Motive allein die Krankheit erzeugen und somit der erlebte Fremdeinfluß fiktiv ist – es könnte aber zeigen, daß der Fremdeinfluß unterschwellig willkommen war und dadurch überhaupt erst überhandnehmen konnte. Für die Therapie von Besessenen folgt daraus: Ihnen muß bewußt gemacht werden, welche psychischen Funktionen es erfüllen kann, einen fremden Geist in sich «hereinzulassen»; welche Bedürfnisse es befriedigt, welche Konflikte es löst. Kurzum: Man muß nicht an der Realität einer jenseitigen Bedrohung zweifeln, um psychotherapeutisch einzugreifen.

Andererseits sollte mit paranormalen Anteilen einer Erkrankung auch dann gerechnet werden, nachdem offenkundige psychische Störungen festgestellt worden sind: dies müssen Mediziner hinzulernen. Könnten solche Störungen denn nicht *Folge* paranormaler Vorgänge sein? Zu denken geben hier Fallbeispiele, die Jan Ehrenwald, ein aus der ehemaligen Tschechoslowakei stammender, in New York wirkender Psychiater und Psychoanalytiker, bereits in den dreißiger Jahren sammelte.[217] Ihm fiel auf, daß viele Psychotiker – vornehmlich Hysteriker, Schizophrene und Paranoiker – zu außersinnlichen Wahrnehmungen fähig waren; besonders empfänglich schienen sie für telepathische Eingebungen. Gesetzt den Fall, Telepathie wäre nicht nur zwischen Lebenden, sondern auch mit Totengeistern und anderen unkörperlichen Wesenheiten möglich: Deutet Ehrenwalds Fallsammlung dann nicht darauf hin, daß hinter einem Hauptmerkmal der Besessenheit tatsächlich eine reale Ursache stecken könnte, die Spiritisten zu Recht ernst nehmen? Um einen durchaus echten Erlebniskern, zum Beispiel eine befremdliche «innere Stimme», könnte dann allmählich ein Wahngespinst gewoben werden.

Nur wer bereit ist, sich nicht an vorgefaßte Theorien und gewohnte Methoden zu klammern, kann einem Besessenen auch dann noch helfen, wenn sie offenkundig versagt haben. Einen betroffenen Patienten bloß zu internieren und pharmazeutisch ruhigzustellen, ist keine ärztliche Kunst – sondern deren Bankrotterklärung.

Hätten insofern im Strafprozeß um die Schuld an Anneliese Michels Tod nicht eigentlich die behandelnden Ärzte mit auf der Anklagebank sitzen müssen? Es kam anders: Am 21. April 1978 verurteilte die Erste Große Strafkammer des Landgerichts Aschaffenburg die Eltern sowie die beiden exorzierenden Priester zu sechs Monaten Gefängnis auf Bewährung und zur Übernahme der Prozeßkosten – wegen fahrlässiger Tötung und unterlassener Hilfeleistung. Denn die Angeklagten, so der Vorsitzende Richter, hätten wissen müssen, daß Anneliese ärztliche Hilfe brauchte. Aber hatte sie die etwa nicht bekommen?

# 8 Schamanismus –
## Die Weisheit der Ekstase

Ins Schummerlicht einer einzigen Kerze getaucht, entspannt sich die Asthmakranke auf einer mitgebrachten Wolldecke. Aus einer Räucherpfanne steigen herbe Duftschwaden auf. Vor der Patientin wirbelt eine maskierte Gestalt in wildem Tanz zu monotonen Trommelschlägen. An ihrem bodenlangen Fellumhang baumeln Klappern und Glöckchen. Emsig schwenkt sie Fahnen, Fetische und Amulette aus Glasscheiben, Federn und Knochen.

Die urtümliche Therapie findet in keinem Eskimo-Iglu, keinem indianischen Tipi, keiner sibirischen Jurte statt – Schauplatz ist ein postmodern eingerichtetes Dachstudio in einem Vorort von Heidelberg. Der Therapeut heißt Hans-Peter, nennt sich aber «Brave Deer» («Tapferer Hirsch»). Denn er versteht sich als Schamane, in der Tradition der ältesten Priesterschaft der Welt. Ihre Ursprünge reichen bis in die Steinzeit zurück, 30 000 bis 40 000 Jahre vor unserer Zeitrechnung. In seiner ursprünglichen Form stammt der Schamanismus aus Zentral- und Nordasien. («Saman» nennen die Tungusen Sibiriens «einen, der erregt, bewegt ist», womit sie das äußerlich Sichtbare der schamanischen Ekstase meinen.) Von dort gelangte er mit den Völkerwanderungen in die Neue Welt. Unter amerikanischen Indianerstämmen ist er ebenso verbreitet wie in Afrika, Asien und Australien. Ob als Medizinmänner, Hexer oder Voodoo-Meister: überall vereinen Schamanen die Rolle des Priesters, Sehers und Heilers in sich.[218] Schamanen waren nicht nur die ersten Ärzte und Psychotherapeuten der Welt, sondern auch die ersten Wetterpropheten, Rutengänger, Philosophen, professionellen Magier und Künstler.[219]

In ihren Grundzügen ähneln sich schamanistische Vorstellungen und Praktiken in allen Kulturen. Sie stehen auf vier Grundpfeilern:

1. Kein Unglück hat ausschließlich natürliche Ursachen: seien es Mißernten oder Überschwemmungen, Unfälle, Verbrechen oder persönliche Schicksalsschläge. Höhere Mächte führen es mit herbei. Auch hinter jeder Erkrankung wirken böse Kräfte: ob nun Götter, Dämonen oder Naturgeister, Totenseelen oder der Schadenszauber von Lebenden. (Ein Gärtner zieht sich vielleicht eine eitrige Infektion zu, nachdem er sich mit einer rostigen Heckenschere geschnitten hat – aber was ließ die Schere ausrutschen?)

2. Um Mittel und Wege zu finden, solches Unglück zu bannen, versetzt sich der Schamane in einen außergewöhnlichen Bewußt-

seinszustand: die Ekstase. Um ihn einzuleiten, werden häufig halluzinogene Drogen, Trommeln, Gesänge und Tänze eingesetzt, gelegentlich auch tagelanges Meditieren in stiller Einsamkeit an magischen Kraftplätzen, Fasten und strikte sexuelle Enthaltsamkeit.

3. In diesem Zustand soll der Schamane fähig werden, außersinnliche Erkenntnisse zu erlangen: über die wahren Ursachen eines Übels ebenso wie über geeignete Mittel, es zu beheben. Oft scheint er dazu seinen Körper zeitweilig zu verlassen. («Ekstase» bedeutet wörtlich: «außer sich sein».) Seine Seele tritt dann einen «magischen Flug» an, frei von jeglichen raumzeitlichen Begrenzungen. Parapsychologen sprechen von *Out of the Body Experiences* (OBE), von «außerkörperlichen Erfahrungen», wie sie, Umfragen zufolge, 15 bis 35 Prozent aller Erwachsenen mindestens einmal in ihrem Leben gemacht haben wollen. Doch während OBE gewöhnlich spontan auftreten und ablaufen, sollen Schamanen imstande sein, Beginn und Dauer, Richtung und Ziel ihrer Seelenreisen zu kontrollieren, in allen Einzelheiten bewußt zu steuern. Um während seiner körperlosen Exkursionen keinen Schaden zu nehmen und sein Erkenntnisvermögen noch zu erweitern, verbündet sich der Schamane mit «Hilfsgeistern». So spürt er hellsichtig vermißte oder entführte Personen, verlorene oder geraubte Gegenstände auf. Er identifiziert, auf einer Zeitreise zurück in die Vergangenheit, die Schuldigen eines Verbrechens. Neben dem «magischen Flug» beherrscht der Schamane noch weitere Techniken, um zu höheren Einsichten zu gelangen: darunter die *Inkorporation*, das zeitweilige «Hereinnehmen» von Geistern in den eigenen Körper, um ihres Wissens teilhaftig zu werden. Dieser Zustand wird oft zu Unrecht mit der vorübergehenden Besessenheit verglichen, in die manche spiritistischen Medien während ihrer Séancen geraten. Während Medien ihre eigene Persönlichkeit zeitweilig zu verlieren scheinen, zum willenlosen Werkzeug von «Jenseitigen» werden und sich hinterher an nichts erinnern können, scheint der Schamane nie die Kontrolle zu verlieren: Vollbewußt steuert er das innere Geschehen, er bleibt der Handelnde.

Aus diesen Erkenntnisquellen schöpft der Schamane auch seine Diagnosen. In seinem außergewöhnlichem Bewußtseinszustand erlebt er nach, wie es zu einer Erkrankung kam: Ein böser Dämon drang in das Opfer ein; oder ein magischer Zauber schleuste Fremdkörper in es ein, die nun Beschwerden verursachen; oder ein bestimmtes Vergehen, wie die Verletzung eines Tabus oder das Versäumen einer religiösen Pflicht, forderte die Strafe der Götter heraus; oder der Fluch eines Feindes lastet auf ihm. Ebenso offenbart sich dem Schamanen, mit welchen Mitteln die Erkrankung beseitigt werden kann: zum Beispiel welches Sühneopfer die Götter besänftigt; welcher Gegenzauber einen magischen Angriff abwehrt; welche Amulette oder Talismane gegen weiteres Unglück schützen; welche Heilkräuter ein Symptom vertreiben; wie ein besessen machender Geist exorziert werden muß.

4. Dazu bedarf es anscheinend übermenschlicher Kräfte – und auch sie soll der schamanische Bewußtseinszustand vermitteln können. Ein unsichtbarer Keim etwa, den ein böser Geist in den Körper einschleuste und dadurch krank machte, widersteht allen herkömmlichen Heilversuchen; nur der Schamane ist imstande, ihn zu entfernen. Besonders häufig werden dazu Techniken des Extrahierens eingesetzt: Der Krankheitserreger wird aus dem Körper «herausgezogen», sei es durch Bewegungen der Hände, die an etwas zu zerren scheinen, sei es durch Berührungen mit irgendeinem Gegenstand, auf den er übergehen soll; sei es durch Saugen mit dem Mund.[220]

Der Schamanismus, und damit auch schamanisches Heilen, ist in jüngster Zeit in der westlichen Esoterikszene heftig romantisiert worden – und hat eifrige Nachahmer gefunden. Im deutschsprachigen Raum verhalf ihm beinahe schlagartig eine internationale Konferenz «Schamanismus und Heilen» zum Durchbruch, die im Frühsommer 1982 indianische Heiler und westliche Wissenschaftler im österreichischen Alpbach in den Tiroler Bergen zusammenführte. Seither gehören indianische Vorzeige-Medizinmänner wie der Schoschone «Rolling Thunder» zu den Attraktionen größerer Esoterikveranstaltungen. Eine wachsende Zahl von gelehrigen Schülern bietet Seminare in Schamanismus an, die gut besucht sind. Der österreichische «Meister Martin Gregory» etwa aus Stockerau bei Wien will seine Kunst Ende der siebziger Jahre bei den kanadischen Kiowa erlernt und dort den Namen «Matschlialuta» («Weiße Wolke») erhalten haben.[221] Der Amerikaner Brant Secunda will zwölf Jahre bei den Huichol-Indianern in den Dschungelbergen der mexikanischen Sierre Madre zugebracht haben; dort soll ihn ein Medizinmann namens Don José Matsuwa eingeweiht haben, der angeblich über 110 Jahre alt ist und schon dreimal tot war.[222] Hugo-Bert Eichmüller aus Nürnberg, ein studierter Psychologe und langjähriger Gestalttherapeut, geht seit über fünfzehn Jahren den schamanischen Weg, seit ihn der Lakota-Medizinmann «Wallace Black Elk» angeblich zu seinem Ziehsohn machte.[223] Von Wien aus bedient eine «Foundation for Shamanic Studies», gegründet von dem bekannten österreichischen Journalisten Paul Uccusic, die

Szene mit einem umfangreichen Seminarprogramm sowie einem reichhaltigen Versandhandel mit allerlei Schriften, Tonkassetten und zeremoniellen Utensilien.

Im deutschsprachigen Raum bieten derzeit schätzungsweise zwei bis drei Dutzend einheimische Schamanen ihre Hilfsdienste für Erkenntnishungrige, Selbstfindungsgewillte und Kranke an. Die Preise sind teilweise happig: «Meister Gregory» etwa nimmt für eine heilsame «Räucherung», mit eigens importierten Kräutern aus Kanada, 1500 bis 2000 DM. Nach Recherchen des Journalisten Josef Nyary liegt das Durchschnittshonorar der westdeutschen Schamanen bei 200 DM pro Behandlung. Zudem floriert der Zubehörhandel: sei es mit «schamanischen Kraftobjekten» wie Bergkristallen, Steinen und Federn, sei es mit schamanischen Trommeln, Klangschalen, Streich- und Blasinstrumenten, die den Eintritt in die Ekstase erleichtern sollen. Tonkassetten, auf denen ein 27minütiger ununterbrochener Trommelwirbel «mit Rückholsignal» zu hören ist, werden «in Dolby-Stereo-Qualität» für etwa 25 DM gehandelt, ebenso wie Aufnahmen des sanften Singsangs eines lappländischen Frauenchors, «zu dem man wunderschön reisen kann»[224]. Ein findiger Esoterikveranstalter aus Voitsberg in der Steiermark lädt, gegen 700 DM, zu einwöchigen «Ferien im Euro-Schamanen-Dorf» in Steinberg bei Graz ein. Ebenfalls im Angebot hat er, zum selben Preis, eine «Initiation zum Euro-Schamanen», die binnen sieben Tagen gelingen soll. «Dabei entfaltet sich ein hohes Maß der in Ihnen schlummernden schamanischen Kräfte», verspricht ein Werbezettel. «Diese Kräfte werden am Ende des Workshops bei einer Feuerheilzeremonie transformiert, so daß Sie künftig auch im täglichen Leben darüber verfügen.» Im Mai 1993 begann an einem Wiener Esoterikzentrum die erste von elf «Ausbildungssitzungen» in Schamanismus, für die jeder Teilnehmer 6000 DM zu berappen hatte.[225] Der Psychotherapeut und Okkultismuskritiker Bernd Heller, Mitarbeiter am Psychologischen Institut der Freien Universität Berlin, rechnet vor: «Ein Kurs mit ‹echten› Schamanen erbringt bei im Schnitt 350 Anmeldungen (zu je 580 DM) 203 000 DM.»[226] Buchtitel wie *Der Schamane in uns*[227] sind solchen Geschäften überaus förderlich: Sie suggerieren, schamanische «Transformationen» seien, zwischen Feierabend und Schlafenszeit, auf kurzweiligen innerweltlichen Psychotrips zu haben. Vergessen wird dabei, daß echte Schamanen eine jahrelange Ausbildung durchlaufen, ehe ihnen in ihrer Kultur zugetraut wird, zwischen der alltäglichen Welt und dem Reich der Götter und Geister vermitteln zu können.

Die Vermarktung schamanischer Ideen, Methoden und Symbole

profitiert von schillernden Legenden, die sich um immer wieder nacherzählte Einzelfälle von «Wunderheilungen» ranken. So verblüfft Brant Secunda seine Zuhörerschaft vorzugsweise mit der Geschichte einer Frau mit einem «grapefruitgroßen Krebsgeschwür»: «Durch meine Behandlung schrumpfte es.»[228] Und «Meister Gregory» will einer Salzburgerin ein «Loch im Herzen geschlossen» haben: «Es war plötzlich wieder zu – wie zugenäht!»[229] Aber wie häufig, unter welchen Umständen und bei welchen Patienten kommen solche Erfolge tatsächlich vor? Was sind die Heilversprechen wert?

Wie Völkerkundler und Anthropologen seit Jahrhunderten immer wieder überzeugend dokumentieren, leisten Schamanen zumindest innerhalb ihres Kulturkreises bisweilen Erstaunliches – bei Patienten also, die traditionell von der Macht der Rituale zutiefst überzeugt sind.[230] So viel gestehen ihnen selbst skeptische Wissenschaftler zu: «Neurosen oder hysterische Lähmungen etwa können durchaus von einem Schamanen geheilt werden», meint Professor Hans Schadewald vom Medizinhistorischen Institut der Universität Düsseldorf, «wenn der Patient nur fest genug an die Wirkung der Zeremonie glaubt.»[231]

Es wäre freilich naiv zu meinen, Schamanen bräuchten erst Nachhilfeunterricht in Suggestionspsychologie, um zu begreifen, was sie eigentlich tun. Ebenso wie viele Geist-Chirurgen setzen sie Placebos vielmehr bewußt und gezielt ein, um die Patienten zu beeindrucken und so die Wirkung des Heilrituals noch zu verstärken. So ziehen sie etwa blutige Gegenstände aus ihrem Mund, nachdem sie den Kranken «ausgesaugt» haben: zum Beispiel eine Daunenfeder, die sie sich vorher insgeheim zwischen die Zähne gesteckt haben. Westliche Ärzte tun derartige Manipulationen meist verächtlich als plumpe Taschenspielertricks ab, mit denen leichtgläubige Patienten hinters Licht geführt werden sollen. Doch den therapeutischen Wert bestreiten nicht einmal sie. Schamanen «wissen ganz genau, daß viele Heilungsprozesse Selbstheilungsprozesse sind», erklärt Professor Stanley Krippner, Parapsychologe und Schamanismus-Experte am Saybrooke Institute in San Francisco. «Und wenn es ihnen gelingt, durch Einführung irgendeines dramatischen Moments dafür zu sorgen, daß diese Prozesse in Gang kommen, dann fühlen sie sich durchaus mit Recht erfolgreich. Das ist einer der Gründe für den Einsatz von Masken und Zeremonien, von Farben und Tänzen und vielen anderen Aspekten schamanistischer Heilweise.»[232]

Dürfen wir im Schamanismus also nicht mehr sehen als ein raffiniertes Placebo? Müßte zurückhaltenden, ahnungslosen oder skeptischen Patienten folglich von vornherein davon abgeraten werden? Wäre es sinnlos, kranke Kleinkinder oder gar Tiere zum Schamanen zu schleppen, da ihnen das nötige Bewußtsein fehlt, um (auto)suggestive Effekte in Gang zu setzen?

Damit wäre dem Schamanismus Unrecht getan. Zahlreiche skeptische Forscher, die vor Ort Feldstudien trieben und währenddessen ernsthaft erkrankten, genasen dank Heilkräften, die sie zuvor für undenkbar gehalten hatten. Auch erstaunliche Heilungen von Kindern und Tieren sind glaubhaft belegt.[233] Die ekstatische Trance, in die sich Schamanen dazu versetzen, scheint solchen Leistungen in der Tat förderlich; denn sie ähnelt jenen außergewöhnlichen Bewußtseinszuständen, in denen Teilnehmer an parapsychologischen Hellseh- und Psychokinese-Experimenten im allgemeinen viel erfolgreicher abschneiden als im Wachzustand.[234] (Wie physiologische Messungen anzeigen, verändern sich auch die begleitenden elektrischen Gehirnaktivitäten in diese Richtung.[235]) Inzwischen belegt eine Reihe von Testergebnissen, daß die Kräfte von Schamanen durchaus paranormale Anteile haben – daß sie zumindest gelegentlich auf einer unbekannten Form von Energie beruhen. So machte der indische Parapsychologe Alok Saklani in entlegenen Gegenden des Himalaja Schamanen ausfindig, die im Testlabor das Wachstum von Pflanzen auf unerklärliche Weise beschleunigen konnten: Samen in einer einprozentigen Salzlösung keimten doppelt so schnell wie gewöhnlich, wenn die Schamanen sie «geistig» zu schützen versuchten.[236]

Allerdings bestätigen solche Ergebnisse nur, was einige wenige, möglicherweise herausragend befähigte Schamanen gelegentlich zu leisten imstande sind. Daneben finden sich unter ihnen Mittelmäßige und Versager gewiß nicht seltener als in anderen Heiltraditionen. Diese Erfahrung machte jedenfalls der amerikanische Mediziner und Ethnopharmakologe Andrew Weil, der auf der Suche nach neuen Heilpflanzen und unorthodoxen Therapieformen zahlreiche Schamanen aufgesucht hat, vorwiegend in Südamerika: «Es war eine gemischte Schar. Sie reichte von Trinkern, deren Hauptinteresse es war, halluzinogene Drogen zu verkaufen, bis zu überaus geschickten Handauflegern.»[237]

Erst recht sagen noch so gut belegte Einzelerfolge von erfahrenen Medizinmännern in ihren Herkunftsländern nichts darüber aus, was ein bleichgesichtiger Großstadtschamane zustande bringt, der sich seit einem längeren Aussteigertrip in die dritte Welt «initiiert» fühlt. Nichts, außer horrenden Honorarforderungen, spricht dagegen, sich ihm anzuvertrauen – sofern ein Kranker seine Erwartungen stets an den Eindrücken überprüft, die der Betreffende auf ihn macht, und seine Gutgläubigkeit gegebenenfalls korrigiert, statt ihm einen unbegrenzten Vertrauensvorschuß zu gewähren. «Von mir aus», meint der Wiener Psychologe und Psychotherapeut Dr. Heinrich Wallnöfer, «kann jeder zum Schamanen gehen – schon allein deshalb, damit er nicht denkt, daß er etwas versäumt. Er sollte aber gleichzeitig unbedingt in fachärztlicher Behandlung bleiben.» Denn «wenn ein Magengeschwür, das man mit Schamanismus nicht weggekriegt hat, am Ende durchbricht, dann ist es vorbei»[238].

Aber auch bei vermeintlich echten Schamanen ist die Gefahr des Etikettenschwindels groß, vor allem in der indianischen Popversion, die seit Anfang der achtziger Jahre über den Atlantik nach Westeuropa schwappt. (Eine ähnliche Entwicklung wiederholt sich seit kurzem mit dem Kahuna-Schamanismus der Ureinwohner Hawaiis.) Es begann mit Auftritten einiger exotisch anmutender Viertel-, Halb- oder Voll-Indianer, die sich spirituell ausgehungerten Abendländern geschickt als Repräsentanten einer untergehenden Kultur vorstellten, der beinahe nichts zu fehlen scheint, woran es in der westlichen Welt zunehmend mangelt: Ehrfurcht vor der Schöpfung und ein Leben im Einklang mit ihr, Gelassenheit und Friedfertigkeit, Liebe und Lebensfreude, magischer Zauber und Gottesnähe. Gleichzeitig erschienen weiße Epigonen auf der Bühne, die mit abenteuerlichen Geschichten über eine jahrelange Lehrzeit und «Initiation» bei geradezu übermenschlichen Medizinmännern aufwarteten. Beide Gruppen begannen damit, auf «Erfahrungswochenenden», «Retreats» und Seminaren eine neue Generation weißer Zauberlehrlinge heranzuziehen, tauften sie in feierlichem Zeremoniell auf exotische Namen («Lieschen Sparkling Star Müller») – und verabschiedeten sie im festen Glauben, nunmehr echte, im Sinne altehrwürdiger indianischer Traditionen ausgebildete und autorisierte Medizinmänner zu sein. Diese indianern seither reisend, bestsellernd und workshoppend emsig drauflos, geschmückt mit fremden Federn. Als Delegierte der Lakota-Sioux 1990 zu Beratungen der UNO-Menschenrechtskonferenz nach Zürich anreisten, nutzten sie die Gelegenheit, eindringlich vor dem Ausverkauf echter indianischer Spiritualität durch «Plastikschamanen» zu warnen.[239] Zumindest bei einem Teil der Galionsfiguren des westlichen Pop-Schamanismus zeigt sich bei näherem Hinsehen, daß die vorgebliche Legitimation unverfroren hochgestapelt war, oder sie verliert sich in einer undurchdringlichen, mystifizierten Grauzone. «Harley Swift Deer» etwa gibt sich als Cherokee-Indianer aus, lehrt jedoch eine Lakota-Spiritualität, eigenwillig vermischt mit religiösen Anleihen bei der «Native American Church», die gänzlich unindianische Bedürfnisse wie «Selbstfindung» zu befriedigen sucht. Dabei bedient sich

Harley zwar eines Lakota-Wortschatzes; als ihn aber Lakotas öffentlich zur Rede stellten, merkten sie: Er hat keine Ahnung davon. Der Ende 1992 verstorbene «Sun Bear», der einen selbstgegründeten «Bären-Stamm» um sich scharte, verbreitete eine «indianische Astrologie», die sich nirgends belegen läßt. «Archie Fire Lame Deer» stellt sich als Lakota-Häuptling vor – kein Lakota weiß davon.[240]

Aber auch jene aufrechten Schamanen, die ihr Sendungsbewußtsein seit Jahren quer durch Europa treibt, tun ihrer Kultur, aus der sie sich zu Exportzwecken bedienen, womöglich Gewalt an. Sie verdienen an der Illusion, mit ein bißchen Schwitzhütte, Hirsch- und Sonnentänzen, Trommelwirbel und Mummenschanz ließe sich im Schnelldurchgang «reinziehen», wozu Eingeborene eine manchmal jahrzehntelange Schule voller Entbehrungen und harter Prüfungen durchlaufen müssen. So werde indianische Spiritualität «korrumpiert», klagte der außenpolitische Sprecher der Lakota, Milo Yellowhair, seinerzeit in Genf. «Sie wird aus ihrem Zusammenhang gerissen und den Weißen häppchenweise als etwas serviert, was sie noch so nebenbei konsumieren können, um sich besser zu fühlen. Unsere Religion verkommt darin zu einer Art spiritueller Erholungslandschaft.»[241]

Führende Wissenschaftler leisteten dieser Entwicklung wider Willen Vorschub, insbesondere der amerikanische Anthropologe Professor Michael Harner. Nach vielen Lehrjahren bei Schamanen rund um den Globus meinte er, ihre Kunst auf einen «Wesenskern» («Core Shamanism») reduzieren zu können, der sich aus ihrer Kultur herauslösen und dem westlichen Menschen unverfälscht übereignen läßt, «ohne umständliche Rituale». Harners «Foundation of Shamanic Studies» (FSS) in Norwalk, Connecticut, hat weltweit Lehrbeauftragte («Shamanic Counselors») eingesetzt und «bevollmächtigt», diesen Extrakt unters Volk zu bringen: unter anderen den Wiener Journalisten Paul Uccusic. Der bietet seither ein viertägiges «Fortgeschrittenen-Seminar» an, das für 270 DM, «Unterkunft und Verpflegung nicht inbegriffen», auf der niederösterreichischen Burg Plankenstein die Methode der «schamanischen Extraktion» vermitteln soll. Die Teilnehmer «lernen, spirituelle Krankheiten als ‹Eindringlinge› in den Organismus zu erkennen, zu lokalisieren und zu entfernen». (In jeweils drei weiteren Seminartagen, zu 290 DM, sollen Fortgeschrittene den «Visionstanz» sowie die Kontaktaufnahme zu «Naturgeistern» beherrschen lernen.) Jeder Krebskranke überlegt es sich besser zweimal, ehe er sich vom Absolventen eines solchen Instant-Kurses einen Tumor «herausziehen» läßt – auch wenn der Therapeut stolz ein imposantes «Diplom» als «Certified Shamanic Counselor Harner Method» (CSC) vorzeigt. Um ein solches Dokument zu erwerben, genügt die erfolgreiche Teilnahme an zwei mehrtägigen, aufeinander aufbauenden «Counseling-Seminaren». (Allein in die fünftägige Grundveranstaltung müssen 1150 DM Kursgebühr investiert werden.) Parallelen zu Reiki drängen sich auf: In beiden Fällen wird mit der trügerischen Illusion Kasse gemacht, zum «Meister» könne man es bringen, indem man einen Ausbildungsweg durchläuft, der typisch westlichen Bildungseinrichtungen abgeschaut wirkt: mit einem formal, zeitlich und inhaltlich vorstrukturierten Kurssystem, das über mehrere Stufen zu einem Diplom hinführt. Dieser Weg führt aus der Gesellschaft heraus, ins soziale Abseits einer esoterischen Subkultur – im ursprünglichen Schamanismus jedoch wird er in jedem Augenblick innerhalb der Gemeinschaft beschritten. Erst sie ist es auch, die letztlich darüber befindet, ob der Weg zum Ziel geführt hat: Ob sich jemand «Schamane» nennen darf, mißt sein Dorf, sein Stamm, sein Volk ausschließlich an seinen erwiesenen Leistungen. Daß jemand als Schamane auftritt, ohne für jedermann nachprüfbar auch nur einen einzigen Sterbenskranken kuriert, ein einziges Rätsel hellsichtig aufgeklärt, ein einziges wichtiges Ereignis prophezeit zu haben, wäre dort unvorstellbar.

Ihr Wissen derart prostituiert zu sehen, wurmt vor allem Indianer, die sich nicht damit abfinden wollen, daß ihnen immer mehr von ihrer angestammten Heimat weggenommen wird. Birgil Kills Straight, der Sprecher des Ältestenrats der Lakota, gibt zu bedenken: «Dadurch, daß man eine Seminargebühr zahlt, drückt man aus, daß unsere Spiritualität käuflich ist, wo auch immer, und daß man dafür gar kein Lakota-Land braucht. Letzten Endes führt dies zur Ansicht, auch wir könnten unsere Spiritualität ohne unser Land leben. So wird am Schluß niemand mehr Veranlassung haben zu verstehen, warum wir für unser Land kämpfen.»[242]

Ob das westliche Neo-Schamanentum die ursprüngliche schamanische Kultur letztlich ausverkauft oder nicht, mag einem Kranken einerlei sein – Hauptsache, ihm wird geholfen. Aber *ob* er Hilfe findet, wird um so fraglicher, je vorbehaltloser er sie bei «Schamanen» sucht, die den kulturellen Wurzeln ihrer vorgeblichen Fähigkeiten kaum weniger entfremdet sind als karnevalistische Winnetous der Welt der Apachen.

# 9 Heilen mit Fetischen –
## Zauberhafte Medikamente

### Die magischen Tücher des Barrie Redington

Als ich in dem dicken Briefkuvert aus England herumkrame, das soeben bei mir eingetroffen ist, bekomme ich zwei dünne Zellophanhüllen zwischen die Finger. Verblüfft ziehe ich sie heraus. Darin eingeschweißt sind jeweils fünf braune Stofflappen aus feiner Baumwolle, rechteckig zugeschnitten, jeder nicht größer als ein Taschentuch. Sie fühlen sich ein wenig feucht an. Unaufdringlich duften sie nach einem ätherischen Öl, mit dem der Absender sie offenbar getränkt hat.

Ein zweiter Griff ins Kuvert bringt eine «Gebrauchsanweisung» zum Vorschein, benutzerfreundlich in Englisch und Deutsch getippt. «Alle Arten von gesundheitlichen Beschwerden können durch diese Kompressen gelindert oder geheilt werden», wird darin versprochen. «Bis zu drei Monaten und länger» seien sie haltbar, «solange sie nicht benutzt werden. Einmal in Kontakt mit dem Körper, darf eine Kompresse nicht wieder verwendet werden.» Mehrere Stunden lang soll sie unmittelbar auf der nackten Haut liegen, am besten während der Schlafenszeit, im akuten Notfall aber auch tagsüber. (Dazu muß sie wohl mit Pflastern oder Binden am Körper befestigt werden, um nicht zu verrutschen.) Solche Anwendungen sollten «mehrere Male wiederholt» werden. Und gerade «bei schwereren oder anhaltenden Krankheiten» benötige der Patient «möglicherweise mehrere Umschläge, ehe die heilende Energie, wie jede andere Medizin auch, in den Körper eindringen kann».

Der Absender des mysteriösen Briefs heißt Barrie Redington, ein 45jähriger englischer Geistheiler aus Camberwell, der inzwischen im Südosten Londons lebt und praktiziert.* Er behauptet, solche Tücher mit unsichtbarer Heilenergie «aufladen», sie damit regelrecht «imprägnieren» zu können, während er sie ein paar Minuten in Händen hält. Vielen seiner Patienten gibt er sie mit, wenn er sie aus der Sprechstunde verabschiedet; wer ihn nicht persönlich aufsuchen kann, erhält sie per Post zugesandt. Sie sind seine Vehikel zur Fernbehandlung.

Ein paar Tage zuvor, im Juli 1992, hatte ich Redington angeschrieben, um ihn zum bevorstehenden «Weltkongreß für geistiges Heilen» nach Basel einzuladen. Nun hat er mir einige «Heiltücher» (*healing clothes*) geschickt, die meisten zum Test an Kongreßbesuchern mit

---

* Siehe dazu auch Seite 117ff.

Beschwerden, zwei allerdings großzügigerweise eigens für mich persönlich, «für den Fall, daß Sie selbst einmal Probleme haben». Kein Zweifel, der Mann ist sich seiner Sache sicher. Zu Recht?

Zumindest schwört darauf die Mehrzahl seiner Patienten. Eine Hausfrau aus Derbyshire etwa will damit unerträgliche Arthritis-Schmerzen im Rücken und Nacken losgeworden sein, eine Patientin aus Aberdeen jahrelangen chronischen Husten. Selbst in der Puszta machten Redingtons magische Tücher unlängst Furore, wie der ungarische Geschäftsmann György Nemeth, Vertreter einer Kristallglasfabrik, in der britischen Wochenzeitung *Psychic News* berichtet. Gemeinsam mit seiner Frau, einer Patientin Redingtons, besuchte Nemeth im Sommer 1991 das Dorf Lovos, wo seine Großeltern begraben liegen. Im Reisegepäck hatte seine Frau mehrere «Heiltücher», die sie an die Dorfbewohner verteilte: an eine Blumenhändlerin, die seit einer schlampig gesetzten Rückenmarksspritze bei der Geburt ihres Babys stark hinkte; an einen seit annähernd fünfzehn Jahren bettlägrigen Mann; sowie an einen weiteren Kranken, der an den Rollstuhl gefesselt war. (Nähere Angaben über die Art der Leiden macht Nemeth leider nicht.) Als das Ehepaar Nemeth drei Tage später von einem längeren Ausflug nach Lovos zurückkehrte, fand es sich sofort von Dorfbewohnern umlagert und bestürmt: «Wir wollen noch mehr von diesen Tüchern. Gebt sie uns!» Die Blumenhändlerin winkte den beiden lachend zu: Sie ging aufrecht, ihre Behinderung schien wie weggeblasen. Auch die zwei anderen Kranken sollen, dank der Tücher, «erhebliche Fortschritte» gemacht haben. Inzwischen hat Redington «dreihundert weitere Heiltücher vorbereitet, um sie per Post nach Lovos zu schicken»[243].

Solche Sensationsmeldungen, wie lückenhaft belegt auch immer, faszinieren auch andernorts. Als ich während eines Vortrags auf dem erwähnten Basler «Weltkongreß für geistiges Heilen» im November 1992 ein paar von Redingtons Tüchern probeweise an kranke Zuhörer verteilte, wurden sie mir förmlich aus der Hand gerissen. Am nächsten Kongreßtag sollten alle Testpersonen wiederkommen, um zu berichten, was Redingtons Stofflappen über Nacht bei ihnen ausrichteten. Die einzige, die sich dann noch blicken ließ, war eine Frau, die verzückt ins Mikrofon rief, sie sei «wie durch ein Wunder» langjährige quälende Rückenschmerzen losgeworden, nachdem sie auf ihrem «Heiltuch» geschlafen hatte.

So märchenhaft derartige Heilmagie anmutet, so felsenfest überzeugt ist Redington davon, daß ihre Wirkung wissenschaftlich nachzuweisen ist. Im Februar 1991 lud er drei renommierte Kliniken in

Großbritannien und den Vereinigten Staaten schriftlich dazu ein, «unter kontrollierten, von Ihnen festgelegten Testbedingungen an Patienten oder Zellkulturen im Labor meine Fähigkeit zu überprüfen, mittels solcher Tücher Krankheiten günstig zu beeinflussen, ja zu beseitigen»: das City Hospital in Edinburgh, das Northwick Park Hospital von Harrow, Grafschaft Middlesex, sowie das Allgemeine Krankenhaus von San Francisco. Allen drei bot Redington seine «bedingungslose, uneingeschränkte Zusammenarbeit bei jedem beliebigen Prüfverfahren an, für das Sie sich entscheiden sollten». Insbesondere regte er klinisch überwachte Versuche «mit Personen an, die an Aids oder anderen Erkrankungen schwerster Art leiden». Auf eine Einladung wartet Redington allerdings bis heute.²⁴⁴ Immerhin hat ein ungarischer Arzt, der Allgemeinmediziner Dr. Bokori, inzwischen Interesse angemeldet. Am Sankt-Stephans-Krankenhaus in Budapest will er die Tücher bei Patienten mit Krebs, Muskel- und Rückenbeschwerden anwenden lassen. Die eine Hälfte soll über die Herkunft und angebliche Wirkung der Tücher aufgeklärt werden, während der Rest im Glauben gelassen wird, ihnen würden gewöhnliche Kompressen aufgelegt.²⁴⁵

Was Redington so zuversichtlich verteilt, sind im weitesten Sinne *Fetische*, wie sie von Schamanen, Medizinmännern und Voodoo-Priestern in sogenannten primitiven Kulturen seit Jahrtausenden eingesetzt werden. Entsprechend verächtlich tun sie Schulmediziner ab. Unter einem Fetisch verstehe ich dabei einen eigentlich «leblosen» Gegenstand, der drei Bedingungen erfüllt:

1. Er ist imstande, eine physikalisch unbekannte Kraft aufzunehmen und zu speichern, die er nicht von Natur aus hat (wie etwa das Uran seine Radioaktivität): sei es einen «Geist» oder eine unpersönliche Energieform. (Im Gegensatz dazu betrachten Esoteriker die energetischen Eigenschaften, die Edelsteinen, Kristallen oder Pyramiden zugeschrieben werden, als natürliche Besonderheiten dieser Objekte, die sie aufgrund ihrer inneren Struktur oder ihrer Form aufweisen.)

2. Damit diese Kraft in den Gegenstand hineingelangt, bedarf es einer dazu befähigten Person. Durch Berührung, Willensakte oder magische Rituale «leitet» sie «Energie» ein.

3. Das Objekt vermag diese Kraft *weiterzugeben*. Bei *Heil*fetischen zeichnet sich die übertragene Energie dadurch aus, daß sie Genesungsprozesse in medizinisch unerklärlicher Weise beschleunigt, sobald ein Kranker mit ihnen in Kontakt kommt.

In allen Kulturkreisen außerhalb unserer westlichen Zivilisation gilt es bis heute als geradezu selbstverständlich, daß solche Heilfetische herstellbar und hochwirksam sind. In Europa waren Fetische schon lange vor unserer Zeitrechnung fester Bestandteil der Volksmedizin.

**Reliquien: die Fetische des christlichen Abendlands**
Das Christentum hat diesem «heidnischen Aberglauben» keineswegs ein Ende gesetzt. Es goß ihn lediglich in seine eigenen religiösen Formen, wobei sie ihn zeitweise zum Massenwahn steigerte. Nichts anderes als Fetische waren es ja, die zum heißbegehrten Ziel christlicher Sehnsüchte wurden, als der Kult um *Reliquien* aufkam – um Gegenstände, von denen man zu wissen meinte, daß sie mit Märtyrern und Heiligen oder gar mit Jesus Christus selbst irgendwann in physischen Kontakt gekommen waren, sei es ein Kleidungsstück, Eßgeschirr oder eine Sitzgelegenheit; am allerbegehrtesten aber waren irgendwelche sterblichen Überreste von ihnen, wie Haare oder Teile des Skeletts. Sie sollen Kräfte in sich aufgenommen haben, mit denen sie zeitlich unbegrenzt an beliebigen Orten segensreich weiterwirkten, ohne sich jemals abzuschwächen. Denn alle diese Überbleibsel waren ja einmal von der Seele des Märtyrers, von seinem Mut, seiner Tapferkeit und seiner Glaubensstärke durchdrungen. Konnte diese Kraft jemals verlorengehen?

Schon die Bibel enthält mehrere Berichte über Reliquien, die Wunder gewirkt haben sollen.[246] Demgemäß wurden bereits zu Zeiten des Apostels Paulus Kranke mit Tüchern und Gewändern des Heiligen berührt, und es ist bezeugt, daß daraufhin «die Krankheiten wichen und die bösen Geister ausfuhren» (Apostelgeschichte 19, 11). (Taschentücher von Paulus waren aus diesem Grund derart begehrt, daß sie angeblich unentwegt gestohlen wurden.) Doch weitere Verbreitung fand die Reliquienverehrung erst, als mit der Bekehrung Kaiser Konstantins des Großen die Christenverfolgungen im Römischen Reich ein Ende nahmen. Nun konnten Gläubige ungestraft ausgraben, was von den Märtyrern übriggeblieben war, und sie in neuerrichteten Kirchen feierlich beisetzen. Viele Gräber wurden zu Kultstätten, in denen Kranke zu Tausenden nächtelang lagerten und beteten. Prächtige, kostbare Schreine wurden angefertigt, um einen einzigen, winzigen Splitter vom Kreuze Jesu, einen Zacken aus seiner Dornenkrone oder irgendwelche anderen handfesten Erinnerungsstücke seiner Passion aufzunehmen. Vom 5. Jahrhundert an entstand keine Kirche mehr ohne irgendeine Reliquie.

Als die Nachfrage nach Reliquien immer weiter wuchs, nahmen

Grabschändung und Leichenraub sprunghaft zu; gerissene Reliquienhändler zerteilten die entwendeten Überreste und verkauften sie teuer im ganzen christlichen Abendland. Da sie knapp waren, kamen immer häufiger auch echte und angebliche Kleidungsstücke von Märtyrern auf den Markt, von diesen irgendwann berührte Gegenstände oder Folterwerkzeuge, mit denen sie der Fama nach gequält worden waren. Als Kaiser Karl der Große die Pfalzkapelle in Aachen erbauen ließ, erstand er Haare und ein Kleid der Muttergottes. Der Papst überreichte erlauchten Gästen gelegentlich Feilspäne vom Folterrost des heiligen Laurentius; diese Gaben wurden in goldene Schlüssel oder Ketten gefügt oder als Amulett getragen. «Ein wenig Staub aus der Kirche des heiligen Martin», so versicherte im 6. Jahrhundert Bischof Gregor von Tours, «ist hilfreicher als alle unsinnigen Heilmittel.»

Als umsatzsteigernd erwies sich auch der Glaube, daß eine Reliquie beliebige weitere erzeugen kann, sobald sie mit anderen Objekten in Berührung oder ihnen auch nur nahe kommt. Ein Splitter vom Kreuz Jesu kann in Wasser getaucht, das Wasser in Flaschen gefüllt, der Flascheninhalt tropfenweise auf andere Objekte aufgebracht, diese Objekte ihrerseits in Wasser getaucht werden usw.: ein beliebig fortsetzbarer magischer Infektionsweg, der unendlich viele weitere Energieträger hervorbringen kann.[247]

Bis zum 9. Jahrhundert hatte der Reliquienhandel derartige Ausmaße angenommen, daß nur noch Fürsten oder Bischöfe es sich leisten konnten, ganze Leichname zu erstehen. Wenn Päpste einwilligten, Überreste von Heiligen ins Ausland überführen zu lassen, vollzogen sich solch «Translationen» mit unglaublichem Gepränge.[248]

Mit der Reformation setzte die Kritik an der Reliquienverehrung ein, vor allem durch Luther und Calvin. In der katholischen Kirche hat sich der umstrittene Kult bis heute gehalten, von vielen höheren Würdenträgern geduldet, wenn nicht gar gefördert. Nach wie vor pilgern jährlich Millionen Christen zu Wallfahrtsorten, an denen wohlbehütete Reliquien vorzufinden sind. Bis auf den heutigen Tag wird in Eichstätt das «Walburgisöl» verkauft, ein Gesteinswasser, das aus dem Grab der heiligen Walburga träufelt. Wer mit einer offenen Wunde ins Schweizer Kloster Sarnen kommt, dem werden, zum Auflegen, Leinenstückchen feilgeboten, mit denen die Figur des Sarner Jesuskinds berührt wurde. Im niederbayerischen Ranoldsberg erhalten Kranke einige Tropfen geweihten Öls, das zuvor die Ampeln der Kirche gespeist hat.

Daß christliche Fetische nicht minder wirken als Redingtons Heiltücher, belegt eine unüberschaubare Vielzahl von Kirchendokumenten;

allein die an vielen Wallfahrtsorten ausliegenden «Mirakelbücher», in denen wundersam Genesene seit Jahrhunderten ihre Krankenge-schichten verewigen, sind voll davon. Eine der berühmtesten Heilun-gen durch eine Reliquie widerfuhr einer Nichte des französischen Philosophen und Mathematikers Blaise Pascal, Marguerite Perier. Die junge Novizin litt seit 1643 an einer Augenfistel. Am 25. März 1646 küßte sie an einem Altar einen Dorn aus der Dornenkrone Jesu Christi, und eine anwesende Nonne berührte mit der Reliquie die Fistel. Eine Viertelstunde später hörte die Wunde auf zu eitern, das Geschwür trocknete ab, und die Frau war geheilt. Dieser Vorfall erschütterte Pascal derart, daß er in sein Wappen ein Auge aufnahm, das von einer Dornenkrone umgeben ist. Darunter brachte er den lateinischen Spruch *scio cui credidi* an: «Was ich einst glaubte, weiß ich nun.»[249]

## Von Stanniolkugeln, Papierschnitzeln und anderen Fetischen geistigen Heilens

Erheblich leichter herzustellen und zu erwerben sind die Heilfetische des nachchristlichen «Neuen Zeitalters» – und dabei offenbar nicht minder wirksam. Was Barrie Redington Stofflappen zutraut, versprach sich Bruno Gröning von Stanniolkugeln*, ebenso der Münchner Geistheiler Dr. Kurt Trampler. Dolores Krieger, die Wegbereiterin des «Therapeutic Touch», traut Wolle zu, Heilenergie zu speichern.[250] Die indianische Medizinfrau Oh Shinnah, immerhin eine diplomierte Psy-chologin, «programmiert» Kristalle auf Heilschwingungen für be-stimmte Erkrankungen[251], desgleichen der 1992 verstorbene Schweizer Edelsteintherapeut Marcel Vogel.[252] Die Heilerin Renate Schönwiese, Arztfrau aus Kall in der Eifel, will «heilendes Wasser» herstellen können, «einfach indem ich es berühre». Bei Patienten, die sie damit benetzte, soll eine Herpes-Infektion im Auge unverzüglich ver-schwunden sein; eine tiefe Schnittwunde in der Hand soll sich binnen Minuten geschlossen haben; ein seit fünfzehn Jahren andauernder Gehörsturz sei schlagartig verschwunden.[253]

Eine besondere Rolle spielen Fetische bei der Arbeit des berühmten ungarischen Geistheilers Oskar Estebany, eines ehemaligen Kavalle-rieoffiziers, der sich nach dem Zweiten Weltkrieg ganz dem Dienst an Kranken widmete, insbesondere nach seiner Emigration nach Kanada. Er setzte Gegenstände beinahe beliebiger Art dazu ein, mit seinen Patienten auch in ihrer Abwesenheit Kontakt zu halten; mit Fetischen

---

* Siehe dazu auch den Abschnitt über «Gruppenheilung», Seite 73.

behandelte er sie auf Distanz. Dabei verwendete er unter anderem Papier: «Eigentlich tat ich dabei überhaupt nichts Besonderes. Ich schnitt einfach ein Blatt Papier in kleine Stücke. Diese Stücke signierte ich dann, aber im Grunde war das Unterschreiben überflüssig. Mir wurde klar, daß alles, was ich in die Hände nahm, meine Energie aufnimmt und sie abstrahlt, wobei es von einer Art Magnetfeld umgeben wird. Bis zu einem gewissen Grad eignet sich jedes beliebige Material dazu, aber am aufnahmefähigsten sind Wasser, Faserstoffe, Holz, Pflanzen, menschliche oder tierische Körper... Mittels all dieses energetisierten Materials, wie weit es auch immer von mir entfernt sein mag, bleibe ich mit meinen Patienten für lange Zeit in Verbindung. Darin liegt, so glaube ich, der Grund dafür, daß mir eine Fernheilung nur bei einer Person gelingt, die entweder zuvor von mir persönlich behandelt wurde oder im Besitz von Material ist, das ich energetisiert habe... Mit Hilfe solchen Materials können wir miteinander in Kontakt bleiben, selbst wenn wir uns jahrelang nicht mehr sehen, ja nicht einmal mehr aneinander denken.»[254]

### Fetische: mehr als Placebos?

Haben Reliquienverehrung und anderer Kult um Fetische einen rationalen Kern? Ist ihre Wirkungsweise ein Phänomen, das aufgeschlossene Ärzte und Wissenschaftler herausfordern müßte? Oder stehen «energiegeladene» Heiltücher, Wattebäusche und Papierschnitzel im Prinzip auf einer Stufe mit Hufeisen, vierblättrigem Klee und anderen Talismanen?

Die erste und vorläufig einzige ernstzunehmende wissenschaftliche Studie aus Deutschland, die Fetischen auf den Grund zu gehen versuchte – und das eher beiläufig, im Rahmen eines umfassenderen Forschungsprojekts –, liegt schon fast vier Jahrzehnte zurück. Dabei befaßte sie sich mit einer einzigen Art von Fetisch, «energetisiert» von einem einzigen Heiler, in Anwendung auf eine unrepräsentative Stichprobe. Die Vorgeschichte: Im Herbst 1954 hatte sich einer der populärsten Geistheiler jener Zeit, der schon mehrfach erwähnte Volkswirt Dr. Kurt Trampler aus München, hilfesuchend an das von Hans Bender geleitete «Institut für Grenzgebiete der Psychologie und Psychohygiene» in Freiburg im Breisgau gewandt. Nachdem er seit 1952 angeblich dreißig- bis vierzigtausend Kranke unbefugt behandelt haben soll, war von der Staatsanwaltschaft München ein Strafverfahren gegen ihn angestrengt worden. Daraufhin war Trampler, wegen Verstoßes gegen das Heilpraktikergesetz, in erster Instanz zu drei Monaten Gefängnis mit Bewährung sowie zu einer hohen Geldstrafe verurteilt worden. Gegen dieses Urteil hatte er Berufung eingelegt: Er bestand auf einem wissenschaftlichen Gutachten, das die Justiz dazu bewegen sollte, ihn an den Früchten seiner Arbeit zu messen. Ein solches Gutachten erhoffte er sich nun von den Freiburger Parapsychologen – und bekam es. Für ihre Dissertation studierte die Aachener Psychologin Ingeborg Strauch 1955 mehrere Heilmethoden Tramplers: neben Handauflegen und Fernbehandlungen auch eine sonderbare Art von Heilfetisch, den Trampler von Bruno Gröning übernommen hatte.[255] Er übergab seinen Patienten häufig Folien aus Stanniol, die er vorher in seinen Händen gehalten und «durchströmt» hatte, wie er den Vorgang des «Aufladens» nannte. Diese Folien sollten zu Hause auf die erkrankten Körperteile gelegt, unter dem Kopfkissen ausgebreitet oder auch ständig auf der bloßen Haut getragen werden. Für die medizinische Aufnahme und Kontrolle von Strauchs Patientengut hatte der Direktor der Medizinischen Poliklinik der Universität Freiburg, Professor H. Sarre, zwei Mitarbeiter abgestellt, Dr. J. Marx und Dr. H. Enke. Während des halbjährigen Testzeitraums, vom Januar bis Juli 1955, wendeten 228 Patienten die Folien an. Von ihnen berichteten 62, also mehr als ein Viertel, diese Prozedur hätte ihre Beschwerden gelindert; die übrigen 166 bemerkten keine Besserung. Immerhin schien die Folienbehandlung alles in allem erfolgreicher als Tramplers «Fernheilungen», die er zu bestimmten, zuvor abgesprochenen Uhrzeiten vornahm. Dies, so Strauch, könnte allerdings «durch die direkte Berührung mit dem Körper zu erklären sein, die eine engere Verbindung zur Krankheit herstellt». Die sonderbaren Empfindungen, die jeder zweite Anwender erlebte und auf die «Heilenergie» zurückführte – vor allem Wärmegefühle –, seien im übrigen «beim Auflegen von Stanniolfolie auf die Haut, physiologisch gesehen, ganz natürlich»[256]. Andererseits traten in Einzelfällen Empfindungen auf, welche «die üblichen Wärmesensationen beim Auflegen einer einfachen Stanniolfolie überstiegen und zu einer Linderung der Schmerzen führten»; dies sei «ein wesentlich tiefgreifenderer Vorgang», der Beachtung verdiene.[257] Leider mangelt es der Freiburger Studie an Angaben über ärztlich festgestellte objektive Veränderungen der Krankheitsbilder, die über das zu erwartende Maß deutlich hinausgingen, ebenso wie an begleitenden anderen therapeutischen Maßnahmen. Das macht sie weitgehend wertlos.

Wenn Stanniolfolien und andere Heilfetische Wirkungen entfalten, die ihnen aufgrund ihrer bekannten physikalischen Eigenschaften niemand zugetraut hätte, so spielt starker *Glaube* an solche Kräfte unzweifelhaft eine gewichtige Rolle. Falls und solange ein Kranker davon überzeugt ist, irgendein an sich toter Gegenstand habe eine «übernatürliche» Kraft aufgesogen und strahle sie ab, wird seine Psyche mit großer Wahrscheinlichkeit dafür sorgen, daß entsprechende Selbstheilungsprozesse in seinem Körper in Gang kommen, es sei denn, die biologischen Reparaturmechanismen sind schon zu stark beeinträchtigt. Dieser Glaube wirkt oft selbst dann unvermindert heilsam, wenn er nachweislich irrig ist: bei Pseudo-Reliquien. «Würden die Knochen irgendeines Skeletts», so gab der italienische Philosoph Pietro Pompanazzi schon vor fünf Jahrhunderten zu bedenken, «insgeheim gegen die sterblichen Überreste eines Heiligen vertauscht, so würden sie einem Kranken nichtsdestoweniger nützen, vorausgesetzt nur, er wäre davon überzeugt, daß es sich um echte Reliquien handelt.»[258]

Daß in einer rein psychosomatischen Theorie allerdings schon die ganze Wahrheit liegt, die es über Fetische zu enthüllen gibt, bezweifle ich aus mehreren Gründen. Sie stützen sich auf beachtenswerte, übereinstimmende Beobachtungen von glaubwürdigen Heilern, Patienten und medizinischen Beobachtern, ein Großteil auch auf wissenschaftliche Experimente:

1. Sogar kranke Säuglinge und Kleinkinder sind schon genesen, kaum daß sie mit Fetischen in Berührung kamen.
2. Selbst Menschen, die von der Anwendung eines Fetischs nicht das geringste ahnten, haben plötzlich unerwartete Besserungen erlebt. «Mit Autosuggestion», so betont Oskar Estebany, «können meine energetisierten Papierstücke nichts zu tun haben. Manche Kranken erholten sich auf wundersame Weise, ohne zu wissen, daß ihnen ein Papier von mir unter ihr Kopfkissen geschmuggelt wurde.[259]
3. Auf Fetische sprechen auch Tiere an, wie der kanadische Biologe Bernard Grad von der Universität Montreal in zahlreichen Experimenten mit Estebany belegen konnte. In einem typischen Versuch erzeugte Grad bei 37 Mäusen zunächst einen künstlichen Kropf. Dazu setzte er sie auf eine jodarme Diät. Zusätzlich mischte er ihnen eine chemische Substanz namens Thiouracil ins Trinkwasser, die den Jodstoffwechsel der Schilddrüse hemmt. Dann wurden die Mäuse, in Vierer- oder Fünfergruppen, dreieinhalb Wochen lang jeweils von Montag bis Samstag eine Stunde lang morgens und abends in mehrere Versuchskäfige gesperrt. In jedem zweiten Käfig lagen zehn Gramm Wolle, die Estebany zuvor «mit Heilenergie aufgeladen» hatte, indem er sie eine Viertelstunde lang in seinen Händen hielt. Bei denjenigen Mäusen, die in Kontakt mit dem Fetisch kamen, entwickelte sich der Kropf eindeutig langsamer.[260]

4. Auch Pflanzen reagieren auf Heilfetische. Grad schädigte Gerste-samen, indem er sie mit einer einprozentigen Salzlösung übergoß; dadurch verlangsamt sich ihr Wachstum in der Regel beträchtlich. Der Hälfte der Samen wurde dieser chemische Schock allerdings erst zugefügt, nachdem Estebany den Becher mit der Salzlösung minu-tenlang in seinen Händen gehalten hatte. Die damit behandelten Samen keimten und wuchsen deutlich schneller, ihr Chlorophyllan-teil lag auffallend höher als in der Vergleichsprobe – und das nicht nur in einem einzigen Test, sondern bei drei Wiederholungen.[261]
5. Selbst Zellen und isolierte Zellbestandteile verändern sich unter der Einwirkung von Fetischen manchmal auf ungeklärte Weise. So «er-holten» sich Trypsin-Enzyme im Reagenzglas, deren Aktivität sich infolge ultravioletter Bestrahlung um 68 bis 70 Prozent verringert hatte, überraschend schnell, wenn Estebanys «Heilwasser» in ihre Nähe kam; dieser Effekt fiel ebenso stark aus, wenn Estebany seine Hände zum Reagenzglas hinführte.[262] Dem amerikanischen Gynä-kologen und Geistheiler Dr. Leonard Laskow gelang es, Wasserpro-ben durch bloße Konzentration derart zu beeinflussen, daß sie die durchschnittliche Wachstumsrate von Krebszellen um über ein Viertel verringerten.[263]

Hinzu kommen indirekte Anhaltspunkte. Würden Heilfetische allein über den Glauben der Patienten wirken, so müßte es einerlei sein, *wie* diese Fetische zuvor, ohne Wissen der Patienten, «energetisiert» wur-den: beispielsweise wie lange sich der Heiler dafür Zeit nahm. Doch zumindest für Oskar Estebanys Fetische schien es eine optimale «La-dedauer» zu geben: Von ihm vorbehandelte Wasserproben oder Baumwolltücher regten die Aktivität des Enzyms Trypsin genau dann am stärksten an, wenn er das Material siebzig Minuten lang in Händen hielt. Sobald er sich dafür weniger oder mehr Zeit nahm, schwächte sich der Effekt meßbar ab.[264]

Um einen Heilfetisch mit rein «geistigen» Mitteln zu erzeugen, muß vermutlich seine innere Struktur psychokinetisch verändert werden. Daß zumindest einige Geistheiler zu solchen Leistungen imstande sind, haben sie in zahlreichen parapsychologischen Experimenten un-ter Beweis gestellt: Willentlich beeinflußten sie physikalisch-chemi-sche Eigenschaften von Wasser, Kristallen und anderem Material.*

Allerdings würde es nicht genügen, die Struktur eines Gegenstandes bloß irgendwie zu verändern – die Veränderung müßte *spezifisch* sein.

---

* Mehr dazu in Kapitel IV, Seite 288 ff.

Mit anderen Worten: Auf bestimmte Intentionen eines Heilers hin müßte ein Gegenstand mit einzigartigen Strukturveränderungen reagieren, die bei keiner andersartigen Intention entstehen. Nur so könnte er einen Behandlungseffekt auslösen, der das vorgesehene Behandlungsziel erreicht. Damit etwa Redingtons Tücher zu *Heil*tüchern werden, reicht es nicht aus, daß ihre Mikrophysik auf Redingtons Heilabsicht zwar reagiert, aber jeweils anders, jeweils diffus, und immer nur vorübergehend. Der mikrophysikalische Umbau muß so geordnet und präzise erfolgen, daß er aus den Tüchern hochspezifische Informationsträger macht. Sind solche «*informativen* Imprägnierungen», wie ich sie nennen möchte, überhaupt möglich? Eines der am gründlichsten untersuchten Psi-Phänomene deutet darauf hin: die sogenannte *Psychometrie.* Manche Hellseher sind imstande, verblüffend genaue Angaben über Fremde zu machen, denen sie nie zuvor begegnet sind – einfach indem sie einen persönlichen Gegenstand von ihnen, einen «Induktor», in die Hand nehmen und regelrecht «abgreifen». Einer naheliegenden Erklärung zufolge (es gibt weitere) sind die Informationen, die in ihren außersinnlichen Wahrnehmungen dabei aufsteigen, in irgendeiner Form im Induktor «gespeichert», liegen in abrufbaren Mustern bereit.

Der rätselhafte Weg, auf dem ein Heilfetisch wie «energetisiertes» Wasser seinen Zweck erfüllt, ähnelt möglicherweise dem, auf welchem ein homöopathisches Mittel wirkt. Bei den stärksten Homöopathika, den «Hochpotenzen», ist die Wirksubstanz so weit verdünnt worden, daß in der Lösung rein rechnerisch kein einziges Molekül von ihr mehr vorhanden sein kann. Wenn die verabreichte Lösung trotzdem therapeutisch wirkt – und das tut sie mitunter selbst im wissenschaftlichen Doppelblindversuch –, so kann sie dies offenbar nur dadurch, daß die Lösung als ganze während des Verdünnungsvorgangs auf typische Weise von der Wirksubstanz verändert wurde: möglicherweise dadurch, daß energetische Schwingungsmuster auf sie übertragen wurden. Dasselbe könnten Geistheiler bewirken. Im Nutzen der Homöopathie sehe ich eines der stärksten Argumente dafür, daß es sich lohnt, Heilfetische ernster zu nehmen.

Im übrigen liegen seit kurzem auch direkte Anhaltspunkte dafür vor. Sollte ein Heilfetisch bloß über den Glauben seiner Anwender wirken können, dann müßte es unerheblich sein, in welcher *Absicht* ein Geistheiler irgendein Material «auflädt». Kürzliche Experimente am Forschungslaboratorium für Quantenbiologie in Palo Alto, Kalifornien, deuten aber in eine andere Richtung: Sie zeigten nicht nur, daß ein Heiler durch bloße Konzentration die Spektraleigenschaften von

Wasser verändern konnte. (Die Testperson war der zuvor genannte Dr. Leonard Laskow. Mittels eines Absorptionsspektroskops wurde gemessen, welche Wellenlängen das Wasser vor und nach der rein geistigen Behandlung «verschluckte».) Je nachdem, in welcher *Absicht* Laskow dies tat, traten deutlich unterscheidbare biologische Wirkungen auf. Dazu wurden Tumorzellen in Gewebekulturen gezüchtet, denen destilliertes Wasser aus zuvor versiegelten Plastikfläschchen beigegeben wurde. Ein Teil dieser Fläschchen hatte Laskow zuvor «aufgeladen». Um Auswirkungen auf das Tumorwachstum objektiv zu messen, wurden die Krebszellen mit radioaktivem Thymidin markiert; ihre Gesamtzahl berechnete nach 24 Stunden ein Hämocytometer. Die Ergebnisse verblüfften: Die Tumorzellen schienen nicht nur auf Laskows «Heilwasser» erheblich stärker zu reagieren als auf unbehandeltes destilliertes Wasser – sie sprachen auch auf die jeweiligen Vorstellungen und Zielbilder, mit denen Laskow sich im Geiste beschäftigt hatte, auffallend unterschiedlich an. Den stärksten Effekt erzielte Laskow mit der Absicht, «die ursprüngliche Ordnung und Harmonie der Zellen wiederherzustellen»: Sie verringerte das durchschnittliche Tumorwachstum um 28 Prozent. Die Vorstellung, die Zellen würden sich «in Nichts auflösen» («dematerialisieren»), hatte einen 27prozentigen statistischen Effekt, die Vorstellung «unbedingter Liebe zu allem Geschaffenen» einen 21prozentigen. «Unsere Ergebnisse», so faßt Projektleiter Glen Rein zusammen, «deuten darauf hin, daß Wasser tatsächlich imstande war, diejenige Information zu speichern und auf die Tumorzellen zu übertragen, die mit verschiedenen Bewußtseinsinhalten einhergeht.»[265]

Forschungen dieser Art liefern uns zunehmend triftigere Gründe, in Heilfetischen mehr zu sehen als bloße Placebos. Rein psychologische Ansätze mögen einen Großteil von Fetischheilungen befriedigend erklären – aber sie werden nicht allen gerecht. Zumindest in manchen Fällen spielt offensichtlich ein paranormaler Faktor mit. Dies legt die Vermutung nahe, daß er häufig auch an weniger offensichtlichen Fällen mitbeteiligt ist. Ob dieser Faktor von den Heilern selbst allerdings richtig identifiziert wird, steht auf einem anderen Blatt. Ein Fetisch *könnte* so wirken, wie sie annehmen: Irgendwie speichert er Heilintentionen, um sie dann an kranke Körper weiterzugeben. Aber auch andere Wege sind denkbar: Vielleicht öffnet ein Fetisch im Bewußtsein des Patienten einen Kanal, über den er vom Heiler selbst unmittelbar Energie bezieht. Vom Fetisch selbst bräuchte dazu nicht unbedingt Energie auszugehen; das bloße Bewußtsein um seine Funktion könnte ausreichen. (Entsprechend könnte die Rolle des Induktors bei «psychometrischen» Leistungen darin bestehen, telepathische Kontakte zwischen einem Hellseher und einer entfernten Person zu erleichtern.) Oder ein Fetisch verbindet beide, den Heiler ebenso wie den Patienten, mit einer höheren Energiequelle, aus der einer wie der andere schöpft. (Auch eine geweihte Hostie weist vermutlich keine «Eigenstrahlung» auf; allerdings bringt sie, nach christlicher Überzeugung, Priester wie Gläubige in unmittelbare Beziehung zu Gott.)

**Fetische aus dem Nichts: Wenn Heilmittel «materialisiert» werden**
Wasser, Wolle, Papier sind Materialien, die an sich bei Kranken nicht unbedingt Hoffnung wecken. Es bedarf einiger Überzeugungskraft, sie dazu zu bringen, in solchen Objekten Heilmittel zu sehen. Einige wenige Fetische jedoch wecken, allein aufgrund ihrer Herkunft, bei Patienten eine überwältigende Heilserwartung. Denn sie scheinen aus einer anderen Welt zu stammen, «materialisiert» von Menschen mit offenbar «übernatürlichen» Kräften. Diese Fähigkeit wird unter anderem einem indischen Weisen zugeschrieben, der von sich selbst behauptet, ein «Avatar», eine Verkörperung Gottes, zu sein: Sathya Sai Baba. In seinem Ashram drei Autostunden nördlich von Bangalore läßt er, vor Abertausenden atemloser Zeugen, beinahe täglich «Vibhuti» auftreten: eine feine, ascheartige Substanz. Es rieselt aus seinen bloßen Händen; minutenlang quillt es in Unmengen aus umgestülpten Gefäßen; in Privatwohnungen von Anhängern überall auf der Welt bildet es sich spontan auf Wandporträts und Statuen von Sai Baba.[266] Dieser heiligen Asche werden ebenso wundersame Heilkräfte nachgesagt wie einem feinkörnigen weißen Pulver, das sich seit 1981 in der Wohnung des römischen Mediums Demofilo Fidani bilden und jeden Monat ganze Schüsseln füllen soll. Fidani verschenkt es laufend an Kranke in seinem Verwandten-, Freundes- und Kundenkreis.[267] Die Brasilianerin Doña Edelarzil zieht aus nasser Watte, die zuvor nachprüfbar nichts enthielt, nach kurzem Gebet Tierknochen, Glassplitter, Metallstücke und Textilfetzen – und verteilt sie, als «Medikamente», an eine andächtig versammelte Krankenschar.[268]

In London macht der britische Geistheiler Geoffrey Boltwood seit kurzem immer wieder Wissenschaftler zu Zeugen einer Materialisation anderer Art: Während er Kranke behandelt, bildet sich in den Innenflächen seiner Hände mitunter eine ölige Flüssigkeit unbekannter Herkunft. Zwei Physiologen an der Universität London, Dr. Anthony Scofield und Dr. David Hodges, erlebten das Phänomen mehrfach mit eigenen Augen, während sie den Heiler am «College for Psychic Studies» im Südwesten Londons eingehend testeten. So beobachteten sie, gemeinsam mit Reportern der englischen Tageszeitung *Daily Star*, wie Boltwood die 59jährige Sue behandelte, eine Londonerin, die unter heftigen Hüftschmerzen litt. Zunächst legte er der Kranken seine Hände auf den Kopf, um «sich einzustimmen», wie er es nannte. Binnen Sekunden «bildeten sich in seinen Handflächen winzige, ölige Tröpfchen, die leicht nach Sandelholz dufteten», berichteten die Forscher. «Nach kurzer Zeit floß das Öl regelrecht aus seinen Händen. Es war so viel, daß wir eine kleine Schale damit hätten füllen können.» Mit dieser Flüssigkeit strich Boltwood der Patientin sanft über die Stirn. Dann rieb er seine Hände an ihren schmerzenden Hüften entlang. «Es war unglaublich», so Dr. Scofield. «Die Frau stand nach wenigen Minuten auf, völlig schmerzfrei.» Sein Kollege Dr. Hodges fügt hinzu: «Es gab für Geoffrey keinerlei Chance, mit dem Öl zu mogeln. Denn natürlich haben wir ihn vorher gründlichst untersucht, und unmittelbar vor Beginn der Behandlung mußte er sich vor unseren Augen die Hände waschen. Wir stehen vor einem Rätsel.»

Das gleiche Phänomen erlebte die britische Journalistin Sarah Stacey mit: «Ich sah zu, wie Boltwood einem jungen kahlköpfigen Mann, der an einer Geschlechtskrankheit litt, eine Weile die Hände auf den Schädel legte.» Zwar spürte der Kranke «einen Sturzbach von Energie» in sich «hineinfließen» – doch weiter geschah minutenlang nichts. «Dein Verstand blockiert den Heilprozeß, er sträubt sich gegen diese Art von Behandlung», durchbrach Boltwood schließlich das angespannte Schweigen. «Sekunden später», berichtet Sarah Stacey, «begann aus seinen Händen ein farbloses, aber stark nach Zitrone riechendes Öl auszutreten. Es tropfte auf den Fußboden.» Mit dieser Flüssigkeit tränkte Boltwood einen dicken Wattebausch, mit dem er dann die betroffenen Körperteile des Patienten einrieb. Dieselbe Prozedur wiederholte er im Laufe der nächsten Stunde noch viermal: unter anderem bei einem vierjährigen Mädchen mit einer schweren Immunschwäche, das seit einem Jahr beinahe ununterbrochen an Erkältungen, Husten und Fieber litt; außerdem hatten Ärzte bei ihr eine ausgeprägte Anorexie diagnostiziert, eine krankhafte Herabsetzung des natürlichen Triebs zur Nahrungsaufnahme. Ebenso behandelte Boltwood den 34jährigen Richard, der seit neun Jahren an myalgischer Enzephalomyelitis (ME) litt: mit Entzündungsherden in Gehirn und Rückenmark, die zu Sinnesausfällen, dumpfen Rückenschmerzen, abgeschwächten Reflexen und Symptomen einer Querschnittsläsion geführt hatten. In den vorangegangenen achtzehn Monaten war Richard immer «gefühlstauber» geworden. Bei all diesen Patienten, versichert die Journalistin, erreichte das Öl bereits nach vier bis fünf Sitzungen mehr als jede schulmedizinische Maßnahme zuvor. Seit 1990 arbeitet Boltwood mit einem Aromatherapeuten zusammen, der seine Patienten mit dem Wunderöl einmassiert.

Auch Boltwood selbst findet «keine logische Erklärung für das Heilöl», das seit Anfang der neunziger Jahre aus seinen Händen austritt. Etliche seiner Patienten schwören darauf, daß sich dieses Öl sogar bei ihnen zu Hause immer wieder von selbst gebildet und vermehrt habe, nachdem sie ein Schälchen davon nach Heilsitzungen mitgenommen hatten. Erst als sie genesen waren, habe der Spuk aufgehört. «Ich nahm einen Teelöffel voll zu meiner Großmutter Wyn Butler mit, die mit fortgeschrittener Arthritis kämpft», berichtet die Londonerin Lesley Satchell. «Am selben Tag, dem 26. Mai 1990, tauchten wir beide unsere Finger zehnmal in dieses Öl. Jedesmal wurde es zunächst sichtbar weniger – doch ebenso augenfällig wurde im Nu wieder mehr daraus. Am Ende war es eine eher noch größere Menge als zu Anfang.»

Boltwood sieht darin paranormale «Apporte», in denen sich seine Heilenergie manifestiert. «Manchmal», so versichert er, «macht sie sich auch als fester Gegenstand sichtbar, etwa als Stein oder Kristall.» Zuweilen treten seltsame Klackgeräusche auf, oder es sirren hochfrequente Töne durch den Raum, während Boltwood die Hände auflegt.

Zu ersten derartigen Erscheinungen soll es gekommen sein, als Boltwood vor Jahren in einer englischen Spiritistenkirche öffentlich auftrat: Aus seinen Fingern sei ein feines, rotbraunes, aromatisches Pulver ausgetreten, das über die ganze Bühne und zahlreiche Zuschauer in den vorderen Reihen hinweg zerstob, wie Augenzeugen berichten.

Weil materialisierte Fetische «übernatürlichen» Ursprungs scheinen, gelten sie als besonders heilkräftig. «Energetisiertem» Wasser oder ähnlich profanen Substanzen scheinen sie eindeutig überlegen, und entsprechend begehrt sind sie unter Patienten, die sich esoterisch eingeweiht fühlen. Ich bezweifle allerdings, daß ein Häufchen Vibhuti, oder eine Prise Pulver von Fidani, besser wirkt als eine Folie von Gröning oder ein Wollknäuel von Estebany, *solange* sie ohne Wissen von Patienten in deren Nähe gebracht werden. Jeden Wirkungsvorsprung würde ich auf Placebo-Effekte zurückführen: Die scheinbar übernatürliche Herkunft eines Fetischs, sein Auftreten aus dem Nichts, hinterläßt bei den meisten Augenzeugen den nachhaltigen Eindruck, daß es sich um ein einzigartiges Heilmittel handelt – und der Heiler selbst, der es herbeizaubert, ein besonders begnadeter, geradezu auserwählter Mensch sein muß. Dabei erliegen sie einem simplen Fehlschluß von Ursprüngen auf Qualitäten, vor allem auf kausale und ganz besonders auf therapeutische Qualitäten. Woher etwas kommt, hat in Wahrheit nichts damit zu tun, wozu es nützt. Selbst wenn sich in meinem Bad vor meinen Augen eine Zahnbürste materialisieren würde, so stünde damit noch keineswegs fest, daß ich mit ihr mehr anfangen könnte, als ordinäre Gebißhygiene zu betreiben. Und daß Vibhuti auf Heiligenbildern mehr ist als ein Fall für die Putzfrau, wäre selbst dann noch nicht klar, wenn feststünde, daß es auf keinem gewöhnlichen Weg dorthin kam.

Trotzdem bezweifle ich nicht, daß materialisierte Fetische in der Regel weitaus durchschlagender wirken als andere – einfach deshalb, weil das Wunder ihrer Entstehung für Patienten das Wunder ihrer Heilung näherzurücken scheint. «Mit meinem Öl führe ich Kranken eine höhere Wirklichkeit vor Augen», erklärt Geoffrey Boltwood. «Das überzeugt sie mehr als alles andere davon, daß sie genesen *können*.»

### Zum richtigen Umgang mit Fetischen

Was ist Patienten zu raten? Sollten sie auf Fetische bauen? Wirken sie beispielsweise ebensogut wie Handauflegen?

Auf der Grundlage der bisher durchgeführten wissenschaftlichen Untersuchungen läßt sich keine allgemeine Empfehlung ableiten. Soweit sie Heileffekte belegt haben, taten sie dies ausnahmslos in bezug auf einzelne herausragende Heilerpersönlichkeiten. Doch wie gut hätten die übrigen abgeschnitten? Fetische welcher Qualität ist der durchschnittliche Heiler zu erzeugen imstande? Eine einzige Studie hat Vergleiche angestellt: Sie forderte zwei Heiler auf, unter gleichen Bedingungen Wasser so zu «energetisieren», daß damit begossene Pflanzen schneller wachsen. Dabei zeigten sich beträchtliche Unterschiede.[269] Selbst bei ausgesprochenen Heilerstars waren die festgestellten Effekte weit davon entfernt, zuverlässig und überall gleich stark aufzutreten: In der Trampler-Studie etwa brachte die Folienanwendung zwei von drei kranken Versuchspersonen nicht einmal eine subjektive Linderung, geschweige denn eine medizinisch objektivierbare Veränderung zum Besseren. Auch darf nicht verschwiegen werden, daß manche wissenschaftliche Untersuchungen von Fetischen keinerlei Wirkungen feststellen konnten.[270] Und niemand kennt die Zahl der Getäuschten und Geprellten, die esoterischen Fetischhändlern aufgesessen sind. Einzelfälle werden nur ausnahmsweise bekannt: So hatte eine Kölnerin an die Heilerin Erika K. 500 DM per Vorkasse überwiesen; dafür bekam sie lediglich ein Päckchen mit einem kleinen

Messer, das in einen Palmzweig gebettet war. «Besorgen Sie sich weiches Holz», hieß es im Begleitbrief, «nehmen Sie das Messer jeden Abend einmal aus dem Holz, stechen wieder hinein und äußern Ihre Wünsche still vor sich hin.» Wie eifrig die Kundin auch stach, die Wünsche blieben unerfüllt.[271] Die Vorauszahlung war verloren.

Eine persönliche Behandlung durch Handauflegen oder irgendeine andere geistige Heilmethode, die mich in unmittelbaren Kontakt zum Heiler bringt, würde ich jedem präparierten Fetisch vorziehen. Denn erst aus persönlichen Begegnungen kann jenes Vertrauen erwachsen, das Kranke brauchen, um sich zu öffnen. Ohne sie gerät die Selbstbehandlung mit energetisierten Papierschnipseln, Stofftüchern und Wassertropfen letztlich zur Karikatur eines eher schulmedizinischen Technikwahns: nämlich zur Suche nach Heil in *Dingen* – anstatt in uns selbst.

## 10 Das Besprechen – Heilmagie der Worte

Wenn Sigismund Busch Kranken hilft, macht er keine großen Worte – aber auch nicht viel mehr als Worte. Der 66jährige Ruheständler aus Großenrade in Schleswig-Holstein, im Hauptberuf zuletzt Signalwärter bei der Deutschen Bundesbahn, heilt durch «Besprechen»: eine volkstümliche Heilkunst, die ihm seine Mutter beigebracht hat. «Ich faß die Leute überhaupt nicht an», sagt er. Nach einem kurzen Blick auf die erkrankte Stelle murmelt er einen magischen Spruch, so leise, daß ihn der Hilfesuchende nicht verstehen kann. Zwischendurch verläßt er zweimal das Zimmer. Wenn er zum zweitenmal zurückkommt, sagt er kurz: «Alles vorbei.» Diese Prozedur müsse «im Abstand von drei Tagen dreimal wiederholt werden. Es kann auch mit Auflagen, wie etwa einem Alkoholverbot, verbunden sein.» Was er tut, wenn er nach draußen geht, und wie sein Spruch lautet – das bleibt Buschs Geheimnis: «Wenn Sie den Vers wissen wollen, dann schmeiß ich Sie raus, wie dies meine Mutter schon einmal mit einem Überneugierigen getan hat.» Fast alle Patienten respektieren die Geheimniskrämerei. Hauptsache, ihnen wird geholfen – und darauf schwören Hunderte. Hartnäckige Gürtelrose und Flechten, Allergien und Migräne, Gicht und Brandwunden, denen kein Arzt beikam, sollen bei Busch manchmal innerhalb weniger Tage verschwinden, für immer.[272]

Die Kunst des Besprechens, die Busch weit über seinen heimatlichen Kreis Dithmarschen hinaus bekannt gemacht hat, ist eine Domäne der traditionellen Volksmedizin. Jahrhunderte, bevor esoterische Modeerscheinungen wie Reiki von sich reden machten, praktizierten Naturheilkundige und Kräuterweiblein sie bereits landauf, landab. Bis heute wird sie, über Generationen weitergegeben, von Volksheilern vor allem in ländlichen Gegenden bewahrt. Doch inmitten des Booms, den geistiges Heilen in der Öffentlichkeit erlebt, scheint diese uralte Heiltradition vom Aussterben bedroht. Die gewachsenen intellektuellen Bedürfnisse des Heilernachwuchses befriedigen ausgefeilte, philosophisch hintergründige Ansätze, die sich um feinstoffliche Energien und Schwingungsresonanzen, Meridiane und Chakras drehen, weitaus mehr als eine scheinbar primitive, weitgehend theorielose Wortmagie aus dem einfachen, ungebildeten Volk. So fand ich unter knapp tausend Geistheilern, die mir zwischen 1990 und 1994 durch Medienberichte, Anzeigen, Messen, Kongresse oder Empfehlungen auffielen, gerade noch zwei, die das Besprechen ausdrücklich zu ihren bevorzugten Behandlungsmethoden rechneten.

Dabei wären den unbestreitbaren Erfolgen dieser Heilkunst wertvollste Lektionen darüber zu entnehmen, wie es geistiges Heilen im allgemeinen fertigbringt, heilsam zu wirken. Denn ebenso wie eine aufgelegte Hand, so wirkt das gesprochene Wort nicht in erster Linie durch irgendwelche physikalischen Besonderheiten; entscheidend scheint der Geist, in dem es eingesetzt und angenommen wird. Und nicht nur die Mittel, auch die Effekte ähneln einander: Selbst hartnäckigste Leiden verschwinden gelegentlich binnen Tagen, ohne wiederzukehren.

Das zeigt sich insbesondere an der verbreitetsten und bei weitem bekanntesten Form dieser Heilmagie: dem Besprechen von Hautwarzen. Warzen sind gutartige, meist durch Viren hervorgerufene Neubildungen der Haut. Dermatologen unterscheiden drei Formen: Gewöhnliche Warzen (Verrucae vulgares) sind stecknadel- bis erbsengroße Wucherungen, mit einer graugelben, stärker verhornten, oft wie ein winziger Blumenkohl zerklüfteten Oberfläche und einem Stiel, der in tiefere Gewebeschichten vorstößt. Sie sitzen bevorzugt an Hand- und Fußrücken; besonders an der Fußsohle können gewöhnliche Warzen tief eindringen, mit einer Schwiele bedeckt sein und heftig schmerzen. – Alterswarzen (Verrucae seniles, Verrucae seborrhoicae) treten meist am Rücken oder im Gesicht auf; sie sind gelbbraun bis braunschwarz gefärbt, mit einem fettigen Überzug, und linsen- bis pflaumengroß. – Bei den jugendlichen Warzen (Verrucae planae juveniles) handelt es sich um kleinste Hautwucherungen in Form von rötlichgelben, runden, flachen Knötchen, die manchmal einzeln, oft aber auch gleichzeitig in großer Anzahl am ganzen Körper auftreten können.

Bis heute tut sich die konventionelle Medizin schwer mit diesen lästigen Hautgewächsen. Um sie zu beseitigen, schneiden Ärzte sie mit einem scharfen Löffel heraus, brennen sie elektrolytisch weg, frieren sie mit flüssigem Stickstoff ab oder verätzen sie mit scharfer Säure. Diese Vorgehensweisen sind nicht nur grob, schmerzhaft und können Narben hinterlassen, sie bringen auch häufig nichts. In mindestens jedem zweiten Fall wachsen die hartnäckigen Gebilde nach, oft sogar vermehrt.

Demgegenüber verbuchen Warzenbesprecher seit Jahrhunderten geradezu grandiose Erfolge, ebenso rasche wie anhaltende. Oft fallen die Warzen binnen weniger Stunden ab, von der umgebenen Haut losgelöst wie von Geisterhand, und darunter kommt reine, rosa Haut zum Vorschein. In anderen Fällen beginnt die Warze vom Tag ihres Besprechens an allmählich zu schrumpfen, um schließlich im Laufe von ein bis zwei Wochen für immer zu verschwinden. Selten bleiben Narben zurück. Solche Spontanheilungen müßten Mediziner um so mehr faszinieren, als sie offenbar keine «bloß» funktionellen Leiden betreffen. Hautwarzen stellen ein reales, klar eingrenzbares organisches Problem dar, es handelt sich um abnormes, meist virusinfiziertes Gewebe. Gleichwohl scheint ein rein «geistiger» Faktor auszureichen, ihm beizukommen.

Aber welcher ist dieser Faktor? Die meisten Besprecher glauben an die magische Macht des besonderen Rituals, dessen Regeln sie peinlich genau einhalten. Jedem Wort, jeder begleitenden Geste wohnt in ihren Augen eine Zauberkraft inne, die nachläßt oder ganz erlischt, sobald sie auch nur in geringfügigsten Details verändert werden.

Ich bin nicht bereit, mich mit dieser Erklärung abzufinden. Zu zahlreich, ja geradezu beliebig sind die Beschwörungsformeln, die auf Warzen im Laufe der Jahrhunderte niedergegangen sind – trotzdem wirkten sie alle, und keine hat sich der anderen als überlegen erwiesen. Zu den unüberschaubar vielfältigen Methoden, Warzen wegzuzaubern, zählten unter anderem:

- bei Vollmond einen abgeschnittenen Heringsschwanz drauflegen;
- die Warze mit der Schnittfläche einer Kartoffel einreiben, die später, während einer bestimmten Mondphase, unter einem bestimmten Baum vergraben wird;
- die Warze zu einem bestimmten Preis «verkaufen», wobei tatsächlich Geld den Besitzer wechseln muß;

- Schnecken, mit denen vorher über die Warze gestrichen wurde, auf Weißdornruten spießen;
- in einen Faden so viele Knoten machen, wie ein Betroffener Warzen trägt, und diesen Faden anschließend unter einen Stein legen – wer darauftritt, auf den gehen die Warzen über;
- die Warze mit einer Speckschwarte bestreichen, die dann in ein frisches Grab geworfen wird (verbunden mit dem Spruch: «Warze, fall ab, wie der Tote ins Grab!»);
- die Warze mit Löwenzahnmilch beträufeln, wozu geflüstert wird: «Reiß die Warzen aus, Warzen fort», denn der Löwe, als stärkstes und deshalb «königliches» Raubtier, kann mit seinen Zähnen alles ausreißen.
- In Japan wird auf eine Warze das Schriftzeichen für «Taube» gemalt. Denn das japanische Wort für Warze ist «mame» und bedeutet zugleich «Erbse»; die Taube soll die Erbse fressen, und damit verschwindet auch die Warze.

Noch immer warte ich auf einen Geistheiler, der mir klarmachen kann, was all diese Prozeduren gemeinsam haben – außer dem starken Glauben von Besprechern und Besprochenen, daß sie wirken. In eben diesem Glauben aller Beteiligten sehe ich nicht immer den alleinigen, wohl aber den ausschlaggebenden Grund dafür, daß Warzenbesprechungen gelingen.

Denn Pseudokuren erreichen nicht weniger, vorausgesetzt, sie wecken hinlänglich starke Überzeugungen. Einen Mann Ende Fünfzig, dessen Haut jahrelang am ganzen Körper mit Warzen übersät war und der bei Schulmedizinern bisher nie Hilfe gefunden hatte, konnte ein amerikanischer Arzt mit einem simplen Trick erlösen: Er empfahl ihm eine brandneue, noch in der Experimentierphase befindliche Form der Bestrahlung, die zwar ein gewisses Risiko in sich berge, jedoch geeignet sei, das Warzenproblem ein für allemal zu beseitigen. Freudig willigte der Betroffene ein. Daraufhin wurde er in ein abgedunkeltes Röntgenlabor geführt, wo er sich vollständig entkleiden mußte. Dann ließ der Arzt laut den Apparat summen, ohne ihn wirklich einzuschalten. Anderntags waren sämtliche Warzen abgefallen. – Für besonders widerspenstige Warzenfälle bewahrt ein amerikanischer Dermatologe in seiner Schreibtischschublade den Schädel einer Eidechse auf. Wenn nichts anderes hilft, kramt er ihn irgendwann hervor und rät den Patienten, eine Hand daraufzulegen. Er berichtet von Fällen, in denen langjährige Warzen daraufhin innerhalb von zehn Tagen schrumpften und verschwanden.[273]

Ähnlich trickreich hatte schon Mitte der zwanziger Jahre der Schweizer Arzt Bruno Bloch, als «Warzendoktor von Zürich» vielgerühmt, in einem Test 289 Trägern von Handwarzen helfen können: Jeder wurde mit verbundenen Augen aus dem Sprechzimmer in einen Nebenraum geführt, wo er die befallene Hand auf einen Pantostaten legen mußte, auf ein Therapiegerät, das dem Körper über die Handinnenflächen schwachen elektrischen Strom zuführt. Dann ging der Apparat summend an, die Stromzufuhr blieb jedoch ausgeschaltet. Anschließend wurden die Warzen mit einer Farbstofflösung bestrichen. Einige Wochen später fanden sich 179 zur Untersuchung bei Bloch ein. Davon waren 54,7 Prozent narbenlos geheilt. Bei den flachen Warzen der Jugendlichen erreichte die Quote sogar 88,4 Prozent.[274] In Blochs Praxis stand auch eine «Warzenmaschine», ein metallenes Ungeheuer mit dröhnendem Motor und blinkenden Lichtern, die angeblich starke «warzenabtötende Strahlen» aussandte. Damit wurden 31 Prozent aller Warzenpatienten von ihrem lästigen Problem befreit, oftmals mit einer einzigen Behandlung.

Kurzum: Warzenbesprechen ist in erster Linie eine *Suggestiv*therapie. Einem erfahrenen, von sich selbst überzeugten Besprecher fällt es leicht, einem aufgeschlossenen Patienten eine effektive «Behandlung» zu *suggerieren* – und diese Suggestion scheint, vermittelt über die Psyche des Warzenträgers, körperliche Abwehrreaktionen in Gang zu setzen, die den Warzen tatsächlich oft beikommen. Die genauen Wirkmechanismen allerdings sind noch weitgehend ungeklärt; fest steht nur, daß geeignete Suggestionen imstande sind, die glatte Muskulatur zu entspannen, die Adrenalinausschüttung zu hemmen, die peripheren Gefäße zu erweitern, dadurch die betroffenen Hautbezirke besser zu durchbluten und dem entzündeten Gewebe vermehrt Antikörper zuzuführen. Auch können sie die Körpertemperatur am Entzündungsort erhöhen, wodurch die Bildung von Interferon und anderen körpereigenen Abwehrstoffen angeregt wird. All dies könnte dazu beitragen, daß die Virusinfektion abklingt, die zur Warzenbildung führte.

Solche «natürlichen» Wirkwege schmälern freilich nicht im geringsten, was Besprecher zustande bringen. Ganz im Gegenteil: Es ist eine erstaunliche, geradezu vorbildliche therapeutische Leistung, mit derart einfachen, völlig ungefährlichen Mitteln eine beinahe plötzliche, meist rückfallfreie Selbstheilung von einem organischen Leiden einzuleiten, das herkömmlicher ärztlicher Kunst zuvor hartnäckig widerstanden hatte. Ein Arzt, der diese Leistung hohnlächelnd abtut, begreift nicht, welch überragenden Erkenntniswert eine magische Warzenheilung in sich birgt. Mir fallen wenige medizinische Anomalien ein, deren gründliche Untersuchung lohnender wäre. Wenn der menschliche Körper imstande ist, unter besonderen Bedingungen, wie sie die fähigsten Besprecher herstellen können, binnen kürzester Zeit entartetes Gewebe höchst präzise und dauerhaft abzustoßen – wäre es für die Medizin nicht außerordentlich bedeutsam, die Wege zu ergründen, auf denen dieser Vorgang beruht? Könnten auf den gleichen Wegen, die Warzenheilungen ermöglichen, nicht auch andere lokal eingrenzbare Störungen angegangen werden: beispielsweise Kalkablagerungen in den Gelenken, Verstopfungen in den Herzarterien – oder gar bösartige Geschwülste?

Denn selbst bei Tumoren erzielen Besprecher mitunter kaum faßbare Erfolge: unter ihnen Peter Simon aus dem schleswig-holsteinischen Wentorf, der seine Fähigkeiten von seiner Urgroßmutter «übergeben bekommen» haben will. An ihn wandte sich im Oktober 1992 eine 48jährige Frau aus Hamburg, hinter deren linkem Auge sich ein Tumor gebildet hatte. Nachdem sie seit einem Jahr erfolglos in einer Universitätsklinik behandelt worden war, sahen ihre Ärzte nur noch die Möglichkeit einer Operation, die ihr das Auge gekostet hätte. Dreimal kam sie zum «Besprechen» in Simons Praxis. Zwei Wochen später war der Tumor verschwunden, wie eine klinische Untersuchung bestätigte. Ebenso verblüffend ist der Fall eines dreijährigen Kindes aus Ahrensburg, an dessen linker Halsseite ein faustgroßer Lymphknotentumor (Morbus Hodgkin) wucherte. Zwei Wochen nach der Diagnose schlugen die Ärzte eine Operation mit anschließender Chemotherapie vor. Dreimaliges Besprechen erübrigte diese Tortur: Nach vier Wochen war der Tumor nicht mehr feststellbar.[276]

Auch bei Simons Heilerfolgen scheint starker *Glaube* entscheidend mitzuwirken – aber nicht immer und nicht allein. Lösen bei einem dreijährigen, tumorkranken Kind die seltsamen, unverständlichen Spruchformeln eines fremden Mannes im allgemeinen nicht eher Angst aus, als daß sie suggestive Kraft entfalten? Erst recht unerfindlich wären, falls Besprecher ausschließlich mit suggerierten Überzeugungen arbeiten, viele gutbelegte Erfolge auch bei Tieren. Auf Sigismund Buschs Zauberverse etwa sprechen auch Kühe und Pferde, Hunde und Katzen, Hamster und Vögel an. Dies deutet darauf hin, daß zum psychischen oft ein *energetischer* Faktor hinzutritt. Wie die aufgelegte Hand oder die christliche Fürbitte, so könnte der magische Spruch dabei die Rolle eines Induktors spielen, der paranormale Heilkräfte freisetzt. Erst sein fester Glaube, mittels dieses Rituals heilen zu können, stößt dem Heiler die Tür zu ihnen auf.

Auch wenn die Kunst des Besprechens im Aussterben begriffen ist, deutet nichts darauf hin, daß sie andere Methoden geistigen Heilens unterlegen wäre. Am ehesten profitieren Patienten davon, die Wortmagie nicht von vornherein für undenkbar halten – und auf Heiler treffen, deren Behandlung sich nicht darin erschöpft. Geistheiler arbeiten in der Regel dann am erfolgreichsten, wenn es ihnen gelingt, zu Kranken eine intensive, verständnis- und liebevolle Beziehung aufzubauen. «Natürlich spielen Sympathie und Glaube ebenso wie die Hoffnung eine große Rolle beim Besprechen, wie bei jeder Form von Heilung», räumt Peter Simon ein. Mit ein paar aufgesagten Zauberformeln allein ist es wohl kaum getan.

# II Psi-Diagnose –
# Das Hellsehen von Krankheiten

«Eines Morgens wachte ich mit fürchterlichen Schmerzen im kleinen Zeh des rechten Fußes auf», erzählt die junge Fotolaborantin Claudia E. aus Warendorf. «Mein Hausarzt schrieb mich sofort für zwei Tage krank und sagte, das gehe von allein weg.»

Er irrte. Als die Schmerzen zwei Tage später unvermindert anhielten, schickte er Claudia zum Orthopäden: «Der Zeh wurde geröntgt, doch nichts war zu sehen.» Also ging sie erneut zu ihrem Hausarzt, «und der verschrieb mir eine Salbe».

Bis zum darauffolgenden Wochenende war der Schmerz so unerträglich geworden, daß die junge Frau ins Krankenhaus fuhr. Erneut wurde geröntgt – und erneut war nichts zu sehen. «Vier Tage blieb ich im Krankenhaus und bekam Tabletten gegen die Schmerzen. Dann wurde ich nach Hause geschickt – mit Schmerzen.»

Nochmals untersuchte der Orthopäde ihren Fuß, dann ein Radiologe, dann Fachärzte der Universitätsklinik Münster. Weil sie eine Entzündung vermuteten, spritzten sie Cortison in den Zeh. «Zwei Tage war alles gut», erinnert sich die Frau. «Dann kam der Schmerz wieder.» Nun suchte sie ein drittes Mal den Orthopäden auf: «Der sagte, er könne sich keinen Reim darauf machen. Er gipste mir das Bein bis zum Knie ein. Sollte der Schmerz in zwei Wochen immer noch nicht nachgelassen haben, wollte er erneut Cortison spritzen.» Der Schmerz hielt an.[1]

Ähnlich ernüchternde Erfahrungen mit moderner medizinischer Diagnostik bleiben kaum einem Patienten im Lauf seines Lebens erspart. Mit immer aufwendigerer Apparatetechnik werden immer mehr Menschen immer früher und immer häufiger auf verborgene Leidensursachen hin durchforscht. Allein in Deutschland wird jährlich achtzigmillionenmal geröntgt, täglich werden über dreitausend Bundesbürger unter Computer- und Kernspintomographen gelegt; EEG und EKG, Ultraschalluntersuchungen und Endoskopie gehören zur ärztlichen Routine. Daß sich zahlreiche Erkrankungsformen dadurch früher erkennen, ihre Herde präziser lokalisieren und gezielter behandeln lassen, bezweifeln auch Kritiker des Systems nicht. Trotzdem scheint ihnen der Milliardenaufwand solch kostenträchtiger Diagnosetechnik in zunehmend krasserem Mißverhältnis zum Erfolg zu stehen. Mindestens 25 Prozent aller ärztlichen Diagnosen sind falsch, wie Leichenschauen nachträglich ans Licht bringen; an dieser Fehlerquote hat sich in den letzten drei Jahrzehnten nichts geändert.[2] Viele aufwendige Maßnahmen, und insbesondere Mehrfachuntersuchungen, sind überflüssig; finden sie dennoch statt, dann häufig, um Auslastung und Amortisation der teuren Geräte sicherzustellen. Und sie sind gefährlich: Allein an der Überbelastung durch Röntgenstrahlen sterben pro Jahr 20 000 Bundesbürger, wie der Strahlenbiologe Professor Edmund Lengfelder von der Universität München schätzt.

Davon abgesehen vermittelt medizinische Diagnostik immer mehr Patienten den beklemmenden Eindruck, auf ein digitalisiertes Datengerüst zu schrumpfen, an dem ihr Arzt nur noch wahrnimmt, was ihm On-Line-Datenleitungen auf Monitoren und Computerausdrucken als Sinuskurven, Meßwertkolonnen und Grafiken zuspielen. In Arztpraxen und Kliniken, die immer mehr zu Rechenzentren werden, fühlen sich Kranke zunehmend hilflos und nicht angenommen – eher ausgenommen. Was sie vermissen, ist eine ganzheitliche Wahrnehmung ihrer Persönlichkeit und ihres Leidens – kurzum, den humanen Faktor in der sogenannten Humanmedizin.

Die Angst vor Risiken läßt immer mehr Patienten nach «sanften» Methoden Ausschau halten, mittels deren weniger belastend und trotzdem zuverlässig festzustellen ist, was ihnen fehlt – und bei der sie als *ganze* Personen auf- und ernstgenommen werden. Immer mehr setzen ihre Hoffnung dabei auf *hellsichtige* oder *Psi-Diagnostik*. So nenne ich im folgenden jedes Wissen über Krankheiten – sei es über ihre Art, ihre Ursache oder ihren Verlauf –, das *paranormalen* Ursprungs scheint: ein Wissen, das weder aus unmittelbaren Beobachtungen von körperlichen Merkmalen, Verhaltensweisen und Äußerungen des Patienten gewonnen noch aus Vorwissen über ihn und bekannte medizinische Gesetzmäßigkeiten erschlossen worden sein kann. Nahezu jeder Geistheiler läßt irgendwann im Laufe der Behandlung durchblicken, daß er auf außersinnliche Weise erfaßt, was dem Patienten fehlt.

Daß die Hoffnung darauf nicht immer enttäuscht wird, lehrt der Fall der Fotolaborantin Claudia E. Ihr monatelanger Leidensweg führte sie schließlich zu dem Warendorfer Geistheiler Rolf Drevermann. «Er hielt seine Hände über meinen Fuß und sagte, daß der Schmerz nicht aus dem Zeh komme.» Dann «fragte er mich, ob ich mal etwas mit dem Knie gehabt hätte. Ich erinnerte mich sofort an einen Autounfall, bei dem ich mir eine Prellung zugezogen hatte. Rolf Drevermann hielt

seine Hände gut zehn Minuten übers Knie, am nächsten Tag nochmals
– seitdem ist der Schmerz aus dem kleinen Zeh völlig verschwunden.»[3]

# 1 Zur Geschichte der Psi-Diagnostik

Die Überzeugung, auf außersinnlichem Wege sei Wissen über die
Ursachen von Erkrankungen und deren richtige Behandlung zu erlan-
gen, ist in allen Kulturen nachweisbar. Seit jeher suchen Schamanen es
auf ihren ekstatischen, außerkörperlichen Exkursen in die Geisterwelt.
Im antiken Griechenland ebenso wie im Vorderen Orient pilgerten
Kranke zu einem Tempel, um sich auf den Häuten von Opfertieren
zum rituellen «Heilschlaf» niederzulegen. Sie hofften darauf, daß der
Gott, dem das Heiligtum geweiht war, ihnen im Traum erscheinen
würde, um sie von ihrem Leid zu befreien oder doch zumindest
Hinweise auf dessen Ursache und sichere Gegenmittel zu geben.

Stets galt ein außergewöhnlicher Bewußtseinszustand als Vorbedin-
gung für derartige Erkenntnisse. Diese Auffassung bestärkte jener
französische Edelmann, dessen Arbeit einen zeitweiligen Einbruch der
Paradiagnostik in die Medizin der Neuzeit einleitete: der Marquis
Armand de Puységur (1751–1825). In Paris hatte er Franz Anton
Mesmers Heilmagnetismus kennengelernt* und begeistert übernommen. Auf sein Schloß Buzancy bei Soissons zurückgekehrt, machte er
sich eifrig daran, die örtlichen Bauern kostenlos «magnetisch» zu
behandeln, indem er sie «bestrich» (passes) oder «magnetisierte»
Bäume, Schnüre und andere Gegenstände berühren ließ. Dabei fiel ihm
auf, daß viele Behandelte zeitweilig in einen Zustand verfielen, den er
zunächst für gewöhnlichen Schlaf hielt. Doch blieben sie währenddessen ansprechbar, antworteten auf Fragen, befolgten Anweisungen und
schienen dabei voll konzentriert. Diesen Zustand bezeichnete Puységur als «Somnambulismus» (von lat. somnus: Schlaf; und ambulare:
umhergehen), weil er ihm dem Schlafwandeln ähnlich schien. (Damit
hatte er, unter einem anderen Namen, die hypnotische Trance definiert.)

Im «somnambulen» Zustand schienen manche Versuchspersonen
imstande, zeitweilig zu Hellsehern in eigener Sache zu werden: Als
«sähen» sie förmlich in ihren Körper hinein, beschrieben sie oftmals
korrekter und präziser als jeder Arzt, welche Organe und Funktionen
gestört waren. Der erste Kranke, bei dem der Marquis auf dieses

---

* Siehe Kapitel I, Abschnitt «Magnetisches Heilen», Seite 27 ff.

Phänomen stieß, war der Bauer Victor Rasse. «Weißt du, woran du eigentlich leidest?» fragte ihn Puységur, nachdem er ihn in den somnambulen Zustand versetzt hatte. «Warten Sie ein wenig ... ich sehe es ...», antwortete Rasse, «der Magen ist heftig entzündet.» Daraufhin soll der einfache, ungebildete Landwirt sein Leiden in sehr zutreffenden und genauen Worten diagnostiziert sowie ein geeignetes Heilmittel vorgeschlagen haben. Einige Minuten später kam Rasse wieder zu sich, ohne sich an das Geschehene zu erinnern.[4] (Dank der selbstverordneten Behandlung genas Rasse angeblich bald darauf vollständig.) Dieser Vorfall veranlaßte Puységur, Victor Rasse mit anderen Kranken zusammenzubringen. Er wollte herausfinden, ob Rasse im somnambulen Zustand deren Leiden ebenfalls zutreffend beschreiben konnte. Auch dazu schien er fähig.

Bald schon folgten mesmeristische Zirkel in Frankreich und vielen Nachbarländern Puységurs Beispiel – und erregten durch ähnliche Berichte über hellsichtige Somnambule beträchtliches Aufsehen. Im 19. Jahrhundert waren außersinnliche Krankheitsdiagnosen derart in Mode gekommen, daß die berühmtesten Somnambulen einen Zulauf erlebten, der jenem der namhaftesten Doctores nicht nachstand. Immer mehr Ärzte begannen nun selbst zu «magnetisieren», oder sie bedienten sich der Somnambulen als Ratgeber für ihre Patienten und vermittelten Konsultationen – darunter Christoph Wilhelm Hufeland (1762–1836), der hochangesehene Professor an der Berliner Charité und königliche Leibarzt, dessen Hauptwerk über «Makrobiotik» die Naturheilmedizin bis heute beeinflußt. (Auch Goethe, Herder, Schiller und Wieland zählten zu Hufelands Patienten.) Bis in die zwanziger Jahre unseres Jahrhunderts hinein wurden Somnambule wiederholt von neugierigen Ärzten und wissenschaftlichen Kommissionen auf die Probe gestellt. Teilweise bestätigten sich dabei mesmeristische Behauptungen, wenngleich vom medizinischen Establishment ignoriert oder belächelt.[5]

Psi-Diagnosen anderer Art versprach der Spiritismus, der ab der zweiten Hälfte des 19. Jahrhunderts von den Vereinigten Staaten und Frankreich aus die westliche Welt in seinen Bann zog. Er verhalf «Medien» zu Ruhm, Vermittlern von Botschaften aus der Geisterwelt, von denen manche in Trance auch über Krankheiten von An- oder Abwesenden sprachen, angeblich inspiriert von jenseitigen Geistern mit überlegenem ärztlichem Wissen. Parapsychologen überprüften viele davon, mit unterschiedlichem Ausgang.

Die Esoterik-Welle, die seit den siebziger Jahren die westlichen Industrienationen überrollt, hat mit der Hoffnung auf geistiges Heilen

auch die Aussicht auf außersinnliche Krankheitsdiagnostik wiederbe-
lebt. Mindestens jeder vierte Befragte, so ergab 1993 meine Erhebung
unter rund 700 Geistheilern, bezieht diese Fähigkeit ausdrücklich in
seine Praxis ein, auch wenn sich kaum einer traut, in diesem Zusammenhang das Wort «Diagnose» in den Mund zu nehmen, um nicht mit
geltendem Gesetz in Konflikt zu geraten. Dabei bestehen zahlreiche
Methoden nebeneinander, deren Vielfalt die meisten Patienten ver-
wirrt. In den folgenden Abschnitten stelle ich die verbreitetsten näher
vor. (Geistheiler mit Heilpraktikerausbildung setzen neben ihrem
«sechsten Sinn» auch Verfahren wie Iris-, Antlitz-, Zungen- oder
Nageldiagnostik, Haaranalyse oder angewandte Kinesiologie ein, über
die bereits eine Fülle erfahrungsheilkundlicher Fachliteratur vorliegt;
auf sie werde ich nicht weiter eingehen. Ebenso klammere ich hier
Astrologie und Graphologie aus, die von manchen Heilern ebenfalls zu
Schlüssen auf den Gesundheitszustand von Klienten herangezogen
werden. Mit den Erkenntnisansprüchen beider Disziplinen habe ich
mich in anderen Büchern skeptisch auseinandergesetzt.[6])

## 2 Die verbreitetsten Methoden

**Spontane Eingebung**. Wer hellsieht, «sieht» nicht immer. Oft gründen sich seine außersinnlichen Wahrnehmungen sogar auf keinerlei
*sinnliche* Eindrücke. Was er äußert, kann eine bloße intuitive Überzeugung sein, eine plötzliche Eingebung. So können manche Psi-Diagnostiker von überhaupt keinen besonderen geistigen Bildern, Empfindungen oder Gefühlen berichten, wenn sie erklären sollen, wie sie zu
ihren Befunden kommen. «Ich ‹weiß› einfach irgendwie, was einem
Menschen fehlt», sagt etwa die amerikanische Heilerin Carolyn Myss
aus New Hampshire. «Ich nutze intuitive Fähigkeiten, um Krankheiten im Körper zu orten. Dabei ‹sehe› ich aber nichts.»[7] Mit Frau Myss
arbeitet seit Jahren der bekannte amerikanische Alternativarzt Dr.
Norman Shealy zusammen, der frühere Präsident der «Vereinigung für
Holistische Medizin» (American Holistic Medical Association). Als er
Caroline Myss einmal probeweise die Namen und Geburtsdaten von
fünfzig ihr unbekannten Personen vorlegte, sollen ihre Diagnosen zu
93 Prozent mit seinen eigenen übereingestimmt haben.[8]

**«Mitfühlen»**. Manche Heiler scheinen mit ihren Patienten zeitweilig
förmlich eins zu werden. Ihr Mitleid wird buchstäblich zum Mit-
Leiden. Die Beschwerden, die sie benennen, spüren sie dann so inten-

siv, als wären es ihre eigenen. «Ich versuche mich ganz und gar in den Patienten hineinzufühlen», erklärte der von Freiburger Parapsychologen mehrfach getestete Münchner Heilpraktiker Dr. Kurt Trampler.[9] «Bald nach Beginn dieser geistigen Einstellung spüre ich dann in meinem Organismus die gesundheitlichen Störfelder des Patienten. Ich spüre seine Schmerzen, seine Gebrechen.» Solche «Sympathie» im griechischen Wortsinn (*sympathein*: mitleiden) hatten schon die ersten Magnetiseure bei ihren «mesmerisierten» Versuchspersonen beobachtet. Eine berühmte Somnambule des Marquis de Puységur, Joly, beschrieb dieses Erlebnis so: «Es ist eine wirkliche Empfindung, die ich in dem Teil habe, der jenem entspricht, der leidet. Ganz natürlich geht meine Hand dann beim Patienten an die Stelle des Übels, und ich kann mich dabei nicht mehr irren, als wenn ich meine Hand dorthin legen würde, wo ich selbst leide.»[10] Gelegentlich entwickeln Psi-Diagnostiker währenddessen sogar am eigenen Leib die Symptome jenes Leidens, das sie erspürt zu haben glauben: von Hautausschlägen bis zu zeitweisen Lähmungen und Sehstörungen.

Einige haben dabei den Eindruck, als seien sie in ihr Gegenüber förmlich eingedrungen; andere berichten, die Grenzen zwischen Ich und Du hätten sich vollständig aufgelöst, beides sei vorübergehend zu einer psychischen Einheit verschmolzen. Der von dem französischen Arzt und Parapsychologen Eugène Osty (1874–1938) getestete Raoul de Fleurière äußerte einmal: «Indem ich mein Wesen in jenes des Ratsuchenden hineinversetze, bin ich imstande, seine Schmerzen mit ihm mitzufühlen. Es ist irgendwie, als ob ich in der Lage wäre, zu gleicher Zeit ich selbst und eine mir völlig fremde Person zu sein.»[11]

**Symbolische Visionen.** Andere Psi-Diagnostiker nehmen, oft mit geschlossenen Augen, visuelle Bilder wahr, die das Leiden ihrer Patienten anscheinend symbolisieren, manchmal in recht primitiver Weise. Das Medium Elisabeth F. etwa, mit dem in den zwanziger Jahren der deutsche Arzt Dr. Walther Kröner experimentierte, «sah» das Herz meist in Form einer Herzfigur, wie sie auf Spielkarten vorkommt. Die Herzklappen erschienen ihr als Türen, die Blutgefäße als Röhren. Zerrissene Telegraphendrähte, die wir durcheinander hingen, deutete sie als Hinweis auf ein Nervenleiden.[12]

**«Röntgenblick».** Menschen, die andere buchstäblich «durchschauen» können, haben von jeher die Phantasie von Literaten und Filmemachern beflügelt. In dem Hollywood-Film *Der Mann mit den Röntgenaugen* (1963) entwickelt der Arzt James Xavier ein Serum, das er sich nur in die Augen zu tröpfeln braucht – und schon durchdringen sie feste Materie, als wäre sie Luft; auch das Körperinnere seiner Patienten erschließt sich ihm so.

«Röntgenaugen» verschaffen den totalen Durchblick – solche Klischees haften auch einem Typ von Psi-Diagnostiker an, der über diese Gabe anscheinend von Natur aus verfügt. Man stellt ihn sich vor als einen, der jedermann immer und überall mühelos bis ins Innerste durchdringen kann, so als würde er in ein Fenster schauen. So soll er unfehlbar entdecken können, was den Blicken gewöhnlicher Sterblicher entzogen ist.

Tatsächlich scheinen manche Psi-Diagnostiker zumindest zeitweise imstande, ihre Klienten wie mit Röntgenaugen zu durchleuchten. Sie «sehen» das Skelett und innere Organe; dabei nehmen sie Krankheitsherde wahr, als wäre das Gewebe des fremden Körpers für sie «durchsichtig». Bei der jungen Chinesin Zhen Xiangling etwa, die heute als Militärärztin in Peking arbeitet, soll sich diese Begabung, Presseberichten zufolge, bereits in früher Kindheit gezeigt haben.[13] Als Dreijährige sei sie imstande gewesen, das Skelett ihrer Eltern zu «sehen», was das kleine Mädchen damals zutiefst bestürzt habe. Seit ihrem sechsten Lebensjahr habe sie Schwangeren, mit Blick in ihren Unterleib, hellsichtig voraussagen können, welches Geschlecht ihr Kind haben werde. Zu Xianglings Patienten sollen führende politische Funktionäre zählen, darunter sogar Deng Xiaoping. Was «das wandelnde Röntgengerät»[14] kann, erlebten Besucher aus Japan und Taiwan kürzlich im Pekinger «Olympia-Hotel». Dort stellte Zhen Xiangling intuitive Sofortdiagnosen: darunter von Krebs im Anfangsstadium, von versteckten Erkrankungen des Bewegungsapparates und Verdauungstrakts.

Eine weitere «Frau mit Röntgenblick», die Ukrainerin Julia Worobjowa aus Donezk, wird seit Jahren von staunenden Wissenschaftlern getestet. Mit einem übersinnlichen «dritten Auge» soll auch sie das Körperinnere durchleuchten und krankhafte Veränderungen an Organen wahrnehmen können – seit 1978, als die Kranführerin auf einer Baustelle einen Stromschlag von 380 Volt erlitt. Auf den beinahe tödlichen Elektroschock hin, nach dem sie wochenlang im Koma lag, konnte sie plötzlich in Menschen «hineinschauen»: «Ich sah ihre Mägen, ihre Därme, sogar Nierensteine – und glaubte, verrückt zu werden.» Als Julia Worobjowa im Bezirkskrankenhaus der Donezk-Region getestet wurde, «stellte sie in fünf Sekunden Körpertemperatur, Puls und Blutdruck eines Menschen fest – ohne Instrumente, durch bloßes Hinsehen», wie der Klinikleiter Dr. Juri Alexandrowitsch berichtet. Ebenso verblüffte sie den Mediziner Dr. Boris Kalinitschenko vom Neurologischen Institut der Universität Donezk, der sie inzwischen Tausende von Patienten «durchleuchten» ließ: «Ich habe Julias Diagnosen beobachtet. Was sie erkannte, konnten wir oft erst Tage später mit unseren Apparaten und Computern feststellen.» Schon bei ihrem ersten Zusammentreffen «schockierte sie mich», wie der Neurologe bekennt: «Mein rechtes Auge, so behauptete sie, sei schwächer, und auf dem rechten Ohr würde ich schlecht hören – ansonsten sei ich kerngesund. Sie hatte recht.»[15]

«Röntgenaugen» werden auch der Bulgarin Slawka Sewriukowa nachgesagt. Der bulgarische Parapsychologe Iwo Losenski berichtet über eine Reihe von Experimenten mit ihr, wobei sie anscheinend nicht nur das Innere des menschlichen Körpers «sehen» und auf diese Weise medizinische Diagnosen stellen, sondern auch beliebige Gegenstände «durchschauen» konnte, «bis hin zu ihrer molekularen Struktur»[16]. Kranke aus ganz Amerika lockt seit Ende der achtziger Jahre ein blinder Mexikaner mit «Röntgenblick» an: der 67jährige Julio Estobal. Daß er, auch ohne Augenlicht, in Körper hineinsehen und krankhafte Veränderungen erkennen kann, will er 1989 entdeckt haben, als er einer Mutter mit ihrem weinenden Kind begegnete. «Was fehlt Ihrem Kleinen?» habe er sich erkundigt. Die Frau sprach von «Magenkrämpfen». Doch blitzartig «sah» Estobal einen Blinddarmdurchbruch und beschwor die Mutter, das Kind sofort ins Krankenhaus zu bringen; die Operation erfolgte gerade noch rechtzeitig. Seit Sommer 1990, nachdem sich die Kunde von seinem «Seherblick» wie ein Lauffeuer verbreitet hat, warten täglich Dutzende von Hilfesuchenden vor der armseligen Baracke des Blinden, um sich kostenlos vom ihm «durchleuchten» zu lassen. Jeden starrt Estobal aus leeren Augen an, fährt dann mit seinen Händen in einigen Zentimetern Abstand den ganzen Körper entlang. Zahlreiche Tumorkranke schwören auf seine unerklärliche Fähigkeit: Er soll Krebs im Frühstadium erkannt haben – Wochen und Monate, ehe Ärzte ihn feststellen konnten.

Im deutschsprachigen Raum wird mindestens einem halben Dutzend Heilern ein «Röntgenblick» nachgesagt: so etwa dem Heilpraktiker Dieter Binder aus Essen, der Offenbacherin Jutta Rebuschat, der Münchnerin Anita Furdek und Ina Molnar aus Celle. Keinen von ihnen haben Ärzte und Wissenschaftler bisher eingehenden Tests unterzogen – im Gegensatz zu einer «Frau mit Röntgenaugen» aus Bayern, die Anfang der fünfziger Jahre für Schlagzeilen sorgte. (Sie blieb anonym.) Ein praktizierender Arzt setzte sie ein, um seine Patienten zu «durchleuchten», und bekannte sich öffentlich zu ihren

Fähigkeiten. So verbürgte er sich beispielsweise dafür, daß die Frau bei einem Münchner Mediziner zutreffend Nierensteine diagnostizierte, die sich auf einer vorherigen Röntgenaufnahme nicht einmal andeutungsweise abgezeichnet hatten; bald darauf gingen sie unter einer schweren Kolik ab. Bei einem Kriegsversehrten, der an einer ständig eiternden Fistel im Brustbein litt, «sah» sie dort einen Metallsplitter sitzen. Auf Röntgenbildern war er unsichtbar geblieben, weil er die gleiche Dichte wie der Knochen aufwies. Nachdem der Fremdkörper herausoperiert war, heilte die Fistel ab. In einem weiteren Fall erkannte die außersinnliche Arzthelferin eine Geschwulst am Rückenmark im Bereich der Hals-Brust-Wirbelsäule: ein zuvor unbekannter Befund, der nachträglich in einer Münchner Klinik bestätigt wurde.[17] Der Freiburger Parapsychologe Hans Bender hörte davon, forschte nach – und war beeindruckt: «Bei einer Patientin stellte sie sehr rasch... eine exakte Diagnose: ‹Erhebliche Magensenkung, öfters Magengeschwüre am Magenausgang und ein kleines Geschwür am Zwölffingerdarm.› Dieser Befund war wenige Tage vorher klinisch festgestellt worden; der Patientin konnte man das Leiden ihres guten Ernährungszustandes wegen nicht ansehen... In einem anderen Falle sagte die Sensitive bei einem jungen Patienten, der nicht mit ihr sprechen durfte: ‹Ein Defekt im Gehirn›, den sie selber spüre; das zeige meist Epilepsie an. Er war ein Epileptiker.» Besonders beeindruckte Bender, was die Frau in der Rückenmarksflüssigkeit eines Mannes «sah», bei dem noch «nicht der leiseste Verdacht» auf eine Syphilis-Infektion bestanden hatte: «Kleine wächserne, gläserne, korkenzieherartige Gebilde.» So sehen Treponemen unter dem Mikroskop aus, jene Bakterien, die Syphilis verursachen.[18]

Mit einem angeblichen «Röntgenblick» hat in den letzten Jahren vor allem ein junger Österreicher für Schlagzeilen gesorgt: Georg Rieder. (Über meinen Besuch bei ihm habe ich an anderer Stelle ausführlich berichtet.[19]) Zu ihm pilgern monatlich Hunderte von Patienten mit rätselhaften Leiden in ein Siebzig-Einwohner-Dörfchen namens Gerersdorf, 35 Kilometer östlich von Wien. Wie kam dieser Mann dazu, Krankheiten zu erkennen? Nicht einmal über medizinische Grundkenntnisse verfügte er anfangs. Gelernt hat er Koch, im vornehmen Wiener «Park-Hotel» gegenüber dem Schloß Schönbrunn. Im Januar 1984 kündigte er dort – am Ende einer inneren Verwandlung, die mit einer Fernsehsendung begann.

«Vor einigen Jahren», erinnert sich Rieder, strahlte das Österreichische Fernsehen (ORF) eine Dokumentation über Tonbandstimmen aus dem «Jenseits» aus, die ihn tief beeindruckte und auf Okkultes neugierig machte. Gemeinsam mit seinem Freund Herbert, einem zehn Jahre älteren Mechaniker aus Gerersdorf, experimentierte er zunächst mit Tischrücken und anderen spiritistischen Verfahren, um Kontakt mit der Geisterwelt aufzunehmen. Dann wandte er sich der Hypnose zu, übte Techniken der Selbsthypnose – und machte damit erstmals am 16. März 1980 eine Entdeckung, die ihm selbst die Sprache verschlug: In Trance schien es ihm so, als könne er einen leuchtenden «Astralkörper» sehen, «wie Rauch, der den physischen Leib umhüllt, in einer violett-braunen Strahlung». Nun wollte er «direkt» in den Körper schauen – und prompt überkam ihn, Freund Herbert vor Augen, eine zunächst eher grauenvolle Vision: «Haare und Fleisch rannen förmlich an ihm herunter, ‹flossen› zu Boden.» Im nächsten Moment «sah» Rieder «das Skelett und einzelne Organe im Körperinneren».

Daß er in solchen Trancen nicht halluzinierte, sondern außersinnlich wahrnahm, bestätigte sich alsbald: Einen Freund konnte er auf einen kleinen Metallsplitter aufmerksam machen – eine halbe Schraubenmutter –, der sich vor Jahren bei einem Motorradunfall offenbar in der Nähe des Schienbeins unter die Haut gebohrt hatte. Einen anderen Bekannten wies Rieder darauf hin, daß sein Mittelfußknochen, den eine schwere Eisenplatte zerschmettert hatte, nicht wieder vollständig zusammengewachsen war. Während einer Straßenbahnfahrt durch Wien sah Rieder durch die Bauchdecke einer Schwangeren hindurch, daß sie ein Mädchen zur Welt bringen wird – ohne Hände. («Das war so deutlich, wie wenn man einen aufschneidet und selber reinschaut.») Er warnte sie. Sechs Wochen später gebar die Frau tatsächlich ein derart mißgebildetes Baby, wie sie ihm schriftlich bestätigte.

Während seiner Diagnosen bildet sich vor seinem inneren Auge ein «weißer Kreis», den er wie den Lichtkegel eines Scheinwerfers auf den Körper des Kranken projizieren und willentlich «beliebig verschieben» kann; was innerhalb dieses Kreises liegt, wird für ihn durchsichtig. Ferndiagnosen gelingen Rieder allerdings nicht: «Auf Fotos von Kranken sehe ich gar nichts. Ich brauche den lebendigen Menschen vor mir.» In der «Aura» bilden sich Krankheiten für ihn dadurch ab, daß «das Violett weggeht, Braun überwiegt». Kann er präkognitiv auch künftige Erkrankungen vorwegnehmen? «Nein, ich bin kein Prophet», räumt er ein. «Künftiges sehe ich nur, soweit es als Anlage oder Krankheitsherd bereits im Körper drinsteckt.»

Im August 1982, während seines Militärdienstes beim österreichischen Bundesheer, fühlte sich Rieder, in Selbsthypnose, plötzlich von einer fremden Stimme angesprochen, die sich ihm als sein «Geistführer» vorstellte. «Louis Fernando de Ortega» heiße er, habe von 1507 bis 1583 als Bauer im Grenzgebiet zwischen Spanien und Portugal gelebt – und damals «über dieselben Fähigkeiten verfügt wie du jetzt», erklärte ihm die Stimme. Aus «vierzehn Kandidaten» habe er schließlich Rieder ausgewählt, um sein «Lebenswerk zu vollenden». (Mehrere Hellsichtige sollen seither, unabhängig voneinander, diesen Jenseitigen als eine hagere Gestalt «in einem weißen Umhang» beschrieben haben, «der bis unter die Knie reicht», mit «langem, gewelltem Haar, einem faltigen, ledrigen Gesicht, hohen Wangenknochen, stechend schwarzen Augen und zierlichen Ohren».) «Bei späteren Begegnungen», berichtet Rieder, habe sein unsichtbarer Begleiter «das Bild eines gesunden männlichen und weiblichen Körpers in meinen Geist gesetzt. Mit dieser inneren ‹Vorlage› konnte ich bei weiteren Experimenten meine Eindrücke von Versuchspersonen immer vergleichen. Ich wußte dann: Wenn etwas nicht so war wie bei dem gesunden Körper, so lag eine Erkrankung vor.» Um mit Ortega, der sich ihm meist «in Bildern» mitteilt, in Verbindung zu treten, muß sich Rieder gewöhnlich zuerst in leichte Trance versetzen. «Nur in ganz dringenden Fällen klappt's auch im Wachzustand.»

Seit Jahren arbeitet Georg Rieder gelegentlich auch mit aufgeschlossenen Medizinern zusammen. In der Praxis des Wiener Arztes Dr. Ernst Fiala etwa hatte er in einem Test drei Patienten zu durchleuchten. Bei einer Frau erkannte er einen nach einem Bruch genagelten Oberschenkelknochen. Ein Mann, bei dem zunächst ein Magengeschwür diagnostiziert worden war, hatte nach Rieders Ansicht «eher etwas mit Leber oder Galle». Drei Tage später wurde der Betreffende mit einer Gallenkolik ins Krankenhaus eingeliefert. Bei einer Frau mit Verdacht auf Gallensteine schien es Rieder eher, daß «sie im Bereich der Brust etwas hat». Ein paar Tage später lag die Frau in der Klinik – mit einer zuvor versteckten Lungenentzündung, die plötzlich ausgebrochen war.

«So, und jetzt zum Beweis», beschließt Rieder spontan. Und er «durchleuchtet» meine mitgereiste Frau. Etwa zwei Meter von ihr entfernt stehend, konzentriert er sich ein, zwei Minuten lang schweigend auf sie; dann beginnt ein viertelstündiger Vortrag, der uns in vielen Details tatsächlich erstaunt. Ich protokolliere sechzehn Einzeldiagnosen, keine ist offensichtlich falsch. Wohl würde ein Skeptiker manche Aussagen als Gemeinplätze abtun: Welche Frau hatte nicht schon hin und wieder «Verspannungen im Rückenbereich», ein «überstrapaziertes Nervensystem», eine frühere Zyste zwischen Eierstock und Gebärmutter, zeitweilige Kreislaufstörungen und Wetterfühligkeit, gelegentliche Appetitlosigkeit, Darmträgheit und geschwollene Füße? Auch daß «einige Brustdrüsen vergrößert sind, links vier, rechts drei, hormonell bedingt, nichts Gravierendes, Bösartiges», wäre selbst dann keine spektakuläre Neuigkeit, wenn es zuträfe – dazu kommt es zu häufig vor. Andererseits: Was hätte ein noch so perfekter Psi-Diagnostiker bei einer alles in allem gesunden jungen Frau Mitte Zwanzig auch Außergewöhnliches feststellen sollen? Weniger zu erwarten war allerdings ein anderer Treffer Rieders: Ganz richtig erkennt er, daß «ihre Wirbelsäule im Lenden- und Nackenbereich leicht seitlich verkrümmt ist» – und von daher die seit Jahren wiederkehrenden bohrenden Schmerzen in beiden Handgelenken rühren könnten, an denen Fachärzte seit Jahren ergebnislos herumrätseln. Das beeindruckt uns.

Kommt es denn auch mal zu Fehldiagnosen? «Nie!» erwidert Rieder mit Nachdruck – und dabei stutze ich. «Wenn das Körperinnere für Sie durchsichtig wird, dann sicherlich auch Hohlräume, wie beispielsweise die Bauchhöhle?» hake ich nach. Rieder nickt. «Und auch die Mundhöhle?» Erneutes Nicken. «Wenn also auf meiner Zunge ein Fremdkörper läge – würden Sie ihn erkennen?» Zögerndes Nicken. Vor meiner Abfahrt habe ich zwei Dutzend kleine Gegenstände vorbereitet und in einer Plastiktüte mitgebracht, aus denen ich nun willkürlich fünf für einen Test heraushole. Nacheinander schiebe ich jeden in den Mund: für Rieder verdeckt, der sich so lange umdreht. Nun soll er zeichnen oder benennen, was er auf meiner Zunge liegen «sieht». Das mißlingt weitgehend. Die zusammengeknüllte Papiereinlage aus einer Zigarettenschachtel, mit einer silbernen Ober- und weißen Unterseite, erscheint ihm «dunkelbraun, rötlich, durchsichtig». Ein Würfel kommt ihm als «kleiner spitzer Kegel» vor, ein halbkreisförmiger Ohrclip als «etwas Kantiges». Am nächsten kommt er einer Zehnpfennigmünze: Er zeichnet einen Kreis, aus dem allerdings ein Segment herausgebrochen ist. Bei einem Bierflaschendeckel vermutet er «etwas Viereckiges» – ortet bei dieser Gelegenheit aber immerhin, überraschenderweise, einen «Entzündungsherd unter der Füllung eines Zahnes, unten rechts» in meinem Kiefer. Dessentwegen habe ich fünf Tage später einen Zahnarzttermin.) Mein «Gebiß war im Weg», habe ihm den Psi-Blick verstellt, so erklärt Rieder den Fehlschlag schließlich gelassen, alles andere als verlegen. Außerdem: «Wenn ich mich zu sehr konzentriere, klappt nichts. Ich muß eine Balance finden», was ihm unter dem Erwartungsdruck der Testsituation womöglich schwerfiel, zumindest an diesem schwülwarmen Hochsommernachmittag.

Daß Rieder erheblich mehr kann, hat er andernorts freilich schon mehrfach eindrucksvoll unter Beweis gestellt. Bei einem Live-Test im

ORF-Sendezentrum Wien «röntgte» er, durch eine dicke Wand hindurch, eine runde Viertelstunde lang sieben Unbekannte, die sich währenddessen in einem Nebenraum aufhielten, und stellte erstaunlich präzise Diagnosen, ebenso im Januar 1992, in einem Studio des Bayerischen Fernsehens, mehreren Freiwilligen aus dem Publikum. Den Münchner Aufnahmeleiter Peter Kropf hatte er kurz zuvor mit «verblüffenden Sofortdiagnosen» beeindruckt: «Ohne mich zu kennen, attestierte er mir Verätzungen in der Speiseröhre, häufiges Sodbrennen, eine alte Knieverletzung aus Bundeswehrzeiten, Herzbeschwerden und eine frühere Stirnhöhlenvereiterung. Alles stimmte.»

Von einem Videofilm über den «Mann mit den Röntgenaugen» 1989 auf einem Ärzte-Symposium fasziniert, beschloß der Münchner Zahnarzt und Psychotherapeut Dr. Harald Richter, Rieder persönlich auf den Zahn zu fühlen. (Richter, in seiner Freizeit ein engagierter Psi-Forscher, arbeitet gelegentlich als Gutachter in Parafragen für die Münchner «Oarca-Akademie», einen Esoterik-Veranstalter, dessen Zweiter Vorsitzender er auch ist.) Manche treffsicheren Diagnosen, so vermutet Richter, «mögen weniger auf ein ‹Röntgenauge› als auf Telepathie zurückzuführen sein, mit der Rieder ‹anzapft›, was die Patienten über ihr eigenes Leid bereits wissen». Aber Telepathie allein erklärt nicht, wie Rieder auch innere Krankheiten erkennen kann, von denen die Betroffenen selbst noch nicht das geringste ahnen.

Besonders beeindruckte den Münchner Arzt, daß Rieder «auf meine Anfrage hin sofort bereit war, sich jederzeit von Wissenschaftlern aller Bereiche überprüfen zu lassen». Entsprechend bereitwillig ließ sich Rieder auf der Jahrestagung des deutschen «Vereins für Tonbandstimmenforschung» (VTF) Anfang Juni 1991 in Fulda auf einen öffentlichen Test ein. Dazu wurden zunächst «per Losentscheid fünf Versuchspersonen ermittelt, die Gelegenheit hatten, sich von Herrn Rieder durchleuchten zu lassen», berichtet VTF-Schriftführer Uwe Wagner. «Man sprach sich so ab, daß die Versuchspersonen im Anschluß an die Konsultation dem Auditorium lediglich berichten sollten, ob die Diagnose richtig war oder nicht. Um es kurz zu machen: *Alle* Versuchspersonen» – darunter auch der namhafte niederländische Psi-Forscher Branton de Geus – «bestätigten, daß Herr Rieder richtig gesehen hatte»: unter anderem eine fehlende Gallenblase, ein Asthmaleiden und krankhaft aufgeblähte Lungenflügel. «Bei einigen gab es etwas betretene Gesichter – so viel hatte man offensichtlich nicht wissen wollen.» Spontan begeistert rief ein «Durchleuchteter» am Schluß ins Mikrofon: «Hätten wir doch bloß ein paar Dutzend solcher Menschen wie Sie! Dann bräuchten wir keine Ärzte mehr!»

Ungehalten fiel ihm Rieder ins Wort: «Nein, wichtiger wäre, daß Schulmediziner sich endlich für eine Zusammenarbeit mit unsereinem öffnen.»

**«Aurafühlen».** Manche Heiler meinen, den menschlichen «Energie-körper» mit bloßen Händen zu spüren; aus dessen Unregelmäßigkeiten schließen sie auf Krankheiten.

«Nehmen Sie dort erst mal auf der Liege Platz!» weist Elisabeth Wenk die Besucherin an. «So, und jetzt strecken Sie sich aus!» Die Reporterin, kaum zur Tür hereingekommen, gehorcht. Nun streichen die Hände der Heilerin, vom Kopf angefangen, langsam am Körper der Fremden entlang nach unten. Zwischendurch stocken sie: «Was ist bloß mit Ihrem Magen los?» Ein Stück weiter, über dem Unterleib, verharren sie erneut: «Auch da ist was!»

Anita Höhne, Journalistin aus München, ist verblüfft. «Tatsächlich hatte ich wegen einer Blasenkrankheit viele Medikamente eingenommen. Die Folge waren Magenverstimmungen.»[20] Wie konnte Elisabeth Wenk das wissen?

«Meine Hände ‹sehen›, was anderen fehlt», erklärt die Schweizerin aus der Uhrenstadt Biel schlicht. Doch *was* nimmt sie dabei wahr? Viele Heiler behaupten wie sie: Was sie erfühlen, sei eine unsichtbare Strahlung, die von jedem Menschen ausgehe – die «Aura» (griechisch: Hauch, Schleier). Sie soll zu einem zweiten Körper aus reiner Energie gehören, dem «Äther-» oder «Astralleib», der den physischen Leib durchdringt – und am Leben hält. Ist der Energiefluß in ihm gestört, werden wir krank. An der Aura können Feinfühlige solche Störungen ertasten: an unsichtbarem Widerstand oder an nicht meßbaren Temperaturunterschieden, an einem seltsamen Prickeln und Kribbeln in ihren Händen, an Wärme- oder Kälteempfindungen. So erkennen sie Krankheiten, oft lange bevor sie körperlich ausbrechen. «Scanning» nennt die französische Ärztin Dr. Janine Fontaine dieses Verfahren. Als leitende Anästhesistin und Kardiologin arbeitete sie jahrelang vor allem in der Intensivmedizin, ehe sie bei philippinischen Heilern die Kunst der Diagnose und Therapie mittels der «Energiefelder» des Menschen kennenlernte und übernahm. «Scanning ermöglicht es mir wahrzunehmen, wo energetische Störungen auftauchen», erklärt sie.[21]

«Meine Hände sind wie Antennen», behauptet der Geistheiler Rolf Drevermann. Während er seine Hände ein paar Zentimeter über dem Körper eines Patienten schweben läßt, spürt er gelegentlich «eine Wärmezone, auf der meine Hände wie auf einem Puffer schweben. Manchmal spüre ich auch Kälte, wo offenbar die Aura defekt ist;

darunter liegt der Krankheitsherd. Über den Kältezonen kribbelt es in meinen Händen.»²²

Wozu Aurafühlige imstande sind, erlebte eine vierköpfige Ärztekommission, unter deren ständiger Aufsicht die bulgarische Geistheilerin Krassimira Dimowa vom 4. bis 30. Juni 1990 im Militärkrankenhaus von Russe mehrere Dutzend chronisch Kranker per Handauflegen behandelte. Nebenbei wurden auch ihre diagnostischen Fähigkeiten geprüft. Dazu wurden ihr fünf Patienten vorgeführt. Die ärztlichen Diagnosen lauteten: Tumor an beiden Eierstöcken; Spondylitis tuberculosa (die häufigste Form der Skelett-Tuberkulose, bei der Entzündungen in allen Abschnitten der Wirbelsäule auftreten können); ein retriperitonealer Tumor, d. h. hinter dem Bauchfell gelegen; eine bösartige Geschwulst am Blinddarm, mit Metastasen an der Leber; knotige Verhärtungen in der linken Brust. Bei jedem Patienten glitten Dimowas Hände zunächst wie suchend um den ganzen Körper herum; die Bewegungen stockten, sobald sie fündig geworden schien. In allen fünf Fällen verblüffte sie die Ärztekommission: Was sie erspürte, deckte sich ausnahmslos mit dem pathologischen Befund. Auch wenn «die Heilerin ihre Diagnosen nicht präzise formulierte», so «lokalisierte sie doch die betroffenen Bereiche, gab deren Grenzen und Größen an, beschrieb den Grad der Bös- oder Gutartigkeit», wie der Abschlußbericht hervorhebt. Auch war Frau Dimowa imstande, zwischen «lokalen (örtlich eingrenzbaren) Erkrankungen und allgemeinen Erkrankungen mit lokalem Ausdruck zu unterscheiden». Leider war die Patientenstichprobe viel zu klein, um Schlüsse auf Dimowas allgemeine psi-diagnostische Begabung zuzulassen.

**«Aurasehen».** Was Dimowa, Wenk und Drevermann ertasten, meinen viele Heiler außersinnlich zu *sehen*: Ihre Mitmenschen erscheinen ihnen von einem leuchtenden Strahlenkranz umgeben, wie von hinten beleuchtet – nur viel intensiver, flackernd, so als züngelten kleine Flammen aus der Haut.²³ Schon im alten Ägypten, Indien und China war diese «Aura» wohlbekannt. Das christliche Mittelalter sprach von einer «Glorie» und unterschied dabei zwischen dem «Nimbus» um den Kopf und der «Aureole», die den übrigen Körper umgibt. (Bei einigen Heiligen soll dieser Schein so kräftig geleuchtet haben, daß er für jedermann sichtbar war.) Allein im deutschsprachigen Raum fühlen sich mindestens 26 Therapeuten, darunter zwei Fachärzte, imstande, diese geheimnisvolle Strahlung bei ihren Patienten auszumachen – und daraus diagnostische Rückschlüsse zu ziehen. So viele meldeten sich jedenfalls Ende 1992 auf einen entsprechenden Aufruf der Fachzeitschrift *Esotera* hin.[24] Die Dunkelziffer, so schätze ich aufgrund eigener Erhebungen, liegt um ein Hundertfaches höher. Manche Heiler bringen ihre Aura-Eindrücke in farbenprächtigen Bildern, sogenannten «Auragrammen», zu Papier – und deuten sie aus, wie Ärzte eine Röntgenaufnahme, ein Computertomogramm oder ein Enzephalogramm.

Bloß Hirngespinste? Etliche Ärzte und Wissenschaftler bestätigen jedoch: Dahinter steckt manchmal mehr. So verglichen die amerikanischen Psychologen Dr. Elmer und Alyce Green von der Menninger-Klinik in Topeca, Kansas, seit 1948 Hunderte von Aura-Diagnosen des bekannten Hellsehers Jack Schwarz mit ärztlichen Befunden – und fanden verblüffende Übereinstimmungen.[25] Der englische Parapsychologe George Meek veröffentlichte 1973 einen Bericht über seine Landsfrau Bertha Harris: Allein anhand von Aura-Eindrücken entdeckte sie mehrere Schwangerschaften schon wenige Stunden nach der Zeugung – und erkannte dabei auch schon Zwillinge. In ihrem Einkaufskorb sah sie einmal ein Ei mit einer «doppelten Aura» liegen. Als es aufgeschlagen wurde, kamen zwei Dotter zum Vorschein.[26]

Die amerikanische Neuropsychiaterin Dr. Shafica Karagulla verglich in einem fünfzehnjährigen Forschungsprogramm Aura-Diagnosen mit bestätigten ärztlichen Befunden. Für ihre begabteste Testperson, Dora van Gelder Kunz, wählte sie in der Notaufnahme eines großen New Yorker Krankenhauses willkürlich irgendwelche Patienten aus: zum Beispiel den, der gerade auf dem siebten Stuhl von der Eingangstür aus saß; oder den, der sich als nächster auf einen freien Platz setzte. Was Dora aus der Aura ablas, verglich die Ärztin hinterher mit den Untersuchungsergebnissen der Klinik. Aus den Aurafarben einer Frau im Unterleibsbereich etwa schloß Dora auf «eine Verstopfung im Dickdarm». Drei Tage später wurde die Frau wegen eines Dickdarmverschlusses operiert. Einen «Lichtwirbel» an der Kehle eines Mannes fand Dora «trüb und leblos». Ärzte stellten später eine Unterfunktion der Schilddrüse fest. Bei einem anderen Mann fand Dora «unregelmäßige und ruckartige Muster» im Bereich des Bauchnabels sowie eine «dunkle» Hypophyse (Hirnanhangsdrüse). Im Krankenhaus wurde anschließend das Cushingsche Syndrom festgestellt, eine Störung der Nebennierendrüsen, die oft mit einer Erkrankung der Hypophyse zusammenhängt. Das «Energiefeld» eines weiteren Patienten sah für Dora «auf einer Kopfseite dicker» aus. Es war ein Epileptiker, dessen rechter Schläfenlappen teilweise aus dem Gehirn herausoperiert worden war.[27]

Vereinzelt erlernen selbst Ärzte inzwischen das Aurasehen – und arbeiten damit, wie der amerikanische Psychiater Dr. John Pierrakos, Leiter des «Instituts für Bioenergetische Analyse» in New York.[28] Wie Dr. Karagulla berichtet, ist es gar nicht ungewöhnlich, daß Ärzte die aurischen Energiefelder ihrer Patienten sehen und daraus Diagnosen ableiten.[29] Viele Kollegen hätten ihr anvertraut, daß sie imstande seien, solche Phänomene wahrzunehmen: «Zahlreiche Mediziner sehen die Kraftfelder von Patienten sofort bei deren Eintritt und können sie auf Krankheitsanzeichen hin prüfen. Doch um ihr ärztliches Renommee zu wahren, sprechen sie nicht darüber und schleusen die Patienten durch die routinemäßigen Labortests.»

**Hellhören und Hellriechen.** Manche Psi-Diagnostiker erschließen Krankheiten weniger aus optischen Eindrücken als aus sonderbaren Geruchsempfindungen und akustischen Signalen. Wenn die miteinander befreundeten Dr. Leonhard Hochenegg und Hans-Peter Paulussen gemeinsam Patienten in Hall bei Innsbruck zur Erstkonsultation empfangen, nehmen beide angeblich gleichzeitig charakteristische Düfte wahr: Rosenduft soll ein heilbares Leiden anzeigen, Maiglöckchen- oder Veilchenduft zumindest eine Linderung verheißen. Dagegen «deutet Weihrauchduft darauf hin, daß der Patient bald erlöst wird»[30]. Gelegentlich wollen beide auch ein «Klingelzeichen» vernehmen, das nur dann «nicht gegeben wird, wenn absolut keine Chance mehr besteht»[31]. Unabhängige Tests darüber, inwieweit auf solche Eindrücke Verlaß ist, stehen indes aus.

**Radiästhetische Diagnosen.** Schon auf 30 000 Jahre alten nordafrikanischen Felsbildern sind Rutengänger festgehalten: Menschen, die mit einer Wünschelrute in der Hand nach Dingen suchen, die außer Reichweite der normalen Sinne liegen. Dieses Instrument – ob nun eine gebogene Metallgerte, ein gegabelter Zweig oder ein Walknochen – soll über «Reizzonen» ausschlagen, die das Gesuchte verraten. Auf diese Weise wird nach versteckten Wasserläufen gefahndet, aber auch nach anderen verborgenen Dingen wie Erdöl, Erz- und Silberadern, archäologischen Schätzen, verlorenen Wertgegenständen und sogar nach vermißten Personen.

Manche arbeiten dabei lieber mit einem Pendel (lat. *pendere*: herabhängen): ein an einer Stange oder dünnen Schnur befestigter Körper, der um eine Achse zu schwingen vermag. Früher wurde dazu oft ein Faden um einen Ring oder einen Stein gewickelt; heute herrschen metallische, massive oder hohle Gewichte verschiedener geometrischer Formen wie Tropfen oder Spiralen vor.

Beide Instrumente werden auch zu medizinisch-diagnostischen Zwecken eingesetzt. Als Wegbereiter dieser Praxis gilt der französische Abt Mermet: Wenn er Beschaffenheit und Verlauf unterirdischer Wasserläufe auspendeln konnte, so überlegte er, dann müßte er ebensogut imstande sein, auf diese Weise den menschlichen Blutkreislauf zu untersuchen. In Studien an Kranken will er diese Annahme bestätigt gefunden haben. Daraufhin begann er, dieses Verfahren in Krankenhäusern vorzuführen, die ihm als Ordensgeistlichem zugänglich waren: Ärzte wählten für ihn Patienten aus, deren Diagnose er dann auspendelte. Dazu brauchte Mermet die Versuchspersonen nicht einmal zu sehen: Selbst wenn sie völlig zugedeckt unter einem Leintuch lagen, soll der Abt oft verblüffend präzise ausgependelt haben, was ihnen fehlte.

Als Mermet 1935 in einem aufsehenerregenden Buch über die medizinische Nutzanwendung der «Radiästhesie» berichtete – diesen Begriff (griech.: Strahlenfühligkeit) hatte der Abt M. L. Bouly 1930 geprägt –, reagierten Schulmediziner darauf mit heftiger Ablehnung. Doch zumindest unter Heilpraktikern, vereinzelt auch unter erfahrungsheilkundlich ausgerichteten Ärzten hat diese Methode seither immer wieder Anhänger gefunden – ebenso unter Geistheilern. Mit Pendeldiagnosen bekannt wurde in Deutschland etwa der Münchner Heilpraktiker Josef Angerer, nach dem Vorbild des berühmten französischen Heilers Maurice Mességué.[32] Das Pendel der Münchner Hellseherin Helga Kiesel soll «in Tausenden von Fällen körperliche Leiden angezeigt» haben, die «durch die Diagnose des Arztes hundertprozentig bestätigt wurden. So konnte die medizinische Behandlung frühzeitig und erfolgversprechend einsetzen.»[33]

Oft werden dabei Instrumente eingesetzt, deren Aussehen klassischen Pendeln und Ruten nur noch entfernt ähnelt. Der Schweizer Heiler Karl Gaberthüel aus Hofstetten, Kanton Solothurn, beispielsweise diagnostiziert mit einem «Bio-Tensor»: einem Gerät, bei dem aus einem metallenen Schaft ein antennenartiger Fortsatz ragt, mit einem flachen Ring an der Spitze.[34] Diesen «Bio-Tensor» verkauft sein Erfinder, der Münchner «Bioplasma-Forscher» Dr. Josef Oberbach, über eine eigene Vertriebsgesellschaft im ganzen deutschsprachigen Raum.

Manche Anwender glauben, daß sie mit radiästhetischen Mitteln «Störfelder» erkennen, die von kranken Organen ausgehen. Die meisten aber meinen damit eher den «Energiekörper» zu messen. Ungewöhnliche Ausschläge deuten sie als Hinweis darauf, daß dessen Energiehaushalt aus dem Gleichgewicht geraten ist. Mit diesem Verständnis wird die Pendel- und Rutendiagnose zu einem Sonderfall des «Aurafühlens» – mit Hilfsgeräten statt mit bloßer Hand.

Schon die Bezeichnung «Radiästhesie» deutet an, mit welcher Theorie fast alle Anwender ihre Arbeitsweise erklären: Sie orten «Ausstrahlungen», «Schwingungen», «Felder». Keiner behauptet, der Detektor sei das Pendel oder die Rute selbst. Was auf die mysteriösen Strahlen anspreche, sei vielmehr der Geist des Anwenders; dessen Eindrücke würden in den Ausschlägen der Geräte sichtbar aufgrund des «ideomotorischen Gesetzes» (auch «Carpenter-Effekt» genannt), das der englische Physiologe W. B. Carpenter (1813–1885) formulierte: Vorstellungen lösen unwillkürlich entsprechende physiologische Veränderungen aus, zum Beispiel feinste Muskelbewegungen.

Gegen die Strahlentheorie spricht allerdings, daß manche Pendler und Rutengänger ihre Entdeckungen nicht erst vor Ort machen, sondern bereits anhand einer Landkarte. Zu Diagnosezwecken müssen sie nicht unbedingt den Patienten selbst vor sich haben – oft genügt ihnen ein Foto, ein Blutstropfen, eine Haarlocke oder irgendein persönlicher Gegenstand.* Dies spricht dafür, daß Radiästhesisten oftmals hellsichtige Leistungen erbringen: Was sie aufnehmen und ideomotorisch in Ausschläge umsetzen, sind keine bekannten physikalischen Felder, sondern außersinnlich aufgenommene Informationen.

Über den Wert radiästhetischer Diagnosen liegen so gut wie keine wissenschaftlichen Untersuchungen vor. Die wenigen systematischen Tests stammen durchweg von einzelnen Radiästhesisten selbst, von daher mangelt es ihnen an Glaubwürdigkeit. Daß sich die Methode in der Praxis bewährt, läßt sich deshalb bloß anhand einer Vielzahl von Einzelbeobachtungen erahnen, immerhin nicht nur von seiten der Anwender und ihrer Klientel, vereinzelt auch von Medizinern. Die britische Heilerin Frances Farrelly etwa läßt sich von niedergelassenen Ärzten Blutproben von Patienten einsenden, die sie dann radiästhetisch untersucht. Wären ihre Befunde wertlos, so bliebe unerfindlich, weshalb nahezu hundert Ärzte ihre Dienste in Anspruch nehmen, teilweise schon seit Jahren.[35] Auf Diagnosen mit dem Pendel schwört auch ein niederländischer Arzt aus Den Haag: Rulov Zwitser, der Adoptivsohn der bekannten Hellseherin Aimée Zwitser. «Das Pendel gibt genaue Antworten, vor allem im gesundheitlichen Bereich. Man muß nur wissen, wie.»[36]

Wie bei allen Formen der Psi-Diagnose, so täuschen auch bei der Radiästhesie wenige überzeugend belegte Erfolge von ausgesproche-

---

* Näheres dazu in diesem Kapitel in Abschnitt über «Psychometrie», Seite 221 ff.

nen Könnern leicht darüber hinweg, wie fatal Minderbegabte danebenliegen können. So prüfte ein Komitee belgischer Wissenschaftler einmal den Anspruch eines Pendlers, ihm würden wenige Tropfen Blut genügen, um daraus das Geschlecht des Spenders zu bestimmen. Bei dreißig Versuchen irrte er sich achtzehnmal. In einem weiteren Test lagen ihm Porträtfotos von vier völlig gesunden Personen vor. Allen vier dichtete er schwere Krankheiten an. Ein andermal pendelte er über den Krankenblättern von zehn Soldaten, um festzustellen, an welchen Skeletteilen sie Knochenbrüche erlitten hatten. Zehnmal versagte er.[37] Dem deutschen Radiästhesisten Kessler wurden, im Rahmen einer gerichtlichen Untersuchung, einmal unterschriebene Schriftproben von siebzehn Kranken vorgelegt, die in der Psychiatrischen Klinik und der Hautklinik der Universität Freiburg im Breisgau behandelt wurden. Er war zuversichtlich, pendelnd herauszufinden, was ihnen fehlte, denn die handschriftlichen Zettel, so versicherte er, hätten die «Od»-Lebensenergie der Verfasser aufgenommen. Ärzte hatten den Patienten insgesamt 34 Diagnosen gestellt – doch Kessler notierte nicht weniger als 784, also durchschnittlich 46 pro Patient. Nur 41 davon, fünf Prozent, stimmten mit den ärztlichen Befunden überein; für 609 gab es keinerlei medizinische Anhaltspunkte, 134 waren zumindest zweifelhaft. Selbst wenn wir einem «Strahlenfühligen» zugestehen, daß er mitunter mehr erspürt als ein Arzt, so bleibt hier doch der Verdacht, daß man alles in allem ebensogut eine Lotterie über die Diagnose hätte entscheiden lassen können.[38]

**Mediale Diagnosen.** Viele Heiler wähnen sich unter der Kontrolle von jenseitigen Führern, wie im Abschnitt über «Mediales Heilen» dargestellt. Sie sehen sich als Werkzeuge, die von Geistwesen benutzt werden, um ihre überlegenen medizinischen Kenntnisse und Fertigkeiten in den Dienst an Kranken zu stellen: sei es beim Handauflegen (wie bei David Drew und Ray Brown) oder bei Operationen (wie bei Stephen Turoff). Jenseitige äußern sich durch Medien aber auch zu diagnostischen Fragen.

Manchmal geschieht dies in allgemeiner, eher philosophisch dozierender Form, wie etwa aus dem Mund der österreichischen Sensitiven Mirabelle Coudris, durch die der 1961 verstorbene große Schweizer Psychoanalytiker Carl Gustav Jung seit 1985 seine weiterentwickelten Auffassungen über die Struktur der menschlichen Psyche offenbaren soll. (Coudris' Trance-Dialog mit «C. G. Jung» widme ich in meinem Buch *Die Jagd nach Psi* ein längeres Kapitel.[39]) Auch das österreichische Medium Grete Schröder wähnt sich von einem ärztlichen Totengeist inspiriert, der es bei eher grundsätzlichen Ausführungen beläßt: etwa über Besessenheit als wahre Ursache der meisten psychischen Störungen. Seit 1966 soll ihr der Wiener Arzt Dr. Karl Nowotny (1895–1965) die Hand führen, wenn sie in Trance «automatisch schreibt» über «die Strahlkraft der Geistwesen» oder über «die Seele als Bindeglied zwischen Geistwesen und Körper».*

Andere unsichtbare Mentoren von drüben stellen hingegen ganz gezielt individuelle Diagnosen, nicht nur für anwesende Patienten, sondern oft auch für weit entfernte Personen, die dem Medium selbst nicht immer schon bekannt sind. Zu ihnen zählt «Kim», einer von mehreren Geistführern, die sich die Heidelberger Anglistin Dr. Edith Zeile als Medium auserkoren haben. Kim, der in seiner letzten Inkarnation, zur Zeit des Konfuzius, als Arzt in China tätig gewesen sein soll, diktiert der Wissenschaftlerin nicht nur buchlange Stellungnahmen zu Themen wie Medizinphilosophie und Ökologie, technischem Fortschritt und globalem Bewußtseinswandel[40] – allein anhand von Fotos soll er durch Frau Dr. Zeile, die jahrelang an den Universitäten Heidelberg und Pittsburgh lehrte, präzise erkennen können, was abwesenden, fremden Personen fehlt. Gerühmt werden auch die diagnostischen Fähigkeiten von «Dr. Hermann», dem jenseitigen Arzt, als dessen Sprachrohr sich die Finnin Aulikki Plaami fühlt.** Eine angereiste Reporterin der Fachzeitschrift *Esotera* erlebte mit, wie das Medium in Trance den entstellenden Gesichtsausschlag einer jungen Frau auf «eine Unterfunktion der Milz» zurückführte – und der Journalistin selbst eine Herzschwäche zuschrieb. In beiden Fällen soll es recht behalten haben.[41]

Weder Edith Zeile noch Aulikki Plaami sind jemals wissenschaftlich getestet worden – im Gegensatz zu der Amerikanerin Leonora Piper (1859–1950) aus Boston, eine der überzeugendsten spiritistischen Diagnostikerinnen aller Zeiten, zugleich das wohl am gründlichsten untersuchte Hellsehmedium in der Geschichte der Parapsychologie. Im Jahre 1887 hatte die britische «Society for Psychical Research» (SPR) den Juristen Richard Hodgson (1855–1905), einen gefürchteten Entlarver betrügerischer Medien, formell beauftragt, den sagenhaften Erfolgsgerüchten nachzugehen, die sich um Frau Pipers Séancen rankten. (Von ihnen hatte sogar der große amerikanische Philosoph und Psychologe William James geschwärmt.) Dieser Aufgabe widmete sich

---

* Zu «Dr. Karl Nowotny» siehe auch Kapitel I, Seite 42.
** Zu Aulikki Plaami, Mirabelle Coudris und Grete Schröder siehe Kapitel I, Abschnitt «Mediales Heilen», Seite 107 ff.

Hodgson achtzehn Jahre lang, zeitweise gemeinsam mit einem knappen Dutzend weiterer skeptischer Psychologen, Natur- und Geisteswissenschaftler, unter ihnen der Philosoph und langjährige SPR-Präsident Frederic Myers (1843–1901) sowie der Physiker Sir Oliver Lodge (1851–1940). Fast drei Jahrzehnte lang stand Piper somit unter beinahe ständiger wissenschaftlicher Beobachtung; deren Dokumentation füllt in den Forschungsberichten *(Proceedings)* der SPR über dreitausend Seiten.

Betrug konnte Leonora Piper niemals nachgewiesen werden. Wohl aber wurde der legendäre Wert ihrer Durchgaben zurechtgerückt. Daß jenseitige Führer über ihre irdischen Medien nicht zwangsläufig «höheres», unfehlbares Wissen verbreiten, zeigte sich vor allem im Laufe jener zwei Jahre, in denen ein französischer Arzt namens «Dr. Phinuit» die Kontrolle über Frau Piper übernahm, wenn sie in Trance fiel (1890–92). «Dr. Phinuit» erwies sich als reichlich schwatzhafter, lästerlicher Kerl, der in kläglichem Französisch oft dürftige medizinische Kenntnisse verriet. Dies galt insbesondere für seine therapeutischen Ratschläge. Selten gingen sie über das hinaus, was das Medium selbst einem zeitgenössischen Gesundheitsratgeber für den Hausgebrauch hätte entnehmen können. In seinen Verordnungen erwies er sich eher als Kräutermann denn als Apotheker oder Arzt. Empfahl er Arzneien, so nannte er nie die korrekten Namen, sondern verwendete die volkstümlichen Bezeichnungen.[42]

Viel besser waren allerdings Phinuits Diagnosen. So eröffnete er dem Physiker Oliver Lodge, von dem Leonora Piper damals nicht mehr wußte als Name und Beruf, während einer Séance am 30. November 1889: «Sie haben einen Sohn. Prächtiger Kerl, aber schwächlich. Zart. Ist krank. Hat es schlimm mit den Würmern. Ich sehe seinen Körper und lauter Würmer in ihm.» Hinterher kommentierte Lodge: «All dies über meinen Ältesten war leider wahr. Wir hatten Würmer vermutet und dann, nachdem wir die treffend beschriebenen Symptome erhalten hatten, ernstgenommen. Unter ärztlicher Aufsicht wurde er einige Tage später behandelt, worauf die Wahrheit obiger Angabe sich zeigte.» Bei anderer Gelegenheit eröffnete «Dr. Phinuit» einer Anwesenden: Ihr ferner Bruder, «der mit der schlechten Gesundheit», habe «eine blutende Blase an der großen Zehe rechts». Davon wußte die Angesprochene zunächst nichts, doch ihre anschließende Erkundigung bestätigte Phinuits Behauptung.[43] Unter dem Eindruck von Hunderten derartiger Treffer gab der mißtrauische Hodgson schließlich seine Vorbehalte auf: «Man kann nicht umhin, die sonderbare Exaktheit dieser Diagnosen auffallend zu finden. Jedenfalls müssen sie, nachdem sie mit den Tatsachen ebenso übereinstimmen wie mit den Diagnosen eines richtigen Arztes, obwohl sie ohne Untersuchung gestellt wurden, manchmal sogar ohne den Patienten überhaupt gesehen zu haben, als ein Teil der stärksten Beweise zugunsten irgendeines paranormalen Weges, Erkenntnisse zu gewinnen, angesehen werden.»[44]

Neuerdings ist das Phänomen der «Geisterdiagnose» um einen kuriosen Aspekt reicher geworden: Jenseitige melden sich nicht mehr nur über menschliche Medien – sie hinterlassen anscheinend auch Mitteilungen auf zuvor nachweislich unbespielten, fabrikneuen Tonbändern oder auf Anrufbeantwortern, sprechen aus Rundfunkgeräten und Telefonen, erscheinen schemenhaft auf Fernsehbildschirmen, oder sie bringen Daten auf Monitoren, Speichern und Ausdrucken von Computern durcheinander – manchmal sogar in sinnvoller, gezielter Reaktion auf gestellte Fragen und selbst dann, wenn die Geräte gegen Einstrahlungen irdischer Sender systematisch abgeschirmt worden sind. Der Mainzer Physiker Professor Ernst Senkowski hat dafür den Begriff *Instrumentelle Transkommunikation* (ITK) geprägt. Gemeint ist ein Informationsaustausch mit einer jenseitigen («Trans-»)Welt mit Hilfe technischer Anlagen. Wie Tonbandstimmen unbekannter Herkunft dem Heilpraktiker Dr. Dieter Kaempgen helfen, homöopathische Heilmittel zu finden, kam im ersten Kapitel bereits zur Sprache. Den gleichen unsichtbaren Ratgebern verdankt Kaempgen aber auch entscheidende Hinweise auf versteckte Krankheitsursachen. «Beispielsweise haben die Stimmen bei mir selber eine plötzliche und unerwartete Erkrankung zweimal richtig vorausgesagt, und das vierzehn Tage, bevor sie eintrat»: nämlich einen Herz-Kreislauf-Kollaps.

Doch warnt Kaempgen vor spiritistischem Überschwang. Häufig meldeten sich «Foppstimmen» bei ihm, die einem Patienten schwere, gar unheilbare Krankheiten andichteten. Hätten Kaempgens Patienten sie ernstgenommen, so wären sie grundlos verunsichert, schlimmstenfalls in tiefe Verzweiflung gestürzt und in Todesangst versetzt worden; und ihr Therapeut hätte einer falschen Fährte nachgespürt. Wie sehr man sich «insbesondere auf dem Sektor Diagnose vor falschen Durchgaben hüten muß», kann Kaempgen an mehreren Beispielen aus seiner eigenen Praxis veranschaulichen. Auf eine 78jährige Rentnerin aus Kassel angesprochen, die 1984 an Colitis, einer Darmentzündung, erkrankt war, meinte eine Stimme auf Band: «Leider – das End' kommt.» Trotzdem behandelte Kaempgen sie unbeirrt weiter mit homöopathischen Mitteln. Innerhalb von zwei Wochen heilte die Entzündung aus. Die Frau lebt noch heute. Einem 40jährigen Musiklehrer aus Göttin-

gen mit hartnäckig entzündeten Kniegelenken beschied eine «unange-
nehm fett klingende» Frauenstimme: «Er muß sterben!» Trotzdem
besserte sich sein Leiden: «Nach drei Monaten hatte sich das Knie
wieder normalisiert», berichtet Kaempgen. Auch dieser Patient weilt
nach wie vor unter den Lebenden. Eine 50jährige Ärztin aus Marburg
litt seit ihrer Jugend an Gelenkrheumatismus. «Sie weiß, daß sie Krebs
hat!» raunte 1985 eine Stimme auf Band. «Doch davon konnte keine
Rede sein», erklärt Kaempgen. «Auch trat weder damals noch später je
eine bösartige Erkrankung auf. Die Patientin lebt noch, es geht ihr
gut.» Daß Medien gegen Foppstimmen eher gefeit sind als Tonband-
stimmenforscher, hat noch kein Spiritist belegen können.

**Ferndiagnosen.** Geistheiler beweisen oft ein verblüffendes Gespür
dafür, was ihren Kunden fehlt, selbst in Abwesenheit äußerlich sicht-
barer Symptome. Doch rührt dies wirklich von hellsichtigen Fähigkeiten her – oder nicht vielmehr von aufmerksamen Wahrnehmungen
gewöhnlicher Art? Ehe sich ein Geistheiler auf Mutmaßungen über
Krankheiten und deren Ursachen festlegt, hat er gewöhnlich schon
stundenlang persönlichen Kontakt mit seinem Klienten: Zeit genug,
genau zu beobachten und daraus Schlüsse zu ziehen. Erfahrene Geistheiler, ebenso wie erfahrene Ärzte, beachten auch beinahe unmerk-
liche Verhaltensauffälligkeiten und wenig offensichtliche körperliche
Merkmale; vieles hören sie außerdem schon aus ersten Gesprächen
heraus. Doch wie sind *Fern*diagnosen möglich: zutreffende Aussagen
über abwesende, oft Hunderte, ja Tausende von Kilometern entfernte
Personen, die der Heiler niemals kennenlernte – und über die er nicht
mehr weiß als Name, Alter, Geschlecht, Wohnort und sonstige Einzelheiten, die für Einschätzungen des Gesundheitszustandes unerheblich
sind?
   Vermutlich hat niemand diese Fähigkeit perfekter beherrscht als der
Amerikaner Edgar Cayce (1877–1945). In einfachsten, kleinbäuerli-
chen Verhältnissen auf einer Farm bei Hopkinsville in Kentucky auf-
gewachsen, verließ Cayce die Schule nach der neunten Klasse, schlug
sich als Buchhändler, Fotograf, Schuh- und Versicherungsverkäufer
durch. Der Weg dieses unauffälligen, oft geradezu linkisch wirkenden
Mannes zum begnadeten Seher begann, als ein rätselhaftes Leiden
seiner kaufmännischen Laufbahn ein frühes Ende setzte: eine chronische Kehlkopfentzündung, die Ärzte für unheilbar erklärten. Ein
Hypnotiseur kam auf die Idee, Cayce in Trance zu versetzen, um ihn
dann über die Ursache dieser seltsamen Beschwerden zu befragen.
Und plötzlich begann der hypnotisierte Cayce, obgleich ein völliger

medizinischer Laie, wie ein Internist zu sprechen: «Die inneren Kehlkopfmuskeln», so lautete seine Selbstdiagnose, «sind infolge eines
eingeklemmten Nervs partiell gelähmt. Dieser Zustand kann beseitigt
werden, wenn durch geeignete Suggestionen in Trance die Durchblutung der betroffenen Partien angeregt wird.» Der Hypnotiseur be-
folgte den Ratschlag, und Cayce war geheilt.

Wenn der Mann im eigenen Fall Ursachen und Behandlungsmöglichkeiten von Krankheiten erkennen konnte – warum nicht auch bei
anderen Menschen? Bald war Cayce imstande, sich willentlich selbst in
eine hypnoseähnliche Trance fallen zu lassen. In diesem Zustand stellte
er fortan, ab 1901, über 30 000 Ratsuchenden aus aller Welt medizinische Diagnosen – 14 000 davon wurden stenografisch festgehalten –,
von denen sich ein Großteil als zutreffend erwies, und schlug Therapien vor, die vielfach halfen, selbst wenn sie Ärzten abwegig vorka-
men. Häufig prognostizierte Cayce auch, wie eine Krankheit weiter
verlaufen, ein empfohlenes Heilmittel anschlagen würde; auch darin
behielt er verblüffend oft recht. Eine Reihe von Ärzten aus Hopkinsville und umliegenden Orten Kentuckys zog Nutzen aus Cayces ein-
zigartiger Begabung und setzten ihn bei der Diagnose ihrer Patienten
ein. Die Cayce-Biographin Mary Ellen Carter schreibt: «Bald fanden
die Ärzte heraus, daß sie Cayce lediglich den Namen und die Anschrift
des Patienten nennen mußten, worauf dieser, wo immer der Patient
sich im Augenblick aufhielt, in der Lage war, sich telepathisch auf den
Geist und den Körper des Genannten ‹einzustimmen›, als hätten sich
beide im selben Raum befunden. Er benötigte und erhielt dabei keinerlei zusätzliche Informationen über irgendeinen der Patienten.»[45]

Dieselbe Fähigkeit hatten Mesmeristen, Ärzte und Parapsychologen
auch schon bei manchen «magnetisierten» Patienten und Versuchspersonen in hypnotischer Trance festgestellt. Dreieinhalb Jahre lang, zwischen 1919 und 1923, verfolgte der bereits erwähnte Arzt Dr. Walther
Kröner «ein Medium ganz großer Klasse», das «neben die bedeutendsten Sensitiven aller Zeiten» zu stellen sei: Elisabeth F., eine ehemalige
Patientin von ihm. Gemeinsam mit mehreren Ärzten und in Zusammenarbeit mit der «Berliner ärztlichen Gesellschaft für parapsychische
Forschung» unterzog er sie Dutzenden von Psi-Diagnosetests, deren
Ergebnisse allerdings weit hinter Kröners euphorischen Lobeshymnen
zurückblieben. Oft riet Elisabeth F. zwar nur hilflos herum, und ehe
sie einmal traf, wurde sie von Kröner durch massive Suggestivfragen
dorthingeführt.[46] Andererseits vollbrachte sie außerhalb des Prüfungs-
zimmers, frei vom Erwartungsdruck einer argwöhnischen Ärztekommission, zum Teil erstaunliche Leistungen.[47]

Wiederholte Nieten, unterbrochen durch vereinzelte beachtliche Treffer, ergab auch ein wissenschaftlicher Test zur Ferndiagnose, den die Aachener Psychologin Ingeborg Strauch Mitte der fünfziger Jahre durchführte. Um den Münchner Heiler Dr. Kurt Trampler auf die Probe zu stellen, führte sie Gruppen von je fünf Patienten, die ihm nie begegnet waren, in einem Raum zusammen, wo sie ärztlich untersucht wurden. Der jeweilige Sitz ihrer Beschwerden wurde auf Umrißzeichnungen eines menschlichen Körpers eingetragen. Zur selben Zeit versuchte Trampler, von einem entfernten Zimmer aus, die Beschwerden dieser fünf außersinnlich zu lokalisieren. Was er festzustellen meinte, hielt er ebenfalls auf Körperschemata fest. Anschließend verglich ein neutraler Gutachter beide Gruppen von Zeichnungen, die der ärztlichen Exploration und die von Trampler angefertigten, auf Übereinstimmung. Für diese fand er indessen «keine schlüssigen Anhaltspunkte», wie Strauch, leider ohne nähere Angaben, zusammenfassend feststellt.[48]

Überhaupt sind Volltreffer auf Distanz rar. Von allen Psi-Diagnostikern stochern «Fern-Seher», nach meinen Erfahrungen, am allerhäufigsten blind im Nebel herum. Auf der Hut sein sollten Patienten insbesondere vor Angeboten von fernschriftlich ausgearbeiteten «Aura-Bildern», für die es genügen soll, ein Foto, Name und Geburtsdatum einzusenden. (Für ein derartiges Werk, auf DIN A3 als «farbiges Skizzenpainting», berechnet zum Beispiel ein Hellsichtiger aus dem nordrhein-westfälischen Rees stattliche 325 DM.[49]) Gewöhnlich beschränken sie sich auf allgemeine Persönlichkeits- und Schicksalsfragen; soweit Krankheiten überhaupt zur Sprache kommen, ist durchweg bloß von «Veranlagungen» und «Anfälligkeiten» die Rede. An Präzision und Aussagekraft nehmen es mittelmäßige Handlinienanalysen, Horoskope und Kartendeutungen gewöhnlich mühelos mit ihnen auf.

**Sonderfall Psychometrie.** Um Ferndiagnosen zu stellen, benötigen manche Hellseher nichts weiter als irgendein Objekt, das in Beziehung zum Ratsuchenden steht: sei es eine Haarlocke, ein Blutstropfen, ein Taschentuch, ein Brief, ein Ring oder ein Kleidungsstück. Ein solches Objekt dient als «Induktor» (lat. *inducere*: auslösen): Es soll paranormale Eindrücke auslösen. Dieser Fähigkeit gab der amerikanische Mediziner J. Rhodes Buchanan (1814–1899) schon im Jahr 1842 die bis heute gebräuchliche Bezeichnung *Psychometrie*, im Wortsinn eines «Messens, Erfassens durch die Seele». (Der deutsche Augenarzt Rudolf Tischner schlug dagegen 1926 den passenderen Namen «Psychoskopie» vor, der sich jedoch nicht durchsetzte.)

Gelegentlich wird vermutet, im «Induktor» könnten Informationen

gespeichert sein, die der Psychometriker irgendwie «ablese». Zur Erklärung spekuliert man über ein «Energiefeld», das jedes Objekt, auch
ein totes, umgibt; in ihm könnten sich «Spuren» seiner Geschichte
finden. Manche englischen Medien behaupten, daß persönliche Gegenstände einen «Eindruck» von der menschlichen «Aura» aufnehmen
– meist ist von einem «Schwingungsmuster» die Rede, welches die
Aura darauf angeblich überträgt –, und solche «Imprägnationen»
könne ein Sensitiver entschlüsseln. Auf diese Weise erklärt das bekannte englische Medium Gaye Muir das Phänomen des «Sandlesens»:
Dabei drückt eine Person ihre Hände leicht in eine etwa einen Zentimeter dicke Schicht aus feinem Sand, der zuvor gleichmäßig auf einem
Tablett verteilt wurde. Ohne zu wissen, von wem diese Abdrücke
stammen, können manche Sensitiven daraus Hinweise auf dessen Persönlichkeit ableiten – nach Gaye Muirs Auffassung deswegen, weil die
Aura der Versuchsperson die feine Sandstruktur beeinflußt.[50] Eine
solche «Imprägnationstheorie» scheitert aber an Fällen, in denen als
Induktor zum Beispiel eine Fotografie der Zielperson dient. Tatsächlich erachten die meisten Psychometriker die Beschaffenheit ihres
Induktors, die materielle ebenso wie eine etwaige «energetische», für
unerheblich. Typisch dafür ist eine Beschreibung, die Stephan Osso-
wiecki (1877–1944), ein polnischer Ingenieur und wiederholt von Wissenschaftlern getesteter hervorragender Psychometriker, von seinen
Eindrücken gegeben hat, wenn er anhand eines Briefs hellsieht: «Ich
beschäftige mich ganz und gar nicht mit dem Papier. Ich brauche es gar
nicht anzusehen. Ich halte den Umschlag fest in der Hand und knete
ihn mit der Absicht, mich in (interpsychischen) Kontakt mit jenem zu
bringen, von dem das Papier stammt, gleichgültig, wo er sich gerade
aufhält. In einem bestimmten Augenblick bekomme ich das Gefühl,
daß ich selbst der Mensch bin, der die Worte auf das Papier geschrieben
hat, und dann dämmert das, was er gedacht, der Satz, den er geschrieben, die Zeichnung, die er gemacht hat, in mir auf, als ob eine eigene
Erinnerung in mir aufstiege... Die Briefhülle samt Inhalt ist nur ein
Hilfsmittel, das mir Gelegenheit gibt, mit dem Urheber des Versuchs
in Kontakt zu kommen.»[51]

Manchmal wird der Induktor dabei regelrecht zum «magischen
Spiegel», in dem Sensitive visionär zu sehen meinen, was sie Klienten
enthüllen. Darauf könnten die Leistungen vieler landfahrender «Harn-
beschauer» beruhen, die jahrhundertelang eine ärgerliche Konkurrenz
für geschulte Mediziner darstellten. Noch Mitte der zwanziger Jahre
machte die «Harndoktorin» Jurach aus Felling-Maria-Trost bei Graz
in der Steiermark von sich reden; allmonatlich «las» sie rund tausend

Menschen aus dem Urin, was ihnen fehlte. Vor 130 Jahren richtete die
«Doktorbäuerin» Amalie Hohenester (1827–1878), zum Ärger von
Münchner Ärzten, im nahen Mariabrunn ein eigenes Heilbad ein. Mit
ihrer oftmals verblüffend treffsicheren Urindiagnostik, in Verbindung
mit Kräuterkuren und Diätverordnungen, lockte sie selbst Minister,
Generäle und Prinzessinnen dorthin.[52] Über das weitverbreitete Urin-
beschauen ereiferte sich schon 1790 der berühmte Rotterdamer Arzt
Lambertus Bicker: «Es zeugt von großer Unkenntnis, wenn man
glaubt, und von äußerster Schurkenhaftigkeit, wenn man versichert,
daß der bloße Anblick des Harns genüge, um über Symptome, Ursachen und Heilmittel von Krankheiten urteilen zu können!»[53] Doch
könnten die Urinfläschchen samt Inhalt nicht als «Induktoren» gedient
haben, die außersinnliche Eindrücke katalysieren – etwa, indem sie
telepathische Brücken schlugen?

Schon unter den «magnetisierten» Klienten der Mesmeristen,
ebenso wie unter den spiritistischen Medien des ausgehenden 19. und
beginnenden 20. Jahrhunderts, waren viele begabte Psychometriker.
Doch wissenschaftliche Untersuchungen darüber stehen bis heute
weitgehend aus. Im Jahre 1977 berichtete der führende niederländische
Parapsychologe Wilhelm Tenhaeff über eine Versuchsreihe, die er mit
seiner sensitiven Landsfrau Plaat-Mahlstedt durchführte. Anläßlich
eines dieser Tests «überreichte ihr einer der Anwesenden einen Brief,
der in einem undurchsichtigen blauen Papier verpackt war. Zu den
Daten, welche Frau Plaat anhand dieses Induktors angeben konnte und
die größtenteils als sehr bezeichnend beurteilt wurden, gehören fol-
gende: ‹... Sie hat ein ovales Gesicht, eine scharfe, feine Nase, sehr
schmale Lippen, nervöse Nasenflügel, dunkle Brauen, dunkle Augen,
dunkles, aber grau werdendes Haar, scharfe Falten um den Mund. *Ich
beginne grauenhafte Schmerzen zu leiden* (Frau Plaat wies auf und
unter den Bauch), *Schmerzen, die nach hinten ziehen, aber auch hauptsächlich in die Beine* (die Paragnostin strich sich über die Oberschen-
kel). Was muß diese Frau grauenhaft gelitten haben! *Die Schmerzen
sitzen hier und da* (sie wies nochmals auf die Stellen und legte den Brief
aus den Händen). Ich fühle die Schmerzen... sie sind fürchterlich.›»
Wie Tenhaeff berichtet, hatte Frau Plaat nicht nur die Physiognomie
der Briefschreiberin treffend charakterisiert. Tatsächlich litt die Betreffende schwer an einer Blasenentzündung und klagte immer wieder
über fürchterliche Schmerzen, unter anderem in den Oberschenkeln.[54]

Doch all solchen Erfolgsmeldungen zum Trotz: Auf Ferndiagnosen
mittels Induktoren ist im allgemeinen wenig Verlaß. Sobald Psychometriker unter wissenschaftlicher Beobachtung stehen, schneiden sie

in den meisten Fällen kläglich ab, wie Mitte des vorigen Jahrhunderts schon der französische Arzt Dufay erlebte. Im Jahre 1845 suchte er mehrere Somnambule auf, die in Paris einen hervorragenden Ruf als Hellseher genossen. Zur Probe übergab Dufay jedem von ihnen ein Päckchen, in dem Haare seines kleinen Affen eingewickelt waren. Die erste Seherin erklärte – «nicht ohne entsprechende Schonung meiner Gefühle», wie Dufay ironisch anmerkt –, daß seine gute Großmutter an Leberkrebs leide, eine sehr ernste Krankheit, die aber geheilt werden könne, wenn ihre Verordnungen befolgt würden. «Die anderen waren nicht besser.»[55]

Mitte der sechziger Jahre wurden acht tschechische Sensitive gebeten, für 205 Patienten aus sechs Kliniken im Großraum Prag herauszufinden, woran sie litten – anhand von Fotos. Was sie zu «sehen» meinten, deckte sich nur zu knapp 29 Prozent mit den ärztlichen Befunden. (Als Sensitive den Kranken unmittelbar gegenüberstanden, wurde dagegen immerhin eine durchschnittliche Übereinstimmung von rund 60 Prozent erzielt.[56])

Im Rahmen eines parawissenschaftlichen Forschungsprojekts schrieben Studenten der Universität Grenoble 1991 einen Brief an 42 Geistheiler, die in Kleinanzeigen zweier großer Tageszeitungen behauptet hatten, sie seien imstande, Patienten anhand eines eingesandten Fotos fernzuheilen. Jeder Heiler erhielt zwei Paßfotos. Das eine zeigte das Gesicht eines gesunden Studenten; auf dem zweiten war das Gesicht eines Studenten zu sehen, der an Schuppenflechte litt. Außerdem lag eine Liste mit zehn allgemein bekannten Krankheiten bei; neben Schuppenflechte waren darauf unter anderem Aids, Lungenentzündung und Krebs aufgeführt. Die angeschriebenen Heiler wurden gebeten, zu jedem Foto diejenige Krankheit anzukreuzen, die sie hellsichtig wahrzunehmen meinten. Nur 11 der 42 Heiler beteiligten sich daran. Im krassen Widerspruch zu den Versprechungen, mit denen sie in ihren Inseraten geworben hatten, erklärten fünf von ihnen, es sei ihnen unmöglich, anhand von Fotos zu heilen oder Diagnosen zu stellen. Drei Heiler kreuzten nicht bloß eine, sondern jeweils drei Krankheiten an. Ein weiterer gab an, daß beide Fotos einen kranken Menschen abbildeten. Nur ein einziger Heiler gab die richtige Antwort.[57]

Über derartige Blamagen, die eher die Regel als die Ausnahme darstellen, schweigt sich die Regenbogenpresse, die Patienten auf Psi-Diagnostik neugierig macht, beharrlich aus: Fehlschlägen geht eben der nötige Sensationscharakter ab, sie scheinen nicht berichtenswert.

Allerdings sollte aus ernüchternden Testergebnissen nicht geschlossen werden, bei Ferndiagnosen würde weniger Außersinnliches geleistet als mit anderen Methoden, bei denen Heiler und Patient Kontakt miteinander haben. Daß «Röntgenblicke», «Aura-Wahrnehmungen» und dergleichen zuverlässiger sind, liegt sicherlich daran, daß Heiler dabei aus persönlichen Kontakten Informationen gewinnen, die ihnen auf Distanz verschlossen bleiben. Selbst dann, wenn ein Teil ihrer Aussagen von außersinnlichen Eindrücken herrührt, profitieren sie doch zugleich davon, daß Aussehen und Auftreten, Haltung und Bewegung, Gestik und Mienenspiel, vor allem aber sprachliche Äußerungen der Patienten recht viel über ihre körperliche und seelische Verfassung aussagen können, selbst wenn derartige Hinweise nicht offenkundig sind, sondern sehr subtil. Für einen wachsamen Beobachter sind sie diagnostisch überaus bedeutsam; außerdem können sie außersinnliche Wahrnehmungen anregen und fortlaufend korrigieren. Daß Psi-Diagnostiker, Auge in Auge mit einem Patienten, aus solchen Hinweisen Schlüsse ziehen, schmälert ihre Leistungen keineswegs – aber es entmystifiziert sie ein wenig. Die fähigsten Psi-Diagnostiker beherrschen im Grunde nur, was auch jeder gute Arzt einsetzen sollte: aufmerksames Beobachten.[58]

**Chirologische Diagnosen.** Die Kunst, aus Formen und Linien der Hand auf Charakter und Schicksal des ganzen Menschen zu schließen, reicht mindestens 3000 Jahre zurück. Schon vedische Texte um 1000 v. Chr erwähnen sie, und chinesische Quellen sind vermutlich noch älter.[59] Neben Kartenlegen und Astrologie zählt die *Chirologie* (griech. *cheir*: Hand) unter Deutschlands 90 000 haupt- oder nebenberuflichen Wahrsagern zu den verbreitetsten Methoden. Auch Geistheiler lesen bisweilen in den Händen ihrer Klienten – in der Erwartung, daraus bereits vorhandene, noch verborgene Krankheiten zu erkennen, aber auch drohende gesundheitliche Gefahren abzuschätzen.[60]

In dem verwirrenden Netz von Furchen und Linien, das jede Handinnenfläche durchzieht, gelten für Gesundheitsfragen als besonders aufschlußreich:

- die *Lebenslinie*, die sich um den Daumenballen krümmt. Sie soll den allgemeinen Gesundheitszustand, die Vitalität, die Anfälligkeit gegenüber Krankheiten sowie die Lebenserwartung anzeigen. Eine «gute» Lebenslinie ist ungebrochen und deutlich eingeschnitten, ohne Verzweigungen oder «Störstellen» wie Querlinien, Kreuze, Punkte, Inseln, Fransen oder Faserungen;
- die *Kopflinie*: Sie soll Auskunft über Gehirn, Augen, Ohren und

andere Organe im Kopfbereich geben. (So deuten rote Flecken auf der Kopflinie oder blaue Stränge parallel zu ihr angeblich auf Migräne hin.)

- die *Herzlinie* (Dreifingerfurche), die Hinweise auf Herz, Blutkreislauf und Adern geben soll. Beispielsweise wird aus Einkerbungen oder punktförmigen Vertiefungen auf mögliche Schädigungen der Herzkranzgefäße geschlossen; rote Punkte oder Flecken sollen auf Blutstauungen hindeuten, etwa in der Vorkammer, aber auch in peripheren Gliedmaßen (Krampfadern).
- die *Leberlinie* (auch Hepathica, Merkur-, Bauch- oder Gesundheitslinie), die Kleinfingerfurche: Von ihr soll auf Leber, Galle und andere Organe im Bauchbereich geschlossen werden können.

Auch Größe, Form und Festigkeit der ganzen Hand oder einzelner Finger, die Beschaffenheit der Fingernägel sowie die Hautleisten auf den Fingerkuppen gelten als diagnostisch aussagekräftig. In neueren Lehrbüchern werden, von Anämie bis Zahnverfall, rund 100 Krankheitsbilder unterschieden, die angeblich an der Hand ablesbar sind.[61]

Inwieweit ist auf solche Schlüsse tatsächlich Verlaß? Wissenschaftler am Institut für medizinische Biometrie der Universität Marburg, unter Leitung der Zahnärztin Jasmin el Mahmoud, machten 1991 die Probe aufs Exempel. Von 200 Erwachsenen fertigten sie Abdrücke beider Handinnenflächen an. 95 von ihnen litten an Gallensteinen und waren deswegen teilweise operiert worden; der Rest war frei von Gallenwegserkrankungen, wie eingehende ärztliche Voruntersuchungen ergeben hatten. Drei Gutachter prüften nun jeden einzelnen Abdruck daraufhin, ob sie zwei chirologische Zeichen für Gallenwegserkrankungen aufwiesen: eine unterbrochene Hepathica (Zeichen «L») und eine pinselartig verzweigte «Herzlinie» (Zeichen «P»).[62]

Die Ergebnisse waren ernüchternd: Nur bei 2,1 Prozent der Gallenwegskranken war ein «L» oder «P» feststellbar, während bei 44 Prozent der Gesunden mindestens eines dieser beiden Merkmale vorkam.[63] Weitgehend wertlos erschienen auch andere Handlinienzeichen, wie die Marburger Wissenschaftler an einer weiteren Stichprobe von Erwachsenen fanden: Chirologische Zeichen für bestimmte Herzfehler, die sich nur bei 0,2 Prozent der Gesamtbevölkerung ärztlich nachweisen lassen, wiesen über 60 Prozent der Untersuchten auf.[64] Patienten, die einer chirologischen Diagnose vertrauen, gehen demnach zwei hohe Risiken ein: Ihnen werden Leiden unterstellt, die medizinisch nicht nachweisbar sind – oder sie werden über vorhandene Leiden hinweggetäuscht.

Gegen kritische Studien wie die Marburger wenden Handleser ein: In ihrer Praxis würden einzelne Handmerkmale niemals isoliert betrachtet, sondern stets in Beziehung zu anderen. Auch spiele «Intuition» eine Rolle. Außerdem würden chirologische Zeichen häufig bloß auf eine «Disposition», eine «Tendenz» zu dieser oder jener Erkrankung hindeuten, nicht unbedingt auf deren Vorhandensein.

Solche Erwiderungen, wie sie grundsätzlich auch Astrologen vorbringen[65], laufen auf «Immunisierungsstrategien» hinaus, in denen der Wissenschaftler Karl Popper ein gemeinsames Merkmal von Pseudo-Wissenschaften sieht: Sie machen Hypothesen unüberprüfbar und schließen ein Scheitern an empirischen Tatsachen von vornherein aus. Widersprüche erschweren die Beurteilung zusätzlich: In der Zuordnung von Handmerkmal und Aussage bestehen zwischen verschiedenen Handleseschulen teilweise erhebliche Diskrepanzen.

Im Praxisalltag fallen Handdeutungen mit Sicherheit treffsicherer aus als unter experimentell stark eingeschränkten Testbedingungen. Ob dafür allerdings chirologisches Expertenwissen verantwortlich ist, darf bezweifelt werden. Äußerungen, Reaktionen und Körpersprache eines Klienten können erfahrenen Hellsehern wichtige Hinweise geben, was sie in die Hand hineinzuinterpretieren haben. Ähnlich wie ein Horoskop könnte eine Handinnenfläche im übrigen als psychometrischer *Induktor* dienen, der hellsichtige Eindrücke auslöst.* Besondere morphologisch-topographische Strukturen der Hand wären dann zweitrangig, Deutungen aus Ohren, Fußsohlen oder Bauchnabeln ebenso denkbar. Wenn Chirologen in der Hand mehr sehen als in anderen Körperteilen, dann möglicherweise bloß deshalb, weil sie zuversichtlicher und motivierter sind, ausgerechnet dort auf Erkenntnisse zu stoßen. Eine solche Einstellung erhöht nachweislich die Wahrscheinlichkeit paranormaler Eindrücke.

Zudem verkennen Chirologen oft, welch verheerenden psychischen Schaden sie bei ihren Klienten selbst dann anrichten, wenn sie betonen, bloß «Anfälligkeiten» aufzuspüren, keine Gegebenheiten. Vermeintlich von einer schweren Krankheit bedroht zu sein, kann einen Menschen nicht minder erschüttern als die Unterstellung, er habe sie bereits. So versteht man die Besorgnis eines Vaters, der sich im Juli 1987 hilfesuchend an das Rechtsmedizinische Institut der Universität Marburg wandte: Ein Chirologe hatte seiner Tochter in zwei «Expertisen» nicht weniger als 21 verschiedene Krankheits«dispositionen» zugeschrieben – von Herzasthma, Leberschäden und Unterleibsstörungen

---

* Vgl. dazu den vorangegangenen Abschnitt über «Psychometrie».

bei künftigen Geburten über Bauchspeicheldrüsen- und Niereninsuffizienz bis zum Herzinfarkt im Alter.[66] Falls *nur* Handleserei, ansonsten aber keinerlei diagnostischer Befund auf ein Leiden hindeutet, tun Patienten gut daran wegzuhören.

## 3 Grenzen und Gefahren der Psi-Diagnostik

«Die Frau mit den Röntgenaugen», «Tumor-Diagnose mit dem ‹Röntgen-Pendel›», «Hellseherin sieht den Krebs noch vor den Ärzten»[67] – Schlagzeilen wie diese lassen viele Patienten hoffen, deren Leidensursache von Ärzten entweder gar nicht, widersprüchlich oder offenbar falsch diagnostiziert wurde, wie fehlgeschlagene Behandlungen vermuten lassen. Und je stärker Verzweifelte hoffen, desto leichter verlieren sie die nötige kritische Distanz. Um so größer ist die Enttäuschung, wenn die hohen Erwartungen nicht erfüllt werden – um so größer auch die Gefahr, durch diese Erwartungen irregeleitet zu werden. Gerade bei Menschen, für die Schulmediziner jahrelang zuwenig tun konnten, erschrecke ich oft über ein Maß an Glaubensbereitschaft gegenüber Anbietern vermeintlich «übernatürlicher» Dienstleistungen, das in krassem Mißverhältnis zur Qualität der Angebote steht. Nicht nur Psi-Diagnostiker profitieren davon, auch Astrologen, Kartenleger, Handleser, wie überhaupt alle Zweige der Wahrsagekunst. Aber sie profitieren nur finanziell: Denn der Preis für den einträglichen Zulauf, den die Sensationspresse ihnen beschert, ist ein Erwartungsdruck, dem sie guten Gewissens nicht standhalten *können.*

Wer als Patient Psi-Diagnosen sucht – oder von Geistheilern unaufgefordert damit konfrontiert wird –, muß sich über deren Grenzen im klaren sein, um keine Enttäuschungen zu erleben oder gar Schaden zu nehmen.

1. *Zwischen Psi-Diagnostikern bestehen beträchtliche Qualitätsunterschiede.* In den wenigen wissenschaftlichen Tests, die eine größere Zahl von Psi-Diagnostikern miteinander verglichen, war es stets nur eine kleine Minderheit, deren Trefferquote deutlich oberhalb der Zufallswahrscheinlichkeit richtigen Ratens lag. So nahmen Ende der sechziger Jahre in der Tschechoslowakei acht Ärzte und sechs «Biodiagnostiker» an einem großangelegten Test teil, bei dem sie in sechs verschiedenen Krankenhäusern 1800 Patienten diagnostizierten. Der fähigste Sensitive stimmte in über 85 Prozent aller verglichenen Fälle mit einem Arzt überein, der schlechteste hin-

gegen zu nicht einmal 45 Prozent. (Im Durchschnitt deckten sich sensitive und ärztliche Befunde zu knapp 59 Prozent.[68]) Eine 85prozentige Kongruenz ist bemerkenswert, zumal auch Ärzte untereinander in Diagnosefragen im allgemeinen nicht mehr als eine 70- bis 80prozentige Einigung erzielen.[69] Andererseits wären Patienten schlecht beraten, wenn sie den Intuitionen eines Psi-Diagnostikers trauen, dessen Einschätzungen in nicht einmal jedem zweiten Fall von Ärzten bestätigt werden – selbst wenn dabei in Rechnung gestellt wird, daß auch Ärzte sich gelegentlich irren können.

Weitgehend bestätigt wurde die tschechische Studie zehn Jahre später durch ein Experiment des bereits erwähnten amerikanischen Arztes Dr. Norman Shealy. Er versammelte acht Sensitive in einem Raum, in den nacheinander siebzehn Patienten geführt wurden. Dort nahmen sie zehn Minuten lang schweigend auf einem Stuhl Platz. Jedesmal, wenn ein Patient den Raum wieder verlassen hatte, sollten die Sensitiven angeben, welchen Eindruck sie von dessen Persönlichkeit und körperlicher Verfassung gewonnen hatten. Dabei berücksichtigte Shealy nur Aussagen, in denen «eine klare Mehrheit» der Beteiligten übereinstimmten. Er fand, «daß diese Gruppe bei Persönlichkeitsdiagnosen zu 98 Prozent richtig lag, bei Diagnosen der Physis zu 80 Prozent. So unterschieden sie beispielsweise klar zwischen drei völlig verschiedenen Fällen von Paraplegie (Lähmung) von der Hüfte abwärts: der eine war traumatisch, der andere infektiös, der dritte degenerativ.»

Daß diese Ergebnisse allerdings an der Obergrenze des «außersinnlich» Möglichen liegen, weiß Shealy aus eigener Erfahrung. Im Laufe mehrerer Jahre suchte er über 75 Hellseher auf, um ihre diagnostischen Fähigkeiten zu testen. Nur bei sechs von ihnen fand er, was Krankheitsdiagnosen anbelangte, eine Trefferquote von 70 bis 75 Prozent; alle übrigen lagen teilweise deutlich darunter.[70]

2. *Selbst die Allerbesten können irren.* Ein jüngeres Beispiel dafür liefert der Niederländer A. Haverkate, der unter dem Pseudonym «Theta» seinerzeit zu einem der berühmtesten Geistheiler seines Landes avancierte.[71] (Als damals einziger Heiler Hollands erhielt Haverkate eine Sondererlaubnis, seine Praxis weiter auszuüben – am alten niederländischen «Sanitätsgesetz» aus dem Jahre 1865 vorbei –, nachdem er sich unter die Aufsicht einer Stiftung stellte, der mehrere Ärzte angehörten.) Ab Sommer 1957 wurden mit Haverkate, unter Leitung des Parapsychologen Wilhelm Tenhaeff, jahrelang umfangreiche Testreihen durchgeführt, an denen zeit-

weise auch ausländische Kliniken beteiligt waren. Unter anderem bewerteten sechs Ärzte den Wert von Karteikarten, die Haverkate über jeden Patienten führte, der ihn aufsuchte. Auf diesen Karten hielt er seine psi-diagnostischen Eindrücke fest: alle krankhaften Abweichungen, aber auch Auffälligkeiten, die nicht unbedingt pathologisch zu sein brauchten, außerdem Krankheiten, nach denen der Patient nach «Thetas» Auffassung früher gelitten hatte oder zu denen er neigte. Täglich wurden diese Karteikarten einem von sechs kontrollierenden Ärzten übergeben, der sie mit den eigenen medizinischen Befunden verglich. Manche Treffer waren geradezu frappierend: so etwa bei einer 49jährigen Patientin, die den Heiler eigentlich bloß wegen eines lästigen Hautjuckens aufgesucht hatte, von dem ihr Hausarzt sie nicht hatte befreien können. Haverkate «sah» bei ihr eine chronische Leberentzündung (Hepatitis) mit Parenchym-(Gewebe-)Schädigung, des weiteren eine Leberschwellung und eine allgemeine Störung des Verdauungssystems. Ferner trug er in ihre Karteikarte ein: «Kleine Harnportionen infolge einer Blasenanomalie. Eiweiß und Bilirubin im Harn.» Der kontrollierende Arzt stellte bei dieser Frau anschließend nicht nur eine Leberschwellung fest («einen Finger breit unter dem Rippenbogen tastbar», wie er protokollierte), sondern auch im Harn «eine Spur Eiweiß und eine schwach positive Bilirubinreaktion». Diese Übereinstimmung ist um so erstaunlicher, als keiner der Ärzte, an die sich die Patientin vor ihrem ersten Besuch bei Haverkate gewandt hatte, ihrer Leber Aufmerksamkeit geschenkt hatte. Von insgesamt 3500 Diagnosen Haverkates sollen, nach Angaben des beteiligten Arztes Dr. Tuyter, 85 bis 90 Prozent mit der medizinischen Diagnose übereingestimmt haben.

Doch selbst dieser hervorragend Begabte versagte mehrfach. «In unserem Material befinden sich neben zahlreichen Fällen ohne medizinischen Wert auch solche, die als völliger Mißerfolg zu bezeichnen sind», räumt Tenhaeff ein.[72] «Dabei schrieb der Paragnost dem Patienten eine Krankheit zu, die er bestimmt nicht hatte.» Die Gefahr, ein solcher Patient zu sein, sollte vielen Kranken zu denken geben, die allzu bereitwillig einem Hinweis vermeintlich «höheren» Ursprungs folgen.

Der ideale Psi-Diagnostiker wäre einer, der sich unter beliebigen Umständen und unabhängig von seiner augenblicklichen körperlichen und psychischen Verfassung stets sicher auf klare, eindeutige, genaue, ausnahmslos zutreffende und ärztlich nachprüfbare außersinnliche Wahrnehmungen festlegt. Daß solche «Psi-Automaten» weit und breit nicht in Sicht sind, spricht nicht gegen die Möglichkeit von paranormalen Erkenntnissen über Kranke – es verbietet allerdings, mit derartigen Erkenntnissen immer und überall zu rechnen.

*3. Nicht bei jedem Patienten sind Psi-Diagnosen möglich.* In manchen Fällen berichten Sensitive, sie könnten zu einem Klienten keine «Verbindung» aufbauen, sie kämen «nicht zu ihm durch», sie könnten «keinen Kontakt herstellen». Schon dem französischen Arzt und Parapsychologen Eugène Osty (1874–1938) war dieses Phänomen in Hunderten von Tests mit Wahrsagern, Medien und Mesmerisierten aufgefallen. Er teilte deren Klienten in «personnes favorisantes» und «personnes stérilisantes» ein. Entsprechend unterscheiden Parapsychologen im angelsächsischen Sprachraum zwischen «good sitters» und «bad sitters».

In vielen Fällen scheint es eine besonders argwöhnische Geisteshaltung oder ein besonders aggressiver, negativer Charakter zu sein, der die Heiler stört und ihre Kräfte beeinträchtigt. Manchmal fühlen sich Sensitive aber auch gehemmt, wenn sie mit Ratsuchenden zu tun bekommen, die «keine Zukunft mehr haben» – zum Beispiel wegen einer schweren Krankheit, an welcher der Betreffende in Kürze sterben wird. Oftmals «sehen» sie dann nichts. Womöglich verdrängen sie dabei unbewußt eine schlimme Vorahnung.

*4. Wie jedes außersinnliche Wahrnehmungsvermögen, so unterliegt auch die Psi-Diagnostik einem unberechenbaren Auf und Ab.* Publik werden immer nur Leistungen, die in optimaler seelischer und geistiger Verfassung erbracht worden sind; aber auch Hellseher haben, wie alle Berufsgruppen, gute und schlechte Tage. Zu Zeiten, in denen sie erschöpft sind, von störenden äußeren Einflüssen abgelenkt werden oder sich selbst unter übergroßen Druck setzen, es besonders gut zu machen, läßt die Treffsicherheit auch der Fähigsten deutlich nach, wie Parapsychologen in Tests immer wieder bestätigt fanden. Den meisten sind solche zeitweiligen Leistungstiefs bewußt. Bestenfalls teilen sie dies ihren Klienten mit, brechen die Sitzung ab und vereinbaren einen neuen Termin. Doch gerade berufsmäßige Heiler, mit festen Praxiszeiten und vollen Wartezimmern, zwingen sich oft dazu, trotzdem weiterzuarbeiten. Dann wächst die Gefahr, daß sie vage Ahnungen und aufsteigende Vorstellungsbilder mit diagnostischen Eindrücken verwechseln –

und zu fabulieren beginnen. Die Streiche, die ihnen ihre eigene Phantasie dann spielt, können gutgläubige Patienten in die Irre führen.

Selbst an «guten» Tagen kann kein Psi-Diagnostiker mit Sicherheit solche Verwechslungen ausschließen. Denn Psi-Sensitivität und gesteigerte Sensibilität gehen gewöhnlich Hand in Hand: Es zeichnet außersinnlich Begabte geradezu aus, verstärkt «in sich hineinzuhorchen», ihre Innenwelt sorgsam zu durchleuchten, selbst auf die flüchtigsten Eingebungen zu achten. Diese Aufmerksamkeits- und Erwartungshaltung verstärkt die Bereitschaft, in jedes aufsteigende geistige Bild, bloß weil es irgendwie eigenartig scheint, gleich die Erkenntnisleistung des «sechsten Sinns» hineinzudeuten.

5. *Psi-Diagnosen fallen häufig zu allgemein aus.* Wer einem Patienten Nervosität, Magenschwäche, Anspannung, sporadische Kopfschmerzen oder Schlafstörungen bescheinigt, wird fast immer richtig liegen. Vor allem «Aura-Sichtige» schweben dabei oft über den Wolken, ihre Rhetorik strotzt vor Gemeinplätzen, wodurch die Fehlerwahrscheinlichkeit gegen Null sinkt.

6. *Oft nennen Psi-Diagnostiker eine derartige Vielzahl von Krankheitserscheinungen, daß irgendeine daraus mit großer Wahrscheinlichkeit zutreffen wird.* Findet sich unter zehn angegebenen Symptomen auch nur ein einziges richtig erkanntes, so sorgt das selektive Gedächtnis dafür, daß es eher behalten und erinnert wird als die Irrtümer. Wie bei Wahrsagern im allgemeinen, so neigen auch Empfänger von Psi-Diagnosen dazu, bloß «Treffer» zu speichern, die Nieten hingegen unterzubewerten, wenn nicht gar völlig zu überhören oder zu verdrängen, statt sie gegeneinander aufzurechnen. Eine einzige zutreffende Aussage erscheint dann als Beweis für die außerordentliche Fähigkeit des Diagnostikers.[73]

7. *Viele Psi-Diagnosen wirken als «self-fulfilling prophecies», als Prophezeihungen, die sich selbst erfüllen.* Konfrontiert mit vermeintlichen «Enthüllungen» über versteckte Leiden oder die wahren Ursachen offensichtlicher Beschwerden, achten Patienten anschließend in der Regel sehr aufmerksam auf entsprechende Anzeichen; viele beginnen sie geradezu ängstlich zu erwarten. So kann eine übersinnlich festgestellte «Magenschwäche» dann leicht zu dazu passenden Symptomen führen, auch wenn zum Zeitpunkt der Diagnose noch keine Rede von derlei Beschwerden sein konnte.

8. *Die Übereinstimmung verschiedener Psi-Diagnostiker bei ein und demselben Patienten ist weit davon entfernt, hundertprozentig zu sein.* (Daß dies auch für Ärzte gilt, ist für Klienten ein schwacher Trost.)

9. *Psi-Diagnosen fallen meist zu ungenau und mehrdeutig aus.* Dies rührt zum Teil daher, daß die erhaltenen Eindrücke selbst verschwommen oder symbolisch verschlüsselt sind, zum Teil auch daher, daß es Sensitiven in der Regel an dem nötigen medizinischen Wissen mangelt, sie richtig zu interpretieren. Was sie an organischen Störungen und Fehlfunktionen zu «sehen» meinen, beschreiben sie meist «ähnlich wie ein Kind, das eine anatomisch-pathologische Sammlung besuchen würde», wie der französische Arzt J. Charpignon schon Mitte des vorigen Jahrhunderts bemängelte.[74] Daher «sind die Beschreibungen manchmal so bizarr, die Bezeichnungen von dem, was sie gesehen, so merkwürdig, daß man Anatom und Arzt sein muß, um sie zu erkennen». Da werden zum Beispiel Lungen beschrieben als «rosa Dinger, voller Löcher wie ein Schwamm, mit Luft in den Löchern und tausend kleinen Gefäßen nach allen Richtungen». Die Aurikel des Herzens werden als «Ohren» bezeichnet, die Ventrikel als «der fleischige Teil». Muskeln und Sehnen werden zu «Schnüren» oder «Fäden», Gefäße zu «Röhren», in denen «etwas fließt». Ein Eierstock erscheint als «eine Tasche mit Körnchen», die Gebärmutter als «Schlauch mit dicken Wänden», Leber und Milz als «Schwämme».[75]

Besonders schwierig zu interpretieren, und daher häufige Fehlerquellen, sind bildhafte, voller mehrdeutiger Symbole steckende Diagnoseangaben. Deren verbindliche Bedeutung erschließt sich oft erst im nachhinein, im Licht einer bereits ausgebrochenen Krankheit, während sie zunächst bloß für erhebliche Verwirrung sorgen. So eröffnete eine Versuchsperson Dr. Ostys, ein Fräulein Laplace, eines Tages einer ratsuchenden Dame: «Ihr Mann muß Färber sein. Ich sehe neben ihm viel gelbes Wasser. Ist er vielleicht in einen Bottich mit gelber Farbe gefallen? Ich sehe ihn sozusagen in gelbem Wasser liegen. Dann sehe ich ihn auf seinem Bett liegen, und jemand beschäftigt sich mit ihm.» In Wahrheit hatte der Gatte dieser Dame mit der Färberei nicht das geringste zu tun gehabt. Allerdings litt er an Ascites («Bauchwassersucht»), und ein paar Tage später leitete man aus ihm eine zitronengelbe, wäßrige Flüssigkeit ab.[76]

Nur selten sind sich Sensitive über die Bedeutung solcher Symbole von vornherein im klaren – wie etwa der Niederländer Gérard Croiset (1910–1980), einer der bedeutendsten (und meistgetesteten) Psi-Talente unseres Jahrhunderts. Immer wenn er Krebskranken begegnete, drängte sich ihm regelmäßig das Bild eines halbgeschälten Pfirsichs auf. Dieses individuelle Symbol hing mit den Todesumständen seiner Mutter zusammen: Bei einem von Croisets letzten Besuchen bei ihr, ehe sie an Krebs starb, hatte er auf ihrem Nachttisch einen halbgeschälten Pfirsich liegen sehen.[77]

Häufiger kann mit den bizarren Bildern, die manchen Psi-Diagnostikern durch den Kopf schießen, erst ein ausgebildeter Arzt etwas anfangen – und nur dann nützen sie auch dem Patienten. So beschrieb eine besonders begabte Versuchsperson des niederländischen Frauenarztes Dr. Noé, ein 23jähriges Bauernmädchen, in drei Hypnosesitzungen die Gebärmutter einer Patientin immer gleich: «Ich sehe einen Sack, der mit schmutzigem Blut gefüllt ist.» Dann gab sie das Ausmaß dieses «Sacks» an. «Der Inhalt», so fuhr sie fort, «ist mit Einbuchtungen wie Pockennarben und Klümpchen versehen»; die Form umriß sie mit einigen Handbewegungen. Ein Laie hätte damit wenig anfangen können – doch der anwesende Arzt dachte «sogleich an eine Mola hydatidosa»: ein zur Blase aufgeblähtes Ei, das sich aufgrund von genetischen Schäden oder Umwelteinflüssen wie Sauerstoffmangel oder Strahlung fehlentwickelt und schon während der ersten Schwangerschaftswochen zugrunde geht. Eine solche «kam tatsächlich einige Wochen später ganz spontan zum Vorschein», wie der Arzt berichtet.[78]

10. *Selbst wenn Psi-Diagnosen zutreffende Elemente enthalten, bleiben sie oft derart bruchstückhaft, daß sie nahezu wertlos sind.* So brachte Dr. Osty einer seiner Versuchspersonen, der psychometrisch begabten Frau Turck, einmal als Induktor ein Stück Löschpapier mit, auf dem ein Tropfen Blut zerflossen war. Ein Arztkollege hatte es ihm zugeschickt, ohne nähere Angaben über den Kranken zu machen, von dem das Blut stammte. «Kann es Rheumatismus sein?» begann Frau Turck. «Ich fühle meine Glieder steif werden. Vor allem sind meine Füße geschwollen. Die Ursache muß schon lange zurückliegen. Auch die Nieren sind geschwächt. Die Empfindung geschwollener Beine drängt sich mir immer stärker auf.» In Wahrheit litt der Patient an einem Leberschaden, der zu Bauchwassersucht und stark angeschwollenen Beinen geführt hatte. Einen Teil des Symptome hatte die Seherin also richtig erkannt – nicht aber die eigentliche Ursache.[79]

*11. Oft irren sich Psi-Diagnostiker in der Zeit.* Ereignisse aus der Vergangenheit werden manchmal in die Gegenwart oder gar in die Zukunft projiziert (und umgekehrt). Selbst ein so hervorragend befähigter Sensitiver wie Gérard Croiset leistete sich hin und wieder solche Fehlgriffe. Als er einmal im Arbeitszimmer des niederländischen Parapsychologen Tenhaeff ein Porträtfoto eines Freundes liegen sah, erkundigte er sich spontan: «Hat dieser Mann Herzbeschwerden?» Zu jenem Zeitpunkt hatte er keine. Doch zwei Monate später mußte der Mann mit einem Herzinfarkt in ein Krankenhaus eingeliefert werden; knapp zwei Jahre später starb er daran.[80] Wie kann ein Seher Gegenwart und Zukunft verwechseln, während er im übrigen recht behält? Außersinnliche Eindrücke, wie alle geistigen Bilder, sind «zeitneutral»: Ein und derselbe Bewußtseinsinhalt kann eine Erinnerung, eine Wahrnehmung oder eine Erwartung sein. Dies auseinanderzuhalten, fällt Sensitiven selbst dann schwer, wenn ihre Angaben im übrigen zutreffen. Dadurch sorgen sie bei Klienten oftmals für erhebliche Verwirrung.[81]
Auch über- oder unterschätzen sie Zeiträume häufig. Ein Beispiel dafür nennt Tenhaeff: «Eine Psychometrikerin teilte Herrn X. mit, seine Schwiegermutter hätte noch ungefähr ein Jahr zu leben. Vorher hatte sie das Leiden der Kranken sehr richtig beschrieben. Achtzehn Tage nach der Befragung starb Herrn X.' Schwiegermutter ganz unerwartet. Alles, was meine Versuchsperson über die Krankheit gesagt hatte, war vollkommen richtig, nur die Zeit stimmte nicht.»[82]

*12. Oft scheinen Psi-Diagnostiker telepathisch aufzunehmen, was ihre Klienten und andere Anwesende, manchmal aber auch weit entfernte Bezugspersonen an Ahnungen, Befürchtungen und Vorstellungen mitbringen, und verwechseln sie mit eigenen hellsichtigen Erkenntnissen.* Daraus können gravierende Diagnosefehler entstehen. Ein besonders eindrucksvoller Lapsus dieser Art unterlief dem erwähnten niederländischen Starheiler Haverkate innerhalb eines aufwendigen Psychometrie-Tests. Dabei wurden im Sommer 1957 in der Universitätsklinik von Innsbruck vierzig Patienten Blutproben entnommen, von denen auf Objektträgern Abstriche angefertigt wurden. Diese Präparate wurden, mit einer Nummer versehen, Haverkate als «Induktoren» in die Niederlande zugesandt. Weder er selbst noch der Versuchsleiter Tenhaeff wußten, von wem das Blut stammte, noch kannten sie irgendeinen der beteiligten Patienten. «Der medizinische Wert der Resultate war zweifelhaft», faßt Tenhaeff zusammen. Doch «unter parapsychologischem Aspekt waren sie beachtenswert». Denn oftmals schien Haverkate in telepathische Beziehung zum behandelnden Arzt in Innsbruck zu treten, so daß seine vermeintliche Hellsichtigkeit teilweise daher rührte, daß er die Gedanken der Beteiligten regelrecht «anzapfte». So wurde dem Heiler einmal, um ihn irrezuführen, die Blutprobe eines kerngesunden Arztes vorgelegt. Dieser Induktor, so gab der Sensitive daraufhin an, stamme von einem männlichen Patienten, der infolge einer Krankheit der Blase und des Harnleiters große Schwierigkeiten beim Urinieren habe; dazu müsse er einen Katheter benützen. Bei der Überprüfung ergab sich: Der Arzt, von dem die Blutprobe stammte, hatte im selben Augenblick, als Haverkate sich mit diesem Induktor befaßte, einem Patienten, der an einer Krankheit der Blase und des Harnleiters litt, einen Katheter gelegt.[83]

Wie es zu solchen Verwechslungen überhaupt kommen kann, ist unschwer nachzuvollziehen. Denn wie identifiziert ein Sensitiver überhaupt einen Eindruck als «außersinnlich», im Unterschied zu einer bloßen Vorstellung? Und woher weiß er, daß ein außersinnlicher Eindruck eher auf das Hellsehen gegenwärtiger Sachverhalte zurückgeht als auf Zukunftsschau oder Telepathie? Phänomenologisch braucht zwischen ihnen nicht der geringste Unterschied zu bestehen. Manche Hellseher richten sich nach der unterschiedlichen «Stärke» und «Klarheit» der Eindrücke; andere berichten von charakteristischen Gefühlen und Empfindungen, welche die jeweiligen Eindrücke begleiten und dadurch gleichsam «markieren». In jedem Fall kann ihre Intuition trügen.

Besonderes Unheil können solche Irrtümer bei Klienten mit eingebildeten Krankheiten anrichten; ihre Befürchtungen werden von Psi-Diagnostikern womöglich unbewußt aufgegriffen – und bestätigt. Osty verdeutlicht diese Gefahr am Fall des «Herrn Y., eines Hypochonders, der unausgesetzt von dem Gedanken gequält wurde, er hätte ein Herzleiden, und daher immer befürchtete, er würde einmal plötzlich sterben. Y. bekam von zwei Psychometrikern unabhängig voneinander den Rat, sich unverzüglich an einen Herzspezialisten zu wenden. Eine Untersuchung ergab, daß sein Herz völlig normal und seine Furcht unbegründet war. Herr Y. wurde aber durch diese medizinische Untersuchung keineswegs von seinen Zwangsvorstellungen befreit. Er meinte, der Arzt müsse sich geirrt haben. Er wandte sich an einen dritten Psychometriker. Der riet ihm, sehr vorsichtig zu leben, weil mit seinem

Herzen etwas nicht in Ordnung sei. – Seither sind fünfzehn Jahre vergangen. Wie der Arzt, dem ich diese Mitteilung verdanke, behauptet, arbeitet Herrn Y.s Herz noch immer ganz normal, was ihn aber keineswegs von seinem Wahn befreit hat.»[84]

*13. Besondere Zurückhaltung ist bei Psi-Diagnostikern angebracht, die vorgeben, ihre Fähigkeiten in Trainingskursen «erlernt» zu haben.* Denn wie geistiges Heilen, so läßt sich auch das geistige Erfassen von Krankheitsbildern nicht ohne weiteres schulen, schon gar nicht im Schnelldurchlauf in Wochenendseminaren; viel schwerer wiegt demgegenüber der Faktor Begabung – und gerade bei den fähigsten Psi-Diagnostikern brach sie irgendwann ohne die geringste Unterweisung spontan durch.

Starken Zulauf erlebt seit Ende der siebziger Jahre etwa die «Silva Mind Control» (SMC): eine Meditationstechnik, die der aus Mexiko stammende Autodidakt José Silva entwickelte und in einem 1978 erschienenen Buch bekanntmachte.[85] Sie soll die Intuition erweitern und ein brachliegendes Potential zu außersinnlicher Wahrnehmung freisetzen können. Silva, ursprünglich Elektronikfachmann, ließ sich dabei von der Elektrizitätslehre anregen: Der beste Stromkreis ist immer der mit dem geringsten Widerstand. Analog vermutete er, daß das Gehirn seine Funktion als Sinnesorgan am besten dann erfüllt, wenn es auf bestimmten Wellenlängen arbeitet. Als ideal dafür erachtet Silva die «Alpha»-Ebene, mit einer Wellenlänge von zehn Perioden pro Sekunde. (Yoga, Transzendentale Meditation und andere Techniken gehen tiefer, nämlich in den Bereich der «Theta»-Wellen von fünf Perioden. Auf dieser Ebene sollen vegetative Funktionen wie Atmung, Herztätigkeit, Blutkreislauf am ehesten willentlich steuerbar sein.) «Wenn man lernt», schwärmt Silva, «im Zehn-Perioden-Bereich zu denken und die eigenen Probleme zu analysieren, während man zugleich sein Vorstellungsvermögen walten läßt, so kann man sich ein Erfahrungspotential erschließen, das über die fünf physischen Sinne weit hinausreicht.»[86] Ein viertägiger Standardkurs soll dazu ausreichen. Dabei üben Teilnehmer zum Beispiel, sich im Geiste an andere Orte zu versetzen – etwa in weit entfernte Patienten hinein. Die Abschlußprüfung verlangt unter anderem, eine Ferndiagnose an einem Kranken vorzunehmen, von dem nicht mehr bekannt ist als der Vorname, der Anfangsbuchstabe des Familiennamens, das Geschlecht, das Alter und der Wohnort. Wem dies gelingt, der erhält ein «Diplom» – und angeblich schafft es jeder. «Kein einziger

Teilnehmer fällt bei uns durch», warb die «Silvia Mind Control»-Organisation vor Jahren vollmundig in der *New York Times*. Diese Behauptung testete eine der bekanntesten Parapsychologinnen Amerikas, Gertrude Schmeidler, gemeinsam mit zwei Mitarbeitern. Die Lehrstuhlinhaberin an der Universität von New York, zeitweilig Präsidentin der «Parapsychological Association», ließ einen praktizierenden Arzt 25 Fälle aus seiner Praxis auswählen, über die er Schmeidler lediglich die in SMC-Abschlußprüfungen üblichen Angaben übermittelte. Aus diesen 25 Fallnotizen bildete Schmeidler nach Zufall fünf gleichgroße Gruppen. Fünf enthusiastische Silva-Absolventen machten sich nun daran, jeweils eine Gruppe von Patienten außersinnlich zu begutachten. Die Trefferquote lag alles in allem nicht oberhalb der Zufallswahrscheinlichkeit. Der Rede wert war allenfalls eine leichte Tendenz zu besseren Ergebnissen bei Silva-Praktikern, die den Kurs gerade erst absolviert hatten; je länger ihr Abschluß zurücklag, desto getrübter sahen sie «hell».[87]

Ebenso enttäuschend verlief ein Test, den der amerikanische Parapsychologe Alan Vaughan durchführte. Von einem Arzt ließ er sich den Vornamen, den Anfangsbuchstaben des Familiennamens, das Geschlecht, das Alter und den Wohnort von fünf Patienten durchgeben; deren Krankengeschichte war Vaughan selbst unbekannt. 21 Silva-Mind-Trainierte stellten nun für jeden Patienten eine Ferndiagnose. Um ihre Angaben quantitativ auszuwerten, wählte Vaughan aus den fünf Patienten zwei aus, die gleichaltrig und selben Geschlechts waren. Die Ferndiagnosen, die ihnen gestellt worden waren (insgesamt 42), übertrug er auf kodierte Karten. Diese Karten wurden dem Arzt zugesandt; er sollte einschätzen, auf welchen Karten einer der beiden Patienten korrekt beschrieben worden war. Bloßer Zufall hätte 21 «Treffer» erlaubt – doch der Arzt stellte nur 16 fest. Lediglich auf einer einzigen Karte fand der Arzt eine Angabe, in der er «eine korrekte diagnostische Aussage» sah. Noch schlechter wurde von den 21 SMC-Trainierten die gesundheitliche Verfassung der übrigen drei Patienten eingeschätzt: Unter den 63 Ferndiagnosen, 21 pro Patient, konnte der Arzt *keinen einzigen* weiteren korrekten Befund feststellen.[88]

Solche Ergebnisse schließen keineswegs aus, daß Psi-Diagnostik lehrbar ist. Sie bestätigen allerdings, was auch für andere paranormale Fähigkeiten gilt: Im Schnelldurchlauf sind sie nicht zu haben. In welchem Maße eine vorhandene Begabung durch gewissenhafte, eingehende Schulung erheblich gefördert werden kann, zeigte sich andererseits an der «Akademie für Ganzheitliche Energetische Medizin» (AGEM) im schweizerischen Zug, die der polnische Geistheiler Dr. Jerzy Rejmer 1992 eröffnete. (1994 mußte sie wegen Finanzierungsproblemen schließen.) Zu den Schwerpunkten der ein- bis dreijährigen Ausbildungsprogramme gehörte «Bioenergetische Diagnose», worunter Rejmer viel mehr versteht als nur das manuelle Abtasten der Aura: «Das Objekt ist nicht nur ausschließlich die Krankheit selbst, also eine Gruppe von Symptomen, denen bestimmte Störungen in der biologischen Struktur zugeschrieben werden, sondern es ist der Mensch als eine energetische Einheit. So umfaßt die Diagnose die Untersuchung des Menschen und seiner Störungen im Kontext dreier Dimensionen: der geistigen, der psychischen und der biologischen, sowie die Feststellung des Grades ihrer Ko-Relation mit einer bestehenden Störung, über die der Patient klagt oder die mit der Diagnose festgestellt wird.»[89] Derart unterwiesen, leisteten Rejmers Schüler vielfach Erstaunliches, wie der Schweizer Physiker und Parapsychologe Professor Alex Schneider, ein Mitglied der Prüfungskommission, zu berichten weiß: «Das Kantonsspital überwies Patienten an Rejmers Institut, mit detaillierten Krankenblättern. Der Prüfungskandidat kannte die ärztlichen Befunde nicht. Zur Prüfung gehörte, daß er zwölf Patienten Diagnosen stellen mußte. Ich habe staunend miterlebt, wie manche Absolventen dabei elf bis zwölf Aufgaben lösen konnten.»[90]

## 4 Zum richtigen Umgang mit Psi-Diagnosen

Welche Schlüsse sollte ein Patient aus der verwirrend widersprüchlichen Fülle an Beobachtungen und Studien über Psi-Diagnostik ziehen? Sollte er, angesichts der zahlreichen Fehlerquellen und Gefahren, lieber gar nicht erst danach fragen, worauf ein Geistheiler sein Leiden zurückführt – oder weghören, nicht weiter ernst nehmen, was ihm darüber vorgetragen wird?

Auch wenn Psi-Diagnosen von Unfehlbarkeit weit entfernt sind, Richtiges und Falsches meist unentwirrbar vermischt ist, können sie doch zumindest wichtige Fingerzeige, erste Anhaltspunkte liefern. Statt sie ohne weiteres für bare Münze zu nehmen, sollte sie der Patient schleunigst ärztlich überprüfen lassen. Nur so läßt sich ihr Gefahrenpotential entschärfen.

Aber wie verhält man sich bei Psi-Diagnosen, bei denen keine Überprüfung möglich ist? Das hängt von der Art des Befundes ab. Die meisten Geistheiler beschränken sich auf den Bereich des «Energetischen»: Sie treffen Aussagen über den Zustand Ihrer Aura («Im Magenbereich ist sie dunkler und schwächer») oder über Ströme und Gleichgewichte Ihrer Lebensenergie («Der X-Meridian ist blockiert», «Ihr Y-Chakra arbeitet nicht richtig»). Diese angeblichen energetischen Störungen haben sich entweder bereits körperlich ausgedrückt – dann müßten sie, sofern sie keine Hirngespinste sind, über kurz oder lang auch von einem gewissenhaften Schulmediziner feststellbar sein. Oder sie beschränken sich bisher nur aufs Unkörperliche – dann *disponieren* sie allenfalls Erkrankungen, müssen aber nicht und niemals manifest werden. Denn zu den zentralen Annahmen der energetischen Medizin gehört es, daß jene inneren Prozesse, die über Gesundheit oder Krankheit entscheiden, nicht autonom ablaufen, sondern durch eine geeignete Geisteshaltung und bestimmte Psychotechniken nahezu grenzenlos steuerbar sind: etwa durch größere innere Ruhe und Gelassenheit, durch bewußteres, tieferes und ruhiges Atmen, durch freiere, unverkrampfte Körperhaltung und Bewegung, durch den Abbau von Ängsten, Aggressionen und Konflikten, durch positives Denken und bestärkende Autosuggestion. Sich darum zu bemühen, ist in jedem Fall empfehlenswert – gleichgültig, ob die energetische Diagnose zutrifft oder nicht.

Dagegen rate ich dringend davon ab, Psi-Diagnosen eines Heilers durch Wahrsager «überprüfen» zu lassen – denn diese sind vermutlich noch unzuverlässiger. Darauf deutet jedenfalls ein Test hin, den sich Dr. Norman Shealy einfallen ließ: Von 78 Patienten machte er ein Foto, auf dessen Rückseite er jeweils Name und Geburtsdatum notierte; jeden bat er außerdem um eine Handschriftenprobe, und von jedem nahm er Abdrücke der Handinnenflächen. Nun erhielten sechs Sensitive die Fotos. Einem Numerologen wurden Namen und Geburtsdaten übermittelt; ein Graphologe analysierte die Schriftproben, ein Chirologe die Abdrücke; ein Astrologe erstellte anhand der Geburtsdaten Horoskope. Alle hatten dieselben zwei Fragen zu beantworten: «Wo hat dieser Mensch Beschwerden oder Schmerzen?» und «Welches ist die Hauptursache dafür?» Zumindest zwei der sechs Sensitiven lokalisierten in drei Viertel aller Fälle die Beschwerden korrekt, in zwei Drittel aller Fälle erkannten sie die Ursache. Der Numerologe hingegen erzielte eine Trefferquote von 60 Prozent, der Astrologe von 35 Prozent, der Chirologe und der Graphologe von 24 Prozent.[91]

Wie verhalten Sie sich, falls Ihnen ein Psi-Diagnostiker, vorgeblich «außersinnlich», eine lebensbedrohliche Erkrankung «ansieht» und den nahen Tod prophezeit? Von ihm sollten Sie sich unverzüglich verabschieden. Denn er verstößt verantwortungslos gegen eine ethische Grundforderung, die alle Heilerverbände weltweit ihren Mitgliedern auferlegen: Patienten darf keine Angst gemacht werden – denn diese Angst kann jene Katastrophe, auf die sie sich bezieht, überhaupt erst herbeiführen. (Wer hypochondrisch einen Tumor in seinem Körper vermutet, wird ihn mit großer Wahrscheinlichkeit irgendwann auch einmal bekommen – vermittelt über neuroimmunologische Prozesse, die seine Psyche unter Angststreß in Gang setzt und chronisch aufrechterhält.)

Diese Vorbehalte gelten für alle hier vorgestellten Arten von Psi-Diagnosen gleichermaßen. Denn bisher fehlen jegliche wissenschaftlichen Anhaltspunkte dafür, daß irgendeine praktizierte Methode den übrigen überlegen ist. In jedem Bereich lassen sich eine Handvoll herausragender Könner, eine Menge Mittelmaß und allzu viele Versager finden. (Besonders große Zurückhaltung muß von vornherein allerdings «Ferndiagnostikern» entgegengebracht werden, wie oben erläutert.) Nicht die Methode entscheidet – sondern die paranormale Begabung, die kritische Selbstkontrolle und das Verantwortungsbewußtsein dessen, der sie anwendet. Von daher ist es zweitrangig, ob Sie sich von einem «wandelnden Röntgengerät» durchleuchten, von einem Aura-Fühligen abgreifen oder ein Pendel ihren Körper entlangschwingen lassen. Wertvolle Hinweise können Sie von jeder Vorgehensweise erwarten, ebenso wie Sie bei jeder auf Enttäuschungen gefaßt sein müssen.

# III  Kann Geist heilen? –
# Die häufigsten Einwände

Die meisten Wissenschaftler, ebenso ein Großteil der Ärzte, begegnen geistigem Heilen nach wie vor mit größter Skepsis, ja teilweise erbittertem Widerstand. Dabei bestreiten nur wenige, *daß* Geistheiler Erfolge erzielen. Doch der paranormalen *Erklärung* solcher Erfolge widersprechen sie entschieden. Ist es wirklich «Geist» im esoterischen Sinne, der heilt, wenn Geistheilungen gelingen – eine höhere, physikalisch noch unerklärliche Kraft, die sich ein Heiler zunutze machen kann?

Fast alle Heiler sehen das so – gleichgültig, ob sie sich dabei auf Gott, auf Totengeister oder auf unpersönliche kosmische Energien als Quelle ihrer Kraft berufen. Aber vielleicht irren sie sich darin? Könnten nicht wohlbekannte, aber von Heilern unterschätzte biologische und psychologische Vorgänge dahinterstecken, wenn Kranke unter ihrer Obhut genesen? Nämlich spontane Selbstheilung, Suggestion, Placebo-Effekte?

## 1 *Spontane Selbstheilung?*

Weston Kilpatrick aus Kalifornien war gerade zehn Wochen alt, da sorgte er weltweit bereits für Schlagzeilen. Im August 1990 war er mit einem «hypoplastischen Linksherz-Syndrom» zur Welt gekommen: Die linke Herzklappe war stark verkümmert, die linke Herzkammer viel zu klein, die Hauptschlagader verengt. (Als «Hypoplasie» bezeichnen Mediziner die unvollkommene Ausbildung von Organen und Geweben.) An solchen Schäden sterben Neugeborene gewöhnlich innerhalb von zwei Wochen – es sei denn, es kann rechtzeitig eine Herztransplantation vorgenommen werden. So wurde der kleine Weston in die weltberühmte Universitätsklinik von Loma Linda, Kalifornien, eingeliefert, das amerikanische Mekka der Herzchirurgie. Dort wartete er auf ein Spenderherz. Währenddessen ereignete sich ein «medizinisches Wunder, für das uns jegliche Erklärung fehlt», wie Dr. Steven Gundry, führender Spezialist für Herztransplantationen bei Kindern, Mitte Oktober 1990 der Presse mitteilte: Die linke Herzkammer des Säuglings sei ganz plötzlich aus eigener Kraft nachgewachsen, sein Herz habe sich gleichsam «selbst repariert». «Einen solchen Fall», räumte Gundry ein, «haben wir noch niemals erlebt.»[1]

Hätten Angehörige Westons zuvor einen Fernheiler eingeschaltet, so wäre die wundersame Genesung des Kleinen in der Esoterikszene als schlagender Beweis für die beinahe grenzenlose Macht geistiger Heilkräfte gefeiert worden. Doch offenbar war kein Heiler im Spiel. Hier trat Heilung wohl *von allein* ein, dank eines plötzlich einsetzenden biologischen Mechanismus zur Selbstreparatur, über die jeder menschliche Körper zu verfügen scheint.

Könnten solche «Spontanremissionen», wie Mediziner sie nennen, nicht einen Großteil der Wundertaten erklären, die Geistheilern insbesondere bei schweren Erkrankungen angerechnet werden? Zu diesem Schluß war jedenfalls schon der englische Arzt Dr. L. Rose gelangt, nachdem er Anfang der fünfziger Jahre mehreren Dutzend Fernbehandlungen durch Harry Edwards auf den Grund gegangen war. Einige hatten eine buchstäblich augenblickliche Genesung zur Folge gehabt. In einem Fall hatte ein Mann, der fünfzig Jahre lang blind gewesen war, plötzlich sein Augenlicht wiedergewonnen. «Als ich den Augenarzt des Geheilten darauf ansprach», so berichtet Rose, «zeigte sich dieser in keiner Weise beeindruckt. Er fand nichts Wundersames daran. Vielmehr liege hier ein Fall von spontaner Dislokation einer Augenlinse vor, wie er bei grauem Star keineswegs selten vorkomme. Dabei verschiebt sich die Linse in ihren Glaskörper zurück. Dieser Vorgang, den wir als ‹Couching› bezeichnen, kommt durch einen heftigen Stoß oder irgendeine andere gewaltsame Einwirkung zustande. Obgleich ungewöhnlich, ist er eine wohlbekannte klinische Realität.»[2]

Mir selbst sind in den letzten Jahren eine ganze Reihe von Menschen begegnet, die sich geradezu schlagartig von schweren, manchmal sogar akut lebensbedrohlichen Erkrankungen erholt haben, während sie bei einem Geistheiler in Behandlung waren. Trotzdem fiel es mir schwer, darin ein Verdienst ihrer Heiler zu sehen, auch wenn keinerlei begleitende medizinische Behandlung stattgefunden hatte. Denn zum einen übertraf das Ausmaß der aufgetretenen Besserung bei weitem alles, was diese Heiler üblicherweise in ihrer Praxis zustande brachten. Zum zweiten hatten sie sich zuvor oft schon monatelang um die betreffenden Patienten gekümmert, ohne nennenswerte Fortschritte zu erzielen. Zumindest in solchen Fällen liegt es nahe, von einer «spontanen Selbstheilung» auszugehen, die eher zufällig mit geistigen Behandlungsversuchen einherging. Die Patienten aber schlossen, ebenso wie ihre Heiler, voreilig von Synchronizität auf Kausalität.

Aber ich weigere mich, mit dieser Erklärung *jeden* geistigen Heiler-folg abzutun. Denn in den Praxen zumindest einiger weniger, heraus-ragender Heilerpersönlichkeiten kommen schlagartig einsetzende Heilungen selbst von fortgeschrittenen chronischen Leiden derart oft vor, daß die Unterstellung, sie seien spontan erfolgt, für die kritische Vernunft zur argen Zumutung wird. Beispiel Krebs: Zwischen 1900 und 1965 führte die medizinische Fachliteratur weltweit nicht mehr als 176 Fälle «spontaner Remissionen» von dieser tödlichen Erkrankung auf, im Durchschnitt also weniger als drei pro Jahr.[3] Daß über ein rundes Dutzend solcher Fälle innerhalb weniger Monate unter den Händen eines einzigen Heilers aufgetreten sein soll (wie etwa bei Krassimira Dimowa, auf die ich im nächsten Kapitel zurückkommen werde), wäre schon ein seltsamer Zufall. Oft setzt der Heilprozeß am selben Tag ein, an dem ihn der Heiler erstmals in Gang zu setzen versuchte; jahrelange Beschwerden beginnen manchmal binnen Minu-ten nachzulassen.

Davon abgesehen erklärt der Begriff «Spontanremission» überhaupt nichts; er *beschreibt* lediglich etwas – und zwar nicht in erster Linie ein besonderes Ereignis, in das ein Patient verwickelt ist, sondern die Unfähigkeit des Beurteilers, dieses Ereignis zu verstehen. «Spontan» bedeutet in diesem Zusammenhang: ohne Ursachen, die Schulmedizi-ner verstehen können. Es bedeutet nicht, daß keine Ursachen vorlie-gen; denn es gibt nichts Unbewirktes. Könnte zu diesen Ursachen nicht die Heilintention eines Handauflegers oder Fernheilers zählen, die sich auf bislang unergründete Weise verwirklicht?

## *2 Bloß geschickte Suggestion?*

Die Amerikanerin Louise aus Minnesota hatte ihre Stimme verloren, nachdem ihr Mann bei einem Autounfall ums Leben gekommen war. Vier Jahre lang konnte sie nur noch flüstern, obwohl Untersuchungen zeigten, daß ihre Stimmbänder völlig intakt waren. Geholfen wurde ihr schließlich durch eine Operation – an der Gallenblase. Nachdem sie aus der Narkose erwacht war, hatte der Chirurg Dr. William Nolen ihr weisgemacht: «Während des Eingriffs mußte ich einen Schlauch in Ihre Luftröhre einführen. Dabei stellte ich fest, daß Ihre Stimmbänder ein wenig verklebt waren, und zog sie auseinander. Ich wette, das ist der Grund, warum Sie all die Jahre flüstern mußten. Morgen, so denke ich, wird Ihre Stimme wieder in Ordnung sein.» Anderntags konnte Louise wieder normal sprechen.[4]

Beruht geistiges Heilen ausschließlich auf solch geschickter Suggestion? «Suggerieren» heißt wörtlich «unterschieben». Was eine Suggestion «unterschiebt», ist eine gefühlsbetonte Vorstellung ohne rationale Begründung – im Falle geistigen Heilens die Vorstellung, jedes Leiden sei heilbar. Wie ungeheuer wirksam dieses Vorgehen sein kann, lehrt uns eine psychologische Technik, die ausschließlich auf die Macht der Suggestion setzt: die *Hypnose*. Unter diesem Oberbegriff wird eine Vielzahl von Methoden zusammengefaßt, einen Menschen in eine sogenannte «Trance» zu versetzen: einen Bewußtseinszustand, in dem sein eigener Wille, sein Verstand und insbesondere sein Kritikvermögen weitgehend ausgeschaltet sind. In diesem Zustand ist er für Eingebungen seines Hypnotiseurs extrem empfänglich. Fast alles, was dieser sagt, scheint möglich und wahr – und wird entsprechend beurteilt, erlebt und empfunden. Was vorher undenkbar war, scheint plötzlich erreichbar. So lassen sich Hypnotisierte schmerzfrei Zähne ziehen, oder sie bringen schmerzfrei Kinder zur Welt, ohne jegliche Narkosemittel. Und nicht nur Empfindungen und andere psychische Zustände, auch *körperliche* Vorgänge kann Hypnose tief und nachhaltig beeinflussen. Unter anderem kann sie Genesungsprozesse in Gang setzen oder beschleunigen: beispielsweise Bluthochdruck senken, Allergien abklingen und Wunden schneller verheilen lassen. In seltenen Fällen scheint Hypnose sogar einer scheinbar unheilbaren Erkrankung beizukommen. Dies lehrte mich das kaum faßbare Schicksal einer heute knapp 60jährigen Hausfrau aus Nordrhein-Westfalen, das ich seit Jahren verfolge: Anscheinend allein mittels Hypnose hat sie sich von fortgeschrittenem Knochenkrebs befreit. Ihr Fall bestätigt aufsehenerregende Berichte von Ärzten und Psychotherapeuten aus Deutschland, Großbritannien, den USA und Australien: In Trance versetzt, gelingt es manchen Tumorkranken, bösartige Geschwülste am Weiterwachsen zu hindern, ja zurückzubilden.[5]

Wegen schwerer Schlafstörungen hatte sich Barbara Mertes[6] schon mehrfach von dem Krefelder Diplom-Psychologen Dr. Gerhard Susen hypnotherapeutisch behandeln lassen. Nach einigen Sitzungen eröffnete ihm die Rentnerin plötzlich unter Tränen: «Ich habe Krebs!» Blutbild, Elektrophorese, Beckenkammpunktion und Röntgenuntersuchungen hatten zweifelsfrei ergeben: Die Frau litt an einem «Plasmozytom», Knochenkrebs, in fortgeschrittenem Stadium. Am stärksten betroffen waren Schädel und Hüftgelenke. Damit schien ihr Todesurteil gesprochen: Die durchschnittliche Überlebensrate von Knochenkrebspatienten beträgt unbehandelt ein Jahr, bei einer Chemotherapie drei Jahre.

«Als Therapeut, dessen täglich Brot die sogenannten ‹psychosomatischen Krankheiten› sind», war Dr. Susen immer schon «davon überzeugt, mit psychotherapeutischen Methoden bei Krebs einiges bewirken zu können». Während der behandelnde Arzt mit einer Chemotherapie begann, setzte Susen in den folgenden Monaten ganz auf Hypnose.

Tief entspannt, erarbeitete sich Barbara Mertes zunächst eine klare Vorstellung vom Immunsystem ihres Körpers: Wie ist er aufgebaut? Welche Strukturen spielen in ihm zusammen? Welche Aufgaben hat es, und wie erfüllt es diese? Wodurch kann es beeinflußt werden – vor allem, durch welche psychischen Einwirkungen?

Derart vorbereitet, baute die Krebskranke in mittlerer Trance dann immer wieder ein bestimmtes geistiges Szenario auf: Kleine runde Waschfrauen packen das Knochenmark in große Zuber und waschen es gründlich. Tapfere Krieger, mit langen Lanzen bewehrt, machen Jagd auf die Krebszellen und stöbern sie auf. Diese sehen aus wie amorphe Quallen. Ihre langen Tentakel werden von den Kriegern der Reihe nach abgehauen. Nun tauchen, Raumschiffen gleich, hungrige Freßzellen auf, docken an die verstümmelten Quallengebilde an, öffnen ihre großen Mäuler und verschlingen sie. Kurz darauf erscheinen Kolonnen von eifrigen Putzteufelchen, welche die vom Krebs befallenen Körperstellen sorgfältig scheuernd säubern. Abschließend reiben sie die gereinigten Stellen noch liebevoll mit einem knochenaufbauenden Balsam ein.

Nachdem die Patientin Techniken der Selbsthypnose gelernt hatte, ließ sie dieses Psychodrama Tag für Tag zu Hause in sich ablaufen. Dabei half ihr eine Tonbandkassette mit einem suggestiv bestärkenden Text, den Susen eigens für sie auf Band gesprochen hatte.

Daß ihr die Hypnotherapie guttat, merkte Barbara Mertes schon bald: Die gefürchteten Nebenwirkungen der Chemotherapie – Schwindelgefühl, Haarausfall, Erbrechen, Schlaflosigkeit, Appetitmangel und Angstzustände – blieben ihr «völlig» erspart, wie Susen versichert. Nach sechs Monaten wurde sie ärztlich untersucht. Der Befund sprach von einer «guten Teilremission». Daraufhin verweigerte die Patientin weitere Chemotherapien und setzte sofort sämtliche Medikamente ab. Ihre Besserung schrieb sie vornehmlich den Selbstheilungskräften zu, welche die Hypnose in ihr geweckt hatte.

Neuere Erkenntnisse der Psychoneuroimmunologie geben ihr darin recht: Tatsächlich arbeitet das menschliche Immunsystem keineswegs autonom, «von allein», ohne Beteiligung des Zentralnervensystems und psychischer Prozesse. Anhaltende seelische Belastungen wie Verlusttrauer, Mangel an emotionaler Zuwendung, Gefühle von Hilf- und Hoffnungslosigkeit können Immunreaktionen unterdrücken: ein Hauptfaktor nicht nur bei der Entstehung von Krebs, sondern auch bei harmloseren Erkrankungen wie Erkältungen oder grippalen Infekten. So schüttet das Gehirn eines Gestreßten, Überforderten, Verzweifelten nachweislich «Botenstoffe» aus – Neurotransmitter (Überträgersubstanzen an den Nervenenden) und Peptide, Eiweißkörper –, die sich an Rezeptoren auf der Oberfläche von Immunzellen anlagern und dadurch regelrecht *de-primieren*. Indirekt helfen hypnotische Suggestionen hier, indem sie Angst und Anspannung abbauen, das Ich stärken, positive Vorstellungen und Erwartungen erzeugen, die sich ihrerseits psychosomatisch günstig auswirken. Darüber hinaus kann Hypnose das Immunsystem aber auch direkt beeinflussen: So senken geeignete Eingebungen in Trance meßbar den Spiegel der Streßhormone (Katecholamine, Glukokortikoide wie Kortisol). Diese Hormone beeinflussen die weißen Blutkörperchen (Leukozyten), wichtige Bestandteile der körpereigenen Abwehr. Frau Mertes ahnte also die Wahrheit: Hypnose kann durchaus Selbstheilungskräfte wecken und stärken – womöglich selbst gegen bösartige Tumorzellen.

Doch kann sie dies auch *allein* – ohne jegliche sonstigen medizinischen Maßnahmen? Sechs weitere Monate wurde Frau Mertes' Behandlung nun ausschließlich hypnotisch fortgesetzt. Als sie sich danach erneut ärztlich untersuchen ließ, waren keinerlei Anzeichen für eine Krebserkrankung mehr feststellbar.

Neun von zehn Krebspatienten, die eine Chemotherapie abbrechen, erleiden spätestens nach drei Jahren Rückfälle. Barbara Mertes blieb dieses Schicksal bislang erspart: Seit sieben Jahren gibt es keine krebsverdächtigen Befunde mehr bei der inzwischen Sechzigjährigen. Blutbilder, die sie vierteljährlich erstellen läßt, sind völlig «sauber».

Wie Dr. Susen, so wollen auch der Penzberger Arzt Dr. Wolf Eberhard Büntig sowie die Psychotherapeuten Dr. Wolfgang Lenk (Berlin), Burkhard Peter und Wilhelm Gerl (beide München) mit verschiedenen Hypnosetechniken bei Krebs beachtliche Erfolge erzielt haben – ebenso wie vereinzelte Hypnotherapeuten aus Großbritannien, den USA und Australien. Was sie an spektakulären Patientenberichten vorzuweisen haben, bestätigt Ergebnisse des amerikanischen Arztes Dr. Bernauer Newton, Leiter der Privatklinik Newton Center for Clinical Hypnosis in Los Angeles und Präsident der «Gesellschaft für klinische und experimentelle Hypnose» (SCEH). Von 1974 bis 1984 arbeitete Newton mit insgesamt 322 Krebspatienten zwischen zwei (!) und 74 Jahren; ihr Durchschnittsalter betrug 44

Jahre. Neben herkömmlichen Behandlungsmethoden bot er ihnen auch eine Hypnose-Therapie an; dabei hatten sie sich «machtvolle Heilkräfte» vorzustellen, die gegen ihre Tumoren «Krieg führen».[7]

- 70 Patienten brachen diese Therapie nach drei bis zehn einstündigen Sitzungen ab. Von ihnen waren 1984 nur noch 8 (11 Prozent) am Leben.
- 130 Patienten machten länger mit. Von ihnen überlebten im selben Zeitraum 70 (54 Prozent).
- 24 dieser Patienten hatten in Newtons Klinik entweder überhaupt keine herkömmliche Krebsbehandlung erhalten – oder diese spätestens ein halbes Jahr vor Beginn der Hypnosesitzungen abgebrochen. Von diesen 24 lebten immerhin noch 15; drei waren vollständig genesen, der Zustand dreier weiterer hatte sich stabilisiert.

So mächtig kann also Suggestion wirken, selbst bei schwersten Erkrankungen. Aber spielt Suggestion nicht auch bei jeder Art von geistigem Heilen mit? Zwar werden die Patienten dabei nicht hypnotisiert – aber natürlich müssen wir nicht erst in Trance sinken, um für Suggestionen empfänglich zu werden, wie wir von der Werbung und der politischen Propaganda her wissen sollten. Hören nicht auch Patienten von Geistheilern immer wieder: «Du *kannst* gesund werden, egal, was dir fehlt» und «Du und der Heiler, ihr *habt* die Macht, deinem Leiden beizukommen»? Sind Geistheilungen also doch letztlich *psychische* Heilungen – und keine paranormalen? Diesem Einwand werde ich zusammen mit einem zweiten beizukommen versuchen: dem «Placebo-Argument».

# 3 Verabreichen Geistheiler nur Placebos?

Seit Monaten pilgern Tausende von kranken Amerikanern in eine prunkvolle Villa in Memphis, Tennessee: Sie heißt «Graceland» und gehörte einst dem «König des Rock 'n' Roll», Elvis Presley, der 1977 starb. Seither ist «Graceland» ein Elvis-Museum geworden. Unter anderem hängt dort ein kitschiges Ölgemälde des toten Rockstars. Und von diesem Bild gehen angeblich wundersame Heilkräfte aus: Wie mehrere englische und amerikanische Boulevardblätter kürzlich verbreitet haben, sollen Dutzende von Schwerstkranken schlagartig genesen sein, nachdem sie das Gemälde an seiner delikatesten Stelle berührten: nämlich am Hosenschlitz des Sängers. Hier scheint mir ein heilsamer Wahn am Werk, nichts weiter.[8] Ebenso beurteile ich «Wunderheilungen», wie sie neuerdings Prinzessin Diana[9], Brasiliens Fußballstar Pelé[10] und dem britischen Popsänger Engelbert[11] nachgesagt werden: Je mehr ein Mensch als Idol vergöttert wird, desto eher werden ihm «übermenschliche» Eigenschaften zugetraut, und wundersame Heilkräfte können dazugehören. Der unerschütterliche *Glaube* an solche Kräfte mag ein ungeahntes Selbstheilungspotential freisetzen. Hingegen bezweifle ich, daß ein Heavy-Metal-Fan auch nur den leichtesten Schnupfen los wird, wenn ein verachteter Schnulzensänger ihm die Hände auflegt.

Aber könnte das nicht generell so sein? Was entgegnen wir einem Skeptiker, der darauf beharrt: Wer bei Geistheilungen gesund werde, der habe sich in Wahrheit selbst gesund *geglaubt*?

Inbrünstiger Glaube kann manchmal tatsächlich «Berge versetzen», wie es in der Bibel heißt. Aber will ein Kritiker denn ernsthaft behaupten, daß der *bloße* Glaube eines Patienten seinen körperlichen Zustand wirklich derart tiefgreifend beeinflussen kann, wie das bei Geistheilungen oft geschieht?

Daraufhin wird ein Skeptiker erwidern: «Ja, das geht durchaus.» Und er hat recht. Die überzeugendsten Beweise dafür kommen aus der medizinischen Forschung mit sogenannten Placebos. «Placebo» heißt, wörtlich aus dem Lateinischen übersetzt, «ich werde gefallen», oder sinngemäß: «Ich werde (jemandem) guttun.» Tatsächlich ist ein Placebo ein Mittel, von dem der Patient *glaubt*, es tue ihm gut – einfach weil dieses Mittel ganz so aussieht, schmeckt und sich anfühlt wie ein richtiges Medikament. In Wahrheit stecken darin aber keinerlei pharmazeutische Wirkstoffe – oder zumindest keine, die einen unmittelbaren Einfluß auf das jeweilige Leiden ausüben, gegen das sie verordnet werden.[12] Es kann eine harmlose Zuckerpille sein, oder eine Spritze, die nur destilliertes Wasser enthält.

Was geschieht im Körper eines Menschen, der ein solches Placebo erhält – im Glauben, es handle sich um eine echte Arznei? Seit Ende der vierziger Jahre, als die medizinische Forschung darüber begann, zeigte sich unter anderem: Mit Placebos gelingt es zwei von drei Diabetikern, ihren Blutzuckerspiegel zu kontrollieren. Bei Bettnässern sind Placebos meist ebenso wirksam wie Medikamente. Bei über 70 Prozent aller Patienten mit Magengeschwüren lindern Placebos die Beschwerden erheblich, ebenso bei vier von fünf Arthritis-Kranken. Drei von vier Patienten mit starken Wundschmerzen sprechen auf Morphium an – aber bei jedem Dritten erzielt ein Placebo die gleiche Wirkung. Besonders stark auf Placebos sprechen Patienten mit Kopfschmerzen an

(62 Prozent), mit Seekrankheit (58 Prozent) und Verdauungsstörungen (58 Prozent), weniger hingegen Patienten mit Heuschnupfen (22 Prozent), Hautkrankheiten (21 Prozent), Parkinsonscher Krankheit (19 Prozent), Angina pectoris (18 Prozent) und Bluthochdruck (17 Prozent).[13] Im allgemeinen, so schätzen Experten, ist mindestens jeder dritte Patient für Placebos empfänglich.[14] Diese Quote erhöhte sich experimentell schon auf 70 bis 80 Prozent, sofern der Glaube an die Wirkung des Placebos besonders stark war.[15]

Der Effekt hängt unter anderem davon ab, wie das Placebo aussieht und wie es verabreicht wird. Placebo-Kapseln wirken besser als Tabletten. Rote, orange- oder rosafarbige Pillen sind wirksamer als blaue oder vielfarbige, weiße wirksamer als braune; mittelgroße wirken besser als kleine, bittere besser als solche, die nach nichts schmecken. Spritzen wirken im allgemeinen stärker als Tabletten, selbst wenn sie exakt die gleichen Substanzen in identischer Dosis enthalten. Placebos wirken besser, wenn sie angeblich aus dem Ausland stammen; wenn sie vom Arzt verabreicht werden und nicht bloß von einer Krankenschwester; und wenn die Versuchsperson sie nicht kostenlos bekommt, sondern dafür bezahlen muß.

Muß da nicht jeder nachdenklich werden, für den bisher unerschütterlich feststand, daß es vor allem außergewöhnliche Kräfte des Heilers sind, die Geistheilungen gelingen lassen? Lehrt uns die Placebo-Forschung nicht, daß es wohl doch pure Einbildung des Patienten ist, die ihn heilt, wenn er sich Geistheilern anvertraut? Ist geistiges Heilen also am Ende doch bloß Scharlatanerie, geschickte Suggestion, ein raffiniertes Spiel mit der fast grenzenlosen Gutgläubigkeit von verzweifelten Kranken?

In welch hohem Maße Placebo-Effekte bei Geistheilungen mitspielen, hat in den letzten Jahren experimentell niemand überzeugender belegt als der niederländische Parapsychologe Johannes Attevelt von der Universität Utrecht. Fünfzehn Sitzungen lang, in wöchentlichem Abstand, ließ er achtzig Bluthochdruck-Patienten jeweils zwanzig Minuten lang hinter einer undurchsichtigen Abschirmung Platz nehmen. Der Hälfte von ihnen saß währenddessen einer von zwölf Geistheilern gegenüber, die von mehreren niederländischen Heilerverbänden empfohlen und vermittelt worden waren. Die andere Hälfte blieb unbehandelt, ohne dies zu wissen. Bei beiden Gruppen waren die Gegebenheiten im wesentlichen die gleichen, insbesondere was ihre Blutdruckwerte, ihren Medikamentengebrauch und ihre Ernährung betraf. Nach Ablauf des Versuchs erklärten 43 Prozent der Fernbehandelten, es gehe ihnen deutlich besser – aber auch 41 Prozent der Kontrollgruppe. Tatsächlich war der mittlere Blutdruck beider Gruppen gleich stark gesunken, wie Messungen belegten.[16] Ebenso ging ein ähnlich angelegter Test aus, bei dem Attevelt sechs prominente Heiler der Niederlande auf 96 Asthma-Kranke ansetzte.[17]

Wer will es der Ärzteschaft verdenken, wenn sie aus solchen Studien nach wie vor die gleichen Schlüsse zieht wie schon 1917 eine von der niederländischen Regierung eingesetzte Untersuchungskommission? Deren zwölf Mitglieder, allesamt praktizierende Ärzte, hatten 96 ihrer Patienten dafür ausgewählt, von bekannten Geistheilern behandelt zu werden. Zwar anerkannte die Kommission, daß bei einem Großteil der Testpersonen eine deutliche Besserung des Allgemeinbefindens eintrat, bei einem kleinen Teil sogar organische Störungen nachließen oder verschwanden. Doch führte sie diese Effekte ausnahmslos auf «Suggestion» zurück – und empfahl der Regierung *deshalb*, am gesetzlichen Verbot geistigen Heilens festzuhalten.[18]

Wer mit Suggestionen und Placebo-Effekten argumentiert, tischt Anhängern geistigen Heilens in der Tat zwei harte Nüsse auf. Aber sie lassen sich knacken, und zwar auf mindestens zehn verschiedene Weisen. In Wahrheit, meine ich, verfehlen diese Einwände aus mehreren Gründen ihr Ziel. Statt dessen zielen sie auf Stellungen, hinter denen sich kaum ein Geistheiler je verbarrikadiert hat.

1. Daß suggestive und Placebo-Effekte in der Praxis häufig vorkommen, bestreiten auch Geistheiler nicht. Im Gegenteil: Als vor zehn Jahren 221 Schweizer Geistheiler gefragt wurden, worauf sie ihre Erfolge zurückführen, nannte immerhin jeder Dritte «den Glauben des Patienten» als Hauptursache (36 Prozent) und jeder Vierte «Suggestion» (27 Prozent).[19] Trotzdem können Psi-Faktoren zumindest *mit*beteiligt sein. Ähnlich verhält es sich mit Spukfällen, mit vermeintlichen «Jenseitskontakten» von Medien, mit Nahtoderlebnissen, mit anscheinenden «Erinnerungen an frühere Leben», ja vermutlich mit jeglicher Art von Psi-Phänomen: Überall sind psychische Anteile nachweisbar – aber nicht immer erschöpfen sich die Phänomene darin.

2. Falls ein Geistheiler bloß Placebos verabreichen würde, dann müßte er um so erfolgreicher sein, je selbstsicherer, je überzeugender, je allmächtiger er auf Kranke wirkt. Dem ist aber keineswegs so. Gerade unter den fähigsten Heilern finden wir erstaunlich viele stille, zurückhaltende, geradezu schüchterne Persönlichkeiten, die auf den ersten Blick alles andere als vertrauenserweckend wirken.

3. Wäre «Geistheilung» ein bloßes Placebo, dann müßte es um so

besser wirken, je stärker ein Patient an seine Wirkung glaubt. Geistheiler helfen manchmal aber auch Mißtrauischen, ja selbst ausgesprochenen Skeptikern.

4. Wären geistige Heilerfolge ausschließlich auf Suggestionen und Placebo-Effekte zurückzuführen, dann müßten vorgetäuschte Behandlungen ebenso wirksam sein wie echte. Wenn ich also bloß so tue, als
ob ich einem Kranken die Hände auflegen würde – das heißt, das
beobachtbare Heilritual täuschend echt nachahme –, während ich in
Wahrheit an etwas völlig anderes denke, dann müßte ich damit
ebensoviel erreichen, wie wenn ich mich voll und ganz auf die
Heilabsicht konzentriere. Diesem Verdacht sind seit Anfang der
achtziger Jahre fünf amerikanische Studien nachgegangen.[20] Dazu
wurden jeweils zwei Gruppen von Versuchspersonen zusammengestellt, die an den gleichen Beschwerden litten: In einer Studie waren
es Kopfschmerzen, in zwei weiteren Herz- und Gefäßerkrankungen, in den übrigen Angstzustände. Der einen Gruppe wurden in
voller Heilabsicht die Hände aufgelegt; die andere Gruppe bekam
bloß Placebo-Behandlungen von Heilern, die währenddessen im
Kopf von hundert auf null zurückzählten oder sich sonstwie innerlich ablenkten. Wie gut die Heiler dabei simulierten, wurde klar, als
Videoaufzeichnungen sämtlicher Behandlungen mehreren unabhängigen Gutachtern vorgespielt wurden: Diese Gutachter waren
außerstande, die echten von den Pseudo-Behandlungen zu unterscheiden. Um so überzeugender fiel das übereinstimmende Ergebnis
der fünf Studien aus: Jedesmal half konzentriertes geistiges Heilen
deutlich besser. Das heißt: Die möglichen Placebo-Anteile einer
Geistheilung erklären keineswegs ausreichend, warum sie wirkt.

5. Selbst wenn «geistige» Behandlungen ausschließlich Placebo-Wirkungen erzielen könnten, stünde mitnichten fest, daß sie ärztlichen
Maßnahmen unterlegen sind. Unter vielen Medizinern herrscht die
irrige Ansicht vor, Placebo-Reaktionen fielen milder, abgeschwächter aus als die «objektiven» Effekte einer «echten» Therapie. Doch in
Wahrheit können sie jede erdenkliche Form und Stärke aufweisen.
Selbst Todesfälle durch Placebos kommen vor, wie die Voodoo-
Magie in einigen schamanistischen Gesellschaften belegt. Ich kenne
keine physische Reaktion des menschlichen Körpers auf irgendein
anerkanntes therapeutisches Verfahren, die nicht auch auf ein Placebo hin erfolgen kann.

6. Unter Ärzten, den sprichwörtlichen «Halbgöttern in Weiß», kommen charismatische Persönlichkeiten, mit großer suggestiver Ausstrahlung und einem Nimbus von Allwissenheit und Unfehlbarkeit,

bestimmt nicht seltener vor als unter Geistheilern. Müßten sich in Arztpraxen und Kliniken denn nicht viel öfter unfaßbare Heilwunder ereignen, *wenn* dazu lediglich nötig wäre, Vertrauen und Zuversicht von Kranken zu stärken? Patienten von Ärzten glauben und hoffen ja schließlich nicht weniger stark als Patienten von Heilern. Warum widerfahren ihnen denn nicht viel öfter unerwartete Genesungen, wenn dazu lediglich ein Placebo-Effekt nötig wäre?

7. Die Reduktion «energetischer» auf psychische Effekte, der Kern des Placebo-Arguments, «löst» ein Rätsel nur, indem es ein weiteres aufwirft. Denn *wie* es ein Gedanke, eine Intention, eine Vorstellung, eine Erwartung überhaupt anstellt, auf den Körper einzuwirken, ist seinerseits ein ungeklärtes Mysterium, wie der jahrhundertealte, immer noch anhaltende philosophische Streit um das «Leib-Seele-Problem» zeigt.

8. Ist ein Schwerstkranker nach ein paar Sitzungen bei einem Handaufleger ein langjähriges, vermeintlich unheilbares Leiden losgeworden, so ist ihm reichlich Wurscht, ob dafür ein «Placebo-Effekt» oder eher ein «Psi-Effekt» verantwortlich ist, ob der Mann im Mond, Sankt Nikolaus oder Rumpelstilzchen. Hauptsache, gesund! Selbst wenn Geistheilung nichts weiter wäre als ein Placebo, so müßte ihm zugestanden werden, daß es oft geradezu konkurrenzlos gut wirkt – auch und gerade dort, wo schulmedizinische Maßnahmen versagen. Warum also darauf verzichten? Aber büßt ein Placebo nicht zwangsläufig seinen Nutzen ein, nachdem es als solches durchschaut wurde? Verliert es dann nicht seine geheimnisvolle Kraft? Das muß nicht sein. Ein Kinofilm, ein Fernsehspiel, ein Theaterstück kann uns «wirklich» erregen und ganz in seinen Bann ziehen, auch wenn uns klar ist, daß man uns Wirklichkeit vorgaukelt. Wir lassen uns darauf ein, und dazu drängen wir unseren zensierenden Realitätssinn zeitweilig zurück. Den Kunstgriff, dessen sich die menschliche Psyche dabei bedient, hat der Dichter Samuel Taylor Coleridge einmal als die «willentliche Aussetzung des Unglaubens» bezeichnet. Die Bereitschaft, an die Wirksamkeit einer Placebo-Behandlung zu glauben, «ist weniger eine Selbsttäuschung als eine konstruktive Selbstsuggestion», wie der Psychologe und Wissenschaftspublizist Heiko Ernst betont. «Wir können uns die heilsame Wirkung von ‹wirkungslosen› Mitteln selbst verschreiben.»[21]

9. Geistheilungen gelingen manchmal auch unter Umständen, die Placebo-Wirkungen *ausschließen*:

- etwa bei Fernheilungen, von denen der Behandelte gar nicht wissen konnte (oder durfte);
- oder in wissenschaftlichen Experimenten, bei denen Versuchspersonen absichtlich im ungewissen darüber gelassen werden, ob sie geistig behandelt werden oder nicht: in «Blindstudien»;
- oder bei Experimenten mit *nicht*menschlichen Versuchsobjekten, etwa mit Tieren, Pflanzen, isolierten Zellen oder anorganischem Material. Solchen Objekten fehlt das nötige Bewußtsein – also auch das Bewußtsein, daß ein Geistheiler auf sie einzuwirken versucht. Trotzdem sprechen sie manchmal meßbar darauf an. (Ausführlich gehe ich auf solche Experimente im nächsten Kapitel über «Geistheilung im [Zerr-]Spiegel der Wissenschaft» ein.)

10. Daß ausgerechnet Ärzte den Geistheilern aus Placebo-Effekten einen Strick drehen wollen, ist im Grunde ein schlechter Witz. Denn in Wahrheit sind solche Effekte bei *jeglichen* Heilweisen, auch den ärztlich anerkannten und praktizierten, niemals auszuschließen. Experten schätzen, daß 30 bis 60 Prozent der Wirkung aller ärztlichen Maßnahmen auf den Placebo-Effekt zurückzuführen sind.[22]

Üppig verdient wird mit therapeutischen Illusionen auf dem Pharmamarkt. Allein in Deutschland soll sich der jährliche Bruttogewinn mit Arzneimitteln, deren einzig gesicherter Effekt in der Umsatzsteigerung der Hersteller besteht, auf sechs Milliarden DM belaufen. Über 250 Millionen mal pro Jahr verschreiben Ärzte Medikamente, deren klinischer Wirksamkeitsnachweis unter Experten zumindest umstritten ist, wenn nicht gar fehlt; das entspricht 33,9 Prozent des gesamten deutschen Arzneimittelangebots.[23] Im Verdacht von «Massenplacebos»[24] stehen etwa durchblutungsfördernde Mittel, die vor allem ältere Menschen in der festen Überzeugung schlucken, dadurch Wahrnehmung und Gedächtnis zu verbessern. Auch bei Gallenwegsmitteln sind «wesentliche therapeutische Effekte kaum anzunehmen», wie der Tübinger Internist Professor Dölle bemängelt[25], ebensowenig wie bei Leberschutzpräparaten, deren Einnahme bei strikter Alkoholabstinenz ohnehin weitgehend überflüssig würde. Auch ein Großteil der urologischen Medikamente gilt unter Fachleuten als «relativ teure Placebos».[26] Und nach wie vor stehen klinische Nachweise dafür aus, daß Rheumasalben der Wärmflasche überlegen sind[27], daß Venenmittel tatsächlich Krampfadern entlasten und Thrombosen vorbeugen, oder daß Tropfen gegen den grauen Star (sogenannte «Antikataraktika») wirklich eine Operation erübrigen können. Vermutlich wirkt jedes dritte Medikament, das wir in Apotheken kaufen können, gar nicht spezifisch gegen die Beschwerden, derentwegen es verordnet wird. Wenn sich trotzdem eine Besserung einstellt, dann nicht dank irgendwelcher hochpotenter pharmazeutischer Inhaltsstoffe, sondern aufgrund positiver Erwartungen der Kranken, die sie wohlgemut schlucken, und ihrer Ärzte, die sie zuversichtlich verschreiben.

Daß sich die Placebo-Effekte eines Medikaments im Doppelblindversuch abschätzen, sein «reines» therapeutisches Potential und ein ihm eigenes, spezifisches Wirkungsspektrum herausfiltern lassen, gehört zu den verbreitetsten Irrtümern moderner Pharmakologie. In den dreißiger Jahren aufgekommen, ist der Doppelblindtest längst zur heiligen Kuh der Medizinforschung geworden. Vor allem ihm soll es zu verdanken sein, daß die abendländische Medizin ein für allemal Abschied nehmen konnte von einer finsteren Zeit, in der sie Kranke noch das Blut von Eidechsen schlucken ließ oder zermahlene Spinnen, verfaultes Fleisch, die Exkremente von Krokodilen, das Fett von Eunuchen. «Wenn beide, Arzt und Patient, an diese Mittel glaubten, waren sie manchmal hilfreich», erklärt der amerikanische Kardiologe Herbert Benson[28] – hilfreich aber «nur» als Placebos, wie es scheint.

Der Doppelblindversuch soll die «Illusion» an den Tag bringen. Dabei werden Placebos als Vergleichsstandards verwendet. Ehe die Untersuchung abgeschlossen, alle Daten gesammelt und ausgewertet sind, wissen weder die beteiligten Patienten noch die behandelnden Ärzte, wem das «echte» Medikament und wem ein Placebo verabreicht wurde. Reagiert die Versuchsgruppe in der erwarteten Richtung stärker als eine Vergleichsgruppe von Placebo-Behandelten, so gilt die getestete Substanz als wirksam. Aber selbst der sorgfältigste Doppelblindversuch kann immer nur messen, wie ein neues Präparat im Verhältnis zu einer Kontrollsubstanz wirkt. All jene Glaubenselemente auszuschließen, die sich an der Prüfsubstanz selbst festmachen, ist schlechterdings unmöglich. Die Tests geben nämlich keinerlei Aufschluß darüber, welcher Anteil an einem klinischen Erfolg mit einem neuen Medikament auf die unmittelbare Wirkung seiner Inhaltsstoffe zurückzuführen ist – und welche auf Placebo-Reaktionen, die teils der bloße Akt des Verabreichens auslöst, teils das subjektive Erleben der erwünschten Wirkungen, aber auch der unbeabsichtigten Nebenwirkungen des Medikaments. Wenn mir ein Schmerzmittel injiziert wird, so löst der Einstich der Nadel Empfindungen und Wahrnehmungen aus, die meine Überzeugungen über die zu erwartenden Folgen berühren: Beginnen daraufhin meine Schmerzen nachzulassen, so wächst meine Zuversicht, daß sie wirkt; und diese Zuversicht spielt im weiteren Verlauf des Schmerzgeschehens eine kaum abschätzbare kausale Rolle. Aber auch Nebenwirkungen, die mit dem beabsichtigten Effekt nichts zu tun haben (wie Schweißausbrüche, ein trockener Mund, leichte Übelkeit oder Schläfrigkeit), lassen mich zumindest spüren, daß die Injektion in mir wirkt. Dieses Erlebnis kann die Erwartung, daß sie insbesondere gegen Schmerzen wirkt, glaubwürdiger machen – und zur Schmerzdämpfung beitragen.

Und lauert der Placebo-Effekt nicht in jeder ärztlichen Praxis? Die Patienten haben Respekt vor dem Doktor, sie vertrauen ihm. Sie sind von seinem Titel und von seinem Fachjargon beeindruckt, aber auch von seinem Schweigen; selbst jedem Stirnrunzeln, jedem Räuspern, jedem stummen Kopfnicken messen sie Bedeutung bei. Sie sind beruhigt, wenn der Doktor ihre Beschwerden durch eine Diagnose benennt und weiß, was ihnen fehlt. Sie bestaunen die Fachliteratur in seinem Bücherregal und all die technischen Apparate um ihn herum, mit denen er so sicher hantiert. All dies fördert doch immens die Erwartung des Patienten, geheilt zu werden – ist also «Placebo».

Damit will ich keineswegs abwerten, was Ärzte tun, im Gegenteil. Bei Patienten segensreiche Placebo-Wirkungen auszulösen, ist eine hohe ärztliche Kunst, die unverdientermaßen beargwöhnt wird. Dabei sollten wir besser von Placebo-*Reaktionen* statt von Placebo-Effekten sprechen, weil dieser Begriff leicht zu Mißverständnissen führt. Denn die so bezeichneten Ergebnisse sind *nicht* der Effekt der Scheintabletten, sondern der Reaktionen der Patienten, die sie eingenommen haben.

Daß Placebo-Reaktionen überhaupt vorkommen, müßte bei Medizinforschern und allen in Heilberufen Tätigen begeistertes Interesse wecken. Statt dessen gelten sie weithin als Ärgernis, das es herauszufiltern und auszuschalten gilt, wenn der Wert einer therapeutischen Maßnahme beurteilt werden soll. Für viele Ärzte haben Placebos etwas Anrüchiges, Unseriöses; ihr Einsatz scheint auf Tricks und Täuschungen zu beruhen, insofern auf Quacksalberei hinauszulaufen. Manche Ärzte verabreichen aus ethischen Gründen niemals Placebos. Auch gelten Placebo-Effekte als «unecht»: Wenn es Schmerzpatienten, nachdem sie Placebos eingenommen haben, besser geht, wird diese an sich begrüßenswerte Reaktion gewöhnlich als Indiz dafür gedeutet, daß die Schmerzen ohne physiologische Grundlage, also «bloß eingebildet» waren. Schon in einem medizinischen Wörterbuch aus dem Jahre 1811 wird «Placebo» abfällig definiert als «Bezeichnung für jede Medizin, die eher geeignet ist, einen Patienten zufriedenzustellen, als ihm zu nützen».²⁹ Aber wieso soll es nicht nützen können, *indem* es zufriedenstellt?

Der Pseudogegensatz, den diese Definition festschreibt, wirkt in den Köpfen von Medizinern über anderthalb Jahrhunderte später noch fort. Zu ihm paßt ein unter Medizinern weitverbreitetes Klischee über jenen angeblich besonderen Typ von Mensch, der für Placebos überhaupt «anfällig» sein soll. Dieser Zeitgenosse gilt als verhältnismäßig ungebildet, neurotisch veranlagt («ängstlich, selbstzentriert und emotional labil»³⁰) und religiös orientiert; auch soll er im Mittelmeerraum häufiger anzutreffen sein als unter den eher sachlich-kühlen Nordeuropäern. Hingegen «zeichnen sich diejenigen, die selten auf ein Placebo reagieren, vor allem durch emotionale Stabilität und einen entwickelten Verstand aus».³¹

Ich halte das für ausgemachten Humbug. So eingehend sich Forscher bisher bemüht haben, eine Korrelation zwischen Placebo-Reaktionen und besonderen Persönlichkeitsmerkmalen ausfindig zu machen, so sicher scheiterten sie.³² Das eher lachhafte Zerrbild vom archetypischen Placebo-Anfälligen als einem hitzköpfigen, neurotischen sizilianischen Kirchgänger entspringt, wie der amerikanische Medizintheoretiker und praktizierende Arzt Andrew Weil treffend bemerkt hat, wohl eher dem Verlangen, zwischen dem wissenschaftlich aufgeklärten Mediziner, der die wahre Natur des Placebos durchschaut, «und diesen Einfaltspinseln, die auf eine Zuckerpille hereinfallen, eine möglichst große Distanz herzustellen». In diesem verengten Bild lassen sich nur leichtgläubige Patienten von scheinbar allwissenden Ärzten mit Pseudoarzneien übertölpeln. «Solange Ärzte die Placebo-Behandlung für einen Trick halten, werden sie ungern akzeptieren wollen, selbst zu dieser Reaktion fähig zu sein. Also wird die placeboresistente Person emotional stabil, intellektuell, kultiviert, gebildet, altruistisch, reserviert und vorzugsweise angelsächsischer Abstammung sein – genau wie der ‹perfekte› Arzt.»³³

In Wahrheit spricht aber *jeder* Mensch auf Placebos an – sofern sie ihm unter Bedingungen verabreicht werden, die seinen Glauben daran stärken.³⁴ Und das ist gut so: Denn die Macht des Glaubens bei der Weckung von Selbstheilungskräften ist eine weithin unterschätzte Größe. Sie anzuerkennen und zu nutzen, statt darauf aus zu sein, sie als etwas «Unwirkliches» auszuschalten, würde die Humanmedizin nicht nur humaner machen, sondern auch erheblich effektiver. Im Widerstand großer Teile der Ärzteschaft dagegen wirkt letztlich ein überholtes materialistisches Menschenbild weiter. Der Illusion, Placebo-Reaktionen ausschließen zu können (und dem pseudomoralischen

Impetus, dies tun zu müssen), kann nur erliegen, wer den Geist für unwirklich hält oder ihm jede Verbindung zum Körper abspricht.[35] Dagegen führen die von Geistheilern vermittelten Genesungen vor Augen, wie innig sich Geist und Körper wechselseitig durchdringen. Für die ärztliche Praxis sind diese Zusammenhänge zweifellos von überragender Bedeutung. «Was mich selbst anlangt», so Andrew Weil, «so habe ich keinerlei Interesse, die Placebo-Reaktion bei mir oder bei Patienten, die in meine Praxis kommen, zu eliminieren... Die besten Behandlungen wirken (immer auch) als Placebos, die mittels eines psychischen Mechanismus die inneren Heilkräfte freisetzen. Das ist nicht Quacksalberei oder Täuschung, sondern psychosomatische Medizin in ihrer besten Form – schlicht und einfach gute Medizin, ganz gleich nach welchem Maßstab.»[36] Insoweit scheinen mir Geistheiler oft die besseren Ärzte zu sein.

Geistheilung wirkt – bestimmt *auch* als Placebo, aber *nicht nur* und *nicht immer*. Wäre «Geistheilung» der Name einer Pille, die von irgendeinem Pharmagiganten entwickelt worden wäre – sie hätte längst die Zulassung.

# IV  Geistheilung im (Zerr-)Spiegel der Wissenschaft

Wieviel verstanden die alten Ägypter von Medizin? Wie sie es anstellten, ihre Toten gegen Verwesung zu schützen, gibt bis heute Rätsel auf. Das Niveau ihrer Gynäkologie indes blieb scheinbar weit unter dem ihrer hochentwickelten Kunst der Mumifikation. Zumindest deutet darauf eine 3500 Jahre alte Papyrusrolle hin, auf der ägyptische Mediziner sich zur Frage geäußert haben: Wie stellt man fest, ob eine Frau schwanger ist – und welches Geschlecht ihr Kind haben wird? Die Antwort lautet: «Dazu mußt du Körner von Weizen und Gerste in einen Beutel aus Tuch geben. In diesen Beutel muß die Frau jeden Tag hineinpinkeln. Wenn das Getreide daraufhin keimt, wird sie Mutter werden. Keimt nur der Weizen, wird sie einen Jungen zur Welt bringen; wenn bloß die Gerste keimt, wird es ein Mädchen werden. Keimt keines der beiden, so wird sie nicht gebären.»[1]

Dieser Ratschlag klingt nach blankem Unsinn. Und wenn wir uns obendrein klarmachen, daß um dieselbe Zeit geistiges Heilen im ägyptischen Gesundheitswesen weitverbreitet war – insbesondere das Handauflegen, aber auch das Austreiben von Dämonen und Totenseelen mit magischen Beschwörungsformeln –, dann könnten wir geneigt sein, beides über den gleichen Kamm zu scheren: Zeugt nicht eines wie das andere, der sonderbare Schwangerschaftstest ebenso wie geistiges Heilen, von offenkundigem Aberglauben, über den der aufgeklärte Mediziner von heute nur lachen kann?

Doch wer zuletzt lacht, lacht auch in diesem Fall am besten. Im Jahre 1927 entwickelten zwei deutsche Ärzte den ersten Urintest, der eine Schwangerschaft mit 95prozentiger Sicherheit innerhalb der ersten acht Wochen nach der Zeugung anzeigte.[2] Und sechs Jahre später, 1933, berichtete ein anderer deutscher Arzt in der angesehenen *Medizinischen Wochenschrift* über eine weitere verblüffende Entdeckung: Der Urin schwangerer Frauen, die einen Sohn gebären werden, beschleunigt das Wachstum von Weizen; dagegen läßt der Urin von Frauen, die später ein Mädchen zur Welt bringen, Gerste schneller wachsen.[3]

Ist ausgeschlossen, daß heutige Forscher mit geistigem Heilen ähnliche Überraschungen erleben werden? Könnten andere uralte medizinische Praktiken, die westliche Mediziner seit Jahrhunderten als unbeweisbaren Humbug abtun, nicht ebenso rehabilitiert werden – und zwar *wissenschaftlich*?

Viele Esoteriker winken bei dieser Frage ab. Die einen sagen: Geistiges Heilen wissenschaftlich zu bestätigen, sei *unmöglich*; denn die «spirituellen» Kräfte, die dabei im Spiel sind, entzögen sich zwangsläufig wissenschaftlichem Zugriff. Die anderen erklären: Solche Bestätigungen seien *überflüssig*. Denn wir «wissen» doch längst, daß geistiges Heilen gelingen kann – wozu also noch nachforschen? Die Heiler selbst «wüßten» das aus oft jahrzehntelanger Erfahrung mit Tausenden von Patienten. Nicht von ungefähr veranschlagen die meisten ihre Erfolgsquote auf 80 bis 90 Prozent. Und auch die Patienten «wüßten» es. Erfahren es nicht jährlich Millionen am eigenen Leib, nachdem ärztliche Kunst versagt hatte?

Doch beide esoterischen Lager irren. Denn wissenschaftliche Untersuchungen geistigen Heilens sind durchaus möglich: Selbst wenn wir die daran beteiligten unsichtbaren Energien mit physikalischen Meßinstrumenten nie zu fassen bekämen, so können wir doch zumindest ihre *Wirkungen* erforschen, ebenso die *Bedingungen,* von denen sie abhängen.[4]

Und solche Forschungen sind dringend nötig, aus drei Gründen:

- Geistiges Heilen sollte auch solche Kranke erreichen, die bis jetzt zweifeln, zögern, ablehnen – und sich deshalb nicht darauf einlassen wollen, obwohl darin ihre vielleicht letzte Chance läge.
- Vorbehalte der Ärzteschaft müssen ernstgenommen – und so weit wie möglich ausgeräumt werden. Wenn geistiges Heilen je aus dem okkulten Abseits, aus dem Untergrund esoterischer Subkultur herauskommt und im öffentlichen Gesundheitswesen eine Rolle spielen wird, dann nur in Zusammenarbeit mit Ärzten, nicht gegen sie oder an ihnen vorbei. Bloße Glaubensbekenntnisse und persönliche Erlebnisberichte bringen einen Mediziner mit Hochschulabschluß aber schwerlich ins Grübeln. Er fordert Belege, die Maßstäben genügen, wie er sie auch an andere Therapien anzulegen gelernt hat.
- Geistiges Heilen braucht gesicherte empirische Daten, die einen größeren Kreis von Wissenschaftlern stutzig machen und dazu veranlassen, entsprechende Forschungsprojekte zu starten. Wie die meisten Esoteriker, so erwartet auch ein Großteil der heutigen Geistheiler ein «New Age», ein Neues Zeitalter, das die abendländische Kultur «transformiert». Viele verkennen dabei jedoch: Solche

kulturellen Umbrüche sind ohne eine akademische Vorhut undenkbar, zumindest in den Expertokratien westlicher Industriegesellschaften. Das Neue Zeitalter wird die Institution Wissenschaft mit Sicherheit nicht abschaffen – es wird entscheidend auf ihr mitberuhen. Deshalb müssen Wissenschaftler dort abgeholt werden, wo sie stehen: auf dem Boden empirischer Forschung.

Unlösbar ist diese Aufgabe keineswegs. Denn tatsächlich muß nach bemerkenswerten wissenschaftlichen Belegen für geistiges Heilen nicht erst noch gesucht werden – es gibt sie längst, erstaunlich zahlreich, erstaunlich vielfältig und teilweise schon von erstaunlich hoher Qualität.

# 1 Umfragen

Da sind zum einen Umfragen unter einer großen Anzahl von Kranken, die sich Geistheilern bereits anvertraut haben. Allein in Deutschland, der Schweiz und den Niederlanden fanden in den letzten vierzig Jahren bereits ein knappes Dutzend solcher Untersuchungen statt. Zusammengenommen erfaßten sie annähernd 7000 Patienten von über hundert Geistheilern, insbesondere von Handauflegern, teilweise auch von Fernheilern.[5] (Siehe Übersicht auf Seite 262.)

Welchen Wert haben solche Erhebungen? Zum einen nützen sie den Heilern. In Wahrheit können sie sich ihrer behaupteten Erfolgsquoten nämlich keineswegs sicher sein. Denn nach Abschluß einer Behandlung fehlen ihnen gewöhnlich die nötigen Rückmeldungen: Unzufriedene lassen sich nie mehr blicken; und auch Zufriedene sehen oft keinen Grund mehr, nochmals von sich hören zu lassen. Vor allem wissen Heiler in der Regel nicht, wie stabil erzielte Erfolge sind – etwa nach einem Monat oder ein halbes Jahr später. Und schon während der Behandlung müssen sie damit rechnen, daß ihre Patienten ihnen und sich selbst etwas vormachen: sei es, daß sie sich die innig ersehnte Besserung zeitweilig einreden; sei es, daß sie den Therapeuten in seinen Bemühungen nicht enttäuschen wollen.

Vor allem nützen solche Studien den Kranken. Wer weiß denn schon, wie repräsentativ jene spektakulären Heilerfolge sind, die gelegentlich für Schlagzeilen sorgen? Sind sensationelle Fälle wirklich die Regel – oder seltene Ausnahmen? Wie viele Fehlschläge, wie viele Mißerfolge werden dabei verschwiegen? Wie groß ist die statistische Wahrscheinlichkeit, Hilfe zu finden – nach Art und Dauer einer Er-

## Umfragen unter Patienten von Geistheilern
## in Deutschland, den Niederlanden und der Schweiz

| Untersucher | Erhebung | Heiler | Patienten |
|---|---|---|---|
| Nicky Louwerens (Universität Utrecht) (NL) | 1955 | 1 («Theta», Amsterdam) | 180 |
| Ingeborg Strauch (Universität Freiburg) (D) | 1955 | 1 (Dr. Kurt Trampler, München) | 650 |
| L. F. Bakker (Universität Utrecht) (NL) | 1975/76 | 10 (niederländ. Heiler) | 250 |
| Holger Schleip (Universität Freiburg) (D) | 1976 | 2 (aus D, CH) | 1015 |
| Johannes Attevelt (Universität Utrecht) (NL) | 1981/82 | 65 (niederländ. Heiler) | 4379 |
| Beat Biffiger und «Projektgruppe Healing» (CH) | 1981–84 | 28 | 144 |
| Susanne Wällisch und Winfried Egeler (Universität Freiburg) (D) | 1986 | 3 Joan Reid u. Marian Butler, GB; Madeleine Riedel-Michel, CH | 62 |

krankung und der damit verbundenen Beschwerden; nach Alter, Vorgeschichte, sozialem Umfeld und psychologischen Merkmalen der Patienten?

Zu all diesen Fragen haben die genannten Studien wertvolle Aufschlüsse geben können. Ihre Stichproben waren zwar in keinem Fall repräsentativ – immerhin aber umfangreich genug, um einige vorsichtige allgemeine Schlußfolgerungen zu erlauben. In den wichtigsten Ergebnissen stimmen sie bemerkenswert überein. Sie lassen keinen Zweifel daran: Die große Mehrheit der Behandelten findet, daß geistiges Heilen ihnen wesentlich geholfen hat – und das häufig sogar bei Beschwerden, gegen die Ärzte sich zuvor jahrelang als machtlos erwiesen haben.

Betrachten wir ein paar Resultate dieser Umfragen näher:

*1. Wie zufrieden sind die Patienten mit geistigem Heilen?* Unmittelbar nach Abschluß der Behandlung erklären rund zwei Drittel, ihre Beschwerden hätten deutlich nachgelassen; 5 bis 10 Prozent fühlen sich sogar «völlig geheilt». Nur ein Drittel meint, geistiges Heilen hätte wenig oder gar nichts genützt. Und ganz abgesehen von den jeweiligen besonderen Krankheitssymptomen versichern bis zu 95 Prozent der Behandelten, auch ihr körperliches und seelisches Allgemeinbefinden habe sich gebessert. Solche Quoten würden jeder schulmedizinischen Therapieform Ehre machen. Dabei gilt es zu berücksichtigen, daß es sich um statistische Mittelwerte handelt, die Geistheiler im allgemeinen kennzeichnen; einzelne Heiler können mit erheblich besseren Quoten aufwarten, während andere deutlich schlechter abschneiden. (Siehe Seite 264.)

*2. Hält diese Zufriedenheit an?* Oder sind die erzielten Erfolge bloß vorübergehend? Beruhen sie womöglich nur auf einer ersten Euphorie, die rasch verpufft? Keineswegs. Noch ein halbes Jahr später bleiben über ein Drittel, nach einer Umfrage sogar 90 Prozent der Befragten, dabei: Ihnen sei wesentlich geholfen worden, seither gehe es ihnen besser. Nur jeder Zehnte war inzwischen beim Arzt.
Dabei ist zu bedenken, daß es auch bei herkömmlichen medizinischen Behandlungen immer wieder zu Rückfällen kommt. Das spricht nicht gegen die Schulmedizin – nur dafür, daß nachbehandelt werden muß; daß Gesundung kein Ereignis ist, das sich blitzartig einstellt, sondern ein meist langwieriger Prozeß, der permanent unterstützt werden muß – durch Hilfe von außen und eigene Anstrengung –, bis er abgeschlossen ist. Für geistiges Heilen gilt das nicht minder. (Siehe Seite 265.)

*3. Ist die Zufriedenheit bloß deshalb so groß, weil «Geistheiler» bloß minder schwere Leiden behandeln – oder Symptome, die suggestiv besonders leicht zu beeinflussen sind: nämlich psychische und psychosomatische?* Die genannten Studien belegen jedoch: Von akuten Notfällen abgesehen, behandeln Geistheiler nahezu alles und jegliches, worunter Menschen leiden können – von Bettnässen und Impotenz über Schmerzen, Lähmungen und Angstneurosen bis hin zu Schuppenflechte und Asthma, Rheuma und Parkinson, multipler Sklerose und Krebs. Ihr Patientengut unterscheidet sich insofern nicht wesentlich von dem eines praktizierenden Arztes, wenn auch mit einem etwas stärkeren Anteil von psychischen und psychosomatischen Leiden. (Siehe Seite 266 f.)

# Wie zufrieden sind Patienten mit geistigem Heilen unmittelbar nach Abschluß der Behandlung?

## A. Bezüglich der Beschwerden

| Untersucher/ Anzahl befragter Patienten | Deutliche Besserung | Nur geringe oder keine Besserung | Verschlechterung |
|---|---|---|---|
| Louwerens (1955) 180 Patienten | «gebessert»: 40 %* davon «völlig geheilt»: 12 % | «nur vorübergehend leicht gebessert»: 4 % keinerlei Besserung: 56 % | 0 % |
| Strauch (1955) 650 Patienten | «gebessert»: 39 % | «vorübergehend gebessert»: 22 % «unverändert»: 29 % | 10 % |
| Bakker (1975/76) 250 Patienten | «stark gebessert»: 41 % «deutlich gebessert»: 25 % | «kaum gebessert»: 25 % «gleichgeblieben»: 8 % | 0 % |
| Schleip (1976) 1015 Patienten | «Beschwerden sind völlig weg»: 9 % «stark gebessert»: 29 % «etwas gebessert»: 32 % | «kaum gebessert»: 6 % «gleichgeblieben»: 18 % | 4 % |
| Attevelt (1981/82) 4379 Patienten | «stark gebessert»: 51 % «ziemlich gebessert»: 28 % | | |
| Biffiger (1981–84) 144 Patienten | «Beschwerden sind weg»: 5 % «stark gebessert»: 60 % «etwas gebessert»: 32 % | «gleichgeblieben»: 2 % | 1 % |
| Wällisch und Egeler (1986) 62 Patienten | «stark gebessert»: 25 % «etwas gebessert»: 38 % | «nur geringe Besserung»: 10 % «unverändert»: 20 % | |

## B. Bezüglich ihres Allgemeinbefindens

| | | | |
|---|---|---|---|
| Biffiger | «besser»: 95 % | «gleichgeblieben»: 5 % | «schlechter»: 0 % |
| Wällisch/Egeler | «viel besser»: 44 % | «etwas besser»: 41 % «gleichgeblieben»: 13 % | «geringfügig schlechter»: 2 % |

*Wie zufrieden sind Patienten mit geistigem Heilen*
*längere Zeit nach der Behandlung?*

*A. Bezüglich ihrer Beschwerden*

| Untersucher | Deutliche Besserung | Nur geringe oder keine Besserung | Verschlechterung |
|---|---|---|---|
| nach 4 Wochen Wällisch/Egeler | «Beschwerden sind weg»: 7 % «stark gebessert»: 26 % «etwas gebessert»: 26 % | «kaum gebessert»: 7 % «gleichgeblieben»: 28 % | «eher verschlechtert»: 5 % |
| nach 6–8 Wochen Biffiger | «weg»: 13 % «stark gebessert»: 25 % «etwas gebessert»: 44 % | «gleichgeblieben»: 13 % | «verschlechtert»: 0 % |

(Mehr als jeder zweite Befragte – 57 % – war seither nicht mehr beim Arzt.)

| nach 1/2 Jahr Attevelt | «deutlich gebessert»: 89 % | | |
|---|---|---|---|

(Nur jeder Zehnte war seither beim Arzt.)

*B. Bezüglich ihres Allgemeinbefindens*

| nach 4 Wochen Wällisch/Egeler | «viel besser»: 19 % | «etwas besser»: 35 % «gleichgeblieben»: 40 % | «geringfügig schlechter»: 4 % «viel schlechter»: 2 % |
|---|---|---|---|

\* Alle Angaben wurden auf volle Prozent auf- bzw. abgerundet.

4. *Sind Geistheiler bloß deswegen so erfolgreich, weil sich die behandelten Leiden überwiegend noch im Anfangsstadium befinden?* Ganz im Gegenteil. Durchschnittlich sieben Jahre hat sich ein Kranker mit ihnen herumgequält, ehe er einen Geistheiler aufsuchte. Dreiviertel aller Patienten von Geistheilern schleppen ihre Beschwerden bereits über ein Jahr mit sich herum, jeder Dritte über fünf Jahre – und jeder Fünfte sogar schon über zehn Jahre. Das heißt: Geistheiler haben es überwiegend mit chronischen Erkrankungen zu tun. Um so schwerer wiegt ihre Leistung.

# Welche Leiden behandeln Geistheiler?

1015 Patienten nannten ca. 1500 voneinander abgrenzbare Beschwerden, darunter die folgenden mehrmals (nach Schleip, Universität Freiburg i.Br. 1976):

| Beschwerde | Häufigkeit |
|---|---|
| Herzbeschwerden | 82 |
| davon Angina pectoris | 6 |
| Zustand nach Herzinfarkt | 2 |
| Kreislaufstörungen | 78 |
| davon Hypertonie | 15 |
| Hypotonie | 4 |
| Ödeme | 5 |
| Krampfadern | 14 |
| Hämorrhoiden | 9 |
| Venenentzündung | 6 |
| Rheuma | 57 |
| Rückenschmerzen, Beschwerden der WS | 103 |
| Gelenkbeschwerden | 125 |
| davon Kniebeschwerden | 43 |
| Hüftbeschwerden | 28 |
| Schulterbeschwerden | 8 |
| Zustand nach Knochenbruch | 5 |
| Knochenhautentzündung | 2 |
| Bauchschmerzen | 5 |
| Magenschmerzen | 41 |
| Darmbeschwerden | 14 |
| Magen- und Zwölffingerdarmgeschwür | 2 |
| Verdauungsbeschwerden | 8 |
| Leberleiden | 25 |
| Gallenleiden | 16 |
| Pankreasleiden | 4 |
| Schluckbeschwerden | 2 |
| Nierenleiden | 34 |
| davon Nierensteine | 9 |
| Blasenbeschwerden | 12 |
| Bettnässen | 11 |
| Leistenbruch | 2 |
| Prostataleiden | 6 |
| Mammazyste, -verhärtung | 3 |
| Uterusmyom | 2 |
| Menstruationsstörungen | 3 |
| Sterilität, unerfüllter Kinderwunsch | 8 |
| Asthma | 21 |
| Atemnot, Atembeschwerden | 11 |
| Bronchitis | 15 |
| Husten | 4 |
| Augenleiden | 53 |
| davon Kurzsichtigkeit | 6 |
| grauer Star | 4 |
| blind | 4 |
| Beschwerden der Augenlider | 2 |
| Schwerhörigkeit | 20 |
| Kopfschmerzen | 95 |
| davon Migräne | 15 |
| Trigeminusneuralgie | 2 |

| Beschwerde | Häufigkeit |
|---|---|
| Ohrensausen | 7 |
| Nervenschmerzen | 7 |
| Nervenentzündung | 7 |
| Gürtelrose | 4 |
| «Nerven», Nervenerkrankung | 63 |
| Nervosität | 36 |
| vegetative Dystonie | 7 |
| Schlafstörungen | 37 |
| Müdigkeit | 6 |
| Schwindel | 11 |
| Gleichgewichtsstörungen | 2 |
| Entwicklungsstörungen v. Kindern | 9 |
| davon Down-Syndrom | 2 |
| geistige Behinderung | 3 |
| Verhaltensstörung | 2 |
| Schulschwierigkeiten | 8 |
| Prüfungsangst, -vorbereitung | 4 |
| Sprachfehler | 4 |
| Denk- und Gedächtnisstörungen | 5 |
| Depressionen | 17 |
| Epilepsie | 17 |
| Multiple Sklerose | 11 |
| Parkinsonsche Krankheit | 10 |
| Lähmungen | 13 |
| davon durch Schlaganfall | 5 |
| Kinderlähmung | 2 |
| Gehstörungen | 3 |
| Diabetes mellitus | 18 |
| Schilddrüsenfunktionsstörungen | 9 |
| Kropf | 9 |
| Gicht | 6 |
| offenes Bein | 9 |
| Hautausschlag | 6 |
| Ekzem | 6 |
| Schuppenflechte | 6 |
| Hautpilz | 4 |
| Akne | 2 |
| Haarausfall | 6 |
| Heuschnupfen | 3 |
| Allergie | 2 |
| Halsbeschwerden | 12 |
| Stirnhöhlenvereiterung | 3 |
| Schmerzen in den Beinen | 10 |
| Übergewicht | 6 |
| Muskelschwund, -dystrophie | 3 |
| Anämie | 2 |
| Lymphknotenschwellung | 2 |
| Leukämie | 2 |
| Krebs | 5 |

5. *War Geistheilung überhaupt nötig? Hätte den Patienten nicht längst die Schulmedizin helfen können, falls sie sich ihr anvertraut hätten?* Die Umfragen bestätigen das Gegenteil: Von zehn Kranken, die zu einem Geistheiler gehen, waren neun vorher beim Arzt – und zwar selten bloß bei einem, sondern meist bei mehreren. Zwei Drittel haben deswegen schon Besuche bei mindestens fünf Ärzten hinter sich, ehe sie sich auf geistiges Heilen einlassen. Ein großer Teil gilt aus schulmedizinischer Sicht bereits als «behandlungsresistent», als «austherapiert». (Siehe unten.)

6. *Viele Patienten bleiben in ärztlicher Behandlung, während sie sich einem Geistheiler anvertrauen. Von daher ist oft fraglich, wessen Einfluß Heilerfolge zuzurechnen sind. Könnte es nicht sein, daß die ärztlichen Maßnahmen halfen – und weniger irgendwelche paranormalen Heilkräfte?* Auch dieser Verdacht hält den Umfrageergebnissen nicht stand. Zwar lassen sich rund acht von zehn Heilerpatienten gleichzeitig ärztlich behandeln. Doch die Mehrheit tat dies schon jahrelang; deutliche Fortschritte indes stellten sich erst ein, als sie einen Geistheiler hinzuzogen.

*Dauer der Beschwerden, derentwegen Geistheiler aufgesucht werden*

| Attevelt (1981/82) 4379 Patienten | Ø 7 Jahre | |
|---|---|---|
| | mehr als 10 Jahre: | 20 % |
| | mehr als 5 Jahre: | 36 % |
| | weniger als 3 Jahre: | 47 % |
| | weniger als 1 Jahr: | 25 % |

*Wie viele Patienten waren zunächst in ärztlicher Behandlung, ehe sie sich einem Geistheiler anvertrauten?*

| Strauch (1955), 650 Patienten: | 93 % |
|---|---|
| Schleip (1976), 1015 Patienten: | 89 % |
| Biffiger (1981–84), 144 Patienten: | 83 % |
| Wällisch/Egeler (1986), 62 Patienten: | 94 % |

*Bei wie vielen Ärzten suchten sie wie oft wegen des betreffenden Leidens Heilung?*

| Strauch: | 37 % waren bereits bei mehr als vier Ärzten, nur jeder Dritte erst bei einem. |
|---|---|
| Schleip: | Die Hälfte war schon bei mindestens 2 Ärzten, 62 % haben 5 Arztbesuche und mehr hinter sich. |
| Biffiger: | 90 % waren mindestens 3mal beim Arzt, jeder Zehnte über 10mal. |

# 2 Kontrollierte Beobachtung

Umfragen spiegeln Meinungen wider, keine Tatsachen. Kritiker wenden ein: Wie Patienten die Erfolge von Geistheilern subjektiv einschätzen, erlaube keine Schlüsse darauf, wie sich ihre Krankheit objektiv, nach medizinischen Maßstäben, weiterentwickelt hat. Könnten sie sich nicht, zumindest vorübergehend, etwas vormachen? Täuschen sie sich womöglich über ihren wahren Gesundheitszustand – aus Wunschdenken oder unter dem suggestiven Einfluß eines Heilers, in dem sie so etwas wie einen «Wundertäter» sehen?

Solche Fragen verleiten dazu, den subjektiven Faktor geringzuschätzen. Wenn ein Patient, der von Schulmedizinern jahrelang ergebnislos behandelt wurde, staunend erlebt, wie unter einer aufgelegten Hand seine Beschwerden nachlassen oder gar verschwinden, so kommt ihm jeder akademische Streit darüber, ob er sich die Besserung «bloß einbildet», reichlich müßig vor. Ebensowenig kümmert ihn, ob seine Fortschritte rein funktionaler Art sind oder eine organische Grundlage haben. Jenen Teil der Ärzteschaft, der naturwissenschaftliche Erkenntnisideale hochhält, mögen allein die quantitativ faßbaren körperlichen Veränderungen im Krankheitsbild interessieren. Doch aus der Perspektive des Patienten wiegen andere, nicht meßbare Aspekte erheblich mehr: Beschwerdefreiheit, allgemeines Wohlbefinden, Lebensqualität, seelische Ausgeglichenheit und Zuversicht. Und wirken sich solche «subjektiven» Befindlichkeiten erfahrungsgemäß nicht auch im somatischen Bereich günstig aus?

Ein beeindruckendes Beispiel dafür bietet eine Frau aus Norddeutschland, die seit 1968 an multipler Sklerose litt – mit fortschreitenden Lähmungen, die sie an den Rollstuhl fesselten, Sprachstörungen und unsäglichen Schmerzen. Hinzu kamen schwerste Depressionen, denn ihr Fall schien aussichtslos. Entsprechend gehemmt, geradezu blockiert wirkte sie in ihrem Verhalten. Im Juli 1991 lernte sie den österreichischen Psi-Diagnostiker und Geistheiler Georg Rieder kennen.* Nur ein paar Sekunden lang konzentrierte er sich schweigend auf sie – dann behauptete er, das Rückenmark sei noch nicht so weit geschädigt, daß eine Behandlung aussichtslos wäre. Daraufhin schöpfte die MS-Kranke neue Zuversicht. Abermals ließ sie sich ärztlich untersuchen. Doch ihre Neurologen konnten ihr nach wie vor nicht die geringste Hoffnung machen. Am 10. September 1991 bescheinigten sie ihr: «Nach dem bisherigen Verlauf der Erkrankung ist eine

---

* Zu Rieder siehe Kapitel II, Abschnitt «Röntgenblick», Seite 204 ff.

Besserung oder Beseitigung der dadurch [durch die multiple Sklerose] ausgelösten Beschwerden nach ärztlicher Erkenntnis und Erfahrung nicht mehr abzusehen.»

Doch die Frau gab nicht auf. Im Juli 1992 ließ sie sich von Freunden nach Österreich transportieren. Einen Monat lang legte ihr Georg Rieder nahezu täglich die Hände auf. Und das scheinbar Unmögliche trat ein. Am 24. August 1992 stellten ihr dieselben Neurologen folgendes Attest aus: «Die Symptomatik auf nervenärztlichem Gebiet hat sich deutlich gebessert. So sind zuvor vorhandene Sprachstörungen vollständig abgeklungen, auch eine erhebliche Gangataxie ist weitestgehend zurückgegangen. Die Patientin ist wieder imstande, ohne fremde Hilfe zu laufen. Es ist somit zu einer deutlichen Besserung des bekannten Krankheitsbildes gekommen.»*

Abgesehen von diesen gravierenden Veränderungen der Symptomatik ist die Frau inzwischen wieder ein glücklicher, lebensfroher, psychisch ausgeglichener Mensch. Wie können Mediziner an solchen Veränderungen achselzuckend vorbeigehen?

Trotzdem ist die Suche nach objektiven Maßstäben vermeintlicher Genesungen sinnvoll, auch im Interesse der Behandelten. Ein Asthmatiker beispielsweise, den nach ein paar Reiki-Sitzungen keinerlei Anfälle von Atemnot mehr plagen, hat allen Grund zur Freude und Dankbarkeit. Sollte er nicht dennoch feststellen lassen, ob die Behandlung auch die zugrunde liegenden Ursachen seines Leidens beseitigt hat: etwa die Verengungen der Atemwege, ein Schleimhautödem, die erhöhte Schleimsekretion oder ein gesteigerter Tonus der Einatmungsmuskeln, vor allem des Zwerchfells? Und hätte nicht auch Georg Rieders MS-Patientin daran gelegen sein müssen, daß Neurologen prüfen, was aus den Entzündungsherden im Zentralnervensystem geworden ist und ob der Prozeß der Entmarkung zum Stillstand kam oder gar rückgängig gemacht wurde? Immerhin sinkt mit solchen Befunden die Wahrscheinlichkeit von Rückfällen, und erst sie erlauben den Schluß von zeitweiliger Symptomfreiheit auf anhaltende, vollständige Heilung.

Lassen sich Geistheilungen objektivieren? Sobald Ärzte kritisch prüfen, löse sich das vermeintliche «Wunder» in nichts auf, behauptet einer der schärfsten Kritiker geistigen Heilens, der amerikanische Chirurg Dr. William Nolen. Anderthalb Jahre lang suchte er in der einschlägigen Literatur nach paranormalen Heilungen, die üblichen Ansprüchen an ärztliche Fallstudien genügten. Er stieß auf keinen

---

* Beide Atteste wurden abgedruckt in *VTF-Post* 4/1992, Seite 4f.

einzigen derartigen Bericht. Ebensowenig fündig wurde Nolen, als er 23 angeblichen «Wunderheilungen» eines Magnetiseurs nachforschte, den er «Mr. A.» nennt. In einem Fall hatte A. beispielsweise behauptet, er habe einer jungen Frau, die an einem bösartigen Gehirntumor litt, das Leben gerettet. Nur beiläufig erwähnte er, daß die Patientin kurz zuvor von einem Neurochirurgen operiert worden war. Wie Nolen herausfand, hatte der Chirurg während des Eingriffs festgestellt, daß die Geschwulst glücklicherweise eingekapselt war, also lokal begrenzt, so daß sie vollständig entfernt werden konnte. War es folglich nicht das alleinige Verdienst des Chirurgen, daß die Frau gerettet werden konnte? Schmückte A. sich nicht mit fremden Federn?[6]

War Mr. A. ein untypisch unfähiger Heiler? Nolens Verdacht trifft selbst die gefeiertsten Stars der Heilerszene; sogar der legendäre Harry Edwards sah sich ihm ausgesetzt. Auf einer medizinischen Fachtagung über «Paranormales Heilen» in Saint-Paul-de-Vence bei Nizza, im April 1954, erklärte der englische Arzt Dr. L. Rose den Rummel um dessen «Wunderheilungen» für «viel Lärm um nichts». In 54 Fällen von angeblich rein «geistig» kurierten Patienten, die Rose prüfte, war die medizinische Vorgeschichte nicht mehr aufzutreiben, so daß ein wissenschaftlich stichhaltiges Urteil ausgeschlossen war. In 17 Fällen widersprach der tatsächliche Krankheitsverlauf kraß den angeblich erzielten Erfolgen. In einem Fall trat eine Verschlechterung ein, nachdem Edwards eingegriffen hatte. Daran gemessen nehmen sich die Leistungen, die Rose dem Heiler zubilligt, eher dürftig aus: Bei vier Patienten war eine funktionelle, aber keine organische Besserung festzustellen; drei Kranken ging es zeitweilig besser, doch dann kam es zu Rückfällen. Vier weitere Kranke machten erst Fortschritte, als Edwards' Behandlung mit herkömmlichen medizinischen Maßnahmen verbunden wurde. In einem einzigen Fall schien allein dank Edwards ein organisches Leiden gelindert, in einem anderen Fall vollständig geheilt worden zu sein.[7]

Doch so eindeutig, wie Nolen, Rose und andere Kritiker vorgeben, ist der Forschungsstand keineswegs. Weltweit wurden mittlerweile bereits Dutzende von Studien durchgeführt, bei denen Ärzte «geistig» behandelte Kranke gründlich vor- und nachuntersuchten. Soweit Besserungen festzustellen waren, konnten sich die Mediziner dazu äußern, ob diese Fortschritte ohnehin zu erwarten waren (weil sich die betreffenden Leiden häufig von allein in diese Richtung weiterentwickeln, auch wenn sie untherapiert bleiben) – oder ob unerwartete Genesungen eintraten: Wenden zum Besseren also, deren Ausmaß die ärztliche Verlaufsprognose deutlich übertraf. Diese Untersuchungen stellten

Geistheilern ausgezeichnete Noten aus: Bei mindestens jedem zehnten Patient traten ärztlich unerwartete Besserungen ein – in vereinzelten Studien sogar bei hundert Prozent aller Fälle. Dabei blieben diese Erfolge keineswegs auf leichtere psychische und psychosomatische Störungen beschränkt: Sie wurden ebenso erzielt bei Augen- und Hauterkrankungen, bei Hals-, Nasen-, Ohrenerkrankungen, bei neurologischen Ausfällen, ja selbst in chirurgischen und onkologischen Fällen. Funktionelle Verbesserungen überwogen organische dabei nur knapp.

Von mehreren Medizinern bestätigt wurde beispielsweise, wozu die bulgarische Geistheilerin Krassimira Dimowa fähig ist. Von den Händen der studierten Philologin und hauptberuflichen Journalistin aus Russe, einer Donauhafenstadt nahe der Grenze zu Rumänien, scheinen unerklärliche Heilkräfte auszugehen, seit sie im Oktober 1989 einen rätselhaften Ohnmachtsanfall erlebte. Von Anfang an verfolgten zwei Ärzte aus Russe, der Gerichtsmediziner Dr. Jordan Kranaliew und die Chirurgin Dr. Petja Todorowa, Dimowas Erfolge mit größter Aufmerksamkeit. Im Laufe von sechs Monaten prüften sie 146 Fälle, in denen Kranke im Alter von 3 bis 82 Jahren nach Behandlungen bei der Heilerin von den unterschiedlichsten Beschwerden genasen: von Bettnässen über Sehstörungen, Asthma, Hauterkrankungen, Verbrennungen und tiefen Schnittwunden bis zu Krebs. In ihrem Gutachten vom 8. Mai 1990 bescheinigten sie der Heilerin, daß sie fast immer «eine positive Wirkung erzielt» habe: «Eine Verschlechterung des Zustandes», so erklärten die Mediziner, «ist bei keinem der Patienten festgestellt worden. Nur bei zwei der Kranken blieb die Behandlung ohne Einfluß.»[8]

Kurz darauf, im Juni 1990, stellte sich Krassimira Dimowa einem vierwöchigen Experiment im Militärkrankenhaus von Russe. Unter Aufsicht eines vierköpfigen Ärztegremiums, darunter des Chefarztes, legte sie 40 Patienten, wiederum mit teilweise schwersten chronischen Erkrankungen, fünf- bis zehnmal die Hände auf. Darunter waren mehrere Fälle von Krebs, rheumatischen Erkrankungen, Verbrennungen schwersten Grades und chronischen Schmerzen. Das abschließende Gutachten vom 2. Juli 1990 bescheinigte ihr, «*sämtliche* Behandelten positiv beeinflußt» zu haben.[9]

Abschließend bekräftigte die Ärztekommission ihre «Meinung, daß große Chancen in der Zusammenarbeit zwischen der Schulmedizin und Frau Dimowa liegen.» Wenige Monate später zog der bulgarische Staat daraus eine sensationelle Konsequenz: Am 10. Dezember 1990 stellte das «Nationale Zentrum für Phytotherapie und Volksmedizin» eine amtliche Urkunde «Nr. 289-BT» aus, in der «hiermit bestätigt wird, daß Frau Krassimira Dimowa... ihre Heilfähigkeiten bewiesen hat». Deshalb «darf sie ihre Tätigkeit in jeder öffentlichen Krankenanstalt in Bulgarien ausüben».

Mehrfach begutachtet wurde auch der polnische Geistheiler Dr. Jerzy Rejmer, der inzwischen in Zug, Schweiz, lebt und praktiziert. Eine Psychologin an der Warschauer Iziz-Klinik führte Statistik über 3837 Kranke, die er 1982 bis 1985 dort behandeln durfte. Von 2699 Frauen und 1138 Männern beteuerten vier Fünftel (80,25 Prozent), seit Rejmer sich ihrer angenommen habe, gehe es ihnen erheblich besser. Bloße Einbildung? In 52 Prozent dieser Fälle bestätigten klinische Vor- und Nachuntersuchungen eine heilsame Wirkung, die ärztliche Verlaufsprognosen weit übertraf. Bloß bei etwa jedem zwanzigsten Patienten (4,63 Prozent) erreichte Rejmer keinerlei Besserung. Für Erfolge genügten ihm dazu drei bis vier Sitzungen, selten mehr als sechs bis acht.[10] Annähernd dieselben Quoten erreichte Rejmer bei 2311 Kranken (1638 Frauen und 673 Männer), die er in den Jahren 1985 bis 1989 in der Warschauer Ärztegemeinschaft «Biorelax» behandelte.[11] (Bei fast jedem Vierten waren Knochen und Gelenke betroffen gewesen, bei jedem Vierten das Verdauungssystem, bei jedem Siebten das Nervensystem.)

Selbst Tumoren schienen zuweilen unter Rejmers Händen förmlich wegzuschmelzen. Zwei besonders bemerkenswerte Fälle stellte das polnische Staatsfernsehen vor:

● In den Bronchien eines 53jährigen Landsmanns war 1986 ein besonders bösartiges Plattenepithelkarzinom festgestellt worden, das sich bereits derart ausgebreitet hatte und zudem so ungünstig lag, daß es nicht mehr operiert werden konnte. Im Laufe eines Vierteljahrs legte Rejmer dem fiebernden, hustenden, stark abgemagerten Mann achtmal die Hände auf. Laufende Röntgenkontrollen belegten: Der Tumor wurde währenddessen immer kleiner.
● Der Schilddrüsentumor einer jungen Frau aus Lodz, Elisabeth Stanilewicz, verschwand nach fünf Sitzungen bei Rejmer: Auf einem Szintigramm war er 1980 erkannt worden – und im Frühjahr 1983 nicht mehr nachweisbar.[12]

Seine größten Erfolge erzielte Rejmer auf seinen Spezialgebieten, der Behandlung von Epilepsie, Allergien, Lungen-, Augen- und Magenleiden, Störungen des Drüsensystems und Frauenleiden. So wiesen EEG-

Kontrollen von 42 Epileptikern an der Iziz-Klinik nach, daß sich unter Rejmers Einfluß in *jedem* Fall die Krampfattacken verzögerten, abschwächten und seltener auftraten.[13]

Einer Heilerin aus Georgien, Dschuna Dawitaschwili, sollen Leonid Breschnew und viele andere Kreml-Größen mehrere Jahre Lebensverlängerung verdanken. Im Frühjahr und Sommer 1980 wurde Dschuna dreimal in einem Moskauer Krankenhaus – der Klinik Nummer 112 des Bezirks Krasnopresnensk – unter ärztlicher Aufsicht getestet: zunächst zweimal je eine Woche lang, dann einen ganzen Monat.

Im ersten Test, vom 5. bis 12. Mai 1980, sollte sich Dschuna um elf Patienten mit neurologischen Erkrankungen kümmern. «Die Patienten litten an Osteochondrose der Wirbelsäule, Plexusneuritis und Radikulitis», erläutert der stellvertretende Klinikchef K. P. Lewtschenko. (Mit «Osteochondrose» bezeichnen Mediziner eine Degeneration von Knochen- und Knorpelgewebe, zum Beispiel im Bereich der Hüftgelenke oder der Wirbelsäule. «Radikulitis» heißt eine Entzündung der Nervenwurzeln im Rückenmark, die sich unter anderem in Lähmungen, Sensibilitätsstörungen und subjektiven Mißempfindungen wie starkem Kribbeln oder Taubheitsgefühlen in Gliedmaßen und brennenden Schmerzen äußert. Bei einer «Plexusneuritis» sind netzartige Verflechtungen von Nerven entzündet.) Alle drei Leiden verursachen anhaltende, schier unerträgliche Schmerzen. Doch auf Dschunas Behandlung hin «verschwanden die Schmerzsyndrome in allen elf Fällen nach der ersten Sitzung. Bei sieben Kranken trat die Heilung nach einem Stadium akuter Verschärfung zwei bis drei Tage später ein.»[14] Vom 20. bis 28. Mai behandelte Dschuna dort weitere zehn neurologisch Kranke mit den gleichen Leiden. «Bei allen Patienten wurde ein deutlicher Effekt festgestellt», bestätigte Chefarzt Dr. Tschekmatschow hinterher schriftlich. «Alle zehn Patienten wurden nach der ersten Behandlung von Schmerzsyndromen befreit.»[15]

Einen hundertprozentigen Erfolg erzielte Dschuna dort auch im dritten Test, vom 16. Juni bis 14. Juli 1980, wiederum an dreizehn Kranken, die an Radikulitis und ausgeprägten Schmerzsymptomen litten. In seinem abschließenden Gutachten hält Dr. Tschekmatschow fest: «Bei allen dreizehn wurden die Schmerzsymptome behoben. Nach der dritten bis vierten Behandlung waren sie völlig beseitigt, die Beweglichkeit der Wirbelsäule und der Gliedmaßen wiederhergestellt.» Gleichzeitig kam Dschuna auch Begleitbeschwerden bei: «Bei drei an Osteochondrose der Halswirbel leidenden Kranken verschwanden die Kopfschmerzen. Eine Patientin litt wegen Hyperazidität an chronischer Gastritis mit häufigen und anhaltenden Anfällen von Sodbrennen. Nach der ersten Behandlung ist das Sodbrennen gemildert worden und nach einer dritten völlig verschwunden. Bei einer Patientin wurden Anfälle von Atemnot behoben (sie leidet an chronischer asthmatischer Bronchitis). Bei Patienten mit Schlafstörungen hat sich der Schlaf normalisiert.»[16]

Auch Rolf Drevermann aus Warendorf konnte, unter ärztlicher Kontrolle, Schmerzpatienten schon eindrucksvoll helfen. Vermittelt durch die Berliner Tageszeitung *B. Z.*, erhielt er im August 1992 Zugang zu drei Arztpraxen in Berlin. Zu den Behandelten, die Drevermann dort durch bloßes Handauflegen binnen Minuten mehr oder minder beschwerdefrei machte, gehörten: eine 50jährige, die nach einer Bandscheibenoperation an heftigen Schmerzen im Lendenbereich litt und kaum noch sitzen konnte; ein 70jähriger ehemaliger Werbemanager mit starken Kreuzschmerzen; eine 86jährige, die nach einer Gürtelrose im Gesicht und am Hals seit fünf Wochen an Nervenschmerzen litt; ein 58jähriger, den seit einer Operation schwere Bewegungsstörungen und Dauerschmerzen im rechten Arm plagten; ein 36jähriger mit «Schiefhals», der seinen Kopf ohne Einsatz der Hände nicht mehr nach vorn drehen konnte. Der Berliner Internist Dr. Hans-Georg Fritz, Vorstandsmitglied der Kassenärztlichen Vereinigung, bescheinigte Drevermann hinterher, «tatsächlich einen sehr großen Heilungseffekt» zu erzielen, «vor allem bei Erkrankungen, die ihren Ursprung in unbestimmten Nervenleiden haben». Auch der Berliner Hals-Nasen-Ohren-Arzt Dr. Gerhard Becker erlebte «beeindruckt» mit, «wie Herr Drevermann auf die Kranken einwirkte. Vor allem, als er einer Frau, deren Gesicht schmerzverzerrt war, innerhalb weniger Minuten ganz offensichtlich die Schmerzen nahm.» Ebenso positiv äußerte sich der dritte Augenzeuge des Tests, der Berliner Neurologe Dr. Reimer Hinrichs.[17]

Solche Studien entkräften den häufig geäußerten Verdacht: Gründliche medizinische Untersuchungen brächten an den Tag, daß Leiden, die durch eine rein «geistige» Behandlung gelindert oder gar beseitigt werden, niemals auch nur annähernd so schwer sind, wie Heiler und Patienten meinen. Als zu pauschal erweist sich überdies die Vermutung, vermeintliche Heilungserfolge seien auf den zyklischen Verlauf der meisten Leiden zurückzuführen. Krankheiten, so wird eingewandt, schreiten selten gleichmäßig fort, sondern in Aufs und Abs; Schmerzen und andere Beschwerden nehmen vorübergehend zu, erreichen Höhepunkte, klingen dann wieder ab. Wenn Betroffene einen

Geistheiler aufsuchen, dann oft in größter Not, auf Gipfeln solcher Schübe. Lassen die Beschwerden dann wieder nach, so wird dies dem Heiler als Verdienst zugerechnet. In Wahrheit entspreche die Besserung aber dem üblichen, von vornherein zu erwartenden Krankheitsverlauf, sie wäre ohnehin eingetreten. Doch ärztliche Dokumentationen belegen, daß Geistheilung häufig auch *vor* Schüben, in relativ beschwerdefreien Ruhephasen, helfen – die üblichen Symptome treten daraufhin später, kürzer und schwächer auf. Auch durchbrechen Geistheiler oft die scheinbar unabwendbare Entwicklungslogik von kontinuierlich fortschreitenden Erkrankungen, etwa bei degenerativen Prozessen oder Tumorbildungen.

Aber so wichtige Aufschlüsse uns Umfragen und kontrollierte Beobachtungen auch in vielen Hinsichten geben: Ihre Aussagekraft ist begrenzt. Denn zum einen sind die Umstände, in die sie hineinforschen, zu unterschiedlich und daher schwer miteinander vergleichbar. Deshalb brauchen wir *Tests*, also vereinheitlichte Prüfverfahren, unter vergleichbaren äußeren Bedingungen, an möglichst repräsentativen Stichproben von Patienten mit möglichst gleichem Krankheitsbild.

Zum anderen lassen Umfragen und kontrollierte Beobachtungen zu viele mögliche Ursachen von Behandlungserfolgen offen. Gewiß, in jedem Fall war da ein Heiler, der Erkrankungen «geistig» zu beeinflussen versuchte. Doch auch andere Faktoren könnten mitspielen, wenn er hilft: beispielsweise der äußere Rahmen, die vertraute oder die ungewohnte Umgebung; die persönliche Ausstrahlung des Heilers, sein Einfühlungsvermögen, seine charakterlichen und sozialen Fähigkeiten; das Wissen des Patienten, daß er behandelt wird, seine damit verbundenen Überzeugungen und Erwartungen. Deshalb brauchen wir *Experimente*: also Untersuchungen, bei denen wir mögliche Ursachen planmäßig variieren oder ausschalten, um zu sehen, wie sich dies auf das Ergebnis auswirkt.

## *3 Tests und Experimente*

Wenn die westliche Ärzteschaft bis heute mehrheitlich behauptet, für geistige Heilkräfte fehle jeglicher wissenschaftlich ernstzunehmende Anhaltspunkt, so hat sie insofern recht: Er fehlt schwarz auf weiß in jener Literatur, die Mediziner respektabel finden. «Nach wie vor», so bedauert der in London lebende amerikanische Psychiater Dr. Daniel Benor, «weigern sich die meisten medizinischen Fachzeitschriften, Studien über geistiges Heilen zu veröffentlichen», ungeachtet ihrer

Qualität. «Deshalb sind unsere Ärzte größtenteils nicht mit ihnen vertraut.» Doch es gibt sie längst, durchgeführt von neugierigen Medizinern, Biologen, Chemikern, Physikern und Psychologen, an deren wissenschaftlicher Qualifikation pauschal zu zweifeln schwerfällt. Über 150 derartige Studien, neben zehn Dissertationen vor allem Forschungsberichte in fünf angesehenen grenzwissenschaftlichen Fachzeitschriften aus den letzten vier Jahrzehnten, hat Benor kürzlich gesichtet.[18] Rund die Hälfte dieser Tests verlief *erfolgreich*, deutlich oberhalb von Zufallswahrscheinlichkeiten – und dies selbst unter den ungünstigen Bedingungen, die argwöhnische Blicke distanzierter Wissenschaftler und nüchtern-kühle Laboreinrichtungen, permanenter Leistungsdruck und alltagsferne Versuchsanordnungen von vornherein für die beteiligten Heiler schufen. Eine mysteriöse Kraft zeigte sich dabei wiederholt an *Menschen*, etwa Patienten mit Bluthochdruck, Asthma, Epilepsie, Arthritis, Verengungen der Herzkranzgefäße, schweren Verbrennungen, Hautallergien, ja sogar Krebs; aber auch an *Tieren*, insbesondere Ratten und Mäusen, vereinzelt auch an Pferden; an *Pflanzen*, etwa Gräsern, verschiedenen Getreidesorten und Samenkörnern; an *Pilzen* und *Bakterien*; an isolierten *Zellen* und *Zellbestandteilen* wie Enzymen, Abwehrzellen, roten Blutkörperchen; und sogar an *anorganischem Material* wie Wasser oder Kristallen.

## Wirkungen auf Menschen

Benors Meta-Analyse führt zehn Experimente mit bis zu 250 Versuchspersonen auf, bei denen Erkrankungen der Herzkranzgefäße, Bluthochdruck, Asthma, Kurzsichtigkeit, Epilepsie und Leukämie, elektrischer Hautwiderstand, Migräne, postoperative Schmerzen und offene Wunden per Handauflegen, Gebet oder Fernbehandlung zu beeinflussen versucht wurden – verglichen mit unbehandelten Kontrollgruppen. Der Erfolg war vielfach verblüffend, selbst wenn weder die Probanden noch die Versuchsleiter wußten, wer wann und wie oft «geistig» behandelt wurde.

Beispielsweise schlossen sich Wunden unter den Händen von Geistheilern schneller – auch im kontrollierten Experiment. Dr. Daniel Wirth, Direktor des Forschungsinstituts «Healing Sciences International» in Orinda, Kalifornien, ließ einen Arzt bei 44 Freiwilligen mit einem Biopsiegerät geringfügige, gleich große Schnitte am Oberarm anbringen; anschließend wurde die Stelle mit einem handelsüblichen Polyurethan-Pflaster abgedeckt. In den darauffolgenden zweieinhalb Wochen hatte jede Versuchsperson täglich fünfzehn Minuten hinter einer undurchsichtigen Abschirmung Platz zu nehmen; durch ein kleines Loch in der Trennwand mußte sie ihren verletzten Arm strecken. Ihr wurde weisgemacht, sie nehme an einer Untersuchung über bioelektrische Hautveränderungen nach leichten chirurgischen Eingriffen teil. In Wahrheit saß 23 von ihnen, zufällig ausgewählt, eine Geistheilerin gegenüber; Blickkontakte waren unmöglich, Gespräche strikt untersagt. Die Heilerin sollte nun versuchen, die Schnittwunden zu schließen, indem sie ihre Hände über die Verletzung hielt, ohne sie zu berühren. Die übrigen 21 bildeten die Kontrollgruppe; sie blieben unbehandelt. Schon acht Tage später waren die «spirituell» behandelten Wunden im Durchschnitt um 93,5 Prozent kleiner geworden, wie der Arzt feststellte (er wußte nichts vom Zweck des Experiments) – in der Kontrollgruppe dagegen nur um 67,3 Prozent. Bei Abschluß der Studie, nach sechzehn Tagen, lag dieses Verhältnis bei 99,3 zu 90,9 Prozent; 13 der 23 behandelten Wunden waren nunmehr vollständig verheilt – unter den unbehandelten hingegen noch keine einzige.[19]

Dabei machen wissenschaftliche Tests an Menschen nur einen geringen Teil des stattlichen Datenbergs aus, der sich mittlerweile vor argwöhnischen Schulmedizinern auftürmt. Um insbesondere suggestive und «Placebo»-Effekte auszuschließen, ist selbst an Mäusen, Schimmelpilzen, bakteriellen Eitererregern, Pantoffeltierchen, Blut- und Tumorzellen, Enzymen und Kristallen untersucht worden, ob sie auf Heilenergien meßbar ansprechen.

### Wirkungen auf Tiere

Bemerkenswerte Hinweise liefern auch ahnungslose Versuchstiere. So ließ anscheinend bloße Konzentration bei Mäusen Tumoren schrumpfen, bildete Kröpfe zurück, schloß Hautwunden schneller, heilte Malaria, weckte vorzeitig aus der Anästhesie auf – abermals in kontrollierten Doppelblindstudien.

Durch Mäusetests berühmt wurde der ungarische Heiler Oskar Estebany, der nach Kanada emigrierte, wo ein Biochemiker der Universität Montreal, Bernard Grad, jahrelang mit ihm experimentierte.* In einem typischen Versuch betäubte Grad 48 weibliche Mäuse derselben Rasse und gleichen Alters. Dann schnitt er ihnen ein kleines Stück Haut vom Rücken. Die Wunden vermaß er genau. Anschließend teilte Grad die Tiere in drei Gruppen auf: Den Käfig mit der ersten Gruppe nahm Estebany in die linke Hand; seine Rechte hielt er fünfzehn Minuten lang darüber. So «behandelte» er die Wunden zweimal täglich, insgesamt fünf Tage. Die zweite Gruppe kam zu demselben

---

* Zu Estebany siehe auch Kapitel I, Abschnitt «Heilen mit Fetischen», Seite 178 f., 181 f.

Zweck unter einen Wärmestrahler, der dieselbe Temperatur erzeugte, die von Estebanys Händen ausging. (So sollten Heileffekte durch die gewöhnliche Wärmeabstrahlung von Estebanys Körper kontrolliert werden.) Die dritte Gruppe blieb unbehandelt. Zwei Wochen später waren die Wunden nur in einer Gruppe vollständig verheilt: nämlich in der von Estebany.[20]

Geistige Heilkräfte an Versuchstieren zu «beweisen», löst gewöhnlich den Einwand aus, daß auftretende Effekte auch auf andere Einflüsse zurückzuführen sein könnten. Wenn Beteiligte wissen, welche Tiere ein Heiler behandelt und welche zu einer Kontrollgruppe gehören, widmen sie den Behandelten womöglich größere Aufmerksamkeit und Zuwendung, streicheln und füttern sie ausgiebiger – und führen dadurch unabsichtlich den Effekt herbei. Aber zum einen haben mit Tieren auch schon Doppelblind-Versuche stattgefunden, in denen kein Beteiligter wissen konnte, auf welche Tiere sich ein getesteter Fernheiler konzentrierte.[21] Zum anderen erwiesen sich geistige Heilkräfte auch in Tests mit weniger hochentwickelten Lebewesen.

So wurde bereits mehrfach geprüft, ob sich die Beweglichkeit von Protozoen, tierischen Einzellern, und anderen niederen Lebewesen rein geistig beeinflussen läßt: von Zielen also, die sicherlich nicht im Verdacht stehen, für etwaige Placebo-Effekte empfänglich zu sein. Schon Anfang der fünfziger Jahre hatte der Parapsychologe Nigel Richmond Aufsehen erregt, als er berichtete, er habe Pantoffeltierchen (Paramecia) «durch bloßes Denken» dazu bewegen können, bei ihren sonst zufälligen Schwimmbewegungen bestimmte Richtungen häufiger einzuschlagen als andere. Dazu beobachtete er Paramecien in 75facher Vergrößerung unter einem Mikroskop, dessen Sichtbereich durch ein Kreuz in vier gleich große Quadranten eingeteilt war. Indem er jeweils das oberste Blatt von einem gut gemischten Stapel Spielkarten aufdeckte, bestimmte Richmond, in welchen der vier Quadranten er ein Pantoffeltierchen dirigieren wollte. Darauf konzentrierte er sich nun genau fünfzehn Sekunden lang. In 794 derartigen Versuchen gelangen ihm 253 Treffer.[22]

In einem ähnlichen Versuch wurden Mottenlarven genau in die Mitte einer Petrischale gelegt. Diese Schale lag auf einem Papierkreis gleichen Durchmessers, der vom Mittelpunkt aus in zwölf gleich große Sektoren unterteilt war. Diese Sektoren waren durchnumeriert. Willkürlich wurde festgelegt, daß die geradzahligen Sektoren «gut», die ungeraden «schlecht» sein sollten. Zwei Versuchspersonen versuchten nun in mehreren Durchgängen, die Larven geistig in die «guten» Sektoren zu locken; zumindest einem Teilnehmer gelang dies überzufällig oft.[23] (Ähnliche Versuche mit Algen verliefen ebenfalls schon erfolgreich.[24])

Falls besonders begabte Versuchspersonen, darunter auch Geistheiler, tatsächlich imstande sind, die Bewegung von Kleinstlebewesen im Labor zu steuern, so könnte dies manche Heilerfolge bei Menschen verständlicher machen. Möglicherweise werden unter psychokinetischem Einfluß infektiöse Organismen, vom Einzeller bis zum parasitischen Wurm, zu Ausscheidungsorganen hinbewegt, durch die sie aus dem Körper entfernt werden; oder sie werden bewegungsunfähig gemacht; oder an Stellen geschafft, wo sie für das körpereigene Abwehrsystem leichter angreifbar sind; oder sie werden zu Positionen bewegt, in denen ihre Wachstumsbedingungen ungünstiger sind: wo sie zum Beispiel schlechter mit Blut versorgt werden.

## Wirkungen auf Pflanzen

Auch in Tests mit Pflanzen leisteten Heiler vielfach Erstaunliches: Getreidekörner oder Grassamen keimten und wuchsen erheblich schneller, verglichen mit Kontrollproben gleicher Art, die ansonsten in derselben Erde gleich tief eingepflanzt und gewässert wurden.

Daß die Kräfte von Geistheilern stark genug sind, Pflanzen vor Giften zu schützen, bewies der englische Heiler Geoffrey Boltwood 1989 einer Forschungsgruppe an der Universität London unter Leitung der beiden Physiologie-Dozenten Dr. Anthony Scofield und Dr. David Hodges.[25] In mehrfach wiederholten Labortests wurden Pflanzensamen verschiedener Art zunächst mit Kupfersulfat-, Natriumchlorid- und anderen Lösungen «vergiftet». Anschließend sollte Boltwood versuchen, sie durch Handauflegen trotzdem zum Keimen zu bringen – und das möglichst rasch. Verglichen mit Kontrollproben unbehandelter Samen, vervielfachte sich daraufhin die Keimungsrate – offenkundig allein durch Boltwoods psychischen Einfluß.

Kressesamen beispielsweise keimen auf feuchtem Filter- oder Löschpapier gewöhnlich nach zwei bis vier Tagen. Werden sie zehn Minuten lang in eine Salzlösung gelegt, so erholen sie sich zwar von dieser Schädigung, doch verlangsamt sich ihre Keimung dadurch erheblich. Derart vorbehandelte Kressesamen versuchte der Londoner Sensitive nun 120 Sekunden lang zu «heilen». Anschließend trauten zwölf anwesende Zeugen, darunter Biologen und Biochemiker, ihren Augen nicht: Die zweiminütige Einwirkung hatte genügt, um ein Viertel der Samen keimen zu lassen. «Manche hatten schon ein Zentimeter lange Wurzeln getrieben», berichtet Dr. Hodges. Nach zwei weiteren Behandlungsminuten «waren aus einem Kressesamen bereits ein Stengel und ein winziges weißes Blatt gesprossen». Ein anwesender Biologe berichtet: «Was da geschah, ist mir ganz und gar unbegreiflich. Ich hatte genau die gleichen Samen in meiner Hand und bemühte mich, ihnen Energie zu senden – ohne den geringsten Erfolg.»

In einem eindrucksvollen Experiment, das vom 11. bis 17. März 1989 in London stattfand, wurde so vorgegangen: Aus einer versiegelten, handelsüblichen Packung mit Kressesamen wurden willkürlich ein paar Gramm herausgegriffen. Diese Samen kamen in eine Salzlösung mit 18 Gramm Natriumchlorid auf 100 Milliliter destilliertes Wasser. Darin lagen sie genau 19 Stunden lang; Vorversuche hatten ergeben, daß diese Zeitspanne optimal ist: So werden die Samen zwar vorübergehend am Keimen gehindert, jedoch nicht derart stark geschädigt, daß sie sich überhaupt nicht mehr davon erholen. Ein paar dieser Samen hielt Boltwood nun exakt fünf Minuten lang in der Hand, mit der Absicht, sie von dem chemischen Schock der letzten Nacht zu «heilen» – und sie schneller keimen zu lassen. Das gleiche tat, zum Vergleich, ein anwesender Wissenschaftler, allerdings ohne irgendeine konzentrierte Heilabsicht auf die Samen zu richten.

Anschließend wurden die Samen zwei Minuten lang gründlich in destilliertem Wasser gewaschen, um das Salz wegzuspülen. (Danach beginnen sie gewöhnlich wieder zu keimen – wenn auch viel langsamer als normal.) Nun wurden jeweils 16 behandelte und unbehandelte Samen in verschiedene Glasschälchen gesetzt, die mit dem gleichen Filterpapier ausgelegt worden waren. Dieses Papier war zuvor mit exakt der gleichen Menge destillierten Wassers getränkt worden, nämlich drei Milliliter. Jetzt kamen die Schälchen in ein kleines Gewächshaus, in dem konstant gleiche Temperaturen herrschten: tagsüber zwölf Stunden lang 25 Grad Celsius, nachts 18 Grad. In den darauffolgenden Tagen entwickelten sich die beiden Samenproben verblüffend unterschiedlich: Bereits nach drei Tagen hatten alle 16 Samen, die Boltwood geistig «geschützt» hatte, zu keimen begonnen, die Hälfte hatte schon mehrere Blättchen getrieben – in der Vergleichsgruppe dagegen war erst bei drei Setzlingen ein zaghafter Beginn des Keimungsprozesses sichtbar.

Normale Erklärungen dieses Effekts scheiden nach Ansicht der Londoner Physiologen aus. Meßfühler an Boltwoods Fingern und Handflächen sollten jegliche Temperaturänderung während des Behandlungszeitraums registrieren – es war keine feststellbar. Um auszuschließen, daß der Heiler in betrügerischer Absicht insgeheim Dünger auf die Samen brachte, mußte er sich vor jedem Versuch seine Hände gründlich in destilliertem Wasser waschen. Ohnehin «kennen Pflanzenphysiologen keine einzige Chemikalie, die den Wachstumsprozeß derart beschleunigen könnte, wie wir das festgestellt haben», stellt Dr. Scofield klar. Geradezu lächerlich findet er den Verlegenheitseinwand argwöhnischer Fachkollegen, «der Heiler könnte sämtliche Augenzeugen hypnotisiert haben, um ihnen dann keimende Samen zu suggerieren» – unbestechliche Fotos dokumentieren jede Phase der spektakulären Versuche.

Insbesondere zwei Standardeinwände von Psi-Skeptikern laufen in diesem Fall leer: Hinweise auf Paranormales seien nach statistischen Maßstäben nicht «signifikant» (d. h. nicht deutlich über der Quote von Zufallstreffern) und nicht «replizierbar» (wiederholbar), insofern ohne wissenschaftlichen Wert. «Gerade weil unser Test so einfach angelegt ist, konnten wir ihn mit Boltwood mühelos unter gleichen Bedingungen wiederholen. Die Ergebnisse deuteten durchweg in dieselbe Richtung», betonen die beiden Versuchsleiter. Und was die «Signifikanz» angeht: Wie ein Statistiker errechnete, liegt die Wahrscheinlichkeit, daß Boltwoods Ergebnisse zufällig zustande kamen, in der Größenordnung von eins zu mehreren hundert Millionen. «In jedem Fall», so Dr. Hodges, «waren sie weitaus besser, als sie es hätten sein müssen, um den strengen Anforderungen an ein aussagekräftiges wissenschaftliches Experiment zu genügen.»

David Bohm, einer der führenden theoretischen Physiker unserer Zeit und neben Fritjof Capra und Rupert Sheldrake wohl prominentester Vordenker eines «Paradigmenwechsels» in den neuzeitlichen Naturwissenschaften, hält die Samentests mit Boltwood für «höchst interessant. Sie deuten auf den Austausch einer bislang unbekannten Form von Energie zwischen Personen und Dingen hin.»

Bei einem anderen bemerkenswerten Experiment stand Olga Worrall im Mittelpunkt.* Der 1906 in Cleveland, Ohio, geborenen Heilerin, die als tiefgläubige Methodistin seit 1950 in Baltimore allwöchentlich Genesungsgottesdienste abhielt und dort eine spirituelle «New Life Clinic» leitete, lag viel daran, wissenschaftlich überprüfbare Ergebnisse zu erzielen. Im Jahre 1972 stellten sie und ihr Mann Ambrose sich dem amerikanischen Chemiker Dr. Robert Miller für einen Test zur «Fernheilung» zur Verfügung: Wachsen Pflanzen schneller, wenn die Worralls für sie beten? Um das zu testen, säte Miller zunächst, in seinem Labor in Atlanta, zehn Körner Grassamen in nährstoffreicher Humuserde aus und goß sie täglich. In den Tagen danach wuchs das Gras um durchschnittlich bis zu 0,015 Zentimeter pro Stunde. Dann

---

* Zu Olga Worrall siehe auch Kapitel I, Abschnitt «Fernheilung», Seite 57.

rief Miller die Worralls im 950 Kilometer entfernten Baltimore an und bat sie, zu einem genau festgelegten Zeitpunkt, anderntags um neun Uhr, mit dem Beten zu beginnen. Um exakt dieselbe Uhrzeit setzte bei den Keimen ein meßbarer Wachstumsschub ein. In den darauffolgenden zwei Tagen schossen die Gräser um durchschnittlich 0,1333 Zentimeter pro Stunde in die Höhe: eine Zunahme um 775 Prozent.[26]

## Wirkungen auf Pilze

Manchen Krankheiten könnten Geistheiler dadurch beikommen, daß sie das Wachstum von Infektionsauslösern wie Pilzen und Bakterien hemmen. Daß sie dazu *unmittelbar* imstande sind – und nicht bloß auf dem Umweg über die Beeinflussung einer betroffenen Person, bei der dann suggestiv ausgelöste Selbstheilungsprozesse in Gang kommen –, machen Experimente mit isolierten Pilz- und Bakterienkulturen deutlich.

Pilzinfektionen sind eine Volksseuche unserer Zeit geworden. Expertenschätzungen zufolge hat sich mindestens ein Drittel aller Deutschen schon einmal angesteckt; an den Folgen sterben jährlich rund tausend Bundesbürger. Dabei werden Pilze, die uns gefährlich werden können, in drei große Gruppen eingeteilt: *Hautpilze* (Dermatophyten) siedeln ausschließlich auf der Haut, in den Haaren, an Fuß- und Nagelzehen. *Hefen* befallen nicht nur die Haut, sondern ebenso die Schleimhäute der Mundhöhle, des Magen-Darm-Traktes und des Genitalbereichs, außerdem auch innere Organe. *Schimmelpilze* können sich überall am und im Organismus ausbreiten. (Eine Reihe von Hefen und Schimmelpilzen sind allerdings harmlos.) Sind diese pflanzlichen Parasiten «geistig» zu beeinflussen – selbst dann, wenn sie isoliert wurden?

In mehreren Experimenten haben professionelle Heiler, teilweise aber auch Laien, unter Beweis gestellt, daß sie das Wachstum von Pilzen hemmen können, indem sie sich zwischen zwanzig Sekunden und fünfzehn Minuten lang darauf konzentrieren. Worauf dieser Effekt beruht – ob auf einer Aktivitätsminderung von Pilzenzymen, auf Veränderungen der Durchlässigkeit von Zellmembranen, auf einer Einwirkung auf das Milieu oder auf anderen Faktoren –, ist ungeklärt. Aber er tritt auf.

So wurden Pilzkulturen in zehn Petrischalen gezogen, die mit dünnem Papier ausgelegt waren. Auf fünf davon konzentrierte sich, aus anderthalb Metern Abstand, eine Versuchsperson eine Viertelstunde lang, im Bemühen, sie am Weiterwachsen zu hindern. Danach wurden die Umrisse jeder Pilzkolonie mit einem Stift auf dem darunterliegenden Papier nachgezogen, ausgeschnitten und gewogen. Falls die geistig behandelten Kolonien zusammengenommen deutlich leichter waren als die unbehandelten, lag ein Psi-Effekt nahe. Ein solcher Gewichtsunterschied trat in 33 von 39 Versuchsdurchgängen, bei 151 von 194 Kolonien, tatsächlich auf.[27]

Eine Gruppe von sieben Fernheilern sollte, dreimal wöchentlich jeweils eine Viertelstunde lang, fünf Pilzkulturen am Wachsen hindern, die fünfzehn Meilen entfernt in einem Labor gezogen worden waren. Um ihre Konzentration zu erhöhen, wurden ihnen zuvor Fotos des Zielorts gezeigt. Von sechzehn Versuchen verlief *jeder* erfolgreich: Die normale Wachstumsrate der verwendeten Pilzkultur liegt bei 0,65 Millimetern pro Stunde – doch pro Versuch war sie im Durchschnitt um 1,96 Millimeter rückläufig.[28]

In einem weiteren Versuch wurden Kulturen von Bäckerhefe (Saccharomyces cerevesiae) zunächst mit Zyanid vergiftet, was ihre Sauerstoffaufnahme beeinträchtigte. Ein Heiler versuchte nun, diese Störung rein geistig zu beheben. Wie Messungen mit einem Manometer zeigten, konnten die Hefen während der zehnminütigen Konzentrationsphase tatsächlich weitaus mehr Sauerstoff aufnehmen als zuvor und danach.[29]

### Wirkungen auf Bakterien

In unermeßlich großer Zahl bewohnen 1600 Bakterienarten die Erde; in einem einzigen Gramm Komposterde tummeln sich 0,5 bis 5 Milliarden. Auch im menschlichen Körper siedeln sie massenweise. Die meisten sind unschädlich, manche erfüllen sogar unentbehrliche biologische Funktionen – aber ein kleiner Teil kann krank machen.

Sind Geistheiler in der Lage, Bakterien unmittelbar zu schädigen – aber auch zu «schützen», sozusagen zu «heilen», sofern sie willentlich darauf aus sind? Diese Fähigkeit ist in einem ungewöhnlichen Experiment mit Olga Worrall sichtbar geworden: Bakterien wuchsen schneller, wurden beweglicher und widerstandsfähiger gegen chemische Gifte – offenbar allein durch psychischen Einfluß.

Salmonella typhimurium heißt der stäbchenförmige Winzling. Millionstel Millimeter groß, fristet er zu Billiarden in unserem Darm gewöhnlich ein ebenso nützliches wie unauffälliges Dasein – es sei denn, wir infizieren uns an kotverschmutzten Händen, Nahrungsmitteln oder Wäschestücken mit ihm. Dann merken wir, zunehmend benommen, fiebrig und entkräftet, an häufigem, schmerzhaftem Stuhlgang mit blutig-schleimigem Durchfall, daß er Dysenterie auslösen kann, jene als «Soldatenseuche» berüchtigte Ruhr, die in den beiden

Weltkriegen eine beachtliche Rolle spielte. Kaum eine Bakterienart ist gründlicher erforscht worden als diese Salmonelle, seit ein japanischer Biologe sie 1898 entdeckte. Ihr Wachstum, ihr Stoffwechsel, ihre Lebensdauer, ihr bevorzugtes Milieu und ihre empfindlichen Reaktionen auf dessen Veränderungen: all das ist mittlerweile bestens bekannt, fügt sich strengen Gesetzmäßigkeiten. Kann ein Heiler sie beeinflussen – rein psychisch?

Um Aufschluß darüber zu gewinnen, lud die amerikanische Biologin und Parapsychologin Dr. Elizabeth Rauscher 1979 die schon 73jährige Olga Worrall zu mehreren Versuchsreihen in die «Technic Research Laboratories» ein, ein privates Forschungsinstitut in Golden Valley, Nevada.[30] Testobjekte waren Bakterienstämme von Salmonella typhimurium, die zuvor in einem für sie optimalen Milieu gezüchtet worden waren: in einer auf konstant 37 Grad Celsius gehaltenen Nährlösung mit einem pH-Wert von 7.0, die eine Mischung von Salzen mit einem Hundertstel Anteil an Glycerol enthielt; das darin enthaltene Karbon fördert das Bakterienwachstum. Vor jedem Test wurden Proben dieser bakteriell verseuchten Flüssigkeit entnommen und zu gleichen Teilen in sechs Reagenzgläser gefüllt, die zuvor sterilisiert und sofort mit einem Pfropfen dicht verschlossen worden waren. Auf jeweils drei dieser Gläser sollte Olga Worrall nun psychisch einwirken, während sie jedes zwei Minuten lang in der Hand hielt. Die übrigen drei Proben dienten zur Kontrolle: Sie blieben unbehandelt, wurden in einen angrenzenden Raum geschafft. Dort blieben sie einer konstanten Temperatur von 37 Grad ausgesetzt, wie auch die Testproben unmittelbar nach Abschluß jeder Versuchsphase.

Salmonellen vermehren sich, wie alle Bakterien, mit atemberaubender Geschwindigkeit: In 16 bis 24 Minuten entsteht, durch Zellteilung, eine neue Generation. Kann ein Geistheiler dieses Wachstum noch beschleunigen oder sonstwie beeinflussen? Um dies objektiv festzustellen, setzte Dr. Rauscher ein mikrobiologisches Standardverfahren ein: Wieviel Bakterien eine Suspension enthält, verrät sie daran, wie stark sie einfallendes Licht einer bestimmten Frequenz «schluckt». (Je zahlreicher die Bakterien sind, desto dichter drängen sie sich in der Flüssigkeit – und um so trüber, also lichtundurchlässiger, wird diese.) Mit Hilfe eines Spektrophotometers maß Rauscher im Anschluß an jeden Versuch einen Tag lang stündlich, wieviel Licht bei einer Wellenlänge von 620 Mikrometern absorbiert wurde. Das verblüffende Ergebnis: Geistig behandelte Bakterien hatten sich um durchschnittlich 23 Prozent stärker vermehrt. (Vier Jahre später, 1983, fand der amerikanische Parapsychologe C. B. Nash starke «geistige» Auswirkungen auf das Wachstum einer anderen Gattung von Darmbakterien, Escherichia coli.[31])

Selbst gegen schädliche chemische Zusätze konnte Olga Worrall die Einzeller offenbar schützen: gegen Tetracyclin und Chloramphenicol beispielsweise, zwei Antibiotika. Beide greifen Bakterien an, indem sie deren Eiweißfabriken lahmlegen: die Ribosomen, mit denen ihr Zellinneres vollgepackt ist. (An der Oberfläche dieser Ribosomen vollzieht sich die lebensnotwendige Proteinsynthese aus Aminosäuren.) Wurde allen sechs Teströhrchen, in einer Konzentration von einem Milligramm pro Milliliter, Tetracyclin beigesetzt, so tummelten sich knapp einen Tag später in den geistig behandelten Lösungen 121 Prozent mehr Salmonellen. Wurden zehn Milligramm Tetracyclin oder hundert Mikrogramm Chloramphenicol beigegeben, so kam das Bakterienwachstum gewöhnlich nach vier Stunden zu völligem Stillstand. In Worralls Proben hingegen fanden sich 21 Stunden nach der Behandlung immer noch rund ein Viertel Bakterien mehr: Offenbar hatte bloßes Handauflegen den Krankheitserregern irgendwie geholfen, die chemische Attacke zahlreicher und länger zu überstehen.

Auch auf die Beweglichkeit der Einzeller wirkten sich Worralls Heilkräfte meßbar aus, wie unter dem Mikroskop bei 600facher Vergrößerung sichtbar wurde. Wie die meisten Bakterien bewegen sich Salmonellen in Flüssigkeiten mit Hilfe von feinsten Geißeln fort: fadenförmigen, an der Zellwand sitzenden Fortsätzen, die sie wie winzige Flossen schlagen oder propellerartig kreisen lassen. Eine ganze Reihe von Chemikalien kann diese Beweglichkeit einschränken oder gänzlich ausschalten: Werden einer Probe beispielsweise 50 Milligramm Phenol[32] pro Milliliter beigemischt, so lähmt das die Bakterien gewöhnlich innerhalb von ein bis zwei Minuten vollständig. Im Anschluß an Worralls Behandlung hingegen schwammen nach zwölf Minuten immerhin noch ein Zwölftel der Salmonellen munter im Phenolbad.

Könnte Olga Worrall die Testproben irgendwie auf physikalischem Wege beeinflußt haben: etwa durch die Wärmeabstrahlung ihrer Hände, während sie die Röhrchen umklammert hielt? Doch auch die unbehandelten Kontrollproben wurden im Nebenraum unterdessen ja auf menschlicher Körpertemperatur gehalten: 37 Grad Celsius. Um sicherzugehen, wiederholte Dr. Rauscher denselben Versuch mit Laien: Diesmal zeigte sich *keinerlei* Unterschied.

Sind bei solchen Experimenten sogenannte «Versuchsleitereffekte» überhaupt auszuschließen – unbemerkte, unabsichtliche Einflußnahmen der Personen, die ein Experiment durchführen, überwachen und auswerten –, die das Ergebnis verfälschen? Wünschte nicht Elizabeth Rauscher, ebenso wie Olga Worrall, daß das Experiment gelang – die Bakterien also lebens- und widerstandsfähiger wurden? Warum sollte sich diese Intention nicht psychokinetisch auf die Bakterien auswirken können? Auch diesem Verdacht ging die Biologin nach. Doch zeigte sich: Immer nur dann, wenn Olga Worrall anwesend war und zu «heilen» versuchte, begannen die Bakterien gegen bekannte biologische Gesetze zu verstoßen. Die Gegenwart anderer Personen, Rauscher eingeschlossen, hingegen machte sich in keiner Weise bemerkbar.

Wozu tüfteln Wissenschaftler überhaupt solche komplizierten Tests an Mikroorganismen aus, wo es letztlich doch um die Geistheilung von Menschen geht? «Mit Bakterien zu arbeiten», erklärt Elizabeth Rauscher, «hat mehrere große Vorteile. Erstens läßt sich glaubhaft ausschließen, daß Suggestionen und psychosomatische Einflüsse mitspielen.» Weil alle Bakterien einer bestimmten Gattung denselben einfachen, weitgehend bekannten Gesetzmäßigkeiten folgen, lassen sich Experimente mit ihnen besonders gut kontrollieren und, zur Bestätigung, im Zweifelsfall wiederholen. Zum dritten «können wir hier nicht bloß ein paar Subjekte geistig behandeln lassen, sondern Hunderte von Millionen. Das erleichtert die statistische Analyse.» All dies, so Rauscher, macht Bakterien «zu ausgezeichneten ‹Detektoren› für jene feinstofflichen Energien, die mit Handauflegen verbunden sein könnten».

Seltsamerweise schien Olga Worrall, um überhaupt heilsam wirken zu können, eine «persönliche», geradezu mitmenschliche Beziehung zu den primitiven Einzellern aufbauen zu müssen: Ein Experiment, in dem sie die Salmonellen hätte vorsätzlich schädigen oder gar abtöten müssen, hätte sie «strikt abgelehnt», wie sie vorweg klarstellte: «Ich kann Lebenskraft immer nur verstärken. Mir geht es darum zu *heilen*.» Als sie die winzigen Krankmacher unter dem Mikroskop auf einem Objektträger schwimmen sah, sprach sie kindlich gerührt von «niedlichen Monsterchen».[33]

Eher beiläufig fielen Rauscher während der Versuche «zwei Merkwürdigkeiten» auf, die sie «nicht verschweigen will, auch wenn sie wissenschaftlich nicht kontrollierbar sind». Einmal griff Olga Worrall unter mehreren Dutzend Glasröhrchen, die völlig gleich aussahen, spontan das einzige heraus, in dem sämtliche Bakterien abgestorben waren. (Ihnen war zuvor Methionin beigegeben worden, das die DNA-Struktur der Bakterien zerstört hatte.) «Diese hier kommen mir wie verhungerte Kinder vor», sagte Worrall. Wie konnte sie das wissen? Ein andermal deutete die Heilerin auf eines aus über zwanzig Reagenzgläsern, von dem sie eine «besonders starke Energie» ausgehen fühlte. Erst unter dem Mikroskop zeigte sich anschließend: Ausgerechnet in dieser Probe entwickelte sich ein Bakterienstamm abnormal, wuchs um ein Vielfaches schneller als alle übrigen.[34]

### Wirkungen auf isolierte Zellen und Zellbestandteile

Der britische Heiler Matthew Manning beeinflußte in 16 von 18 Versuchen, weit oberhalb der Zufallsgrenze, das Enzym Monoaminoxidase (MAO) in Reagenzgläsern, wenn er seine Hände jeweils vier bis fünf Minuten lang in deren Nähe brachte.[35] Es gelang ihm, den Zerfallsprozeß von isolierten roten Blutkörperchen (die sogenannte Hämolyse) auf unerklärliche Weise zu verlangsamen.[36] Die mittlere Überlebensrate von Tumorzellen, die aus der Schleimhaut entnommen worden waren, änderte sich unter Mannings Einwirkung um 200 bis 2000 Prozent – selbst von einem anderen, elektrisch abgeschirmten Raum aus.[37] Das Verdauungsenzym Trypsin regte der ungarische Heiler Oskar Estebany zu einer zehnprozentigen Aktivitätserhöhung an – einfach indem er bis zu 75 Minuten lang seine Hände in die Nähe einer Trypsinlösung brachte. Dieser Effekt hielt an, selbst wenn das Trypsin zuvor mit UV-Licht bestrahlt wurde, das es gewöhnlich inaktiviert; er entsprach der Wirkung, die ein starkes Magnetfeld von 13 000 Gauß erzeugt.[38] Andere Heiler beeinflußten meßbar die Aktivität zweier anderer Arten von Enzymen, Dopamin und Noradrenalin.[39]

### Wirkungen auf anorganisches Material

Im Fernsehen hat der österreichische Arzt und Geistheiler Dr. Leonhard Hochenegg schon mehrfach eine Reihe von verblüffenden Psychokinese-Effekten vorgeführt: Wenn er einen Finger in die Nähe einer im Aschenbecher liegenden Zigarette bringt, kann er sie hin- und herrollen und rotieren lassen, ohne sie zu berühren. Eine Neonröhre beginnt zu glimmen, wenn er sie anfaßt, obwohl sie nachweislich nicht an einen Stromkreis angeschlossen ist.[40] Der italienische Heiler Dr. Nicola Cutolo demonstriert seine Kräfte auf Esoterikveranstaltungen gern an einem Kompaß: Wenn er eine Hand in einigen Zentimetern Abstand über ihm kreisen läßt, folgt die Kompaßnadel seiner Bewegung. Auch Geoffrey Boltwood hat seine psychokinetischen Kräfte in den letzten Jahren bei öffentlichen Auftritten in Sälen und Fernsehstudios mehrfach unter Beweis gestellt: Willentlich verbiegt er Metall, läßt ein eingeschaltetes Radio Knackgeräusche von im voraus angekündigter Anzahl und Dauer hervorbringen. Oder er «denkt» Sätze auf eine fabrikneue, versiegelte Tonbandkassette, die unterdessen kilometerweit entfernt unter Verschluß gehalten wird.[41]

Unter Laborbedingungen hat Dr. Jerzy Rejmer mehrfach gezeigt, daß er anorganisches Material auf rätselhafte Weise verändern kann. So ließen Wissenschaftler ihn im Dezember 1982 und im März 1983 im Spektrometrie-Labor des Instituts für organische Chemie an der Polnischen Akademie der Wissenschaften in Warschau auf verschiedene chemische Substanzen einwirken. Jeweils fünf Minuten vor und nach jeder «Behandlung» wurden NMR (*N*uclear *M*agnetic *R*esonance)-Tests durchgeführt, bei denen ein Spektroskop die Kernspinresonanz des Materials maß.[42] Dabei ließen sich deutliche Spektrumsveränderungen nachweisen – weit außerhalb jedes Meßfehlers, aber auch jedes Zufalls.[43]

1974 prüfte der amerikanische Chemiker Dr. Robert Miller gemeinsam mit dem Physiker Philip Reinhart vom Agnes-Scott-College in Georgia, ob die Kräfte der Geistheilerin Olga Worrall auch Elementarteilchen beeinflussen können. Dazu wurde eine «Nebelkammer» eingesetzt, ein Gerät, das ein energiereiches Teilchen an den Flüssigkeitströpfchen sichtbar macht, die sich entlang seiner Bahn bilden. (Dieser Effekt beruht darauf, daß ein solches Teilchen Ionen abgibt, die in übersättigten Dämpfen als Kondensationskerne für Flüssigkeitströpfchen wirken.) Seitlich beleuchtet, sind die Teilchenbahnen dann kurzzeitig als dünne, weiße Nebelstreifen zu sehen, vergleichbar den Kondensstreifen von Flugzeugen am Himmel. Ist ein Geistheiler imstande, durch eine konzentrierte Handbewegung die Teilchen zu bewegen? Als bei einem Vortest die Versuchsleiter selbst ihre Hände gegen die Außenwand der Nebelkammer drückten, veränderte sich nichts. Dann kam Olga Worrall an die Reihe: Sie legte ihre Hände auf beide Seiten der Kammer, während sie sich bildhaft vorstellte, daß von ihnen starke Energieströme ausgingen. Im selben Augenblick bildete sich zwischen ihren Händen ein seltsames, physikalisch unerklärliches Wellenmuster. Als die Heilerin ihre Hände um 90 Grad verschob, wanderte dieses Muster mit: Es verschob sich ebenfalls um 90 Grad.[44]

Die meisten Parapsychologen betrachten Geistheilen als Sonderfall von Psychokinese, wie sie in derartigen Tests zutage tritt, und entsprechend erforschen sie es. Doch ist beides wirklich gleichzusetzen? Ich kenne eine Reihe von hervorragenden Geistheilern, die in Psychokinese-Tests kläglich versagten, obwohl sie sich zuvor ohne weiteres zugetraut hatten, sie zu bestehen. Umgekehrt sind viele hochbegabte, wiederholt erfolgreich getestete Psychokineten durch keinerlei besondere Heilbegabung aufgefallen, zum Beispiel die Russin Nina Kulagina und der Israeli Uri Geller.

Andererseits läßt sich die Fähigkeit von Geistheilern keineswegs so eindeutig von Psychokinese abgrenzen, wie manche Heiler selbst meinen. Wie sie betonen, sind sie nicht darauf aus, gezielte Wirkungen in bestimmten Teilen des Organismus auszulösen (z. B. Bakterien abzutöten, Krebszellen am Kehlkopf «einzuschmelzen»). Die Energie, die sie an Kranke abgeben, gleiche keinem Laserstrahl. Eher werde dem Patienten als Ganzem ein Kraftstrom zugeleitet, aus dem er selbst dann so viel schöpfe, wie die Selbstheilungskräfte seines Organismus benötigen, um wieder in Gang zu kommen.[45]

Vermutlich ist an geistigem Heilen meist beides beteiligt, eine unspezifische Energiezufuhr *und* gezielte Psychokinese, je nach Heiler, Patient und Krankheitsbild mit unterschiedlichen Anteilen. Ich bezweifle, daß Geistheiler vollständig wissen, *was* sie tun – wie und aufgrund welcher Wirkmechanismen sie es anstellen, Krankheiten beizukommen. Was dabei vorgeht, mag ihnen selbst unbewußt sein. Was dabei insbesondere auf Zellebene vorgeht, können sie meist nicht einmal in Worte fassen; dazu fehlen ihnen die nötigen Begriffe und theoretischen Kenntnisse.

Psychokinese-Forschung kann erheblich dazu beitragen, diese Einflußwege aufzuklären – vorausgesetzt, sie beschäftigt sich mit biologisch relevanten Zielen, anstatt mit Würfeln und elektronischen Zufallsgeneratoren. Mit Wasser und seinen Veränderungen durch Einwirken von «Bioenergie» befaßt sich seit Jahren der russische Geistheiler Dr. Alexander Rasin, ein promovierter Physiker und Chemiker aus St. Petersburg. Denn der menschliche Körper besteht zu über 70 Prozent aus dieser Flüssigkeit; entsprechende Bedeutung mißt Rasin ihr im Krankheitsgeschehen bei, ebenso wie im Genesungsprozeß. Mit Spektraluntersuchungen von geistig behandeltem Wasser, im Vergleich mit normalem $H_2O$, kann Rasin belegen, daß sich im (langwelligen) Infrarotbereich die Wellenlänge verändert. Daraus schließt Rasin, daß es in einen energiereicheren Zustand übergegangen ist.

Außerdem weist Wasser in Menschen und anderen lebenden Organismen eine sogenannte polymere Struktur auf: Die Wassermoleküle haben die Tendenz zu kristallisieren, vergleichbar dem Vorstadium zur Bildung von Eiskristallen. (Polymer, von griechisch «vielteilig», heißen chemische Verbindungen, bei denen viele gleiche oder gleichartige Grundmoleküle fest aneinandergefügt sind.) Je stärker die Polymerisation, desto energiereicher das Wasser. Wie Rasin annimmt, wird diese Wasserstruktur teils durch den energetischen Aspekt einer Erkrankung zerstört, teils gehen Strukturveränderungen einer Erkrankung voraus. Geistiges Heilen stellt die Struktur wieder her.[46]

Von daher gewinnt ein weiteres Experiment mit Jerzy Rejmer an Bedeutung: Selbst die Struktur von Kristallen kann er offenbar willentlich verändern, wie 1986 Versuche in einem Labor der «Psychotronischen Gesellschaft» in Warschau belegten. Dort wurde die Kristallisation von Kupferchlorat ($CuCl_2$) gemessen, unmittelbar bevor und fünf Minuten nachdem Rejmer sie «geistig» zu beeinflussen versuchte. Sie beschleunigte sich in unerklärlicher Weise.[47]

Von Vollständigkeit ist dieser kurze Forschungsüberblick weit entfernt. Immerhin macht er aber zumindest eines bereits deutlich: Aufgeschlossene Wissenschaftler und Ärzte haben vor ihren skeptischen Kollegen inzwischen eine beachtliche Datenmenge zusammengetragen; in ihr stecken unübersehbare Hinweise darauf, *daß* geistiges Heilen auf andere Weise wirkt, als gängige psychologische, medizinische und physikalische Erklärungsversuche unterstellen. Schon die alten Ägypter nutzten sein Potential. Insofern – um auf die Ausgangsfrage dieses Kapitels zurückzukommen – waren sie vor 3500 Jahren tatsächlich schon weiter als die Medizin des ausgehenden 20. Jahrhunderts nach Christus.

# 4 Gehirne im Einklang, rätselhafte Magnetfelder und weitere Anhaltspunkte

Hinzu kommen Studien, die sich nicht unmittelbar mit den Effekten von Geistheilern auf irgendwelche Zielobjekte befassen, sondern mit rätselhaften Begleiterscheinungen:

- merkwürdigen physiologischen Veränderungen von Heilern und Patienten während der Behandlung;
- paranormalen Vorgängen in räumlicher und zeitlicher Nähe des Heilvorgangs. Neben Materialisationen, Spukvorfällen und Erscheinungen, wie sie vor allem bei medialem Heilen auftreten, zählen dazu rätselhafte elektromagnetische Veränderungen in unmittelbarer Umgebung des Heilers.

Beide Arten von Phänomenen verstärken den Eindruck, daß bei geistigem Heilen tatsächlich etwas geschieht, das gängige wissenschaftliche Theorierahmen sprengt.

Am 17. Juli 1977 fanden sich in der Universität von Loughborough, Grafschaft Leicestershire, mehr als 400 Zuschauer zu einer ungewöhnlichen Demonstration ein. Mit Hilfe zweier elektronischer Vorrichtungen, sogenannten Mind Mirrors (wörtlich «Spiegel des Geistes»), wollte der Londoner Elektronikfachmann Dr. Cade sichtbar machen, daß zwischen Heilern und Patienten während des Behandlungsvorganges tatsächlich physiologisch Außergewöhnliches geschieht. Bei Mind Mirrors handelt es sich im Prinzip um weiterentwickelte Elektroenzephalographen (EEG), wie sie in keiner neurologischen Praxis fehlen: Über Elektroden, die an der Kopfhaut befestigt sind, werden elektrische Aktivitäten bestimmter Gehirnbereiche gemessen. Während EEG sie in Kurven auf Papier umsetzen, machen Mind Mirrors sie als dynamische, mehrfarbige Muster auf einem Monitor sichtbar. An ein solches Gerät wurde nun die bekannte englische Heilerin Rose Gladden angeschlossen, an das andere ihre Patientin Nora Forbes. Kaum hatte die Behandlung begonnen, da veränderten sich Gladdens Gehirnwellenmuster sprunghaft. Allmählich glichen sich die Gehirnwellenmuster der beiden Frauen immer weiter an; nach einer Viertelstunde waren sie nahezu identisch.[48]

Diese sonderbare Angleichung von Gehirnwellenmustern – Fachleute sprechen von «interpersoneller Synchronizität» – haben Wissenschaftler in jüngster Zeit auch im kontrollierten Experiment häufig beobachtet. Wie Versuche zweier mexikanischer Psychologen zeigten, tritt sie auch dann häufig auf, wenn beliebig ausgewählte Versuchspersonen sich geistig aufeinander einstimmen, sich ineinander «einzufühlen» versuchen – selbst dann, wenn sie sich in getrennten Zimmern aufhalten. Dabei entstehen Muster, die für jedes Paar spezifisch sind.[49] Besonders stark fallen solche Annäherungen auf neurophysiologischer Ebene allerdings während des Heilvorgangs aus.[50] In Experimenten mit Dr. Alexander Rasin veränderten sich EEG-Werte von Patienten auf unerklärliche Weise, solange sich der Heiler auf ihr Gehirn konzentrierte; diese Abweichungen unterblieben, wenn er sich ihrer Leber geistig zuwandte.[51] Auch elektrophysiologische Messungen im Bereich der Chakras und an bestimmten Meridianpunkten von Heilern und Patienten deuten darauf hin, daß während des Heilvorgangs tatsächlich eine Energieübertragung stattfindet.[52] Als sich ein Heiler auf Versuchspersonen geistig einstellte, die sich währenddessen in einem anderen, elektromagnetisch abgeschirmten Raum aufhielten, so löste er dadurch deutliche, teilweise sogar sehr starke Veränderungen mehrerer Körperfunktionen aus: so zum Beispiel im Atemrhythmus, im elektrischen Hautwiderstand und im Herzschlag, der schneller und mit geringerer Amplitude ging. Sobald der Heiler seine Konzentration beendete, gingen die Meßwerte wieder in den Normalbereich.[53] Könnte für solche Phänomene ein geheimnisvolles Kraftfeld sorgen, das sich zwischen Heiler und Patient aufbaut?

Auch andere physiologische Veränderungen, die an und im Körper von Patienten im Verlauf geistiger Behandlungen gemessen wurden, geben vorerst Rätsel auf. Mit einer Thermovideokamera, die Temperaturen optisch in verschiedene Farben umsetzt, lassen sich deutliche Temperaturunterschiede an den erkrankten Organen vor und nach einer geistigen Behandlung nachweisen – selbst wenn sie aus größerer Distanz erfolgt. So reagierte ein Tumor in der linken Lunge mit deutlicher Wärmeabstrahlung, während Dr. Rasin sich auf ihn konzentrierte.[54]

Bei den Geistheilern selbst treten meßbare Veränderungen auf, für die Biologen bisher keine befriedigende Erklärung haben: unter anderem ein drastisches Absinken der Körpertemperatur, ein plötzlicher Kalium- und Natriummangel im Blut sowie deutlich erhöhte Temperaturen an den Händen und am Kopf, während sie behandeln.[55]

Ende der siebziger Jahre stellten chinesische Qi-Forscher einen neuentwickelten Sensor vor, mit dem sie an einer millimeterkleinen Stelle auf den Händen von Heilern rätselhafte elektrophysiologische Unterschiede zur umgebenden Haut maßen: nämlich exakt über dem Akupunkturpunkt PC8 in der Mitte der Handfläche.[56] Tritt dort das Qi, die heilende Lebensenergie, von Handauflegern aus?

Die geheimnisvolle Kraft, die Geistheiler vermitteln, *ist* keine elektromagnetische Energie – aber sie wird von rätselhaften elektromagnetischen Veränderungen *begleitet*. Diesem Phänomen forscht der amerikanische Psychologe und Physiker Dr. Elmer Green, der Begründer der «Biofeedback»-Methode, an der renommierten Menninger-Klinik in Topeka, Kansas, seit vielen Jahren nach. Eigens dafür wurde ein etwa zehn Quadratmeter großer Testraum eingerichtet, dessen Decke und zwei gegenüberliegende Wände mit spiegelglatt polierten und elektrisch isolierten Kupferplatten ausgelegt sind. Der Fußboden ist ebenfalls elektrisch isoliert, desgleichen zwei Stühle in der Zimmermitte, auf denen jeweils ein Heiler und ein Patient Platz nehmen, ohne einander zu berühren oder sich zu bewegen. Elektrometer messen feinste elektrostatische Veränderungen der drei Wände, des Bodens und der heilenden Person in jeder Phase der Behandlung. Von vierzehn getesteten Heilern erreichten manche starke elektrostatische Veränderungen mit Spitzenwerten bis zu 190 Volt. Eine Kontrollgruppe, zusammengestellt aus Klinikpersonal und Laien, kam nie über vier Volt hinaus.[57]

# 5 Der Erklärungsnotstand

Über einem entlegenen Dschungelgebiet verliert ein Flugzeug eine
Kiste mit batteriebetriebenen Kofferradios. Sie geht auf einer Urwald-
lichtung nieder, auf der Eingeborene in primitiven Strohhütten hausen.
Nie zuvor sind sie mit anderen Zivilisationen in Berührung gekommen, geschweige denn mit deren kommunikationstechnischen Errungenschaften. Entsprechend ängstlich nähern sie sich der aufgeplatzten
Kiste, und nur zögernd befingern sie die herausgefallenen Radios. «Es
sind Geschenke des Himmels», beruhigt sie ihr Medizinmann. Und so
nimmt jeder Eingeborene einen der kleinen schwarzen Kästen mit in
seine Hütte. Rasch entdecken sie, daß daraus unverständlich spre-
chende Stimmen, fremdartige Gesänge und Musik ertönen, sobald sie
einen bestimmten Knopf drücken und an einem Rädchen drehen;
und daß diese Töne um so deutlicher werden, je weiter ein silberner Stab
aus dem Kasten herausgezogen wird. Ein besonders Neugieriger zerlegt
das Gerät, doch findet er weder winzige Menschen noch Musikinstru-
mente darin. Von Radiowellen, Frequenzen und den Funktionsprinzi-
pien von Rundfunkempfängern hat der Stamm selbstverständlich keine
Ahnung. Trotzdem kursieren im Dorf zahlreiche Theorien darüber,
wie es die Kästen anstellen, zu sprechen und zu singen. «Es sind die
Seelen unserer Ahnen», sagt einer, «der Stab ist das Ohr, das ihnen
lauscht, während sie durch die Lüfte schweben.» Ein anderer meint:
«Ein Zauber hat Dämonen in den Kasten gebannt. Aus ihm heraus
wenden sie sich nun an uns.» Ein dritter glaubt: «Der Kasten ist das
Sprachrohr unserer Götter.» Fragend wenden sie sich an den Medizinmann: «Kennst du das wahre Geheimnis?» Doch er schweigt.

Sind wir auf unserer Suche nach Erklärungen, wie geistiges Heilen
möglich ist, diesen Wilden bisher prinzipiell voraus? Kaum ein einfüh-
rendes Buch über diese sonderbare Therapieform versäumt es, der
Erläuterung von «Theorien» ein eigenes Kapitel zu widmen. Doch
strenggenommen hat nichts, was auf den betreffenden Seiten vorgetragen wird, die Bezeichnung «Theorie» verdient: im Sinne eines Systems
von gesetzesartigen Aussagen über Zusammenhänge zwischen beobachteten Ereignissen und Vorgängen sowie über die Ursachen dieser
Zusammenhänge – ein System überdies, aus dem zuverlässige Prognosen und erfolgversprechende Handlungsanweisungen logisch abzuleiten sind. Was uns statt dessen geboten wird, sind Metaphern, in denen
Geistheiler selbst zu umschreiben versuchen, was sie tun. Von «Kanälen» und «kosmischen Kraftquellen», von «Schwingungen» und «feinstofflichen Körpern», von «Strömen» und «Feldern» ist die Rede.

Diese Bilder sind anschaulich und in hohem Maße suggestiv. Doch vorläufig weiß niemand, ob es treffende, brauchbare Bilder sind – oder ob sie eher irreführen, weil sie an bekannte Naturerscheinungen denken lassen, die möglicherweise ganz anderen Prinzipien folgen. Bis jetzt steht lediglich fest, worauf geistiges Heilen *nicht* vollständig zurückzuführen ist:

- nicht bloß auf psychologische Wirkfaktoren wie Suggestionen und Placebo-Effekte, ebensowenig auf Spontanremissionen (siehe Kapitel III).
- nicht bloß auf paranormale Leistungen wie Psychokinese und Telepathie. (Die meisten Geistheiler heilen nicht durch gezielte psychokinetische Einwirkungen auf Teile des Körpers oder auf eingedrungene Krankheitserreger, sondern durch unspezifische Reize auf den Organismus als Ganzem. Die Telepathie-Hypothese erklärt nicht, wie Geistheiler es fertigbringen, niedere Lebewesen, isolierte Zellen und anorganisches Material zu beeinflussen.)
- auch nicht auf bekannte physikalische Energien wie elektrische Ströme, magnetische Felder oder Radiowellen. (Dagegen spricht unter anderem, daß sich die von Geistheilern ausgehenden oder vermittelten Kräfte offenbar durch beliebige Entfernungen und Hindernisse nicht abschwächen lassen.)

In Wahrheit machen uns die Phänomene, mit denen geistiges Heilen die neuzeitliche Medizin und Wissenschaft herausfordert, ebenso ratlos wie einst Fossilienfunde, die anscheinend für die Darwinsche Evolutionstheorie sprachen, die Anhänger der biblischen Schöpfungslehre. In dieses Defizit an *Erklärungen* hinein wuchert ein Wust von unausgegorenen Spekulationen, derentwegen leider auch gesicherte *Beobachtungen* unverdientermaßen ins Zwielicht geraten. Halten wir es vorläufig besser wie der Medizinmann im Urwald angesichts der Radios: Schweigen wir.

# 6 Der Zerrspiegel

Geistige Heilkräfte können sich durchaus in wissenschaftlichen Forschungsergebnissen spiegeln, wie die oben vorgestellten Dokumentationen, Tests und Experimente nachweisen. Aber inwiefern werden sie dabei verzerrt, wie die Überschrift dieses Kapitels unterstellt?

## Flüchtiges Psi

Wie alle paranormalen Leistungen, ja jegliches Psi-Phänomen überhaupt, so zeichnet sich auch geistiges Heilen durch ein Merkmal aus, das Parapsychologen «flüchtig» (*elusive*) genannt haben: Sie treten weitgehend unregelmäßig auf, sind dadurch für Forscher kaum berechenbar. Wenn überhaupt, scheinen sie eigenen Gesetzmäßigkeiten zu folgen, und auch das immer bloß mit einer gewissen Wahrscheinlichkeit. Innerhalb einer mehrteiligen Versuchsreihe treten sie häufiger zu Beginn und am Ende auf. Selbst bei den begabtesten Testpersonen fällt fast immer eine ausgeprägte Tendenz auf, die meisten «Treffer», also erfolgreiche Versuche, gleich im allerersten Anlauf zu erzielen und dann nochmals kurz vor Abschluß der Untersuchung. Außerdem zeigen sich Psi-Phänomene oft nur in der allerersten Untersuchung, während sie sich in Wiederholungen abschwächen oder völlig verschwinden. (Parapsychologen sprechen von einem Decline-Effekt, von engl. *decline*: Niedergang.) Selbst Personen, die in einer Studie hervorragende Leistungen erbracht haben, können in einer zweiten völlig versagen – und dies scheinbar grundlos.

Durch dieses Merkmal gerät geistiges Heilen in Konflikt mit einer Grundforderung erfahrungswissenschaftlichen Forschens: der *Wiederholbarkeit* von Experimenten. Diese Forderung folgt aus einem an sich wünschenswerten Anliegen: Wer eine Behauptung aufstellt, muß durch andere kontrolliert werden können. Jeder, der über ein normales Wahrnehmungsvermögen verfügt, denken gelernt und eine entsprechende wissenschaftliche Ausbildung durchlaufen hat, soll die von einem Forscher gemachten Beobachtungen und daraus abgeleitete Theorien auf ihre Richtigkeit hin überprüfen können, indem er die gleichen Bedingungen herstellt, unter denen die ursprüngliche Beobachtung zustande kam.

Doch dieses Prinzip ist in erster Linie Naturwissenschaften entlehnt, deren Forschungsbereiche aus unbelebten Objekten bestehen: der Physik und Chemie. Hier hat es sich ausgezeichnet bewährt; denn in diesen Bereichen sind Ereignisse und Prozesse im Laboratorium beliebig wiederholbar. Aber es gibt keinen zwingenden Grund, dieses Prinzip auf andere Disziplinen zu übertragen: Psychologen, Soziologen und anderen Sozialwissenschaftlern fällt es schwer, ihm Genüge zu tun – nicht, weil sie «unwissenschaftlicher» arbeiten, sondern aufgrund von Eigenarten ihrer Forschungsgegenstände, denen andere Zugangsweisen meist angemessener sind. Für die Psi-Forschung stellt sich die Frage, ob das Gebot der Wiederholbarkeit sinnvoll ist, erst recht. *Müssen* wir wirklich verlangen, daß eine Person, die über besondere, «paranormale» Fähigkeiten verfügt, diese jederzeit erneut unter Beweis zu stellen hat? Oder zwingen wir ihre Untersuchung damit in ein Prokrustesbett, in der irrigen Meinung, daß ein Forschungsprinzip, bloß weil es sich für bestimmte Wissenschaftszweige als fruchtbar erwiesen hat, unbedingt auf andere Zweige übertragen werden muß?[58]

## Personen im Forschungsraster

Wer geistige Heilkräfte wissenschaftlich erforschen will, hat es mit menschlichen Versuchsobjekten zu tun – mit *Personen* also, nicht bloß mit Dingen. Daraus wächst eine Vielzahl von vertrackten methodischen Problemen. Denn wie müßten solche Experimente angelegt sein? Um nur vier Anforderungen herauszugreifen:

1. Menschen unterscheiden sich in ihrer Empfänglichkeit für Suggestionen, ihrer Glaubensbereitschaft und einer Vielzahl weiterer psychologischer Merkmale, die geistiges Heilen selbst dann erfolgreich machen können, wenn nichts Paranormales dahintersteckt. Vielleicht bekommen Geistheiler einfach mit überdurchschnittlich vielen derartigen Leuten zu tun? Um diese Möglichkeit auszuschließen, benötigen wir sogenannte *randomisierte* Stichproben: zufällig zusammengestellt aus einer größeren Gruppe von Patienten, die in ihren Krankheitsbildern und anderen Merkmalen wie Alter, Geschlecht, Bildung oder Sozialstatus möglichst repräsentativ für die Gesamtbevölkerung sind. Und wir brauchen *Kontroll*gruppen von Kranken, deren Zusammensetzung weitestgehend der Gruppe der Behandelten entspricht – mit dem einzigen Unterschied, daß sie unbehandelt bleiben.

2. Von Fernheilungen abgesehen, ist der Heiler immer auch *physisch* präsent, während er behandelt. Mag sein, daß er dabei auch auf den Kranken wirkt, indem er ihm irgendwelche unsichtbaren Energien vermittelt; aber zugleich bietet er dem Behandelten unzählige sinnliche Eindrücke, die ebenfalls wirken könnten: Gesten, Mienenspiel, Stimme, Körperhaltung; seine «Ausstrahlung» als Persönlichkeit; subtile, größtenteils unterschwellige Hinweise auf Kompetenz oder Unsicherheit, Zuversicht oder Zögern; seine verbalen Äußerungen vor und während der Behandlung, die unweigerlich suggestiv sind. Wie filtern wir da den «reinen» Psi-Anteil heraus? Dazu müßten wir diese möglichen Einflüsse ausschalten. Und dazu bliebe uns nichts anderes übrig, als Heiler und Behandelte räumlich voneinander zu trennen – sie etwa in verschiedene Zimmer zu setzen oder durch eine

Trennwand füreinander unsichtbar zu machen – und ihnen obendrein noch ein striktes Redeverbot aufzuerlegen.[59]

3. Was Untersuchungen mit Personen ferner enorm erschwert, ist ihr *Bewußtsein*. Ein Patient wird nicht bloß geistig behandelt – er weiß gewöhnlich auch, daß er es wird, und damit verbindet er zwangsläufig bestimmte Einstellungen, Erwartungen, Hoffnungen. Könnten Behandlungserfolge nicht größtenteils auf dieses Wissen, diese Überzeugungen zurückgehen – statt auf die Behandlung selbst? Also auf sogenannte «Placebo»-Effekte? Solche Effekte können wir nur ausschließen, wenn wir Experimente so anlegen, daß der Patient im ungewissen darüber bleibt, ob er behandelt wird oder nicht: in sogenannten «Blind-Studien».

4. Doch auch solche Experimente genügen strenggenommen noch nicht, «geistige» Heilkräfte methodisch einwandfrei nachzuweisen. Denn nicht nur die Patienten, auch die Versuchsleiter könnten die Ergebnisse verfälschen – zum Beispiel durch eigene Vorurteile und Erwartungen, die unmerklich in die Planung, Durchführung und Auswertung der Experimente einfließen können. Um auch diesen Faktor auszuschließen, müssen wir Experimente «doppelblind» anlegen.

Damit hätten wir uns nun jenem hochgelobten Ideal angenähert, an dem sich schulmedizinische Forschung seit einem halben Jahrhundert vorrangig orientiert: der «randomisierten, placebo-kontrollierten Doppelblind-Studie».

Sind solche Studien bei geistigem Heilen *möglich*? Durchaus, wie sich in diesem Kapitel gezeigt hat. Sind solche Studien *nötig*? Nochmals: ja. Denn mit ihrer Hilfe kann ein geistiger Heiler den Zweiflern unter Ärzten und Wissenschaftlern mit deren eigenen Mitteln beikommen: Er trifft sie damit nämlich in jenen Stellungen, hinter denen sie sich verbarrikadiert haben – anstatt sie bloß in esoterischen Wortnebel zu hüllen, in der trügerischen Hoffnung, sie dadurch auszuräuchern.

Aber sind solche Studien auch *ausreichend*? Zeigen sie genug? Wieviel sind die dabei ermittelten Ergebnisse letztlich wert?

Zuwenig, meine ich. Denn:

1. Um sie zu erzielen, sind wir gezwungen, uns von der tatsächlichen Behandlungssituation extrem zu entfernen. Wir müssen gerade diejenigen Faktoren ausblenden, welche die Praxis geistigen Heilens wesentlich kennzeichnen: das Wissen der Beteiligten; die unmittelbare, auch sinnliche und emotionale Beziehung, die sie zueinander

eingehen; und auch das, was abfällig «Suggestibilität» heißt, vielleicht aber nur ein unschönes Wort für eine meist unabdingbare Voraussetzung jeglichen Heilens ist: die Bereitschaft eines Kranken, sich vorbehaltlos zu öffnen, sich einzulassen, zu vertrauen und hinzuzulernen. Wenn «Doppelblind-Studien» uns nun keine oder bloß geringe Heileffekte zeigen – was sagt das darüber aus, ob und wie geistige Heilkräfte im Alltag wirken?

2. Mit der «Randomisierung» von Stichproben, der zufälligen Einteilung in Experimental- und Kontrollgruppen sowie der willkürlichen Zuordnung zu Heilern, wird zwangsläufig verzerrt, was in der Praxis geschieht. Denn hier finden Kranke ihre Heiler keineswegs im Losverfahren. (Über eine unergründliche, schicksalhafte Fügung, die sie manchmal zusammenzuführen scheint, braucht dabei nicht spekuliert zu werden.) Ob sich ein Patient einem bestimmten Heiler anvertraut, hängt – abgesehen von vorgefaßten positiven Meinungen aufgrund von Lektüre und mündlichen Empfehlungen – insbesondere von seelischen Affinitäten ab. «Er war mir sympathisch», «Wir fanden von Anfang an einen Draht zueinander», «Irgendwie lagen wir auf derselben Wellenlänge»: solche Äußerungen höre ich häufig, wenn ich Patienten frage, wieso ihr erster Besuch bei einem Heiler nicht ihr letzter blieb – oder aber: «Er war mir von Anfang an suspekt», «Wir mochten uns einfach nicht», «Wir wurden nicht warm miteinander». Geistheilungen vollziehen sich in aller Regel auf einem Fundament gegenseitigen Sichmögens und Vertrauens. Wenn Tests mit randomisierten Stichproben ergebnislos verlaufen: Spricht dies nun für die Unfähigkeit der beteiligten Heiler und die Nichtexistenz der von ihm vermittelten Energien – oder eher für die Unfähigkeit von Wissenschaftlern, Testbedingungen zu schaffen, unter denen solche Energien fließen können?

3. Auch ein in wissenschaftlichem Sinne «ideales», placebo-kontrolliertes Doppelblind-Experiment bleibt unweigerlich mehrdeutig. Angenommen nämlich, es stellt sich dabei tatsächlich heraus, daß die Heilungsquoten in Experimental- und Kontrollgruppen unübersehbar voneinander abweichen – und das nicht nur einmal, sondern auch noch bei zehn, ja hundert Wiederholungen des Versuchs. Wäre damit die Existenz eines rein paranormalen Heilfaktors nachgewiesen – oder widerlegt, sofern sich keine Unterschiede ergeben? Nein. Nachgewiesen hätten wird dann einen merkwürdigen Effekt, der selbst in Abwesenheit aller bekannten möglichen Ursachen auftritt –

aber nun wüßten wir immer noch nicht, *was* es eigentlich ist, das diesen Effekt hervorruft. Es steht uns natürlich frei, diesen unbekannten Kausalfaktor «Psi» zu taufen – oder, wenn wir im griechischen Alphabet lieber ein wenig früher beginnen wollen, «Alpha», «Beta», wie auch immer. Darüber hinaus dürften wir nun annehmen, daß dieses mysteriöse Etwas offenbar von bestimmten Menschen ausgeht oder durch sie vermittelt wird. Aber wie können wir jemals sicher sein, daß es wirklich «geistiges Heilen» war, das letztlich zu den festgestellten Effekten führte? Dazu müßten wir alle anderen denkbaren logischen Möglichkeiten ausschließen. Doch das können wir nicht. Denn:

- Könnten nicht Psi-Fähigkeiten des Versuchsleiters mitspielen? (Er mag, hellsichtig oder präkognitiv, genau die «richtigen» Stichproben von Patienten zusammengestellt und psychokinetisch beeinflußt haben.)
- Und/oder Psi-Fähigkeiten der beteiligten Patienten? (Ihr präkognitives Wissen um den Testausgang könnte eben diesen Ausgang paranormal herbeigeführt haben – etwa indem es selektiv Selbstheilungsprozesse in Gang setzte bzw. hemmte.)
- Und/oder anderweitige Psi-Fähigkeiten des Heilers? (Könnte er die «negative» Kraft besitzen, natürliche Selbstheilungsprozesse in der Kontrollgruppe zu verlangsamen oder gar zu blockieren?)
- Und/oder unterschätzte äußere Mächte, die aus undurchsichtigen Motiven in wissenschaftliche Experimente hineinpfuschen: sei es Gott oder Satan, seien es Engel oder Dämonen, Außerirdische oder Zeitreisende aus der Zukunft?
- Und/oder Psi-Fähigkeiten sonstiger am Experiment beteiligter Personen?

Als rein hypothetisch lassen sich solche Spekulationen keineswegs abtun, wie ein faszinierendes Experiment des amerikanischen Parapsychologen Gerry Solfvin von der John-F.-Kennedy-Universität in Orinda, Kalifornien, klarmacht.[60] Solfvin bat acht Studenten der Tiermedizin, ihm bei der Durchführung von «Tests zur Wirksamkeit von geistigen Heilbehandlungen bei kranken Mäusen» behilflich zu sein. Den Studenten wurde weisgemacht, Solfvin habe bereits eine Reihe von Pilotstudien mit einem berühmten, herausragend befähigten Heiler durchgeführt, die außerordentlich eindrucksvolle Resultate gezeitigt hätten. Nun wolle er diese Ergebnisse überprüfen. Jeder Student bekam die Verantwortung für jeweils einen Käfig mit zwölf Mäusen. Sechs dieser Mäuse, so wurde den Studenten mitgeteilt, sei ein Zehntel Milliliter einer Lösung eingeflößt worden, die Babesia Rodhani enthielt: Blutparasiten, die Malaria erzeugen. (Diese sechs Mäuse trugen gelbe Markierungen auf dem Fell, die übrigen schwarze.) Die andere Hälfte habe lediglich eine kleinere Menge verabreicht bekommen, von der nicht zu erwarten sei, daß sie zum Ausbruch der Krankheit führe. Der beteiligte Heiler, so wurde weiter erklärt, werde in den nächsten Tagen der Hälfte dieser Mäuse «geistige Fernheilenergie» übertragen. (Allerdings wußten die Studenten nicht, welche der Mäuse dafür vorgesehen waren.) Aufgabe jedes Studenten war es, «seine» Mäuse regelmäßig zu füttern, täglich zu wiegen und jede Verhaltensauffälligkeit zu protokollieren, die auf die künstlich ausgelöste Erkrankung hindeuten könnte. Doch in Wahrheit war an dieser Studie *kein* Heiler beteiligt, und allen Mäusen war die *gleiche* Dosis des Parasiten verabreicht worden. Die Studenten selbst waren es, die im Mittelpunkt der Untersuchung standen.

Neun Tage später, bei Abschluß des Versuchs, waren die Mäuse der verschiedenen Untergruppen in stark unterschiedlicher Verfassung. Maßstab dafür war der Prozentsatz der zerstörten roten Blutzellen, durch eine Hämoanalyse vom Laborpersonal ermittelt, das ansonsten an der Studie unbeteiligt war. Jene Mäuse, die angeblich nur eine ungefährlich niedrige «Kontrolldosis» Babesia verabreicht bekommen hatten, waren im allgemeinen weniger parasitämisch als die anderen. (Als «Parasitämie» bezeichnen Mediziner das Vorhandensein von Parasiten im Blut.) Zu dieser Diskrepanz trug offenbar bei, daß die Studenten aufgrund der Fellmarkierungen zu wissen glaubten, welche Tiere erkranken mußten; entsprechend unterschiedlich erlebten und behandelten sie diese wohl.

Völlig «blind» waren die Studenten hingegen gegenüber dem Fernheilungsfaktor: Sie hatten keinerlei Angaben darüber erhalten, welche Mäuse auf Distanz geheilt werden sollten und welche nicht. Diese Einteilung hatte ein im übrigen unbeteiligter Wissenschaftler per Zufall vorgenommen. Trotzdem ging es am Ende jenen Mäusen aus ihrem Käfig deutlich besser, von denen sie vermuteten, daß sie «fernbehandelt» würden. Waren es letztlich *sie selbst*, die unbewußt «heilten» – möglicherweise auf psychokinetischem Weg, nachdem sie telepathisch Solfvins Einteilung aufgenommen hatten? Oder «heilte» der Wissenschaftler, der die fiktive Einteilung in fern- und unbehandelte Versuchstiere vorgenommen hatte – vielleicht mit den Studenten als paranormalen Mithelfern? Wenn aber vermeintlich

«Unbeteiligte» Testergebnisse derart gravierend beeinflussen können – wie soll dann jemals experimentell ermittelt werden, welchen «objektiven» Anteil ein beteiligter Heiler an festgestellten Veränderungen hat?

Mit anderen Worten: Niemals kommen wir so weit, den rein «geistigen» Anteil fein säuberlich herauszufiltern, den ein Geistheiler beisteuert, wenn seine Behandlungen Erfolg haben. Immer bleibt eine kausale Unschärfe – vergleichbar dem Problem, ob vermeintliche «Erinnerungen an frühere Leben», selbst wenn sie überprüft und bestätigt wurden, Reinkarnation wirklich zweifelsfrei «beweisen».[61]

4. Ist es überhaupt sinnvoll, die Effekte von therapeutischen Maßnahmen unabhängig von möglichen Placebo-Reaktionen einzuschätzen? Wie im dritten Kapitel betont wurde, spielen sie schließlich auch bei jeder schulmedizinischen Maßnahme mit: ob im Sprechzimmer eines Arztes oder im Krankenzimmer einer Klinik. Statt Placebo-Wirkungen auszuschalten, müssen Medizinforscher wohl eher endlich lernen, sie neu zu interpretieren: nicht als lästiges Störphänomen, das die Beurteilung der «wahren», der «eigentlichen» Wirkung von therapeutischen Mitteln und Maßnahmen erschwert – sondern als Ausdruck eines bisher kaum verstandenen, aber hochwirksamen körpereigenen Regulationssystems, das imstande ist, manchmal sogar eine vermeintlich «unheilbare» Krankheit zu heilen.

5. Zu jedem wissenschaftlichen Experiment gehört ein klar umrissenes «Design», das von vornherein Zeitpläne und Forschungsziele festlegt. Die Anforderung, diese Ziele innerhalb des gesteckten Zeitrahmens zu erreichen, setzt Versuchspersonen zwangsläufig unter Leistungsdruck. Immer läuft eine Uhr mit, werden Treffer und Nieten mitgezählt. Ein beteiligter Geistheiler weiß: Er wird *geprüft*, und dabei steht auch ein Teil seiner Glaubwürdigkeit auf dem Spiel. Innerhalb weniger Sekunden oder Minuten, bis zu einem Stoppsignal, muß er an einem vorgegebenen Zielobjekt unwahrscheinliche Veränderungen herbeiführen, oder er ist durchgefallen. Allein schon solche Vorgaben wirken kontraproduktiv; sie schaffen Bedingungen, unter denen sich geistige Heilkräfte, wie Psi-Fähigkeiten allgemein, nur schwer freisetzen lassen. Wie Parapsychologen immer wieder festgestellt haben, tritt ein psychokinetischer Effekt, eine hellsichtige oder telepathische Leistung um so seltener ein, je eifriger Versuchspersonen sie unbedingt zustande bringen wollen. Ange-

strengtes Bemühen und zielgerichtete Konzentration scheinen den «sechsten» Sinn zu blockieren. Die besten Ergebnisse werden in einem entspannten, von Leistungserwartungen freien Gemütszustand erzielt, in dem man die Ereignisse geschehen läßt, statt sie bewußt herbeizuwünschen.[62]

6. Ein weiteres Hemmnis liegt darin, daß wissenschaftliche Tests und Experimente zwangsläufig künstliche, mehr oder minder wirklichkeitsferne Bedingungen schaffen. Im Vordergrund steht das Erreichen eines klar umrissenen, vorab festgelegten Ziels, innerhalb einer vorgegebenen Zeitspanne, mit keinen anderen als den ausdrücklich zugelassenen Mitteln. Dieser Rahmen ist Heilern fremd: Sie arbeiten nicht, um Dritten irgendwelche «Beweise» zu erbringen, sondern um bei ihrem Gegenüber, einem Patienten, echte Not zu lindern. Dabei folgen sie nie einem starren Plan, sondern entscheiden spontan, lassen sich von Intuitionen leiten. Fast alle empfinden wissenschaftliche Untersuchungen als langweilig, als für ihre Arbeit unerheblich – und im Grunde als vergeudete Zeit. Manche befürchten sogar, daß ein derart verschwenderischer Gebrauch ihrer Kräfte mit deren Nachlassen bestraft werden könnte. Mit anderen Worten: Wissenschaftliche Forschung *demotiviert* Geistheiler. Dies wiederum bleibt nicht ohne Auswirkungen auf ihre gemessene Leistungsfähigkeit.

Kurzum: Je methodisch sauberer ein Wissenschaftler geistiges Heilen erforscht, desto mehr läuft er Gefahr, damit sein eigentliches Thema zu verfehlen. Nur von dreierlei kann er sich auf diesem Weg überzeugen:

1. Geistheilungen gelingen manchmal selbst unter Bedingungen, unter denen alle bekannten «natürlichen» Ursachen ausgeschlossen sind.
2. Geistiges Heilen tut der großen Mehrheit der Behandelten gut: Es lindert ihre Beschwerden oder beseitigt sie gar, und es verbessert ihr Allgemeinbefinden deutlich – auch wenn unklar ist, wie es dazu kommt.
3. Geistiges Heilen hat keinerlei schädliche Nebenwirkungen – und ist vereinbar mit jeglichen Maßnahmen, die Schulmediziner für erforderlich erachten.

Wer mehr verlangt, fordert Unmögliches. Aber genügt das nicht? All das scheinen mir beste Gründe, Geistheiler hierzulande frei arbeiten zu lassen, statt sie strafrechtlich zu verfolgen. Wer sich trotzdem dagegen sperrt, schiebt wissenschaftlich-medizinische Einwände allzu oft bloß vor: als durchsichtige Alibis, eigene Vorurteile weiterzupflegen – und persönliche Interessen zu wahren, bei denen oft eher Macht und Profit im Spiel sind, als daß es um Erkenntnis und das Wohlergehen von Kranken geht.

Und noch etwas ignoriert wissenschaftliche Forschung geradezu zwangsläufig: den Unterschied zwischen «kurieren» und «heilen», zwischen «gesund» werden und «heil» werden. Denn das ist ein *Wert*unterschied, an dem wertfreie Wissenschaft vorbeiforschen muß. Ein Geistheiler mag daran scheitern, eine Erkrankung wie Krebs oder Aids zu beseitigen, zu lindern oder auch nur aufzuhalten – trotzdem kann sein Eingreifen dazu führen, daß ein Kranker in einem umfassenderen Sinn *heil* wird. Sein Patient kann lernen, sein Leiden anzunehmen, statt sich voller Panik gegen die fremde Bedrohung aufzubäumen. Er kann lernen, nicht bloß nach der Ursache, sondern auch nach der Bedeutung zu fragen. Er kann lernen, in Symptomen auch Zeichen zu sehen. Er kann lernen, sein Schicksal als Weg zu begreifen, statt nur als Unfall auf dem Weg. Und darin kann er schließlich inneren Frieden finden, sich freimachen von Angst und Kampf, von Verzweiflung und Verbitterung.

Dank der liebevollen Anteilnahme eines Heilers eine solche Veränderung durchzumachen, scheint wissenschaftlich *unermeßlich*. Und doch bedeutet es für manchen Sterbenskranken womöglich die wichtigste Art von «Heilung». Die einzige, die ihm noch bleibt. Die einzige, die für ihn letztlich zählt. Er stirbt vielleicht, aller Bemühungen seines Heilers zum Trotz – aber er tut es mit einem entspannten Lächeln auf den Lippen.

# V Was jetzt not tut

Geistiges Heilen *wirkt,* auch wenn wir nicht genau wissen, wie und wieso. Was uns noch fehlt, sind schlüssige Erklärungen – doch das ändert nichts an den beobachteten Fakten. Ähnliche Theoriedefizite haften auch der Akupunktur, der Homöopathie und zahlreichen anderen erfahrungsheilkundlichen Verfahren an. Trotzdem werden sie mittlerweile von immer mehr niedergelassenen Ärzten respektiert und übernommen – einfach weil diese Heilweisen vielen Kranken bemerkenswert guttun. Und *worauf sonst* sollte es denn letztlich ankommen?

Mit anderen Worten: Es gibt keinen vernünftigen Grund mehr, geistiges Heilen rigoros vom öffentlichen Gesundheitswesen auszuschließen, ja strafrechtlich zu verfolgen.

Die Hemmnisse auf dem Weg zur Anerkennung sind allerdings groß und zahlreich. Was muß geschehen, damit es endlich dazu kommt? Was tut jetzt not? Allein auf die Macht des besseren Arguments zu bauen, wäre eine bequeme Illusion. Wer Institutionen und Rechtslagen verändern will, braucht Mut und Ausdauer. In beharrlicher Überzeugungsarbeit muß er alle wichtigen gesellschaftlichen Gruppen gewinnen und mobilisieren, deren Verhalten (oder deren Untätigkeit) den Status quo bislang aufrechterhält.

## *1 Reformfreudigere Politiker*

In Deutschland gelten Geistheiler bislang als Straftäter. Rechtsgrundlage ist das sogenannte Heilpraktikergesetz (HPG)[1], das in der Bundesrepublik seit 1949, und seit der Vereinigung auch für das Gebiet der ehemaligen DDR[2], ohne Wenn und Aber festschreibt: Heilkundlich tätig werden, also Krankheiten diagnostizieren und behandeln, dürfen ausschließlich approbierte Ärzte und, mit gewissen Einschränkungen, staatlich zugelassene Heilpraktiker. Wer dagegen verstößt, handelt illegal: Ihm drohen Geldbußen und Haftstrafen bis zu einem Jahr.[3]

Dieses Heilpraktikergesetz ist im wesentlichen Nazi-Recht: Der Berliner Reichstag verabschiedete es am 17. Februar 1939.[4] Vordergründiger Anlaß war der Anschluß Österreichs und des Sudetenlandes, der eine einheitliche gesetzliche Regelung für das Großdeutsche

Reich erforderlich machte. Als sich die junge Bundesrepublik nach dem Krieg eine neue Verfassung gab, übernahm sie Hitlers Gesetz nahezu unverändert, als Artikel 123 des Grundgesetzes. Verfassungsbedenken dagegen wischte der Bundesgerichtshof 1956 vom Tisch.[5]

Doch was war vor 1939? Bis dahin galt siebzig Jahre lang – zuerst im Norddeutschen Bund ab 1869, dann auch im neugegründeten Deutschen Reich – die «allgemeine Kurierfreiheit» (von «kurieren» = heilen). Jedermann durfte demnach heilkundlich tätig werden, auch ohne besondere Ausbildung und Kenntnisse.[6] (Lediglich der Titel «Arzt» war geschützt.) Diese großzügige gesetzliche Regelung entsprang einer liberalen Grundhaltung, wie sie der Abgeordnete Wieland am 12. April 1869, in der 16. Sitzung des Norddeutschen Reichstags, auf den Punkt brachte: «Dem einzelnen soll es *vollständig freistehen,* an denjenigen sich zu wenden und von dem sich behandeln zu lassen, zu dem er das meiste Vertrauen hat, mag dieser ein promovierter Arzt sein oder nicht.»[7]

Wie gutgemeint diese freizügige Regelung auch sein mochte – sie ging offenbar zu weit. Unbehelligt konnten Scharlatane, unter Vortäuschung ärztlicher Kenntnisse, arglose Kranke von notwendiger medizinischer Versorgung abhalten, sie mit Wucherhonoraren schamlos ausbeuten, ihre Gesundheit gefährden, schlimmstenfalls sogar ihren Tod verschulden. Entsprechend mehrten sich seit der Jahrhundertwende Bestrebungen, die «allgemeine Kurierfreiheit» wieder abzuschaffen. Ein 1909 eingebrachter «Gesetzesentwurf gegen Mißstände im Heilgewerbe» fand im Deutschen Reichstag noch keine Mehrheit.[8] Erst 1939 hatte die Berufsfreiheit im Heilwesen ein Ende, und zwar ein rigoroses: Ärzte bekamen ein Monopol; alle übrigen, Heilpraktiker eingeschlossen, wurden ausgesperrt und nur noch ausnahmsweise zugelassen, nach einer Prüfung durch Gesundheitsbehörden.[9]

Dieses Gesetz schüttet das Kind mit dem Bade aus. Gutgläubige Patienten soll es vor skrupellosen Geschäftemachern und gefährlichen Kurpfuschern schützen; doch in Wahrheit enthält es Hunderttausenden von Schwerstkranken, bei denen alle ärztliche Kunst oft jahre- und jahrzehntelang versagte, ihre vielleicht letzte Hoffnung vor – eine Hoffnung, die inzwischen auch medizinisch-wissenschaftlich wohlbegründet ist, wie das vorherige Kapitel zeigte. Die Gefahr, daß ein Patient einem sich selbst überschätzenden, profitgierigen Nichtskönner aufsitzt, wenn er sich einem Geistheiler anvertraut, ist nicht zu bestreiten und niemals völlig auszuschließen – doch gegen dieses Risiko schützt auch keine ärztliche Approbation, wie haarsträubende

306

ärztliche Kunstfehler immer wieder zeigen. Der Schaden für die Volksgesundheit, den unerfahrene, nachlässige oder überforderte Ärzte tagtäglich in Praxen und Kliniken anrichten, steht prozentual in keinem
Verhältnis zu jenen paar Dutzend gerichtsnotorischen Fällen pro Jahr,
in denen ein Geistheiler einen Patienten erwiesenermaßen gesundheit-
lich gefährdete oder finanziell übervorteilte. Umfragen unter Patienten
deuten vielmehr übereinstimmend darauf hin, daß skrupellose Scharlatane unter Geistheilern nicht häufiger vorkommen als in anderen Berufsgruppen. In Wahrheit scheinen sie sogar eher *seltener* zu sein: vor
allem, weil die meisten Geistheiler ihre Kraft aus einer höheren, göttlichen Energiequelle zu schöpfen meinen, von der sie sich zugleich in
hohem Maße in die sittliche Pflicht genommen fühlen.[10] Schlimme
Ausnahmen gibt es auch da, gewiß. Wer aber, einiger schwarzer Schafe
wegen, gleich einen ganzen Berufsstand verteufeln und notfalls strafrechtlich belangen will, der sollte folgerichtig am besten gleich jede
berufliche Tätigkeit überhaupt verbieten: ob Winzer, Gastwirte oder
Metzger, Transportunternehmer, Arzneimittelhersteller oder Eisver-
käufer – unter ihnen allen gibt es Skrupellose, die zur «Gefahr für die
Volksgesundheit» werden können.

Also wieder zurück zur grenzenlosen Heilerfreiheit, wie sie in
Deutschland bis zum Vorabend des Zweiten Weltkriegs bestand, mit
all ihren Auswüchsen? Bloß nicht. Denn aus den ernüchternden, oft
erschreckenden Erfahrungen, die damit gemacht wurden, muß gelernt
werden.

Gibt es einen dritten Weg? Andere Länder haben ihn längst eingeschlagen. Aus ihrem Vorbild gäbe es für unsere Parlamentarier etliches
zu lernen.

Beispiel Großbritannien: Seit 1959 haben Geistheiler dort freien
Zutritt zu staatlichen Kliniken, sofern ihr Patient dies wünscht und die
Stationsleitung nichts dagegen hat. Längst können britische Ärzte mit
Geistheilern offiziell zusammenarbeiten, sie in ihre Praxis einbeziehen
oder ihnen Patienten überweisen. Und in der Regel klappt dieses
Teamwork: Der Heiler profitiert von dem Fachwissen des Arztes, das
er nicht haben kann; der Arzt profitiert von den intuitiven Fähigkeiten
des Heilers. Und vor allem profitiert der Patient: Risiken verringern
sich, die nie restlos auszuschließen sind, sobald man sich einem medizinischen Laien anvertraut; zugleich steigen die Chancen auf Heilung.
Die Kosten «geistiger» Behandlungen übernimmt der Nationale Gesundheitsdienst (NHS), vorausgesetzt, sie erfolgen unter fortlaufender
ärztlicher Kontrolle und ergänzen herkömmliche Therapieangebote in
wesentlicher und hilfreicher Weise. In einer 1982 herausgegebenen

Publikation *Die Rechte der Patienten* zählte die britische Regierung «geistiges Heilen» zu den im staatlichen Gesundheitswesen voll anerkannten Therapien.

Wie werden in Großbritannien die schwarzen Schafe der Heilerszene aussortiert? In erster Linie sorgen dafür mehrere starke Heilerverbände *selbst:* mit speziellen Aufnahmebedingungen, mit festen Ausbildungsgängen und Abschlußprüfungen, mit einem strengen Ehrenkodex, einer eigenen Standesgerichtsbarkeit, mit Beschwerde-, Mahn- und Schiedsstellen. Wie gründlich dabei die Spreu vom Weizen getrennt, wie sorgfältig dabei Heiler an ihre Aufgabe herangeführt werden, erlebte die deutsche Heilpraktikerin Stephanie Merges aus Rottach-Egern am Tegernsee. Sie hat noch bei Harry Edwards eine fünfjährige harte Lehrzeit absolviert. Und bevor sie vom größten britischen Heilerverband, der NFSH, ein Diplom bekam, hatte sie eine achttägige Abschlußprüfung zu bestehen. Dabei mußte sie unter anderem an mehreren Patienten nachweisen, daß sie Krankheiten auf geistigem Wege diagnostizieren und effektiv behandeln kann.[11]

Auf dem europäischen Festland hingegen können Geistheiler kaum irgendwo einigermaßen unbehelligt arbeiten. Da ein politisch geeintes Europa vor der Tür steht, droht dieser Rechtszustand an der Schwelle zum 21. Jahrhundert von der Algarve bis Lappland – und das britische Modell liefe Gefahr, zerschlagen zu werden.

Eine Ausnahme stellen die Niederlande dar. Zwar handeln Geistheiler strenggenommen auch hier illegal, am Maßstab eines Sanitätsgesetzes aus dem Jahre 1865; doch werden sie wohlwollend geduldet, solange sie keinen Schaden anrichten. Ein 1987 gegründetes staatliches «Komitee für alternative Heilweisen» hat schon mehrfach hochdotierte Forschungsaufträge an Wissenschaftler vergeben, die den Bedingungen und Wirkungen geistigen Heilens nachforschten. In Einzelfällen erteilte das Justizministerium sogar schon ausdrücklich die Erlaubnis zur weiteren Ausübung einer «geistigen» Heilpraxis, sofern sich der Betreffende der Aufsicht einer Stiftung unterstellte, der mehrere Ärzte angehören.[12]

In der Schweiz haben es Geistheiler kantonaler Eigenbrötelei zu verdanken, daß sie mancherorts ohne Furcht vor staatlicher Verfolgung arbeiten können. Die Eidgenossen kennen kein landesweit einheitliches Gesundheitswesen. Jedem der 26 Kantone untersteht es in eigener Verantwortung, und so entwickelte jeder seine eigene Gesetzgebung. Immerhin sechs Kantone (Luzern, Zürich, Appenzell, Unterwalden, Tessin und Zug) lassen «geistiges Heilen» ausdrücklich zu. Einige weitere tolerieren es zumindest. In den übrigen Kantonen wird es im allgemeinen nur in besonders schwerwiegenden Fällen auf Anzeige hin verfolgt.[13]

Deutsche Parlamentarier würden schwerlich Anhaltspunkte dafür finden, daß die Volksgesundheit unter solchen Rechtsverhältnissen stärker bedroht ist als hierzulande. Geistheilern ihre Arbeit zu erleichtern, wäre freilich nicht bloß eine großzügige, pragmatisch zu rechtfertigende Geste: Ich halte sie für ein zwingendes verfassungsrechtliches Gebot. Denn das deutsche «Heilpraktikergesetz» scheint mir in seiner bestehenden Form *grundgesetzwidrig*. (Eine Entscheidung des Bundesverfassungsgerichts in dieser Frage steht bis heute aus.) Es verletzt drei Grundrechte jedes freien Bürgers: die Handels- und Gewerbefreiheit, die Religionsfreiheit und das Selbstbestimmungsrecht.

Auch für Geistheiler gelten grundsätzlich Artikel 2, Absatz 1 und 4, sowie Artikel 12, Absatz 1 des Grundgesetzes: Demnach haben alle Deutschen das Recht, Beruf, Arbeitsplatz und Ausbildungsstätte frei zu wählen, die Erwerbstätigkeit ihrer Wahl unbehindert von staatlichen Maßnahmen auszuüben. Zwar sind gesetzliche Einschränkungen zulässig – doch die Argumente, aufgrund deren sie Geistheilern auferlegt wurden, halten näherer Überprüfung nicht stand.

Nicht minder gravierend verletzt das bestehende Heilpraktikergesetz das Recht auf Religionsfreiheit. Demnach steht es jedem Bürger zu, unbehindert von staatlichen Maßnahmen eigene Glaubensansichten zu entwickeln, zu äußern, weiterzugeben und danach zu leben. Der Berliner Jurist Prof. Dr. Manfred Wegener gibt zu bedenken: «Wer glaubt, durch übernatürliche Kräfte Heilung zu erlangen oder auch schlicht durch das Tragen von beschrifteten Zetteln in den Taschen oder durch Brennnesseln am Fußende des Bettes, ist selber schuld. Die Freiheit des Bürgers besteht auch darin, an Wunder oder Humbug zu glauben.»[14]

Ebenso beeinträchtigt das HPG das Selbstbestimmungsrecht eines jeden Patienten, seine Freiheit, über seine leiblich-seelische Integrität zu entscheiden.[15] Kein Gesundheitspolitiker denkt im Traum daran, den Bürgern das Alkoholtrinken oder das Rauchen, das Skifahren oder Drachenfliegen zu verbieten, wie sehr deren körperliche Unversehrtheit dadurch auch gefährdet werden mag. Die aufgelegte Hand jedoch wird kriminalisiert, als handle es sich um eine besonders raffinierte Foltermethode, vor der ahnungslose Patienten staatlich geschützt werden müssen.

Davon abgesehen steckt die durch das HPG entstandene Rechtslage, insbesondere bei Anwendung auf Geistheiler, voller Ungereimtheiten und Widersprüche, ja blanker Absurditäten, die nach schleunigster

Neufassung geradezu schreien. Klar ist nicht einmal, ob dieses Gesetz Handauflegen und ähnliche Tätigkeiten überhaupt betrifft. Nach Paragraph 1, Absatz 2 HPG gilt als «Ausübung der Heilkunde» «jede berufs- oder gewerbsmäßig vorgenommene Tätigkeit zur Feststellung, Heilung oder Linderung von Krankheiten, Leiden oder Körperschäden bei Menschen». Da viele Geistheiler bloß gelegentlich und unentgeltlich helfen und keine Diagnosen stellen, werden sie von den entsprechenden Passagen des HPG im Grunde gar nicht berührt; und da sie nach Auffassung des Gesetzgebers Heilkräfte bloß vortäuschen, die in Wahrheit gar nicht existieren, «heilen» sie strenggenommen auch nicht. Eindeutig strafbar machen sich Geistheiler erst, seit der Bundesgerichtshof 1978 den Anwendungsbereich des HPG eigenwillig erweiterte: Demnach soll es zur «unerlaubten Ausübung der Heilkunde» bereits ausreichen, daß jemand bei den «behandelten» Kunden den *Eindruck* erweckt, sein Tun ziele darauf ab, sie zu heilen oder ihnen Erleichterung zu verschaffen.[16] Diese «Eindruckstheorie» erhebt das subjektive Empfinden des Kunden zum ausreichenden Maßstab für die Feststellung, ob ein bestimmtes Handeln objektiv Heilkunde ist.

Nicht nur Sympathisanten der Heilerszene, auch gestandene Straf- und Verfassungsrechtler schütteln über diesen fragwürdigen juristischen Winkelzug den Kopf. Denn damit wird der Begriff «Heilkunde» uferlos ausgedehnt, mit absurden Konsequenzen. Demnach wäre nur die *erfolgreiche* Tätigkeit eines Geistheilers strafbar – die erfolglose hingegen würde straffrei bleiben, da sie vom Behandelten gerade nicht als «Heilung oder Linderung» empfunden wird. Außerdem müßten nicht bloß Geistheiler, sondern konsequenterweise auch Priester und Sozialarbeiter vor Gericht gezerrt werden: Denn auch sie lindern oft Leiden, jedenfalls nach dem subjektiven Eindruck von Hilfsbedürftigen. Ja, selbst der Verfasser eines medizinischen Ratgebers oder eines Diätkochbuchs könnte bei seinen Lesern den Eindruck erwecken, er wolle Heilkunde ausüben, da doch erklärtermaßen Krankheiten gelindert oder vermieden werden sollen, indem seine Ratschläge befolgt werden.

Als Motiv der BGH-Richter, sich auf eine derart absurde Rechtsauffassung zu versteifen, fällt mir nur eines ein: Anders wären Geistheiler nicht auszugrenzen gewesen. Denn falls der subjektive *Eindruck* der Behandelten *nicht* dafür ausschlaggebend wäre, ob eine strafwürdige «Ausübung der Heilkunde» vorliegt – was sonst? Der bloße *Akt* des Handauflegens oder des Faltens der Hände zur Fürbitte oder des Betrachtens des Porträtfotos eines «Fernbehandelten» kann schwerlich eine Straftat sein; andernfalls wäre ich bereits ein Fall für den

Staatsanwalt, wenn ich einem Freund bei Kopfschmerzen die Hand auf die Stirn lege, für ihn ein Gebet spreche oder ihm aus der Ferne gute Besserung wünsche. Auch die *Absicht* zu heilen kann schwerlich kriminell sein. Ebensowenig würde jemand, der das Auto seines Nachbarn durch Handauflegen zu reparieren versucht, bereits zum schwarzarbeitenden Konkurrenten des Kfz-Handwerks.[17] Und die insgeheime Absicht, jemanden zu ohrfeigen, ist noch kein Fall von Körperverletzung, solange sie unausgeführt bleibt. Oder kommt es darauf an, daß die Absicht *mit unzulässigen Mitteln* verwirklicht wird – also etwa mit juristisch suspekten «göttlichen Heilenergien»? Doch ein Verbot des Glaubens an solche höheren Kräfte hat dem Bundesgerichtshof gewiß nicht vorgeschwebt; noch leben wir in einem Land, in dem es jedem Bürger freisteht, auch solche Phänomene ernst zu nehmen, für die es gegenwärtig noch keine wissenschaftliche Erklärung gibt. Oder ist es strafbar, bei einem Kranken den Eindruck zu erwecken, als existierten solche Kräfte? Aber wie kann ein Geistheiler für die Anwendung von etwas bestraft werden, das rein fiktiv sein soll?

Ein ehrenwertes Motiv der deutschen Rechtsprechung besteht darin, Notleidende vor skrupellosen Geschäftemachern zu bewahren, die eine bequeme Einnahmequelle suchen. Doch soll der Zweck des Heilpraktikergesetzes etwa darin bestehen, die Vermögensinteressen vermeintlich geprellter Patienten zu wahren? Nein, was dieses Gesetz schützen will, ist das Vertrauen der Patienten darauf, daß «ärztliche Kunst» nur von echten Ärzten mit entsprechender Berufsausbildung ausgeübt wird. Aber kaum ein Geistheiler gibt jemals vor, diese Kunst zu beherrschen. Tut er es ausnahmsweise doch, so erfüllt er den gewöhnlichen Straftatbestand des Betrugs; um dafür belangt zu werden, bedarf es nicht erst eines «Heilpraktikergesetzes». (Und falls er den erfolgreichen Einsatz paranormaler Kräfte *garantiert* – was ebenso selten vorkommt –, so sind Vereinbarungen über finanzielle Gegenleistungen, nach einschlägiger Rechtsprechung, ohnehin nichtig.[18])

Vor den notwendigen gesetzlichen Änderungen drücken sich deutsche Politiker gewöhnlich mit dem Hinweis: Medizinische Laien, die ohne ärztliche Approbation Kranken helfen wollen, bräuchten ja schließlich bloß die staatliche Heilpraktikerprüfung abzulegen – dann könnten sie unbehelligt «geistig» arbeiten. Aber erfordern Handauflegen, Gebetsheilen oder geistige Fernbehandlung denn irgendwelche Kenntnisse und Fähigkeiten, wie sie sich ein angehender Heilpraktiker in einem mehrjährigen kostspieligen Studium aneignen muß?[19] Unter den fähigsten Geistheilern, die mir in den letzten Jahren begegnet sind, fand ich ehemalige Gelegenheitsarbeiter, Kneipenwirte und Köche, einen Tischler, einen Schichtarbeiter in einem Milchwerk. Ein anatomisches Lehrbuch wäre für sie ein Buch mit sieben Siegeln. Sollten sie wegen ihrer geringen Schulbildung und begrenzten intellektuellen Fähigkeiten daran gehindert werden, Notleidenden zu helfen? «Wozu soll ich lernen, wie man Spritzen setzt, wenn ich doch nur mit meinen Händen heile?» wundert sich Rolf Drevermann. Sein Anwalt Dr. Peter Homburg zitiert aus dem Fragenkatalog einer Heilpraktikerprüfung: «Befindet sich der Bildungsort des Liquors im Hypothalamus, im Hypophysenvorderlappen, in der mittleren Hirnhaut oder in den Adergeflechten der Hirnventrikel?»[20] Ebensogut könnten Politiker beschließen, zeugungswilligen Paaren erst dann die Aufzucht von Nachwuchs zu erlauben, wenn sie von einer Kultusbehörde die zehn wichtigsten entwicklungspsychologischen Theorien kindlicher Sozialisation erläutert haben.

Der häufig erklärte Wille, «im Dienste der Volksgesundheit» zu handeln, wenn Laien am Heilen gehindert werden, dient vielen Politikern nur als bequemer Vorwand, die Hände in den Schoß zu legen. Was wäre, wenn die Zigarette eine Erfindung von Geistheilern wäre – wenn Handaufleger sie in der «Einsicht» eingeführt hätten, daß Nikotin die spirituellen Energien in kranken Körpern besser fließen läßt und verstopfte Chakras reinigt? Vermutlich hätte bereits die allererste klinische Studie, die auf gesundheitsschädliche Auswirkungen des Tabakrauchs hindeutete, dem Gesetzgeber ausgereicht, die Herstellung und Verbreitung von Glimmstengeln unter Strafe zu stellen. Verdeutlicht ein solches Gedankenspiel nicht die Doppelmoral, die uneingestanden mitspielt, wenn aufgelegte Hände als «Gefahr für die Volksgesundheit» gebrandmarkt werden? Jede Schachtel Tabakwaren ist gefährlicher, als es die geballte Kraft von tausend Reiki-Meistern jemals sein kann.

Um eine Reform der bestehenden Rechtslage zu erreichen, tun *aufgeschlossene* Politiker not, die sich unvoreingenommen ein Bild davon machen, was wir inzwischen über die Möglichkeiten und Chancen geistigen Heilens wissen. Ebenso nötig sind *charakterfeste* Politiker: wirkliche Volksvertreter, die sich gegen die mächtige Ärzte- und Pharma-Lobby behaupten können. Und wir brauchen *pragmatische* Politiker, denen einleuchtet, daß eine Heilweise nicht verhindert werden darf, bloß weil wir sie noch nicht recht verstehen. Im übrigen *kann* sie gar nicht verhindert werden; denn verzweifelte Kranke haben sie seit Jahrtausenden gesucht und werden sie weiterhin in Anspruch nehmen, selbst wenn auf Geistheiler der elektrische Stuhl warten würde. Denn eines hat geistiges Heilen durchaus gemeinsam mit Alkohol- und Drogenkonsum, mit Glücksspielen, mit Prostitution, mit Abtreibung: Jedes staatliche Verbot fördert letzten Endes eben jene Auswüchse und Gefahren, denen es einen Riegel vorschieben will. «Durch Verdrängung wird man kaum ‹die Spreu vom Weizen› trennen können», warnt der Freiburger Parapsychologe und Physiker Dr. Walter von Lucadou.²¹ «Eine Integration könnte dagegen ‹den Sumpf trockenlegen›.» *Einbinden statt ausgrenzen:* das müssen Politiker zu ihrer Maxime machen.

Der einzige deutsche Spitzenpolitiker, der sich in den letzten Jahren vehement dafür einsetzte, erntete dafür bezeichnenderweise nur Hohn und Spott: der frühere Bundeswirtschaftsminister Jürgen Möllemann. Als Bundestagsabgeordneter des Wahlkreises Warendorf mischte er sich im Herbst 1992 in ein laufendes Strafverfahren ein, das gegen den dort ansässigen Heiler Rolf Drevermann wegen «unerlaubter Ausübung der Heilkunde» angestrengt worden war, auf Betreiben des örtlichen Gesundheitsamts. Dem Amtsleiter gab der Minister in seinem Brief vom 6. Oktober zu bedenken: «Ich halte es nicht für überzeugend, einem Manne diese Tätigkeit zu untersagen, der vielen Menschen anscheinend geholfen hat und an den viele Menschen glauben. Als Liberaler vertrete ich nun einmal den Grundsatz, daß jeder nach seiner Fasson glücklich werden soll, wenn er dadurch keinem anderen schadet... Ich würde es sehr begrüßen, wenn ein Weg gefunden wird, der es Herrn Drevermann gestatten würde, in Zukunft weiterhin seine Tätigkeit auszuüben. Viele Menschen würden neue Hoffnung schöpfen und Zuversicht gewinnen in schwierigen Zeiten.»

Bei allem Respekt vor Möllemanns Einsatz: Es wäre zu begrüßen gewesen, wenn er das Gesundheits- und Justizministerium dazu bewegt hätte, diese Initiative mitzutragen; und wenn er es nicht bei einer gelegentlichen Meinungsäußerung an eine untergeordnete Behörde belassen, sondern den Mut aufgebracht hätte, im Parlament und am Kabinettstisch auf eine Gesetzesänderung zu drängen – damit es zu Hexenjagden wie der auf Drevermann nicht mehr kommen kann.

Anfang 1994, knapp anderthalb Jahre nach seinem Skandalbrief, traf sich der Ex-Minister, anläßlich eines Besuches in Warendorf, mit Rolf Drevermann, um sich ein persönliches Bild von dessen Fähigkeiten zu machen. Wie ihm der frühere Bürgermeister der Kreisstadt im östlichen Münsterland, Heinrich Wichmann, dabei vortrug, habe er an einer Gürtelrose im Bauchbereich gelitten. Die damit verbundenen Schmerzen seien nur noch mit Morphium zu ertragen gewesen; als Drevermann die Hände darüber hielt, seien sie sofort verschwunden. Sein Sohn, der Gastwirt Joachim Wichmann, hatte Leukämie. Seit er bei Drevermann war, seien seine Blutwerte wieder völlig normal, wie er Möllemann versicherte. Der prominente Gast war beeindruckt: «Wer Rolf Drevermann in Deutschland das Heilen verbietet, muß nicht alle Tassen im Schrank haben!» äußerte er. Er versprach, den Petitionsausschuß des Bundestages einzuschalten, damit Drevermann endlich eine Zulassung bekommt, in seinem Heimatort praktizieren zu dürfen.[22] (Wieso erst jetzt und nicht schon 1992?)

Wird Möllemann es dabei bewenden lassen? In einer Demokratie kann es nicht darum gehen, einem Heilerstar Privilegien zu verschaffen. Was es einzufordern gilt, sind Grundrechte von Tausenden, denen es vielleicht weniger an Drevermanns Heilkräften mangelt als an einflußreichen politischen Fürsprechern, einer starken Lobby unter Journalisten und einem beruhigenden Kontostand, der es zuläßt, erstklassige Anwälte einzuschalten und einen kostspieligen Prozeßmarathon durch mehrere Instanzen durchzustehen. Zum Ziel, allen Geistheilern gleichermaßen zu ihrem Recht zu verhelfen, müssen endlich parlamentarische Ausschüsse eingerichtet, ausgewogen besetzte Expertenanhörungen veranstaltet, Forschungsaufträge vergeben und Modellprojekte gefördert werden, in denen Ärzte und Geistheiler nach britischem Vorbild zusammenarbeiten. Staatliche Einrichtungen wie das Bundesgesundheitsamt (BGA) bräuchten vom zuständigen Ministerium neue, liberalere Direktiven und Prüfungsmandate – insbesondere die 1976 eingesetzte «Kommission C» des Amtes, die für «besondere Therapierichtungen» zuständig ist. Und ehe neue gesetzliche Grundlagen geschaffen sind, könnten zumindest die Durchführungsbestimmungen der alten gelockert werden: durch entsprechende Anordnungen an nachgeordnete Behörden.

Solange nichts dergleichen geschieht, steht der Staat im Verdacht, seinerseits Straftatbestände zu erfüllen. Denn verdammt die Untätigkeit des Gesetzgebers, sein Verharren auf dem Status quo, nicht viele Kranke letztlich dazu, noch kränker zu werden – weil er ihnen die möglicherweise einzige Hilfe versagt, die sie noch erhalten könnten? Dieser Auffassung ist jedenfalls die 27jährige Berlinerin Nina Degen-Kulosa. Vor zehn Jahren war sie als Fußgängerin von einem Auto angefahren worden. Sie erlitt ein schweres Schleudertrauma der Wirbelsäule, das Ärzte nicht erkannten und unbehandelt ließen: Zwei Lendenwirbel hatten sich gelockert und waren teilweise in den Rückenmarkskanal gewandert, wo sie auf zentrale Nerven drückten. Die Symptome verschlimmerten sich Jahr für Jahr: Immer häufiger traten Taubheitsgefühle, Kribbeln und zeitweise Schwächen in beiden Beinen auf, begleitet von zunehmend heftigeren, anhaltenden Schmerzen. Im

Sommer 1993 versagten die Beine vollständig, seither war die Frau auf den Rollstuhl angewiesen. «Wir können nichts für Sie tun», hörte sie von Schulmedizinern. Nun griff die Lähmung auf den Unterleib über; damit schien die Geburt ihres Kindes, mit dem sie seit einem Vierteljahr schwanger war, auf normalem Wege ausgeschlossen. Verzweifelt vertraute sich die Patientin Anfang 1993 dem Berliner Geistheiler Bernhard Eichholtz an – und im Herbst desselben Jahres, nach rund 50 Sitzungen mit Handauflegen, ging sie wieder ohne fremde Hilfe, brachte sie ohne Kaiserschnitt eine Tochter zur Welt. Um Rückfällen vorzubeugen, möchte die Frau auch weiterhin geistig behandelt werden – doch ist ihr inzwischen bewußt, daß ihr Heiler damit ein kriminelles Delikt begeht. Mit diesem «Irrsinn» will sich Frau Degen-Kulosa nicht abfinden: Am 13. Mai 1994 verklagte sie vor dem Verwaltungsgericht Berlin den Staat auf «Zulassung der Heilertätigkeit von Bernhard Eichholtz an meiner Person». Für den Fall der Ablehnung beantragt die Patientin, das Land Berlin zur Zahlung von 10 Millionen DM Schadensersatz zu verurteilen – ein einmaliges Ansinnen in der bundesdeutschen Prozeßgeschichte. Geht die eigentliche «Gefahr für die Volksgesundheit» am Ende von gewählten Volksvertretern aus, die ihre Bürger daran hindern, Genesungschancen wahrzunehmen?

## 2 Einsichtigere Gesundheitsämter

Nach der Ersten Durchführungsverordnung zum Heilpraktikergesetz[23] liegt die Entscheidung, ob ein medizinischer Laie heilerisch tätig werden darf, letztlich bei den zuständigen Gesundheitsämtern. Der Gesetzgeber hat lediglich festgelegt, unter welchen Umständen eine Erlaubnis zu verweigern ist: Unter anderem muß der Antragsteller das 25. Lebensjahr vollendet haben und mindestens eine abgeschlossene Volksschulbildung nachweisen; es dürfen keine «schweren oder sittlichen Verfehlungen vorliegen», aus denen sich «ergibt, daß ihm die sittliche Zuverlässigkeit fehlt»; er darf kein körperliches Leiden, keine «Schwäche seiner geistigen Kräfte» oder eine Sucht aufweisen, die ihn für einen Heilberuf ungeeignet macht. Vor allem darf «die Ausübung der Heilkunde durch den Betreffenden» keine «Gefahr für die Volksgesundheit bedeuten»[24]. Dies, und nicht mehr, soll das Gesundheitsamt durch eine «Überprüfung der Kenntnisse und Fähigkeiten des Antragstellers» sicherstellen.

Darüber hinaus bestehen keine Rechtsvorschriften über Verfahren, Art und Umfang der Überprüfung. Die inhaltlichen Anforderungen, insbesondere die Auswahl der Fragen, werden somit in das pflichtgemäße Ermessen des Gesundheitsamtes gestellt. In der Praxis wurden diese Freiheiten fast immer dahingehend ausgenutzt, Anwärter einer zunehmend anspruchsvolleren medizinischen Fachprüfung zu unterziehen. Dabei *könnten* es Gesundheitsämter durchaus bei der Feststellung bewenden lassen, ob ein Bewerber gewisse charakterliche und ethische Mindestanforderungen erfüllt, seine Klientel nachdrücklich an Ärzte weiterzuverweisen bereit ist und sich gewissen Beschränkungen unterwirft, denen auch geprüfte Heilpraktiker unterliegen. (Heilpraktikern ist es unter anderem untersagt, die Zahnheilkunde auszuüben, Geschlechtskrankheiten oder bestimmte Seuchen zu behandeln, Betäubungsmittel oder verschreibungspflichtige Medikamente zu verordnen, Kastrationen vorzunehmen und Geburtshilfe auszuüben.) Wie der Gesetzgeber ausdrücklich betont, soll die Erlaubnis, die Heilkunde auszuüben, gerade *nicht* von einer «staatlichen Fachprüfung» abhängen; festzustellen sei lediglich, ob eine «deutlich erkennbare fachliche Ungeeignetheit und Unzuverlässigkeit» vorliegt.[25] Gesundheitsämter, die mehr verlangen, mißachten den Geist des Gesetzes.

Daß mehr Großzügigkeit durchaus möglich ist, zeigte sich 1990 im nordrhein-westfälischen Euskirchen: Das dortige Kreisgesundheitsamt bescheinigte der Geistheilerin Renate Schönwiese aus Kall in der Eifel schriftlich, daß sie ihre Heiltätigkeit weiterhin ausüben dürfe, da sie erwiesenermaßen erfolgreich sei. Entscheidend dafür war offenbar das ärztliche Attest ihres Ehemannes: eines erfahrenen Chirurgen, Internisten und Gynäkologen, der jahrzehntelang im Kreiskrankenhaus von Euskirchen tätig gewesen war. Anfangs überaus ablehnend, hatte er sich schließlich von den Fähigkeiten seiner Frau überzeugen lassen. Seinem gewichtigen Urteil mochte sich das Gesundheitsamt nicht verschließen.[26]

## 3 Mildere Richter

Im Frühjahr 1990 verurteilte das Landgericht Hildesheim den 42jährigen Jochen W., den Leiter eines «Esoterischen Hilfsdienstes». Durch eine «Aura-Umwandlung», so hatte er einer Schweizerin in Aussicht gestellt, werde er sie von jeglichen Gebrechen befreien – gegen ein Honorar von 600 000 Franken, ausgehandelt in einem vierstündigen Gespräch. Daß die Frau geistig behindert war, will der Angeklagte dabei nicht bemerkt haben; sie litt an chronisch paranoider Schizophrenie und war deswegen seit 1963 entmündigt. Sein Pech: Die von ihr ausgestellten Schecks waren ungedeckt.

Um dieselbe Zeit verhängte ein Wiesbadener Gericht eine neunmonatige Freiheitsstrafe auf Bewährung sowie 9000 DM Geldbuße über eine Handauflegerin, nachdem eine 51 Jahre alte, schwer asthmakranke Klientin unmittelbar nach einer mehrstündigen «Heilsitzung» gestorben war. Die «Heilerin» hatte der Patientin geraten, ärztlich verordnete Medikamente abzusetzen. Obwohl während jener Sitzung schwere Krämpfe und Atemnot auftraten, hatte die «Heilerin» keinen Arzt gerufen; ihrer Ansicht nach hielt das Opfer absichtlich die Luft an, um nicht über Probleme sprechen zu müssen.

Scharlatanen wie diesen muß unnachsichtig der Prozeß gemacht werden. Milde ist fehl am Platz, wenn Schwerkranke mit fahrlässigen Versprechen blitzschneller Heilwunder um ihre letzten Ersparnisse geprellt, vom Gang zum Arzt abgehalten und schlimmstenfalls gar in den Tod getrieben werden.

Aber wie kann es ein Richter mit seinem Gewissen vereinbaren, «im Namen des Volkes» einen Menschen zu verurteilen, der eben diesem Volk bisher nur genützt und nie geschadet hat? Dem nichts weiter vorzuwerfen ist, als daß er uneigennützig und aufopferungsvoll, mit liebevoller Anteilnahme, Leidenden zu helfen versuchte und dafür allenfalls Spenden entgegennahm? Mit Skandalurteilen der deutschen Nachkriegszeit, in denen solche Menschen zu Kriminellen abgestempelt wurden, ließe sich ein ganzes Buch füllen. An den dürftigen Urteilsbegründungen bestürzt mich immer wieder eine Mischung aus Uninformiertheit und Arroganz, mit der Richter ihre privaten Vorurteile und Glaubensbekenntnisse juristisch verbindlich machen.

So sprach das Landgericht Berlin 1984 einen Mann schuldig, weil er «fortgesetzt unbefugt die Heilkunde ausübte», indem er Schmerzkranken die Hände auflegte. Daß er damit jemals Schaden anrichtete, konnte ihm nicht nachgewiesen werden. Doch sah das Gericht «objektiv die Gefahr, daß diejenigen, die sich einer derartigen Behandlung unterziehen, im Vertrauen darauf die Anwendung gebotener medizinischer Heilbehandlung unterlassen oder zumindest verzögern»[27]. Nach derselben Logik wären Hersteller von Rettungsringen ein Fall für den Staatsanwalt, da «objektiv» die Gefahr besteht, daß Käufer «im Vertrauen darauf» womöglich nicht schwimmen lernen. Und auch Betreiber von Spielcasinos und Leiter von Lottoannahmestellen müßten vor Gericht gezerrt werden, da doch «objektiv» die Gefahr besteht, daß diejenigen, die mit Glücksspielgewinnen rechnen, im Vertrauen darauf eine gebotene Erwerbstätigkeit unterlassen. Ähnlicher juristischer

Scharfsinn trug der Godesberger Geistheilerin Barbara Brune im Juni 1988 eine Geldstrafe von 10 000 DM ein. Unzählige Dankesbriefe und Aussagen zufriedener Zeugen nahm das Amtsgericht Bonn unbeeindruckt zur Kenntnis. Schwerer wog für die Vorsitzende Richterin, daß «ich ihr Tun für gefährlich halte. Es kann dazu führen, daß Menschen, die dringend ärztliche Hilfe benötigen, sich obskurer Heilkräfte bedienen»[28].

Unvoreingenommenere Richter fühlen sich in solchen Strafsachen allerdings unwohl. So fiel es der 16. Kammer des Verwaltungsgerichts München im April 1989 sichtlich schwer, die Klage des Rechtsanwalts Josef Berger aus Coburg abzuweisen, der einer Geistheilerin sein Leben verdankte. Nun wollte der Jurist seiner Mandantin dazu verhelfen, frei zu praktizieren, obwohl sie schon dreimal durch die Heilpraktikerprüfung gefallen war. Eindrücklich schilderte Berger vor Gericht die erstaunliche Geschichte seiner Rettung. Wochenlang hatten Spezialisten im Klinikum Großhadern vergeblich versucht, hinter das Geheimnis einer rätselhaften Krankheit zu kommen, die den Anwalt umzubringen drohte. Der Mann magerte ab, war fast blind, litt unter Lähmungen. Nachdem Antibiotika nichts ausrichteten, gaben ihm die Ärzte «vielleicht noch drei Wochen zu leben». Berger wurde zum Sterben nach Hause entlassen. Doch seine Mutter wollte nicht aufgeben. Sie wandte sich an eine Heilerin aus Mühldorf. «Noch am Telefon pendelte sie und gab – wie sich später herausstellte – die richtige Diagnose ab», trug Berger vor. Nach ihren Angaben habe ein Apotheker dann «eine ölige Essenz» zusammengestellt, «etwas, das mit Schlangengift zu tun hatte und meine Abwehrkräfte wieder mobilisierte». Schon drei Tage später konnte Berger wieder sehen, nach einer Woche wieder aufstehen. Bei einer Nachuntersuchung im Klinikum Großhadern stellte sich heraus, daß der Anwalt am Virus Bang, dem Erreger einer auch auf Menschen übertragbaren Rinderseuche, gelitten hatte. Darüber hinaus schilderte Berger dem Gericht zahlreiche weitere Fälle, in denen die Frau nachweislich Todkranke habe genesen lassen: «Bei einem Verbot müßte sie Leute sterben lassen, obwohl sie weiß, daß sie ihnen helfen könnte», beschwor der Anwalt das Gericht. Doch aller Einsatz war vergeblich, der Vorsitzende Richter wies die Klage ab: «Wir können uns nicht über Gesetze hinwegsetzen.»[29]

Gesetze zu brechen, erwartet von der deutschen Justiz niemand – wohl aber, in begründeten Ausnahmen, an deren Grenzen zu gehen. Denn die bestehenden Paragraphen lassen durchaus Ermessensspielräume, um Gnade vor Unrecht walten zu lassen. Angesehene Rechtsexperten neigen mittlerweile zu der Auffassung, daß Geistheiler überhaupt keine Behandlungen im Sinne des Heilpraktikergesetzes durchführen – folglich auch nicht wegen angeblicher Verstöße dagegen belangt werden können. Sogar der führende juristische Standardkommentar zum Heilpraktikergesetz argumentiert neuerdings: «Bei verfassungskonformer Auslegung ist ‹Ausübung der Heilkunde› jede Tätigkeit, die nach allgemeiner Auffassung *ärztliche bzw. medizinische (heilkundliche) Fachkenntnisse voraussetzt*, sei es im Hinblick auf das Ziel, die Art oder Methoden der Tätigkeit oder für die Feststellung, ob im Einzelfall eine Behandlung überhaupt begonnen werden kann.»[30] In derselben Richtung hatten sich 1983 bereits das Bundesverwaltungsgericht[31] sowie 1987 der Bundesgerichtshof[32] geäußert. Doch weder braucht ein Geistheiler solche Fachkenntnisse, um «Heilenergien» zu übertragen – noch beansprucht er sie im allgemeinen.

Hoffnung machen jüngste Entscheidungen zweier deutscher Gerichte. Ende 1992 lehnte es die 7. Strafkammer des Landgerichts Münster ab, ein Verfahren gegen Drevermann zu eröffnen, und legte der Staatsanwaltschaft nahe, die Anklage zurückzuziehen. «Was dem Beschuldigten vorgeworfen wird, ist aus der Sicht eines vernünftigen Bürgers nicht zu beanstanden», begründete der Vorsitzende Richter Dr. Womelsdorf seine Entscheidung. Bürger, die sich von Drevermann die Hände auflegen lassen, seien «mündige Menschen, die über nichts getäuscht werden... Daß Herr Drevermann irgend jemandem in irgendeiner Weise geschadet oder eine Person gefährdet hätte, ist den Akten nicht zu entnehmen. Wenn mündige Bürger an Wunder glauben, sollen sie dies tun. Wenn es hilft, um so besser. Ein Anlaß für ein Eingreifen des strafenden Staates ist nicht zu sehen.» Im übrigen «hat die Strafjustiz mit einer derartigen Fülle von (Rechts-)Verletzungen zu tun, daß die Konzentration auf das Wichtige nötig ist... Es erscheint geboten, daß sich die verschiedenen Teile des Justizapparats nicht unnütze Arbeit machen. Auch sonst ist genug zu tun.» Dagegen gehe es «hier um Nichtigkeiten».

Im April 1994 erzielte der Berliner Geistheiler Aron Dolgoy, ein gelernter Schuster aus Riga, vor dem Amtsgericht Berlin-Tiergarten einen ebenso beachtlichen Erfolg: Von der Anklage, gegen das Heilpraktikergesetz verstoßen zu haben, wurde er in erster Instanz freigesprochen. Wie der Richterspruch hervorhebt, habe Dolgoy Hilfesuchende stets vor der Behandlung zum Arzt geschickt; nach seiner Therapie habe er das Ergebnis von Medizinern kontrollieren lassen. Eine «Gefahr für die Volksgesundheit» sei nicht zu erkennen. «Verstößt jemand, der anderen ein Pflaster auflegt, schon gegen die alte

Heilverordnung von 1939?» wird in der Urteilsbegründung gefragt. «Wir müssen wissen, wo die Grenzen sind.»[33]

## 4 Neugierigere Wissenschaftler

Seit den frühen fünfziger Jahren, als neben Parapsychologen auch die ersten Mediziner, Biologen, Chemiker und Physiker einzelne Geistheiler zu kontrollierten Tests und Experimenten einluden, hat sich ein stattlicher Datenberg angehäuft. Wer darin auch nur stichprobenartig wühlt, stößt auf derart viele methodisch einwandfreie, sauber ausgewertete Studien, daß zumindest der vorsichtige Schluß gerechtfertigt scheint: *Manche «Geistheiler» wirken manchmal auch* mittels einer Energie, die sich in vieler Hinsicht von allen anderen bisher bekannten physikalischen Energieformen unterscheidet. Diese Energie muß ergründet werden; ihre Effekte auf biologische Systeme und insbesondere auf den menschlichen Organismus müssen weiter erhärtet werden. Erst dann, unter dem Evidenzdruck einer wachsenden Zahl von Forschungsprojekten und mit der Autorität anerkannter Fachleute, die für deren Qualität die Hand ins Feuer legen, haben politische Initiativen, die auf eine Reform bestehender Gesetze zielen, einigermaßen Aussicht auf Erfolg. Denn zumindest in den Expertokratien westlicher Industriegesellschaften sind politische Umwälzungen ohne eine akademische Vorhut undenkbar geworden – eine Vorhut, die nicht nur aus einigen leicht ausgrenzbaren Einzelkämpfern und Außenseitern besteht, sondern in weiten Teilen des Wissenschaftsbetriebs Gehör und Respekt findet.

Ohne solche Forschungsprojekte dreht sich ein jahrhundertealter Teufelskreis weiter: Weil zu wenige anlaufen, liegen zu wenige Ergebnisse vor. Weil zu wenige Ergebnisse vorliegen, haben sie zu geringes Gewicht, werden als Zufallstreffer abgetan, als Produkte methodischer Schlamperei oder gar als Betrug. Und weil sie nicht ernst genommen werden, finden es zuwenig Wissenschaftler wert, Zeit und Energie auf eigene Nachforschungen zu verwenden. Und so weiter.

Solche Forschungen sind durchaus möglich, auch wenn unklar ist, was die rätselhaften Heilkräfte letzlich *sind*. Die Frage, ob es sich dabei um eine neue Art von physikalischer Energie handelt, um einen Hauch Gottes, einen strahlenden Dämon oder die Kapriolen von Außerirdischen, muß keineswegs entschieden sein, bevor sinnvolle Forschung beginnen kann. Wir sollten diese Frage offenlassen, vorläufig jedenfalls. Selbst wenn wir erst in kommenden Jahrhunderten oder

gar niemals geeignete Meßinstrumente entwickeln, «geistige Heilkräfte» ebenso zu objektivieren wie Magnetfelder und elektrische
Ströme, können wir doch immerhin erforschen, unter welchen Bedingungen solche Kräfte auftreten und worauf sie in welchem Maße
wirken. Das heißt, wir beschränken uns darauf, ihre *kausale Rolle* zu
studieren. So ähnlich schreitet auch die Erforschung der Psychokinese,
der Telepathie, des Hellsehens, des Spuks, ja im Grunde sämtlicher
paranormaler Phänomene voran – und dieser Vorgehensweise befleißi-
gen sich beileibe nicht bloß Psi-Forscher. Sie entspricht vielmehr einer
Forschungsstrategie, wie sie auch Physiker, Biologen und andere Naturwissenschaftler mitunter verfolgen, zumal in frühen Phasen einer
Theoriebildung. Wissenschaftstheoretiker haben sogar einen Namen
dafür: Sie sprechen von einem *topic neutral-approach,* einer «gegenstandsneutralen Zugangsweise»; damit meinen sie einen Forschungsansatz, der die *Natur* eines theoretischen Konstrukts *offenläßt* und es
vorerst rein *funktional* kennzeichnet: als abhängig von bekannten
Vorbedingungen und Folgen.

So gab es in der Geschichte der Medizin eine Zeit, in der genauge-
nommen niemand wußte, was ansteckende Krankheiten in Wahrheit
*sind* – in dem Sinne, daß niemandem klar war, was sie *verursachte:*
nämlich Bakterien und Viren. Trotzdem machte es Sinn, Übertra-
gungswegen und Ansteckungsrisiken, besonders gefährdeten Perso-
nenkreisen, typischen Symptomen und geeigneten Maßnahmen zu
deren Linderung nachzuspüren. Ähnlich ging es ein Jahrhundert lang
in der Genetik zu: Denn bis Anfang der fünfziger Jahre wußte im
Grunde niemand, was ein «Gen» ist – das heißt, was für ein biochemi-
sches Substrat es auf welche Weise zustande bringt, daß Erbmerkmale
von einer Generation auf die nächste übertragen werden. Die Situation, in der sich die Erforschung «geistigen Heilens» gegenwärtig
befindet, ähnelt insofern der des böhmischen Augustinermönchs
Gregor Mendel Mitte des 19. Jahrhunderts. Als Mendel mit Erb-
senpflanzen experimentierte, fand er bei Merkmalsvererbungen «auf-
fallende Regelmäßigkeiten». Aber was wir heute «Gen» nennen
(Mendel sprach von «Element»), war vor hundert Jahren nichts weiter als eine abstrakte Rechengröße, die ausdrückte, mit welcher statistischen Wahrscheinlichkeit es zu bestimmten Merkmalsübertragungen
kommt. Ob einem solchen abstrakten «Gen» ein materielles Substrat
im Inneren der Pflanze entspricht, wußte Mendel nicht; schon gar
nicht ahnte er, welcher Art dieses Substrat wohl sein könnte. Erst
gegen Ende des 19. Jahrhunderts, als unter dem Mikroskop in den
Zellkernen höherer Lebewesen die Chromosomen entdeckt wurden,

schwante Vererbungsforschern: Mendels «Elementen» mußte eine Struktur entsprechen, die dafür sorgt, daß Elternmerkmale in bestimmter Häufigkeit und Ausprägung bei den Nachkommen wiederkehren. *Woraus* ein Gen besteht, blieb allerdings weiterhin unklar. Erst 1953 entdeckten James Watson und Francis Crick, welcher Natur die geheimnisvollen Träger dieser kausalen Rolle waren: Riesenmoleküle aus Desoxyribonukleinsäure, die wie spiralförmig gewundene Leitern aussehen. Deren Stränge bestehen aus abwechselnd je einer Einheit des Zuckers Desoxyribose und eines Phosphats, während sich jede Sprosse aus zwei von vier möglichen Basen aufbaut: Adenin, Guanin, Cytosin und Thymin. Kurzum: Die moderne Genetik begann mit einem rein funktionalen «Steckbrief», der umriß, in welchen gesetzmäßigen Zusammenhängen die möglichen Träger von Erbinformationen stehen; die wahre Natur dieser Träger enthüllte sich erst sehr viel später.

Könnte die Erforschung geistigen Heilens nicht genauso voranschreiten? Und tut dies nicht die empirische Psychologie seit über hundert Jahren? Bis heute ist sie uns eine befriedigende Antwort auf die Frage schuldig geblieben, was ihr Gegenstand, die Psyche, eigentlich ist. Doch diese Ungewißheit hat ihre Forschungsarbeit nicht behindert.[34] Die Frage, ob geistiges Heilen überhaupt einer wissenschaftlichen Betrachtungsweise zugänglich ist, erübrigt sich insofern.

## 5 Aufgeschlossenere Ärzte

Weit außerhalb unseres Sonnensystems zieht der Planet Psipara seine Bahn. Als die bemannte Raumfähre «Explorer X» am 11. November 2022 dort landet, verschlägt es ihrer Besatzung die Sprache: Eine schier unglaubliche, völlig unwahrscheinliche Verkettung sonderbarer Zufälle hatte offenbar dafür gesorgt, daß Psipara sich zum galaktischen Zwilling unserer Erde entwickelte. Sein Alter, seine Geologie, seine Atmosphäre, seine Klimazonen: all das entspricht weitgehend den Verhältnissen auf unserem Planeten. Auch muß dort ungefähr zur selben Zeit wie auf der Erde eine biologische Evolution eingesetzt haben, die annähernd die gleiche Artenvielfalt von Pflanzen und Tieren hervorbrachte. Vor allem, und das ist die atemberaubendste Entdeckung, hat diese Evolution in einer Spezies von Lebewesen gegipfelt, die uns Menschen anatomisch so verblüffend gleicht, daß wir Mühe hätten, sie als Außerirdische zu erkennen, falls sie je bei uns landen würden.

Die Besatzung von «Explorer X», darunter mehrere Wissenschaftler verschiedenster Fachrichtungen, wird auf Psipara herzlich empfangen. Wie ihr rasch klar wird, scheinen die Bewohner von Psipara uns in ihren kulturellen Errungenschaften regelrecht imitiert zu haben: sei es in ihrer Architektur, ihrer Malerei, ihrer Musik, ihren Kommunikationsmitteln. Ebenso hochentwickelt ist ihr Gesundheitswesen – mit einem einzigen gravierenden Unterschied: Es wird beherrscht von einer rein *energetischen* Medizin, die eng verknüpft ist mit einer pantheistischen Weltanschauung. Wenn Ärzte von Psipara Krankheiten behandeln, vertrauen sie dabei nahezu ausschließlich auf eine unsichtbare Energie, die ihrer Ansicht nach den ganzen Kosmos erfüllt, alles Leben durchdringt und erhält. Wesentlicher Bestandteil der ärztlichen Ausbildung ist es deshalb, diese Energie erspüren, aufnehmen und gezielt an Patienten weiterleiten zu lernen, oder auch blockierte Energieströme im Patienten selbst wieder frei fließen zu lassen. Denn jegliche Erkrankung gilt als Folge einer Störung des energetischen Gleichgewichts. Wird dieses hergestellt, so reicht das Selbstheilungspotential des Behandelten im allgemeinen völlig aus, um aus eigener Kraft wieder gesund zu werden. Operiert wird nur in Ausnahmefällen. Denn chirurgische Eingriffe, soweit sie über die Behebung von Unfallfolgen hinausgehen, gelten auf Psipara als Bankrotterklärung ärztlicher Heilkunst. Sie werden erst dann vorgenommen, wenn alle energetischen Maßnahmen, die körpereigene Selbstregulation zu verbessern, versagt haben. «Beuge vor, anstatt zu reparieren», lautet der Leitspruch, der auf Psipara das Hauptportal jedes medizinischen Fakultätsgebäudes ziert.

Ebenso in Verruf stehen synthetische Arzneimittel. Soweit auf Psipara überhaupt Medikamente verabreicht werden, sind sie ausschließlich natürlichen Ursprungs: Denn nur sie, so lautet die vorherrschende Lehrmeinung, können in sich jene Lebensenergie speichern und übertragen, die kranke Körper zur Genesung brauchen. Synthetische Stoffe hingegen gelten als «tot»; sie können nicht energetisch wirksam sein, also auch nichts zur biologischen Selbstheilung beitragen. Zwar haben vor kurzem einige medizinische Außenseiter damit begonnen, bei bestimmten Krankheitsbildern chemische Substanzen und künstliche Bestrahlung einzusetzen, und das angeblich mit einigem Erfolg – doch diesem Ansatz begegnen die ärztlichen Standesorganisationen von Psipara mit wachsender Sorge, da eine zunehmende Zahl von Patienten im Vertrauen darauf die ganzheitliche energetische Prävention und Therapie von Erkrankungen zu vernachlässigen beginnt. Im übrigen gilt diese Heilweise als «unwissenschaftlich», wird auf keiner Hochschule gelehrt und als «esoterisch» belächelt, ja sogar strafrechtlich verfolgt. Denn Krankheiten behandeln dürfen, nach dem strengen Heilpraktikergesetz von Psipara, nur approbierte Energetiker nach mehrjährigem Hochschulstudium.

Von diesen Zuständen sind die mitgereisten irdischen Mediziner hellauf entsetzt. Und so nutzen sie jede Gelegenheit, ihre Fachkollegen von Psipara darüber aufzuklären, welch fruchtlosem, ja gefährlichem Aberglauben sie jahrhundertelang aufgesessen sind.

Doch dabei stehen sie auf verlorenem Posten. Können sie die mangelhaften Erfolge der energetischen Schulmedizin auf Psipara mit guten Gründen anprangern? Immerhin belegen Statistiken, daß unsere galaktischen Antipoden eine vergleichbar hohe Lebenserwartung haben, seltener erkranken und rascher genesen; einige der gefürchtetsten Zivilisationskrankheiten der Erde, darunter rheumatische Leiden, Herz-Kreislauf-Erkrankungen, Diabetes und Krebs, sind auf Psipara nahezu unbekannt. Könnten unsere Wissenschaftler argumentieren, daß jene angebliche «Lebensenergie» weder unmittelbar wahrnehmbar noch mit irgendeinem physikalischen Meßinstrument nachzuweisen ist? Die Ärzte von Psipara beharren indes darauf, daß sie diese Energie, wenn auch erst nach oft jahrelanger Schulung ihrer sensitiven Fähigkeiten, durchaus sehen und spüren können. Im übrigen verweisen sie auf ein fotografisches Verfahren, das zu Diagnosezwecken, ebenso wie zur Kontrolle von Therapieverläufen und -ergebnissen, in keiner Arztpraxis fehlt: Es ähnelt der Kirlian-Technik und macht ihres Erachtens die Energiefelder durchaus meßtechnisch greifbar. Können die irdischen Mediziner geltend machen, daß diese Energie nicht ausreichend wissenschaftlich erforscht ist? Stolz berufen sich die Ärzte von Psipara auf eine jahrhundertelange Tradition von klinischen Studien und placebo-kontrollierten Doppelblindstudien, in denen die Wirksamkeit dieser Energien signifikant zutage getreten ist. Dagegen lägen über den Einfluß von Außenseitermethoden bislang keinerlei wissenschaftlich ernstzunehmende Ergebnisse vor, betonen sie. «Wie sollten sie auch», ereifert sich daraufhin ein irdischer Mediziner, «solange bei euch Forschungsprojekte mit diesem Beweisziel erst gar nicht anlaufen?» Seine Kollegen von Psipara erwidern kühl: «Wozu sollen wir Zeit, Geld und Forschungskapazitäten für Ansätze vergeuden, von denen wir a priori wissen, daß sie nicht wirken *können*?»

An diesem Punkt der Diskussion angelangt, bleiben den konsternierten irdischen Medizinern nur zwei Einwände übrig. Beide sind *pragmatischer* Natur. Erstens: *Wenn* einem kranken Bewohner von Psipara durch verpönte Außenseiterverfahren wie etwa chirurgische Eingriffe, synthetische Drogen und künstliche Bestrahlungen selbst

dann noch geholfen werden kann, nachdem alle «energetischen» Maßnahmen versagt haben – sollte dann nicht nach dem Grundsatz verfahren werden: «Wer heilt, hat recht»? Geht nicht das Wohl des Patienten
über alles – egal, woher es kommt? Und zweitens: Stehen sich die
beiden vorherrschenden Medizinsysteme auf Psipara und der Erde –
nämlich ein energetisches und ein mechanisch-biochemisches – tatsächlich als unvereinbare Gegensätze gegenüber? Könnten sie einander
nicht ergänzen?

Diese Geschichte ist rein fiktiv – keineswegs aber die Moral daraus, die
wir für das irdische Gesundheitswesen ziehen sollten, insbesondere in
der westlichen Welt. Denn könnte nicht auch auf unserem Planeten
zusammenfinden, was weithin noch als unvereinbar gilt?

Um eine solche Annäherung einzuleiten, brauchen wir Ärzte, die
aufgeschlossen zur Kenntnis nehmen, was an wissenschaftlichen Untersuchungen über die Effekte geistigen Heilens mittlerweile vorliegt*,
auch wenn sie noch in keinem medizinischen Lehrbuch stehen, und im
Lichte dieser Befunde eigene Vorurteile überdenken. Wir brauchen
Ärzte, deren Neugier durch solche Resultate beflügelt wird und eigene
Nachforschungen anregt. In diesem Geist entstand schon kurz nach
dem Ersten Weltkrieg eine «Berliner ärztliche Gesellschaft für para-
psychologische Forschung», die Heilmagnetismus, hellsichtige Diagnostik und viele andere medizinisch bedeutsame Psi-Phänomene
experimentell zu ergründen versuchte.[35] (Dreieinhalb Jahre widmete
sie allein der Untersuchung eines Mediums, das Krankheitszustände
auf außersinnlichem Wege zu erkennen schien.) Wo gibt es in Deutschland heute vergleichbare Initiativen?

Wo solche Untersuchungen an Grenzen stoßen**, dürfen Ärzte
allerdings nicht stehenbleiben. Denn Medizin muß keineswegs zwangsläufig dort enden, wo der Boden «harter» Wissenschaft verlassen
wird. Daß ärztliche Heilkunst sich auf Tätigkeiten zu beschränken hat,
die durch experimentelle Studien nach physikalischem Vorbild abgedeckt sind, und nur dann ihr höchstes Niveau erreicht, wenn sie sich
strikt innerhalb eines von Naturwissenschaftlern vorgegebenen Rah-
mens bewegt, halte ich für ein fatales Vorurteil. Es entsteht, wenn
Mittel und Zweck verwechselt werden. Heißt das oberste Ziel der
Medizin denn nicht, Leiden vorzubeugen, zu lindern und zu beseitigen? Dazu kann Wissenschaft nur als Instrument dienen. Sobald die

---

* Siehe Kapitel IV, Seite 261 ff.
** Siehe Kapitel IV, Abschnitt «Der Zerrspiegel», Seite 295 ff.

Befriedigung ihrer Ansprüche zum wichtigsten Maßstab für ärztliches Tun gerät, wird der individuelle Patient in seiner Notlage sekundär – und zum Mittel für abstrakte Forschungsziele degradiert.

Alles zu versuchen und nichts zu versäumen, was einem Kranken helfen könnte: Diese Pflicht allein obliegt Ärzten. Insofern muß ihr Berufsethos *pragmatisch* sein, in erster Linie an voraussichtlichem Nutzen ausgerichtet. Um diesen Nutzen abzuschätzen, ist wissenschaftliche Forschung ein unentbehrliches Instrument, aber beileibe nicht das einzige. *Erfahrung* ist ein weiteres, deshalb verdient auch sie Respekt. Schmackhaft und gesund gekocht wird auf der Erde nicht erst, seit es die moderne Ernährungswissenschaft gibt. Nachdem Johannes Kepler um 1620 die günstigsten Maße für Weinfässer berechnet hatte, mußte er feststellen, daß solche Behältnisse längst von Winzern verwendet wurden. Als Sadi Carnot 1824 seine Theorie der Dampfmaschine entwickelte, waren seine Vorschläge zur Konstruktionsverbesserung längst Maschinenbaupraxis.[36] Haben Mediziner aus solchen Beispielen nicht abzuleiten, daß Intuition, handwerkliches und künstlerisches Vermögen dem wissenschaftlichen Erkenntnisstand mitunter weit vorauseilen? Daß eine vermeintlich «unwissenschaftliche» Behandlungsmethode, wie sie Geistheiler einsetzen, segensreich wirken kann, lehrt das in allen Kulturkreisen dieser Erde seit Jahrtausenden angesammelte heilkundliche Wissen; die oft jahrzehntelangen Erfahrungen der fähigsten Geistheiler; die glaubwürdigen Berichte Abertausender von Patienten; und nicht zuletzt die Beobachtungen vieler Ärzte.

Erfahrung geringzuschätzen, scheint berechtigt, solange eine Person auf ihren Körper und der Körper auf eine biochemische Maschine reduziert wird. Als solche läßt sie sich erforschen und manipulieren wie jeder andere Mechanismus in der Natur auch. Doch immer mehr Ärzte beginnen zu ahnen, welch verhängnisvollen Irrweg die Wegbereiter der neuzeitlichen Medizin einschlugen, als sie begannen, sich einseitig an ein mechanistisches Menschenbild zu klammern, das eine Transformation von Heilkunde in Humanphysik nahelegte.[37] Medizin war und ist primär keine Naturwissenschaft, ebensowenig wie sich ärztliche Heilkunst in Medizintechnik erschöpft; denn ihr Gegenstand, der Mensch, ist mehr als ein Mechanismus. Er entzieht sich Modellen, Untersuchungen und Eingriffen, wie sie bei Robotern angemessen wären. Wenn bei einem Roboter ein Defekt auftritt, dann deshalb, weil gewisse Teile versagen – und diese können repariert oder ausgewechselt werden. Aber um zu verstehen, warum ein Mensch erkrankt, genügt es nicht herauszufinden, welche Funktionen beeinträchtigt, welche Organe geschädigt sind. Er muß als Ganzes betrachtet und verstanden werden, als einmalige Einheit von Physis und Psyche, in besonderen Lebensumständen, mit einer einmaligen Geschichte. Und nur als Ganzheit ist er auch zu heilen.

Ein solcher ganzheitlicher Ansatz verbindet die meisten natur- und erfahrungsheilkundlichen Therapierichtungen. Und je mehr Ärzte sich für sie öffnen, desto mehr verbreitet sich unter ihnen eine Denkweise, die sie geistigem Heilen näherbringt. Der Trend in dieser Richtung ist unübersehbar: Strenge «Schulmediziner» befinden sich in Wahrheit innerhalb der deutschen Ärzteschaft bereits in der Minderheit. 95 Prozent aller niedergelassenen Allgemeinärzte wenden bereits sogenannte «alternative» Verfahren an: im Durchschnitt vier. Das Spektrum reicht von Homöopathie über Neuraltherapie und Akupunktur bis zu anthroposophischen Heilmethoden. Drei von vier Ärzten arbeiten mit solchen Verfahren bereits seit mindestens zwei Jahren, knapp die Hälfte sogar schon seit über fünf Jahren. Nur 41 Prozent bezeichnen sich selbst noch als reine «Schulmediziner». 48 Prozent sehen sich eher als «Schulmediziner mit alternativer Tendenz», acht Prozent sogar als ausgesprochene «alternative Mediziner». Mehr als die Hälfte erachtet Kritik an der Schulmedizin für notwendig, weitere 43 Prozent halten sie zumindest im Einzelfall für angebracht. Drei von vier Ärzten bemängeln, ihre Ausbildung sei einseitig naturwissenschaftlich ausgerichtet gewesen. 83 Prozent meinen, bei der Fortbildung durch die Ärztekammern kämen alternative Behandlungsmethoden zu kurz.[38]

Die Motive für diese Entwicklung sehe ich einerseits in einem pragmatischen Abschied von wissenschaftlichen Dogmen, im Interesse der Patienten, andererseits in einer wachsenden Unzufriedenheit der Ärzte mit ihrer eigenen Berufsrolle. Diese Unzufriedenheit hat vor allem zwei Ursachen: die Übergewichtung des Medikaments – und die zunehmende Industrialisierung ärztlicher Tätigkeit. Beides ist geistigem Heilen fremd, wie überhaupt allen Ansätzen ganzheitlicher Medizin.

Die pharmazeutische Revolution ist dabei, aus Heilkundigen zunehmend Aussteller von Arzneimittelgutscheinen zu machen. Mit ihren rund 800 000 Rezepten pro Tag bewegen Deutschlands Ärzte einen jährlichen Medikamentenberg in private Hausapotheken, dessen Wert dem Jahresumsatz der Deutschen Bundesbahn entspricht.[39] Mehr als 22 Milliarden DM sind 1991 für Tabletten, Pillen, Zäpfchen, Tinkturen und Salben in der Bundesrepublik allein zu Lasten der gesetzlichen Krankenversicherung ausgegeben worden.[40] Damit die Verschreibungswut nicht erlahmt, hat die Pillenbranche ein flächendeckendes

Heer von über 15 000 Pharmareferenten rekrutiert, deren tüchtigste Ministergehälter dafür einstreichen, vor den Sprechzimmern beharrlich Schlange zu stehen. Zwar zog nicht nur die Industrie, sondern auch die Ärzteschaft daraus immensen Profit; denn «nicht zuletzt das Medikament hat es ermöglicht», wie der Medizinsoziologe Professor Christian von Ferber feststellt, «in die Arbeitsstunde eines Arztes eine früher unvorstellbare Anzahl von Patienten einzubringen»[41]. Doch auf der Strecke blieb dabei, was den Arzt vom Pharmatechniker unterscheidet und für Patienten unentbehrlich macht: die zeitaufwendige, liebevolle Wegbegleitung eines Notleidenden, aus der das notwendige Vertrauen erwächst.

Ebenso frustriert immer mehr Ärzte, daß sich die moderne Medizin in diesem Jahrhundert zunehmend von der Heilkunst zur Industrie entwickelt hat, die mit immer höherem Technikeinsatz und Materialverbrauch das Produkt «Symptomfreiheit» zu erzeugen versucht – und dabei immer häufiger an ihre Grenzen stößt. Ein modernes Krankenhaus ähnelt heute eher einer Fabrikanlage, die sich von Großbetrieben der Gebrauchsgüterindustrie nur noch im Erzeugnis, nicht aber grundsätzlich in der Arbeitsorganisation unterscheidet. In dieser Produktionsmaschine wird der Arzt zum kleinen, fremdgetriebenen Rädchen mit begrenzter Funktion; häufiger ist er mit der Kontrolle technischer Abläufe befaßt als mit den Menschen, an denen sie sich vollziehen. Flieht er davor in eine eigene Kassenpraxis, so muß er nicht mehr nur seine Sprechstundenhilfen, sondern vor allem seine Maschinen ernähren. Der Zwang, immer teurere Geräte zu amortisieren, wird zum nervenaufreibenden Kostenjoch – und handlungsleitend für Diagnostik und Therapie. Solche Verhältnisse begünstigen einen Typ von Arzt, der die Befindlichkeit von Patienten aus der Quersumme von Vitaldaten, Laborwerten und digitalen Indizes bildet – und alles durch den Raster fallen läßt, was sich nicht als meßbare, in Zahlen darstellbare Abweichung von der Datennorm festmachen läßt. Nichts verstört einen solchen Arzttypus mehr als der Aspekt eines Leidens, den er nur im Gesicht seines Patienten erkennt, nicht aber auf dem Computermonitor wiederfindet. Auf der Strecke bleibt dabei ausgerechnet jene Tätigkeit, die sich als einzige nicht industrialisieren und an Automaten delegieren läßt: das geduldige, einfühlsame, anteilnehmende Gespräch mit dem Kranken.[42] Mit der Stoppuhr stellte der Hamburger Mediziner Dr. Stephan Ahrens in drei Praxen von Kollegen fest, daß die «vom chronisch kranken Patienten dominierte Gesprächsphase durchschnittlich 0,11 Minuten» betrug – sieben Sekunden.[43]

Doch immer mehr Ärzte sträuben sich gegen diese Selbstentfremdung, organisieren ihre Praxen neu, nehmen dafür auch Einkommens-einbußen in Kauf – und rücken den Kranken wieder in den Mittel-punkt des Geschehens. Wer den Mut dazu hat, verdient zwar an erheblich weniger Patienten; dafür wächst aber seine Berufszufrieden-heit, und seine Klientel erweist sich im allgemeinen als weitaus praxis-treuer, kooperativer und leichter zu behandeln.[44]

Dieser Trend macht Hoffnung. Sobald ein Arzt seine Berufsauffas-sung – und entsprechend auch sein Praxisangebot – zu ganzheitlichen Ansätzen hin erweitert, findet er eine Fülle von Berührungspunkten mit der Arbeitsweise geistiger Heiler; er entdeckt verwandte Ziele und komplementäre Vorgehensweisen. Sie kennen vielleicht den folgenden Witz: Ein Skelett kommt zum Zahnarzt. Der schüttelt bekümmert den Kopf: «Also, ihre Zähne sind ja soweit ganz in Ordnung. Aber das Zahnfleisch, das Zahnfleisch . . .» Worüber lachen wir dabei eigentlich? Der Befund des Arztes wird zur Parodie. Er überzeichnet Einstellun-gen, wie wir sie bei Schulmedizinern allzu häufig antreffen: Ihre Auf-merksamkeit gilt irgendeinem defekten Teil des Körpers – aber der ganze Mensch gerät ihnen dabei oft aus dem Blick. Gerade in dieser Hinsicht verhalten sich viele Geistheiler vorbildlich: in der Geduld, der Einfühlsamkeit, der liebevollen Anteilnahme, auch der Weisheit, in der sie auf ihre Klienten eingehen, auf ihr Schicksal, ihre Sorgen, ihre Lebensumstände. Viele Patienten fühlen sich von ihren Heilern als Einheit von Körper, Geist und Seele behandelt. Mit einem Wort: *mitmenschlich*. Mag sein, daß darauf ein Großteil der Erfolge beruht, die geistiges Heilen erzielt. Aber selbst wenn es *ausschließlich* auf diesem psychologischen Wege helfen würde – könnte es damit die ärztliche Praxis nicht bereichern?

Liebe als ärztliche Grundhaltung predigt nicht nur, sondern prakti-ziert der amerikanische Arzt Dr. Norman Shealy, ein früherer Neuro-chirurg, in seinem Zentrum zur Schmerzrehabilitation in La Crosse, Wisconsin, schon seit den siebziger Jahren – in Zusammenarbeit mit Geistheilern. Sein Durchschnittspatient, so weist eine Vierjahresstati-stik aus, hat vier Operationen hinter sich, ist seit über sechs Jahren Invalide, hat für seine medizinische Betreuung bisher zwischen 50 000 und 70 000 Dollar aufgewendet, nimmt bis zu vierzehn verschiedene Medikamente gleichzeitig ein. Shealy setzt autogene Visualisierungen, gelenkte Imaginationen, Biofeedback-Techniken und Meditations-übungen ein – doch hinter all seinen Hilfsangeboten steht «etwas, das ich als ‹Liebesenergie› bezeichne. Dabei beschäftigen wir uns auch mit dem Ehepartner, den Kindern oder allen anderen Personen der häusli-chen Umgebung, um den Lebensentwurf zu ersetzen, der die Krankheit in erster Linie ausgelöst hat.» 80 Prozent seiner Patienten verlassen die Klinik nach zwölf Tagen erheblich gebessert.[45]

«Liebesenergie», so verstanden, kann ein Arzt sicherlich auch ohne den Beistand eines Geistheilers in seine Praxis einfließen lassen. Aber der Einsatz von «Energie» ist möglicherweise mehr als bloß eine Metapher, sie könnte eine reale Kraft bezeichnen. Geistheilern gelingt es möglicherweise, diese Kraft zu entfesseln.

Freilich ist es vom natur- und erfahrungsheilkundlich arbeitenden Arzt bis zum überzeugten Befürworter von Handauflegen, Gesundbeten oder Fernbehandeln immer noch ein großer Schritt. Doch immerhin beginnt die Einheitsfront von Kritikern, die «geistiges Heilen» als okkulten Humbug abtun, auch innerhalb der Ärzteschaft mehr und mehr zu bröckeln.

Immer häufiger machen sich Ärzte für geistiges Heilen stark, nachdem sie oft jahrelang kritisch mitverfolgten, wie gut es Patienten tut. «Ich habe eine Reihe erstaunlicher Heilungen erlebt, die schulmedizinisch nicht erklärbar waren», räumt der Allgemeinmediziner Dr. Klaus Döhner aus Midlum, Kreis Cuxhaven, ein. Als er nach dem Zweiten Weltkrieg dort seine Praxis eröffnete, mußte er es schnell als «völlig zwecklos» erkennen, Patienten, die an Handaufleger, Gesundbeter und Fernheiler glaubten, davon abzubringen. «Im Gegenteil. Ich habe mir über deren Behandlungsmethoden berichten lassen, um mir ein eigenes Urteil bilden zu können.» Dabei habe er feststellen müssen, daß manche Geistheiler «zum Beispiel Hauterkrankungen, Wund- und Gürtelrosen, selbst von Bakterien und Pilzen verursachten Leiden» in Einzelfällen verblüffend rasch beikamen, nachdem schulmedizinische Maßnahmen versagt hatten. «Nach langjährigen und sehr kritischen Beobachtungen muß ich das zugeben.»[46]

Immer mehr Ärzte überweisen, unter der Hand, hoffnungslose Fälle an Geistheiler weiter. Selten bereuen sie ihren Mut dazu. Ob Klaus Begon aus dem Eifeldorf Auw[47], der österreichische Psychologe und Schamane Dr. Christian Kranz aus St. Pölten[48] oder Ursula Kress aus dem schweizerischen Romanshorn[49]: Sie stehen für eine vermutlich hundertfach höhere Dunkelziffer von Geistheilern, denen aufgeschlossene Mediziner am Ende ihres Lateins die Praxen füllen. Ursula Kress etwa kann Originalbriefe mehrerer Ärzte vorlegen, von denen sie Behandlungen überwachen ließ: «Immer wieder konnte ich mich davon überzeugen, daß Sie sehr beachtliche Erfolge bei verschiedensten Krankheiten hatten», bestätigte ihr ein Berliner Chirurg.[50]

Der Allgemeinmediziner Dr. John Cohen hat den Nutzen solcher Zusammenarbeit kürzlich quantifiziert: Für seine eigene Praxis veranschlagt er ihn, bei chronischen Leiden, auf rund 80 Prozent. Im Jahre 1990 überwies er 44 seiner Patienten, die an besonders hartnäckigen Erkrankungen litten, an eine Gruppe von Geistheilern, die ihm ihre Dienste angeboten hatte. (Der jüngste Patient war 18, der älteste 75; das Durchschnittsalter lag bei knapp 46 Jahren.) 17 von ihnen wurden von anhaltenden Schmerzen im Bewegungsapparat gequält, elf kämpften mit schweren psychischen Problemen wie Depressionen und Ängsten. Durchschnittlich viermal suchte jeder von ihnen daraufhin die Heilgruppe auf. Gegen Ende des zwanzigwöchigen Testzeitraums befragte Cohen alle beteiligten Patienten. Nur jeder Fünfte gab an, die Geistheilungen hätten ihm «nichts gebracht». Jeder Zweite hob «ganz außerordentliche» oder zumindest «erhebliche» Fortschritte hervor, knapp jeder Dritte berichtete immerhin von einer «leichten Besserung»[51].

Ehe Rolf Drevermann 1993 vor penetranten deutschen Staatsanwälten nach Seis in Südtirol und weiter nach Ibiza floh, war er für mehrere Ärzte aus der weiteren Umgebung seines Heimatdorfs Warendorf zum respektierten Partner geworden. Einen besonders engagierten Verbündeten fand er in einem niedergelassenen Allgemeinmediziner aus Hamm-Pelkum, Dr. Tadeusz Blaszczyk. Als typischen Fall schildert der Arzt das Schicksal des 26jährigen Jörg G. aus Oelde. Bei einem schweren Motorradunfall hatte sich der junge Mann 1982 einen Splitterbruch des Unterschenkels zugezogen. Drei Jahre später erkrankte er an schwerem Rheuma – der Bechterewschen Krankheit –, kurz darauf kam ein Hautleiden an den Unterschenkeln hinzu. Beide Krankheiten blokkierten gegenseitig ihre Heilung: Medikamente gegen das Rheuma verschlimmerten die Entzündungen an den Beinen, Arzneimittel gegen die Hautkrankheit verstärkten die Bechterew-Symptome. Jörg G. litt unsägliche Schmerzen. «Wir wußten nicht mehr, wie wir ihm helfen konnten. Wir Ärzte waren an unsere Grenzen gekommen», erklärt Dr. Blaszczyk. Daraufhin wandte sich der junge Mann an Rolf Drevermann. Drei Wochen lang «bestrahlte» der Heiler die entzündeten Beine. Als Jörg G. daraufhin wieder den Arzt aufsuchte, konnte dieser «es nicht fassen: Die Entzündungen waren verschwunden, die Haut der Beine war rosig-zart. Ich weiß nicht, wie der Mann das hingekriegt hat. Ich weiß nur, daß wir einen solchen Erfolg in so kurzer Zeit nie geschafft hätten.» Weshalb seine Fachkollegen sich gegenüber Heilern wie Drevermann nicht zu größerer Aufgeschlossenheit durchringen können, kann Dr. Blaszczyk inzwischen nicht mehr nachvollziehen: «Er spritzt nicht, er verteilt keine Salben, er verschreibt keine Tabletten. Er hilft – ohne jede Nebenwirkungen. Und das ist für die Patienten das wichtigste.»[52]

Was spricht dagegen, Geistheilern wie Drevermann nicht nur gelegentlich, unter der Hand, «hoffnungslose» Fälle zu überweisen, sondern sie offiziell in Arztpraxen aufzunehmen? Kein englischer Arzt, der das Wagnis einging – allein in London sind es mittlerweile ein halbes Dutzend[53] –, hat den Mut dazu bislang bereut. In einem von sieben Ärzten geführten Therapiezentrum in Collumpton, Grafschaft Devon, etwa arbeitet seit Mai 1992 die Geistheilerin Gill White mit. Jeden Dienstagmorgen kommt sie, um durchschnittlich fünf Patienten zu behandeln, jeweils eine Dreiviertelstunde lang. Vereinbarungsgemäß befaßt sie sich dabei «ausschließlich mit chronischen Leiden, die schon mindestens seit einem halben Jahr andauern und auf keine andere Behandlung angesprochen haben, sei sie nun schulmedizinischer oder unkonventioneller Art», berichtet der Leiter des Ärztezentrums, der Allgemeinmediziner Dr. Michael Dixon.[54] Im Juni 1993 zog er eine Zwischenbilanz. Sie berücksichtigte die ersten 25 Patienten, deren sich Gill White angenommen hatte: darunter neun Fälle von chronischen Schmerzen im Rücken, Unterleib oder Kopf, jeweils drei Fälle von Arthritis, Depression und chronischer Anspannung, zwei Fälle von chronischem Erschöpfungssyndrom sowie Einzelfälle von Dickdarmentzündung, Harnwegsinfektion, Schuppenflechte und Dystonie (einer Störung des normalen Spannungszustands der Muskeln). Auf einer neunstufigen Skala ließ Dixon einschätzen, inwieweit sie von der Geistheilung profitiert hatten. (Diese Skala reichte von «so schlimm wie vorher» bis zu «keinerlei Symptome mehr».) Über 70 Prozent berichteten, ihre Beschwerden hätten sich gebessert. «Diese Einschätzungen», so Dixon, «deckten sich weitgehend mit unseren ärztlichen Befunden.» Darüber hinaus erklärten nahezu alle (96 Prozent), die Behandlung wäre für sie eine «positive, angenehme und nützliche Erfahrung gewesen».

In Einzelfällen erleben Ärzte als Lebensgefährten von Geistheilern tagtäglich mit, was deren Kräfte bisweilen auszurichten vermögen – und stehen dazu: der Ehemann von Renate Schönwiese, ein Chirurg[55], ebenso wie der Partner von Madeleine Elewa-Riedel[56], ein Veterinärmediziner; der Arztgatte von Irmgard Christoph aus Neckarbischofsheim[57] ebenso wie die Freundin des Schweizer Handauflegers Jakob Schären vom Thuner See[58], eine Herzchirurgin. «Du arbeitest im Groben und ich im Feinsten», definiert Schären den Unterschied zu ihrer Arbeit.[59]

Und immer mehr Ärzte erfahren, was Geistheiler können, an kaum faßbaren Genesungen von Angehörigen – ja sogar am eigenen Leib. (Allein in der Praxis von Leonhard Hochenegg führten innerhalb eines einzigen Jahres, 1989, dreizehn Patienten den Titel «Dr. med.».)

- Eine 38jährige Ärztin aus Neusiedl am See litt seit einem Jahr an Myomen, gutartigen Bindegewebsgeschwülsten, in der Gebärmutter. Kurz bevor sie operiert werden sollte, lernte sie das bekannte Schweizer Heilerehepaar Rudolf und Heidy Schuricht aus Winterthur kennen. Ihr wurde «Energie übertragen». Eine Woche später waren die Myome völlig verschwunden, wie ein Gynäkologe bestätigte.[60]
- Zu der Schweizer Heilerin Ursula Kress brachte eine Zahnärztin ihren dreizehnjährigen Sohn mit. Er litt an Zwergwuchs, seit Jahren stand sein Körperwachstum still; laut ärztlicher Prognose würde er nicht größer als 1,30 Meter werden. Frau Kress legte die Hände auf. Wenige Wochen später war der Junge um vier Zentimeter gewachsen.[61]
- Von einem Rechtsanwalt beglaubigen ließ der Neurologe Dr. med. Schaurich aus Passau einen Dankesbrief, den er seinem Geistheiler Christos Drossinakis aus Frankfurt/Main zukommen ließ: «Wie Sie wissen, hatte ich schwere Durchblutungsstörungen und eine Kniegelenksentzündung im linken Bein», schrieb er am 19. Oktober 1979. «Trotz ständiger fachärztlicher Behandlung war ich gezwungen, unentwegt schmerzstillende Mittel einzunehmen. Ich war deutlich gehbehindert. Seit Sie mich viermal behandelt haben, bin ich absolut schmerzfrei. Auch bei längerem Gehen habe ich keine Beschwerden mehr. Für Ihre erfolgreiche Hilfe möchte ich mich bedanken. Ich werde Sie auf jeden Fall in meinem Bekanntenkreis weiterempfehlen.»[62]
- Ebenfalls an Drossinakis wandte sich die französische Zahnärztin Dr. Sylvie Dufraisse-Jourdin aus Laval. Im Juni 1987 war ihre Tochter Marion zur Welt gekommen. Neun Monate später traten bei dem Kind erste Symptome der Little-Krankheit auf – so benannt nach dem Londoner Chirurgen William Little (1810–1894) –, eine Kinderlähmung aufgrund eines Hirnschadens. «Im Alter von zwei Jahren», berichtet die Ärztin, «konnte sich Marion kaum allein umdrehen; sie krabbelte auf dem Bauch mit Hilfe der Arme, während sie die Beine nachzog. Als sie vier war, wußten wir nicht, ob Marion jemals sprechen würde: Ihr Vokabular umfaßte nicht mehr als zehn Wörter, die meisten verstümmelt. Ihre Beine konnten sie nicht tragen, Muskeln und Sehnen hatten sich zurückgebildet.» Das Gutachten eines Arztes aus Nantes stellte darüber hinaus «psychische und emotionale Störungen» fest, unberechenbare Aufmerksamkeits- und Stimmungsschwankungen; er beschrieb Marion als «launisch und widersetzlich». Ab April 1992 begann sich Drossinakis um das

Mädchen zu kümmern. «Seit dieser Zeit», erklärt die Ärztin, «ist eine bemerkenswerte Änderung in der allgemeinen Entwicklung eingetreten. Marion macht beschleunigte Fortschritte. Sie beginnt allein an Krücken zu gehen, sie lernt zu schreiben, und die verbale Kommunikation kommt in Gang. Nach jedem Zusammentreffen mit Drossinakis bemerken wir, daß sie dynamischer, ruhiger und beharrlicher ist bei allem, was sie unternimmt. Sie versteht alles, sie lacht auf Scherze, sie stellt Überlegungen an. Wir haben wieder Hoffnung geschöpft.»[63]

- Ein 70jähriger Chirurg aus Koblenz litt seit drei Jahren an zu spät erkanntem, inoperablem Prostatakrebs. 1988 wandte sich seine Frau an die Luzerner Heilerin Elvi Biedermann mit der Bitte, ihn fernzubehandeln. Der Arzt wußte nichts davon. Kaum hatte die Fernheilung begonnen, da besserte sich sein Zustand zusehends. Schließlich löste sich der Tumor vollständig auf. Bis heute hielt diese Genesung an. «Später wurde der Arzt dann von seiner Frau eingeweiht», berichtet die Heilerin. «Daraufhin wollte er mich unbedingt sehen. Er kam und war zutiefst dankbar.»[64]

- Ein 71jähriger Psychiater aus Basel hatte sich im Dezember 1992 eine komplizierte Fußfraktur zugezogen. Seither litt er an heftigen Schmerzen; weder Bandagen noch Medikamente machten sie erträglich. Am 6. Februar 1993 suchte er die Basler Heilerin Madeleine Daigl auf: «Ich hielt seinen Fuß mit beiden Händen und schickte geistige Heilkraft hinein», berichtet sie. Nach 24 Stunden war der Fuß schmerzfrei; wenige Tage später belegte eine Röntgenaufnahme, daß der Bruch verheilt war. Nun vertraute sich der Arzt der Heilerin auch wegen seiner arthritisch entzündeten Hand an, die ihn seit acht Monaten heftig schmerzte. Vom 20. Februar 1993 an ließ er sich einmal wöchentlich, zweieinhalb Monate lang, die Hände auflegen. Die Schmerzen verschwanden, die Entzündung klang ab, die Deformation bildete sich zurück. Der behandelnde Arzt fand diese Veränderung «unerklärlich»[65].

- Ein 26jähriger Arzt aus Rostock, der seit 1986 an epileptischen Anfällen litt, schloß sich im August 1991 einem örtlichen Heilkreis an, der sich von einem Totengeist «göttliche Heilströme» zuleiten läßt. Bis März 1993 war er vollständig geheilt.[66]

- Ebenfalls an schwerer Epilepsie litt die heute 46jährige Frau eines Facharztes für Neurologie; drei heftige Anfälle pro Woche waren die Regel. Außerdem belastete sie ihre ungewollte Kinderlosigkeit. In ihrer Not vertraute sie sich 1990 der Heilerin Marica Henning aus Kassel an. Daraufhin traten ihre Krampfattacken deutlich seltener und schwächer auf. Ein Dreivierteljahr später brachte sie einen Sohn zur Welt.[67]

Immer mehr Ärzte entdecken auch an sich selbst geistige Heilkräfte: teils spontan, teils in Seminaren bei Geistheilern wie der Münchnerin Anita Furdek oder der Züricherin Emma Zoller. Dem größten britischen Heilerverband, dem NFSH, gehörten Ende 1991 immerhin bereits 42 Ärzte an.[68] Die «Marinho-Medienschule» in Deutschland und der Schweiz, die eine sanfte Form des Exorzismus lehrt*, haben in den letzten Jahren über ein Dutzend Ärzte absolviert; und viele wenden die erlernten Techniken, «Fremdenergien» zu bannen, auch therapeutisch an. Ein siebzigköpfiger Heilkreis in Graz, der auf den jenseitigen Beistand des «Wunderheilers» Bruno Gröning vertraut, wird seit 1991 von einer Ärztin geleitet.[69] Als Geistheiler hatte der Berliner Arzt Dr. Josef Gemassmer[70] schon in den fünfziger Jahren Schlagzeilen gemacht, wie neuerdings die französische Ärztin Dr. Janine Fontaine, der Österreicher Dr. Leonhard Hochenegg[71], Dr. Eli-Erich Lasch[72] und Dr. Krassen Jordanow[73] aus Berlin, der in London lebende amerikanische Psychiater Dr. Daniel Benor[74], die englische Allgemeinmedizinerin Jean Robertson, der Schweizer Dr. Hansruedi Naeff[75], die Russen Dr. Ludmilla Lobowa und Dr. Juri Leontjew, der Amerikaner Dr. Norman Shealy. Der weitaus größere Teil arbeitet im verborgenen, aus berechtigter Furcht vor hämischer Kollegenschelte und Repressalien ihrer Standesorganisationen. Geistheilung ist in ihrer Praxis ähnlich schwer zu bekommen wie Whisky unter dem Ladentisch zu Zeiten der Prohibition. Aber sie findet statt. Und sie nützt. So bezog Dr. Lasch in einen Praxistest 50 Patienten mit chronischen Rückenschmerzen ein, die zumeist an Bandscheibenvorfällen litten. 47 von ihnen «haben auf die erste Behandlung angesprochen und meine Praxis schmerzfrei verlassen», berichtet der Arzt und Heiler. Zwar «ist bei fast allen der Schmerz nach zwei bis vier Tagen wiedergekommen, denn innerhalb einer Sitzung kann man nur das Symptom behandeln, nicht aber seinen Ursprung. Trotzdem sehe ich auch das als Erfolg an, denn in allen Fällen handelt es sich um Schmerzen, die schon auf fast nichts mehr angesprochen hatten», weder auf Spritzen noch Tabletten. «Vielleicht noch wichtiger ist die Tatsache, daß keinerlei Nebenwirkungen auftraten, außer positiven. Depressionen verschwanden, die Patienten hatten mehr Energie und Lebensfreude.» Im weiteren Verlauf der Behandlungen wurde «bei allen Patienten die schmerzfreie

---

* Siehe Kapitel I, Seite 157.

Zeitspanne immer länger und der Schmerz immer schwächer». Die Bilanz von Laschs Test: Sieben Patienten brachen die «Geistheilung» nach ein bis zwei Sitzungen ab, weil die Schmerzen wiederkamen. Von den übrigen 43 Patienten waren 35 auch zwei Monate später noch schmerzfrei – drei schon nach dem allerersten Handauflegen, der Rest nach drei bis höchstens zehn Behandlungen.[76]

Promovierte Mediziner, teils mit eigener Praxis, als Geistheiler: Dieses irritierende Faktum paßt schlecht zum Klischee vom ungebildeten, kritiklosen, wissenschaftsfernen Kurpfuscher und Scharlatan. Aber nicht nur Ärzte, auch gestandene Vertreter anderer Wissenschaftszweige finden sich heute in der Heilerszene: darunter Physiker (wie der Russe Dr. Alexander Rasin[77]), Chemiker (wie Wolfgang Tegeder aus Münster[78]) und Juristen (wie Dr. Bruno Rösch-Elverfeld aus Reinach, Schweiz[79]), neben Dutzenden von Diplom-Psychologen und anderen graduierten Sozialwissenschaftlern.

Warum fühlen sich nicht viel mehr Ärzte durch solche Erfahrungen ermutigt, geistiges Heilen in ihre Praxis, in ihre Klinik einzubeziehen, unvoreingenommen zu prüfen und Wege zur Zusammenarbeit zu suchen? Wie zum Beispiel ein Wiener Arzt, der Georg Rieders «Röntgenblick» an seinen Patienten testet. Oder der Münchner Psychotherapeut Dr. Paul Meienberg, der die Heilerin Anita Furdek in seiner Praxis mitarbeiten läßt – und Zusammenkünfte mit Münchner Ärzten vermittelt, auf denen Frau Furdek Diagnosen stellt und Behandlungen vorschlägt. Oder der Chefarzt des städtischen Krankenhauses von Bari, der den Heiler Dr. Nicola Cutolo monatelang bei sich arbeiten ließ – und von den Ergebnissen derart beeindruckt war, daß er dafür sogar einen Rechtsstreit mit Ärztekollegen in Kauf nahm, der ihn schließlich seinen Posten kostete. Oder zwei Warschauer Kliniken, die den polnischen Geistheiler Dr. Jerzy Rejmer knapp 4000 Patienten behandeln ließen.

England hat es uns längst vorgemacht: Vor 35 Jahren schon, Ende 1959, öffneten fast 200 Krankenhäuser ihre Tore für geistige Heiler – damals noch gegen den heftigen Widerstand der Britischen Ärztekammer, heute mit deren (mißmutigem) Segen. Bis Ende 1992 waren bereits rund 1500 Kliniken für Heiler zugänglich. Seit kurzem bietet sogar eine der größten und angesehensten britischen Tumorkliniken, das Cookridge-Hospital in Leeds, Geistheilung als Therapieform an.[80] Niedergelassene Ärzte dürfen seit 1985 ihre Patienten an Geistheiler überweisen, sofern sie den Behandlungsverlauf weiterhin überwachen. Sind englische Ärzte denn zu naiv oder okkultistisch veranlagt – oder einfach undogmatischer und pragmatischer als hierzulande?

Im übrigen bestehen auch außerhalb Großbritanniens längst beachtliche Modelle der Kooperation zwischen Ärzten und Geistheilern. Ob im Norden Thailands, in dem vom französischen Psychiater Jean-Pierre Hiegel 1979 gegründeten «Traditional Medical Center»; oder in Islands zweitgrößter Stadt Akureyri, in einer vom Gesundheitsministerium ausdrücklich gebilligten Spezialklinik, die der Mediziner Dr. Ulfur Ragnarsson 1976 eröffnete; oder im nordpolnischen Bialystok, wo der Geistheiler Zdzislaw Jablonowski seit 1990 Osteuropas erste private Poliklinik für Paramedizin leitet; oder in Moskau, in der Schitnajastraße, wo der Medizinprofessor Alexander Rasumow, von der russischen Regierung unterstützt, kürzlich ein modernes «Zentrum für Gesundheitsprobleme» eingerichtet hat: Überall arbeiten Schulmediziner verschiedener Fachrichtungen mit Naturheilärzten, Psychotherapeuten und Geistheilern vorbildlich zusammen. Selbst in Deutschland ist seit März 1991 eine solche Modelleinrichtung zu besichtigen: die «Klinik für Traditionelle Chinesische Medizin» (TCM) im oberpfälzischen Luftkurort Kötzting bei Cham, das größte Zentrum seiner Art außerhalb Chinas. Zu dem vierzigköpfigen Ärzteteam der 78-Betten-Klinik zählt ein Dutzend Mediziner aus Fernost, darunter auch Qi-Gong-Meister. Vor allem bei chronischen Schmerzen, Migräne und Nervenleiden sowie Beschwerden im Stütz- und Bewegungsapparat (wie etwa bei rheumatischen Erkrankungen) gilt die TCM-Klinik als Geheimtip für medizinisch «hoffnungslose» Fälle. Von 2400 Patienten, die sich bis Mitte 1993 in Kötzting behandeln ließen, hatte jeder im Durchschnitt zuvor bereits vier Fachärzte konsultiert; zwei Drittel litten schon länger als fünf Jahre unter chronischen Beschwerden. Trotzdem trat bei 46 Prozent eine deutliche Besserung ein. Welches Verdienst daran der fernöstlichen Form geistigen Heilens zukommt, ist schwer abzuschätzen; daß sie mitwirkte, steht jedoch außer Frage.[81]

Nicht «die Ärzte», sondern ein paar einflußreiche Lehrstuhlinhaber, vor allem aber Spitzenfunktionäre der mächtigen Ärztekammern sind es, die weiterhin Sturm gegen jeden Versuch laufen, geistiges Heilen und andere außerschulische Behandlungsformen aufzuwerten. Sie tun es ungeprüft, a priori. Auch insofern hat Großbritannien Vorbildfunktion: Im Jahre 1983 berief der britische Ärzteverband BMA eine siebenköpfige Untersuchungskommission ein, die «alternative Heilweisen» unvoreingenommen prüfen sollte – darunter auch geistiges Heilen. (Den Anstoß dazu hatte der britische Thronfolger Prinz Charles gegeben, der von 1982 bis 1983 Ehrenpräsident der BMA war.) Als am 12. Mai 1986 der 197seitige Abschlußbericht erschien, stellte er der «alternativen» Konkurrenz – von Osteopathie und Chiropraktik über Hypnose und Tai-Qi bis hin zu Aroma- und Bach-Blütentherapie – zwar ein alles in allem vernichtendes Urteil aus («wissenschaftlich unbeweisbar», «kläglich unwirksam», «manchmal schädlich»). Doch immerhin heißt es darin über die «sogenannten Geistheiler»: «Ihre Techniken sind harmlos, stellen keine Eingriffe dar und vermitteln vielen Patienten ein intensives Lebens- und Wohlgefühl.»[82] Konsequenterweise stellt die BMA, obschon zähneknirschend, ihren Mitgliedern inzwischen ausdrücklich frei, mit Geistheilern zusammenzuarbeiten. Würden Deutschlands Ärzteverbände bloß soviel einräumen: Es wäre schon viel gewonnen.

## 6 Lernfähigere Krankenkassen

Kommt auf unsere Krankenkassen eine neue Kostenlawine zu, falls sie nun auch noch für unsichtbare Heilenergien aufkommen sollen?

In Wahrheit ist es doch die Schulmedizin, die Unsummen verschlingt, mit einem immer gigantischeren technischen Aufwand, der in immer krasserem Mißverhältnis zum erzielten Nutzen steht. Beispiel Deutschland: Allein im Gesundheitsbereich hat die Bundesrepublik 1990 304 Milliarden DM ausgegeben – das sind fast 10 Prozent des Bruttosozialprodukts, umgerechnet täglich knapp 5000 DM pro Einwohner. Davon entfielen allein auf den Bereich «Therapie» 184 Milliarden – gegenüber 36 Milliarden vor zwanzig Jahren.[83] Zugleich stieg der Pro-Kopf-Verbrauch an Medikamenten seit den fünfziger Jahren um mehr als das Zwanzigfache – und erzeugte 1,4 Millionen Tablettensüchtige. Allein die gesetzlichen Krankenkassen mußten 1992 eine Ausgabenflut von knapp 87 Milliarden DM bewältigen, einschließlich der neuen Bundesländer sogar über 102 Milliarden.[84]

Was brachte es? Beim Kampf gegen Krebs oder Herzinfarkt, gegen Gefäßerkrankungen und Altersleiden, gegen chronische und degenerative Krankheiten, sogar gegen Schnupfen und banalen Juckreiz: Überall sind seit Jahrzehnten keine oder bloß minimale Behandlungsfortschritte zu vermelden. Ist es da nicht töricht, ja gegenüber Kranken geradezu verantwortungslos, auf ein Therapieangebot zu verzichten, das oft gerade bei vermeintlich «unheilbaren» Leiden hilft – zu verzichten aus dem einzigen Grund, weil man sie noch nicht recht versteht?

Zugegeben, niemand hat bisher auf Mark und Pfennig vorrechnen können, wieviel Geld eingespart werden könnte, wenn geistiges Heilen voll in unser Gesundheitswesen integriert wäre. Nur aus Großbritannien liegt uns eine ungefähre Expertenschätzung vor: Demnach könnten die Ausgaben des staatlichen Gesundheitsdienstes um immerhin ein Viertel gesenkt werden, wenn unkonventionelle Heilmethoden voll anerkannt und eingesetzt würden.[85] Und etliche Milliarden dieser Einsparungen entfallen sicherlich auch auf geistiges Heilen. Der erwähnte Modellversuch in einem britischen Ärzteteam in Collumpton, in dem eine Geistheilerin einmal wöchentlich einen halben Tag lang chronisch Kranke betreut, erbrachte beachtenswerte Zahlen: Von den ersten 25 Patienten, die sie betreute – die Hälfte von ihnen rheumatisch oder schmerzkrank –, konnten immerhin «acht ihren Medikamentenkonsum erheblich einschränken oder ganz darauf verzichten», berichtet der leitende Arzt Dr. Michael Dixon. «So konnten im Laufe eines Jahres pro Patient über 1000 Pfund an Arzneimittelkosten eingespart werden»: umgerechnet rund 3000 DM. «Zudem sank die durchschnittliche Zahl der Arztbesuche von zwölf auf acht.»[86] Rechnen wir diese Zahlen bloß auf die rund fünf Millionen chronisch Schmerzkranker[87] in Deutschland um, die sich pro Jahr einen Medikamentenberg von mehreren Millionen Pfund einverleiben[88] (350 000 Bundesbürger werden jährlich von anhaltenden Schmerzen in den Selbstmord getrieben)[89], oder auf die über drei Millionen Rheumakranken allein in den alten Bundesländern[90], so liegt die Vermutung nahe: Geistiges Heilen, konsequent in unser Gesundheitssystem einbezogen, könnte allein auf diesen Therapiesektoren jährlich zweistellige Milliardenbeträge einsparen helfen, während es selbst verschwindend geringe Kosten verursacht.

Ihre Unlust, alternative Therapierichtungen zu finanzieren, begründet die gesetzliche Krankenversicherung in Deutschland gewöhnlich mit dem «Wirtschaftlichkeitsgebot». Demnach «müssen die Leistungen ausreichend, zweckmäßig und wirtschaftlich sein; sie dürfen das Maß des Notwendigen nicht überschreiten. Leistungen, die nicht notwendig oder unwirtschaftlich sind, können Versicherte nicht beanspruchen, dürfen die Leistungserbringer nicht bewirken und die Krankenkassen nicht bewilligen» (nach § 12 I SGB V). Doch wer entscheidet über das «Maß des Notwendigen»? Wenn private Krankenkassen die Kostenerstattung für Leistungen im «alternativen» Gesundheitsbereich verweigern, verschanzen sie sich gewöhnlich hinter der sogenannten «Wissenschaftlichkeitsklausel», die jeder Versicherte zwangsläufig mitunterschreibt, wenn er seinen Vertrag abschließt. (Auf sie hatten sich 1976 vierzig private Krankenversicherungen geeinigt.) Demnach «besteht keine Leistungspflicht für wissenschaftlich nicht allgemein anerkannte Untersuchungs- oder Behandlungsmethoden und Arzneimittel»[91]. Diese Praxis besteht fort, obwohl der Bundesgerichtshof in einem aufsehenerregenden Urteil vom 23. Juni 1993 (Aktenzeichen: IV ZR 135/92) diese Klausel als Verweigerungsgrund für unwirksam erklärt hat. Nach Auffassung der Richter sollten über die Frage, ob eine Therapie erstattungsfähig ist, vier andere Kriterien entscheiden, nämlich: Ist sie «medizinisch notwendig»? Hat sie sich in der Praxis als «erfolgversprechend» bewährt? Ist sie ebenso «wirksam» wie die wissenschaftlich allgemein anerkannten Methoden und Arzneien? Verursacht sie keine höheren Kosten?

So dehnbar die Schlüsselbegriffe in diesem Anforderungskatalog auch ausfielen: Daß geistiges Heilen sie in vielen Einzelfällen erfüllt, ist keine Frage – zumindest nicht für Mediziner, die sich mit ihr auskennen. Und wessen Urteil sollte verläßlicher sein? Seit Jahren setzt sich der Stuttgarter Rechtsprofessor Dr. Rüdiger Zuck dafür ein, das Erfordernis der «allgemeinen wissenschaftlichen Anerkennung» im Gesundheitswesen zu ersetzen durch das Kriterium der «*Binnen*anerkennung», wie er es nennt. Gemeint ist die überwiegende Zustimmung seitens sachkundiger Vertreter der jeweiligen Therapierichtung.[92] Würde über geistiges Heilen derart geurteilt, so könnten in Deutschland längst britische Verhältnisse herrschen, auch in Fragen der Kostenübernahme.

Anfang 1994 hat der Staatliche Gesundheitsdienst Großbritanniens (NHS) auf Antrag mehrerer Ärzte erstmals eine Geistheilerin formell als Beraterin (Consultant) eingestellt: die Handauflegerin Pauline Baume aus Kenilworth, Vizepräsidentin des Heilerverbands NFSH.[93] «Die NHS teilte mir eine Vertragsnummer zu, führt mich seither als ‹Leistungseinheit› und finanziert meine Stelle», erklärt die «spirituelle» Therapeutin. Ob sich die Führungsspitzen von AOK, DAK und anderen gesetzlichen Krankenkassen in Deutschland nicht besser erst einmal bei ihren britischen Kollegen nach Beweggründen, Erfahrungen und Zielen erkundigen, ehe sie diesen Einbruch von Esoterik ins staatliche Gesundheitswesen hohnlächelnd abtun – oder kommentarlos übergehen?

# 7 Versöhnlichere Heilpraktiker

Unter den 10 000 Heilpraktikern in Deutschland geben 400 an, in ihrer Praxis «geistiges Heilen» einzusetzen.[94] Trotzdem wird gerade aus ihren Reihen eine oft geradezu feindselige Ablehnung dieser Heilweise laut, die an Schärfe der Kritik von schulmedizinischer Seite in nichts nachsteht. Insbesondere die Funktionärsspitzen der Verbände, in denen sich Heilpraktiker teilweise schon seit 1880 zusammengeschlossen haben, laufen Sturm gegen jedwede Bestrebung, geistiges Heilen aufzuwerten. Ein beträchtlicher Teil der Strafverfahren, die gegen Geistheiler angestrengt werden, geht auf Anzeigen von Heilpraktikern zurück.

Solche Animositäten scheinen mir vor allem von zwei Motiven herzurühren: Während Geistheiler in der Regel mit kaum mehr als konzentrierter Absicht, liebevoller Zuwendung und ein paar rituellen Gesten arbeiten, haben Heilpraktiker ihrer Kundschaft eine breite Palette von natur- und erfahrungsheilkundlichen Diagnose- und Therapiemaßnahmen anzubieten: Vier Fünftel beherrschen die Irisdiagnostik, über 70 Prozent setzen Homöopathie ein, knapp zwei Drittel akupunktieren; auch Verfahren wie Neuraltherapie (46 Prozent), Chiropraktik (36 Prozent), Diagnose mittels Akupunkturpunkten und Reflexzonen (33 Prozent), Ozon- und Sauerstofftherapie (32 Prozent) oder Pflanzenheilkunde (23 Prozent) sind weit verbreitet. Davon abgesehen kommen in über 80 Prozent aller Naturheilpraxen auch schulmedizinische Diagnoseverfahren zum Einsatz.[95] Die dafür notwendigen medizinischen Kenntnisse und Fertigkeiten zu erwerben, erfordert ein mehrjähriges, durchaus anspruchsvolles und kostspieliges Studium, an dessen Ende ein kaum kalkulierbares Risiko steht, in der Abschlußprüfung beim Gesundheitsamt durchzufallen. (Manche Amtsärzte sind für ihren schikanösen Umgang mit Prüfungskandidaten geradezu berüchtigt.) Wer diesen beschwerlichen Weg gegangen ist, den wurmt es verständlicherweise, wenn ein medizinischer Laie drauflosdoktern darf, bloß weil er seinen Händen oder seinen Gebeten irgendwelche «übernatürlichen» Heilkräfte zutraut. Für Stephan Wagner etwa, Präsident des Bundes Deutscher Heilpraktiker, gilt ohne Wenn und Aber: «Wir können nicht dulden, daß jemand heilt, ohne seine Qualifikation nachgewiesen zu haben.»[96]

Hinzu kommt Futterneid, zumal in Zeiten eines verschärften Verteilungskampfs auch auf dem Gesundheitsmarkt. Nur wenige Patienten, die sich an einen Geistheiler wenden, können oder wollen sich gleichzeitig auch noch einen Heilpraktiker leisten, zumal die Krankenkassen in keinem Fall die Kosten übernehmen. Jährlich schließen 600 Heilpraktiker ihre Praxen[97]; bei den übrigen herrscht zunehmend Flaute. Die Zahl der Patientenkontakte ging in letzter Zeit, teilweise rezessionsbedingt, um 30 Prozent zurück.[98] Unter solchen Umständen empfinden viele Heilpraktiker das Treiben von Handauflegern, Fernheilern und Gesundbetern als existentielle Bedrohung.

Dabei verkennen sie, daß beide Seiten profitieren würden, wenn sie zusammenfänden, um gemeinsam zum Wohle des Patienten zu wirken. Ich kenne eine ganze Reihe von Fällen, in denen Geistheiler von aufgeschlossenen Heilpraktikern eingeladen worden sind, in deren Praxis mitzuarbeiten, darunter Peter Simon aus Wentorf[99], Romain Schampagne aus Neunkirchen[100] und Marie-Antoinette Jouak aus Neckarsulm[101]. Beiden Seiten kommt diese Kooperation zugute: Der Heilpraktiker nutzt die intuitiven Fähigkeiten des Geistheilers; der Geistheiler nutzt das profundere medizinische Wissen und Können des Heilpraktikers. Ihre Patienten begrüßen das erweiterte Angebot.

Im übrigen ist Solidarität schon deshalb ein Gebot der Stunde, weil beide Seiten seit eh und je gleichermaßen in der Schußlinie schulmedizinischer Kritik stehen. Ginge es nach manchen Hardlinern in Ärztekammern und auf Lehrstühlen, so würden auch in Deutschland längst österreichische Verhältnisse herrschen: Ersatzlos erloschen dort im Juni 1947 alle ausnahmsweisen Berechtigungen zur Ausübung der Heilkunde, die das vom Großdeutschen Reich aufgenötigte Heilpraktikergesetz noch vorgesehen hatte. So werden neuerdings auch gemäßigte Stimmen laut: «Das Interesse an geistiger Heilung ist in unserer Kollegenschaft sehr groß», räumt der Präsident des Verbandes Deutscher Heilpraktiker, Ekkehard Scharnick, ein. «Wir halten sie in der Therapie vor allem von chronischen und psychischen Krankheiten für unverzichtbar. Letztendlich muß sich Geistheilung durchsetzen, denn sie ist wesentlicher Bestandteil eines ausgewogenen Therapieangebotes und einer seriösen gesundheitlichen Versorgung der Bevölkerung.»[102]

# 8 Verantwortungsvollere Journalisten

Wie ein Großteil unserer Massenmedien nach wie vor mit geistigem Heilen umgeht, verrät einiges über den schleichenden Verfall journalistischer Berufsethik. Es überwiegen drei Typen von Reportern, Redakteuren und Buchautoren: *Sensationssucher, Entlarver* und *Totschweiger.*

Was spricht gegen Sensationsberichte? Wo etwas Außergewöhnliches stattfindet, muß es auch publik gemacht werden. Aber lieber abwarten, zurückhalten und weiterrecherchieren, als vorschnell Hoffnungen zu wecken. Grundsätzlich habe ich auch nichts gegen das «Entlarven». Wo Betrug und Gefahr drohen, muß schonungslos warnend darauf hingewiesen werden. Aber die vielen Sherlock Holmes' und Derricks der schreibenden Zunft verkennen eines: Wer ein schwarzes Schaf aufgespürt hat, weiß deshalb noch lange nicht, welche Farbe der Rest der Herde hat.

Und ebenso gilt: Lieber schweigen, statt Unsicheres als gewiß zu verkaufen. Aber zumindest bei der Tagespresse, bei staatlichen Rundfunk- und Fernsehanstalten arbeiten mehrheitlich Leute, die konsequent *alles* unerwähnt lassen, was ihrem sogenannten «gesunden Menschenverstand» zuwiderläuft. Im Laufe der letzten Jahre habe ich sicherlich schon einige tausend Texte über psychologische und medizinische Themen in der Presse placieren können – jedoch nicht einmal ein halbes Dutzend über *para*psychologische Forschungsergebnisse, außer in esoterischen Fachzeitschriften; das lag weder an der minderen Qualität der Texte noch der Forschungsergebnisse. Diese Mauer des Schweigens, des Totschweigens, muß erst fallen, ehe geistiges Heilen die breite Öffentlichkeit erreichen kann. Dazu müssen unsere Journalisten keineswegs leichtgläubiger werden. Sie brauchen sich nur auf die Grundsätze seriösen Wissenschaftsjournalismus zu besinnen – und diese auch dann noch zu beherzigen, wenn sie Neuland betreten.

Wozu jener Teil der schreibenden Zunft fähig ist, den der Wiener Satiriker Karl Kraus treffend «Journaille» genannt hat, habe ich beim Thema «geistiges Heilen» in den letzten zwei Jahren zweimal unmittelbar miterleben müssen. In beiden Fällen gehörte ich zu den Opfern.

## Das «Blutbad» von Basel:
## Ein Heilerkongreß im Spiegel der Boulevardpresse

Zu einem «Weltkongreß für geistiges Heilen» luden die 10. Internationalen «Psi-Tage», Europas bedeutendster Publikumskongreß für Grenzwissenschaften, im November 1992 nach Basel ein. Vier Tage lang berichteten namhafte Heiler aus aller Welt – von Brasilien über Marokko und Südafrika bis Rußland, Volksrepublik China und Japan, Hawaii und Philippinen – über ihre Arbeitsweise und Erfolge, demonstrierten an Kongreßteilnehmern «geistige» Diagnosen und Behandlungen, ließen sich in Tests und Experimenten prüfen. Zahlreiche Patienten, die sich von der Schulmedizin bereits aufgegeben fühlten, trugen vor, wie sich Geistheilungen auf ihre Leiden auswirkten. Psi-Forscher erörterten in Referaten, Podiumsdiskussionen, Seminaren und Filmen, was an wissenschaftlichen Untersuchungen über die verschiedenen Formen geistigen Heilens vorliegt: von Handauflegen und Gesundbeten, Gruppen- und Fernbehandlungen bis zu schamanischen und exorzistischen Praktiken – und zur Trance-Chirurgie unter der angeblichen Führung jenseitiger Geister. Aufgeschlossene Ärzte berichteten über Fälle von erfolgreicher Zusammenarbeit mit Geistheilern. Juristen erörterten rechtliche Probleme einer medizinischen Versorgung durch Laien; Philosophen und Theologen diskutierten weltanschauliche Hintergründe und Folgen. In über 60 verschiedenen Veranstaltungen des Hauptprogramms waren insgesamt ebenso viele Referenten im Einsatz, darunter 40 Heiler; über 150 weitere Heiler boten in einem ständigen Rahmenprogramm «Unter vier Augen» an Informationsständen Auskunft, Rat und Hilfe an.

Rund 2700 Besucher wurden während dieser vier «Psi-Tage» auf beinahe sämtliche Themenfelder geführt, in die sich das Phänomen des geistigen Heilens auffächert, und erlebten ein paar Dutzend der weltweit bedeutendsten Praktiker und Theoretiker auf diesem Gebiet hautnah mit. Doch einen Teil der über hundert angereisten Journalisten interessierte von vornherein nur ein Gast aus Brasilien: José Humberto, der in Trance blutige Eingriffe am Körper seiner Patienten vornimmt. Sie suchten und fanden Blut, Schweiß und Tränen. Was sie ihren Redaktionen an Texten und Fotos lieferten, vermittelte den Eindruck, als hätte in Basel im wesentlichen ein lebensgefährliches pseudochirurgisches Gemetzel stattgefunden: Messer im Fleisch, Bluttropfen auf Laken, ein ohnmächtiger oder sich übergebender Augenzeuge...: Mehr erfuhren die Leser nicht.[103] Typische Überschriften von zusammenfassenden Nachrichten lauteten: «Trance-OP: Nichts für schwache Nerven»[104], «Geistheiler operierte – Zuschauer kippten um»[105]. An der Pressekonferenz teilzunehmen oder irgendeinen anderen Teil des Kongreßprogramms auf sich wirken zu lassen, erschien diesen Reportern überflüssig; anwesende Experten nach therapeutischen Effekten, paranormalen Aspekten und theoretischen Hintergründen derartiger Eingriffe zu befragen, ersparten sie sich; die umfangreiche Pressemappe würdigten sie keines Blickes. Ihre Gesichter waren im Kongreßzentrum höchstens drei Stunden zu sehen: zu jener Zeit, in der Humberto «operierte», also während eines Bruchteils des gesamten Programmangebots. Daß dies nichts mit Recherche zu tun hat, lernt jeder Volontär gewöhnlich in der ersten Ausbildungswoche. «Die Verzerrung der Realität im Bericht», bemerkte Karl Kraus sarkastisch, «ist der wahrheitsgetreue Bericht über die Realität.»[106] Sie verrät wenig über den Stoff – dafür um so mehr über den Verfasser und das System, dem er dient.

### Die Möllemann-«Wunderheiler»-Affäre:
### Wie Massenmedien politischen Mut bestraften
Jener Brief an das zuständige Gesundheitsministerium, in dem sich der damalige Bundeswirtschaftsminister Jürgen Möllemann vehement für

den Geistheiler Rolf Drevermann einsetzte, datiert vom 6. Oktober 1992.* Doch bis Jahresende krähte kein Hahn danach. Zwar stand Möllemann seit Herbst unter politischem Dauerbeschuß. Doch ging es dabei um die «Briefbogenaffäre»: Auf einem amtlichen Briefbogen des Wirtschaftsministeriums an die Chefs deutscher Supermarktketten war für ein «pfiffiges Produkt» von Möllemanns Vetter geworben worden, einen Einkaufswagen-Chip. Immer lauter wurden Rücktrittsforderungen. Doch der Minister blieb stur, und ebenso hartnäckig hielt die öffentliche Diskussion über ihn an.

Damit stand zwangsläufig nicht nur der Politiker, sondern auch die Privatperson Jürgen Möllemann, seine Befähigungen, Neigungen und Engagements wochenlang im Brennpunkt des öffentlichen Interesses, angeheizt durch Presse, Funk und Fernsehen. Diese Situation hielt ich für einmalig günstig, um geistiges Heilen in Deutschland einen Schritt weiterzubringen: Denn dessen Legalisierung setzt politischen Druck voraus, und für ausreichenden Druck können nur Massenmedien sorgen. Seit Oktober lag mir eine Kopie des Möllemann-Briefs in Sachen Drevermann vor. Seine Veröffentlichung zu diesem Zeitpunkt, so hoffte ich, würde den umstrittenen Minister dazu zwingen, seine liberalen Standpunkte und Argumente zu diesem Thema endlich öffentlich zu erläutern und zu verteidigen, statt bloß in einem privaten, eher klammheimlichen Brief an den Leiter irgendeiner untergeordneten Behörde. Damit hätte sich die heftige Diskussion um Möllemann um das Heilerthema erweitern können, mit einem prominenten Fürsprecher im Mittelpunkt und dem laufenden Strafverfahren gegen Drevermann als endlich beachtetes Musterbeispiel eines Justizskandals. Davon hätte ein entscheidender Anstoß für neue parlamentarische Debatten und Gesetzesinitiativen ausgehen können, die endlich auch in Deutschland Millionen von Kranken, und Tausenden von Heilern, ihre verfassungsmäßigen Freiheitsrechte sichern.

Dem angeschlagenen Minister den Rest zu geben, lag mir fern; ich wollte ihn lediglich zum Werkzeug einer guten Sache machen. Mit dieser Absicht bot ich am 25. Dezember 1992 der Chefredaktion des *Stern* den Möllemann-Brief an, zusammen mit ausführlichem Hintergrundmaterial über Drevermanns Biographie, Heilerfolge und glänzend bestandene ärztliche Tests sowie über die laufende Klage der Staatsanwaltschaft. Binnen Stunden griff der *Stern* zu; ein Bericht darüber wurde bereits für die nächste Ausgabe eingeplant, die am Donnerstag, dem 30. Dezember, erscheinen sollte.

---

* Siehe Abschnitt «Reformfreudigere Politiker», Seite 313.

Vorab verbreitete der *Stern* schon am Montag, dem 28. Dezember, eine Ankündigung des brisanten Stoffs an Nachrichtenagenturen. Noch am Vormittag desselben Tages flimmerten erste Meldungen per Videotext über die Fernsehbildschirme, die bis zum Abend zu Top-News in allen Kanälen wurden: «Möllemann macht sich für ‹Wunderheiler› stark.» Am Dienstag machte fast jede Tageszeitung damit auf. Die Kommentare waren einhellig: Statt auch nur andeutungsweise die Gründe zu hinterfragen, aus denen sich Möllemann für den Heiler eingesetzt hatte, erweckten Deutschlands Redakteure einhellig den Eindruck, als sei der Minister nunmehr tölpelhafterweise noch in ein zweites Fettnäpfchen getappt. Dem *Stern* selbst fiel keine passendere Schlagzeile ein als: «Ein neuer Brief von Möllemann – Der Wirtschaftsminister schreibt und redet sich um Kopf und Kragen».[107] Statt auch nur auf ein einziges seiner Argumente für Drevermann einzugehen, wurde über ihn jetzt erst recht kübelweise Hohn und Spott ausgeleert: Wer derzeit in Deutschland am allerdringendsten einen «Wunderheiler» nötig habe, sei doch wohl Möllemann selbst. Daß ein Minister, der sich für derart okkultes Zeug stark macht, untragbar ist, verstand sich für Deutschlands Meinungsmacher unisono von selbst. Kommentarlos reichten sie Stellungnahmen wie die des DGB-Vorsitzenden Heinz Werner Meyer weiter: «Wenn das zutrifft, daß der Wunderheiler-Brief mit Möllemanns Kenntnis geschrieben worden ist, dann ist dies wohl ein Grund, den Hut zu nehmen.» (Muß es einen durchschnittlich berufsgeeigneten Journalisten nicht geradezu in den Fingern kribbeln, Meyers «ausreichenden Grund» auf den Grund zu gehen?) Demzufolge fragten bis Jahresende 1992 zwar Dutzende von Zeitungsredaktionen, Rundfunk- und Fernsehanstalten wegen der sogenannten «Wunderheiler»-Affäre in meiner Presseagentur an; doch kein einziger Anrufer war auf den sachlichen Hintergrund von Möllemanns Einsatz neugierig. «Jetzt muß er gehen, finden Sie nicht auch?» hörte ich von beinahe jedem.

So machen sich Journalisten zu Erfüllungsgehilfen eben jener politischen Interessengruppen, deren propagandistische Süppchen sie doch eigentlich eher durch sachliche Informationen versalzen sollten. Die «Wunderheiler»-Affäre fügte die Einheitsfront von Mediengewaltigen mit Christ- und Sozialdemokraten, Grünen und selbst schadenfrohen Parteifreunden gegen den Aufsteiger aus Westfalen noch fester zusammen. Ihr Opfer war chancenlos.

Zur gleichen Zeit weilte der arg gebeutelte Minister an einem Palmenstrand in der Karibik. Erst nach einigen Tagen des Zögerns brach er seinen Urlaub ab und flog zurück nach Bonn. Vorab kündigte er an, nach seiner Rückkehr unverzüglich eine Erklärung auch zu diesem zweiten «Skandal» abzugeben. Darauf wartete ich gespannt. Doch nun trat etwas ein, womit ich in Anbetracht von Möllemanns notorischem Karriereehrgeiz und Beharrungsvermögen nicht gerechnet hatte: Ohne weitere Gegenwehr gab er auf – und trat zurück, sang- und klanglos. Zwar verteidigte er in seiner Pressekonferenz vom 4. Januar 1993 nachdrücklich seinen Einsatz für Bürgerinteressen in seinem westfälischen Wahlkreis Warendorf: Die «Aktion» für Drevermann, dem er zu einer Zulassung verhelfen wollte, «würde ich morgen wieder machen», so beharrte er. Doch das Faktum, daß Möllemann das Hand-tuch warf, drängte diese Erklärung völlig in den Hintergrund. Der Minister war weg vom Fenster – und damit auch sein Einsatz für einen Geistheiler Schnee von gestern, für Deutschlands Redaktionen keiner weiteren Rede mehr wert. So übersahen sie, mit starrem Blick auf die vermeintliche Sensation an der Oberfläche, den eigentlichen Skandal in der Tiefe. Nur ein freier Mitarbeiter des Norddeutschen Rundfunks bohrte bei mir deswegen nach; doch ehe sein Feature ausgestrahlt werden konnte, war es von neuen Tagesaktualitäten bereits überholt, die Filmrolle verschwand ungesendet im NDR-Archiv. Das rasche, klägliche Ende des «Möllemann-Wunderheiler-Skandals» – es steht für eine Verluderung journalistischer Sorgfaltspflichten. Und darin be-steht der eigentliche Skandal.

Nur Drevermann profitierte, wider Willen, vorübergehend davon: Kaum ein Boulevardblatt ließ es sich entgehen, mit dem Minister-freund auf der Titelseite zu protzen. Die *Praline* etwa plazierte ihn, «exklusiv», auf Seite eins – umrahmt von Schlagzeilen wie «Sex sofort! Egal wo! Liebe an unmöglichen Orten», «G-Punkt-Orgasmus: So klappt's!», «Sex bei 'ner Nutte kaufen!».[108] Einen Monat später war auch Drevermann weg vom Medienfenster, das Thema «ausgelutscht», wie es im Fachjargon zynisch heißt. Sein Auftritt blieb politisch fol-genlos.

# 9 *Bibeltreuere Kirchen*

Jesus heilte Blinde und Lahme, Aussätzige und Besessene. 41 Stellen in den Evangelien künden davon. Manchmal genügte dazu ein einziges Wort oder ein knapper Befehl. («Steh auf, nimm deine Tragbahre und geh!», nach Matthäus 9,6. «Er sprach zu dem Taubstummen: Effeta, das heißt: Öffne dich», nach Markus 7,13.) Ein andermal «berührte er ihre Hand, und das Fieber wich» (Matthäus 8,13). Hin und wieder verband er eine heilende Geste mit beschwörenden Worten. («Jesus streckte die Hand aus und sprach: Ich will, sei rein», Matthäus 8,3.) Oder er sprach ein Gebet. Oder er ließ Leidende sein Gewand berühren.

Solche Krankenheilungen setzte Jesus zweifellos nicht nur als spektakuläre Zauberkunststücke ein, welche die Massen auf ihn und seine Botschaft neugierig machen sollten – sie waren essentieller *Bestandteil* seiner Botschaft. In seiner scheinbar grenzenlosen Macht zu heilen wollte er Zeugnis dafür ablegen, wessen Sohn er war und wer ihm beistand; in der Möglichkeit, im Vertrauen auf Ihn selbst von vermeintlich ausweglosem Leid frei zu werden, sollte die Allmacht tiefer Religiosität offenbar werden: «Alle Dinge sind möglich dem, der da glaubt» (Markus 9,23). Die Heilungen Jesu waren wortlose Lektionen, wie sie überzeugender nicht ausfallen konnten.

Entsprechend große Bedeutung maß Jesus dem Heilauftrag bei, als er seine Jünger aussandte, das Wort Gottes zu verkünden: «Heilt Kranke, weckt Tote auf, macht Aussätzige rein, treibt Dämonen aus!» (Matthäus 10,5; ähnlich zitiert ihn das Lukas-Evangelium 10,9.) Die ersten christlichen Wanderprediger hielten sich streng daran – und darauf beruhte ein Großteil des Erfolgs ihrer Mission. Sich Kranker anzunehmen und ihr Leid durch Gebete, Salbungen und aufgelegte Hände zu lindern, gehörte in den urchristlichen Gemeinden lange Zeit zum selbstverständlichen Alltag. Pflegedienst war Gottesdienst.

Treffen Geistheiler insofern nicht ein zentrales christliches Anliegen? Sollte ihnen daher nicht die Unterstützung der Kirchen in ihrem Kampf um staatliche Anerkennung sicher sein? Die meisten führen die Energien, die sie vermitteln, auf einen göttlichen Ursprung zurück. Viele sind praktizierende, tiefgläubige Christen, die sich wie Christus als Werkzeug Gottes fühlen – als «Kanal» für eine übermenschliche Kraft, die durch sie wirkt.

Auf dieselbe Kraft beruft sich seit den sechziger Jahren eine innerkirchliche Bewegung, die weltweit bereits über dreißig Millionen Christen erfaßt haben soll: die «Charismatische Erneuerung». Ihre bedeutendsten Wegbereiter, die Amerikaner Agnes Sanford, Francis MacNutt und John Wimber, ziehen in öffentlichen Heilgottesdiensten oft mehrere tausend Gläubige in ihren Bann. Eine wachsende Zahl von deutschen Gemeindepfarrern folgt ihrem Beispiel.

Doch gerade von Vertretern der großen christlichen Amtskirchen werden solche Strömungen mit kaum geringerem Argwohn verfolgt als von seiten der Ärzteschaft. Allenfalls werden sie geduldet, selten sogar ermutigt – doch je höhere Würdenträger in der Kirchenhierarchie sich dazu äußern, desto größeres Unbehagen wird spürbar. Und wann hat je ein Bischof seine Stimme erhoben, um auf das Vorbild Jesu Christi und seiner Apostel hinzuweisen, wenn mit einem Geistheiler vor einer Strafkammer wieder einmal kurzer Prozeß gemacht wurde? Wer widersprach dem Vatikan, als dieser dem Erzbischof von Sambia, Emmanuel Milingo, 1991 strikt untersagte, in Rom und anderen Städten öffentliche «Heilungsmessen» abzuhalten? «Ich lege die Hände auf und bete», hatte Milingo seine ungewöhnlichen Meßfeiern erklärt. «Alles andere ist Gottes Verdienst.» Damit fiel er beim Vatikan in Ungnade: «Der Glaube beruht nicht auf derartigen mehr oder weniger aufsehenerregenden und magischen Mirakelveranstaltungen», ereiferte sich Antonio Silvestrelli, Prälat für Glaubens- und Moralfragen im Vatikan, gegenüber der Presse.[109]

Was hat die Kirche gegen solche Mirakel? Die Gründe dafür sind vielschichtig. Im Laufe der Kirchengeschichte trat Verkündigung und Bekehrung immer mehr in den Vordergrund der christlichen Mission, das Wort wog mehr als das Werk, Seelenheil mehr als Leibeswohl. Die ersten Jünger Jesu waren einfache Menschen, Zöllner und Fischer vom See Genezareth, und auch ihre ersten Anhänger kamen in der Mehrzahl aus dem Kreis der Armen und Bedrückten. Es waren Handwerker, Freigelassene und Sklaven – Leute, die nicht viel Worte machten, sondern die Taten grenzenloser Nächstenliebe und unbedingten Gottvertrauens für sich selbst sprechen ließen. Unter ihren Nachfolgern hingegen überwiegen Kirchenfunktionäre, beraten und gestützt von Theologen, deren Gelehrsamkeit Mühe hat, zwischen zwei Buchdeckel zu passen. Der Schwerpunkt christlichen Glaubens verlagerte sich aus Hand und Herz in den Kopf, und damit auch weg von der heilenden Hand.

Hinzu kommt ein ungebrochener Hang, die Heilige Schrift zu «entmythologisieren». In ihm wirkt bis heute ein Rechtfertigungszwang weiter, an dem die Kirche seit der Aufklärung schwer trägt: Konfrontiert mit den Erkenntnisansprüchen und -zuwächsen der modernen Naturwissenschaften, schien es einer immer größeren Zahl Theologen eine arge Zumutung für die kritische Vernunft, die biblischen Wunderberichte weiterhin wörtlich zu nehmen. Ob auferweckte Tote oder Schwebeschritte über Seen, selbstbrennende Büsche oder Zeichen an der Wand: Alles scheinbar «Übernatürliche» wurde zu Gleichnissen umgedeutet, auf bloß «symbolische» Schilderungen zurückgeführt. Seither sollen mit Blinden Uneinsichtige gemeint sein, Aussätzige erscheinen mit den Flecken der Sünde behaftet, und Gichtbrüchige gelten als Menschen, die nicht mehr auf dem rechten Pfad der sittlichen Gebote zu wandeln vermögen. Aber die Religion braucht das Wunder, und wo sie es zur bloßen Allegorie verkümmern läßt, vernichtet sie es gründlicher, als es die Naturwissenschaft je zuwege brächte.

Bei vielen Kirchenvertretern herrscht zudem ein fatalistisches Krankheitsverständnis vor, das den Urchristen noch weitgehend fremd war, aber spätestens in der Zeit der verheerenden Seuchen, die Europa im Mittelalter heimsuchten, die Oberhand gewann. Unter den Händen Jesu und seiner Apostel schien noch jedes Leid zu weichen; doch den Wellen von Cholera, Typhus und vor allem von Pest, die bis zum Ende des 18. Jahrhunderts ganze Städte und Landstriche entvölkerten, fühlte sich das christliche Abendland bei aller Glaubenskraft wehrlos ausgeliefert. Kein Geistlicher, ja nicht einmal der Papst vermochte sie zu bannen. Inbrünstige Gebete von Millionen blieben unerhört. Was blieb ihnen anderes übrig, als sich in das Unabwendbare zu fügen? Trost schöpften sie aus dem Gedanken, daß Krankheit die Zuchtrute Gottes sei – die gerechte Strafe für offenbare oder heimliche Sünde. So scheint sich in physischem Leid der Wille eines göttlichen Gerichts auszudrücken. «Wunderheiler», die es zu beenden suchen, freveln somit, weil sie den Vollzug des Urteils zu vereiteln versuchen. Krankheit als Lektion: Statt nach «Wundern» Ausschau zu halten, sollten Betroffene eher lernen, sich in ihr Schicksal zu fügen – und seinen tieferen Sinn zu erkennen.

Ein viertes, immer noch mächtiges Motiv, auf Distanz zu Geistheilern zu gehen, steckt im Hang orthodoxer Kirchenkreise, alles Wundersame zu verteufeln. Kündigt die Heilige Schrift nicht für die «Endzeit» «Zeichen und Wunder» an (2. Thessalonicher 2,9), durch welche die Gläubigen *verführt* werden sollen, von Gott abzufallen (Matthäus, Kap. 24)? Der Teufel kann sich «verstellen in einen Engel des Lichts», warnt die Bibel. So könne es geschehen, daß eine Bewegung den Namen Gottes rühme und doch einen «fremden» Geist, ein «fremdes Feuer» in sich trage (3. Mose 10). Also beweisen Wunder gar nichts, auch keine Heilwunder. Denn «der Geist aus dem Abgrund» wirkt ebenfalls Wunder (Offenbarung 13,13). Wen solche apokalyptischen Ängste plagen, der ist leicht versucht, in Geistheilern vorsätzliche oder unbewußte Werkzeuge teuflischer Verführungskunst zu sehen – sozusagen die therapeutische Vorhut der *civitas diaboli*, des Reichs Satans, der Leiber kuriert, um Seelen zu fangen.

Über solche Abwehrreaktionen kann eine wachsende Zahl von Christen jedoch nur verständnislos den Kopf schütteln. Sie erleben geistiges Heilen als praktisches Beispiel selbstloser Nächstenliebe, vollbracht von Mitmenschen, deren tiefe Frömmigkeit manchem Priester alle Ehre machen würde. Wäre Jesus Christus heute unter uns - auch er könnte schwerlich mit kirchlichem Segen rechnen, wenn er sich Kranker ebenso annähme wie einst. Der päpstliche Bannstrahl, der Emmanuel Milingo ereilte, träfe auch ihn.

## 10 Klügere Heiler

Klüger werden müssen auch Deutschlands Geistheiler in mehrerlei Hinsicht. Unklug ist zum einen, sich für Beweisführungen zu schade zu sein. Kein Wissenschaftler kann Beweise zusammentragen, wenn er keine Heiler findet, die mit ihm kooperieren wollen - und willens sind, sich dazu den Spielregeln wissenschaftlicher Forschung zu unterwerfen. Viele Heiler, die berühmtesten nicht ausgenommen, waren immer wieder bereit dazu: darunter Harry Edwards, Oskar Estebany und Olga Worrall, ebenso wie neuerdings Geoffrey Boltwood, Dr. Jerzy Rejmer, Dr. Nicola Cutolo, Krassimira Dimowa, Rosalyn Bruyere, Christos Drossinakis und andere. Was dank ihrer geduldigen Mitwirkung festgestellt und veröffentlicht werden konnte, hat zwar ihr Ansehen innerhalb der Heilerszene selten vermehrt und sie selbst allzuoft gelangweilt und genervt. Trotzdem war ihre Mitarbeit von unschätzbarem Wert; denn was in Tests und Experimenten mit ihnen herauskam, hat auch solche Menschen, die zuvor ungläubig oder zumindest unschlüssig waren, zu einer aufgeschlossenen Haltung gegenüber geistigem Heilen veranlaßt: Leute wie mich beispielsweise, aber auch neugierige Ärzte, Psychotherapeuten und andere Vertreter von Heilberufen; und nicht zuletzt skeptische Kranke, die "geistige" Hilfe andernfalls vielleicht nie gesucht und gefunden hätten.

Ebenso unklug ist es zu meinen, es gäbe nichts mehr hinzuzulernen. Insbesondere Heiler, die ihre Gabe als Geschenk Gottes verstehen, neigen zu der Auffassung: Was ihnen da zuteil wurde, sei schon perfekt genug. (Wie könnte Gott auch etwas Unvollkommenes schenken?) Dabei verkennen sie, daß sie lediglich über ein *Talent* verfügen, ein *Potential*. Und dieses läßt sich durchaus weiterentwickeln, wie jede andere Begabung auch. Wichtige Lektionen diesbezüglich erwarten Geistheiler von mindestens zwei Seiten: nämlich von ihresgleichen - aber auch von anderen Heilberufen. Nicht von ungefähr bieten britische Heilerverbände ihren Mitgliedern regelrechte Fortbildungs- und Schulungskurse an, veranstalten Heilerseminare und Zusammenkünfte für Erfahrungsaustausch und gegenseitige Anleitung; die meisten Teilnehmer profitieren davon in hohem Maße. Und auch von Ärzten und Heilpraktikern gäbe es eine Menge zu lernen. Auch wenn medizinisches Wissen für geistiges Heilen nicht notwendig ist[110], so ist es doch *nützlich*. Heiler können Patienten weitaus mehr behilflich sein, ihre eigenen Bemühungen durch empfehlenswerte ärztliche Maßnahmen zu ergänzen, wenn sie über therapeutische Möglichkeiten der Schul- und Komplementärmedizin besser Bescheid wüßten. Außerdem würden sie dadurch für Ärzte und Heilpraktiker zu akzeptableren Partnern.

Und mindestens ebenso wichtig wie die Zusammenarbeit mit anderen wäre die ständige Arbeit an sich selbst: die selbstkritische Auseinandersetzung mit eigenen Charakterschwächen, mit Allmachtsgefühlen und Eitelkeiten, mit finanziellen Versuchungen, mit eigenen Vorurteilen und Feindbildern. Auch daran hapert es, nach meinen Eindrücken, in der Heilerszene gelegentlich.

## Mein Projekt "Dachverband": ein Lehrstück für die Heilerbewegung

Ebenso unklug ist es, im Alleingang zu wirken. Gerade Geistheiler sprechen zwar gern und viel von Verbundenheit mit ihresgleichen und dem ganzen Rest des Kosmos. Doch dieses einigende Band scheint mir bisher allzuoft bloß aus Geisterstoff gewebt, es beschränkt sich vornehmlich auf die rein "spirituelle" Ebene. In der Praxis arbeitet fast jeder für sich. Die wenigsten Geistheiler begreifen bis jetzt, wie dringend nötig sie eine starke Interessenvertretung brauchen, die sich im Spannungsfeld gesundheitspolitischer Interessen behaupten kann: eine eigene Organisation nach britischem Vorbild.

Ein solches Vorhaben umzusetzen, erfordert zuallererst, Kräfte zu bündeln - und damit begann ich im Herbst 1993. In unzähligen Gesprächen, Telefonaten und Schriftwechseln warb ich bei allen bestehenden Einrichtungen und Initiativen im deutschsprachigen Raum für eine Organisation, die ihnen keine Konkurrenz macht, sondern sie unter einem gemeinsamen Dach zusammenführt. Drei Dutzend Vereinsgründungen seit den fünfziger Jahren, wie gutgemeint auch immer, haben die öffentliche Stellung der geistig Heilenden ja in keiner Weise gefestigt, im Gegenteil. Eher leisteten sie einer unseligen Zersplitterung Vorschub. Anstelle einer einheitlichen, starken Heilerorganisation, in der ähnliche Anliegen und Ziele zueinanderfinden, entwickelte sich eine Vielzahl von Vereinigungen, die durchweg nebeneinander, zum Teil sogar gegeneinander tätig waren. Die Motive dafür sind für Außenstehende kaum nachvollziehbar. Forscht man ihnen nach, stößt man allzuoft auf ein Gemisch von persönlichen Animositäten, Eitelkeit und ideologischer Verbohrtheit. Nichts spricht gegen Vielfalt - solange sie nicht auf Kosten der Effizienz geht. Dabei bedarf es, um an einem Strang zu ziehen, keineswegs einer "Einheitsgewerkschaft", die vorhandene Heilerverbände "schluckt" - wohl aber eines Dachverbands, der jene Funktionen wahrnimmt, die von ihnen nicht oder bloß ungenügend erfüllt werden.

Neun gemeinsame Ziele schlug ich den Beteiligten vor:

*1. die Öffentlichkeit aufklären:* über Möglichkeiten, aber auch Grenzen geistigen Heilens;

*2. Patienten zu seriösen Heilern hinführen,* sie bei ihrer Suche beraten und unterstützen;

*3. Heilern zu ihrem Recht verhelfen.* Denn noch immer wird fast überall im deutschsprachigen Raum rein geistige Genesungshilfe ohne staatliche Zulassung pauschal kriminalisiert. Und ihnen beistehen, wenn sie sich mit Behörden, Gerichten und Staatsanwaltschaften auseinandersetzen müssen;

*4. die Ethik des Heilens* auf standesrechtlichem Weg bewahren und stärken;

*5. geistige Heilerfolge überprüfen und dokumentieren* - nach medizinisch-wissenschaftlichen Maßstäben;

*6. geistiges Heilen erforschen*: Wie, bei wem, unter welchen Bedingungen wirkt es?

*7. für mehr Qualität sorgen*: durch fundierte Aus- und Weiterbildungsangebote in geistigen Heilweisen.

*8. integrieren helfen*: die Zusammenarbeit von Geistheilern mit Ärzten und anderen Heilberufen vermitteln, fördern und beobachten;

*9. Kontakte herstellen:* Heiler zueinanderführen, Gelegenheit zur Begegnung, zum Erfahrungsaustausch, zur Diskussion vermitteln.


Zur Umsetzung dieser Ziele regte ich eine Organisationsstruktur mit acht Arbeitsbereichen an:

1. eine Abteilung Presse- und Öffentlichkeitsarbeit: Sie versucht durch PR-Aktionen, Pressekonferenzen und eine eigene Zeitschrift den Informationsstand von Medienvertretern, der breiten Öffentlichkeit und wichtigen Zielgruppen (Ärzteschaft, Krankenkassen, Kirchenvertreter u.a.)

über geistiges Heilen zu verbessern. In die Zuständigkeit dieser Abteilung fallen u.a. eine Schriftenreihe mit Sachbüchern, eine "Info"-Reihe mit Broschüren, die Präsenz auf Messen und Kongressen sowie eigene öffentliche Veranstaltungen.

2. ein "Info-Dienst": Ein geschultes Team von ehrenamtlichen Mitarbeitern, darunter mehrere Ärzte, vermittelt Hilfesuchenden an allen Werktagen kostenlos telefonisch Adressen von seriösen Geistheilern. Den "Info-Dienst" unterstützt in Sachfragen ein "Experten-Team" aus erfahrenen Heilern: Es bietet Patienten, ebenfalls gratis, telefonische Hintergrundinformationen über die vielfältigen geistigen Heilweisen, vom Handauflegen, Gebets-, Fern- und Gruppenheilen über Reiki, Qi Gong und Chakratherapie bis hin zum Besprechen, Schamanismus und Exorzismus.

3. eine Abteilung Recht: Sie berät Heiler bei juristischen Problemen und erarbeitet Strategien zur Verbesserung der Rechtslage von Heilern.

4. eine "Ethik-Kommission": Sie geht Beschwerden unzufriedener Patienten von Geistheilern nach. Als Grundlage ihrer Arbeit entwarf ich einen ethischen Verhaltenskodex mit neunzehn Paragraphen, die unter anderem vorschreiben, Patienten keinesfalls Heilung zu garantieren; ihnen keine unüberprüfbaren Diagnosen zu stellen; sie nicht vom Gang zum Arzt abzuhalten oder sie dazu zu nötigen, eine laufende ärztliche Behandlung abzubrechen. Bei Verdacht auf Verstöße gegen diesen Kodex, sei es aufgrund von Presseberichten oder wiederholter Klagen von Patienten, sollte eine Ermittlungsstelle den Vorwürfen nachgehen, unter anderem durch verdeckte Recherchen in der Praxis des beschuldigten Heilers. Erhärtet sich der Verdacht, so müßte der Heiler vor eine Schiedsstelle zitiert werden, vor der er zu den Anschuldigungen Stellung zu nehmen hätte und mit Zeugenaussagen konfrontiert würde. Ein solches Verfahren könnte in einer Abmahnung enden und mit Praxisauflagen verbunden sein; in schwerwiegenden Fällen drohen eine Strafanzeige, der Ausschluß aus dem Verband und die öffentliche Ächtung, durch Publikation des Falls und Eintrag in eine "schwarze Liste".

5. ein Ausschuß "Medizinische Dokumentation und Forschung": Er fördert die wissenschaftliche Untersuchung geistigen Heilens. Er besteht aus zwei Unterorganen: die "Dokumentationsstelle" bemüht sich um eine medizinische Überprüfung von Erfolgsberichten. Die "Forschungsstelle" ist zuständig für die Planung, Durchführung und Förderung von Forschungsprojekten.

7. einen Ausschuß "Qualifikation": Er erarbeitet Ausbildungs-

richtlinien, sichtet und bewertet die vorhandenen Qualifikationsangebote in geistigem Heilen, entwickelt und organisiert Aus- und Weiterbildungsangebote.

8. eine "Kontaktstelle": Sie vermittelt, fördert und dokumentiert Formen der Zusammenarbeit von Heilern mit Ärzten und anderen Heilberufen.

9. eine Vermittlungsstelle für "Heiler-Treffen": Sie stellt Kontakte zu Geistheilern, aber auch zu Vertretern anderer Heilberufe her, die gerne regelmäßig mit Kollegen zusammenkommen, Erfahrungen und Meinungen austauschen würden.

Die anfängliche Resonanz auf meine Idee eines "Dachverbands Geistiges Heilen" (DGH) war erfreulich. Bis Mitte 1997, zwei Jahre nach seiner förmlichen Gründung, hatte ich immerhin schon 23 Verbände im deutschsprachigen Raum zusammenführen können: teils als "Vollmitglieder", sofern es sich um reine Heilerverbände handelte, teils als "Fördermitglieder", soweit sie das DGH-Konzept guthießen und ideell mittragen wollten, wie etwa die drei großen parapsychologischen Gesellschaften der Schweiz oder die Heidelberger Ärzte-Initiative "Ganzheit in der Medizin" (Ganimed). Jedes Vollmitglied entsandte einen Vertreter in den DGH-Vorstand. Zusammengerechnet vertraten die DGH-Mitgliedsverbände zu jener Zeit knapp 50.000 Personen, womit der DGH zeitweilig "die stärkste Kraft ihrer Art in Westeuropa" war, wie selbst die *Ärzte Zeitung* konstatierte. Bei nicht einmal fünf Prozent allerdings handelte es sich um Heiler, die überwiegende Mehrheit bestand aus Patienten und Sympathisanten aus den unterschiedlichsten Berufsgruppen. Für die Selbstdarstellung, Mitgliederwerbung und Öffentlichkeitsarbeit des DGH gab ich seit Frühjahr 1996 eine neue Fachzeitschrift ("*Der Heiler - Das Magazin für mehr Geist und Seele im Gesundheitswesen*"), mit stetig wachsender Auflage. Es schien sich endlich etwas zu bewegen in der deutschsprachigen Heilerbewegung.

Um so überraschter nahmen Außenstehende zur Kenntnis, daß ich mich Anfang 1998 vom "Dachverband" vollständig zurückzog, das Amt des Ersten Vorsitzenden niederlegte und meinen Austritt erklärte. Wieso? Es genügt eben nicht nur, zur rechten Zeit eine gute Idee zu haben - es bedarf auch ausreichender Unterstützung, sie umzusetzen, und daran haperte es von Anfang an. Über die trostlose Entwicklung meines Projekts berichte ich in einem längeren Abschnitt meines Buches *"Geistiges Heilen für eine neue Zeit - Vom 'Wunderheilen' zur ganzheitlichen*

*Medizin"* (Kösel-Verlag: München 1999) - nicht zur Entmutigung, sondern als Lehrstück. Welche Konsequenzen Heiler, aber auch Patienten aus der bisherigen Unfähigkeit der Szene zur Selbstorganisation ziehen sollten, erörtere ich in mehreren Kapiteln von *"Geistheiler - Der Ratgeber"* (Lea-Verlag: Schönbrunn 2000, s. Anhang "Lesetips") Eine Geistheilung, so glaube ich heute, benötigt zuallererst die Heilerbewegung selbst.

## 11  Reifere Patienten

Als "die Epoche der Entmündigung durch Experten" hat der Sozialphilosoph Ivan Illich unser Jahrhundert bezeichnet.[118] Was er damit meinte, erleben wir in beinahe jedem Lebensbereich, bis hinein in die intimsten Winkel unserer Privatsphäre: Berufspolitiker klären uns über unsere wahren Interessen als Staatsbürger auf. Gewerkschaftsfunktionäre beschließen und verfechten, was sie für unser Arbeitnehmerwohl halten. Pädagogen lehren uns, wie wir unsere Kinder zu erziehen haben. Eheberater weihen uns in die Geheimnisse der richtigen Partnerwahl und erfüllten Liebesbeziehung ein. Von Sexualforschern lernen wir, was zu einem optimalen Orgasmus gehört. Und Gesundheit, so wähnen wir, ist das, was hergestellt wird, wenn Ärzte uns zu Patienten machen - und was so lange besteht, wie wir für den modernen Medizinbetrieb noch nicht zum Fall geworden sind.

Das Wort "Patient" ist lateinischen Ursprungs, wörtlich bedeutet es: der Erduldende, auch der Geduldige. Ein Großteil der heutigen Patienten verhält sich so, als wollten sie diesen Wortsinn erfüllen: Den Kampf um die Wiederherstellung ihrer Gesundheit überlassen sie ergeben anderen, so als hätten sie mit ihrem Körper nicht viel mehr zu tun als Fahrzeughalter mit einem defekten Auto, das sie in der Werkstatt abgeben. Sie erwarten Rezepte und bekommen sie, sie glauben an die Macht von Medikamenten und schlucken sie. Chirurgische Eingriffe erleben sie als Reparaturen, die heilen, indem sie gestörte Teile entfernen oder ersetzen. Und mit der Symptomfreiheit, zu denen solche Maßnahmen günstigstenfalls führen, scheint vielen Patienten bereits wiedererlangt, was sie für "Gesundheit" halten. All dies sind Anzeichen einer Entmündigung: Die Verantwortung für das eigene Wohlergehen, ja selbst seine Definition, wird Fremden überlassen.

Wer von geistigem Heilen profitieren will, muß sich von solchen

Einstellungen freimachen. Allein schon die schwierige Wahl eines geeigneten Heilers erfordert in hohem Maße den mündigen Bürger im Patienten, der sich nicht auf Informationen aus zweiter Hand verläßt, sondern bereit ist, sich ein eigenes Bild zu machen. Erst recht verlangt die Behandlung selbst einen eigenverantwortlichen, aktiv mitarbeitenden Patienten. Viele Kranke, die geistiges Heilen bisher nur vom Hörensagen kennen, sehen darin eine Art von übersinnlicher Strahlentherapie, die sie ebenso teilnahmslos über sich ergehen lassen können wie andere Bestrahlungen auch. Um so erstaunter erleben sie dann, daß Geistheilern nicht nur daran liegt, sie oberflächlich zu kurieren, also lästige Symptome möglichst rasch verschwinden zu lassen, die anderswie nicht wegzukriegen waren. Geistheiler behandeln keine Krankheiten, sondern Menschen. Sie bieten Hilfen zum *Heilwerden* an: zum Erreichen eines Zustands, der nicht nur mit körperlichen Funktionen und Organen zu tun hat, sondern sich gleichermaßen auf Einstellungen, Denkweisen, Lebensgewohnheiten und Gefühlswelten erstreckt. Ihr Patient soll "ganz" werden in dem Sinne, daß er nicht nur physisch, sondern auch im geistig-seelischen Bereich ins Gleichgewicht kommt. Gelingt ihm das, so beseitigt er damit möglicherweise die tieferen Ursachen seines Leidens - und verringert das Risiko, erneut zu erkranken. In diese Richtung zielen zahlreiche Empfehlungen für den Umgang mit Heilern, die ich Hilfesuchenden in meinem neuen Buch *Geistheiler - Der Ratgeber* ans Herz lege. (Siehe Anhang: "Lesetips".)

Not tut auch Solidarität. Warum sind immer noch so wenige Patienten von Geistheilern bereit, sich öffentlich zu der Hilfe zu bekennen, die sie in Anspruch nahmen und erhielten? Wieso zwangen mich so viele Geheilte, deren Fälle ich in diesem Buch vorstelle, ihre Identität hinter Pseudonymen zu verstecken? (Zwei von ihnen drohten mir per Anwalt sogar juristische Schritte an, falls ich ihre Personalien nicht unkenntlich mache.) Wer unter den Händen eines liebevollen Heilers ein schweres Leiden los wurde, das ihn jahrelang quälte, hat allen Grund zur Dankbarkeit. Er steht in einer Schuld. Sie allein mit Geld zu begleichen, ist zuwenig. Was brauchen Geistheiler angesichts der gegenwärtigen Rechtslage dringender als Patienten, die mutig publik machen, wie sehr ihnen geholfen wurde, statt aus Angst vor Gerede, aus Bequemlichkeit oder falscher Scham zu schweigen?

# VI Tips und Warnungen - Damit Sie mit "Wunderheilern" kein blaues Wunder erleben

"Können Sie mir einen guten Heiler empfehlen - möglichst in der Nähe meines Wohnorts?" - "Ich bin bettlägrig. An welchen Fernheiler soll ich mich wenden?" - "Wie finde ich Kontakt zu Heilgruppen?" - "Einen teuren Heiler kann ich mich nicht leisten. Kennen Sie einen, der gratis arbeitet, oder wenigstens bloß auf Spendenbasis?" - "Ich möchte mich nur einem Geistheiler anvertrauen, der eine medizinische Vorbildung hat: möglichst einem Arzt, zumindest einem Heilpraktiker. An wen kann ich mich da wenden?"

Seit ich über Möglichkeiten und Grenzen geistigen Heilens schreibe, werden mir Fragen wie diese in Anrufen und Briefen beinahe täglich gestellt. Dabei bestürzt mich immer wieder, wie orientierungs- und hilflos viele Kranke und ihre Angehörigen nach geistiger Hilfe suchen. Meist müssen sie dabei auf reißerische Berichte in Presse, Funk und Fernsehen, auf zufällige Begegnungen, auf dubiose Anzeigen oder fragwürdige Mundpropaganda vertrauen. Einen guten Heiler zu finden, gleicht dadurch einem Lotteriespiel. Was bislang fehlte, war ein übersichtlicher Wegweiser durch den Dschungel der Heilerszene.

Dieser Eindruck verstärkte sich auf den beiden "Weltkongressen für geistiges Heilen" 1992 und 1994 in Basel, die ich mitorganisierte. Jeweils über 2500 Besucher, überwiegend Hilfesuchende, erlebten dort zwar beeindruckt mit, was über hundert Geistheiler aus aller Welt demonstrierten. Doch was nützt einem Kranken in Mitteleuropa der sichere Eindruck, daß in Bulgarien, Brasilien oder auf den Philippinen ein Heiler praktiziert, der Vertrauen verdient? Was hat ein Rollstuhlfahrer aus Berlin, ein Blinder aus Hamburg, ein Tumorkranker aus Bremen schon von der Aussicht, daß er in München, Freiburg oder Ulm unter Umständen Hilfe fände, sofern er sich dort wochen- oder monatelang in Behandlung begäbe?

Vor diesem Hintergrund begann ich 1992, eine Heiler-Datenbank aufzubauen und laufend zu erweitern - ein kommentiertes Adressenverzeichnis, das als Ausdruck unter dem Titel *Auswege - Wo Kranke geistige Hilfe finden* von jedem Hilfesuchenden bei mir angefordert werden kann. (Näheres s. Anhang: "Lesetips".) Ein solches Verzeichnis kann kein verbindlicher Wegweiser sein, der Patienten die Mühe eigener Urteilsbildung erspart - zumindest aber eine erste Orientierungshilfe, die ihren Nachforschungen naheliegende Ziele und Abkürzungen vorgibt, mit denen sie unter Umständen viel Zeit und Geld sparen und Enttäuschungen vorbeugen können. In *Auswege* liste ich nahezu sämtliche mir bekannten Geistheiler im deutschsprachigen Raum auf, nenne Namen, Adressen und Telefonnummern - zur besseren Übersicht nach den Postleitzahlen ihrer Wohnorte geordnet. Um Hilfesuchenden darüber hinaus einen ersten Eindruck davon zu vermitteln, was sie bei den Betreffenden erwarten könnte, stelle ich sie in Stichworten vor: fast immer in deren eigenen Worten, soweit sie mir auf Kongressen und Messen, bei Vorträgen und Seminaren aufgefallen sind. Hunderte erlebte ich in ihrer Praxis oder bei öffentlichen Auftritten, in persönlichen Gesprächen, Korrespondenzen und Telefonaten. Fast alle in *Auswege* Aufgeführten erhielten mindestens einmal einen 25teiligen Fragebogen, auf dem ich sie um Angaben über ihren Werdegang, ihre Arbeitsweise, ihre Erfolge, ihr Selbstverständnis, ihre Einstellung zur Schulmedizin, ihre Honorare, die durchschnittliche Dauer einer Behandlung usw. bat. So konnte ich einige hundert Mosaiksteinchen sammeln, die sich der Leser am besten selbst zu einem Gesamtbild der Heilerszene zusammensetzt.

Von einem solchen Adreßbuch profitiert am ehesten ein gründlich vorinformierter Patient. Wer mit "Wunderheilern" kein blaues Wunder erleben will, sollte eine Fülle von Tips und Warnungen beherzigen, ohne die er Gefahr läuft, bei Nichtskönnern und Scharlatanen viel Geld und wertvolle Zeit zu verlieren, schlimmstenfalls auch Genesungschancen einzubüßen. Um Patienten davor zu bewahren, habe ich kürzlich einen Ratgeber zusammengestellt, der ihre häufigsten Anliegen und Bedenken aufgreift.: *Geistheiler - Der Ratgeber*, mit dem Untertitel *Was Hilfesuchende wissen sollten. Ehrliche Antworten auf 45 spannende Fragen.* (Lea Verlag: Schönbrunn 2000.) Es ergänzt *Auswege* um die nötigen Hintergrundinformationen und legt Patienten eine Fülle von Ratschlägen ans Herz, wie ich sie tagtäglich auch in persönlichen Gesprächen, Telefonaten und Briefen weitergebe. *Geistheiler - Der Ratgeber* verhält sich zu *Auswege* gewissermaßen wie ein Reiseführer zu einem Unterkunftsverzeichnis: Wer in ein fremdes Land reist, muß wissen, wo er essen und übernachten kann; aber eine reine Adressenliste, überwiegend gestützt auf Angaben der Hoteliers und Gastwirte selbst, sagt ihm nichts über die allgemeine Qualität der Angebote, über Landschaft, Klima und andere Besonderheiten des fremden Landes, über Straßen und Sack-gassen, über den Charakter der Einheimischen, über Sitten und Bräuche, über besondere Risiken für Touristen. Betrachten Sie den *Ratgeber* als einen Reiseführer durch den Dschungel einer esoterischen Subkultur. Ohne eine solche Orientierungshilfe, allein mit ein paar Anschriften im Gepäck, sollte sich niemand auf den Weg machen. Nähere Informationen über dieses Buch finden Sie im Anhang. Um ein paar wenige Ratschläge herauszugreifen, die dort, neben vielen anderen, ausführlich erläutert werden:

*1. Bauen Sie vorweg eigene Zweifel ab.* Die allermeisten Kranken, die sich auf geistiges Heilen einlassen, tun dies nicht aus Überzeugung und Sachkenntnis, sondern aus schierer Verzweiflung. Nachdem ärztliche Maßnahmen jahrelang versagt haben, greifen sie in äußerster Not nach dem letzten Strohhalm - und dieses Bild entspricht der erheblichen Skepsis, die die Mehrzahl in Heilerpraxen mitbringt. (Reißt ein Stroh-halm nicht grundsätzlich, wenn das Gewicht eines Ertrinkenden daran zieht?) Doch ein Übermaß an Skepsis gefährdet den Therapieerfolg; denn sie erschwert es, sich mit dem nötigen Engagement auf die Behandlung einzulassen, und verführt dazu, sie frühzeitig abzubrechen, wenn sich eine Besserung nicht rasch oder nicht im erhofften Ausmaß einstellt. Werfen Sie den Ballast unbegründeter Zweifel ab: Tatsächlich finden zwei von drei Patienten, die sich auf geistiges Heilen einlassen, zumindest Linderung, wie wir aus Umfragen wissen; jeder Zehnte fühlt sich sogar vollständig geheilt. Nur knapp jeder Dritte meint, geistiges Heilen hätte wenig oder gar nichts gegen seine Beschwerden ausgerich-tet: eine Erfolgsquote, die jeder schulmedizinischen Therapie alle Ehre machen würde. Dabei sind Erfolge durchaus nicht reine "Glaubens-sache", wie viele Hilfesuchende insgeheim argwöhnen. Selbst in wissen-schaftlichen Tests und Experimenten ist Kranken schon geholfen wor-den, die gar nicht wußten, daß ein Geistheiler mit ihnen arbeitet. Durch bloße Konzentration gelang es Geistheilern, auch Tiere und Pflanzen, Pilze und Bakterien, isolierte Zellen und Zellbestandteile, Enzyme und sogar anorganisches Material auf rätselhafte Weise zu beeinflussen: Zielobjekte also, denen wir gewiß nicht unterstellen würden, für Placebo-Effekte anfällig zu sein.

*2. Schrauben Sie überzogene Erwartungen zurück.* Andernfalls laufen Sie Gefahr, rasch enttäuscht zu werden - und deshalb eine Therapie abzubrechen, ohne ihr eine echte Chance gegeben zu haben. Geistiges Heilen hilft nicht jedermann in jedem Fall, und kaum je hilft sie sofort und vollständig; trotzdem ist sie bei weitem effektiver, als ihr miß-trauische Schulmediziner zutrauen. Erwarten Sie insbesondere keinen geradezu übermenschlichen "Wundertäter", wenn Sie einen Heiler konsultieren. Im Zerrspiegel der Boulevardpresse erscheinen Geistheiler häufig als edle, in jeder Hinsicht vorbildliche Altruisten, die buchstäblich alles Wahre, Gute und Schöne verkörpern, dessen ein gewöhnlicher Sterblicher immer nur unvollkommen teilhaftig werden kann. Unter Heilern werden Sie auch nicht viel seltener als in anderen Berufsgruppen auf Persönlichkeiten treffen, die mit eigenen Eitelkeiten und Machtansprüchen, materiellen Versuchungen und einem Mangel an sozialen Fähigkeiten ringen. Aber müssen Helfer vollkommen sein?

*3. Verschaffen Sie sich zumindest einen groben Überblick über die verschiedenen Formen geistigen Heilens.* Mit Abstand am verbreitetsten unter Heilern im deutschsprachigen Raum ist das Handauflegen, wie Sie auch beim Durchblättern dieses Adreßbuchs feststellen werden: Über 95 Prozent setzen es ein. Doch sollten Sie auch andere Behandlungsformen ernsthaft und vorbehaltlos in Erwägung ziehen: Einem tiefreligiösen Patienten kann das "Gesundbeten" besonders helfen. Wer sich in einer Gemeinschaft von Leidensgefährten möglicherweise wohler fühlt als in herkömmlichen Einzelsitzungen, sollte das Gruppenheilen kennenlernen. Speziell bei Warzen, Neuralgien und Allergien erzielen "Besprecher" oft verblüffende Erfolge. Bei bestimmten seelischen Problemen leisten sanfte Formen von Exorzismen gelegentlich mehr als psychiatrische Maßnahmen. Bei Patienten mit einem gefestigten spiritistischen Weltbild können mediale und schamanistische Heilweisen besonders gut anschlagen.

*4. Werden Sie sich darüber im klaren, was Sie selbst zur Heilung beitragen können.* In jahrelangen, immer wieder gleichen Erfahrungen mit dem modernen Medizinbetrieb hat sich bei den meisten Hilfesuchenden eine Patientenrolle verfestigt, die sie wie selbstverständlich einnehmen, wenn sie sich einem Geistheiler anvertrauen: Sie sind "Erduldende, Ertragende", im wahrsten Sinne des lateinischen Worts "patiens", und erwarten eine Therapie, die sie passiv-unbeteiligt über sich ergehen zu lassen haben wie eine Bestrahlung beim Radiologen. Dieses Rollenverständnis wird verstärkt durch ein verbreitetes Zerrbild vom Wesen geistigen Heilens: seiner Reduktion auf unsichtbare Energieströme. Doch geistiges Heilen ist in erster Linie eine besondere Art und Weise, in der Menschen, ganze Personen, in einer therapeutischen Beziehung miteinander umgehen: eine Form von spiritueller Genesungshilfe, in der Anteilnahme und Verständnis, Vertrauen und liebevolle

Zuwendung eine Schlüsselrolle spielen. Und dabei sollten wir das Wort "Heiler" ganz wörtlich nehmen. Einen Menschen zu heilen bedeutet eigentlich, ihn "heil", das heißt "ganz" zu machen, und dazu gehört viel mehr, als nur gewisse defekte Teile seines Körpers zu reparieren. Ein Krebspatient beispielsweise mag als kuriert gelten, wenn seine Tumoren verschwunden sind und mehrere Jahre nicht wiederkehren. Aber ihn zu heilen erfordert, die ganze Vielfalt von äußeren und inneren Bedingungen zu erkunden und mit ihm gemeinsam aufzuarbeiten, die ihn überhaupt erst krank machten: zum Beispiel belastende soziale Beziehungen, ungesunde Lebensgewohnheiten, mancherlei Ängste, Komplexe und Zwänge, sein Hadern mit dem Schicksal, vielleicht auch verlorene Werte und Sinnleere, oder irgendein erlittenes *Un*-Heil, mit dem er nicht fertig wird. Was ein guter Geistheiler tut, steht der Seelsorge des Priesters insofern viel näher als der therapeutischen Intervention des Schulmediziners. Geistheiler betreiben sozusagen "Heilsorge", in Sorge um das Heil ihrer Klienten. Sie sind nicht in erster Linie wandelnde Generatoren oder Transmitter für irgendwelche Energieströme, sondern intuitive Psychotherapeuten - und in dieser Funktion dringend auf die bewußte, selbstverantwortliche Mitarbeit ihrer Klienten angewiesen.

*5. Sehen Sie in geistigem Heilen keine Alternative zur Schulmedizin, sondern allenfalls eine sinnvolle Ergänzung.* Nicht anders versteht ein seriöser Geistheiler, was er für Sie tun kann. Brechen Sie keine laufenden medizinischen Therapien ab. Bleiben Sie in ärztlicher Behandlung - auch zu dem Zweck, vermeintliche Fortschritte durch geistiges Heilen überprüfen und bestätigen zu lassen.

*6. Suchen Sie auch nach Alternativen zwischen Schulmedizin und Geistheilung.* Vielen Patienten genügen ein paar enttäuschende Erfahrungen mit einem kleinen Ausschnitt möglicher ärztlicher Maßnahmen, um sich resigniert von "der" Schulmedizin insgesamt abzuwenden. Dabei ist den wenigsten klar, daß ihnen die Natur- und Erfahrungsheilkunde vielerlei Hilfen anzubieten hätte, von der ein herkömmlich ausgebildeter Arzt während seines Studiums nur wenig erfährt.

*7. Suchen Sie nicht nach den vermeintlichen "Stars" der Heilerszene.* Denn Massenmedien, die einzelne Heiler nach unerfindlichen Kriterien zu "Wunderheilern" hochjubeln, geht es in der Regel weniger um Wahrheitsfindung und sachliche Aufklärung als um Auflagen und Einschaltquoten.

*8. Suchen Sie nicht nach "Spezialisten" für Ihr besonderes Krankheitsbild.* Geistiges Heilen wirkt *un*spezifisch: Es stärkt in erster Linie die Selbstheilungskräfte des Patienten. Die verbreitete Ansicht, in Praxen von Geistheilern seien esoterische Entsprechungen für fachärztliche Reviere aufzuspüren, hat mehrere Ursprünge. Wird ein Patient bei einem bestimmten Heiler zum Beispiel ein langjähriges Asthma bronchiale los, so empfiehlt er ihn deswegen im Bekanntenkreis weiter. Somit wächst die Wahrscheinlichkeit, daß weitere Asthmatiker ebenfalls diesen Heiler aufsuchen. Dadurch vergrößert sich in dessen Patientenstamm der Anteil der Asthmatiker - und folglich auch die statistische Wahrscheinlichkeit, Erfolge speziell bei diesem Krankheitsbild zu erzielen. Die Häufung solcher Erfolge überzeugt den Heiler dann womöglich selbst davon, daß seine Kräfte besonders gut bei Asthma wirken. Das wiederum spornt ihn unter Umständen an, sich bei Asthmatikern besondere Mühe zu geben, da hier sein Expertenruf auf dem Spiel steht. So macht er aus einem Gerücht eine sich selbst erfüllende Prophezeiung. Der daran beteiligte Schneeballeffekt vervielfacht sich, falls ein Journalist von einer erfolgreichen Asthmakur des betreffenden Heilers erfährt - und sie in den Mittelpunkt eines Berichts über ihn stellt. Spätestens dann steht der Heiler im öffentlichen Ruf eines "Spezialisten".

*9. Fernheilung ist immer nur die zweitbeste Lösung.* Darauf sollten sich nur Patienten einlassen, wenn sie ans Bett gefesselt oder aus anderen Gründen reiseunfähig sind - und wenn sie den Heiler ihres Vertrauens nicht zu einem Hausbesuch bewegen können. Denn geistiges Heilen ist, wie schon betont, weit mehr als bloß Energieübertragung. Vertrauen, Aufmerksamkeit, Geduld und liebevolle Anteilnahme entscheiden wesentlich mit über den Heilerfolg. All diese Faktoren scheiden in der Anonymität der Fernheilung aus. Auch vor "Fernheilvideos" oder "Heilcassetten" muß gewarnt werden, sofern sie den persönlichen Kontakt zu einem Heiler nicht bloß ergänzen, sondern ersetzen sollen; die einzig gesicherte Wirkung solchen Zubehörs besteht in der Erhöhung des Kontostands der Anbieter.

*10. Ein "geprüfter" Heiler ist nicht unbedingt der bessere.* Zwar stellt manches Heiler-"Diplom" durchaus ein beachtliches Gütesiegel dar: Um es zu erlangen, müssen Kandidaten vor Prüfungsausschüssen mancher Heilerverbände unter Beweis stellen, daß sie mehrere kranke Testpersonen verblüffend rasch von Leiden befreien oder diese zumindest lindern konnten, die Schulmediziner zuvor für "behandlungsresistent" erklärt haben; oder zeigen, daß sie imstande sind, intuitiv einen versteckten Krankheitsherd zu benennen und zu lokalisieren. Doch viele Heiler, die teilweise schon jahrzehntelang erfolgreich arbeiten, sehen in solchen Prüfungen verständlicherweise eine Zumutung, und die

Kompetenz eines "Examensausschusses" kommt ihnen fraglich vor. (Wer prüft die Prüfer?) Im übrigen ist geistiges Heilen eine in hohem Maße intuitive Fähigkeit. Sie entwickelt sich oft spontan, ohne weiter "gebildet" werden zu müssen. Außerdem stellen Zeugnisse immer nur Momentaufnahmen dar: Wenn ein Heiler zu einem bestimmten Zeitpunkt alle therapeutischen, diagnostischen und charakterlichen Prüfungen glänzend besteht - wäre damit denn garantiert, daß er seine Fähigkeiten auch künftig behält und weiterhin verantwortungsvoll einsetzt? Müßte er nicht in regelmäßigen Abständen aufs neue daraufhin unter die Lupe genommen werden?

*12. Suchen Sie nicht nur in nächster Nähe.* Denn der am leichtesten erreichbare Heiler ist nicht unbedingt der beste.

*13. Rufen Sie den Heiler Ihrer Wahl zuerst an, bestehen Sie auf einem kostenlosen Vorgespräch.* Lassen Sie sich den Ablauf einer Behandlung möglichst genau erklären. Und erkunden Sie kritisch, mit was für einer Persönlichkeit Sie es zu tun haben. Vergessen Sie dabei, was Sie über den Betreffenden schon gehört oder gelesen haben - vertrauen Sie lieber der eigenen Intuition und Menschenkenntnis. Die meisten von uns verfügen über ein recht feines Gespür dafür, wer es gut mit uns meint und wer nicht. Damit Geistheilung gelingt, müssen Heiler und Behandelter buchstäblich "auf einer Wellenlänge" liegen. Wer Sie mißtrauisch macht oder gar abstößt, wird Ihnen auf Dauer auch nicht helfen können.

*14. Akzeptieren Sie nicht jede Honorarforderung.* Nur jeder dritte Geistheiler verlangt feste Preise. Die übrigen lehnen Geldzuwendungen entweder ab oder nehmen bloß Spenden an. Auf Vorkasse sollten Sie sich nicht einlassen, ebensowenig auf im voraus zu buchende "Pakete" von mehreren Sitzungen.

*15. Achten Sie beim ersten Kontakt auf Merkmale, die einen Scharlatan verraten:*

- Er verspricht Ihnen rasche, vollständige Heilung.

- Er stellt Ihnen unüberprüfbare Diagnosen.

- Er hält Sie davon ab, zum Arzt zu gehen, und äußert sich pauschal abfällig über die Schulmedizin.

- Er bedrängt Sie, laufende ärztliche Behandlungen abzubrechen.

- Er droht Ihnen mit einer Verschlimmerung ihres Leidens, falls Sie sich nicht auf ihn einlassen.

- Er verordnet Ihnen Medikamente, ohne Arzt oder Heilpraktiker zu sein.

- Er brüstet sich mit dubiosen akademischen Titeln, Diplomen, Urkunden und Mitgliedschaften.

- Er läßt Wärme und Anteilnahme vermissen.

Diese und viele weitere Empfehlungen werden in meinem *Ratgeber* ausführlich erläutert. Dort finden Sie Antworten auf die häufigsten Fragen, die Patienten bewegen, ehe sie sich auf Geistheiler anlassen: etwa "Ist jede Krankheit geistig heilbar?", "Wovon hängt der Heilerfolg ab?", "Welche Form geistigen Heilens ist die beste?" und "Wie stabil sind die erzielten Ergebnisse?"

# Anmerkungen und Quellen

## Einführung: Geistheiler – Hoffnung für Millionen

1 Dieser Einführung liegen Teile meines Vortrags Heilt «Geistheilung»? Ein Wegweiser für Unentschlossene zugrunde, gehalten auf dem «Weltkongreß für geistiges Heilen» (10. Internationale «Psi-Tage») in Basel im November 1992.

2 Diese Schätzungen ergeben sich aus einfachen Hochrechnungen: Von den rund 10 000 Heilpraktikern in Deutschland setzt ungefähr jeder Zwanzigste «geistiges Heilen» ein. (In einer Umfrage der Stiftung Warentest im Frühjahr 1987 unter 3000 zufällig ausgewählten westdeutschen Heilpraktikern nannten auf die Frage «Welche Behandlungsformen wenden Sie hauptsächlich an?» vier Prozent «intuitives/spirituelles Heilen» (test 6/1987). Aber nur etwa jeder zehnte Geistheiler besitzt eine Zulassung als Heilpraktiker, wie ich aus eigenen Umfragen schließe. Da Heilpraktiker nahezu der einzige zugelassene Heilberuf ist, der einen nennenswerten Anteil von Geistheilern aufweist, ergäbe sich daraus eine Zahl von 5000. (In Großbritannien, dem bisher einzigen Land Westeuropas, das geistiges Heilen nicht nur duldet, sondern legalisiert und formell in das öffentliche Gesundheitswesen einbezogen hat, sind es 20 000.)
Der durchschnittliche Geistheiler – vom Vollprofi bis zum spirituellen Gelegenheitshelfer nach Arbeitsschluß und an Wochenenden – nimmt täglich ein bis zwei Behandlungen vor. (Ruhetage kennen die wenigsten.) Bei durchschnittlich sechs Wochentagen, an denen sie Patienten annehmen, ergeben sich daraus 300 bis 600 Sitzungen pro Jahr. Mindestens drei Viertel dieser Behandlungen gelten Patienten, die zum wiederholten Male kommen; die übrigen erfolgen an Hilfesuchenden, die sich aus unterschiedlichsten Gründen zum ersten- und letztenmal blicken lassen. (Damit käme ein Geistheiler im Durchschnitt auf 75 bis 150 einmalige und 225–450 Mehrfachkunden pro Jahr; die Klientel aller 5000 Geistheiler insgesamt würde demnach jährlich anderthalb bis drei Millionen Menschen umfassen.)
Bei durchschnittlich fünf bis zehn Sitzungen pro Mehrfachkunde ergäben sich somit zwischen 1125 und 4500 Sitzungen insgesamt;

rechnet man die 75 bis 100 Behandlungstermine für einmalige Besucher hinzu, so ergäbe sich: Der durchschnittliche Geistheiler führt pro Jahr 1200 bis 4600 Sitzungen durch. Gerundet folgt daraus: In Deutschland wird jährlich 60- bis 225millionenmal «geistig geheilt».

3 Nach einer Umfrage des «Link-Instituts für Markt- und Sozialforschung», Luzern, im Oktober 1992 unter 513 repräsentativ ausgewählten Eidgenossen über 15 Jahren. Diese Erhebung blieb allerdings auf die deutsch- und französischsprachige Schweiz beschränkt. Veröffentlicht in *Schweizer Woche* 46/10. 11. 1992.

4 J. J. Beutler u. a.: «Paranormal Healing and Hypertension», *British Medical Journal* 297/1988, S. 1491–1494. Diese von der niederländischen Regierung in Auftrag gegebene Studie über alternative Heilweisen ging von rund 400 Geistheilern aus, die pro Jahr 1 bis 1,5 Millionen Patienten empfangen. *(Alternatieve geneeswijzen in Nederland*, Rapport van de commissie alternatieve geneeswijzen, Den Haag 1981.) Allerdings dürfen diese Zahlen nicht einfach auf deutsche Verhältnisse übertragen werden: Denn aufgrund der liberalen niederländischen Gesetzgebung ist der Anteil von Vollprofis dort erheblich größer, damit auch die durchschnittliche Zahl der Patienten und Behandlungstermine pro Heiler. Außerdem nehmen um so mehr Bürger ein Hilfsangebot an, je weniger es kriminalisiert wird.

5 Zahlen nach Hans Biermann: «Der Moloch Medizin», *Stern*, 26. 3. 1992, S. 102–110.

6 Nach einer Repräsentativumfrage des Allensbacher Instituts für Demoskopie unter 2128 Deutschen über 16 Jahren, zit. in *PSI-Pressedienst* 26/1991: «Naturheilmittel immer gefragter».

7 Nach einer repräsentativen Erhebung des Bielefelder Emnid-Instituts unter 2000 Bundesbürgern ab vierzehn Jahren, zit. in *PSI-Pressedienst* 26/1991, a. a. O.

8 Nach einer im Juni 1991 durchgeführten Repräsentativumfrage der Tübinger Wickert-Institute unter 1795 Jugendlichen und Erwachsenen in den alten Bundesländern, veröffentlicht in *Wiener* 7/1991, S. 50 ff.

9 Nach einer im Auftrag der englischen Tageszeitung *Times* 1990 durchgeführten Repräsentativumfrage unter 1826 erwachsenen Briten, zit. in *PSI-Pressedienst* 37/1990: «Patienten loben Alternativmedizin».

10 Die Hintergründe des Esoterik-Booms analysiere ich in *Bild der Wissenschaft* 6/1994: «Zwischen Wahn und Wissenschaft».

11 Allein in Großbritannien sollen bereits in den siebziger Jahren rd. 35 000 kirchlich angestellte oder freischaffende Teufelsaustreiber tätig gewesen sein. (*Der Spiegel* 39/1974, S. 98 ff.)

## I  Die Vielfalt der Methoden

1 Johannes Behm: *Die Handauflegung im Urchristentum*, Leipzig 1911, S. 106.
2 Zit. nach Brian Inglis/Ruth West: *Der alternative Gesundheitsführer*, München 1984, S. 243.
3 Unter den rd. 500 Schweizer Geistheilern, die das *Alternative Branchenbuch Schweiz* in seiner jüngsten Ausgabe (München 1992/93) auflistet, zieht ungefähr jeder Dritte die Angabe «Magnetopathie» vor oder führt sie zusätzlich zu «Geistheilung» an. In einer Adressenliste von 129 therapeutischen Außenseitern, die der Tutzinger Ritter-Verlag in den siebziger Jahren verbreitete, taucht 22mal das Stichwort «Magnetopathie» auf; aber nur dreimal ist von «Geistheilung» die Rede.
4 Krieger berichtet über diese Versuche in «Therapeutic Touch: The Imprimatur of Nursing», *American Journal of Nursing* 75/1975, S. 784–787, sowie in «Healing by the ‹Laying-on› of Hands as a Facilitator of Bioenergetic Change: The Response of In-vivo Human Hemoglobin», *Psychoenergetic Systems* 1 (3), 1976, S. 121–129.
5 Dolores Krieger: *Therapeutic Touch*, Englewood Cliffs/N. J. 1979.
6 Siehe Harald Wiesendanger: *Auswege – Wo Kranke geistige Hilfe finden*, Schönbrunn 1993, 2. Aufl. 1994; PLZ CH-5712.
7 Vier Stunden später war dieser Unterschied zwar verschwunden; doch das könnte daran gelegen haben, daß fünfzehn Mitglieder der Kontrollgruppe, aber nur fünf TT-Behandelte unterdessen zu anderen Maßnahmen gegriffen hatten. Elizabeth Keller/Virginia Bzdek: «Effects of Therapeutic Touch on Tension Headache Pain», *Nursing Research* 35/1986, S. 101–104. Zugrunde lag Kellers Dissertation «The Effects of Therapeutic Touch on Tension Headache Pain» von 1983, siehe *Masters Abstracts International* 22 (4), 1983, S. 372–373, University Microfilms No. 1322168.
8 Patricia Heidt: *An Investigation of the Effect of Therapeutic Touch on the Anxiety of Hospitalized Patients*, unveröffentl. Dissertation, Universität New York 1979.

9 Janet Quinn: *An Investigation of the Effect of Therapeutic Touch without Physical Contact on State Anxiety of Hospitalized Cardiovascular Patients,* unveröffentl. Dissertation, Universität New York 1982. – R. B. Fedoruk: *Transfer of the Relaxation Response: Therapeutic Touch as the Method for the Reduction of Stress in Premature Neonates,* unveröffentl. Dissertation, Universität von Maryland 1984. – C. K. Ferguson: *Subjective Experience of Therapeutic Touch (SETT): Psychometric Examination of an Instrument,* unveröffentl. Dissertation, Universität Austin/Texas 1986.

10 So ergab ein Vergleich von jeweils 36 Krankenhauspatienten, die mit TT bzw. bloß zum Schein behandelt wurden, keinerlei Unterschiede in bezug auf postoperative Schmerzen. (T. C. Meehan: *An Abstract of the Effect of Therapeutic Touch on the Experience of Acute Pain in Post-Operative Patients,* unveröffentl. Dissertation, Universität New York 1985.)

11 In Kriegers vielzitierten Hämoglobin-Experimenten etwa fehlte eine Kontrollgruppe von Personen, die in bezug auf das Versuchsziel «blind» gehalten wurden. Auch waren die anschließenden Messungen der Hämoglobin-Werte unzureichend kontrolliert worden: Sie wurden vorgenommen, wenn die beteiligten Heiler das subjektive Gefühl hatten, die Behandlung sei erfolgreich abgeschlossen. Siehe dazu die zusammenfassenden Kritiken von P. E. Clark/M. J. Clark: «Therapeutic Touch: Is there a Scientific Basis for the Practice?» *Nursing Research* 33 (1), 1984, S. 37–41, nachgedruckt in Douglas Stalker/Clark Glymour (Hrsg.): *Examining Holistic Medicine,* Buffalo/N. Y. 1989, S. 287–296. – V. L. Bullough/B. Bullough: «Therapeutic Touch: Why Do Nurses Believe?», *Skeptical Inquirer* 17/1993, S. 169–174. – Bela Scheiber: «Colorado Board of Nursing Supports Therapeutic Touch, Skeptics Continue Challenge», *Skeptical Inquirer* 17/1993, S. 327–330.

12 Zitiert nach Inglis/West, a. a. O., S. 254; s. Anm. 2.

13 Allerdings wurde noch 1984 ein Qi-Gong-Meister in Handschellen abgeführt, nachdem er eine Gruppe von Schülern unterrichtet hatte; nach Ulli Olvedi: «Die Schule des Meisters Li», *Esotera* 10/1990, S. 60–64, dort S. 62.

14 Nach Ute Engelhardt: «Therapeutische Anwendungen des Qigong», *Erfahrungsheilkunde* 1/1991, S. 5–8, dort S. 6.

15 Ulli Olvedi: «Die Arbeit mit dem Qi», *Esotera* 5/1992, S. 50–54, dort S. 53.

16 A. K. Kuang u. a.: «Long-Term Observation on Qigong in Pre-

vention of Stroke – Follow-up of 244 Hypertensive Patients for 18–22 Years», *Journal of Traditional Chinese Medicine* 6 (4), 1986, S. 235–238.

17 Nach Elizabeth Rowe: «Heilen mit der Kraft des Chi», *Esotera* 6/1990, S. 30–33, dort S. 33.

18 Zitiert nach Rowe, a. a. O., S. 32.

19 Über seine Eindrücke berichtet er in D. Eisenberg/Thomas Lee Wright: *Chinesische Medizin – Begegnungen mit Qi*, München 1990.

20 *Esotera* 6/1990, S. 33.

21 *Hua Yin. Magazin für chinesische Naturheilkunde* 1/1990, zu beziehen über LAM-Verlag, Saarlouis; zit. nach Ulli Olvedi: «Die Arbeit mit dem Qi», *Esotera* 5/1992, S. 50–54, dort S. 52.

22 Guo/Ni: «Studies of Qi Gong in Treatment of Myopia», in D. Eisenberg (Hrsg.): *Encounters with Qi*, New York 1985, S. 202–203.

23 Rowe, a. a. O., S. 33; s. Anm. 17.

24 Vgl. zusammenfassende Kongreßberichte in *Pursuit* 22 (1), 1989, S. 43 («Chinese Interest in Power of ‹Qi› Is Stronger than West's Skepticism») sowie einen Bericht der Nachrichtenagentur Associated Press Anfang November 1988, veröffentlicht u. a. in der Tageszeitung *Sun*, Baltimore, 6. 11. 1988.

25 Zit. nach *Esotera* 10/92, S. 52.

26 Wiesendanger: *Auswege*, a. a. O. PLZ D-81549.

27 Wiesendanger: *Auswege*, a. a. O., PLZ D-80339.

28 Rosalyn Bruyere: *Räder des Lichts*, Essen 1990, S. 44.

29 Über die genauen Zuordnungen sind sich Chakra-Diagnostiker allerdings uneinig. Auch gehen viele davon aus, daß bestimmte Organe von mehr als einem Chakra mit Energie versorgt werden. Dem Schweinfurter Mediziner Dr. Klaus Jürgen Blum, Facharzt für Orthopädie, der für Chakra-Diagnosen die Ohrakupunktur und zur Chakra-Therapie ein Bioresonanzgerät einsetzt, «erscheint dies schon deshalb sinnvoll, da hierdurch gewährleistet ist, daß bei Störung eines Chakras nicht unbedingt alle dazugehörigen Organe auch erkranken müssen». Siehe Blum: «Chakra-Diagnose und -Therapie», in *Dokumentation der besonderen Therapierichtungen und natürlichen Heilweisen in Europa*, Bd. V, 2. Halbbd., Essen 1992, S. 1129–1148, dort S. 1136.

30 Wiesendanger: *Auswege*, a. a. O., PLZ D-88422.

31 Ellen Grasse: *Chakren- und Aura-Diagnose. Krankheiten erkennen und heilen durch Energiearbeit*, München 1993, S. 82, 117.

32 Siehe R. Banis: «Die Chakren und ihre Bedeutung in der energetischen Medizin», *Erfahrungsheilkunde* 35/1986, S. 769–772; ders.: «Die Chakren und ihre Beziehung zur funktionellen Medizin», *Erfahrungsheilkunde* 38/1989, S. 19–23.

33 H. Brügemann: *Diagnose- und Therapieverfahren im ultrafeinen Bioenergie-Bereich*, Heidelberg 1984. – Klaus J. Blum: «Energietransformationszentren und Bioresonanz-Therapie», *Seminar-Mitteilung* 9 des Brügemann-Instituts für ultrafeine Bio-Kybernetik, Gauting 1990.

34 Blum: «Chakra-Diagnose und -Therapie», a. a. O.; s. Anm. 29.

35 Hiroshi Motoyama: *Chakra-Physiologie. Die subtilen Organe des Körpers und die Chakra-Maschine*, Freiburg i. Br. 1980.

36 So viele besitzen, nach einer Schätzung der Hamburger Reiki-Meisterin Barbara Simonsohn, den «ersten Reiki-Grad», der dazu befähigen soll, «universelle Lebensenergie» aufzunehmen und über die Hände weiterzuleiten (nach Christine Mittelbach: «Reiberei um Reiki», *Esotera* 5/1993, S. 39–42, dort S. 39). Andere Schätzungen gehen sogar von einer Viertelmillion aus, so Peter Sandmeyer: «Reiki – Kraftstoff aus dem Kosmos», *Stern* 10/1993, S. 88–96.

37 Paula Horan: *Die Reiki-Kraft*, Durach 1990 (2. Aufl.), S. 20.

38 Nach Walter Lübeck: «Zankapfel Reiki», *Connection* 2/1994, S. 22–31, dort S. 23.

39 *Stern* 10/1993; s. Anm. 36.

40 Lübeck, a. a. O., S. 23; s. Anm. 38.

41 Wiesendanger: *Auswege*, a. a. O., PLZ D-83225.

42 Nach einer persönlichen Mitteilung vom 31. 1. 1994.

43 Wiesendanger: *Auswege*, a. a. O., PLZ D-51580.

44 Nach Mittelbach, a. a. O., S. 42; s. Anm. 36.

45 Wiesendanger: *Auswege*, a. a. O., PLZ D-44892.

46 Siehe z. B. Barbara Ray: *Der Reiki-Faktor*, München 1990.

47 Experimentell gesichert wurde ein Einfluß von Reiki auf den Hämoglobinspiegel. (Wendy Wetzel: «Reiki Healing: A Physiological Perspective», *Journal of Holistic Nursing* 7/1989, S. 47–54.) Keinerlei Effekt zeigte sich dagegen in Tests, in denen mittels Fern-Reiki der elektrische Hautwiderstand von zwanzig Meter entfernten Versuchspersonen beeinflußt werden sollte. (Marilyn Schlitz/William Braud: «Reiki plus Natural Healing: An Ethnographic/Experimental Study», *Psi Research* 4/1985, S. 100–123.)

48 Wiesendanger: *Auswege*, a. a. O., PLZ D-42105.

49 Zit. nach Mittelbach, a. a. O., S. 40; s. Anm. 36.

50 Zit. nach Hans Bender: «Glaubensheilung und Parapsychologie», in Wilhelm Bitter (Hrsg.): *Magie und Wunder in der Heilkunde,* Stuttgart 1959, S. 140–159, dort S. 150.

51 18 Prozent glauben an die Wirksamkeit von Fernheilungen, wie eine Repräsentativumfrage der Tübinger Wickert-Institute im Juni 1991 unter 1795 westdeutschen Jugendlichen und Erwachsenen ergab.

52 Nach einer persönlichen Mitteilung des Sohnes Ende März 1992.

53 Ausführlicher beschreibt diesen Fall der Journalist Thomas Ruhmöller in *Die Wunderheiler von Warendorf,* Warendorf 1990, S. 53.

54 Gordon Turner: «I Experiment in Absent Treatment» (3. Folge einer vierteiligen Serie), *Two Worlds* September 1969, S. 281–283.

55 Joyce Goodrich: *Psychic Healing – A Pilot Study,* Dissertation der Graduate School, Yellow Springs/Ohio 1974.

56 Ein Pseudonym.

57 Nach einer persönlichen Mitteilung Dr. Laschs vom 11. 10. 1993. – Siehe Wiesendanger: *Auswege,* a. a. O., PLZ D-14165.

58 Karl Schnelting: *Geistige Heilung. Dokumentation einer ZDF-Sendereihe,* Augsburg 1992.

59 Wiesendanger: *Auswege,* a. a. O., PLZ CH-5430.

60 Wiesendanger: *Auswege,* a. a. O., PLZ D-74924.

61 Wilhelm Tenhaeff: *Außergewöhnliche Heilkräfte,* Olten–Freiburg i. Br. 1957, S. 184. Auf S. 306, Anm. 173, zitiert Tenhaeff den ärztlichen Direktor einer niederländischen Krankenanstalt, den zumindest ein Fall von Fernheilung durch Gesundbeten überzeugte: Ein stationär behandelter Patient, der an Herzkammerflimmern litt, erholte sich schlagartig und konnte entlassen werden, nachdem seine Ehefrau einen Gesundbeter eingeschaltet hatte.

62 Wiesendanger: *Auswege,* a. a. O., PLZ D-88131.

63 Ein Pseudonym. Edwards selbst spricht nur von der Patientin «A.».

64 Nach einem Hinweis in Tenhaeff, a. a. O., S. 199; s. Anm. 61.

65 Edwards schildert diesen Fall in seinem Buch *Geistheilung,* Freiburg i. Br. 1983, S. 215 f. Ein weiteres Beispiel ist in meinem Buch *Auswege* erwähnt (a. a. O., PLZ D-81827): Die Münchner Geistheilerin Gabriele Kistler befreite anscheinend eine 36jährige Sekretärin binnen vierzehn Tagen von einer Virusinfektion im Gehirn – allein durch Fernbehandlung, ohne Wissen der Betroffenen.

66 Randolph C. Byrd: «Positive Therapeutic Effects of Intercessory Prayer in a Coronary Care Population», *Southern Medical Journal* 81/1988, S. 826–829.

67 William Braud/Gary Davis/Robert Wood berichten darüber in ihrem Beitrag «Experiments with Matthew Manning», *Journal of the Society for Psychical Research* 50/1979, S. 199–223. Die Versuche mit Manning leitete der Parapsychologe John M. Kmetz.

68 William H. Tedder/Melissa L. Monty: «Exploration of Long-Distance PK: A Conceptual Replication of the Influence of a Biological System», in William Roll u. a. (Hrsg.): *Research in Parapsychology 1980*, Metuchen/N. J. 1981, S. 90–93.

69 F. W. Snel/P. van der Sijde: «The Effect of Retro-Active Distance Healing on *Babesia Rodhani* (Rodent Malaria) in Rats», *European Journal of Parapsychology* 8/1990–91, S. 123–130.

70 F. W. Snel/P. R. Hol: «Psychokinesis Experiments in Casein Induced Amyloidosis of the Hamster», *European Journal of Parapsychology* 5/1983, S. 51–76.

71 William Braud/Marilyn Schlitz: «Consciousness Interactions with Remote Biological Systems: Anomalous Intentionality Effects», *Subtle Energies* 2/1991, S. 1–46.

72 Wiesendanger: *Auswege*, a. a. O., PLZ CH-4538.

73 a. a. O., PLZ CH-4814.

74 Nach Kurt Allgeier: *Die Wunderheiler*, Zürich 1990, S. 88.

75 Robert Miller: «The Positive Effect of Prayer on Plants», *Psychic* 3/1972, S. 24–25.

76 H. Rehder: «Wunderheilungen – ein Experiment», *Hippokrates* 19/1955, S. 577–580.

77 Kurt Trampler: *Lebenserneuerung durch den Geist*, München 1956 (2. Aufl.).

78 LeShan nennt diese Form «Typ 1-Heilen», in Abgrenzung vom Handauflegen («Typ 2-Heilen»), s. Lawrence LeShan: *The Medium, The Mystic and The Physicist: Toward a General Theory of the Paranormal*, New York 1974.

79 In einem persönlichen Gespräch Anfang Dezember 1993.

80 Siehe R. Baerwald: *Die intellektuellen Phänomene*, Berlin 1925.

81 Leonid Wassiliew: *Experimentelle Untersuchungen zur Mentalsuggestion*, Bern–München 1965.

82 Das Freiburger «Institut für Grenzgebiete der Psychologie und Psychohygiene», unter Leitung von Professor Dr. Hans Bender, forschte diesem Fall nach; s. Hans Bender: *Umgang mit dem Okkulten*, Freiburg i. Br. 1986 (2. Aufl.), S. 52f.

83 Der Freiburger Parapsychologe Hans Bender berichtete darüber in der *Zeitschrift für Parapsychologie und Grenzgebiete der Psychologie*, 17 (4), 1975.

84 *PSI-Pressedienst* 49/1991: «Auf Band gedacht».

85 Daniel Benor: *Healing Research*, Bd. 1, München 1992, S. 145 f.

86 Diese Annahme machen Untersuchungen des Freiburger «Instituts für Grenzgebiete der Psychologie und Psychohygiene» wahrscheinlich: «Die Auslösung der Deformationen», erklärt Hans Bender, «erfolgte nicht direkt durch Geller, sondern vermutlich, nach dem Muster von Spukerscheinungen, von einem ... Mitglied der (jeweiligen) Hausgemeinschaft» (*Umgang mit dem Okkulten*, a. a. O., S. 53; s. Anm. 33).

87 Beispiele dafür zählt Benor auf, a. a. O., S. 206 f. und 244; s. Anm. 85.

88 Shirley Winston: *Research in Psychic Healing: A Multivariate Experiment*, Dissertation, Union Graduate School, Yellow Springs/Ohio 1975.

89 J. T. M. Attevelt: *Research into Paranormal Healing*, Dissertation, Universität Utrecht 1988.

90 J. T. M. Attevelt u. a.: *Effectiviteit van de paranormale geneeswijze: Een experimenteel onderdoek bij patienten met essentiele hypertensie*, Rapport Rijksuniversiteit Utrecht 1987; ebenso J. J. Beutler/J. Attevelt u. a.: «The Effect of Paranormal Healing and Hypertension, *Journal of Hypertension* 5/1987, S. 551–552; J. J. Beutler/J. Attevelt u. a.: «Paranormal Healing and Hypertension», *British Medical Journal* 296/1988, S. 1491–1494. Seine Asthma- und Bluthochdruckstudien stellt Attevelt vor in *Research into Paranormal Healing*, a. a. O.; s. Anm. 89.

91 Diesen Standpunkt vertrat schon in den fünfziger Jahren entschieden der amerikanische Arzt F. W. Knowles, der sich einen Namen dadurch machte, daß er seine Patienten von chronischen Schmerzen befreite, indem er sie konzentriert «wegwünschte». Je mehr er die Kommunikation mit den Patienten einschränkte, desto weniger erreichte er damit. Siehe seine Beiträge «Some Investigations into Psychic Healing», *Journal of the American Society for Psychical Research* 48/1954, S. 21–26; «Psychic Healing in Organic Disease», *Journal of the American Society for Psychical Research* 50/1956, S. 110–117.

92 Wiesendanger: *Auswege*, a. a. O., PLZ D-42651.

93 Albert Bechtold: «Die Wunder blieben aus – die Patienten krank», *Stuttgarter Nachrichten* 10. 5. 1990.

94 Nach einer persönlichen Mitteilung von Klaus Schlapps, Leiter des «Info-Verlags ‹Der Heiler›» in Buchloe, vom 2. 3. 1993.

95 Zit. nach K. Emmenegger: *So heile ich,* Kreuzlingen 1986 (2. Aufl.), S. 114, 117, und mehreren Telefonaten im Oktober 1993.

96 Turner, a. a. O.; s. Anm. 54.

97 *Blick,* 17. 12. 1993: «Aeschbis ‹Geistheiler› verhexte Publikum».

98 Frank berichtet über dieses Experiment in groben Zügen in *New Frontiers,* Fall/Winter 1989, No. 32/33, S. 3: «An Experience with Group Healing». Einzelheiten verdanke ich einem Gespräch mit ihm am 25. 11. 1993.

99 Anschaulich beschreibt der Journalist Kurt Allgeier solche Auftritte in *Die Wunderheiler,* Zürich 1990, S. 165–197.

100 Ein Pseudonym.

101 Grete Häusler, die Leiterin des «Bruno Gröning-Freundeskreises», gibt diese Äußerung wieder in einem Vorwort zu Harald Wiesendanger: *Bruno Gröning: ein Ausweg für Kranke?,* Schönbrunn 1994, S. II.

102 Näheres in Matthias Kamp: *Bruno Gröning. Revolution in der Medizin – Rehabilitation eines Verkannten,* Wegberg 1993, S. 503–507.

103 Kamp, a. a. O., S. 507.

104 Näheres dazu bei Kamp, a. a. O., S. 495–499; s. Anm. 102.

105 Genauer gesagt: Die Schallempfindung war gestört, wofür stets eine Schädigung des Innenohres und des Hörnervs verantwortlich ist. Die Ursachen einer Schalleitungsschwerhörigkeit liegen dagegen im Gehörgang oder im Mittelohr.

106 Kamp, a. a. O., S. 501; s. Anm. 102.

107 Zit. bei Kamp, a. a. O., S. 493.

108 Näheres dazu bei Kamp, a. a. O., S. 489–494.

109 Zit. nach Kamp, a. a. O., S. 485.

110 Zit. nach Kamp, a. a. O., S. 487.

111 Siehe dazu Kamp, a. a. O., S. 359 f., 475.

112 a. a. O., S. 475.

113 Grete Häusler (Hrsg.): *Das Heil erfahren, das ist Wahrheit,* Wegberg 1992 (2. Aufl.).

114 a. a. O., S. 479–508.

115 Alan Young: *Das ist Geistheilung,* Freiburg i. Br. 1993, S. 59.

116 Wiesendanger: *Auswege,* a. a. O., PLZ D-21079.

117 *Auswege,* a. a. O., PLZ D-41844.

118 P. J. Collip: «The Efficacy of Prayer: A Triple Blind Study», *Medical Times* 97/1969, S. 201–204.

119 C. R. B. Joyce/R. M. C. Welldon: «The Objective Efficacy of Prayer: A Double-blind Clinical Trial», *Journal of Chronic Diseases* 18/1965, S. 367–377.

120 Siehe dazu Harold Sherman: *Your Power To Heal*, New York 1972. – Allen Spraggett: *Kathryn Kuhlmann, the Woman who Believes in Miracles*, New York 1970.

121 Inwiefern sich die Gemeinschaften des «Bruno Gröning-Freundeskreises» von anderen Heilgruppen unterscheiden, erläutere ich in meinem Buch *Bruno Gröning – ein Ausweg für Kranke. Gröning-Gemeinschaften im In- und Ausland: ein kommentiertes Adressenverzeichnis*, Schönbrunn 1994, S. III–XIII («‹Heilströme› im Gröning-Kreis: ein Ausweg für Kranke?»).

122 Nach einer Emnid-Umfrage im Sommer 1992, veröffentlicht in *Der Spiegel* 25/1992, S. 36–57.

123 Diese Bestandsaufnahme traf der katholische Theologe Karl Rahner schon 1984; zitiert nach *Der Spiegel* 25/1992, S. 44.

124 Eine Fülle von Beispielen finden sich in *Ein Jahrhundert Christlich-Wissenschaftlichen Heilens*, The Christian Science Publishing Society, Boston 1969.

125 Ein Pseudonym.

126 Über diesen und mehrere weitere Fälle, die Rex Gardner eingehend überprüfte, berichtet er in «Miracles of Healing in Anglo-Celtic Northumbria as Recorded by the Venerable Bede and his Contemporaries: A Reappraisal in the Light of Twentieth Century Experience», *British Medical Journal* 287/1983.

127 Auszüge aus Beards Buch *Was Jedermann sucht* gibt der Parapsychologe Wilhelm Otto Roesermüller wieder in *Wenn die Schulmedizin versagt. Religiöse und ärztliche außerschulmäßige Heilweisen*, Bietigheim 1975, S. 42–47.

128 So genas der Arzt Dr. Francesco Ricciardi, ein radikaler Atheist, buchstäblich auf dem Sterbebett von einem schweren Krebsleiden, nachdem Pater Pio ihn in seine Gebete eingeschlossen hatte. Bei dem Chirurgen Dr. Antonio Scarparo verschwand ein Unterleibstumor mit Lungenmetastasen. Die Fabrikantentochter Nicoletta Mazoni, die an Gehirnstörungen mit Zungenparalyse erkrankt war, hatte ihre Eltern seit sechs Monaten nicht mehr erkannt; die Ärzte hatten sie aufgegeben, doch seit einer Fürbitte Pater Pios galt sie als vollständig geheilt. Gemma di Giorgi war blind, ohne Augäpfel zur Welt gekommen – trotzdem schien Pio sie sehend gemacht zu haben, wie ein fassungsloser Augenarzt in Wahrnehmungstests bestätigt fand. Psychologen der Universität

Freiburg i. Br. verbürgen sich für einen Fall von Fernheilung eines organischen Leidens im Anschluß an Pios Gebete, dem sie eingehend nachforschten: Ein an beiden Beinen gelähmter italienischer Landarbeiter, der sich 1940 eine schwere Wirbelsäulenverletzung zugezogen hatte, konnte wieder ungehindert gehen. (Siehe Roesermüller, a. a. O., S. 52–56; s. Anm. 127.)

129 Louise Riscalla: «A Study of Religious Healers and Healees», *Journal of the American Society for Psychosomatic Dentistry and Medicine* 29/1982, S. 97–103.

130 Immanuel Kant: *Religion innerhalb der Grenzen der bloßen Vernunft.*

131 So lautet eine Kapitelüberschrift von Stefan Zweigs Buch *Die Heilung durch den Geist,* Frankfurt/M. 1983.

132 a. a. O., S. 152 f.

133 Andrew Weil: *Heilung und Selbstheilung,* Weinheim 1988, S. 206.

134 *Werke,* Bd. 10.

135 Nochmals erinnert sei an die mehrfach erwähnte Studie des Arztes Randolph Byrd zur Fernheilung von Herzkranken. – Dem niederländischen Parapsychologen Wilhelm Tenhaeff berichtete ein Klinikdirektor über einen Kranken, der an Herzkammerflimmern litt und den er schon aufgegeben hatte. Plötzlich trat, entgegen allen Erwartungen, eine Besserung ein; schließlich konnte der Mann als geheilt entlassen werden. Später erst stellte sich heraus, daß sich die Frau des Kranken, ohne dessen Wissen, an einen Gesundbeter gewandt hatte. Beinahe zeitgleich mit dem Beginn der Heilgebete setzte die Genesung ein. Siehe Tenhaeff, a. a. O., S. 306; s. Anm. 61.

136 Siehe zusammenfassend Benor, a. a. O., S. 17–18, 221–222, 241–243 sowie die dort zitierten Quellen; s. Anm. 85.

137 So widmete der amerikanische Geistliche Franklin Loehr, ein ausgebildeter Chemiker und Direktor der «Stiftung für Religionsforschung» in Los Angeles, drei Jahre dem Bemühen, Gebetseffekte auf Pflanzen nachzuweisen. Dazu führte er insgesamt 900 Tests mit 27 000 Samen durch, wobei er 80 000 Messungen vornahm; 150 Versuchspersonen waren beteiligt. Er stellte nach Gebeten Wachstumsbeschleunigungen von 30 bis 40 Prozent fest, vereinzelt sogar bis zu 200 Prozent. (Siehe Franklin Loehr: *The Power of Prayer on Plants,* New York 1959.) Weitere anscheinend erfolgreiche Pflanzenexperimente stellen vor: Spindrift, Inc. (Hrsg.): *Prayer and Healing: Tests With Germinating Seeds,* zitiert bei Benor, a. a. O., S. 285–287 (s. Anm. 85); Robert Miller:

«The Positive Effect of Prayer on Plants», *Psychic* 3/1972, S. 24 f. Einen umfassenden Überblick über Forschungen und Theorien zum Gebetsheilen hat der amerikanische Arzt Larry Dossey vorgelegt: *Healing Words: The Power of Prayer and the Practice of Medicine*, New York 1993.

138 Weil, a. a. O., S. 205; s. Anm. 133.

139 *Journal of the Statistical Society* Bd. 12, S. 355; auch in F. Galton: «Statistical Studies in the Efficacy of Prayer», *Fortnightly Review* 12/1872, S. 125–135, nachgedruckt in C. G. Roland: «Does Prayer Preserve?» *Archives of Internal Medicine* 125/1970, S. 580–587.

140 Unter 24 Studien aus den Jahren 1951 bis 1979, die der britische Psychologe Allen Bergin von der Universität Brigham auswertete, deuteten 47 Prozent auf einen günstigen Einfluß religiösen Glaubens auf geistige Gesundheit hin. Nur knapp jede fünfte Studie wies dagegen psychopathologische Gefahren nach. Ein Drittel der Studien ging unterschiedlich aus. (Siehe Allen Bergin: «Religiosity and Mental Health: A Critical Reevaluation and Meta-analysis», *Professional Psychology* 14/1983, S. 170–184). Damit stimmt ein kürzlicher Literaturüberblick des amerikanischen Psychologen John Gartner aus Baltimore überein, der rd. 200 Studien auswertete (*Journal of Psychology and Theology* 19/1992, S. 6–25).

141 Die beiden Psychologen Ellen Idler und Stanislav Kasl berichten über diese Langzeitstudie im *American Journal of Sociology* 97/1992, S. 1052–1079.

142 Jack Schumaker: «Mental Health, Belief Deficit Compensation, and Paranormal Beliefs», *Journal of Psychology* September 1987.

143 Achtzehn auserwählte Fälle von ärztlich überprüften Lourdes-Heilungen aus den Jahren 1950 bis 1969 stellt der frühere Präsident des Ärztebüros, Dr. med. Alphonso Olivieri, in seinem Buch *Gibt es noch Wunder in Lourdes?*, Aschaffenburg o. J., vor; in einem Nachwort schildert der deutsche Theologe Georg Siegmund zwei weitere Fälle jüngeren Datums. Eine Vielzahl von Fällen diskutiert W. O. Roesermüller, a. a. O., S. 62–75; s. Anm. 127.

144 Wilhelm Theopold: *Mirakel. Zwischen Wissenschaft und Glauben*, München 1983, S. 44.

145 Zit. bei Theopold, a. a. O., S. 37 f.

146 Jerome D. Frank: *Die Heiler. Wirkungsweise psychotherapeutischer Beeinflussung. Vom Schamanismus bis zu den modernen Therapien*, Stuttgart 1981.

147 K. D. Weatherhead: *Psychology, Religion, and Healing*, New York 1951, S. 153.

148 Zit. nach *Quick* 2/1992: «Magische Orte in Deutschland: Wo die Kraft aus der Erde kommt», S. 40–45, dort S. 42.

149 Unter Leitung des Wiener Universitätsdozenten Dr. Otto Bergsmann testeten Wissenschaftler der staatlich geförderten «Arbeitsgemeinschaft zur Erforschung pathogener Standorteinflüsse» über zwei Jahre lang 985 Freiwillige. In einem typischen Versuch ermittelten Rutengänger zunächst eine «pathogene», krank machende Stelle. Auf dieser hatte jede Versuchsperson zehn Minuten lang Platz zu nehmen. Begleitend und anschließend wurden Blutdruck, Herzfrequenz, Atem, Hautwiderstand, elektrische Leitwerte an bestimmten Muskelpunkten und mehrere weitere Parameter gemessen. Insgesamt 6943 Einzeluntersuchungen ergaben 462 421 Meßdaten. Obwohl die Getesteten den «Störzonen» nur wenige Minuten lang ausgesetzt waren, konnten deutliche körperliche Belastungen nachgewiesen werden. (O. Bergsmann u. a.: *Risikofaktor Standort*, Lennestadt 1990.) «Jedermann kann sich jetzt ausmalen, welche bösen Folgen erst ein jahrelanger Aufenthalt über solchen Störzonen hat», kommentierte die Fachzeitschrift *Naturheilpraxis* (2/1991, S. 202) dieses Ergebnis.

150 Werner Schiebeler: «Ein jenseitiger Helfer?», *Schweizerisches Bulletin für Parapsychologie* 25 (2), November 1990, S. 13–16.

151 *Psychic News* 2970/1989, S. 5: «Message Saves Woman's Sight».

152 *Psychic News* 2954/1989, S. 4: «Retarded Boy is Helped by Guide».

153 René und Mirabelle Coudris: *Im Trance-Dialog mit ‹C. G. Jung›*, Neuwied 1988ff. Von sich reden gemacht hatte Mirabelle zuvor schon durch «Botschaften aus dem Mutterleib», die sie 1984 während ihrer ersten Schwangerschaft telepathisch empfangen haben will: von ihrem eigenen ungeborenen Sohn, der sich ihr als hochentwickelte reinkarnierte Seele vorstellte. (*Ich kann sprechen*, München 1985.)

154 Harald Wiesendanger: *Die Jagd nach Psi*, Freiburg i. Br. 1989, S. 201 ff.

155 *Psychic News* 3173/1993, S. 2; *Sussex Life* 4/93.

156 Siehe Wiesendanger: *Auswege*, a. a. O., PLZ L-7314.

157 Irma Weisen: «Tremolo in Trance», *Esotera* 3/1986, S. 54–57, dort S. 57.

158 Paul Schneider: «Das Trance-Medium Aulikki Plaami», *SVNH-Mitteilungsblatt* Juni 1989, S. 39–40, dort S. 40.

159 Nähere Informationen: Fa. Commings GmbH, Postfach 11 43, D-33748 Schloß Holte-Stukenbrock.

160 Welche heiklen juristischen Fragen die diesseitige Nutzung von angeblich jenseitigem Material aufwirft, mußte 1991 das Wiener Medium Lotte Ingrisch erleben: Bei ihr lag das Copyright für die 128 Druckseiten des Werks *Das Donnerstagebuch* (Wien 1990), das ihr per «automatischer Schrift» von dem Totengeist des 1986 verstorbenen österreichischen Publizisten Jörg Mauthe diktiert worden sein soll. Doch Mauthes Sohn klagte dagegen vor Gericht: Denn falls Frau Ingrisch recht hatte – lagen die Urheberrechte dann nicht bei seinem Vater und dessen Erben?

161 Ein ausführliches Porträt Kaempgens schrieb ich für die Fachzeitschrift *Esotera* 2/1991: «Rezepte aus dem Nirgendwo», S. 82–86.

162 Ausführlich wird Marrelli porträtiert von Kurt Allgeier, a. a. O., s. Anm. 74.

163 *Esotera* 5/1990, S. 6f.

164 Siehe Harald Wiesendanger: «Im Schattenreich beschäftigt sich Elvis eingehend mit Medizin», *Ärzte Zeitung* 100/2. 6. 1992, S. 16.

165 Den Ausdruck «Geist-Chirurgie» ziehe ich der gebräuchlicheren Bezeichnung «Psychochirurgie» vor. Gelegentlich werden beide Begriffe synonym verwandt. Doch in der Medizin steht «Psychochirurgie» für eine Reihe von hirnchirurgischen Maßnahmen (wie Lobotomie und Leukotomie) mit dem Ziel, Patienten psychisch zu verändern. Das griechische Kunstwort *Logurgie* (griech. *logos:* Geist), das der Züricher Arzt und Parapsychologe Dr. Hans Naegeli-Osjord 1973 prägte, ist am treffendsten, hat sich aber nicht allgemein durchsetzen können.

166 Verlag W. H. Allen, London 1966.

167 *Psychic News* 3206/20. 11. 1993, S. 8: «Looking back».

168 Zit. nach Alfred Stelter: *Psi-Heilung*, München 1973, S. 120f.

169 Andrija Puharich, «The Work of the Brasilian Healer Arigó», Vortrag auf einem Symposium in Los Altos/Kalifornien, am 30. 10. 1971, veröffentlicht von «The Academy of Parapsychology and Medicine», Los Altos 1972.

170 Harold Sherman: *Wonderhealers of the Philippines*, Los Angeles 1967.

171 Bestelladresse: Atlantis Bookshop, 49a Museum Street, London, WC1A 1LY.

172 Hans Naegeli-Osjord: *Die Logurgie in den Philippinen. Heilung durch magische (parachirurgische) Eingriffe*, Remagen 1982; ders.: «Auf Agpaoas Operationstisch», *Esotera* 5/1971.

173 Werner Schiebeler: *Paranormale Heilmethoden auf den Philippinen*, Selbstverlag, Ravensburg 1974.

174 A. Stelter berichtet darüber in *Psi-Heilung*, a. a. O., S. 119 ff.; s. Anm. 168.

175 Diesen Verdacht äußert Andrew Weil, a. a. O., S. 270; s. Anm. 133.

176 Der Mediziner Dr. Hans Grünn berichtete darüber in *Die innere Heilkraft*, Düsseldorf–Wien 1990, S. 41 f.

177 Dazu kam es z. B. bei einer Operation im Kehlkopfbereich, der sich Professor Alex Schneider auf den Philippinen unterzog: «Allen Umstehenden erschien mein Hals während des Eingriffs plötzlich durchsichtig.» (Nach einer persönlichen Mitteilung im Juli 1992.)

178 Waltraud Faehndrich/Rolf Jurkeit: *Die philippinischen Heiler. Eine kritische Würdigung des Phänomens*, Altstätten 1987, S. 42. Der Physiker Werner Schiebeler dokumentierte dieses Wattephänomen am 5. 3. 1973 auf einem 16-mm-Farbfilm. Der Film kann über das Institut für den Wissenschaftlichen Film, Nonnenstieg 72, 37075 Göttingen, ausgeliehen werden.

179 a. a. O., S. 42.

180 a. a. O., S. 38; s. Anm. 178. – Auch solche «Luftschnitte» hat Werner Schiebeler filmisch dokumentiert.

181 a. a. O., S. 35; s. Anm. 178. (Bekannt dafür ist der philippinische Heiler Juanito Flores.) Für die Echtheit solcher paranormaler Begleiterscheinungen argumentiert Alfred Stelter, a. a. O., S. 196–224; s. Anm. 168.

182 Deutscher Verbraucherschutzbund (Hrsg.): *Ärztepfusch und Folgen*, Heft 7/1982 der Schriftenreihe des DVS.

183 Stanley Krippner: «A Questionnaire Study of Experimental Reactions to a Brazilian Healer», *Journal of the Society for Psychical Research* 56/1990, S. 208 ff., sowie die dort zitierte weitere Literatur.

184 Jonathan Stillwell: «Red Cloud Speaks... through Another», *Psychic News* 3221/5. 3. 1994, S. 8.

185 Steffi Menden: «Luxemburg: Das üble Spiel des ‹Engel Albert›», *Saarbrücker Zeitung*, 6. 1. 1990.

186 Sorgfältig rekonstruiert Anneliese Michels Schicksal: Werner Schiebeler, *Besessenheit und Exorzismus – Wahn oder Wirklichkeit?*, Ravensburg 1986, S. 77–109.

187 Die Stellungnahmen der Gutachter zitiert und analysiert eingehend Felicitas Goodman: *Anneliese Michel und ihre Dämonen*, Stein am Rhein 1980, S. 232 ff.

188 Ausführlich stelle ich Naegelis diagnostischen und therapeuti-

schen Ansatz vor in meinem Buch *Die Jagd nach Psi,* Freiburg i. Br. 1989, S. 183 ff., Kap. «Teuflische Schikanen – Züricher Psychiater als Zuflucht von ‹Besessenen›». Siehe auch Harald Wiesendanger: *In Teufels Küche. Jugendokkultismus: Gründe, Folgen, Hilfen,* Düsseldorf 1992, S. 101–105. – Vgl. Hans Naegeli-Osjord: *Besessenheit und Exorzismus,* Remagen 1983.

189 Adolf Rodewyk: *Dämonische Besessenheit. Tatsachen und Deutungen,* Augsburg 1988, S. 6–10.

190 Kaplan Alt, zit. in F. Goodman, a. a. O., S. 72; s. Anm. 187.

191 Wiesendanger: *Die Jagd nach Psi,* a. a. O., S. 189; s. Anm. 188.

192 *Die Jagd nach Psi,* a. a. O., S. 187.

193 Zit. bei Schiebeler, a. a. O., S. 87; s. Anm. 186.

194 Goodman, a. a. O.; s. Anm. 187. Vor schädlichen Nebenwirkungen von Zentropil und Tegretal wird den Beipackzetteln der Medikamentenschachteln nachdrücklich gewarnt. Der Hersteller verlangt deshalb, daß bei Dauerbehandlung das Blutbild und die Leberfunktion anfangs wöchentlich und später zumindest einmal monatlich überprüft werden. Dies unterließen Annelieses Ärzte fahrlässig. Professor Goodman verweist auf das medizinische Standardwerk *Physician's Desk Reference:* «Dort wird ausdrücklich darauf aufmerksam gemacht, daß Tegretal einen epileptischen Dämmerzustand mit Fieber und Sauerstoffmangel herbeiführen kann. Am Ende wies Anneliese alle drei Symptome auf. Im epileptischen Dämmerzustand treten äußerst schnelle, krampfartige Zuckungen auf. Die unkontrollierbaren, rasenden Bewegungen, die man bei ihr in den letzten beiden Monaten ihres Lebens sah, sind aller Wahrscheinlichkeit nach hierauf zurückzuführen. In den letzten paar Tagen hatte sie hohes Fieber. Der Tod trat etwa nach acht Stunden ein, nachdem sie wie starr dalag. Sie ist allmählich erstickt, ihre roten Blutkörperchen hatten am Ende nicht mehr genügend Sauerstoff.»

195 Einen solchen Fall schildere ich in *In Teufels Küche,* a. a. O., S. 99 f.; s. Anm. 188.

196 Nach *Der Spiegel* 52/1986, S. 158, 163.

197 Markus 16, 17; Lukas 9,1; Apostelgeschichte 10,38; Brief an die Epheser 4,27.

198 *Ministeria quaedam,* 15. 8. 1972.

199 Dagegen wird angehenden Priestern in den Traditionalistengemeinschaften, z. B. der Bruderschaft St. Pius X. des 1991 verstorbenen Erzbischofs Marcel Lefebvre, nach wie vor mit den Niederen Weihen auch die Weihe zum Exorzisten gespendet. Die

Ostkirche läßt auch «charismatisch begabte» Laien exorzieren; siehe Rodewyk, a. a. O., S. 12; s. Anm. 189.

200 *Der Spiegel* 39/1974, S. 98 ff.

201 Valentin Fleischmann war von 1552 bis 1575 katholischer Pfarrer in Ettleben bei Schweinfurt gewesen – in derselben Gemeinde, der nun einer von Annelieses Exorzisten, Kaplan Alt, vorstand. Fleischmann, Vater von vier Kindern und gewalttätiger Alkoholiker, hatte in seinem Pfarrhaus ein Mädchen umgebracht, nachdem er es verführt hatte.

202 *Agape Satana! Das Brevier der Teufelsaustreibung* (mit *Rituale Romanum*), Genf 1975, S. 207.

203 In seinem aufsehenerregenden Buch *Thirty Years among the Dead* (in dt. Übersetzung erschienen 1952 unter dem Titel *Dreißig Jahre unter den Toten*) zog der gebürtige Schwede 1924 eine Bilanz seiner jahrzehntelangen Arbeit mit psychisch Kranken.

204 Wickland, *Dreißig Jahre unter den Toten*, a. a. O., S. 31 f.

205 Unter dem Titel *Analysis of Unusual Experiences in Healing Relative to Diseased Minds and Results of Materialism Foreshadowed* veröffentlichte Bull 1932, was seine zwanzigjährige Forschung auf dem Gebiet der Besessenheit ergeben hatte.

206 Wiesendanger: *Auswege,* a. a. O., PLZ D-65830. Göbel selbst erläutert den Marinho-Ansatz in seinem Lehrbuch *Medialität – mediumistisches Heilen,* Kriftel 1993 (2. Aufl.).

207 Die Arbeit dieses Kreises schildert sein Leiter, der wohlhabende Geschäftsmann Daniel Bailey, in seinem Buch *Thoughts from the Inner Life,* Boston 1886. Zwölf Protokolle besonders eindrücklicher Séancen veröffentlichte Admiral Usborne Moore 1911 unter dem Titel *Glimpses of the Next State.*

208 Schiebeler schildert die Arbeit dieses Kreises in «Die Zuverlässigkeit medialer Durchgaben und die Prüfung der Geister», *Parapsychika* 1980, S. 64–102.

209 Zu Himmels Ansatz siehe mein Buch *In Teufels Küche,* a. a. O., S. 106f.; s. Anm. 188.

210 Wiesendanger: *Auswege,* a. a. O., PLZ D-60596.

211 Aus einem Brief vom 4. 8. 1993.

212 Wiesendanger: *In Teufels Küche,* a. a. O., S. 106f.; s. Anm. 188.

213 Robert Baker: «How to Bust a Ghost: Two Quick but Effective Procedures», *Skeptical Inquirer* 11/1986, S. 84–90.

214 H. D. Barlow/G. C. Abel/E. B. Blanchard: «Gender Identity Change in a Transsexual: An Exorcism», *Archives of Sexual Behavior* 6/1977, S. 387–395.

215 So rief mich vom Sommer 1992 bis Frühjahr 1993 beinahe wöchentlich ein junger Mann Mitte Zwanzig aus Neckargemünd an: Seit Jahren fühlte er sich von bösen Mächten verfolgt, die ihm Stromstöße durch den Körper jagen, so als säße er auf einem elektrischen Stuhl. Tatsächlich wies er auf der Brust und im Genitalbereich schwere Verbrennungen auf; er beteuerte glaubhaft, sie sich nicht selbst beigebracht zu haben. Man muß nicht an der Realität der «Angriffe» zweifeln, um die Reaktion des Opfers unangemessen zu finden. Obwohl die «Stromstöße» höchstens zwei- bis dreimal monatlich auftraten – und dies fast immer nur in unmittelbarer Nähe von Personen, die das Opfer der Schwarzen Magie bezichtigte –, fühlte er sich überall unentwegt davon bedroht. Den Wohnort zu wechseln, lehnte er aus Bequemlichkeit ab.

216 Johannes Mischo: «Psychologische Aspekte der Besessenheit», *Zeitschrift für Parapsychologie und Grenzgebiete der Psychologie* 13/1971, S. 69–94, dort S. 84 f.

217 Jan Ehrenwald: *The ESP-Experience: A Psychiatric Experience*, New York 1978; ders.: *Parapsychiatry: A Study of Psi Functions and Dysfunctions*, New York 1976; ders., «The Telepathy Hypothesis and Schizophrenia», *Journal of the American Adademy of Psychoanalysis* 2/1966, S. 159–169.

218 Einen hilfreichen Überblick über Gemeinsamkeiten und Unterschiede schamanischer Traditionen in verschiedenen Kulturkreisen verschaffen Michael und Cindy Winkelman: «Shamanistic Healers and their Therapies: A Cross-Cultural Study», in Walter Andritzky (Hrsg.): *Jahrbuch für Transkulturelle Medizin und Psychotherapie*, Berlin 1990, S. 163–182.

219 Stanley Krippner: «Shamans as the First Healers», *The Psi Researcher*, 9/1993, S. 3–6; ders. (mit Patrick Welch): *From Native Shamanism to Contemporary Health Care*, Irvington/N. Y. 1992.

220 Berühmt dafür wurde die Schamanin Essie Parrish von den Pomo-Indianern in Kalifornien. Ein Dokumentarfilm *Die saugende Ärztin*, in dessen Mittelpunkt sie stand, ging in den achtziger Jahren rund um die Welt. «Die tote Krankheit spucke ich aus», erklärte sie angereisten amerikanischen Wissenschaftlern. «Dann lasse ich sie in meine Hand fallen, damit viele Menschen sie sehen können. Aber niemand darf sie berühren, denn sie ist ansteckend. Nimmt jemand die Krankheit auf, dringt sie in ihn ein. Man kann sie in ein Stück Papier tun oder in einen Korb. Dabei sollte man ein Lied singen oder etwas rufen. Manche Krankheiten verharren eine

Weile, für mehrere Minuten, nachdem man sie hingelegt hat, und verschwinden dann.» (Zit. nach Michael Harner: *The Way of the Shaman: A Guide to Power and Healing*, San Francisco 1980, S. 128 ff.)

221 Zit. bei Josef Nyary: «Schamanismus: Hilfe mit Rauch und Tanzen», *Hörzu* 9/1989, S. 116.

222 *Cosmopolitan* 2/1991: «Ein Schamane verrät sein Geheimnis».

223 Steffen Könau: «Mutter Erde, Vater Sonne, Großer Geist, kleiner Mensch», *Mitteldeutsche Zeitung* 2. 1. 1993.

224 *FSS-Info* (Mitteilungsblatt der Wiener «Foundation for Shamanic Studies»), August 1992, S. 2.

225 Nach einer Anzeige in *Bewusst Sein* 88/1993, S. 12.

226 Bernd Heller: «Der gar nicht geheime Okkultismus», *Report Psychologie* 4/1994, S. 39–41, dort S. 40.

227 Paul Uccusic: *Der Schamane in uns. Schamanismus als neue Selbsterfahrung, Hilfe und Heilung*, Genf 1991.

228 Zit. nach *Cosmopolitan*, 2/1991, a. a. O.; s. Anm. 222.

229 Zit. nach Nyary, a. a. O.; s. Anm. 221.

230 Eine Fülle von Beispielen präsentieren Werner Bonin: *Naturvölker und ihre übersinnlichen Fähigkeiten*, München 1986; Ernesto Bozzano: *Übersinnliche Erscheinungen bei Naturvölkern*, Freiburg i. Br. 1986 (2. Aufl.); Alberto Villoldo/Stanley Krippner: *Heilen und Schamanismus*, Basel 1986 (2. Aufl.); Ruth-Inge Heinze: *Trance and Healing in Southeast Asia Today: Twenty-One Case Studies*, Berkeley/Kalifornien 1983, sowie die von Heinze herausgegebenen *Proceedings* der Ersten und Zweiten Internationalen Konferenz für Schamanismus 1984 und 1985 in San Rafael/Kalifornien (Center for South and Southeast Asia Studies, Berkeley 1984, 1985).

231 Zit. in Nyary, a. a. O.; s. Anm. 221.

232 Stanley Krippner, zit. in *Esotera* 7/1982, S. 616.

233 Siehe dazu die in Anm. 230 genannten Quellen.

234 Zu Zusammenhängen zwischen paranormalen Fähigkeiten und außergewöhnlichen Bewußtseinszuständen siehe John Palmer: «Extrasensory Perception. Research Findings», in Stanley Krippner (Hrsg.): *Advances in Parapsychology 2*, New York 1978, S. 59–222; Charles Honorton: «Psi and Internal Attention States», in B. Wolman (Hrsg.): *Handbook of Parapsychology*, New York 1977, S. 435–472.

235 Zur Physiologie des schamanischen Bewußtseinszustands siehe Michael Winkelman: «Physiological and Therapeutic Aspects of

Shamanistic Healing», *Subtle Energies* 1 (2), 1990, S. 1–18, insbes. S. 6ff. und die dort zitierten Forschungsarbeiten.

236  Alok Saklani: «Preliminary Tests for Psi-Ability in Shamans of Garhwal Himalaya», *Journal of the Society for Psychical Research* 55/1989, S. 60–70.

237  Weil, a. a. O.; s. Anm. 133.

238  Zit. bei Nyary, a. a. O.; s. Anm. 221.

239  René Bardet: «Der Weg der ‹Medizin› sollte still sein», *Esotera* 4/1990, S. 88–92.

240  Bardet, a. a. O., S. 90.

241  a. a. O., S. 92.

242  a. a. O., S. 91.

243  *Psychic News* 3093/1991, S. 4: «Businessman Mobbed for Healing Cloths».

244  *Psychic News* 3065/1991, S. 1: «Healer Throws Down Gauntlet».

245  *Psychic News* 3171/1993, S. 4: «Hungarian Doctor to Test Healing Cloths».

246  Zum Beispiel 2. Könige 2,14; 13,21; Matthäus 9,20; Apostelgeschichte 5,15; 19,12; Markus 5,27.

247  Zum Wallfahrtsort Breydenbach pflegten Pilger Ringe oder Steine mitzunehmen, mit denen sie die dort aufbewahrten Reliquien berührten, damit sie die wundertätige Kraft in sich aufnähmen; nach Hause zurückgekehrt, setzten sie diese Mitbringsel in Rosenkränze ein. Aus dem heiligen Boden gruben sie eine Handvoll Erde aus. Sie füllten kleine Gefäße mit dem Öl der Lampen, die vor geweihten Bildern brannten. In ihre Taschen stopften sie Wachs, das von den Kerzen getropft war. (Siehe Theopold, a. a. O., S. 30; s. Anm. 144.)

248  Theopold, a. a. O., S. 21; s. Anm. 144.

249  Jeremy Kingston schildert diese Begebenheit in *Die Geistheiler*, Frankfurt/M.–Berlin 1987, S. 71.

250  So stellte Dolores Krieger fest, daß Estebanys «Heilwasser» sich in drei Versuchsdurchgängen stets ebenso günstig auf den Hämoglobinspiegel von Klinikpatienten auswirkte wie die Technik der «Therapeutischen Berührung», die 32 von Krieger darin ausgebildete Krankenschwestern in einem vierten Durchgang anwandten. Dolores Krieger: «Effects of Therapeutic Touch: The Imprimatur of Nursing», *American Journal of Nursing* 7/1975, S. 784–787; s. auch Krieger: *The Therapeutic Touch: How to Use Your Hands to Help and Heal*, Englewood Cliffs/N.J. 1979.

251  Benor, a. a. O., S. 83 f.; s. Anm. 85.

252 Benor, a. a. O., S. 35 f., 83 f. (s. Anm. 85); Ronald N. Miller: «The Healing Magic of Crystals: An Interview with Marcel Vogel», *Science of Mind,* August 1984, S. 8–12.

253 Wiesendanger: *Auswege,* a. a. O., PLZ D-53925.

254 Im persönlichen Gespräch mit Daniel Benor. Auszüge daraus veröffentlichte Benor, a. a. O., S. 37 ff., s. Anm. 85.

255 Ingeborg Strauch: *Zur Frage der «geistigen Heilung»,* Dissertation, Freiburg i. Br. 1958.

256 Strauch, a. a. O., S. 98 f.; s. Anm. 255.

257 a. a. O., S. 99 f.

258 Zit. nach George B. Cutten: *Three Thousand Years of Mental Healing,* New York 1911, S. 5 f.

259 Benor, a. a. O., S. 38; s. Anm. 85.

260 Bernard Grad: «Some Biological Effects of the ‹Laying-on of Hands›: A Review of Experiments with Animals and Plants», *Journal of the American Society for Psychical Research* 59/1965, S. 95–127.

261 Bernard Grad: «A Telekinetic Effect on Plant Growth», Teil 1 und 2, *International Journal of Parapsychology* 5/1963, S. 117–133, sowie 6/1964, S. 473–498. Weitere erfolgreiche Experimente zur Heilwirkung von «energetisiertem Wasser» auf Pflanzen beschreiben F. Loehr: *The Power of Prayer on Plants,* New York 1959, sowie Ronald N. Miller: «The Positive Effect of Prayer on Plants», *Psychic* 3/1972, S. 24 f. Keinerlei Effekte fanden andererseits F. W. Knowles: «Some Investigations into Psychic Healing», *Journal of the American Society for Psychical Research* 48/1954, S. 21–26, und S. B. Harary: *A Pilot Study of the Effects of Psychically Treated Saline Solution on the Growth of Seedlings,* unveröffentl. Manuskript, Psychical Research Foundation 1975.

262 Benor, a. a. O., S. 39; s. Anm. 85.

263 Glen Rein: *Quantum Biology: Healing with Subtle Energy* (1992), Quantum Biology Research Labs, P.O. Box 60653, Palo Alto, CA 94306.

264 Benor, a. a. O., S. 38; s. Anm. 85.

265 Rein, a. a. O.; s. Anm. 263.

266 Siehe Wiesendanger: *Die Jagd nach Psi,* Freiburg i. Br. 1989, S. 146 ff. Die Entstehung von Vibhuti und anderen Materialisationen Sai Babas sowie ihre Wirkungen sind schon mehrfach von Ärzten und Wissenschaftlern vor Ort beobachtet worden, z. B. von dem isländischen Parapsychologen Erlendur Haraldsson (*Sai Baba – ein modernes Wunder,* Freiburg i. Br. 1993, 3. Aufl.) sowie

von den Medizinern Karin Lanz und Narasimha Rao (*Sai Baba*, München 1994).

267 Wiesendanger: *Die Jagd nach Psi*, a. a. O., S. 175 ff., insbes. S. 182.

268 *Die Jagd nach Psi*, a. a. O., S. 217 ff.

269 R. G. MacDonald/J. L. Hickman/H. S. Dakin: *Preliminary Physical Measurements of Psychophysical Effects Associated with Three Alleged Psychic Healers*, San Francisco, Washington Research Center 1976.

270 Siehe die in Anm. 261 angeführten kritischen Studien von Knowles und Harary.

271 M. Heidemanns: «Die Hexe vom Gereons-Wall», *Bild am Sonntag* 3. 12. 1989, S. 34–37.

272 Nach einem Bericht in der *Brunsbütteler Zeitung*, 7. 6. 1989: «Ich helfe, wo der Doktor ratlos ist.»

273 Diese beiden Beispiele erwähnt Andrew Weil, a. a. O., S. 240; s. Anm. 133.

274 Professor Bloch berichtet über diesen Versuch in *Klinische Wochenschrift* 48/1927. Eine Fülle weiterer ärztlicher Suggestiverfolge bei Warzenbehandlungen schildert E. Liek in *Das Wunder in der Heilkunde*, München 1930, S. 170–174.

275 Siehe Grünn, a. a. O., S. 49; s. Anm. 176.

276 Beide Fälle schildere ich in *Auswege*, a. a. O., PLZ D-23898.

## II  Psi-Diagnose

1 Thomas Ruhmöller schildert den Leidensweg der Claudia E. in seinem Buch *Die Wunderheiler von Warendorf*, Warendorf 1990, S. 46 f.

2 *Der Spiegel* 23/1987; S. 227–229: «Freude am Bild».

3 Ruhmöller, a. a. O., S. 47; s. Anm. 1.

4 Berichtet in Tenhaeff: *Außergewöhnliche Heilkräfte*, Olten–Freiburg i. Br. 1957, S. 95 f.

5 Fanny Moser: *Der Okkultismus*, Bd. 2, München 1935, S. 585–606: «Die ärztlichen Medien».

6 Harald Wiesendanger: *Der Streit ums Horoskop*, Braunschweig 1990; ders.: *Zwischen Wissenschaft und Aberglaube. Grenzbereiche psychologischer Forschung*, Frankfurt/M. 1989, S. 82–99: «Graphologie: Schicksal in der Tinte».

7 *Psychic News* 3060/2. 2. 1991, S. 1, 5: «US Psychic ‹Senses› Disease».

8 Nach Daniel Benor: *Healing Research*, Bd. 1, München 1992, S. 249.

9 Inge Strauch: «Die geistigen Heilungen des Dr. rer. pol. Kurt Trampler», in Wilhelm Bitter (Hrsg.): *Magie und Wunder in der Heilkunde*, München 1959.

10 Zit. nach Moser, a. a. O., S. 604; s. Anm. 5.

11 Zit. nach Tenhaeff, a. a. O., S. 118; s. Anm. 4.

12 Tenhaeff, a. a. O., S. 128 f.; siehe dort auch Anm. 131.

13 *Korea Herald*, nach einem Bericht in der Tageszeitung *Hainan*; zit. in *Pursuit* 22 (1), S. 43: «X-Ray Vision».

14 *Fortean Times* 57/1991, S. 27: «X-Ray Vision».

15 Zu Julia Worobjowa siehe *Zeitschrift für Parapsychologie und Grenzgebiete der Psychologie* Bd. 32, Nr. 3/4, 1990 (erschienen Ende Juli 1991), darin: W. Flerow: «Die neue ‹Parapsychologie-Welle› in der Sowjetunion», S. 242–249, dort S. 244.

16 Leszek Matela: «Röntgenblick», *Esotera* 3/1988, S. 13. Darin wird der Wissenschaftler mit der Auffassung zitiert, Sewriukowa sende «‹Gedankenwellen› vom Gehirn so aus, daß sie alle durchdringen».

17 Hans Bender referierte über diesen Fall 1958 auf einer Tagung der Stuttgarter Gemeinschaft «Arzt und Seelsorger». Sein Vortragsmanuskript erschien unter dem Titel «Glaubensheilung und Parapsychologie» in Wilhelm Bitter, a. a. O., S. 140–159; s. Anm. 9.

18 a. a. O., S. 149 f.

19 Harald Wiesendanger. «Der Heiler mit dem Röntgenblick», *Esotera* 10/1992, S. 48–52.

20 Anita Höhne: *Geistheiler heute*, Freiburg i. Br. 1991, S. 75–78.

21 Janine Fontaine: *Heilung beginnt im Unsichtbaren*, München 1990, S. 88. Diesem Verfahren widmet sie ein ganzes Kapitel: «Das Feinstoffliche mit den Händen ertasten: Scanning», S. 82–92.

22 Zit. nach Ruhmöller, a. a. O., S. 51; s. Anm. 1.

23 Lesenswerte Selbstporträts von aurasichtigen Heilern sind B. Brennan: *Hands of Light*, New York 1987; C. W. Leadbeater: *Man Visible and Invisible*, Wheaton/Illinois 1971; D. van Gelder Kunz: *The Personal Aura*, Wheaton/Illinois 1991.

24 *Esotera* 1/1993, S. 21: «Wer sieht oder fühlt die Aura?»

25 Sheila Ostrander/Lynn Schroeder: *Psi-Training*, Bern–München 1987, S. 46.

26 G. W. Meek/B. Harris: *From Seance to Science*, London 1973.

27 Shafica Karagulla: *Breakthrough to Creativity*, Los Angeles 1967.

28 John Pierrakos: «Observations of the Energy Field (Aura) of Man in Health and Disease», in: *Newsletter*, Radionic Magnetic Centre Organization, Oxford, Winter 1971.

29 Zit. nach Ostrander/Schroeder, a. a. O., S. 97 f.; s. Anm. 25.

30 Paulussen im Interview mit *Die Andere Realität* 4/1990, S. 3–8, dort S. 4: «Tieftrance-Medium und Geistheiler Hans-Peter Paulussen». Auch der hellsichtige britische Geistheiler G. Freed schließt von typischen Gerüchen auf bestimmte Krankheiten; siehe sein Beitrag «Miscellaneous Sharings», *Doctor-Healer Network Newsletter* 1/1991, S. 17.

31 Paulussen, a. a. O., S. 4.

32 L. P. Lutten: *Maurice Mességué, der große Heiler*, Gelnhausen 1964.

33 Nach einer Anzeige in *Hellseher, Astrologen und Geistheiler*, Düsseldorf 1986, S. 71.

34 Wiesendanger: *Auswege*, Schönbrunn 1993, PLZ CH-4114.

35 Brian Inglis/Ruth West: *Der alternative Gesundheitsführer*, München 1984, S. 263.

36 Zit. nach *Bild der Frau* 31.7. 1989.

37 Theo Löbsack berichtet über diesen Test, ohne nähere Angaben, in seinem Buch *Magische Medizin*, München 1980, S. 211.

38 a. a. O., S. 211 f.

39 Harald Wiesendanger: *Die Jagd nach Psi*, Freiburg i. Br. 1989, S. 201 ff.

40 Edith Zeile: *Du bist ein Gedanke Gottes. Botschaften aus einer anderen Dimension*, Extertal 1992.

41 Irma Weisen: «Tremolo in Trance», *Esotera* 5/1986, S. 54–57, dort S. 57.

42 Siehe dazu M. Sage: *Mrs. Piper and the Society for Psychical Research*, London 1903.

43 Zit. nach Moser, a. a. O., S. 599 ff.; s. Anm. 5.

44 a. a. O., S. 600.

45 Mary Ellen Carter: *Prophezeiungen in Trance*, Bern–München 1974, S. 11. Eine Fülle von Beispielen für Cayces überragende ferndiagnostische Fähigkeiten bietet Jess Stearn in *Der schlafende Prophet*, Genf 1968, 1970 (4. Aufl.), S. 112 ff.

46 Moser, a. a. O., S. 586–588; s. Anm. 5.

47 Einen besonders eindrucksvollen Fall schildert Tenhaeff in *Außergewöhnliche Heilkräfte*, a. a. O., S. 131 f.; s. Anm. 4: Per Ferndiagnose beschrieb ein Medium eine Hirnthrombose mit dem Bild eines «verstopften Rohres». Sie behielt recht.

Ein Arzt hatte auf «arteriosklerotische Herzschwäche» getippt.
48 Ingeborg Strauch: *Zur Frage der «geistigen Heilung»*, Dissertation, Freiburg i. Br., S. 53 f.
49 *Labyrinth*, Februar 1993, S. 13.
50 Nach Matthias Güldenstein: *Die Botschaft der geistigen Welt*,
München 1986, S. 166.
51 Zit. in Tenhaeff, a. a. O., S. 117; s. Anm. 4.
52 Der Schriftsteller Dr. Norbert Göttler-Westermayr erzählt das
abenteuerliche Leben der «Wunderheilerin» nach in *Die Pfusche-
rin*, München 1992.
53 Zit. nach Tenhaeff, a. a. O., S. 171; s. Anm. 4.
54 Wilhelm Tenhaeff: «Paranormale Heilkräfte», in Andreas Resch
(Hrsg.): *Paranormale Heilung*, Innsbruck 1977, S. 523–550, dort
S. 542 f. – Ende 1934 hatte Tenhaeff, gemeinsam mit einem neun-
köpfigen wissenschaftlichen Gremium, dem auch zwei Ärzte angehörten, in Amsterdam den deutschen «Psychokopisten» J. W.
Semmler getestet – mit beachtlichen Ergebnissen. (Siehe Tenhaeff:
*Außergewöhnliche Heilkräfte*, a. a. O., S. 125–128, und die dort
zitierte Literatur.) Ebenso verblüffend zutreffende Ferndiagnosen, allein anhand von Briefen, gelangen dem Sensitiven Raphael
Schermann in den zwanziger Jahren im Rahmen von Tests, denen
er sich bei Professor Oskar Fischer unterzog. Siehe Fischers Bericht *Experimente mit Raphael Schermann. Ein Beitrag zu den
Problemen der Graphologie, Telepathie und des Hellsehens*, Berlin–Wien 1924.
55 Zit. nach Moser, a. a. O., S. 602; s. Anm. 5.
56 Karel Mison: «Statistical Processing of Diagnostics Done by Sub-
ject and by Physician», *Proceedings of the 6th International Conference in Psychotronic Research* 1986, S. 137–138.
57 Der Physiker Dr. Claudio Bernski, Generalsekretär des «Französischen Komitees zur Untersuchung Paranormaler Phänomene»
(CFEPP), berichtet über diesen Test in «Ein pädagogisches Projekt über paranormale Forschung an einer Ingenieurschule», *Der
Skeptiker* 2/1992, S. 42–44, dort S. 43 («Stellen von Diagnosen
durch Fotografien»).
58 Darauf wies der Mediziner Bernhard Aschner in seinem immer
noch lesenswerten Buch *Die Krise der Medizin* (Leipzig–Stuttgart 1933) schon vor über sechzig Jahren hin: «Manche Naturhei-
ler» – zu denen Aschner auch Handaufleger und Gebetsheiler
zählte – «haben mehr ärztliche Begabungen in sich als die meisten

theoretisch erzogenen Ärzte.» Aschner lobt ihren «oft erstaunlich sicheren Instinkt: Durch Theorien und Modeströmungen unverdorben, wird er unterstützt von praktischen Kenntnissen mannigfacher Art, teils überliefert, teils außerhalb der Lehrbuchweisheit und Krankenstubenerfahrung erworben, dank natürlicher Beobachtungsgabe, Unterscheidungsvermögen und einem ungetrübten Blick für alles, was *ist*. Hierzu können ein starker psychologischer Spürsinn und eine Einfühlungsgabe kommen, die den Heiler ... befähigen, sich den Patienten gegenüber ganz anders einzustellen und ihr Vertrauen zu gewinnen, als es der von seiner wissenschaftlichen Überlegenheit durchdrungene und in seine wissenschaftlichen Theorien oft ganz eingesponnene Mediziner im allgemeinen kann, und dadurch das objektiv noch gar nicht Feststellbare, das sich subjektiv bereits ankündigt, herauszufühlen» (dort S. 359).

59 Zur Geschichte der Chirologie siehe M. Gardini: *Das große Buch der Handlesekunst*, München–Zürich 1985; U. Mangoldt: *Das große Buch der Hand. Die Grundlagen der Chirologie*, München 1978.

60 Zu Psi-Diagnosen per Handlesen siehe *Auswege*, a. a. O., PLZ D-34117 und D-41189.

61 Zur Fülle von Erkrankungen, die angeblich aus der Hand zu diagnostizieren sind, siehe E. Issberner-Haldane: *Die medizinische Hand- und Nageldiagnostik – Das Standardwerk der Chirologie*, Freiburg i. Br. 1985; C. W. Nürnberger: *Medizinisch-wissenschaftliche Diagnose aus der Hand*, Heidelberg 1979.

62 Zu «L» und «P» in der Gallensteindiagnostik siehe Issberner-Haldane, a. a. O.

63 Jasmin el Mahmoud/Michael Pfeiffer/Ralph Jürgensen: «Gallensteindiagnostik durch Handlesen?», *Skeptiker* 2/1992, S. 32–38.

64 a. a. O., S. 35.

65 Harald Wiesendanger: *Der Streit ums Horoskop*, Braunschweig 1990.

66 Die schriftliche Anfrage des Vaters wurde abgedruckt in Mahmoud u. a., a. a. O., S. 33; s. Anm. 63.

67 *Das Goldene Blatt* 2/1992, S. 18; *Wochenend* 9/1991; *Bild der Frau* 31. 7. 1989.

68 Der Prager Karel Mison berichtete über diesen Test auf der Sechsten Internationalen Konferenz für Psychotronische Forschung 1986; s. Anm. 56.

69 Nach Benor, a. a. O., S. 249; s. Anm. 8.

70 Shealy berichtet darüber in «The Role of Psychics in Medical Diagnosis», in Rick Carlson (Hrsg.): *Frontiers of Science and Medicine*, Chicago 1975, sowie in «Clairvoyant Diagnosis», in T. M. Srinivasan: *Energy Medicine Around The World*, Phoenix/Arizona 1988, S. 291–303.

71 Siehe Tenhaeff: «Paranormale Heilkräfte», in Resch (Hrsg.), a. a. O., S. 529–535; s. Anm. 54.

72 in Resch, a. a. O., S. 534.

73 Die vielfältigen psychologischen Mechanismen, die Mutmaßungen von Hellsehern glaubhaft erscheinen zu lassen, untersuche ich am Beispiel der Astrologie in meinem Buch *Der Streit ums Horoskop*, Braunschweig 1990.

74 J. Charpignon: *Physiologie médicine et métaphysique du magnétisme*, Brüssel 1851; zit. nach Moser, a. a. O., S. 592; s. Anm. 5.

75 Siehe Moser, a. a. O., S. 592; s. Anm. 5. J. W. Haddock schildert diese Beobachtungen an seiner Versuchsperson Emma in dem Buch *Somnolence and Psychism – or the Science of the Soul and the Phenomena of Nervation, as Revealed by Vital Magnetism or Mesmerism, Considered Physiologically and Philosophically: With Notes of Mesmeric and Psychical Experience*, London 1851.

76 Nach Tenhaeff: *Außergewöhnliche Heilkräfte*, a. a. O., S. 150; s. Anm. 4.

77 Nach Tenhaeff: in Resch, a. a. O., S. 541; s. Anm. 54.

78 Nach Tenhaeff: *Außergewöhnliche Heilkräfte*, a. a. O., S. 113; s. Anm.4.

79 a. a. O., S. 152.

80 Tenhaeff, in Resch, a. a. O., S. 538; s. Anm. 54.

81 Manche Psi-Diagnostiker räumen allerdings von sich aus ein, daß sie sich zu zeitlichen Angaben außerstande fühlen: so etwa der Münchner Heilpraktiker Dr. Kurt Trampler, im Rahmen einer Studie mit über 600 Patienten an der Universität Freiburg: «Er gibt an, er könne nicht unterscheiden, ob die sich einstellende Mitempfindung des fremden Leidens sich auf eine akute Krankheit beziehe oder auf eine schon abgeheilte, die vielleicht schon Jahre zurückliegt», berichtet Ingeborg Strauch, die diese Studie im Rahmen ihrer Dissertation durchführte. (*Zur Frage der «geistigen Heilung»: Ergebnisse einer experimentellen Untersuchung an einem «Geistigen Heiler» und seinen Patienten*, Freiburg i. Br. 1958, S. 53.)

82 Tenhaeff: *Außergewöhnliche Heilkräfte*, a. a. O., S. 156f.; s. Anm.

83 Tenhaeff, in Resch, a. a. O., S. 532; s. Anm. 54.
84 E. Osty schildert diesen Fall in: *La connaissance supranormale. Etude expérimentale*, Paris 1923.
85 Mit Philip Miele: *The Silva Mind Control Method*, London 1978.
86 Zit. nach Inglis/West, a. a. O., S. 177; s. Anm. 35.
87 Robert Brier/Barry Savits/Gertrude Schmeidler: «Experimental Tests of Silva Mind Control Graduates», in W. G. Roll/R. L. Morris (Hrsg.): *Research in Parapsychology 1973*, Metuchen/N. J. 1974, S. 13–15.
88 Alan Vaughan: «Investigation of Silva Mind Control Claims», in *Research in Parapsychology 1973*, Metuchen/N. J. 1974, S. 51. Ebenso unergiebig verlief auch ein Test mit einem «Meister» der aus Schweden stammenden «Mind Dynamic»-Methode, die ebenfalls in Aussicht stellt, Krankheiten selbst auf Distanz diagnostizieren zu lernen. (Nils Jacobson/Nils Wiklund: «Investigation of Claims of Diagnosing by Means of ESP», in *Research in Parapsychology 1974*, Metuchen/N. J. 1975, S. 74–76.)
89 Zit. aus einer Werbebroschüre von Jerzy Rejmer: «Studium der Ganzheitlichen Energetischen Medizin», Zug 1993.
90 Prof. Alex Schneider, persönliche Mitteilung vom 14. 5. 1993.
91 Shealy: «The Role of Psychics in Medical Diagnosis», a. a. O.; ders.: «Clairvoyant Diagnosis», a. a. O.; s. Anm. 70.

## III   Kann Geist heilen?

1 *Fortean Times* 57/1991, S. 24 («The Healing Heart»). Auch die *Ärzte Zeitung* 201/24. 10. 1990, S. 14, berichtete darüber.
2 L. Rose: «Some Aspects of Paranormal Healing», *Journal of the Society for Psychical Research* 38/1955, S. 105–121, dort S. 112.
3 T. C. Everson/W. H. Cole: «Spontaneous Regression of Cancer: Preliminary Report», *Annals of Surgery* 144/1956, S. 366–383; dies.: *Spontaneous Regression of Cancer*, Philadelphia 1966. Über Spontanremissionen von chronischen, sich gewöhnlich unaufhaltsam verschlimmernden Leiden allgemein wurde in rund 800 medizinischen Fachzeitschriften etwa 3000mal berichtet; nach J. Kent u. a.: «Unexpected Recoveries: Spontaneous Remission and Immune Functioning», *Advances* 6/1989, S. 66–73.
4 Nolen schildert diesen Fall in seinem Buch *Healing. A Doctor in Search of a Miracle*, New York 1974.
5 Ausführlich gehe ich darauf ein in «Hypnose auch gegen Krebs?», *Psychologie heute* 2/1991, S. 54–61.

6 Pseudonym

7 Bernauer W. Newton: «Hypnose in der Behandlung von Krebs-
patienten», *Hypnose und Kognition* 1/1984, S. 5–16; ders.: «Der
Hypnotherapeut und sein Krebspatient», in Burkhard Peter
(Hrsg.): *Hypnose und Hypnotherapie nach Milton H. Erickson:
Grundlagen und Anwendungsfelder*, München 1985.

8 Harald Wiesendanger: «Im Schattenreich beschäftigt sich Elvis
eingehend mit Medizin», *Ärzte Zeitung* 100/2.6. 1992, S. 16.

9 Medizinforscher unterscheiden zwischen *inaktiven* und *aktiven*
Placebos. Wer ein inaktives Placebo einnimmt, wie etwa eine
Zuckerpille, spürt keinerlei physiologische Veränderungen. Ein
*aktives* Placebo hingegen kann sehr drastische körperliche Effekte
auslösen, die subjektiv deutlich wahrnehmbar sind. Eine hohe
Dosis des Vitamins Niacin (Nikotinsäure) beispielsweise erweitert binnen Minuten die kleinen Arterien nahe der Körperoberfläche und verstärkt die Durchblutung der Haut. Die subjektive
Wahrnehmung dieser Veränderung beginnt mit leichten Wärme-
und Prickelgefühlen an Hals und Kopf, schwillt zu einer heftig
brennenden Hitzewelle an, die den ganzen Körper durchflutet,
und geht schließlich in ein starkes Jucken über, ehe die Symptome
verschwinden. Aufgrund dieser leicht wahrnehmbaren Wirkungen eignet sich Niacin für Placebo-Tests von Substanzen, die
ähnliche Nebenwirkungen haben. Dazu wurde es in dem berühmten «Karfreitags-Experiment» eingesetzt, das am Karfreitag des
Jahres 1962 am «Massachusetts Institute of Technology» (MIT)
stattfand. Es sollte klären, ob Psilocybin – eine psychedelische
Droge, die aus Pilzen gewonnen wird – tatsächlich imstande ist,
mystische Erfahrungen auszulösen. Die Nebenwirkungen von
Psilocybin ähneln denen von Niacin. (Siehe Walter Pahnke:
*Drugs and Mysticism: An Analysis of the Relationship Between
Psychedelic Drugs and the Mystical Consciousness*, Dissertation,
Universität Harvard 1963.)

10 Wie Dianas Wahrsagerin Betty Palko 1992 in ihrem Buch *Der Fall
des Hauses Windsor* verbreitete, glaubt Lady Di seit Mitte der
achtziger Jahre, daß sie «heilende Hände» hat, nachdem sie bei
Klinikbesuchen zahlreichen stationären Patienten geradezu
schlagartig Linderung verschaffte, indem sie diese berührte. Ihre
«Heilbestimmung» führt die Prinzessin angeblich auf eine frühere
Inkarnation als Nonne zurück. (Zit. nach *Bild* 6. 10. 1992, S. 2.)

11 In einem Interview mit dem Männermagazin *Playboy* versicherte
der Ballkünstler unlängst: «An den Rollstuhl gefesselte Jungen

und Mädchen konnten wieder gehen, nachdem ich sie im Krankenhaus besuchte.» Ein krebskrankes Kind, das laut Auskunft seiner Ärzte nur noch einen Monat zu leben hatte, sei nach einem Besuch Pelés wieder völlig gesund geworden. (Zit. nach *Esotera* 11/1993, S. 9: «Fußballstar Pelé – ein Geistheiler?»)

12 Daß er über geistige Heilkräfte verfügt, will Engelbert erstmals 1986 aufgefallen sein: Nachdem seine Mutter einen schweren Herzanfall erlitten hatte, «setzte ich mich an ihr Bett, legte meine Hände auf ihre Arme und betete: ‹Gott, nimm meine Kraft und gib sie ihr.› Zwei Stunden später stand sie auf. Es war, als wäre sie nie krank gewesen.» 1990 klärte ihn ein Numerologe über seine «enormen Energien» auf. Seither setzt Engelbert seine Fähigkeiten gezielt ein: «Immer, wenn jemand in meiner Umgebung krank ist, sage ich, gib mir drei Minuten deiner Zeit. Die benutze ich für eine Heilung.» Krankheiten erkennt er an «einem dunklen Fleck, einer Art Schatten». Eine Fußverletzung, Schmerzen wegen einer angebrochenen Hüfte und heftige Migräneanfälle sollen unter seinen Händen binnen Minuten abgeklungen sein. (Zit. nach *Bild der Frau* 19/9. 5. 1994, S. 70–71.)

13 Sybo Schouten, «Psychic Healing and Complementary Medicine», *European Journal of Parapsychology* 9/1992/93, S. 35–91, dort S. 78.

14 Von 35 Prozent ging schon eine klassische Studie aus den fünfziger Jahren aus: H. K. Beecher, «The powerful placebo», *Journal of the American Medical Association* 159/1955, S. 1602–1606. Neuere Studien rechnen mit deutlich höheren Anteilen; siehe zusammenfassend Schouten, a. a. O.

15 Siehe H. Benson/D. P. McCallie: «Angina Pectoris and the Placebo Effect», *The New England Journal of Medicine* 300/1979, S. 1424–1429. – Sieben von zehn Patienten mit Asthma, Magengeschwüren und Herpes-Infektionen sprachen in einem kürzlich durchgeführten Experiment auf fünf angeblich «vielversprechende» Medikamente an, die in anschließenden klinischen Tests Placebos nicht überlegen waren. Allerdings hatten die am Experiment beteiligten Ärzte die Medikamente für hochwirksam *gehalten* – und entsprechend enthusiastisch verordnet. Der amerikanische Psychologe Alan Roberts, der dieses Experiment an einer Klinik im kalifornischen La Jolla durchführte, berichtet darüber in *Clinical Psychology Review* 13/1993, S. 375–385.

16 J. T. M. Attevelt u. a.: *Effectiviteit van de paranormale geneeswijze: Een experimenteel onderzoek bij patienten met essentiele*

*hypertensie*, Rapport Rijksuniversiteit Utrecht 1987. Über diese Studie berichten J. J. Beutler u. a. in «The Effect of Paranormal Healing on Hypertension», *Journal of Hypertension* 5/1987, S. 551–552; sowie in «Paranormal Healing and Hypertension», *British Medical Journal* 296/1988, S. 1491–1494.

17 J. T. M. Attevelt: *Research into Paranormal Healing*, Dissertation, Utrecht 1988. Sowohl in der Bluthochdruck- als auch in der Asthma-Studie bildete Attevelt noch eine dritte, gleich große Gruppe von Testpersonen, die von Geistheilern «direkt» behandelt wurden, in der Regel durch Handauflegen. In dieser Gruppe waren, subjektiv wie objektiv, deutlich höhere Besserungsquoten feststellbar. Dies führt Attevelt hauptsächlich auf die psychologischen Auswirkungen des unmittelbaren persönlichen Kontakts zwischen Heilern und Patienten zurück.

18 *Rapport Staatscommissie inzake doeltreffendheid niet wettelijk toegelaten geneeskunst*, s'Gravenhage 1917.

19 Nach Beat Biffiger: *Geistheiler und ihr Umfeld*, unveröffentl. Manuskript, Naters 1991.

20 J. Quinn: *An Investigation of the Effect of Therapeutic Touch without Physical Contact on State Anxiety of Hospitalized Cardiovascular Patients*, unveröffentl. Dissertation, Universität New York 1982; J. W. Collins: *The Effect of Non-contact Therapeutic Touch on the Relaxation Response*, Master's Thesis, Vanderbilt-Universität, Nashville/Tennessee 1983; R. B. Fedoruk: *Transfer of the Relaxation Response: Therapeutic Touch as a Method for the Reduction of Stress in Premature Neonates*, unveröffentl. Dissertation, Universität von Maryland, 1984. B. S. Parkes: *Therapeutic Touch as an Intervention to Reduce Anxiety in Elderly Hospitalized Patients*, unveröffentl. Dissertation, Universität von Austin/Texas, 1985; E. Keller/V. M. Bzdek: «Effects of Therapeutic Touch on Tension Headache Pain», *Nursing Research* 35/1986, S. 101–104.

21 Heiko Ernst: «Das Geheimnis des Heilens», *Psychologie heute* 9/1993, S. 20–30, dort S. 27; ders.: *Die Weisheit des Körpers. Kräfte der Selbstheilung*, München–Zürich 1993, S. 160 f.

22 Hans Grünn: *Die innere Heilkraft*, Düsseldorf 1990, S. 37.

23 Hans Biermann: *Die Gesundheitsfalle. Der medizinisch-industrielle Komplex*, Hamburg 1992, S. 111.

24 So der Heidelberger Pharmakologe Ulrich Schwabe in seinem *Arzneiverordnungs-Report 1990. Aktuelle Daten, Kosten, Trends und Kommentare* (mit Dieter Paffrath), Stuttgart 1990.

25 So der Tübinger Internist Professor Dr. Dölle, zit. nach Biermann, a.a.O.; S. 107; s. Anm. 23.

26 Nach Auffassung des Hamburger Pharmakologen W. Schmitz, zit. nach Biermann, a.a.O., S. 108; s. Anm. 23.

27 Nach Einschätzung des Göttinger Pharmakologen Gerhard Schmidt, zit. nach Biermann, a.a.O., S. 108; s. Anm. 23.

28 Zit. in *Psychologie heute* 9/1993, S. 26.

29 *Hooper's Medical Dictionary*, zit. in B. Roueché: «Placebo», in ders.: *A Man Named Hoffman and Other Narratives of Medical Detection*, Boston 1965, S. 92.

30 Mit dieser bezeichnenden Äußerung wird Louis Lasagna, Professor für klinische Pharmakologie und Medizin an der Johns-Hopkins-Universität, zitiert in Roueché, a.a.O., S. 110f.

31 a.a.O., S. 111.

32 R. G. Gallimore/J. L. Turner: «Contemporary Studies of Placebo Phenomena», in Murray E. Jarvik (Hrsg.): *Psychopharmacology in the Practice of Medicine*, New York 1977, S. 50ff.

33 Andrew Weil: *Heilung und Selbstheilung*, Weinheim 1988, S. 251.

34 Daher hege ich grundsätzlich Zweifel an jüngsten Statistiken, denen zufolge höchstens jeder dritte bis jeder zweite für Placebos empfänglich ist (*Münchner medizinische Wochenschrift* 134/1992, Nr. 51/52, S. 9f.). Diese Zahlen nannte einer der führenden Placebo-Forscher in Westeuropa, der Franzose Jean-Marie Besson, in einem Interview mit der Zeitschrift *Le Point* (31. 10. 1992). Besson, Forschungsdirektor im Französischen Zentrum für wissenschaftliche Forschung (CNRS), befaßt sich seit 28 Jahren mit dem Placebo-Phänomen. Falls er in dieser langen Zeit wirklich derart häufig auf placeboresistente Versuchspersonen stieß, dann vermutlich deswegen, weil seine Versuchsbedingungen nicht raffiniert genug angelegt waren, ihren Widerstand zu brechen.

35 «Die Medizin verharrt noch immer auf dem Wissenschaftsbild des vorigen Jahrhunderts», bemängelt der Aschaffenburger Medizinprofessor Dr. Franz Schmid. «Für diese mechanistisch geprägte Medizin ist der Begriff ‹Placebo› als Erklärung für alles materiell Unerklärbare existentiell; ohne dieses Schlupfloch müßte sie den wissenschaftlichen Offenbarungseid ablegen.» Siehe sein Beitrag «Placebo – Medizinisches Relikt der linearen Physik», *Erfahrungsheilkunde* 42 (9) 1993, S. V–VI.

36 Weil, a.a.O., S. 260f.; s. Anm. 33.

# IV    Geistheilung im (Zerr-)Spiegel der Wissenschaft

1 Zit. in E. Iversen: *Papyrus Carlsberg No. VIII. With Some Remarks on the Egyptian Origin of Some Popular Birth Prognoses*, Kopenhagen 1939.

2 S. Aschheim/B. Zondek, «Hypophysenvorderlappenhormon und Ovarialhormon im Harn von Schwangeren», *Klinische Wochenschrift* 6/1927, S. 133.

3 J. Manger: «Untersuchungen zum Problem der Geschlechtsprognose aus Schwangerenharn», *Deutsche Medizinische Wochenschrift* 59/1933, S. 885–887.

4 Angelsächsische Wissenschaftstheoretiker sprechen von einem *topic neutral approach*, einem «gegenstandsneutralen» Forschungsansatz: Untersucht werden dabei die kausale Rolle eines Phänomens, das Netz seiner Vorbedingungen, Begleiterscheinungen und Folgen; offengelassen wird dabei, was dieses Phänomen seiner Natur nach *ist*: sein ontologischer Status. (Mehr dazu im Kapitel V: «Was jetzt not tut», Abschnitt «Neugierigere Wissenschaftler».) Zur Anwendung des *topic neutral approach* auf das Leib-Seele-Problem siehe mein Buch *Mit Leib und Seele. Ursprung, Entwicklung und Auflösung eines philosophischen Problems*, Bern–Frankfurt–New York 1987, S. 146–152.

5 Berücksichtigt werden hier Nicky Louwerens: «Paranormale Heilung in sozialpsychologischer Sicht», in Andreas Resch (Hrsg.): *Paranormale Heilung*, Innsbruck 1977, S. 495–522. Inge Strauch: *Zur Frage der «Geistigen Heilung». Experimentelle Untersuchung*, Dissertation, Freiburg i. Br. 1958. (Einen Teil von Strauchs Daten reanalysierten Barbara Serick/R. Heger: *Unorthodoxes Heilen*, 3 Bde., Diplomarbeit, Freiburg 1985.) L. F. Bakker, «Onderzoek naar de mate van neuroticisme van patienten van magnetiseurs», *Huisarts en Wetenschap* 19/1976, S. 47–50. Holger Schleip: *Zur Praktik des Handauflegens durch Heiler*, Dissertation, Freiburg i. Br. 1985. J. T. M. Attevelt: *Research into Paranormal Healing*, Dissertation, Utrecht 1988. Beat Biffiger: *Geistheiler und ihr Umfeld*, unveröffentl. Manuskript, Naters 1991. Susanne Wällisch/Winfried Egeler: *Pilotstudie zur Erfassung des Interaktionsprozesses zwischen «geistigen» Heilern und ihren Patienten*, Diplomarbeit, Freiburg i. Br. 1987.

6 William Nolen: *Healing*, New York 1974.

7 L. Rose: «Some Aspects of Paranormal Healing», *Journal of the Society for Psychical Research* 38/1955, S. 105–121.

8 Krassimira Dimowa: «Mein Weg zur Heilerin», *Grenzgebiete der Wissenschaft*, 4/1991, S. 311–333; mit beglaubigten Übersetzungen der im Text erwähnten ärztlichen Gutachten auf S. 322–333.

9 a.a.O., S. 329. Um nur ein paar Fälle herauszugreifen: Ein Patient hatte sich mit Natronlauge beide Unterschenkel verätzt, Brandwunden zweiten und dritten Grades bedeckten vier Prozent der Hautfläche. Dimowas Behandlungen beschleunigten die Bildung neuen Gewebes «beeindruckend», wie die Ärztekommission feststellte. – Bei einer Frau hatten beide Eierstöcke entfernt werden müssen, nachdem ein Magenkarzinom an ihnen Metastasen gebildet hatte. Nachdem Dimowa ihre Hände über die Operationsnarbe gehalten hatte, «schloß sich diese sehr rasch, wurde hell und weich und war drei Wochen später kaum noch zu bemerken». – Eine Gallenkolik hatte bereits vier Tage und Nächte angedauert, ohne auf Medikamente anzusprechen. Doch nach der allerersten Behandlung durch Dimowa verschwand der Schmerz für 24 Stunden. – Bei einem weiteren Patienten war eine ausgeprägte Thrombose der linken Kniekehlenschlagader festgestellt worden. Für den linken Unterschenkel sowie die linke Fußsohle zeigte das Oszillogramm Nullwerte. (Bei der Oszillographie wird mittels einer Druckmanschette und eines Pulsabnehmers gemessen, wie sich das Volumen von Gliedmaßen synchron zu Pulswellen verändert. An den genannten Körperstellen konnte keinerlei Volumenveränderung mehr festgestellt werden. Als Meßwerte wurden im Befundbereich «0 mm» eingetragen.) Bereits nach dem ersten Handauflegen schmerzte das betroffene Bein 20 Stunden lang nicht mehr. Ein neues Oszillogramm ergab für den linken Unterschenkel 0,4–0,5 mm, für die linke Sohle 0,2–0,3 mm. Im rechten Unterschenkel waren zuvor 3 mm gemessen worden – nun wurden 6 mm registriert. – Bei einem Patienten mit Lymphogranulomatose, krebsigen Schwellungen der Lymphknoten (Morbus Hodgkin), schrumpften die Geschwülste nach der fünften geistigen Behandlung. – Nach einer Virenentzündung der oberen Atemwege hatte eine Frau ein Jahr zuvor ihren Geruchssinn verloren; in mehreren Fachkliniken war sie erfolglos behandelt worden. Zehnmal legte Dimowa ihr die Hände auf – danach «war der Geruchssinn völlig wiederhergestellt», wie die Ärzte konstatierten. Langjährige chronische Ekzeme, die sich durch Medikamente nicht beeinflussen ließen, «verschwanden völlig», und das «unerwartet schnell» – ebenso der Hautausschlag auf den oberen und unteren Gliedmaßen eines Neurodermitis-Patienten. – Bei

drei Fällen von Hypertonie (Bluthochdruck) senkte Dimowas Einfluß die Meßwerte um 20–30 mm Hg (Milligramm Quecksilber). – Insgesamt betreute die Dimowa während der vierwöchigen Testphase 40 Patienten mit 44 ärztlich diagnostizierten Erkrankungen. Fünf Patienten legte sie fünfmal die Hände auf, den übrigen 35 zehnmal. Von sechs chirurgischen Akutfällen abgesehen, waren alle übrigen Erkrankungen «chronisch, mit klinisch ausgeschöpften Behandlungsmöglichkeiten» (a. a. O., S. 323).

10 Zofia Mialkowska: «Statistical Assessment of Dr. Jerzy Rejmer's Biotherapeutical Activity at an Iziz Clinic in Warsaw», *3rd All-Polish Symposium of the Psychotronic Society*, Warschau 1985; auch in *Proceedings and Abstracts of the 6th International Conference on Psychotronic Research* (Zagreb 13.–16. 11. 1986), S. 130.

11 Zofia Mialkowska: «Die statistische Charakteristik der bioenergietherapeutischen Tätigkeit von Dr. Jerzy Rejmer», unveröffentl. Manuskript, 11 S., zu beziehen über: BR Biotron AG, Untermühlenweg 6, CH–6300 Zug.

12 Bei einer Szintigraphie werden dem Patienten schwach radioaktive Substanzen zugeführt, die sich nach kurzer Zeit in bestimmten Organen selektiv anreichern (z. B. Jod-131 in der Schilddrüse). Die räumliche Verteilungsdichte der abgegebenen radioaktiven Strahlung wird von einem «Szintillationszähler» erfaßt, der sich zeilenförmig über das zu untersuchende Organ bewegt, und in einem «Szintigramm» graphisch dargestellt.

13 Dr. med. Ewa Purska-Rowinska/Dr. phil. Jerzy Rejmer: «The Influence of the Bioenergetic Therapy as Registered on an EEG and a Clinical Look at the Epileptic (Resumption of the Research)», *3rd All-Polish Symposium of the Psychotronic Society*, Warschau 1985; auch in *Proceedings and Abstracts of the 6th International Conference on Psychotronic Research*, a. a. O., S. 128; s. Anm. 10.

14 Zit. nach *Der Spiegel* 39/1980, S. 193.

15 Gutachten Nr. 128 vom 28. 5. 1980, in deutscher Übersetzung vollständig veröffentlicht in *Der Spiegel* 17/1981, S. 134.

16 Gutachten Nr. 156 (150) vom 14. 7. 1980, in deutscher Übersetzung vollständig veröffentlicht in *Der Spiegel* 17/1981, S. 134.

17 Siehe *B.Z.* vom 24. 8. 1992 sowie die Ausgaben der darauffolgenden Tage.

18 Daniel Benor: «Survey of Spiritual Healing Research», *Complementary Medical Research* 4/1990, S. 9–33; ders.: «Lessons From Spiritual Healing Research and Practice», *Subtle Energies* 3/1992,

S. 73–88; ders.: *Healing Research. Holistic Energy Medicine and Spirituality*, Bd. 1, München 1993.

19 Daniel P. Wirth: «The Effect of Non-contact Therapeutic Touch on the Healing Rate of Full Thickness Dermal Wounds», *Subtle Energies* 1/1990, S. 1–20; zusammengefaßt in Linda Henkel/John Palmer: *Research in Parapsychology 1989*, Metuchen/N. J. 1990, S. 47–52. Seine Forschungsergebnisse stellte Wirth detailliert in seiner Magisterarbeit vor: *Unorthodox Healing: The Effect of Non-contact Therapeutic Touch on the Healing Rate of Full Thickness Dermal Wounds*, John F. Kennedy University, Kalifornien, 1989.

20 Bernard Grad: «Some Biological Effects of the ‹Laying on of Hands›. A Review of Experiments with Animals and Plants», *Journal of the American Society for Psychical Research* 59/1965, S. 95–129.

21 So Bernard Grad/R. J. Cadoret/G. I. Paul: «The Influence of an Unorthodox Method of Treatment on Wound Healing in Mice», *International Journal of Parapsychology* 3/1961, S. 5–24.

22 Nigel Richmond: «Two Series of PK Tests on Parameci», *Journal of the Society for Psychical Research* 36/1952, S. 194–200. Richmond selbst rechnete zu den «Treffern» auch Versuche, in denen sich ein Paramecium in die *entgegengesetzte* Richtung bewegte. (So kam er auf 444 «Erfolge».) Denn «der Experimentator», argumentierte er, «könnte das Paramecium entweder gemäß seinem Willen beeinflussen, *oder* er könnte einen unbewußten Widerstand erzeugen, der zum genauen Gegenteil führt, nämlich einer Bewegung zum diametral gegenüberliegenden Quadranten». Achtzehn Jahre später, 1970, versuchte J. Randall dieses Experiment mit Einzellern zu wiederholen, die Pantoffeltierchen verwandt sind – Stylonychia mytilus –, erzielte allerdings nur Zufallstreffer. Siehe J. Randall: «An Attempt to Detect Psi Effects with Protozoa», *Journal of the Society for Psychical Research* 45/1970, S. 294–296.

23 Louis Metta: «Psychokinesis on Lepidoptera Larvae», *Journal of Parapsychology* 36/1972, S. 213–221.

24 Um Bewegungen von Meeresalgen (Dunaliella tertiolecta) zu bestimmen, setzten Charles Pleass und Dean Dey eine besonders anspruchsvolle Meßtechnik ein: Sie benutzten ein lichtaussendendes Spektrometer, das Schwimmgeschwindigkeit und -richtung der Einzeller 75mal pro Sekunde messen konnte. Jeweils vier bis fünf Minuten lang sollten achtzehn Testpersonen versuchen,

durch geistige Einwirkung die Algen zu schnelleren Bewegungen zu veranlassen. 251 solche Versuche fanden statt. Die Ergebnisse übertrafen Zufallswahrscheinlichkeiten deutlich. Siehe Charles M. Pleass/N. Dean Dey: «Using the Doppler Effect to Study Behavioral Responses of Motile Algae to Psi Stimulus», in D. I. Radin (Hrsg.): *Proceedings of Presented Papers: Parapsychological Association 28th Annual Convention*, Alexandria/Virginia 1985, S. 373–405. – Eine Wiederholung dieses Versuchs, unter besser kontrollierten Bedingungen, mißlang fünf Jahre später allerdings. Siehe C. M. Pleass/N. Dean Dey: «Conditions that Appear to Favor Extrasensory Interactions between Homo Sapiens and Microbes», *Journal of the Society for Scientific Exploration* 4/1990, S. 213–231.

25 A. M. Scofield/R. D. Hodges: «Demonstration of a Healing Effect in the Laboratory Using a Simple Plant Model», *Journal of the Society for Psychical Research* 57/1991, S. 1–23.

26 Robert N. Miller: «The Positive Effect of Prayer on Plants», *Psychic* 3/1972, S. 24–25.

27 Jean Barry: «General and Comparative Study of the Psychokinetic Effect on an Fungus Culture», *Journal of Parapsychology* 32/1968, S. 237–243.

28 William H. Tedder/Melissa L. Monty: «Exploration of Long Distance PK: A Conceptual Replication of the Influence on a Biological System», in W. G. Roll u. a. (Hrsg.): *Research in Parapsychology 1980*, Metuchen/N. J. 1981, S. 90–93.

29 Harold A. Cahn/Noel Muscle: «Toward Standardization of ‹Laying-on› of Hands Investigation», *Psychoenergetic Systems* 1/1976, S. 115–118.

30 Elizabeth Rauscher: «Human Volitional Effects on a Model Bacterial System», *Subtle Energies* 1/1990, S. 21–41.

31 C. B. Nash: «Psychokinetic Control of Bacterial Growth», *Journal of the American Society for Psychical Research* 51/1982, S. 217ff.

32 Phenol ist eine ursprünglich aus Steinkohle destillierte Säure, die bis vor kurzem den meisten haushaltsüblichen Desinfektionsmitteln beigemischt wurde.

33 Aber «mordet» Worrall nicht zwangsläufig, zumindest indirekt, wann immer sie Menschen von Infektionen befreit? Stärkt sie die Selbstheilungskräfte ihrer Patienten letztlich nicht in einem erbarmungslosen Vernichtungskampf auf Zellebene? Müssen nicht unzählige Kleinstlebewesen im Körper eines Kranken sterben, ehe

eine bakterielle Erkrankung auskuriert ist? Ein Widerspruch, den die Versuchsleiterin nicht hinterfragte.

34 Ihre Bestseller *The Gift of Healing* (1965) und *The Healing Touch* (1970) sowie weitere Veröffentlichungen, die sie gemeinsam mit ihrem 1972 verstorbenen Mann Ambrose verfaßte, hatten Olga Worrall in den Vereinigten Staaten auch außerhalb der Esoterik-szene weithin bekannt gemacht, selbst zahlreiche Wissenschaftler und Ärzte aufhorchen lassen – und mehr als einmal verblüfft. An der Elite-Universität Stanford hielt sie Vorlesungen vor über tausend Medizinern. Die Frau des amerikanischen Arztes Dr. John Cerutti, den sie von langjährigen chronischen Rückenschmerzen befreite, widmete ihr ein überschwengliches Buchporträt (Edwina Cerutti: *Olga Worrall: Mystic with the Healing Hands*, New York 1975). In einem Artikel seines angesehenen Ärztejournals *Medical Economics* räumte der Herausgeber John Carlova 1973 ein, daß «Mediziner sich scharenweise von Olga Worrall behandeln lassen – und ihr ‹hoffnungslose› Fälle vertrauensvoll überweisen». Auf Kirlian-Fotografien, die an der Universität von Los Angeles unter Leitung der Biologin Thelma Moss entstanden, zeigte sich um Finger und Handflächen der Olga Worrall nicht nur eine erheblich größere und stärkere Aura als bei anderen Menschen – es traten dichte orangefarbene und rote Lichtstrahlen auf, während sie geistig behandelte.

35 Glen Rein: «A Psychokinetic Effect of Neurotransmitter Metabolism: Alterations in the Degradative Enzyme Monoamine Oxidase», *Research in Parapsychology 1985*, Metuchen/N. J. 1986, S. 77–80.

36 W. Braud/G. Davis/R. Wood: «Experiments with Matthew Manning», *Journal of the Society for Psychical Research* 50/1979, S. 199–223.

37 a. a. O.; rein «geistige» Einflüsse auf Tumoren stellten ebenfalls fest Gita Elguin/B. O. Bächler: «Psychokinese und experimentelle Tumorentwicklung», *Zeitschrift für Parapsychologie und Grenzgebiete der Psychologie* 10/1967, S. 48–60.

38 Justa Smith: «Paranormal Effects on Enzyme Activity», *Human Dimensions* 1/1972, S. 15–19. Der amerikanische Parapsychologe Hoyt Edge wiederholte den Trypsin-Test mit der bekannten Heilerin Anne Graham aus Florida – allerdings weitgehend erfolglos. (H. Edge: «The Effect of Laying on of Hands on an Enzyme: an Attempted Replication», *Research in Parapsychology 1979*, Metuchen/N. J. 1980, S. 137–139.)

39 Glen Rein: *An Exosomatic Effect on Neurotransmitter Metabolism in Mice: a Pilot Study*, 2nd International Society for Psychical Research Conference, Cambridge 1978.

40 Harald Wiesendanger: *Die Jagd nach Psi*, Freiburg i.Br. 1989.

41 *PSI-Pressedienst* 38/1991: «Auf Band gedacht».

42 Atomkerne mit ungerader Ordnungszahl besitzen eine Eigenrotation («Spin») sowie ein sie umgebendes Magnetfeld. Diese Kernmomente richten sich gewöhnlich statistisch zufällig aus. In einem von außen einwirkenden Magnetfeld jedoch ordnen sie sich gleichmäßig an, z. B. parallel. Diese «Kernspinresonanz» wurde 1946 entdeckt.

43 Jerzy Rejmer: «A Test to Measure Bioenergetic Influence with the Aid of Spectrometry by Nuclear Magnetic Resonance», *Proceedings and Abstracts of the 6th International Conference on Psychotronic Research*, a.a.O.; s. Anm. 10.

44 R. N. Miller/P. B. Reinhart/A. Kern: «Scientists Register Thought Energy», in W. Kinnear (Hrsg.): *Thought as Energy*, Los Angeles 1975.

45 So äußert sich etwa der Wuppertaler Reiki-Meister Karlsiegfried Kreische in meinem Buch *Auswege*, PLZ D-42105.

46 Christine Mittelbach: «Der Kraft des Heilens auf der Spur», *Esotera* 8/1993, S. 66–71, dort S. 68.

47 Rejmer, a.a.O., Seite 25; s. Anm. 43.

48 Ernst Meckelburg: *Psycholand*, Frankfurt–Berlin 1986, S. 187f.

49 Ich berichtete darüber unter anderem in *Psychologie heute* 4/1989: «Einfühlsame Gehirne». Siehe Jacobo Grinberg-Zylberbaum/Julieta Ramos, «Patterns of Interhemispheric Correlation during Human Communication», *International Journal of Neuroscience* 36/1987, S. 41–53.

50 Unter Verwendung herkömmlicher EEG bestätigten dies Steven Fahrion/Mietek Wirkus/Patricia Pooley: «EEG Amplitude, Brain Mapping and Synchrony in and between a Bioenergy Practitioner and Client during Healing», *Subtle Energies* 3/1992.

51 Mittelbach, a.a.O., S. 69; s. Anm. 46.

52 Siehe Hiroshi Motoyama: «Physiologische Messungen und neue Instrumentierung», in George Meek (Hrsg.): *Heiler und der Heil-Prozeß*, München 1980, S. 173–182; Harald Wiesendanger: «Physikalisch meßbare Meridiane – ein Japaner stellt sein Gerät vor», *Ärzte Zeitung* 52/18. 3. 1992, S. 31.

53 Hiroshi Motoyama: *The Non-Physical in the Correlation between Mind and Body*, Tokio 1972.

54 Mittelbach, a. a. O., S. 71; s. Anm. 46.

55 a. a. O., S. 71.

56 U. Engelhardt: «Therapeutische Anwendungsmöglichkeiten des Qigong», *Erfahrungsheilkunde* 1/1991, S. 5–8, dort S. 6.

57 Elmer Green u. a.: «Anomalous Electrostatic Phenomena in Exceptional Subjects», *Subtle Energies* 2/1991, S. 69–93.

58 Vor diesem Fehlschluß warnen unter anderem Huston Smith: *Forgotten Truth: The Primordial Tradition*, New York 1977; Lawrence LeShan/Henry Margenau: «An Approach to a Science of Psychical Research», *Journal of the Society for Psychical Research* 50/1980, S. 273–283; dies.: *Einstein's Space and Van Gogh's Sky*, New York 1982; Ken Wilber: «Eye to Eye. Science and Transpersonal Psychology», *Revision* 2 (1) 1979.

59 Im Abschnitt über «Heilende Berührung» habe ich mehrere Studien vorgestellt, deren Design um diese Schwierigkeit herumzukommen scheint: Sie vergleichen «echte», in konzentrierter Heilabsicht ausgeführte Behandlungen mit «Pseudo-Behandlungen», bei denen der Heiler lediglich die äußeren Bewegungsabläufe des Handauflegens nachahmt, aber keine Intention damit verbindet, sondern sich innerlich ablenkt – also bloß «so tut, als ob». In beiden Fällen bleibt der Heiler physisch präsent. Läßt sich der reine «Psi-Anteil» von geistigen Behandlungen nicht einfach dadurch herausschälen, daß die Ergebnisse von «echten» und Scheinbehandlungen möglichst gleicher Patientenstichproben miteinander verglichen werden? Zum einen gibt es keine Garantie, daß der Patient die geistige Abwesenheit seines Heilers nicht doch bemerkt – wenn nicht mit seinen gewöhnlichen Sinnen, dann vielleicht telepathisch. *Wenn* er dann auf Placebo-Behandlungen weniger anspricht, dann womöglich deshalb, weil er sich nicht richtig behandelt fühlt. Zum anderen ist die Rechnung zu simpel, daß wir einen «Psi-Effekt» erhalten, indem wir zwischen den Testergebnissen der Experimental- und der Kontrollgruppe die Differenz bilden. Subtrahieren läßt sich nur, was sich vorher summiert hat. Das setzt voraus, daß Psi- und sonstige Einflüsse bei Geistheilungen *additiv* wirken. Doch diese Voraussetzung ist zumindest fragwürdig. Alle beteiligten Faktoren scheinen sich vielmehr, in kompliziertem Wechselspiel, gegenseitig zu modifizieren, zu verstärken oder abzuschwächen.

60 Gerry Solfvin: «Psi Expectancy Effects in Psychic Healing Studies with Malarial Mice», *European Journal of Parapsychology* 4/1982, S. 159–197.

61 Siehe dazu mein Buch *Zurück in frühere Leben*, München 1991.

62 Rex Stanford führt das Beispiel einer jungen Frau an, die in einem Psi-Experiment besonders erfolgreich abgeschnitten hatte. In der anschließenden Befragung stellte sich heraus, daß sie die Versuchsanleitung mißverstanden hatte. Ihre «Technik» bestand einfach darin, zuversichtlich «zu hoffen, daß alles gutgehen wird». (Rex Stanford: «An Experimentally Testable Model for Spontaneous Psi Events», I und II, *Journal of the American Society for Psychical Research* 68/1974, S. 34–57 und 321–356.) Auf eine solche Geisteshaltung scheint es auch beim Heilen entscheidend anzukommen.

## V  Was jetzt not tut

1 Veröffentlicht im *Bundesgesetzblatt* (BGBl.) III, 2122–2.

2 Nach Artikel 8 des Einigungsvertrages vom 31. 8. 1990.

3 Nach § 5 HPG.

4 *Reichsgesetzblatt* (RGBl.) I, S. 251.

5 *Neue Juristische Wochenschrift* (NJW) 1956, S. 313.

6 Klaus-Friedrich Arndt: *Heilpraktikerrecht*, Frankfurt/M. 1985, S. 19.

7 Verhandlungen des Norddeutschen Reichstages, Session 1869, Sten. Bd. 1, S. 301.

8 Vgl. Verhandlungen des Reichstages, 12. Legislaturperiode, II. Session 1909/10, Ablagen Bd. 277, Nr. 535.

9 Vgl. *Reichs- und Staatsanzeiger* 50/28. 2. 1939, S. 2; Bockelmann, «Das Ende des Heilpraktikergesetzes», *NJW* 1966, S. 1145 ff.; Arndt, a. a. O., S. 26 ff.; s. Anm. 5 und 6.

10 Insofern bewegen sich Vorurteile, wie sie die streitbare Marburger Rechtsmedizinerin Irmgard Oepen unermüdlich verbreitet, eher auf Stammtischniveau: «Sucht man einen gemeinsamen Nenner für die Probleme mit Wunderheilern», macht die Professorin weis, «so scheint er in einer allgemein niedrigen Einschätzung ethischer Werte zu liegen, die etwa dem Tenor folgen, daß alles erlaubt sei, was nicht verboten ist oder was ungestraft getan werden kann» (*Wunderheiler heute*, München 1989, S. 99).

11 Harald Wiesendanger: *Auswege*, Schönbrunn 1993, PLZ D–83700.

12 Nach Wilhelm Tenhaeff: «Paranormale Heilkräfte», in Andreas Resch (Hrsg.): *Paranormale Heilung*, Innsbruck 1977, S. 530.

13 Eingehend analysiert der Jurist Bruno Rösch-Elverfeld die

Schweizer Rechtslage in *Die Stellung der Erfahrungsheilkundigen aus verfassungs- und verwaltungsrechtlicher Sicht. Dargestellt am Beispiel der geistig Heilenden*, Basel–Frankfurt/M. 1994.

14  Manfred Wegener: «Was ist Heilkunde? Heilpraktikergesetz, Rechtssystem und Gesetzessprache», in *MedR* 5/1990, S. 250 ff.

15  Dieses Selbstbestimmungsrecht des Patienten leitete das Bundesverfassungsgericht 1979 aus Artikel 2 II 1 des Grundgesetzes ab (*NJW* 1979, S. 1930).

16  BGHSt 8, 237 (238 f.), *NJW* 1978, S. 599 f.

17  Tatsächlich machte 1987 in Polen der 25jährige Mechaniker Oskar Malecki aus einem kleinen Dorf in der Nähe von Danzig von sich reden: Er soll Autos und andere Maschinen durch «übersinnliche Kräfte» repariert haben. Dafür verehren ihn Dorfbewohner wie einen Heiligen. (Nach *Celebrity*, 5. 11. 1987; *Fortean Times* 50/1988, S. 8: «The Miracle Mechanic»; *PSI-Pressedienst* 50/1988: «Autos durch Handauflegen repariert?»)

18  Siehe Wegener, a. a. O., S. 251; s. Anm. 14.

19  Ein wegweisendes neues Urteil, mit dem ein Bundesverwaltungsgericht Anfang 1993 der Klage einer Psychotherapeutin gegen die Zulassungsverweigerung durch eine städtische Behörde stattgab, könnte durchaus auch auf Geistheiler Anwendung finden: *«Die Berufsfreiheit wird unverhältnismäßig eingeschränkt»*, so befanden die Lüneburger Richter, «wenn von einer Bewerberin – gleichgültig welcher Vorbildung –, die nur die Ausübung der Psychotherapie anstrebt, allgemeine heilkundliche Grundkenntnisse einschließlich der Kenntnisse im Bereich der Anatomie, Physiologie, Pathologie und Arzneimittelkunde verlangt werden.» Und wie von Psychotherapeuten, so sollte auch von Geistheilern nicht mehr erwartet werden, als daß sie, «um nicht die Volksgesundheit zu gefährden, ausreichende Kenntnisse über die *Abgrenzung* [ihrer] heilkundlichen Tätigkeiten ... gegenüber der den Ärzten und den allgemein als Heilpraktiker tätigen Personen vorbehaltenen heilkundlichen Behandlungen besitzen». (BVerwG, Urteil vom 21. 1. 1993, Aktenzeichen 3 C 34.90, OVG Lüneburg, in *Die Öffentliche Verwaltung* 13/1993, S. 568 ff.)

20  Siehe Peter Homburg: «Heiler und Bürokraten», in Wiesendanger: *Auswege* (1. Aufl. 1993), a. a. O., S. 64–66, dort S. 65.

21  In «Paramedizin»: «Man muß sich mehr um die Problematik kümmern!», *Ärzte Zeitung* Nr. 175/1. 10. 1992, S. 127.

22  *Die andere Realität* 1/1994, S. 15: «Wer Rolf Drevermann in Deutschland das Heilen verbietet ...». Nähere Angaben verdanke

ich der Lokalredaktion der Tageszeitung *Die Glocke* in einem Telefongespräch vom 10. 5. 1994.

23 RGBl. I, S. 259, BGBl. III, 2122–2–1.

24 Nach Paragraph 2, Absatz 1, Buchstabe i der Ersten Durchführungsverordnung (DVO) zum Heilpraktikergesetz.

25 Vgl. dazu Grunwald: «Zur Durchführung des HPG», in *Der Öffentliche Gesundheitsdienst* 1941, S. 257 f. Daß eine Fachprüfung nicht stattfinden soll, hat der Bundesverwaltungsgerichtshof 1973 ausdrücklich betont, siehe *NJW* 1973, S. 580.

26 Siehe Wiesendanger: *Auswege*, a. a. O., PLZ D–53925. Auch die inzwischen in die Schweiz emigrierte deutsche Heilerin Ursula Kress, eine gebürtige Berlinerin, durfte zeitweise mit offizieller Erlaubnis eines Gesundheitsamts im niedersächsischen Neustadt am Rübenberge praktizieren; selbst die Landesärztekammer in Hannover hatte dazu ihren Segen gegeben. (Siehe *Auswege*, a. a. O., PLZ CH–8590.)

27 LG Berlin, Aktenzeichen 505 – 1 WiJs 6159/84.

28 Zit. nach *Generalanzeiger*, Bonn, 22. 6. 1988. In dieselbe Richtung argumentierte im Frühjahr 1994 das Bundesverwaltungsgericht: Heilmagnetiseure müssen eine Erlaubnis als Heilpraktiker erlangen, weil ihre Tätigkeit «die Gefahr in sich birgt, daß sich der eine oder andere Patient im Hinblick auf die Behandlung... in Sicherheit wiegt und eine notwendige ärztliche Therapie versäumt» (BVerW 3 C 45.94). (Siehe *Esotera* 5/1994, S. 9: «Erlaubnis als Heilpraktiker ist notwendig».)

29 *Süddeutsche Zeitung*, 17. 4. 1989: «Wunderheilerin oder ‹Gefahr für die Volksgesundheit›? Sogar der Rechtsanwalt verdankt ihr sein Leben».

30 Alfred Theobald/Helmut Ertle: *Das Recht der Heilhilfsberufe, Hebammen und Heilpraktiker*, München, Stand: 20. 7. 1992, 30–1, S. 2.

31 Urteil BVerwG vom 10. 2.1983, *NJW* 1984, S. 1414.

32 *NJW* 1987, S. 2928.

33 Siehe *B.Z.g*, 20. 4.1994: «Wunderheiler ohne Lizenz: Freispruch!»

34 Vgl. Harald Wiesendanger: *Mit Leib und Seele. Ursprung, Entwicklung und Auflösung eines philosophischen Problems*, Frankfurt/M. 1987, S. 144 ff.

35 Fanny Moser: *Der Okkultismus. Täuschung und Tatsachen*, Bd. 2, München 1935, S. 586 ff.

36 Die letzten beiden Beispiele erwähnt der Wissenschaftstheoreti-

ker Thomas S. Kuhn in *Die Entscheidung des Neuen. Studien zur Struktur der Wissenschaftsgeschichte*, Frankfurt/M. 1977, S. 212.

37 So schrieb der große deutsche Mediziner Rudolf Virchow (1821–1902) schon 1845: «Die neueste Medizin hat ihre Anschauungsweise als die *mechanische*, ihr Ziel als die Festlegung einer *Physik der Organismen* definiert. Sie hat nachgewiesen, daß Leben nur ein Ausdruck für eine Summe von Erscheinungen ist, deren jede einzelne nach den *gewöhnlichen physikalischen und chemischen (das heißt mechanischen) Gesetzen* vonstatten geht.» (Hervorhebungen von mir; zit. nach Klaus Peter Schlebusch u. a.: *Die Vernichtung der Biologischen Medizin*, München 1989, S. 8.)

38 Dies belegt eine Untersuchung von Medizinern und Psychologen der Albert-Ludwigs-Universität Freiburg i. Br., die 1992 an 467 zufällig ausgewählte praktizierende Ärzte für Allgemeinmedizin im Großraum Freiburg einen entsprechenden Fragebogen versandten. 178 Angeschriebene schickten ihn vollständig ausgefüllt zurück. Gunter Haag/Harald Walach/Corinna Erbe/Hans-Heinz Schrömbgens: «Unkonventionelle medizinische Verfahren. Verbreitung und Verwendung bei niedergelassenen Ärzten – Ergebnis einer Fragebogenumfrage», *Zeitschrift für Allgemeinmedizin* 68/1992, S. 1184–1187.

39 Hans Biermann: *Die Gesundheitsfalle. Der medizinisch-industrielle Komplex*, Hamburg 1992, S. 91.

40 a. a. O., S. 95.

41 Zit. nach Hans Halter: *Vorsicht, Arzt! Krise der modernen Medizin*, Reinbek 1981, S. 219.

42 Eine hervorragende Analyse dieser Systemzwänge gelang dem Augenarzt Hans Biermann mit seinem Buch *Die Gesundheitsfalle*; s. Anm. 39.

43 Zit. nach Halter, a.a.O., S. 219; s. Anm. 41.

44 Das belegt eine 1990 veröffentlichte Pilotstudie der Universität Stuttgart. Michael von Hauff/Rainer Prätorius: *Leistungsstruktur alternativer Arztpraxen – Eine gesundheitspolitische Analyse*, hrsg. v. Verein für ein erweitertes Heilwesen e.V., Bad Liebenzell 1991.

45 Zit. nach George W. Meek: *Heiler und der Heil-Prozeß*, München 1980, S. 264 f.

46 In einem Interview mit der in Bremerhaven erscheinenden *Nordsee-Zeitung*, 23. 1. 1992: «Heiler – sind sie Helfer oder Scharlatane?».

47 Siehe Wiesendanger: *Auswege*, a.a.O., PLZ D-54597.

48 *Auswege*, a. a. O., PLZ A–3100.

49 *Auswege*, a. a. O., PLZ CH–8590.

50 Zit. nach Anita Höhne: *Geistheiler heute*, Freiburg i. Br. 1991, S. 73.

51 John Cohen: «Spiritual Healing: A Complementary Role in General Practice», *Modern Medicine*, September 1990, S. 663–665.

52 Zit. nach *Quick* 1/28. 12. 1989–3. 1. 1990, «Seine Hände vollbringen Wunder», S. 40–44, dort S. 44.

53 Nach einer persönlichen Mitteilung von Dr. Daniel Benor, November 1992.

54 Michael Dixon: «A Healer in GP Practice», *The Doctor-Healer Network Newsletter* 7/1993–94, S. 6 f.

55 *Auswege*, a. a. O., PLZ D–53925.

56 *Auswege*, a. a. O., PLZ CH–9410.

57 *Auswege*, a. a. O., PLZ D–74924.

58 *Auswege*, a. a. O., PLZ CH–3625.

59 Zit. nach Höhne, a. a. O., S. 97; s. Anm. 50.

60 *Auswege*, a. a. O., PLZ CH–8406.

61 Nach Höhne, a. a. O., S. 74; s. Anm. 50.

62 *Auswege*, a. a. O., PLZ D–65929.

63 Aus einem Brief von Dr. Sylvie Dufraisse-Jourdin vom 7. 1. 1994.

64 *Auswege*, a. a. O., PLZ CH–6006.

65 *Auswege*, a. a. O., PLZ CH–4053.

66 *Auswege*, a. a. O., PLZ D–23966.

67 *Auswege*, a. a. O., PLZ D–34117.

68 Nach *The Skeptic* 5 (6) November/Dezember 1991, s. 5: «Spiritual Healing».

69 *Auswege*, a. a. O., PLZ A–8053.

70 Bis zu seinem Tod 1974 betrieb Gemassmer in Berlin-Grunewald eine weithin bekannte Praxis als christlicher Geistheiler, übrigens mit voller Genehmigung der Ärztekammer und der Ortskrankenkasse. Sein Buch *Geistige Heilweisen* (Remagen 1968) ist eine lohnende Lektüre für jeden Arzt, dem unklar ist, wie er solch «okkulte» Behandlungsformen in seine Praxis einbeziehen kann. Gemeinsam mit der Geistheilerin Ursula Kress rief Gemassmer 1953 den «Bund zur Förderung geistiger Heilweisen e.V.» ins Leben, dem viele bekannte Geistheiler angehörten.

71 *Auswege*, a. a. O., PLZ A–6060.

72 *Auswege*, a. a. O., PLZ D–14165.

73 *Auswege*, a. a. O., PLZ D–10627.

74 *Auswege*, a. a. O., Adreßteil «Großbritannien».

75 *Auswege*, a.a.O., PLZ CH–4310.

76 Eli Lasch: «Geistheilung – aus der Sicht eines Schulmediziners», *Die andere Realität* 2/1993, S. 5 f.

77 *Auswege*, a.a.O., PLZ CH–9000.

78 *Auswege*, a.a.O., PLZ D–48161.

79 Siehe Bruno Rösch-Everfelds Beitrag «Die Stellung geistig Heilender im schweizerischen Recht», in Harald Wiesendanger: *Auswege*, a.a.O. (1. Aufl.).

80 *PSI-Pressedienst* 12/1992: «‹Geistheilungen› in führender Krebsklinik»; *PSI-Pressedienst* 4/1994: «Londoner Klinik bietet Krebskranken ‹geistiges Heilen› an».

81 *Paramed-Pressedienst* 4/1993: «Chinesische Medizin half jedem zweiten Patienten».

82 Zit. nach *Esotera* 8/1986, S. 52 ff.

83 Nach einer Mitteilung des Statistischen Bundesamtes in Wiesbaden am 11.9.1992, zit. nach *Rhein-Neckar-Zeitung*, 12.9.1992 («Teure Gesundheit»).

84 *Fachkombi* 3/25.3.1993, S. 22.

85 *Psychic News* 2998/1989, S. 4: «Alternative Medicine Poll Is a Sign of the Times».

86 Dixon, a.a.O., S. 6; s. Anm. 54.

87 Nach *Ärzte Zeitung* 233/17.12.1991, S. 14: «Viele Menschen treibt Dauerschmerz in den Suizid».

88 Nach Sven Hoffmann u.a.: «Die Chronische Schmerzkrankheit», *Forschungsmagazin* 2/1989 der Johannes-Gutenberg-Universität Mainz, S. 59–63, dort s. 59.

89 Nach *Ärzte Zeitung*; s. Anm. 87.

90 Nach Joseph Scholmer: *Das Geschäft mit der Krankheit*, Köln 1984, S. 63.

91 Die Fragwürdigkeit dieser Klausel zeigt der Bielefelder Rechtsanwalt Dr. Frank Stebner auf in *Kostenerstattung biologischer Medizin. Die Wissenschaftlichkeitsklausel in der privaten Krankenversicherung*, Heidelberg 1992.

92 Rüdiger Zuck: «Der Standort der besonderen Therapierichtungen im deutschen Gesundheitswesen», *NJW* 46/1991, S. 2933–2937.

93 Siehe Harald Wiesendanger: «Britischer Gesundheitsdienst stellt eine Geistheilerin ein – auf Antrag von Ärzten», *Ärzte Zeitung* 71/20.4.1994, S. 2.

94 Nach einer Umfrage der Stiftung Warentest, veröffentlicht in *test* 6/1987.

95 *test* 6/1987.

96  In einer Stellungnahme zum Strafverfahren gegen Rolf Drevermann, zit. nach *Quick* 34/1990.

97  Nach *test* 6/1987.

98  Nach *Ärzte Zeitung* 117/28.6.1993, S. 5.

99  *Auswege*, a.a.O., PLZ D-23898.

100  *Auswege*, a.a.O., PLZ D-53819.

101  *Auswege*, a.a.O., PLZ D-74172.

102  In einem Interview mit der Esoterikzeitung *Die andere Realität* 4/1993, S. 9: "'Geistheilung setzt sich zwangsläufig auch in Deutschland durch.'"

103  Der Zürcher *Sonntagsblick* machte immerhin noch ein weiteres Detail ausfindig, dem er in seiner Berichterstattung von den "Psi-Tagen" einen von vier Abschnitten sowie das einzige Foto widmete: Unter den Besuchern hatte das Blatt auch "Mireille, Zürichs bekannteste Ex-Dirne und Sadomaso-Spezialistin", gesichtet, die "an den nächsten Psi-Tagen einen Stand mieten will". Neben José Humberto und einem aufgebrachten Kritiker war Mireille der einzige Kongreßbesucher, den der *Sonntagsblick* eine namentliche Erwähnung für wert befand. So schreibt man einen Kongreß zur Showbühne für betagte Strichmädchen um.

104  *Basler Zeitung*, 16.11.1992.

105  *Blick*, Zürich, 16.11.1992.

106  *Aphorismen*, Frankfurt/M. 1986, S. 229.

107  *Stern* 1/1993, 30.12.1992.

108  *Praline* 2/7.1.1993.

109  *PSI-Pressedienst* 4/1991: "Vatikan verbietet Heilungsmessen."

# Personenregister

# Sachregister

# Über den Autor

Harald Wiesendanger, 1956 in Lörrach/Baden geboren, studierte 1975 bis 1982 Philosophie, Psychologie und Soziologie an der Universität Heidelberg, wo er zum Dr. phil. promovierte. Als Stipendiat der Deutschen Forschungsgemeinschaft (DFG) brachte er mehrjährige Forschungsarbeiten über die Analytische Philosophie des Geistes zum Abschluß (*Ursprung und Entwicklung des modernen Materialismusstreits*, 1983). Daraus ging sein erstes Buch hervor, *Mit Leib und Seele. Ursprung, Entwicklung und Auflösung eines philosophischen Problems* (1987); darin hinterfragt er, am Beispiel des klassischen Leib-Seele-Dualismus, den altehrwürdigen Anspruch von Philosophen, anders als empirische Wissenschaftler a priori zu zeitlos gültigen, "notwendig wahren" Erkenntnissen über das "Wesen" alles Seienden zu gelangen. Für ihn selbst wurde dieses Buch zur Leiter, auf der er aus seinem Fach ausstieg - in die Wissenschaftspublizistik.

Nach mehreren Jahren als Redakteur und Chefredakteur bei Tageszeitungen und Fachzeitschriften arbeitet er seit 1986 als freier Publizist von einem abgelegenen Odenwalddorf östlich von Heidelberg aus. Seither leitet er die "PSI-Presseagentur für Grenzgebiete der Wissenschaft". Seine Themenschwerpunkte: Psychologie und Grenzwissenschaften, insbesondere Parapsychologie und Paramedizin. Das Themenspektrum reicht dabei von Esoterik allgemein über Okkultismus, Astrologie, Jenseitsforschung und veränderte Bewußtseinszustände bis hin zu Reinkarnation und Geistiges Heilen. Von 1987 bis 1990 gab er einen monatlichen *Psychologischen Informationsdienst* für die Wissenschaftsressorts von Tages- und Wochenzeitungen heraus, von 1991 bis 1995 den monatlichen Pressedienst *Paramed* für Alternativ- und Paramedizin. 1988 gründete er den *PSI-Pressedienst*, den ersten und bislang einzigen seiner Art im deutschsprachigen Raum. Inzwischen sind von Wiesendanger weit über 2000 Artikel über grenzwissenschaftliche Themen erschienen: in Tages- und Wochenzeitungen wie *Die Zeit, Die Welt, Frankfurter Allgemeine, Frankfurter Rundschau, Süddeutsche Zeitung, Rheinischer Merkur* und *Bild*, ebenso in Fachzeitschriften wie *Bild der Wissenschaft, Psychologie heute, Ärzte Zeitung, Erfahrungsheilkunde* und *Esotera*; er gehört dem Redaktionsteam der Zeitschrift *Wendezeit* (früher: *Wassermann-Zeitalter*) an. Darüber hinaus berät und beliefert Wiesendanger Rundfunk- und Fernsehanstalten im In- und Ausland bei Sendungen zu "Psi"-Themen. Er ist Mitorganisator der alljährlichen

Internationalen "Psi-Tage" in Basel, des weltweit bedeutendsten Publikumskongresses für Grenzwissenschaften, um dessen Pressearbeit er sich zugleich kümmert.

Seit Ende der achtziger Jahre haben ihn vor allem zwei Themenschwerpunkte beschäftigt: Geistiges Heilen und Reinkarnation.

Allein zum Thema "Geistiges Heilen" veröffentlichte er sechs Sachbücher (siehe "Lesetips"), schrieb Dutzende von Hintergrundberichten, Serien und Dokumentationen, referierte auf Kongressen, trat über dreißigmal im Fernsehen auf, führte wiederholt Umfragen, Tests und Experimente durch - zuletzt den "Fernheil-Test" 1998/99 mit 55 Heilern aus sieben Ländern Europas und 290 chronisch Kranken. Im Jahre 1994 rief er den "Dachverband Geistiges Heilen" (DGH) ins Leben, dessen Erster Vorsitzender er bis 1998 war. Von 1996 bis 1999 gab er *Der Heiler* heraus, ein "Magazin für mehr Geist und Seele im Gesundheitswesen". Seit 1992 führt er eine "Heiler-Datenbank", die auf mehreren Umfragen unter rund 1000 Heilern im deutschsprachigen Raum beruht.

Zu seinem zweiten Schwerpunktthema, Reinkarnation, veröffentlichte Wiesendanger bisher die drei Bücher *Zurück in frühere Leben - Möglichkeiten der Reinkarnationstherapie*, *Wiedergeburt - Herausforderung für das westliche Denken* und *Zeitreiseführer*. Er zählt zu den Mitorganisatoren des Kongresses "Wiedergeburt - Wahn oder Wirklichkeit?" im Rahmen der 18. Basler Psi-Tage" (24.-27.11. 2000). Im Frühjahr 2000 begann er eine großangelegte Studie "Reinkarnation: Erfahrungen und Einstellungen in Mitteleuropa". Wiesendanger ist Mitglied der *Association for Past-Life Research and Therapies*.

Im Auftrag der Schweizer "Eulenpark Stiftung" konzipierte er 1998 das Projekt "Das Netz", um dessen Presse- und Öffentlichkeitsarbeit er sich seither kümmert: eine Initiative, die Fachleute aus helfenden Berufen zusammenführen will, um Menschen in existentiellen Krisen aufzufangen.

In einem ausführlichen Porträt kennzeichnete ihn die *Ärzte Zeitung* 1990 als einen "Grenzgänger zwischen Wissenschaft und Aberglaube", dessen publizistische Tätigkeit für eingefleischte Esoteriker ebenso ein Ärgernis darstelle wie für hartgesottene Szientisten. "Wir brauchen dringend Wissenschaftler, die Anomalien aushalten können, wenn neuartige Erfahrungen althergebrachte Theorienrahmen sprengen - ebenso dringend, wie Okkultisten wissenschaftliches Argumentieren lernen müssen. Wie ich einerseits auf rätselhafte Phänomene aufmerksam zu machen versuche, die der etablierte Wissenschaftsbetrieb übersieht, verkennt oder totschweigt, so warne ich andererseits davor, sie voreilig als 'gegeben' hinzunehmen", so umreißt Wiesendanger sein Hauptanliegen.

Inzwischen zählt er zu den angesehensten und einflußreichsten Grenzwissenschaftlern und Wissenschaftspublizisten im deutschsprachigen Raum. Für seine Leistungen wurde er 1995 mit dem Preis für Parapsychologie der Schweizer Hedri-Stiftung ausgezeichnet, 1998 zum Würdenträger des Forschungszentrums für Traditionelle Volksmedizin in Moskau und des Russischen Heilerverbands ernannt.

GEISTHEILER - DER RATGEBER

**GEISTHEILER - DER RATGEBER.**
Was Hilfesuchende wissen sollten -
Ehrliche Antworten
auf 45 spannende Fragen.
392 Seiten, A 5, Broschur

EUR 25 / CHF 40
Bestellung s. Seite 437

## Geistiges Heilen: eine echte Chance für Kranke?

Verblüffend: Immerhin 65 Prozent aller Erwachsenen würden sich, Umfragen zufolge, notfalls "einem medizinischen Laien mit besonderen Heilkräften anvertrauen, wenn Ärzte nicht mehr weiter wissen". Für die rund zehntausend Handaufleger, Gesundbeter, Fernbehandler und anderen Geistheiler im deutschsprachigen Raum bedeutet dies ein gewaltiges Kundenpotential: Über 50 Millionen Menschen könnten sich demnach vorstellen, ihre Hilfe im Falle eines Leidens in Anspruch zu nehmen, bei dem die Schulmedizin an Grenzen stößt.

**Doch vor dem Gang zum Heiler stehen eine Fülle von Fragen, Zweifeln und Ängsten.**

Mit ihnen fühlen sich Hilfesuchende meist alleingelassen - hin- und hergerissen zwischen reißerischen "Wunder"meldungen und hämischen Verrissen, in denen sich die öffentliche Auseinandersetzung mit dem Phänomen des geistigen Heilens bisher in der Regel erschöpft.

**Ausgewogenen Rat, der weder in esoterische Euphorie noch pauschale Skepsis abgleitet, verspricht dieses Buch.** Kapitel für Kapitel geht es auf 45 Fragen ein, die von Patienten immer wieder gestellt werden, wenn sie erwägen, sich auf geistiges Heilen einzulassen. Es zeigt therapeutische Chancen auf, verschweigt aber auch nicht Grenzen und Gefahren; es macht Schwerkranken Hoffnung, bewahrt sie aber vor unrealistischen Erwartungen.

**Geistiges Heilen für eine neue Zeit**

Vom
›Wunderheilen‹
zur ganzheitlichen
Medizin

Dr. Harald Wiesendanger

KÖSEL

**Die Hintergründe**

448 Seiten.
Gebunden mit
Schutzumschlag.

EUR 25 / CHF 47,80
Kösel-Verlag: München 1999.

In jeder Buchhandlung.

## Ein Phänomen unter der Lupe

Geistiges Heilen gewinnt zunehmend an Bedeutung, obwohl es noch immer von Kritikern als Scharlatanerie gebrandmarkt wird. Doch die Erfahrung zeigt: Geistiges Heilen ist risikolos, frei von schädlichen Nebenwirkungen und mit anderen Heilverfahren nutzbringend kombinierbar. Neun von zehn Behandelten können Positives berichten, selbst in vermeintlich "hoffnungslosen" Fällen. Warum also begegnet die älteste Heiltradition der Menschheitsgeschichte nach wie vor massiven Widerständen? Was ist von ihr zu halten? Wie viel leistet sie wirklich?

Dieses Buch schafft Klarheit. Harald Wiesendanger und seine namhaften Mitautoren (Ärzte, Heiler, Naturwissenschaftler, Parapsychologen, Psychotherapeuten und Juristen) schildern die wichtigsten Aspekte geistigen Heilens mit seinen weitreichenden Chancen für das neue Jahrtausend. Sie setzen sich mit vielen offenen Fragen auseinander, informieren aus Forschung und Praxis, inspirieren und vermitteln Zukunftsperspektiven.

**Eine überaus spannende Lektüre für alle, die bereit sind, in Gesundheitsfragen neue Wege zu gehen.**

# "Geistiges Heilen für eine neue Zeit"

<u>Mit Beiträgen von:</u>

Dr. Pablo Alemany, Dr. med. Daniel Benor, Dr. med. Herbert Benson, Dr. med. Jakob Bösch, Dr. med. Pierre Bovet, Dr. med. Michael Dixon, Gertrud Emde, Manfred Engel, Dr. Peter Gilgen, Dr. med. Ulrich Hasler, Dr. med. Ellis Huber, Dr. med. György Irmey, Dr. med. Ulrich Klettner, Wolfgang Lüdke, Dr. med. Albrecht Mahr, RA Harald Roth, Dr. med. Hans-Christoph Scheiner, Dr. med. Barbara Schliecker, Dr, med. Verena Schmuckermeier, Prof. Dipl.-Ing. Alex Schneider, Pamela Sommer-Dickson, Dr. med. Andreas-Hans Wasylewski, Lucius Werthmüller.

## Im Urteil von Lesern:

*"Sehr ansprechend und objektiv geschrieben."*
Werner Kluge, Burgkunstadt

*"'Geistiges Heilen für eine neue Zeit' habe ich mit großem Interesse gelesen. Ich hoffe, daß es großen Anklang findet. Gottes Segen für Sie und die Verbreitung des Buches."*
Waltraud Pampel, Vorstandsmitglied der "Deutschen Vereinigung für geistiges Heilen"

*"Ganz herzlichen Dank und Gratulation für diese hochkarätige Zusammenstellung. Ihr Buch werden wir in Seminaren ausdrücklich emp-fehlen."* Claus Claussen, Vorsitzender der "Arbeitsgemeinschaft für Holistik in der Heilung"

*"Danke für dieses schöne Buch. Es schafft Klarheit."*
Werner J. Meinhold, Vorsitzender der "Deutschen Gesellschaft für therapeutische Hypnose und Hypnoseforschung", Leiter der "Gesellschaft Harmonie 1782"

*"'Ein Buch mit wichtigen Aspekten, ... sehr lesenswert. Ich mag es, wenn jemand 'auf den Punkt kommt'."*
Hubertus M. Schweizer, Heilpraktiker und Heiler, Councillor der "World Federation of Healing" Deutschland

*"Ich wünsche Ihrem Werk weite Verbreitung, um die materialistische Medizin auf das ihr gebührende Maß zu reduzieren und die Entste-hung neuer Weltbilder zu fördern."*
Prof. Dr. Ernst Senkowski, Mainz

*"Herzlichen Glückwunsch zum Erscheinen Ihres neuen Buches! Ich wünsche Ihnen viel Erfolg damit, und daß es eine große Leserschaft weltweit findet!"*
Sofi Tachalov (Heilerin),
Venlo

## Im Urteil der Presse:

*"Was ist von geistigem Heilen zu halten? Klarheit schafft das neueste Buch des Philosophen und Psychologen Harald Wiesendanger, der als führender Experte für geistiges Heilen gilt und sich seit vielen Jahren dafür einsetzt, geistiges Heilen in das öffentliche Gesundheitswesen einzubeziehen, nach erfolgreichen Vorbildern aus dem Ausland."*
Erfahrungsheilkunde

*"'Wiesendangers Buch macht den Streitern für eine Legalisierung des Geistigen Heilens neuen Mut und nimmt Kritikern einiges von ihrem Pauschal-Wind aus den Segeln."*
Grenzenlos

*"Der in einschlägigen Kreisen wohlbekannte Verfasser setzt sich seit vielen Jahren für die Anerkennung der geistigen Heilung ein. In diesem aufschlußreichen Sammelband ... stammen elf Beiträge aus seiner eigenen Feder, die eine Art Rahmen für 24 Artikel kompetenter Mitautoren bilden. Das vielgestaltige Material bein-haltet in neun Abschnitten nahezu alle Aspekte."*
Transkommunikation

*"Alle Aspekte des geistigen Heilens finden in diesem Buch eine fachgerechte Behandlung. Angefangen mit dem Wesen des Heilens - zwischen Energietransfer und liebevoller Fürsorge - über eine Kasuistik austherapierter Fälle, die Auseinandersetzung mit dem bekannten Argument des Placebo-Effekt bis hin zu Forschungsergebnissen usw. bekommt der Leser vom Autor und weiteren Spezialisten einen umfassenden Überblick über das Thema. Eine spannende Lektüre.*
Para (Schweiz)

*"Gibt einen aktuellen Überblick und zeigt den Weg vom 'Wunderheilen'zur ganzheitlichen Medizin."*
Feierabend (Würzburg)

*Gerade die Berichte aus der Praxis zeigen, daß es zwischen Himmel und Erde offenbar doch mehr gibt, als 'unsere Schulweisheit sich träumt'."*
Der Dom, Kirchenzeitung
für das Erzbistum Paderborn

*"Ausgezeichnet und vor allem seriös zusammengefaßt."*
Ski-Magazin

433

**Dr. Harald Wiesendanger**

# Heilen ohne Grenzen

"Fernbehandeln" auf dem Prüfstand:

Dokumentation eines wissenschaftlichen Tests mit 55 Geistheilern und 290 Schwerkranken

Großformat A 4, 248 Seiten, mit 118 Fotos (davon 32 farbig) sowie 105 Grafiken und Tabellen (davon 19 farbig)

EUR 28 / CHF 50

Direkt bei:
Lea-Verlag, Schönbrunn
(Bestellung siehe S. 437)

# Ist Fernheilen möglich?

**Das "Fernbehandeln", die angebliche Vermittlung von heilenden Energien über beliebige Entfernungen hinweg, ist ein Mysterium.** Denn wie soll Geistheilung gelingen, wenn ein Kranker von seinem Therapeuten Hunderte von Kilometern entfernt ist, ihm vielleicht niemals begegnete - und womöglich nicht einmal weiß, daß auf Distanz mit ihm gearbeitet wird? Wie sollen übermittelte "Heilkräfte" zielgenau, selbst zu anderen Kontinenten hin, einen bestimmten Empfänger erreichen können, ohne sich dabei im geringsten abzuschwächen?

**Der "Fernheil-Test" hat die Probe aufs Exempel gemacht** - in der bislang aufwendigsten wissenschaftlichen Studie, die in Europa diesem Phänomen gewidmet worden ist: mit 55 Fernheilern aus sieben europäischen Ländern und 290 Schwerkranken, die aus schulmedizinischer Sicht "austherapiert" sind; durchschnittlich elf Jahre lang hatte sich jeder von ihnen mit seinem Leiden herumgequält, ohne bei Ärzten Hilfe zu finden.

Ein neunköpfiges Team von Medizinern und Wissenschaftlern, mehrere Universitäten und private Forschungsinstitute haben an dieser Studie mitgewirkt. Sie belegt zweifelsfrei: **Fernheilen wirkt - selbst in vermeintlich aussichtslosen Fällen.**

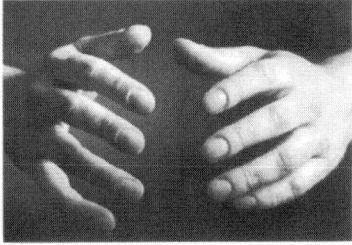
435

## So urteilen Hilfesuchende:

*"Danke für dieses Adressen-verzeichnis, es gibt in der Not Hoffnung."*
Mathilda Hortig, Darmstadt

*"Auf der Suche nach Heilern ist 'Auswege'für mich eine optimale Orientierungshilfe."*
Berta F., Berlin

*"Die ausführlichen, präzisen Porträts jedes Heilers machen klar, mit wem man es zu tun bekommen wird."*
Friedrich K., Köln

*"Ein Glück, daß es so ein Buch gibt."*
Eva-Maria S, München

## So urteilen Experten::

*"Ich möchte Sie ermutigen, mit die-ser bedeutsamen Arbeit fortzufah-ren."* Dr. med. Daniel Benor, "Doctor-Healer Network"

*"Selbstverständlich unterstütze ich Sie in jeder Form bei Ihrer wert-vollen und qualifizierten Arbeit."*
George Paul Huber, "Livitra"-Heilzentrum

*"Die Arbeit, die Sie sich mit der Erstellung eines 'Heilerverzeichnis-*

*ses'machen, ist bewundernswert und sehr sinnvoll. Ihre Mühe wird sich lohnen, denn damit können Sie vielen kranken Menschen, die Hilfe suchen, etwas Konkretes anbieten. Haben Sie herzlichen Dank für Ihre Idee und die Ausführung."*
Ilse-Marie Struck, Heilpraktikerin

*"Es ist in unserer heutigen Zeit eine sehr gute und hilfreiche Idee, ein Adressenverzeichnis mit seriösen Heilern interessierten und hilfsbe-dürftigen Menschen zugänglich zu machen, und Pionierarbeiten dieser Art begegne ich stets mit großem Interesse. So möchte ich Ihr Vorhaben sehr gerne unterstützen und Ihnen, so gut es geht, behilflich sein."*
Pamela Sommer-Dickson, spirituelle Psychotherapeutin, Councillor der "World Federation of Healing" Schweiz

*"Ich verstehe Ihre Bestürzung über die Orientierungslosigkeit von Kranken, die nach geistiger Hilfe suchen. Für Sie und Ihre Arbeit alles Gute!"*
Hubertus M. Schweizer, Heilpraktiker und Heiler, Councillor der "World Federation of Healing" Deutschland

*"Für Ihre Arbeit wünschen wir Ihnen Gottes Segen."*
Rosalia Kommol, Vorstandsmitglied der "Gemeinschaft für Geistige Entfaltung"

# Bestellung

____ Expl. Wiesendanger: **Das große Buch vom Geistigen Heilen -
Möglichkeiten, Grenzen, Gefahren** ............................. 25 EUR
____ Expl. Wiesendanger: **Auswege -
Wo Kranke geistige Hilfe finden,
Ausgabe A: Deutschland** .................................... 28 EUR
____ Expl. Wiesendanger: **Auswege,
Ausgabe B: Schweiz/Österreich** ........................... 20 EUR
____ Expl. Wiesendanger: **Heilen ohne Grenzen -
'Fernbehandeln' auf dem Prüfstand** ..................... 28 EUR

<u>incl. Versandkosten</u>

<u>Nur im Buchhandel erhältlich:</u>
- Wiesendanger, **Geistiges Heilen für eine neue Zeit**

<u>Ferner lieferbar:</u>
____ Expl. Wiesendanger: **Die Jagd nach Psi -
Über neue Phänomene an den Grenzen
unseres Wissens** *(im Buchhandel vergriffen,
wenige Restexemplare beim Autor)* ..................... 15 EUR
____ Expl. Wiesendanger: **Zwischen Wissenschaft
und Aberglaube - Grenzbereiche psychologischer Forschung** *(im Buchhandel vergriffen,
wenige Restexemplare beim Autor)* ..................... 10 EUR
____ Expl. Wiesendanger: **Zurück in frühere Leben -
Möglichkeiten und Grenzen der Reinkarnationstherapie** *(im Buchhandel vergriffen,
wenige Restexemplare beim Autor)* ..................... 15 EUR
____ Expl. Wiesendanger: **Wiedergeburt -
Herausforderung für das westliche Denken**
*(im Buchhandel vergriffen,
wenige Restexemplare beim Autor)* ..................... 10 EUR

<u>Fortsetzung s. nächste Seite</u>

# Bestellung

____ Expl. Wiesendanger, **Der Streit ums Horoskop -
Astrologen stellen sich der Kritik**
*(im Buchhandel vergriffen,
wenige Restexemplare beim Autor)* .............................. 10 EUR

____ Expl. Wiesendanger, **In Teufels Küche -
Jugendokkultismus: Gründe, Folgen, Hilfen**
*(im Buchhandel vergriffen,
wenige Restexemplare beim Autor)* .............................. 10 EUR

____ Expl. Wiesendanger, **Mit Leib und Seele -
Ursprung, Entwicklung und Auflösung
eines philosophischen Problems** *(im Buchhandel
vergriffen, wenige Restexemplare beim Autor)* .............. 28 EUR

**incl. Versandkosten**

Zur Zeit vergriffen ist: Wiesendanger, **Zeitreiseführer**

**GRATIS:**

_____ Infos über die Internationalen "Basler Psi-Tage"

_____ Probeexemplar der Zeitschrift "Wendezeit"

## Lieferung an folgende Anschrift:

Vorname, Name: _____

Straße, Nr.: _____

Land/PLZ/Ort: _____

Datum: _____ Unterschrift: _____

Einen Verrechnungsscheck über EUR / CHF _____
(incl. Versandkosten) lege ich dieser Bestellung bei.
**(Lieferung nur bei Vorkasse.)**

**Bitte einsenden an:
Dr. Harald Wiesendanger
Zollerwaldstr. 28
D - 69436 Schönbrunn**